严昌洪／主编

武昌辛亥革命研究中心／组编

辛亥革命史事长编

立项号[2008]013）成果

XINHAI GEMING SHISHI CHANGBIAN

（1912.1-1912.3）

第九册

梁华平 严威／编

(鄂)新登字 08 号

图书在版编目(CIP)数据

辛亥革命史事长编. 第九册/武昌辛亥革命研究中心组编;严昌洪主编;梁华平,严威编.
—武汉:武汉出版社,2011.8
ISBN 978-7-5430-5280-2
Ⅰ.①辛…　Ⅱ.①武…②严…③梁…④严…　Ⅲ.①辛亥革命—史料
Ⅳ.①K257.06

中国版本图书馆 CIP 数据核字(2010)第 172443 号

组　　编:武昌辛亥革命研究中心
主　　编:严昌洪
编　　者:梁华平　严　威
责任编辑:王远彦
装帧设计:刘福珊
出　版:武汉出版社
社　址:武汉市江汉区新华下路 103 号　　邮　编:430015
电　话:(027)85606403　85600625
http://www.whcbs.com　　E-mail:zbs@whcbs.com
印　刷:武汉精一印刷有限公司　　经　销:新华书店
开　本:787mm×1092mm　1/16
印　张:26.75　　字　数:668 千字　　插　页:5
版　次:2011 年 8 月第 1 版　　2011 年 8 月第 1 次印刷
定　价:1800.00 元(全十册)

1912年(中华民国元年·壬子)

1月1日(辛亥年十一月十三日)　中华民国宣告成立。是日晚十时,孙中山在南京宣誓就任中华民国临时大总统职,发表《临时大总统就职宣言》及《通告海陆军将士文》,竭诚表示将"尽扫专制之流毒,确定共和,以达革命之宗旨"。

1912年1月3日《申报》《纪大总统莅任大典》报道:

中华民国元年元旦(旧历十一月十三日)为孙大总统赴宁履任之期。各省代表及文武兵官与男女学生计有四五万人,俱集下关欢迎。约五时许,大总统莅宁,各炮台及兵舰均申二十一炮。大总统在车上与前往欢迎之各领袖一一握手为礼。随乘原车由宁省轨道入城,至清督署车站停车,换乘扎花马车,偕各代表同进总统府,即接见欢迎官员。及晚十时,各代表公请大总统至大堂行莅任典礼。是时总统府前遍悬五色电灯。各国领事亦皆诣府道贺。门外观者不下数万人,欢呼万岁之声震天动地。此诚中国自古未有之盛举也。

同日该报载有《大总统莅任典礼秩序单》,仪式程序为:一、奏军乐;二、代表报告;三、大总统宣誓;四、代表致欢迎辞,上印绶;五、大总统盖印宣言;六、海陆军致欢迎辞;七、大总统答辞;八、三呼万岁;九、奏军乐。

1912年1月3日《民立报》亦载:

昨晚(1月1日,编者)十一时,大总统临大公堂,海陆军代表与各省公民代表齐集,欢呼万岁之声震动天地。奏军乐后代表团景帝召君报告选举情形,谓今日之举为五千年历史所未有,我国民所希望者,在共和政府之成立及推倒满洲专制政府,使人人享自由幸福。孙先生为近代革命创始者,富有政治学识,各省公民(代表)选定后,今日任职。愿孙先生始终爱护国民自由,毋负国民期望,并请总统宣誓。即由总统大声宣述誓词如下:"倾覆满洲专制政府,巩固中华民国,图谋民生幸福,此国民之公意,文实遵之,以忠于国,为众服务。至专制政府既倒,国内无变乱,民国卓立于世界,为列邦公认,斯时文当解临时大总统之职。谨以此誓于国民。"代表团景君接读欢迎词,大意谓毋违宪法,毋负众意,毋用非人,毋作非德云云。随致送大总统印绶,其文曰"中华民国临时大总统之印"。总统用印于宣言书,由胡君汉民代读宣言书(见报首)。又由海陆军人代表徐总司令绍桢大声读颂词,极尽欢迎之诚。总统答词略谓誓竭心力,勉副国民公意。随由代表及海陆军人大声三呼"中华共和万岁"。礼成,始奏军乐而散。

《临时大总统宣言书》全文如下:

中华民国缔造之始,而文以不德,膺临时大总统之任,夙夜戒惧,虑无以副国民之望。夫中国专制政治之毒,至二百余年来而滋甚,一旦以国民之力踣而去之,起事不过数旬,光复已十余行省,自有历史以来,成功未有如是之速也。国民以为于内无统一之机关,于外无对待之主体,建设之事,更不容缓,于是以组织临时政府之责相属。自推功让能之观念以言,文所不敢任也;自服务尽责之观念以言,则文所不敢辞也。是用黾勉从国民之后,能尽扫专制之流毒,确定共和,以达革命之宗旨,完国民之志愿,端在今日。敢披沥肝胆,为国民告:

国家之本,在于人民。合汉、满、蒙、回、藏诸地为一国,即合汉、满、蒙、回、藏诸族为一人。是曰民族之统一。

武汉首义,十数行省先后独立。所谓独立,对于清廷为脱离,对于各省为联合,蒙古、西藏意亦同此。行动既一,决无歧趋,枢机成于中央,斯经纬周于四至。是曰领土之统一。

血钟一鸣,义旗四起,拥甲带戈之士遍于十余行省。虽编制或不一,号令或不齐,而目的所在则无不同。由共同之目的,以为共同之行动,整齐画一,夫岂其难。是曰军政之统一。

国家幅员辽阔,各省自有其风气所宜。前此清廷强以中央集权之法行之,遂其伪立宪之术。今者各省联合,互谋自治,此后行政期于中央政府与各省之关系,调剂得宜,大纲既挈,条目自举。是曰内治之统一。

满清时代藉立宪之名,行敛财之实,杂捐苛细,民不聊生。此后国家经费,取给于民,必期合于理财学理,而尤在改良社会经济组织,使人民知有生之乐。是曰财政之统一。

以上数者,为政务之方针,持此进行,庶无大过。若夫革命主义,为吾侪所昌言,万国所同喻。前此虽屡起屡踬,外人无不鉴其用心。八月以来,义旗飙发,诸友邦对之抱和平之望,持中立之态,而报纸及舆论尤每表其同情,邻谊之笃,良足深谢。临时政府成立以后,当尽文明国应尽之义务,以期享文明国应享之权利。满清时代辱国之举措与排外之心理,务一洗而去之;与我友邦益增睦谊,持和平主义,将使中国见重于国际社会,且将使世界渐趋于大同。循序以进,不为幸获。对外方针,实在于是。

夫民国新建,外交内政,百绪繁生。文自顾何人,而克胜此!然而临时之政府,革命时代之政府也。十余年来,从事于革命者,皆以诚挚纯洁之精神,战胜所遇之艰难。即使后此之艰难远逾于前日,而吾人惟保此革命之精神,一往而莫之能阻。必使中华民国之基础确定于大地,然后临时政府之职务始尽,而吾人始可告无罪于国民也。今以与我国民初相见之日,披布腹心,惟我四万万之同胞共鉴之。

大中华民国元年元旦

中国社会科学院近代史研究所中华民国史研究室等编《孙中山全集》第2卷,中华书局1982年版,第1~3页

孙中山《通告海陆军将士文》全文如下:

中华民国临时大总统孙文敬告我全国海陆军将士:

盖闻捍族卫民者,军人之天职;朝乾夕惕者,君子之用心。自逆胡猾夏,盗据神州,奴使吾民,驱天下俊杰勇健之士而入卒伍,以固其专制自恣之谋。我军人之俯首戢耳,以听其鞭策者,亦既二百六十有余年,岂诚甘心为异族效命哉?势劫于积威,则本心之良能无由发见也。乃者义师起于武汉,旬月之间,天下响应。虽北寇崛强,困兽有犹斗之念;遗孽负固,瘈犬存反啮之心。赖诸将士之灵,力征经营,卒复旧都,保据天堑;民国新基,于是始奠。此不独历风霜,冒弹雨,致命疆场之士,其毅魄为可矜;即凡以一成[城]一旅脱离满清之羁绁,以趋光复之旗下者,其有造于汉族,皆吾国四万万人所不能忘也。

旷观世界历史,其能成改革大业者,皆必有甲胄之士反戈内向,若土、若葡,其前例矣。吾军人伏处异族专制之下最久,慷慨激烈之气,蓄之也深,则其发之也速。同一军也,为汉战则奋,为满战则溃;同一舰也,为汉用则勇,为满用则怯。凡此攻城克敌之丰功,皆吾将士有勇知方之表证。内外觇国者,徒致叹于吾国成功之迅速,为从来所未有,文独有以知吾海陆军将士皆深明乎民族、民种之大义,故能一致进行,知死不避,以成此烈也。

文奔走海外垂二十年,心怀万端,百未偿一,赖国人之力得返故土,重睹汉仪。诸君子以北虏未灭,志切同仇,不以文为无似,责以临时大总统之任。文内顾菲材,惧无以当。顾观于吾陆海军将士之同心戮力,功成不居,而有以知共和民国之必将有成也。用敢勉策驽钝,以从吾人之后。愿吾海陆军将士,上下军人,共励初心,守之勿失。弗婴心小忿而酿阋墙之讥,弗藉口共和而昧服从之义,弗怠弛以遗远寇,弗骄矜以误事机,拥树民国,立于泰山磐石之安,则不独克尽军人之天职,而吾皇汉民族之精神,且发扬流衍于无极,文之望也。敢布腹心,惟共鉴之。

大中华民国元年元旦。

中华民国临时大总统(印)

中国社会科学院近代史研究所中华民国史研究室等编《孙中山全集》第2卷,中华书局1982年版,第3~4页

△ 南京临时政府外交总长颁布《中华民国对于租界应守之规则》。

1912年1月1日《申报》载:

中华民国外交总长以租界行政、警察等权此时未经收回,特先妥拟《中华民国对于租界应守之规则》,一律遵守,免生枝节,俟大局底定,再行改定办法。其所定规则,照录如下:

一、上海公共租界、法国租界二处,行政、警察等权操于外人之手,应俟大局底定,再行设法收回。现时华人在租界内,暂不可率行抵抗或卤莽从事。

二、如遇犯人逃入租界,或在租界私运禁物等事,应通知外交部与领事交涉,妥为办理。如事关捕拿,须由外交部照会领事,在提票去签押后,方可拿人。各部及军民人等,不可自行照会或遽行缉捕。

三、华人不论何项人员,不可携军械入租界行走,如须持械过租界时,应由都督知照外交部,将路程、人数、械数开明,向工部局领有准照,方可自由行动。

四、上海会审公堂,前此所派清廷官吏,大半冗阘,是以腐败不堪。上海光复后,该公堂竟成独立,不复受我节制,此种举动,理所必争,尤宜急图挽救。外交部自当向各领事交涉,使必争回,然后选派妥员接管,徐图改革。但交涉未妥之前,我军民不可从旁抗辩,致生枝节。

五、在租界内,无论华洋住宅、铺户,均不得无故搜查。即或有必须搜查之处,须由外交部照会领事,取有正式签押票据,方可随同租界差捕,前往搜查。

六、现在存储上海之军火,不可滥行搜查,致生纷扰,应由外交部调查该军火原主,或军政府能悉其底蕴,即行知照外交部,向该原主索取不运出口之凭证,照会该管领事存案。嗣后如有私运出口情事,则可俟其装运之船离埠,在港口外检查,并应速行通知外交部,照会该管领事,派员随同前往扣留,再送捕获裁判所发落。

七、凡在通商口岸之中立国商船,业经进口在港内时,均免检查。如确知其私运军火,应知照外交部,向领事交涉。

八、依万国公法,所有外国兵舰及他种国有船并其所有之驳船,均不得搜查留难,自当按照办理。

九、各国轮船进口,凡使馆所用物件,按照通例,向不纳税,亦不得留难。如查明确有携带违禁物品,亦不可扣留,只可将情形通知外交部,与该管领事交涉。

十、凡有外国租界各埠,应仿照上列各条办理。如各地风俗习惯及条约上有不同之处,仍可变通。但必须先将详细情形通告本部,另定特别办法。

△ 黎元洪致电南京临时政府、各省都督,就议和提出会场宜设上海等四点意见。

黎元洪《致南京临时政府并各省都督》电文如下:

伍公与唐使开四次会议,所议各条,极为周到。但事体重大,间不容发,亟宜格外严密,以防万一之败。兹略述管见如下:一、会场宜仍设上海,万不可移于他处。二、会期宜速,万不可多延时日。三、民国代表,宜选确抱共和宗旨者,万不可失人。四、此会事关特别,宜用记名投票法,并将省份注明,以防流弊。余则乞诸公妥为筹画,以免疏漏。民国幸甚。

易国幹等辑《黎副总统政书》卷4,上海古今图书局1915年印,第1页

△ 黎元洪分别致电南京临时政府、各省都督及伍廷芳，谓阳夏清军违约不退，反向民军开衅。伍廷芳速与唐绍仪交涉，令清军如约退出百里以外。

黎元洪《致南京临时政府并各省都督》电文如下：

阳夏敌军，不第不遵约退出百里以外，且肆行射击，反图进攻。顷探得确情，彼军谓民军既举有总统，同人生计将绝，并谓此后之战，皆为项城，非为满洲云云。鄙意项城胸怀磊落，名满天下，此次以仕清廷，未克与选，识者惜之。方期和议早成，彼此共享共和之福，人望如项城，何至不能与选？若果如敌军所云，不第为项城盛德之累，且以违约见责于友邦，恐非项城所许。为此通告，并乞伍先生速与唐使严重交涉，请其急电项城，饬军队如约退出百里之外，以昭孚信。否则冠裳之会，变为干戈，涂炭生灵，端自彼开，我可告无罪于天下矣。

易国幹等辑《黎副总统政书》卷4，上海古今图书局1915年印，第1页

黎元洪《致上海伍外交总长》电文如下：

连接来电，云我军违约开枪，实系敌人诡传。据司令部报告云：日昨沌口敌人先开枪击我，我游击队还击，尚系小战。昨午敌人轰击武昌，当毙铜币局二人、粮道街商民三人，显系敌人违约。且据英领云：敌人以项城未选总统，渠等绝望，故决死战，其情形前已电达。现我军已遵约停击，并望向唐使速电敌兵如约退出百里以外。我军已经申警军令，万不可轻于开枪，如违以军法从事。并恳以此情形，转达唐使为要。

易国幹等辑《黎副总统政书》卷4，上海古今图书局1915年印，第1～2页

△ 唐绍仪因所签议和各条款为袁世凯“不允承认，着令取销”，迭电内阁袁世凯请辞议和代表。

唐绍仪致袁世凯电一如下：

急。北京袁宫保：鄂，初九日奉到上谕，仰蒙俯如绍仪所请，以君主及共和两问题由临时国会解决。当经依据阁令，与民军代表伍廷芳再四晤商。所争在会议地点及选举二事。开会之地，该代表意在南京，阁令意在北京，彼此坚持，迄无成议。复以中间地方，如烟台、威海、青岛各租界竭力磋商，该代表始让步至上海租界内为止。而阁令仍主北京。论承平之时，召集国会自以京师为正。无如两月以来，东南各省纷纷独立，该代表岂肯曲从。上海交通既便，召集较易。人心向背，不关地点。各国领事亦咸以上海为宜。至于选举一层，阁令亦系按平时办法，由各州县选举章程办理。抑思东南十余省已非阁令所能及，其势必须由民军召集，不待智者而知。至蒙古、西藏幅员虽广，而人民实居少数。加以库伦独立，达赖依违，皆为民军所借口。该代表只允作为两省，徒恃口舌争持，终难就范。现在朝旨虽允罢兵，而两军于退兵期内往往误会，不免冲突。若会期迁延太久，变象日多，和议无成，时局前途何堪设想。绍仪智尽脑空，忧心如焚。倘荷圣明采纳，应请饬下内阁，于会议之地，选举之法，勿再坚持，致生枝节。大局幸甚。自揣材力薄弱，奉职无状，迭与参预讨论各员详细商酌，意见相同。除电内阁请撤销代表职任外，谨披沥上陈。乞代奏。绍仪叩。覃。

“军机处电报档”，中国史学会主编《中国近代史资料丛刊·辛亥革命》(8)，上海人民出版社1957年版，第231～232页

唐绍仪等致内阁电二如下：

今早已将电辞代表职任一节面告伍代表，停止开议。至连日签定各款，均系事势所迫，万不获已。迭接阁电不允承认，着令取销。仪等讨论已属无效。昨经率同参【预】讨论各员

公电辞职。务乞一律给予处分,即日销差。嗣后如有应商革军各事,请由英使交鄂、沪英领转交前途可也。仪、琦等。元。

"军机处折包档",中国史学会主编《中国近代史资料丛刊·辛亥革命》(8),上海人民出版社1957年版,第232页

△ 庄蕴宽通电就任代理江苏都督。

庄蕴宽通电如下:

各省都督、伍外长、程都督、宁苏各军总司令、统制暨本省各军政分府民政长、《民立报》暨各报馆公鉴:准程都督提文开:"本都督旧病剧增,未能视事,经公推贵都督代理江苏都督"等因。宽自维棉[绵]薄,惧艰胜任,一再坚辞。复经孙大总统敦促,责以大义,未许推卸,权于本日来宁任事。仍盼程都督清恙速痊,早日回任。惟代理一日,即负责一日,不敢示懈。口[蚊]负之讥,自知不免。尚望时赐箴规,用匡不逮,至祷。苏代都督庄蕴宽叩。元。

1912年1月3日《民立报》

1月2日(十一月十四日)　孙中山以临时大总统名义通电全国改用阳历,以1912年1月1日为中华民国建元之始。

邹鲁《中国国民党史稿》:

大总统就职之日,易正朔,定旗帜。盖当民军初起时,所用纪元有用中华民国者,有用黄帝纪元者,并沿用阴历。惟黄帝纪元,实当时促发汉人反满之情感。今政府既立,汉、满、蒙、回、藏,合而为一大共和国,种族界限自消。且欧西各国,均用阳历,若仍用阴历,匪特国际交通,时感不便,即世界大同趋势,亦有所背。故大总统就职,用中华民国以纪元,并改用阳历。就职之日,适阳历正月一日,遂以是日为民国建元,称中华民国元年正月一日。

邹鲁《中国国民党史稿》,中华书局1960年版,第915页

居正《梅川日记》:

辛亥革命首义,以黄帝纪元(四千六百零九年)。各省响应,有用同盟会天运年号者(例如宣统三年,岁次辛亥,即用天运辛亥)。孙先生(同盟会总理通称)回国,认为有改正朔统一之必要,建议以中华民国纪元,援引公历,由元年以至亿万斯年,一便于记忆,二进于世界大同,三预算年度,减少岁闰麻烦,由黄克强先生携交南京临时各省代表会议决宣布。临时大总统就职之始,咨临时参议院(代表会选举大总统以后,宣告解散,由各省推举三人为参议员,组织临时参议院,但参议院未组成以前,代表会得代行职权)审议,决议以中华民国纪元,废旧历,行新历,附件如下:(一)政府于新历十二月前,编印历书,颁发各省。(二)新旧二历并存。(三)新历下附星期,旧历下附节气。(四)旧时习惯,可存者择要录存,但吉凶神宿,一律删除。决议案咨大总统公布,附件令内务部照办。余时代理部务,集诸参事及主管礼俗司,征考典章,取材简易,不半月而编印颁行。并告各省遵照,自由翻印,无有版权拘束。初载首基,于焉蒇事。

章开沅主编,罗福惠、萧怡编《辛亥人物文集丛书·居正文集》上册,华中师范大学出版社1989年版,第82页

孙中山通电如下:

各省都督鉴:中华民国改用阳历,以黄帝纪元四千六百九年十一月十三日,为中华民国元年元旦。经由各省代表团议决,由本总统颁行。订定于阳历正月十五日,补祝新年。请布告。孙文。

中国社会科学院近代史研究所中华民国史研究室等编《孙中山全集》第2卷,中华书局1982年版,第5页

△ **孙中山任命胡汉民为总统府秘书长。**

任鸿隽《记南京临时政府及其它》:

当时临时总统府的秘书长,已内定胡汉民。……

……这个临时总统府,就是前清的两江总督衙门,也就是太平天国时代的天王府。那时的安排,是把正厅房屋作为我们这些办公人员的宿舍,偏西的花园洋房作为总统的住宅与办公处,而把介于正厅与西花园之间的一幢小三开间客厅作为秘书办公室,大约是取其便于与总统室联系的缘故。

…………

南京临时政府初成立的时候,事无前例,一切草创,总统秘书处也非例外。记得在我们开始办公的头几天,无非忙于一般性的通告文字,如《告前方将士文》、《告海陆军士文》、《咨参议院文》之类。几天后,各方面的人员到得多了,秘书处才有了一个分组组织。现在就我所记得的分组办法,及在各级担任职务的人员记出如下(在当时各事动荡不定的形势下,许多任职的人员也是往来不常的,现在只就任职较久的人记下来):

秘书长:胡汉民

总务组:李肇甫、熊成章(以上二人后来做参议院的四川代表去了,但仍时来总统秘书处担任联系工作)、萧友梅、吴玉章、任鸿隽

军事组:李书城、耿伯钊、石瑛、张通典

外交组:马素、张季鸾、邓家彦(此人后来到上海去办《中华新[民]报》了)

民事组:但焘、彭素民、廖炎

电务组:谭熙鸿、李骏、刘鞠可、黄芸苏(此组事务颇忙,还有几个华侨回国人员参加工作,其姓名已不记得了)

官报组:冯自由、易廷憙

收发组:杨铨

中国人民政治协商会议全国委员会文史资料研究委员会编《辛亥革命回忆录》(1),文史资料出版社1981年版,第410~412页

△ **各省代表修正临时政府组织大纲。**

《修正中华民国临时政府组织大纲》全文如下:

第一章　临时大总统、副总统

第一条　临时大总统、副总统,由各省代表选举之,以得票满投票总数三分之二以上者为当选,代表投票权每省以一票为限。

第二条　临时大总统有统治全国之权。

第三条　临时大总统有统率海陆军之权。

第四条　临时大总统得参议院之同意,有宣战、媾和、缔结条约之权。

第五条　临时大总统得制定官制、官规兼任免文武职员,但制定官制暨任免国务各员及外交专使,须参议院之同意。

第六条　临时大总统得参议院之同意,有设立临时中央审判所之权。

第七条　临时副总统于大总统因故去职时,得升任之。但于大总统有故障不能视事时,得受大总统之委任,代行其职权。

第二章　参议院

第八条　参议院以各省都督府所派之参议员组织之。

第九条　参议员每省以三人为限,其派遣方法,由各省都督府自定之。

第十条　参议【院】开会议时,各参议员有一表决权。

第十一条　参议院之职权如下:

一、议第四条及第六条事件;

二、承诺第五条事件;

三、议决临时政府之预算;

四、检查临时政府之出纳;

五、议决全国统一之税法、币制及发行公债事件;

六、议决暂行法律;

七、议决临时大总统交议事件;

八、答复临时大总统咨询事件。

第十二条　参议院会议时,以到会参议员过半数之所决为准。但关于第四条事件,非有到会议员三分之二之同意,不得决议。

第十三条　参议院议决事件,由议长具报,经临时大总统盖印,发交行政各部执行之。

第十四条　临时大总统对于参议院议决事件,如不以为然,得于呈报后十日内声明理由,交令复议。参议院对于复议事件,如有到会参议员三分之二以上之同意,仍执前议时,应仍照前条办理。

第十五条　参议院议长,由参议员用记名投票法互选之,以得票满总数之半者为当选。

第十六条　参议院办事规则,由参议院议定之。

第十七条　参议院未成立以前,暂由各省都督府代表会代行其职权,但表决权每省以一票为限。

第三章　行政各部

第十八条　各部设部长一人,总理本部事务。

第十九条　各部所属职员之编制及其权限,由部长规定,经临时大总统批准施行。

第四章　附则

第二十条　临时政府成立后,六个月以内,由临时大总统召集国民会议。其召集方法,由参议院议决之。

第二十一条　临时政府组织大纲施行期限,以中华民国宪法成立之日为止

《临时政府公报》第1、2号,中国科学院近代史研究所史料编译组编辑《近代史资料·辛亥革命资料》,中华书局1961年版,第9~10、18页

△ 清军将领姜桂题、冯国璋、张勋、曹锟、张作霖等多人联名分别致电内阁及唐绍仪、伍廷芳,誓死反对共和,并请旨饬亲贵大臣将银行存款提充军用,还称召开国会地点应在北京,如在上海,"我军人亦誓不承认"。

姜桂题、冯国璋、张勋、曹锟、张作霖等十五人致内阁电文如下:

革党坚持共和,我北方将士十余万人均主君宪。现奉懿旨,将君主、民主付诸公决。然革党强横,断不容有正式选举,则必仍循少数人私见,偏主共和。我将士往返电征意见,均主死战,并已将利害电知唐、伍两代表。然言战必先筹饷,军兴以来,朝廷屡发内帑,已将告罄,懿亲与国同休戚,亦应将私有财产全数购置国债,以充军用。懿亲以财产报国,军人以性命

报国,国存则款仍有着,国亡则财可杀身。明季覆辙,可为殷鉴。方今时局危迫,饷源枯竭,现闻北京各外国银行有现银不下三四千万两,统为亲贵大臣所存放,应请旨饬下各亲贵大臣分别提回,接济军用,作为国债。并饬下度支部妥定章程,以便事后归还。毁家纾难,自好者犹慷慨为之,况各亲贵大臣世受国恩,岂宜吝此区区?倘有不知大体,措勒阻抑,或故意隐匿,不将所有现款全数实报者,并请从严治罪,以循私误国论。果能凑集大宗巨款,庶饷源既裕,战备有资,我大小将士即牺牲性命,亦甘之如饴矣。事迫势危,不胜悚惶待命之至。谨请代奏。姜桂题、冯国璋、张勋、张怀芝、曹锟、王占元、陈光远、李纯、潘矩楹、吴鼎元、王怀庆、洪自成、周符麟、聂汝清、张作霖。

"军机处电报档",转引自中华民国史事纪要编辑委员会《中华民国史事纪要》(初稿)中华民国元年(1912)正月至六月,中华民国史料研究中心1981年印行,第20~21页

姜桂题、冯国璋、张勋、曹锟、张作霖等二十一人致唐绍仪、伍廷芳电文如下:

唐大臣、伍代表公鉴:革党主张共和,我北方军人在主张立宪。现既奉懿旨召集国会,公决国体,各省代表必须由正式选举,国会尤宜开在北京,方合文明办法。倘以上海少数人之私见、偏执、迫胁,直是野蛮专制作成,一二人之所为,其余不过盲从。司马昭之心,路人皆见。果能即此成功,笑骂正可由他。无如中国幅员甚广,四方不乏豪杰之士,谁肯甘心降伏?即我军人亦誓不承认,干戈相见,死亡枕藉,两面所伤,非均是我四万万同胞乎?衅自谁开,不仁孰甚!兵连祸结,外人更难袖视,一经兵力干涉,瓜分立见,大陆永沉,恐亦非改革政治初心,似亦两代表所不愿。谨进最后忠告,请熟思之。姜桂题、冯国璋、张怀芝、张勋、王怀庆、王占元、陈光远、李纯、曹锟、潘渠[矩]楹、吴鼎元、洪自成、张作霖、聂汝淦[清]、锡[赵]倜、伍祥登[祯]、李际春、冯德麟、陈希义、李思远、凌淮琪等及各部将士同叩。寒。

观渡庐《共和关键录》第3编,第27~28页

△ 袁世凯因在沪十七省代表选举孙中山为临时大总统,成立南京临时政府,致电伍廷芳,指责唐绍仪与伍所订议和各条约"未先与本大臣商明,遽行签定",解除唐绍仪的议和代表职务。

袁世凯致伍廷芳电文如下:

伍秩庸代表鉴:此次变乱,各省扰攘,本政府不忍生灵涂炭,特备文委托唐代表赴沪作为总理大臣全权代表,专为讨论大局之利害,其权限所生[在],只以切实讨论为范围。乃迭接唐代表电开,与贵代表会议各条,未先与本大臣商明,遽行签定,本大臣以其中有必须声明及碍难实行各节,电请唐代表转致。嗣据唐代表一再来电,请辞代表之任,未可强留。现经请旨准其辞任。至另委代表接议,一时尚难其人,且南行需时。嗣后应商事件,先由本大臣与贵代表直接往返电商,以期简捷,冀可早日和平解决。特此电达。内阁。盐一。

观渡庐《共和关键录》第1编,第39页

△ 袁世凯致电伍廷芳,"拟再将停战期限展长十五天"。

袁世凯致伍廷芳电文如下:

盐一电计达。现在彼此直接电商,计未商定之件甚多,拟再将停战期限展长十五天,自十二日上午八点钟起,至二十七日上午八点钟止。可否?希电复。

1912年1月5日《大公报》要闻《续展停战期限之要电》

△ 滦州新军起义,次日宣布独立,成立"北方革命军政府",举王金铭为大都督,施从云为总司令。袁世凯急调重兵镇压,起义失败,王、施遇害。

1912年1月9日《盛京时报》载:

直督十五日接开平王镇台来电,已于十四日午后六钟由滦州安抵开平镇署,并无独立之说。刻准阁部电称,已调第三镇曹统制带队于十五日晚驰抵滦州,妥为镇慑,特此登报,俾众周知。又前陆军第二镇统制马龙标,陆军第三镇统制曹锟及第三镇十二标标统汪学谦,带领九标步队第一营、十三标步队第一营、炮标第一营,又淮军炮队一营,又毅军若干,均于十五日夜间由丰台、通州处乘坐加车多次,开往滦州,扼要驻扎,预防第二十镇军队再有□动情事。兹据详细调查,知二十镇驻扎军队仅留三营。此次之变,实因索饷而起,王怀庆前往劝慰,即强迫王为大都督,王无可如何,当即应允,旋托词□□绅士会议,即乘间脱身驰赴开平。直督陈制军曾于十四日下午三句钟,特派员张、孙二君,由津乘专车前往滦州调查,至夜回津,该兵大有截抢火车之事,幸经淮军保护,火车始能开行。十五日早,津榆火车停行,不售客票,至午接滦州来电,始行售票载客,开车东往。所有昨早六点余钟由津开往榆关慢车至唐山停行,快车一同前往,所有搭客无不惊慌。又闻十四日陆军部已传谕京奉铁路局,预备火车,以便载兵赴敌。又顺直谘议局永平府议员傅圻、李津舟两君昨由籍电该局云:滦车站停票,民心惊惶,请局交涉开票,以安民心而便交通,滦军可望和平。某路局昨接洋稽查电称:今日滦州情形颇现危险。通永镇王统领已由唐山回开平,面嘱上行车暂勿开行,以免□军西上。又据滦州工程司电称:今日滦军各队已移扎在滦站背后山顶上及附近雷庄各山,目下车站尚属安靖。又顷接滦州工程司下午来电,据称滦州兵从前移扎山顶,现在又陆续回营,地方安靖。又据最确消息:滦军已举州牧朱佑保为民政长。惟该军接上海伍代表廷芳电报,暂缓进行,静候国民会议。又袁内阁、陈小帅均遣员劝谕,勿任涂炭,故该军确有和平之主意。

章开沅等主编《辛亥革命史资料新编》(3),湖北人民出版社2006年版,第466页

1912年1月10日《盛京时报》又载:

直督昨午接开平镇来电云:"督军钧鉴:现经职所部淮军暨初之陆军于夜半三钟在滦西与叛兵接仗,大获胜捷,怀庆在雷庄督战,此电禀请纾宪廑。庆叩。"又据督署人云:滦州军队确已和平了结,昨由督署暂代政府垫发款若干。又闻政府自滦州兵变后即电调第三镇步炮各队共十余营,由石家庄镇乘加车共计十四次,均已过津,前往剿办。随于十六日晚变兵已被淮军围困,电禀督宪陈小帅派委于十七日早由湘乘火车押运官棉裤袄八百余套赴滦州,令变兵更穿交械,各回原籍,不允者击毙。十七日早滦州变兵官弁率兵乘火车至雷庄抢陆军之营寨,随被官兵围获变兵三百余名、管带二员候审,解津再行发落。闻当时击毙陆军哨官一员、书记一名。十六日各国驻屯军司令官,因滦军之变开会议,系照庚子年增置兵队,如唐沽、唐山、昌黎、山海关等处,仍旧驻屯,以保京奉铁路,免得交通杜绝之虑。议决后,即发电外交团请其向北京政府交涉,不日即可宣布。

章开沅等主编《辛亥革命史资料新编》(3),湖北人民出版社2006年版,第467页

郭孝成《直隶革命记》:

驻扎滦州第二十镇陆军各级官长军目,因见议和延迟,大局危迫,若再激酿战争,势必兵连祸结,瓜分之患,近在眉睫,故起意运动独立,联络汤河各军长,招集本地官绅,筹议多次。决定后,拟举通永镇王怀庆为北方民军大都督,遂于十一月十二日,由滦军全体官长兵目具名,电告北京袁世凯、顺直谘议局及上海议和代表,电录如下:

“北京内阁总理大臣、上海伍代表、唐大臣、天津顺直谘议局均鉴：自武汉事起，各省响应，势如奔涛，足见人心之所向，决非兵力之所能阻也。全国人民望共和政体，甚于枯苗之望雨，诚以非共和则难免生民之涂炭，非共和难免外人之干涉，非共和难免日后之革命。想我公身为总理，全国人望所归，决不能执一人之私见，负万民之期望。况刻下停战期迫，议和将归无效，全国人民，奔走呼号，不胜惊怖，直省尤甚。陆军混成四十协官长目兵等，驻扎直省，目睹实情，用敢冒死上陈。查前奏颁之信条，内开军人原有参议主权，刻下本军全体主张共和，望祈我公速定大局，以弭惨祸，实为至急。临发百拜，不胜惶悚之至！统带官苏广川、管带官齐（按齐当作施）从云、王金铭、张建功、王石清、郑金声、冯御香、陈宝龙、徐廷荣及下级官佐等同叩。”

王怀庆闻滦州兵主张共和，即单骑往谕，谓万勿暴动，静听临时国会议决。但鄙意以为中国实以君主立宪为宜。说未毕，一统领起立曰：“吾营主张共和已决，且已公举军门为北军大都督。”言毕，众齐声附和，迫令王入一室办事，即发电报致各国公使领事，此十三日事也。王心怀诡计，乃从容曰：“细思诸君之言，极有道理。然而粮饷不足，人数不多，为可虑也。万一事败，则王怀庆三字，一钱不值，不能不谋定后动。筹饷为第一要义，滦州开平士绅，吾多认识者，请劝之。”众认可，命轿来。轿为寻常之轿，王故作难色曰：“如此太不足壮观瞻。”众曰：“仓猝间何处得绿大轿？无已，其马乎？”王领之，遂选良马，随二武员及数兵以行。王始而与语，既而忽前，忽又回头顾而待之，众更不疑。俟至大道，猛加两鞭，直奔开平本营矣。众始悟其逃，乃开枪，未击中王。于是王回开平，即发电报告情形，此滦州兵起事与王脱逃之实状也。

滦军既告警，清将曹琨［锟］率第三镇即日乘特别火车，前赴滦州。有步队三营，马队一营，并淮军炮队四百名，炮三十五尊，及通州毅军一营，于十一月十六日抵滦，次晨即激烈围攻。滦军人本少，十四至十五，散去者已近三百名。至十六日，滦军尚拟在铁路扣留客车七辆，装兵赴京，讵次早清军即到，不及出发，遂败。王、施二管带，被第三镇兵所获，其余四散，复经王怀庆派兵截杀，纷纷逃窜。革命之事，遂不崇朝而归泡影矣。

中国史学会主编《中国近代史资料丛刊·辛亥革命》(6)，上海人民出版社1957年版，第268～269页

罗正纬《滦州革命纪实初稿》（节录）：

王金铭、施从云、白毓昆、凌钺等，预定于十一月十四宣布滦州独立，推王怀庆为都督，怀庆乘间逃归开平。改定十五日宣布独立，正式成立北方革命军军政府，遂于是日推举王金铭为都督，施从云为总司令，冯玉祥为总参谋长，白毓昆为参谋长，周文海为秘书长，朱佑保为民政部长，郭凤山为军政部长，孙谏声为外交部长，刘现云为财政部长，李亿珍为司法部长，刘兰圃为教育部长，陈涛为军法处长，张注东为警务处长，欧阳藩为交际处长，凌钺为军务处长，熊朝霖为敢死队长，李子峰为谍报队长，石敬亭为中路司令，鹿钟麟为右路司令，韩复榘为左路司令，张之江为骑兵司令，张树声为骑兵副司令，郑金声为后援右翼司令，王石清为后援军左翼司令，其余军政长官均加新职……

…………

滦军宣布独立，北方革命之正义大张，民军之响应继起，金铭、从云乃于十六日誓师，檄告全国曰：“慨自满虏入关以来，二百余年矣，芟夷我人民，淫僇我子女，搜括我财货，窃据我政权，我祖我宗，日惟伈伈伣伣，念痛忍耻，不惜输其脂膏，培此丑类，冀藉彼贼以保国土。讵知海禁洞开，外人环伺，夕贡金缯，晨输土地，蚕食鲸吞，已见效于接踵，瓜分豆剖，实堪虑于目前。夫以地广财丰，兵多士众，尽可发奋为雄，无敌天下。彼虏昏昧，甘开门牖以揖贼，乳

雌肆虐,宁破金瓯以赠邦邻。迩者天佑皇汉,胡祚告终,凶德相仍,淫虐是长,群兽嘻嘻,羌无远虑,如室将倾,而抉其凿楔,如水欲溃,而塞其苕苇。其设官也,则财贿通而政柄杂;其待人也,则禁纲密而猜疑甚;其栽培也,则根本亡而枝叶拔;其崇尚也,则酋虏尊而奇杰贱。愤激之气,溢为云雷,喑呜之声,震彼山岳。昔单于争立而汉功成,豪杰内应而唐京复。浇有因室之黩,而一成之夏,可以复之;嬴有望夷之惨,而三户之楚,可以亡之。于是鞠旅陈师,撕城麾邑,箫勺群慝,张皇六军,湘鄂发难于先,皖浙起义于后,一战而山陕复,再战而粤桂平。看汉将之如飞,望胡尘之不起,歼灭群猿,期诸指日。惟以相见兵戎,生灵久苦,故前者张绍曾之迫虏立宪,原系相让以和平,吴禄贞之宣抚晋师,希图轻彼以鞭挞。蛮貊无知,没我恩德,虏运将绝,腥膻秽朝。本政府位置滦州,遥临虏室,民清不两立,汉满不并存,即日振旅京津,廓清余孽,俾大功克定,重开黄帝之山河;非种驱锄,尽逐白山之苗裔。洗二百年来奇辱,会看赤日之重升;拯大千世界沈痾,快捣黄龙而痛饮。用告同胞,咸使知悉。”

…………

滦军誓师以后,准备乘车开拔,第三营管带张建功,已与王怀庆勾结,即拟乘机倒戈。该营原驻车站附近自来火柴公司,王金铭、施从云一二两营驻北关师范。建功初拟移营进城,恐一二营疑其有异,未果。是日下午建功忽称驻地布置拆毁,不便驻扎,另于城内觅妥当地点,用具均可暂借。且距北关较近,便于集合。金铭、从云等不疑有他,许之。建功入城,适车抵滦,拟即出发。不意五时许,车站掩护队张振甲,解送第三营督队官李得胜到营,据称于煤车间拿获着布衣乡民,类似侦探,详视之,始识为李得胜,问其何往,言语支吾,知有异。搜之,得胜将袋函撕毁,拾阅碎纸,皆将滦军革命情况报告怀庆,显系奸人无疑。金铭叱将得胜收押,派彭祖佑通知建功,嘱请办法。祖佑甫入城,建功知所谋败露,将三营分为两部,一部在城外袭击一二营侧面,一部登城向北关师范一二营正面迎击。金铭、从云以建功叛变,只得出而抵御。古敬亭、王鸿升率队攻之,以一当百,忠愤之气,莫可与抗。城外叛军力不能支,踉跄入城,凭堞射击,居高临下,地利胜人,一二营兵士颇有伤亡。一营队长葛盛臣身先士卒,阵亡于东门外。郭凤山劝建功降,建功欲杀之,乃跃城出。相持二时许,一二营猛攻滦城不克,金铭、从云等以为自相残杀,徒误时机,不若率师西上,图举大事,命一二营官兵七百余人,齐集登车,时下午八时矣。建功闭守滦城,大肆搜杀,翌晨搜出炸弹敢死队队长孙谏声于滦城公署,声称出城,至西南城以枪锋破腹杀之,血染城堞。炸弹队侦探员李晓燮遇三营军队于城隅,被击死之。杀振甲于偏凉汀车站,尸塞滦河冰窟。谏声随从李秉祥被俘,割其心肝以死。李振廷、吴宝元、崔杰熙等,同时殉难。挨户搜索,大捕党人,凡有革命思想及文字表现者,一经查获,立即被害。旬日之间,滦州遂成恐怖时代矣!

…………

先是王怀庆逃归开平,将滦州独立情况电告袁世凯。世凯电令北洋陆军第三镇派兵一协前往开平,归镇守使王怀庆指挥痛剿。十一月十五日第三镇统制曹锟派第六协协统陈文运率十二标火速前往,该标统汪学谦即于是日率部登车,至十六日下午五时抵雷庄。怀庆见援军至,将所辖淮军撤退,由十二标布防。时已天晚,只将第二营陈九达部布置于铁道两翼,一三营即在雷庄东端约三里许宿营,炮兵两连设阵地于车站南端高处,淮军撤后方护卫。时已夜深,兵士须安宿,九达勒令所部,将铁轨拆去一段,防滦军西进,派探访队长谭庆林率队侦詧。夜十二时许,金铭、从云率军西行,距雷庄约八里,火车落轨,令全军下车,知敌在前乃于黑夜奋勇射击。清军时正酣睡,与革命[军]抵抗者,仅庆林一队。未几第二营闻枪声,仓卒起而还击,庆林军受夹攻,不及退避,无已,乃卧地吹号停战。滦军误为归降,答示暂停,清军误为滦军投诚，亦示暂停，双方误会，遂休战焉。

时金铭、从云等获清军侦探两人，讯悉敌军系陆军第三镇，非王怀庆部。金铭、从云等，更加慎重，彼既表示停战，意必服从革命。金铭、从云等乃本大无畏之精神，冒险往清军阵地，声称吾等大汉民族，不甘臣服满清，特约贵军共同革命。比由清军队官陈锦魁导金铭、从云等见标统汪学谦，协统陈文运……怀庆知金铭、从云等投营游说，恐为所动，立命杀之。

中国史学会主编《中国近代史资料丛刊·辛亥革命》(6)，上海人民出版社1957年版，第349～355页

△ 河南谘议局致电袁世凯表示赞成共和，如和议变动，河南人民誓与清廷断绝关系。

河南谘议局致袁世凯电文如下：

人民希望共和已达极点。河南民气夙称醇朴，起民军者已三十余处，官场诬为土匪，严行剿办，而屡仆屡起，民情可见。自和议有成，群情始慰。乃闻或进邪说，欲图反汗。倘和议稍有更动，河南人民誓与朝廷断绝关系，宁死不纳租税。汴议局。寒。

"军机处电报档"，中国史学会主编《中国近代史资料丛刊·辛亥革命》(8)，上海人民出版社1957年版，第157页

1月3日(十一月十五日)　中华民国南京临时政府正式成立。孙中山任命各部正副职官员、京都卫戍总督、议和参赞及有关方面顾问。

临时政府内阁简任员名单：

陆军部总长兼参谋部总长　黄　兴

海军部总长　黄钟瑛

司法部总长兼议和全权大使　伍廷芳

外交部总长　王宠惠

财政部总长　陈锦涛

内务部总长　程德全

教育部总长　蔡元培

实业部总长　张　謇

交通部总长　蒋作宾

海军部次长兼北伐海军总司令　汤芗铭

司法部次长　吕志伊

外交部次长　魏宸组

财政部次长　王鸿猷

内务部次长　居　正

教育部次长　景耀月

实业部次长　马君武

交通部次长　于右任

南京卫戍总督　徐绍桢

关外都督兼北伐第二军总司令　蓝天蔚

参谋部次长兼议和参赞　钮永建

上海通商交涉兼议和参赞　温宗尧

议和参赞　汪兆铭

议和参赞　王正廷

议和参赞　胡　瑛
法制顾问　寺尾亨
法制顾问　副岛义一
法制顾问　章宗祥
政治顾问　犬养毅

《临时政府公报》第3号,中国科学院近代史研究所史料编译组编辑《近代史资料·辛亥革命资料》,中华书局1961年版,第25~26页

居正《辛亥札记》:

总统就职之翌日,代表会开会,总统出席。按照临时政府组织大纲,各部长由总统提出,须得代表会之同意。先由代表开谈话会,总统交出部长名单,交换意见。当日初提黄兴陆军、黄钟瑛海军、王宠惠外交、宋教仁内务、陈锦涛财政、伍廷芳司法、汤寿潜交通、张季直实业、章炳麟教育。代表中有一派反对宋教仁与王宠惠及章炳麟者,又有以伍廷芳改外交者,争持不决。继由克强与总统商,以钝初主张初组政府,须全用革命党,不用旧官僚,理由很充足。但在今日情势之下,新旧交替,而代表会又坚持反对钝初长内务,计不如部长取名,次长取实,改为程德全长内务,蔡元培长教育,秩庸与亮畴对调。总统曰:"内、教两部,依兄议。外交问题我欲直接,秩老长者,诸多不便,故用亮畴,可以随时指示,我意甚决。"商之代表会,外交、司法勿变更。克强复出席代表谈话会,以所取名单及总统意告之,众无异议。

武汉大学历史系中国近代史教研室编《辛亥革命在湖北史料选辑》,湖北人民出版社1981年版,第172~173页

胡汉民《胡汉民自传》:

先生以余为总统府秘书长,各部之组织,则采纳克强意见。其人员如次:陆军部长黄兴,次长蒋作宾;内务部长【程】德全,次长居正;外交部长王宠惠,次长魏宸组;财政部长陈锦涛,次长王鸿猷;海军部长黄钟瑛,次长汤芗铭;司法部长伍廷芳,次长吕志伊;教育部长蔡元培,次长景耀月;实业部长张謇,次长马君武;交通部长汤寿潜,次长于右任。部长只陆军、外交、教育为同盟会党员,余则清末大官,新同情于革命者也。惟次长悉为党员。内务初提钝初,以其尝主内阁制,并欲自为总理,故参议院不予通过(初,由各省代表会行参议院职权,阁员须得其同意,著为约法,其后因之),而改用程德全。程以清江苏巡抚,于南京未破时,树义旗反正者。克强推荐张謇或熊希龄长财政,先生不可,曰:"财政不能授他派人,我知澜生(按即陈锦涛)不敢有异同,且曾为清廷订币制,借款于国际,有信用。"于是用陈。亮畴(按即王宠惠)以资格不足,欲辞。先生曰:"吾人正当破除所谓官僚资格,外交问题,吾自决之,勿怯也。"然张、汤仅一度就职,与参列各部会议,即出住上海租界。程固于租界卧病。伍以议和代表,不能筦部务。陈日经营借款,亦当居租界。故五部悉由次长代理,部长之负责者,黄、王、蔡耳。时战事未已,中央行政不及于各省,各部亦备员而已。独克强兼参谋总长,军事全权集于一身,虽无内阁之名,实各部之领袖也。

中国社会科学院近代史研究所近代史资料编辑组编《近代史资料》1981年第2期,第56~57页

△ **孙中山颁布《中华民国临时政府中央行政各部及其权限》。**

《中华民国临时政府中央行政各部及其权限》如下:

第一条　中央行政各部如下:

陆军部　海军部　外交部　司法部　财政部　内务部　教育部　实业部　交通部。

第二条　各部设总长一人,次长一人。

次长由大总统简任,次长以下各员,由各部部长按事之繁简,酌定人数。

第三条　各部局长以下各员,均由各部总长,分别荐任、委任。

第四条　各部部长管理事务如下:

陆军部长　管理陆军、经理军事、教育、卫生、警察、司法并编制军队事务,监督所辖军人军佐。

海军部长　管理海军一切军政事务,监督所辖军人军佐。

外交部长　管理外国交涉及关于外人事务,并在外侨民事,保护在外商业,监督外交官及领事。

司法部长　关于民事、刑事诉讼事件、户籍、监狱、保护出狱人事务,并其他一切司法行政事务,监督法官。

财政部长　管理会计、库币、赋税、公债、钱币、银行、官产事务,监督所辖各官署及府县与公共之会之财产。

内务部长　管理警察、卫生、宗教、礼俗、户口、田土、水利工程,善举公益及行政事务监督所辖各官署及地方官。

教育部长　管理教育、学艺及历象事务,监督所辖各官署学校,统辖学士教员。

实业部长　管理农工、商矿、渔林、牧猎及度量衡事务,监督所辖各官署。

交通部长　管理道路、铁道、航路、邮信、电报、航舶并运输、造船事务,统辖船员。

第五条　次长辅佐部长,整理部务,监督各局职员。

《临时政府公报》第2号,中国科学院近代史研究所史料编译组编辑《近代史资料·辛亥革命资料》,中华书局1961年版,第18~19页

△ 各省代表会选举黎元洪为中华民国临时副总统。

薛民见《黎元洪年谱》(节录):

1月3日,各省代表正式公举黎元洪为临时副总统,并由各省代表具签名书。文曰:"宋卿大元帅钧鉴:兹于元月三日由各省代表开正式副总统选举会,我公当选为临时副总统,谨呈签名书,送呈钧座,即请就职。"并派杨时杰代表将印信送至武昌。

武汉大学历史系中国近代史教研室编《辛亥革命在湖北史料选辑》,湖北人民出版社1981年版,第591页

1912年1月6日《民立报》报道:

十五日上午十时二十分,在南京各代表开选举副总统大会。计到监选二人,代表三十四人,来宾二十八人。监选人为刘君之洁、庄君蕴宽。先举定正主席赵君士北、副主席潘君训初。即由正主席起立,请各代表及来宾一律脱帽,以表敬礼。随宣言中华民国成立之始,庶政待理,大总统虽已举定孙公中山,而政事究属过繁,以事实上论,且举副总统助理一切,前由参议院议决于今日选举副总统。查有被选举资格者为黎君元洪、黄君兴二人,请代表诸公留意。言至此,即将有被举资格者之名单粘贴壁上。次由副主席挨次发给选举票,每省代表一张,并将票受人名片取回,以作证据。当时各代表并未互商,各自举笔直书,既毕,由正主席起立高唱:"江西代表投票。"该代表即至主席前,向监选人行礼,然后投票,再向监选人行礼,礼毕就坐原位。于是,正主席又递唱。浙江、湖北、直隶、奉天、河南、山西、福建、广西、广东、江苏、四川、云南、安徽、陕西、山东等省逐一投票毕,监选人启箱检视选举票,十七张均举黎元洪君为副总统,乃报告正主席,向各代表宣明姓氏。大众鼓掌,一律起身,执帽欢呼副总统万岁!中华民国万岁!共和万岁!并大奏军乐,始散会。

南京各省代表致黎元洪电文如下:

各省代表会于元年元月二日,决议选举临时副总统,即于三日上午开选举临时副总统大会,我公当选。除通告全国外,并由本会特派员赍各省代表签名书,敬呈钧鉴,兼表欢迎。

易国幹等辑《黎副总统政书》卷4,上海古今图书局1915年印,第7页

南京临时政府致黎元洪电文如下:

今日参议院选举副总统,经全数投票,举我公充任,共庆得人。谨为民国前途贺。

易国幹等辑《黎副总统政书》卷4,上海古今图书局1915年印,第7页

黎元洪致南京临时政府、各省代表、各省都督电文如下:

连接各省代表会与本省代表来电,知中央政府举元洪为临时副总统。闻命之余,惭悚交并。元洪才识平庸,素无表见。自起义以来,全赖群策群力,互相维持。以武汉一隅,而收十七省益地之图;以前后二月,而雪三百年敷天之愤。诸君子创其苦因,而元洪收其乐果。纵诸君子谬蒙推奖,能勿恧然?现在和议未定,战事方棘。尚望诸君子坚矢初心,共襄盛业,勿争权利而越范围,勿怀意见而分门户,勿轻敌而有骄心,勿畏难而萌退志。岂惟我中国父兄子弟群相托命,环球万国,将于是观听随之。元洪有厚望焉。

易国幹等辑《黎副总统政书》卷4,上海古今图书局1915年印,第6页

△ **伍廷芳接连电复袁世凯,声明唐绍仪签约有效,望清军"于五日之内,退出原驻地百里以外,以昭大信";并请袁亲自来上海直接妥商。**

伍廷芳复袁世凯电文之一如下:

顷接盐一电(见2日日志,编者),深为诧异,此次唐使来沪,携有总理大臣全权代表文凭。开议之始,互验文凭,本代表即认唐使有全权。会议五次,所订各约,一经签字,即生遵守之效力。来电所称,唐使电开会议各条,均未先与商明遽行签定,本代表实不能承认此言。但知一经唐使签字之后,贵政府即当遵行。今唐使虽辞职,而未辞职以前所签字之约,不因此而失其效力。贵大臣深明交涉,谅必能守此公例。至于所称应商事件,先由贵大臣与本代表直接往返电商云云。应商各件,有非面商不能尽者,远隔数千里,仅以电报往返,必有难于通悉之处。故会议通例,必须面商。通函尚不能尽,何况电报。本代表此次与唐使会订国民会议办法,已将就绪,只余会议地方及日期,已由唐使电达。中外想望,以和平解决,指日可俟。今忽有此意外,和局难保不因此动摇。贵大臣如果有希望平和之决心,应先示人以信,宜迅照初十日所订定退兵办法,饬各军队于五日之内,退出原驻地方百里以外,以昭大信,是所切祷。伍廷芳。江一。

观渡庐《共和关键录》第1编,第49~50页

伍廷芳复袁世凯电文之二如下:

北京袁内阁鉴:顷接盐二电,提议停战期限展长十五天。本代表前与唐使会订国民会议办法,已将就绪,只余会议地点及日期,已由唐使电达,请贵大臣先将此两条迅为电复。如以本代表办法为然,则国民会议指日可开,大局早定,人心早安,诸事皆易商量。如不以此办法为然,则彼此磋商必非电报所能尽悉。请贵大臣亲来上海一行,以便彼此直接妥商,早日解决,实为至便。再,昨与唐使签字定约,嗣后两军须得有全权代表电,报述和议决裂、战事重开,始可发令开仗。应再为声明,以免歧异。伍廷芳。江二。

观渡庐《共和关键录》第1编,第50页

△ 陕西民军攻占河南灵宝，赵倜所部清军退陕州，据守渑池。

袁世凯关于陕西民军攻占河南灵宝奏折如下：

十一月初一日，据统领官赵倜由潼关来电称："陕匪步马队约万余人，并力直攻潼关，职镇所部不满五营，有守兵无战力，请速拨援兵"等语。当即电饬驻扎陕州之南阳镇总兵马金叙、驻扎洛阳之协统官周符麟迅即拨队往援。初三日，赵军因连日苦战，兵单力薄，已由潼关退守阌乡。初九日，革军分三路进攻，南路由商洛，北路由同蒲，西路直出潼关，已有数营径扑阌乡。赵军力不能支持，退守灵宝。十五日，革军进攻灵宝，至夜半暗袭二次。而河东运城又于是日失守。秦晋革匪会合南下图陕，拟抄灵宝后路。赵马各军退守陕州。现调统制官王占元率第三协赴陕州进攻。并饬周符麟即日拨队救援。谨奏。

"军机处折包档"，中国史学会主编《中国近代史资料丛刊·辛亥革命》(6)，上海人民出版社 1957 年版，第 122 页

△ 伍廷芳与唐绍仪就安徽停战续订停战附件七条。

1912 年 1 月 3 日《申报》《续订皖省停战附件》报道：

民清两国开议和局后，本有两方军队一律停战之条件，乃各处清军往往违约背信，如汉阳、娘子关等处已有确证，而尤以清皖抚倪嗣冲攻占太和进窥颍州为最悖理，殊与和局大有关碍。现民国伍外交长复与清使唐绍仪订定和款附件七则，专为防止皖省军队之用，照录如下：

一、阜阳由倪军驻扎。

二、颍上归民军驻守。

三、两方于驻守地外不得进攻。

四、两方驻守地内由各军自行维持秩序。

五、阜颍两地之间一切秩序由两方共同维持。

六、现在境外之张某两方均认为土匪，会同剿灭。

七、此约以电到之日发生效力，两方中先得电者，务必通知他方。

△ 章炳麟脱离同盟会，在上海另组中华民国联合会，以章炳麟、程德全为正、副会长。次日中华民国联合会机关报《大共和日报》创刊。

1912 年 1 月 5 日《民立报》《联合会成立大会记》报道：

十五日午后二时，中华民国联合会开成立大会于江苏教育总会，到会二百余人，首由主席唐文治君报告开会，次由章炳麟演说本会宗旨。次行选举，用投票法。章炳麟君得一百二十六票，被选为正会长；程德全君得八十一票，被选为副会长。次由各省会员互选参议员，其得票最多数者：江苏为唐文治、张謇二君，浙江蔡元培、应德闳，湖南熊希龄、张通典，湖北黄侃，安徽汪德渊、程承泽，四川董云鹏、贺孝齐，江西刘树堂、邹凌沅，广西陈郁瑞，云南陈荣昌，广东邓实，甘肃牛载坤，贵州符诗镕、王朴，诸君当选。复次由唐文治报告驻会干事由会长指任，但会长以本日仓卒，须详审方能宣布。唐君复提议增设特务干事，专取有学识者充之，无定员，由职员会公推。复次蔡元培君提议请愿临时政府组织民选参议院，因现在临时参议院诸员皆由各军政府所派，非公意也。复次由董云鹏君提议各省设立分会事，均满场一致表决。至六钟散会。

章炳麟《中华民国联合会第一次大会演说辞》全文如下：

本会性质，对于政府立于监督补助地位也。其应主张之事如何？请为诸君言之：

中国本因旧之国，非新辟之国，其良法美俗，应保存者，则存留之，不能事事更张也。盖

中国与美绝不同,美为新建之国,其所设施,皆可意造,较中国易,无习惯为之拘束也;与法亦悬殊,法系破败之国,推翻一切。而中国则不然,如悉与习惯相反,必不能行。至美之联邦制,尤与中国格不相入,盖美之各州,本殖民地,各有特权,与吾各省之为行政区划、统一已久者不同,故绝不能破坏统一而效美之分离。至所谓独立者,对于满廷而言,非对于新建之民国也,将来只依山川划分,如三十六郡之例已耳。惟置大总统,限制其权,以防民主专制之弊,宜与法之制度稍近。至行政官,除大总统外,不由人民选举。行政部应对议院负完全责任,不宜如美之极端分权。对于外藩,仍应行统属主义,俟言语生业同化后,得与本部政权平等。三权分立之说,现今颇成为各国定制,然吾国于三权而外,并应将教育、纠察二权独立。盖教育与他之行政,关系甚少,且教育宗旨定后,不宜常变,而任教授者,又须专门学识,故不应随内阁为进退。纠察院自大总统、议院以至齐民,皆能弹劾,故不宜任大总统随意更换。至考选考绩,前此临时大总统曾主张独立,然就法理上言之,究属一部分之事,无可独立之理由,故仍宜于内阁之内,设立专局以管辖之。

近来对于民生问题,颇有主张纯粹社会主义者。在欧洲国度已高之国,尚不适用,何况中国?惟国家社会主义,乃应仿行,其法如何?一、限制田产,然不能虚设定数,俟查明现有田产之最高额者,即举此为限。二、行累进税,对于农工商业皆然。三、限制财产相续,凡家主没后,所遗财产,以足资教养子弟及其终身衣食为限,余则收归国家。至若土地国有,夺富者之田以与贫民,则大悖乎理;照田价而悉由国家买收,则又无此款,故绝对难行。如共产主义之限制军备,只可就兵力充足之国言之,而非适用于今日之中国也。若财政问题,现时只宜整理,不应增加,厘正漏规而搜括中饱,改正税则而平均负担,国家收入,自必倍增于前日。然富国必先足民,国民经济,应为发展,金融机关,宜求整理,则统一币制,设立国家银行,实为今日不可缓之事也。

以上就内政立言者也。至于对外,则主张国际平和,不执侵略政策,此事洵为吾国特有之国家道德,高出于各国者也。但亦不受他国之侵略。为自卫计,自当以适应之法,维持国权。此外,关于中国旧有之美俗良法,宜斟酌保存者,请更为诸君言之:

一、婚姻制度宜仍旧,惟早婚则应禁。其纳妾一事,于国民经济,个人行为,诸多妨害,如家产之不发达,行为之多乖谬,由此事耗费为之者,十居七八焉。昔日官吏犹然,故将来应悬为禁令。如官吏议员今已有妾者,即应免职撤消。

二、家族制度宜仍旧。如均分支子、惩治恶逆、严科内乱,均不可改。惟死后继嗣,似宜禁断,生前养子者不禁。

三、中国本无国教,不应认何教为国教,虽许信教自由,然如白莲、无为等教,应由学部检定教理,方予公行。政教分离,中国旧俗,其僧侣及宣教师,不许入官,不得有选举权。

四、本国人在本国境内入外国籍者,虽不必照旧律谋叛惩治,仍应禁断。惟自来流寓在外者,不在此例,仍须削除国籍。如以后华侨再有入外籍者,非先由政府允许不可。

五、承认公民不依财产纳税多额,而以识字为标准,庶免文盲与选,而有智识之寒畯,反至向隅。

六、速谋语言统一,文字不得用拼音,妄效西文,而使人昧于其义也。

七、赌博启人侥幸心而妨害恒业,应严禁。其竞马斗牛等亦然。

八、在公共场所,效外人接吻、跳舞者,男女杂沓,大坏风纪,应由警察禁止。

此仆对于中国前途,所应保存、提倡与夫禁止之概略也。

1912年1月5、6日《大共和日报》,汤志钧编《章太炎政论选集》下册,中华书局1977年版,第532~535页章炳麟《大共和日报发刊辞》全文如下：

民主立宪、君主立宪、君主专制，此为政体高下之分，而非政事美恶之别。专制非无良规，共和非无秕政。我中华国民所望于共和者，在元首不世及，人民无贵贱，然后陈大汉之岂弟，荡亡清之毒螫，因地制宜，不尚虚美，非欲尽效法兰西、美利坚之治也。议院之权过高，则受贿鬻言，莫可禁制；联邦之形既建，故布政施法，多不整齐。臧吏遍于市朝，土豪恣其兼并，美之弊政，既如此矣；法人稍能统一，而根本过误，在一意主自由。民德已偷，习俗淫靡，莠言不塞，奇邪莫制，在位者无能改革，相与因循，其政虽齐，无救于亡国灭种之兆。中国效是二者，则朝夕崩离耳！

夫推舟于陆，行周于鲁，世知其不能也。政治法律，皆依习惯而成，是以圣人辅万物之自然而不敢为，其要在去甚、去奢、去泰。若横取他国已行之法，强施此土，斯非大愚不灵者弗为。君主立宪，本起于英，其后他国效之，形式虽同，中坚自异；民主立宪，起于法，昌于美，中国当继起为第三种，宁能一意刻划，施不可行之术于域中耶？乃若政府未成以前，事固有越出恒轨者。假令狂稚之伦，口含天宪；穿窬之盗，擅有土疆；暗杀之威，以钳语言；汉奸之名，以淆白黑；党见自封，外援取固；讳之不能止其彰布，文之益以使其炽然。是故天造草昧，利有元良，《春秋》贤秦穆，盖善其悔过也。

夫光复宗国，和宁兆民，执大象而天下往，势自然也；往而不害，其犹宜自厉焉。不能自克，而令近见之徒，复欲拥戴虏廷，以持秩序，云共和不可行于中国，是孰尸其咎哉！然则风听胪言，高位之所有事；直言无忌，国民之所自靖。《日报》刊发，大义在兹。箴当世之痈疣，谋未来之缮卫，能为诤友，不能为佞人也。辛亥十一月，章炳麟。

1912年1月4日《大共和日报》，汤志钧编《章太炎政论选集》下册，中华书局1977年版，第537～538页

1月4日（十一月十六日） 英、美、德、法、日等国驻华军队司令官开会，借口滦州新军起义，援引《辛丑和约》，分别向京奉铁路京榆段沿线派驻军队。

法国驻华公使馆武官高拉尔德致法国陆军部长函《1912年1月8日的形势——高拉尔德致陆军部长先生》：

滦州的反叛，叛军阻塞铁路的企图和他们使交通中断两天的行为，表明我们已到了保卫北京——山海关铁路即执行1901年条约的时候了。

经过一段时间准备的措施已于1月6日付诸执行，铁路线由从驻中国北部的七千名外国军人中调出的约七百人守卫着。

美国从马尼拉调来一千人以保障对它的地区的守卫，这些地方暂时托付给英国人看守着。

日本继续保持其谨慎的态度并使其行动与其它列强国一致。正如我已强调过的那样，它有三艘巡洋舰停泊在秦皇岛和旅顺岛，它们用无线电报联系，并一旦有事发生便能在二十四小时内运送一至二个团的兵力。

章开沅等主编《辛亥革命史资料新编》(7)，湖北人民出版社2006年版，第401～402页

1912年1月6日《大公报》载：

昨日上午，有驻津英国武官数员，带同兵队四十余名，各带随身枪械及子弹等物共十五箱，乘坐快车前往唐山保护路矿。又巡警道言，观察昨日曾接交涉使函，称英、俄、德、法四国现欲派兵保护京奉铁路云。

1912年1月7日《大公报》又载:

昨日上午有驻津日本武官三员,带同步兵二百余名,各携随身枪械,乘坐快车前往滦州、昌黎等处驻防。又滦州附近某铁路桥已驻有印度兵队四十余名,日夜防护。

△ **孙中山致电广东都督陈炯明,令他速出兵北伐。**

孙中山致陈炯明电文如下:

中央政府成立,士气百倍,和议无论如何,北伐断不可懈。广东民军勇敢素著,情愿北伐者甚多,宜速进发。总统孙文。支。印。

中国社会科学院近代史研究所中华民国史研究室等编《孙中山全集》第2卷,中华书局1982年版,第7~8页

△ **袁世凯致电伍廷芳,否认中华民国临时政府,称"国体未经议决以前,召集国会,仍应由本政府发布命令",并提出其所拟的《临时国会选举法》。**

袁世凯致伍廷芳电文如下:

十一日阁下与唐代表所议四条,尚多窒碍。此事既以普征人民意见公决为宗旨,自应由各府、厅、州、县各选议员一人,方足当舆论二字。若每省只有代表三人,仍蹈少数专制之弊,内不足以服全国之人心,外不足以昭列邦之大信。且各藩属辖境甚广,除内外蒙古十盟外,尚有科布多之杜为伯特两盟、新土为扈特一盟,伊犁之旧土为扈特等五盟,青海之左右翼两盟。此外察哈尔、乌梁海、哈萨克部落尚多,若有一处不选议员,不列议席,将来议决,断难公认。又国体未经议决以前,召集国会,仍应由本政府发布命令。其电邮阻梗之处,可由民军担任转递。所称中华民国临时政府一节,未经天下公认,断无分电之理。谨将临时国会选举法,开列于左:

第一章　选举员区及选举额

第一条　选举区,各省依厅、州、县及府之直辖地方之区域,各藩属依旗或城或部落之区域,京旗选举,依大宛两县之区域,各驻防选举,各依所驻地之府、厅、州、县区域,合并办理。

第二条　每一选举区,选举出议员一人,以本法第三条选举监督驻在所为投票所。

第二章　选举权及被选举权

第三条　凡有国籍之男子,年满二十五岁以上,在该选举区内有住所满一年以上仍继续者,除左列各项外,有选举权及被选举权:

一、褫夺公权者;

二、受徒刑以上之刑,自宣告日起,其裁判尚未确定者;

三、禁治产及准禁治产【者】;

四、受破产之宣告者。

第四条　左列各项,应停止选举权及被选举权:

一、有爵宗室;

二、现役军人及因此次事变现在征集中者;

三、现任官吏及现在民军政府服职务者。

第五条　左列各项无选举权及被选举权:

一、承揽政府及民军政府事务之人及承揽事务法人之办事员;

二、僧道及宗教师,及选举前三个月内曾为之者,但西藏、蒙古不在此限。

第六条　有关系选举事务之官吏,于该选举区内,不得有选举权及被选举权。前项罢职

后，未满三个月者，亦同。

第三章　选举监督

第七条　选举监督，在各省以该府、厅、州、县行政长官充之，在各藩属以该旗、扎萨克、总管等该城城长、该部落部长充之。

第八条　办理选举职员之选任及其职掌，照谘议局议员选举章程第五条至第十一条办理。

第四章　投票方法及当选人

第九条　投票用单记名式。

第十条　凡依本法有选举权者，每人投一票，直接选出议员。

第十一条　以得票最多数者一人为当选议员，以其次数者二人为当选候补人。有二人以上得票同数时，以年长者为当选，年同则以抽签定之。

第五章　当选诉讼

第十二条　关于当选之效力有异议时，得以当选人为被告，于十四日之内，出诉于高等审判厅。不服前项之判决者，得上诉于大理院。

第十三条　距该省高等审判厅交通不便之地，关于前条之诉讼，因时期太迫，不能赴诉及待判决者，得径出诉于大理院。遇前项情形，应将当选候补一人同时咨送到北京。

第六章　召集

第十四条　议员之召集命令，由政府公布之。民军各省有转递之义务。

第十五条　议员到北京人数，已满全员三分之二时，即得开议。

附则

第十六条　议员之保护法及旅费章程，另行规定。

第十七条　选举之顺序，依本法及入选细则之规定。

希迅见覆。余款另电商乃行。内阁总理袁世凯。铣三。印。

观渡庐《共和关键录》第1编，第61～63页

△ 伍廷芳复电袁世凯，申明“唐使未辞职以前所签字之约，仍不能更动”。

伍廷芳复袁世凯电文如下：

北京袁总理鉴：盐三电悉。前与唐使讨论退兵办法时，以各处民军皆系就地起事，只有停止进取，无所谓退。惟清军队，皆自北方调来，志在攻取，故商量罢兵，宜调回清军方足表希望和平之诚意。是以彼此订约，只言清军退回，系就实际情形着想，非办法有畸轻畸重也。今来电只令一面退扎，而民军仍旧，殊不公平。实由未知当日会议实情，故有此语。至所拟第一办法、第二办法无论当否，本代表皆不能承认。盖初十、十二两日所议退兵办法，彼此全权代表，皆已签字，决无再行更动之理。查贵大臣盐一来电有云：委托唐代表赴沪作为总理大臣全权代表专为讨论大局之利害，其权限所在，只以切实讨论为范围，乃唐代表并未与本大臣商明，遽行签定云云。是明谓唐代表只有讨论之权，而无签定之权。故于其所签定者，可以任意更改。本代表调查初开议时，唐使交验文凭内载：奉旨，【现】在南北停战，应派员讨论大局，着袁世凯为全权大臣，由该大臣委托代表人赴南方切实讨论，以定大局云云。是不仅有讨论之权，并有决定之权，已无疑义。又载：遵旨委托贵前大臣为本大臣之全权代表云云，是则贵大臣所有之全权，已尽交与唐使。唐使所签之约，与贵大臣自行签约无异。今唐使所签之约，贵大臣如可任意更改，是即将来贵大臣所签之约，亦可任意更改。如是和议，何

日可成。五洲万国,尚无此例,望贵大臣三思而行,勿为世人所骇笑。且今后彼此来往电商,并无签字,更难作准。故电商乃无益之事,须贵大臣亲来上海一行,惟贵大臣即亲来,而唐使未辞职以前所签字之约,仍不能更动,此实为普通定例。天下自有公论,非本代表有意执拗也。昨两电并望速复为祷。伍廷芳。支。

观渡庐《共和关键录》第1编,第51~52页

袁世凯"盐三"电文如下:

阁下与唐代表初十日所议第四条、第十二日所议第三条,皆言退兵事宜,今仅就此重行讨论。现在士气激烈,若只令一面退扎,而民军仍旧,殊不公平。且湖北辎重甚多,五日内退出断来不及,应改为山西、陕西、湖北、安徽、江苏等处官军于五日内退出五十里,民军亦于五日内一律退出五十里,彼此相距一百里。凡官、民军相距在百里以内者可照此互退,如本在百里以外者,不患冲突,自无庸再退。退出之后,所有保卫地方治安事宜,各由该处现设之官吏酌留巡警保卫。其保安条件拟定再行协商。已退出之地方,官军、民军均不得进占,亦不得于退兵时追袭。其武昌、汉阳、汉口等处兵队较多,非两星期不能退尽,五日期限决难办妥,应由该处统军官酌察实在情形,互商展缓期限。至各境内如有土匪抢掠淫掳,仍应剿办。此第一办法也。然此不过就前议略为声明,于事实上究多窒碍,不如直截了当另定【办法】。第二办法谨列于下:

一、官军退出汉阳、汉口百里以外,惟汉口以东至杨逻司一带,及汉阳以西至蔡甸、沌口等处之民军,一律退过江之南岸;

二、陕西官军、民军均退离潼关各五十里;

三、山西大同、太原两处均无民军,其都督均不知所在,应列于议题之外;

四、安徽颍州官军、寿州民军相距约一百五十余里,可仍旧驻扎,无庸退出;

五、江北民军与张勋军队相距甚远,彼此不必议退,惟均不得前进。

以上所列各地方,其保安事宜及不得进占、追袭暨剿办土匪等条件,仍照第一办法办理。至退兵期限,如有事实上不能不展限者,彼此皆得酌议展限。以上两办法,请尊处酌择其一,详细电复。余款另电商乃行。内阁总理袁世凯。盐三。印。

1912年1月6日《大公报》

△ 黎元洪召集湖北军政会议,议决中央政府应实行总统负责制,下设国务卿,不得设内阁总理,"决不承认组织内阁"等八条议案,并公选刘成禺、时功玖、张伯烈为南京临时参议院鄂省议员。

1912年1月27日《申报》《鄂省政界之大集议》报道:

阳历初四日下午一句钟,鄂都督召集各部部长、各协协统及各行政机关办事人员在旧日教育会开全体大会。先由都督发表本日开会宗旨,并副总统兼大元帅履新宣言。军务部长孙武君前派赴沪为代表,前日始返。同来之刘君成万[禺]、张君大昕、张君伯烈、时君功玖等,对于中央政府之意见,由孙君发表如下:

(一)中央政府应以北美宪法为标准,大总统握大权,其下只设国务卿,不得设内阁总理,承君主立宪之余习。当议决电知中央政府,决不承认组织内阁。

(二)中央政府之国务卿,应照北美宪法,由大总统提议,会同此次各省新举之参议员协定。当议决电知大总统。

(三)大元帅已经各省代表举定,不得以私人之意见取消。鄂省为民国军事总枢纽,应即

组织大元帅府，实行职务。当议决即建大元帅府，实行大元帅职务。

（四）大总统已经举定，前此大元帅委托黄副元帅组织临时政府之委任电，即此取消。当经议决电知黄元帅。

（五）凡前此保皇党及满洲政府之君主立宪党之著名党员，中央政府不得任用为国务卿及局长。当议决电知中央政府。

（六）鄂省办事人员逃亡者，中央政府及各省都督均不得任用。当议决电知中央政府及各省都督。

（七）鄂省办事人员因公出境，延期不归者，限期回省。逾期不回，即通知中央政府及各省，均不得任用。当议决电知各公出人员。

（八）各省汉人此时仍在满洲政府范围内者，限以阴历年终一律回籍。逾限不归，并不通告理由者，即行除籍。当议决电知各省，请转电在满洲范围内之汉人。

各条件议决后，即用正式投票选举中央政府参议员。选定刘君成万[禺]、时君功玖、张君伯烈。刘君在沪时与孙大总统接洽，孙大总统曾面托刘君回鄂代为致意黎大元帅并军政府办事诸公，再为鄂省三千万人民叩贺先得自由之幸福云。举毕，都督宣告散会。

1月5日（十一月十七日）　孙中山发表《对外宣言书》，宣告承认清政府在革命前与各国所缔结的一切条约、所借外债、所认赔款及让与权利继续有效。

孙中山《对外宣言书》如下：

溯自满洲入主，据无上之威权，施非理之抑勒，裁制民权，抗违公意。我中华民国之智识上、道德上、生计上种种之进步，坐是迟缓不前。识者谓非实行革命，不足以荡涤旧污，振作新机。今幸义旗轩举，大局垂定，吾中华民国全体，用敢以推倒满清专制政府、建设共和民国，布告于我诸友邦。

易君主政体以共和，此非吾人徒逞一朝之忿也。天赋自由，萦想已夙，祈悠久之幸福，扫前途之障蔽，怀此微忱，久而莫达。今日之事，盖自然发生之结果，亦即吾民国公意所由正式发表者也。

盖吾中华民族和平守法，根于天性，非出于自卫之不得已，决不肯轻启战争。故自满清盗窃中夏，于今二百六十有八年，其间虐政，罄竹难书，吾民族惟有隐忍受之。以倒悬之待解，求自由而企进步，亦尝为改革之要求，而终勉求所以和平解决之道，初不欲见流血之惨也。屡起屡蹶，卒难达吾人之目的，至于今日，实已忍无能忍。吾人鉴于天赋人权之万难放弃，神圣义务之不容不尽，是用诉之武力，冀脱吾人及世世子孙于万重羁轭。盖吾人之匍匐呻吟于此万重羁轭之下者，匪伊朝夕。今日之日，始于吾古国历史中，展光明灿烂之一页，自由幸福，照耀寰宇，不可谓非千载难得之盛会也。

满清政府之政策，质言之，一嫉视异种，自私自便，百折不变之虐政而已。吾人受之既久，迫而出于革命，亦固其所。所为摧陷旧制，建立新国，诚有所不得不然，谨为世界诸自由民族缕晰陈之。

当满清未窃神器之先，诸夏文明之邦，实许世界各国以交通往来，及宣布教旨之自由。马阁之著述，大秦景教碑之纪载，斑斑可考也。有明失政，满夷入主，本其狭隘之心胸，自私之僻见，设为种种政令，固闭自封，不令中土文明与世界各邦相接触，遂使神明之裔，日趋僿野，天赋知能，艰于发展，愚民自锢，此不独人道之魔障，抑亦文明各国之公敌，岂非罪大恶极，万死莫赎者欤！

不特此也,满清政府欲使多数汉人,永远屈伏于其专制之下,而彼得以拥有财富,封殖蕃育于其间。遂不恤贼害吾民,以图自利,宗支近系,时拥特权,多数平民,听其支配。且即民风习尚,满汉之间,亦必严至竣[峻]之障,用示区别,逆施倒行,以迄于今。又复征苛细不法之赋税,任意取求,迹邻掳劫。商埠而外,不许邻国以通商,常税不足,更敛厘金以取益,阻国内商务之发展,妨殖产工业之繁兴。呜呼!中土繁庶之邦,谁令天然富源迟迟不发,则满州[洲]政府不知奖护实业之过也。

至于用人行政,更无大公不易之常规。严刑竣[峻]制,惨无人理。任法吏之妄为,丝毫不加限制,人命呼吸,悬于法官之意旨;问其有罪无罪也,不依法律正当之行为,侵犯吾人神圣之权利。卖官鬻爵,政以贿成。凡此种种,更仆难数。任官授职,不问其才能之何若,而问其权势之有无。以此当政事之大任,几何其不误国哉!

近年以还,人民不胜专制之苦,亦时有改革政治之要求。满政府坚执锢见,一再不许,即万不得已而暂允所请,亦仅为违心之举,初非有令出必行之意。朝颁诏旨,夕即背之,玩弄吾民,已非一次。其于本国光荣,视同秦越,未尝有丝毫为国尽力之意。是以历年种种之挠败,不足激其羞耻之心,坐令吾国吾民遭世界之轻视,而彼殆无动于中[衷]焉。

吾人今欲湔除上述种种之罪恶,俾吾中华民国得世界各邦敦平等之睦谊,故不恤捐弃生命,以与是恶政府战,而别建一良好者以代之。犹恐世界各邦或昧于吾民睦邻之真旨,故将下列各条,披沥陈于各邦之前,我各邦倘[尚]垂鉴之。

(一)凡革命以前所有满政府与各国缔结之条约,民国均认为有效,至于条约期满而止。其缔结于革命起事以后者,则否。

(二)革命以前,满政府所借之外债及所承认之赔款,民国亦承认偿还之责,不变更其条件。其在革命军兴以后者,则否。前泾[经]订借、事后过付者亦否认。

(三)凡革命以前满政府所让与各国国家或各国个人种种之权利,民国政府亦照旧尊重之。其在革命军与[兴]以后者,则否。

(四)凡各国人民之生命财产,在共和政府法权所及之域内,民国当一律尊重而保护之。

(五)吾人当竭尽心力,定为一定不易之宗旨,期建吾国家于坚定永久基础之上,务求适合于国力之发展。

(六)吾人必求所以增长国民之程度,保持其秩序,当立法之际,一以国民多数幸福为标准。

(七)凡满人安居乐业于民国法权之内者,民国当一视同仁,予以保护。

(八)吾人当更张法律,改订民、刑、商法及采矿规则;改良财政,蠲除工商各业种种之限制;并许国人以信教之自由。

抑吾人更有进者,民国与世界各国政府人民之交际,此后必益求辑睦。深望各国既表同意于先,更笃友谊于后,提携亲爱,视前有加;当民国改建、一切未备之时,务守镇静之态,以俟其成,且协助吾人,俾种种大计,终得底定。盖此改建之大业,固诸友邦当日所劝告吾民,而满政府未之能用者也。

吾中华民国全体,今布此和平善意之宣言书于世界,更深望吾国得列入公法所认国家团体之内,不徒享有种种之利益与特权,亦且与各国交相提挈,勉进世界文明于无穷〈无穷〉。盖当世界最高最大之任务,实无过于此【也】。

中华民国临时大总统孙文(签名)

中国社会科学院近代史研究所中华民国史研究室等编《孙中山全集》第2卷,中华书局1982年版,第8~11页

△ 孙中山发布《劝告北军将士宣言书》，表示待“政体解决，大局略定”自当逊位待贤，劝其“消释嫌疑，同举大义”，“早定方针，无再观望”。

孙中山《劝告北军将士宣言书》全文如下：

民国光复，十有七省，义旗虽举，政体未立，凡对内对外诸问题，举非有统一之机关，无以达革新之目的，此临时政府所以不得不亟为组织者也。文以薄德，谬承公选，效忠服务，义不容辞。用是不揣绵薄，暂就临时之任，藉以维秩序而图进行。一俟国民会议举行之后，政体解决，大局略定，敬当逊位，以待贤明。区区此心，天日共鉴。凡我同胞，备闻此言。惟是和平虽有可望，战局尚未终结。凡我籍隶北军诸同胞，同为汉族，同是军人，举足重轻，动关大局。窃以为有不可不注意者数事，敢就鄙吝，为我诸同胞正告之：

此次战事迁延，亦既数月，涂炭之惨，延亘各地。以满人窃位之私心，开汉族仇杀之惨祸，操戈同室，贻笑外人。我诸同胞不可不注意者，此其一。

古语云：“民之所欲，天必从之。”是知民心之所趋，即国体之所由定也。今禹域三分，光复逾二，虽有孙吴之智，贲育之勇，亦讵能为满廷挽此既倒之狂澜乎。我诸同胞不可不注意者，此其二。

民国新成，时方多事，执干戈以卫社稷，正有志者建功树业之时。我诸同胞如不明烛几先，即时反正，他日若大功既定，效用无门，岂不可惜。我诸同胞不可不注意者，此其三。

要之，义师之起，应天顺人，扫专制之余威，登国民于衽席，此功此责，乃文与诸同胞共之者也。如其洞观大势，消释嫌疑，同举义旗，言归于好，行见南北无冲突之忧，国民蒙共和之福。国基一定，选贤任能，一秉至公。南北军人同为民国干城，决无歧视。我诸同胞当审斯义，早定方针，无再观望，以贻后日之悔。敢布腹心，唯图利之。

《临时政府公报》第1号，中国科学院近代史研究所史料编译组编辑《近代史资料·辛亥革命资料》，中华书局1961年版，第5~6页

△ 孙中山颁布军士服制。

1912年1月7日《民立报》报道：

孙大总统现将国旗标本暨陆军旗帜、服式图样绘成图说，颁发各省都督。现悉所颁军衣及军帽图样无分阶级，均用黄色，只在肩章袖口按照阶级并分五色而定。其大将校之肩章，系用金地，中星三粒；中将校肩章，亦系金地，中星二粒；少将校肩章，亦系金地，中星一粒。大领之肩章，系用红色呢地，上有金线二条，中星二[三]粒；中领肩章，亦系红呢，上用二金线，中星二粒；少领肩章，红呢地，亦用二金线，中星一粒。大尉肩章，系用红地一金线，中星三粒；中尉肩章，亦红地一金线，中星二粒；少尉肩章，亦系红地一金线，中星一粒，又红地一金线，无星。一等目兵之袖章，系用红线三条，其二条宽半生的，一条宽三生的；二等目兵之袖章，系用红线二条，一条宽半生的，一条宽三生的；一等兵袖章，系用红线二[三]条，均宽半生的；二等兵之袖章，系用红线一[二]条，【一条】宽半生的，一条宽三生的。军帽不分阶级，上下一律。惟帽星系用铜质金色，军官佐之帽，上有红色灯草线边（兵无）。领章（即颈项中之白硬领只在喉间）分为五色：步兵领章红色，工兵领章蓝色，炮兵领章黄色，马兵领章紫色，宪兵领章黑色，卫生兵领章白色。将校外套均用黄色呢，短服亦用黄色呢。将校之靴系用黑色皮长统，兵士之鞋则用黄色皮鞋。各兵士之搒[绑]腿，〈分〉均用土黄色布。

△ **清军退出汉阳。段祺瑞自汉口退驻孝感。**

1912 年 1 月 7 日《大公报》要闻《关于官军撤退之消息》报道：

探闻十六日有阁令到段军，饬其按议和条款退出汉阳，所退五十里地方归警察管辖。并特派马统制龙标前赴汉口、汉阳筹画一切。并携有袁之手谕多件，分交各军。其内容系劝谕各军遵约暂退，以待和局之成立云。又闻现两方继续停战十五日，军队各退出五十里，已由内阁电商伍廷芳。并饬邮传部转饬京汉铁路预备退兵所需车辆。官军刻已由汉口退至孝感地方三汉埠、祁家湾等处。

△ **清资政院召开会议，通过向亲贵大臣募集短期公债案。**

1912 年 1 月 6 日《大公报》《资政院纪事》载：

昨日午后四时始开会，到会者七十三人。先由秘书官报告收受文件：一、景安请即行开战；二、高凌霄请满汉通婚，由今上皇帝提倡；三、康泳请将召集临时国会收回成命；四、爱子俊、奎俊等建议宣布革军罪状，取消国民会议，并即行进攻之陈请书；五、内阁咨送改用阳历及山东善后文件。

报告毕，遂开议议案。第一集会、结社章程，第二承发吏职务章程均未讨论，即表决通过第三募集短期公债。

先由王季烈说明此案主旨。毓善谓："此公债重在实行，愈速愈好。资政院既开会甚难，此案不必再付审查，即就今日议场修正通过。"众赞成。喻长霖谓："本院原有筹款之责任，既决定募集短期公债，议员等须首先提倡，即捐输公费购买此项公债，以示提倡。"康泳谓："即由议员自行认定数目，自公费中扣除。"王季烈略为修正，遂表决通过。

次为常福及高凌霄二人提出募集短期公债具奏案。由高凌霄说明主旨，谓："此次变乱，全国糜烂，推原祸始，实为亲贵大臣卖官鬻爵误国殃民所致。今日财政困难，外债既不能借，各省解款亦不来，欲筹款，惟在北京而已，而北京亦惟向亲贵筹之而已，故贵族亟应毁家纾难，以救国家。募集短期公债，即系此意。近闻有亲贵竟携资逃于外国者，尤宜令其输纳巨款。"吴炜炳谓："请加入令各亲贵以个人名义向外国银行商借一语。"许鼎霖反对之，谓："但令其设法筹款而已，若强迫其向外国银行借贷，恐办不到。"众赞成。遂将原案表决通过，即行咨送至度支部，须须内帑接济慈善救济会。崇芳言："今日内帑已无多，请将此案暂缓。"众赞成。

次议爱子俊、奎俊等之陈请书。大旨共有三条：一、宣布革军罪状；二、取消国民会议；三、即行进攻。陈命官言："今日尚未决裂，此案请缓议。"毓善言："不可待至决裂。陈请股既认为合例可采，万不能不议。"陈命官言："既未决裂，而先自取消上谕，实不足以取信天下。"康泳言："革军既违约开战，则召集国会之谕旨即当然取消。"毓善谓："停战期限已满，提出此案并无不合。"王季烈问："今日是否尚在停战期中？"议长答："闻又有续停战五日之说。"王季烈言："如此可建议内阁将召集国会事宜通电革军，限五日答复，若五日内无回电，不得再议停战。如此则与内阁行动可免两歧。"劳乃宣言："此案具奏时即在五天以后，一到，十七日期限即满矣。"许鼎霖谓："停战期限又延长五日，并无其事。此五日期限，乃革军之要求退兵而言，并未续议停战，不可误会。内阁已电致上海，坚持在北京开国会，至今尚无回电。余即此次议和之人，在上海几将肚皮气破。彼极自翊[诩]为文明，而余等到会场时即不许余等发言，只许唐大臣一人开口，而唐大臣每日接到匿名书信不下数十通，皆系恫吓之言词，致唐亦不敢开口。如此议和，可谓之送礼而已。而黄兴对于国会要求五条，不另行选举，既就地求材，在上海开会，此等专制手段，尚何议和可言。故本员等先期回京，曾在上海登报声明，不敢与闻此等专制之议和云云。遂归。至今彼等仍力持其主义。但彼等选举大总统时，只有十七人投票，黄兴得一票，孙文得十六票，遂当选。以中国之大，共和之美，大总统之重，仅由十七人选举，天下人民其孰信之。况今日南省糜烂不堪，生灵涂炭，共和之结局若此，人民孰肯从之。本院今先不必着急，袁内阁既坚持到底，将来自有办法。俟外而各国、内而国民，均不承认其共和时，则彼等将自生反悔，或可和平了结。故开战之意，不可发之自我。此案仍以作建议案为是。"众鼓掌赞成。遂散会。

1月6日(十一月十八日)　伍廷芳接连复电袁世凯，敦促早日召开国民会议议决国体，并仍坚持会议地点宜在上海。

伍廷芳复袁世凯电文之一如下：

袁内阁鉴：铣二电悉。南京组织临时政府，与国民会议解决国体，绝不相妨，其理由如下：

一、现在民军光复已十余省，不能无统一之机关，在国民会议未议决以前，民国组织临时政府，选举临时大总统，此是民国内部组织之事，为政治上之通例。若以此相诘，请还问清政府，国民会议未议决以前，何以不即行消灭，何以尚派委大小官员。贵大臣亦当无词。请先责己，而后责人，方为公允。

二、前与唐使订定国民会议第一条，谓国民会议取决多数议决之后，两方均须依从。来电所诘问者，请还以相诘，设国会议决为共和立宪，清帝是否立即退位？盖国民会议所以能平和解决者，在其议决能使两方依从。即经两方全权代表签字作准，自应彼此遵行，无须再发疑问，特此电复。伍廷芳。鱼一。

观渡庐《共和关键录》第1编，第60~61页

伍廷芳复袁世凯电文之二如下：

北京袁内阁鉴：铣三电悉(见4日日志，编者)。国民会议由各处代表组织，其办法已于十一日与唐使签字，自应彼此遵行，毋庸再滋异议，否则不惟为全国人民所笑，且将为天下万国人民所笑。阁下所开办法十七条，与前唐使所提议者大致相同，惟因彼此和衷商榷，各将所提议者斟酌删改，以成十一日所定之条款。来电谓每省只有代表三人，仍蹈少数专制之弊，显见阁下与北京诸公尚未知文明选举办法。须知代表既由各处由众举出，自能代表该处人民之意思。合各处人民之意思，以为全国人民之意思，何云专制？且各处既有三人，何云少数？若如来电所开办法，无非故意迁延迟滞。此次国民会议之发生，原为彼此欲息战争之祸，必早日开会议决国体，人心始定，战祸始息。未开会议决以前，虽两方停战，而人心未定，则平和仍无确实之希望。试观前次停战期内，两军仍不免时有冲突，即是人心未定之证。故十一日与唐使所签定之条款，注意在国民会议早日开会，俾得早日议决国体，以定人心，而息战祸，实为至要之图。阁下如果欲确保平和，不宜另生枝节，以耽误时日。凡此所述，皆为解释阁下疑虑起见。至本代表所始终坚持者，因唐使所签字之条款，万无可以更动之理。来电谓唐使未先与阁下商明，遽行签定。夫唐使果已商明阁下与否，本代表不必过问，但既认唐使为阁下之全权代表，则唐使所签定者，与阁下自行签定之条款无异。而犹欲横生枝节异议，实为天下万国之异闻。应请阁下自后磋商，只以唐使所未议定者为范围，如开会地方及日期等，本代表当详加商定，至于唐使所已经签定者，毋庸再议。庶议和条约可以有效，是所切祷。伍廷芳。鱼二。

观渡庐《共和关键录》第1编，第63~64页

伍廷芳复袁世凯电文之三如下：

北京袁内阁鉴：本月铣四电，谨复如下：北京系满清故都，民军起义，建立共和，不应承认专制政府，尚何国都名义可言？即以省藩道里计，由北京南来，不过三四日程，所迁就者甚小。至公使驻地一端，本代表谓中华民国之举，本系步趋欧美诸先进国，绝无反对，国会无论设在何处，皆为万国所具瞻。况系国内之事，似毋庸狃于各使驻在地，要在目见，以求昭大信也。质言之，既可在北京，何不可在南京？但似此争执，便成偏见。故特请以水陆最通灵、保护最公稳上海公共租界为地点。诚以北京乃满清势力圈，昔端、庄辈至以拳匪犯使馆，杀驻使，涛贝勒、良赉臣诸人智力亦端、庄等，杀代表，劫围议院各惨剧，实不敢信其必无。况涛募死士甘心廷芳等之说，已喧腾中外，即阁下现在地位，且不敢少去兵卫，何况他人。故会议地方，本代表以为宜在上海。前者唐使主张北京，本代表始主张南京，后改为上海。是本代表已经让步，以期早日和平解决，望阁下亦勿坚持北京之说，两相迁就，早日决定，是所至望。伍廷芳。鱼三。

观渡庐《共和关键录》第1编，第65页

伍廷芳复袁世凯电文之四如下：

北京袁内阁鉴：铣五电悉，分别答复如下：

一、唐使权限。本代表已连电辨明，按照唐使交验文凭，阁下有切实讨论，以定大局之全权，而唐使为阁下之全权代表，故阁下所有之权限已尽交与唐使。来电谓唐代表于讨论之外，如有应行签订之条款，必须经本大臣允许方可正式签押云云，【与】唐使交验文凭全然不合，本代表绝不承认。至来电谓唐代表前后所签各款，未经商承本大臣允许者，显系逾越权限，当然无效云云，唐使既为阁下之全权代表，则其所签各款，与阁下自行签定无异，其已经商承阁下与否，本代表不必过问，阁下更不能以此为借口。此意前电已详言之。总之，唐使不远数千里前来议和，岂有只与以讨论之权，而每事必先商承之理？不惟本代表一人不能承认，即天下万国亦必以为决无是理。况文凭具在，公论难诬，阁下素明交涉，必不以此贻讥中外，幸勿再借辞翻案为望。

一、退兵办法。本代表支电已详，毋待再赘。

一、电商一节，诸多困难，前电已详。函商更耽误时日，况目下情形时有变迁，岂函商所能奏效。前请阁下亲来上海一行，未见答复。而来电反邀本代表亲赴北京面商。按此次和议所以滞迟，实由阁下所派全权代表忽然撤去，以此，彼此不能面商。如欲继续面商，自以阁下亲来上海为正当之办法。若本代表则无赴京之理。上海地方平稳，阁下所派全权代表，与本代表会议数次，毫无他虞。阁下为国家计、为平和计，何惮一行。请即日起程，无任翘企。

至铣一电所称刘道襄孙代译彼此电报，现本代表既以电商为不便，可毋庸议。谨此奉复。伍廷芳。鱼四。

观渡庐《共和关键录》第1编，第57~58页

伍廷芳复袁世凯电文之五如下：

北京袁内阁鉴：铣六电悉。所示停战条件，视唐代表与本代表议定各节，大致相同。拟请仍照前议，毋庸更改。诚以唐代表发此电时，本代表并不知唐代表有辞职之事。清政府有无准辞明文？既由唐代表向本代表议定签定，允照万国公法，此约应作有效。希察照。伍廷芳。鱼五。

观渡庐《共和关键录》第1编，第58页

伍廷芳复袁世凯电文之六如下：

北京袁内阁鉴：铣七电悉。深为骇异，已电南京、武昌、安徽各处查办矣。总之，国民会议未开，人心未定。虽阁下与本代表切望平和，而两方军队情意未孚，北军既屡违约妄动，而民军以义发起，目的未达，北望中原，自难安枕。故国民会议必宜早开，以确保平和，弭息战祸，望阁下迅即商定开会地方及日期为盼。伍廷芳。鱼六。

观渡庐《共和关键录》第1编，第59页

袁世凯致伍廷芳"铣二"电文如下：

伍秩庸代表鉴：国体问题由国会解决，业经贵代表承认。现正商议正当办法，自应以全国人民公决之政体为断。乃闻南京忽已组织政府，并孙文受任总统之日宣示驱逐满清政府，是显与前议解决国会问题相背。特诘问贵代表，此次选举总统是何用意？设国会议决为君主立宪，该政府暨总统是否亦即取消？希速电复。内阁总理袁世凯。铣二。

观渡庐《共和关键录》第1编，第60页

袁世凯致伍廷芳"铣四"电文如下：

伍廷芳代表鉴：十二日阁下与唐代表所议第四条谨复如下：

开会地点必须在北京，断无疑义。一以北京久为国都，而民军统一政府尚未为中外所公认；二以各省各藩属道里计算，北京为最适中；三以各国公使驻在北京，万国具瞻，可昭大信。尊议借上海租界一节，于万国公地议和则可，于非统治权所及之地开国会，则国不成国矣，此政府与国民之大辱，岂敢迁就。

至诱杀之说，议员以最优法律保护，万国所同，若诱杀代表，则犯中外之大不韪，何以为国。届时自应协定保护条件，请勿过虑。

又代表人数太少，即系少数专制，与立宪系少数，则均不相符，岂有决议极重大事如此草率之理，且开会公决系求永远治安，国利民福。若以如此少数之人议决，则内地各厅州县、外藩各旗皆无议员到会，何以知全国人民同意。现已议订选举法，另电布达。似应照司法规定人数为准，方足代表全国。其开会日期亦必俟选举法协定后方能拟议，若无正式选举法而遽定日期，仍系专制之习，万万无此办法。此两层本大臣均不能承认，无从速复。内阁总理袁世凯。铣四。印。

观渡庐《共和关键录》第1编，第64～65页

袁世凯致伍廷芳"铣五"电文如下：

伍代表廷芳：江一、江二电悉。兹分别奉复如下：

一、此次上海会议，使[系]本大臣为全权而委托唐大臣为代表，其权限以切实讨论为范围，此项文凭业经贵代表认明，则唐代表于讨论之外如有应行签订之条款，必须经本大臣允许，方能正式签押。查唐代表前后所签各款，其未经商承本大臣允许者，显系逾越权限，各国公法、私法，无论其辞职与否，所签各款当然无效。然于事理公允者，本大臣所深愿和平解决，故于初十日所议第四条退兵一节，本大臣本无异议，但须经两方同退方为公允。此节已于盐三电达。

一、国民会议办法。贵代表与唐代表所议各条，大不可行，而本大臣拟定之选举法及在北京开会两节，前经电达，尚希速复。

一、退兵办法。迭于盐二、盐三等电详实声明，十五日又电知唐代表将汉阳、汉口我军陆续遵约拔退情形转达，是即希望和平之决心。惟贵代表是否能照盐二、盐三办理？请迅复。

一、面商一节。前电已声明，实难其人。此后贵代表与本大臣直接电商，尽可详悉如意，

有不能详尽之处，尽可函商，如仍不能详尽，则贵代表可亲来北京面商。本大臣自应任切实保护之责。

总之，此次以国民会议解决国体问题，可为决心和平昭示大信之铁证，但须有正当国会方法乃可昭信天下，本大臣决不以私心武断欺饰耳目之行为贻中外之訾笑，诸希鉴察。内阁总理袁世凯。铣五电。印。

观渡庐《共和关键录》第1编，第56～57页

袁世凯致伍廷芳"铣六"电文如下：

伍秩庸代表鉴：前据唐代表盐一电称与贵代表所订实行停战一条，查唐代表辞职在发此电之前，此项停战条件应由本大臣与贵代表直接议定。今由两方同时通告各军队，嗣后设有决裂情形，必须两方互相电告声明重开战事，始得各向所属军队发令开仗。若此方先开战端，彼方得尽力抵御，仍一面电告主议之人诘问，如三十六点钟内受诘问者置不答复，应作为此方先行决裂之据。特此议定，希即复。如无异议，应各分饬各军队照办。因江二电询及此事，并详复。内阁总理袁世凯。铣六。

观渡庐《共和关键录》第1编，第58页

袁世凯致伍廷芳"铣七"电文如下：

伍代表秩庸鉴：顷接河南府赵统领倜电称："十三日西军分三路来攻我军，当夜二次。时近天明，接陕州信称：运城十三被西军攻陷，敌逼茅津，十四又被两翼猛攻灵宝，较昨尤悍"等语。现方议各自退兵，似此实系显违信约，即希电饬停攻，免致有碍和局。内阁总理袁世凯。铣七。

观渡庐《共和关键录》第1编，第59页

△ **黄兴致函张謇，陈说南京临时政府财政困难，望其予以帮助。**

黄兴致张謇函全文如下：

示悉。援滦兵可即日出发，惟苦于无饷无械不能多派，接济滦饷亦不可少，当力筹之，并望公有以助我。目下财政部初立，陈公虽去上海，恐外款非即日可能到手也。遣军舰去烟台与援滦同一事，以海军以烟台为根据地也。派人去天津之说亦是要事，刻惟苦无款耳。和靖居海军处之说，虽无所闻，现已居兵轮中，即可想见，但观彼似亦不愿再闹乱子者，如何措置之处，尚未得善法。季老大鉴。兴顿首。初六晚。

张孝若《辛亥革命前后及南京政府成立》（节录《张季直先生传记》），中国史学会主编《中国近代史资料丛刊·辛亥革命》（8），上海人民出版社1957年版，第52～53页

△ **黎元洪致电南京临时政府，请预为防御安庆，以防清军进攻该处。**

黎元洪致南京临时政府电文如下：

现在敌人兵力，似集中于河南，以周家口为根据地，利用颖[颍]水，顺流达淮，不难南下以窥安庆。想安庆为上下游通衢，亦即南京保障，伏乞为防御，以免受制是幸。

易国幹等辑《黎副总统政书》卷4，上海古今图书局1915年印，第10页

△ **江西省临时议会成立。28日，选举刘景烈为议长，宋育德、陈鸿钧为副议长。2月1日，江西省临时议会开幕，江西都督马毓宝与会并致祝词。**

江西省临时议会通告成立电文如下：

《民立报》转各报馆及各省议会公鉴：赣省临时议会经谘议局呈明前都督彭召集原有议

员开会，旋因至者无多，在省绅民为公呈今都督马，请由各属旅省绅、商、学界，各就本县先选三人，再由各府复选，每县额选加一人，加入旧有议员，合为临时议会议员，其选举规则同日呈明在案。讵政事部长贺赞元多方阻挠，把持政柄，破坏共和，延压逾月，未奉批答。适马都督因公赴浔，归即电询行辕，比得复电，内称临时议会如能速开，极好，请照办等因。而贺仍托词宕阻。万不获已，遂援照江浙等省约法，得于法定时期内由人民自行集合开会、闭会，并征集各属意见，得其多数赞成，因于本月六日集合初选当选人，在谘议局举行正式复选举，选出议员八十人，合谘议局在省议员共百廿八人，组成临时议会。本拟即日电陈，乃贺赞元一意反抗，面谕电局禁递议会一切电文。连日交涉，坚不肯发，积压五日，幸马都督反，始饬照发。合并声明。赣省临时议会全体议员公叩。真。

1912年1月13日《民立报》

江西临时议会通告举定议长、副议长电文如下：

大总统钧鉴：此间议会业由马都督布告，定新历二月一日开会，昨日选举正副议长，按照公定议会章程，各以过半数为当选。刘君景烈被选为议长，宋君育德、陈君鸿钧被选为副议长。谨此奉闻。江西临时议会。艳。

《临时政府公报》第8号，中国科学院近代史研究所史料编译组编辑《近代史资料·辛亥革命资料》，中华书局1961年版，第65页

1912年2月10日《申报》《赣省临时议会开幕》报道：

二月一号(旧历十二月十四日)，赣省临时议会(即旧谘议局)行开会礼，马都督偕各部长同莅会，先入行政长官憩息室。迨振铃开会，随来之军乐队先入会场阶下排齐，议员以次签名就席，始由议长陪引都督暨行政委员十四人入会。都督引冠鞠躬，与议员行相见礼，议员同式即席回礼，然后都督、议长、行政委员分席就坐。都督起令代表吴君照轩读开会词，皆起立，读毕，议长即下台代表全体议员读答词。每读词起讫，皆鞠躬致礼，礼毕皆就坐，军乐大作，乐阕散会。少顷振铃齐集大餐堂环立会食，食散少顷，又振铃齐集大院摄影，摄影罢，始各退归。是日会场布置与往年谘议局异，台上正中并设两席，右都督，左议长。两旁顺设二排共十六座，为行政委员席，左次顺设书记长席，右次则设议事、文牍两课。书记席台前对设速记四席，合[台]下分排平列议员百十六席。民国议会之形式独具无上之尊严也盖如此。兹将都督祝辞及议长答辞录左：

都督祝辞："临时议会为我民国组织议会之第一次，今日开幕，又为我赣省议会开始之第一日。赣省为人文渊薮，此次民军起义，反正最先。临时议会及时成立，议员诸君集合众思，悉心商榷，必有鸿谟硕画，足以造福桑梓者。本都督起义浔阳，移驻省会，躬逢盛会，无任欢忻。开诚布公，愿闻高谕。所望与议员诸君共遵大总统电谕，务当化除畛域，合谋统一，所有朋比异同，易招就误会之举，尤望痛行戒绝。庶几同心同德，共盟章贯之河流；嘉谋嘉猷，永拯同胞于衽席。毂我士女，宏我汉京，皆将于是乎，在本都督与有光荣焉。赣省都督毓宝敬祝。"

议长答词："中华民国元年二月朔日，赣省临时议会举行开会仪式。是日都督马公莅会致词，所以敦勉景烈等者，既劝且挚，景烈等诚忘其愚陋，窃敷指要，为都督告。盖自武昌建义，遐迩兴起，军事□午，建虏未靖，加以对外问题，诸多牵系，末由解决，于是南京始置临时政府，揔持大政，号令四方，是谓中央统一机关。光复以来，地方百度草创，往往政局屡更，令如雨下，兵财两事，势不相容，自非征之舆论□能理此纠纷，于是各省先后建设临时议会，宣扬民意，指导行政，是谓地方监督机关。夫地方者，中央所缘以为集合之资，而在共和时代，

则监督机关,所以补助地方而巩固中央者,事尤重要。吾赣发愤树立,稍次于鄂、湘,然视他省则为前驱。今浙江、江苏临时议会建设已逾时日,吾赣乃纡回起伏,迟之又久,赖都督豁达从善,斯会始克告成。景烈等深念民权之不易得,而地方监督机关之不容一日旷废,惟当发摅言论,扬□利病,辅成民国,促进共和,期无忝都督祝词之贶。人亦有言,百果晚熟,其实必甘。谨申微愿,亦自策焉。”

△ **黄鼎发起成立中华民国北伐铁血团,设事务所于上海西门外斜桥公兴里。本日,中华民国北伐铁血团发布召集同志启事。**9日,**颁布《中华民国北伐铁血团简章》。**11日,**颁发铁血团编制军队章程。**

中华民国北伐铁血团召集同志启事如下:

吾汉与贼,势不两立,北伐之举,不可一日稍缓。凡吾同志,既抱铁血主义,谅不至届时观望。希即速来上海斜桥公兴里本团事务所筹议进行。民国幸甚。同胞幸甚。黄鼎启。

1912年1月6日《民立报》

《中华民国北伐铁血团简章》如下:

一、定名　中华民国北伐铁血团。

二、宗旨　联合各省北伐军队,以扫灭满虏、完全汉室、协助共和政府为唯一宗旨。

三、组织　仿陆军通行制度,先编第一团,军官呈请大元帅委任,军佐则由本团选充。

四、资格　有军事上经验,素抱铁血主义者。

五、范围　受中央军政府调遣,并听北伐总司令指挥。

六、进行　本团编成,即行出发江北清江或浦口等处,实地教练野战法,以资速达北伐之目的。

七、经费　悉由发起人筹备。

八、事务所　暂设西门外斜桥公兴里。

九、附则　本章或有未尽事宜,可随时酌改。

1912年1月9日《民立报》

铁血团编制军队章程如下:

一、资格　无论军、警、学界,有军事上经验,素抱铁血主义者。

二、分队　合十四人为一分队,内选正目一员、副目一员。

三、小队　合三分队为一小队,置排长一员。

四、中队　合三小队为一中队,置队长一员、书记一员、庶务员一员。

五、大队　合四中队为一大队,置大队长一员、秘书员一员、军需员一员。

六、总部　合各大队为总部,设团长一员、正指挥一员、副指挥一员,参谋员无定额,秘书长一员,书记无定额,军需长一员,司务长无定额。

1912年1月11日《民立报》

△ **甘肃省谘议局议长张林焱、刘尔炘、刘光祖等以陕、甘、新三省绅民名义致电袁世凯,表示坚决拥护君主立宪,反对共和。**

张林焱、刘尔炘、刘光祖等致袁世凯电文如下:

北京袁钦差、资政院祈转上海伍代表并陕西议员、京官公鉴:迩因政争日亟,牵及兵争,荼毒生灵,深堪痛哭。公为民请命,不惮勤劳,可感可泣。惟昨读电抄,贵代表坚持共和之局。焱等揆时度势,万难缄默自安。查我中原民族,休养于专制政体之下者四千余年,服教畏神,久成习惯。今改用君主立宪政体,已越开明专制之梯级,尚恐难于急就范围。不过以君主名义号召群伦,亿兆自能从伏。倘骤躐共和一阶,则民情惶骇,谣诼纷乘,草泽英雄,何胜指数,正恐非少数代议士所得而左右之,将来不至斩木揭竿、四海鼎沸不止。而蒙藏地广人众,尤难不生事端。是公之所欲伸民权者,适以贼民命矣。思之痛心。公如能采及刍荛,确定君主立宪政体,某等自当惟命是从,共襄新政。倘力持共和主义,则某等虽至愚极弱,亦万不敢随声附和,而拂吾民情。惟有联合同志之士,共图保境,遥戴皇灵,决不承认共和主义,俾我同胞自相残杀,召渔人得利之忧。惟公实图利之。嗟嗟!事贵因时,一蹶难振,愿共熟思审处,毋为觊觎我者作伥也。除由甘议员分电各省谘议局核查讨论外,甘肃议长张林焱、刘尔炘、刘光祖等,代表陕、甘、新三省绅民泣叩。啸。印。

"军机处电报档",中国史学会主编《中国近代史资料丛刊·辛亥革命》(8),上海人民出版社1957年版,第158页

1月7日(十一月十九日) 伊犁新军宣布反正,举广福为都督。

邹鲁《新疆伊犁举义》:

纪元元年一月七日,党人举义于新疆伊犁。

清末,伊犁将军长庚,其人颇有远略,兴学校,办工厂,辟道路,通汽车,安设电灯电话,设立讲武堂。又先后由南北洋调去军官兵士数百名,编练陆军模范营。凡开办新政人才,多由内地调用,或由日本聘请。党人冯特民(即冯一)、冯大树、李辅黄、郝可权、李克果、李梦彪、方孝慈等,因乘机出关,分布于新疆伊犁间,暗结同志,密图西北革命运动。辛亥武昌起义后,武汉党人曾拍一密电,由上海陈都督其美转俄国,以达冯特民,约起为响应。时特民仅任模范营协统杨缵绪部书记,势力未充,未敢发动,乃约李梦彪运动陕派军人,己则运动鄂派军人。均无效。此八月间事也。会清廷有以杭州将军志锐与伊犁将军广福(长庚调任陕甘总督后,由广福继任伊犁将军。广为蒙古人)互调讯。党人闻之,谓时机已至。盖始之不成,以广福待人厚,军心未散故也。其时各官长入党者颇多,相约分头运动模范营及游勇,而厚予游勇以饷金,令其散布谣言,摇动军心。然以广福尚未去任,仍不敢发难。未几志锐履任。协统杨缵绪派参谋郝可权至精河县迎迓。可权身怀手枪,意在乘机行刺,为杨所觉,将其调回,改派执事官李辅黄前往。可权亦侦知其调回之意,恐志锐到任于己不利,乃辞职离新城(即将军所居之城),而之绥定县,从事秘密运动。志锐到日,长江各省形势已变,消息传来,人心浮动,风声紧急,不可终日。环顾伊犁军队,俱由南北洋调来,疑虑日深,于是将协统杨缵绪及各团营军官士兵全行解散,并拟将各军官遣回关内,以绝根株;另谋编练满营旗兵,厚植势力。盖志锐经兰州时,曾与陕甘总督长庚密商,万一清廷危急,当联络新、甘、蒙古为一气,拥溥仪西迁,再图恢复也。乃解散后,迟迟不发川资,各官兵贫怨交集,益以党人从中煽动,遂全体加入革命团体。是时有黄立中者,管理南库军火,亦暗中加入革命,军心为之一壮。每晚集议于李辅黄家,并组织机关。公推冯特民、李辅黄为干事,仍分由李辅黄联络军界,李梦彪联络商界,马凌霄联络回教,谭玉书联络哥老会。原定一月十二日起义。以未到期而谣言蜂起,群情惶急。乃于七日在南门外炮营会议,到者六十余人,决定组织铁血团,于当晚十二时发动。因会场有满兵二名,由水沟逃出,恐事泄败,乃改于九时起事。临时推举郝可权攻将军署,冯特民攻北库,李辅黄为总指挥,占领东门,指挥城外军队入城策应。当党人图谋起事时,有春竹铭者,向志锐告密。志以城内外俱属蒙兵,又有军标五十余,镇摄有余,不事防范。迨潜逃之满兵及军标协陈甲福、都司马云亭先后入告,志锐始加防备,一面向

城内各旗兵发枪,一面商之陈甲福,令其转告各官兵,许以厚发薪饷。不期转瞬之间,炮声四起,李辅黄先行占领东门,队伍陆续入城。各军纷至南库领取子弹,实力充足。郝可权率众攻将军署,卫兵不敌,直入二堂。志锐始由后花园越墙遁入东街乌协领衙门。军标及各防营知大势已去,乃相约保护市街,各不侵犯。惟北库系在新满营正蓝旗协领蒙库泰范围内,不肯交出,凭踞栅栏,开枪抵抗,革命军不能得手。时伊犁城内多属旗民,城外多属缠回及索伦、额鲁特、锡伯、察哈尔四部人民。缠回固不了解革命意义,旗民则处于反对地位,若受志锐利用,各起反抗,则革命形势殊危。于是党人乃集议于商会,决定请卸任将军广福出任调停。广平日颇得军心,新满营闻广出,即停止抵抗,愿听缴械。于是组织临时都督府,即推广福为临时都督,杨缵绪为总司令部部长,冯特民为外交部部长。获志锐于乌协领衙门大堂东夹道内,杀之。而大局遂定。

时清新疆巡抚袁大化,仍效忠满廷,与伊犁革命军为敌,相持于精河、西湖之间,鏖战数月。直至四月间,双方始休战言和。

邹鲁《新疆伊犁举义》,中国史学会主编《中国近代史资料丛刊·辛亥革命》(7),上海人民出版社1957年版,第428~430页

通宝、韩希良《辛亥革命在伊犁》:

起义军原订十一月十九日(阴历)的半夜发动,因消息泄露,所以提前四小时就动手。

起义军当晚分五路出击,计有:李亚权率队攻东城门;冯特民率队攻南库;李梦彪率队攻北库;郝可权(大衡)率队攻将军衙门;冯大树率队攻都统衙门。占领东门,可以保证城外的起义军顺利地开入城内;占领南库,是为了夺取军械弹药。当时不但维、哈、回、汉起义群众没有洋枪,就是南洋军本身平时亦有枪无弹。

当晚杨缵绪在惠远城内任总指挥。攻打东城门很得手,李亚权(辅黄)在东城门接迎城外开来的起义军,原标统徐建国,原骑兵管带钱光汉、潘子玉、蔡乐善,步兵管带马凌霄(腾云)、李彪(翘凤)等所率领的正式部队以及哥老会头领徐三泰所部的义勇军团等,都从东门涌入惠远城。冯特民率队攻南库,黄立中(候补知事兼军械局总办)做内应,即刻攻下,于是入城的起义军都到南库领枪领弹。攻打将军署和都统衙门的战斗十分激烈,一时枪声与杀声震地,火光与烈焰冲天。志锐的亲兵负隅抵抗。起义军猛攻不下,乃奋勇越墙,在内纵火,这样才打破将军署。不久,都统衙门也被占领。将军署和都统衙门打下之后,起义军随即进攻北库。北库当时在新满营的范围内。新满营在惠远城内比较有战斗力,右翼协领蒙库泰负隅坚守,各街巷设有栅栏,裹以湿毡,准备巷战。

将军署攻下后,没有搜到志锐;新满营八旗的抵抗很顽强,北库攻不下。这时已经后半夜了。胜败之机,还难掌握。于是杨缵绪率领几个左右到卸任将军广福家,求见广福。广福住在城内,不知变由何起。杨即佯言:“志将军克扣军饷,激起哗变。情势严重,请将军维持。”广福信以为实,大骂“志锐混帐,搞坏大局”。于是广福以前任将军身份出来谕知双方停战,严令蒙库泰不得妄动,听候处理。

经过这一段时间的交涉,天将近亮了。杨缵绪所得的情报更明确了:敌方外无援兵,内无斗志。他又到广福家,把起义的情况,原原本本告诉了广福,并请求担任“伊新临时大都督”,号令官兵,拥护共和。原将军署文案处师爷黄兴斋捧出“伊新都督”大印,敦请广福接印。广福到此时刻,才知上了圈套,大哭不就。杨等又以大义劝导,甚至泪下,广福才勉强接印。

志锐在起义军发动前,已有所闻,但他低估局势,故作镇静。直至是晚听到枪响,他还以为军队闹饷,问题不大,明天发三个月饷遣散就完了。以后情况越来越紧,起义军打到将军

署头门，他才慌做一团，仓忙从后门逃出。原想去北门，由于各处都在巷战，只得逃进老满营右翼协领铭嘎尔达的衙门里暂避。

天明，枪声渐渐稀朗了，起义军四出搜索志锐。志锐的跟随吕巡捕先被抓到，当即杀掉。后来，起义军在铭协领家搜到志锐（铭协领的女婿是革命军方面的人，可能是他报告的）。志锐从协领衙门被众人推出，向商务会走去，走到鼓楼旁的官钱局门口，他装死装活不肯走，遂被枪毙在大街上。

第二天（阴历十一月二十日）在商务会召集会议。各起义军首领，原都统及四领队大臣，新老满营的协领、佐领、地方绅士都到商务会。广福就职为临时都督，改悬五色国旗，并布告全体商民，各安其业，毋相惊扰。原来的各旗士官，也各仍其旧。原军标镇标合并改编为伊新陆军第一师，由革命军总司令杨缵绪兼任师长。内部的安排就绪之后，一面电呈南京临时大总统报告经过，一面通知帝俄领事馆。

通宝、韩希良《辛亥革命在伊犁》，中国人民政治协商会议全国委员会文史资料研究委员会编《辛亥革命回忆录》(8)，文史资料出版社1982年版，第256～258页

△ 南京临时政府任命黄兴、钮永建分别兼任参谋部总长、次长。

曹亚伯《武昌革命真史》（正编）：

是日又接南京来电，谓孙文总统任黄兴为参谋总长、钮永建为参谋次长。

曹亚伯《武昌革命真史》（正编），上海书店1982年印行，第550页

△ 黎元洪召开军事会议，决定组织北伐军。南京临时政府电告黎元洪北伐用兵方略。

曹亚伯《武昌革命真史》（正编）：

同日黎大元帅召集军事重要会议，谓清军陆续北退，是否变更战略，未可逆料。然我民军欲达到中华民国共和目的，必须组织北伐军筹备进攻。大众均表赞同。遂决定编为三大军。兹将三军名目列左：

一、战时总司令吴兆麟，任北伐第一军总司令官。

二、右翼军李烈钧，任北伐第二军总司令官。

三、左翼军赵恒惕，任北伐第三军【总】司令官。

以上三军规定后，黎大元帅复云："所有战时总司令官统辖军队，另行组织，俟散会后由本大元帅计划分配"云云。

曹亚伯《武昌革命真史》（正编），上海书店1982年印行，第550页

南京临时政府用兵方略如下：

现在用兵方略，当以鄂、湘为第一军，由京汉铁道进；宁、皖为第二军，向河南进，与第一军会于开封、郑州之间；淮阳为第三军，烟台为第四军，向山东进，会于滦州、秦皇岛；合关外之兵为第五军，山、陕为第六军，向北京进。

一、二、三、四军既达第一之目的后，与第五、六军直指敌（此处疑有脱字，编者）。连日内据探报，敌假议和而集重兵，力图取江淮，系分三路，一由亳州，一由徐州，一由颍州等情。南京之兵，已陆续开赴前敌。尊处如探得敌以退兵为名，意图南下，务望紧逼敌军，以牵制其兵力。并一面电饬黄州及阳逻各军，抄击其左侧，是为至要。

易国幹等辑《黎副总统政书》卷4，上海古今图书局1915年印，第10页

△ 南京临时政府陆军部通电各省限制招兵。

南京临时政府陆军部致各省电文如下:

武昌黎副元帅、上海陈都督、九江马都督、安庆孙都督、长沙谭都督、四川蒲都督、广东陈都督、云南蔡都督、清江蒋都督暨各军政分府暨浦口柏统制、临淮林司令、扬州徐司令均鉴:查现时已光复各省,招兵多无限制,饷械缺甚,非持久之道。本部职掌全国军政,有统筹全局之任,亟应确定限制。为此通电,请贵都督严饬所属各军,就现有军队,精加训练,不得再招新兵,仍将所有军队官兵姓名、简明履历及军制器械配置各项,火造速[速造]具确实清册报部,以凭核夺为盼。印文随发。陆军部。阳。

1912年1月9日《民立报》

1月8日(十一月二十日)　黎元洪将武昌第一、二、三军改为三镇,命吴兆麟务必在停战期满前三日起程北伐。

曹亚伯《武昌革命真史》(正编):

一月八日午前八时,黎大元帅即用军务部孙武等计画,将武昌防御第一、第二、第三区司令改为三镇。并通知总司令官吴兆麟率第三镇混成第八协、机关枪一营、督战敢死队一营、护军队二队、卫生队准备北伐,务须于停战期未满以前三日起程,在第二军右翼过阳逻,经三山铺,向甘家店前进。吴总司令官即传知各部队准备出发,一面通令其余各部队统归大元帅直接调遣。

曹亚伯《武昌革命真史》(正编),上海书店1982年印行,第552页

△ 南京临时政府决定发行《中华民国八厘公债》,发行定额为一亿元,稍后即正式公布《中华民国八厘公债章程》。

《中华民国八厘公债章程》全文如下:

第一条　此项公债,定名为中华民国八厘公债。

第二条　此项公债,于民国元年正月八日经参议院议决,由临时大总统批准发行。

第三条　此项公债,以一万万元为定额。

第四条　此项公债,以国家所收钱粮作抵,将来免厘加税实行时,则改以所加之税作抵。

第五条　此项公债,专以充临时政费及保卫治安之用。

第六条　此项公债,由中央政府财政部发行,分派各省财政司劝募。

第七条　此项债票,照票面价额无折无扣。

第八条　此项公债,以阳历周年八厘行息。

第九条　此项公债,自发行后第二年起,每年偿还该债五分之一,至发行后第六年还清。

第十条　每年偿还债本,以抽签法决定,其抽中之票号目额数刊列广告,俾众周知。

第十一条　此项债票,分千元、百元、十元、五元四种。

第十二条　此项债票,为不记名债票,持有票者无论何人,政府均认为债主。

第十三条　抽签处设在中央政府财政部。

第十四条　凡抽中之票,持票者可在各处公债处或其它代理处换现,或将该票作为纳税及钱粮之用。

第十五条　本债六年期满,准再展限二年。凡各抽中之债票务须于此限内在各公债处或代理处换现,或作为纳税及钱粮之用,过此二年期限之后作为废纸。

第十六条　每债票要连有小票，名为息票，计十二张，届付息期凭以取息。

第十七条　凡到期各息票，须于到期后六个月内换现，或作纳税及钱粮之用，过期后作为废纸。

第十八条　债票已经抽中，其未到期之息票，均即作废，并须缴还公债处或代理处销毁。

第十九条　每年付息二次，阳历二月二日为上半年付息期，八月二日为下半年付息期。民国元年八月二日为第一次付息期。

第二十条　民国三年二月二日为八厘公债第一次还本期。

第二十一条　各票正面用华文，背面用英文。

第二十二条　各票钤盖中央财政部图章，并由民国临时大总统、副总统及财政部总长署名。

第二十三条　购办此项公债，不分国籍，凡中外人民一律准购。

第二十四条　凡热心应募公债，或热心劝募公债者，由各省公债处禀请中央财政部照公债奖励章程验奖。此项奖励章程现在筹议，一俟议妥，再行颁布。

"北洋政府财政部档案"，中国第二历史档案馆编《中华民国史档案资料汇编》第2辑，江苏人民出版社1981年版，第303～305页

△ 伍廷芳复电袁世凯，对于议和之事请亲自或另派代表前来上海，"勿再电议，以免互驳，无济于事。"

伍廷芳复袁世凯电文如下：

北京袁总理鉴：效一、二、三电均悉。国民会议已由两方全权代表签定，所余问题，只是开会地方与日期，而彼此电报往还，各执一词，不能遽为解决。来电所论各节，多不近理，本可一一辩正，但本代表以为议和之事非可电商，故请阁下亲来上海一行。如实不能来，请即另派全权代表刻期到沪，勿再电议，以免互驳，无济于事。前电谓停战延期至阴历十一月二十七日早八时止。本代表已电达临时政府、各省都督、各军司令。望阁下亦电饬各军队一律遵守。尚恐彼此电报到有先后，须两方面同时通知汉口领事，托其转至两方军队，并切实申明前令，非接有和议决裂、战事重开之通告，不可开战，是所切望。统祈速复。伍廷芳。庚三。

观渡庐《共和关键录》第1编，第67～68页

袁世凯致伍廷芳"效一"电文如下：

伍代表鉴：鱼一电悉。初九日谕旨有云："天视民视，天听民听，是公天下之心，昭然若揭。"然国体未改以前，数百年已成之政府，无取销之法，而十七人暂举之总统，无公认之理。贵代表既知国会解决必须服从，何以未解决之前便先自武断国体？其蔑视国会反对多数公决，更复何词可辩？但来电于政府、于总统既皆以临时为名，是已经承认今日之为暂设，而已经承认将来之可取销，不必再相诘问矣。效一。

观渡庐《共和关键录》第1编，第66页

袁世凯致伍廷芳"效二"电文如下：

伍代表鉴：鱼二电悉。本政府所提出选举法，较各国国会现行之通例，其手续已简捷数倍，而贵代表犹嫌迟滞，无非欲以国体问题付诸草率之解决而已。贵代表既以认取决多数之义，试问一省三代表，一人又能投三票，合计全国七十二票，而二十四人可以代投全额，则十三人即为过半数，可以解决国体矣。至谓代表系各处由众选出，三人不得云少。试问贵代表

所定开会日期,尚有容各处由众选出之时间乎?则随意指派【耳】。于此次南京以十七票选举大总统,中外疑讶,若再以【指】派之少数人草率解决国体,本大臣恐解决之后,将犯天下国民之众怒,而和平之目的终不可达。国家存亡,民族祸福,系于国会之一,决非儿戏事,望三复思之,并希见复。内阁袁世凯。效第二电。

观渡庐《共和关键录》第1编,第66~67页

袁世凯致伍廷芳"效三"电文如下:

伍代表鉴:鱼三电因商会议地点,乃欲取消北京首都名义,殊堪骇怪!岂有国民开会公决国体问题,乃舍首都而行之外国租界,其为国体之辱,当亦为民军之所同耻。贵代表明别[知]此理由无可反对,于是硬不认北京为首都,又强引南京为比例。抑思北京建都,多历年所,万国使节在此,久已公认。今南京政府既以临时为名,内无国民全体公认之确据,外无各国政府公认之明文,何能凭贵代表武断之词,以暂设之虚称,易永建之实际?若云上海地方平稳,则手枪炸弹之恐吓,天下所共闻。然本大臣不愿张扬此野蛮之行为,贻万国之笑柄。乃不意贵代表忽举庚子之事,以重厚我国民也。所议不敢闻吾[命]。至所疑劫杀各节,决无其事。彼此既共求国民平和之幸福,亦应共怀国家荣誉之思想,望勿自以野蛮相认,予人口实。效三。

观渡庐《共和关键录》第1编,第67页

△ **黎元洪致电南京临时政府,"请中央政府选派廉干且明通军械者若干员,到上海办理全国购置军械事宜。"**

黎元洪致南京临时政府电文如下:

现时军备紧急,上海为购办军械之地,各省分购,价值高下不一,损失甚多。请中央政府选派廉干且明通军械者若干员,到上海办理全国购置军械事宜,以重军务而免纷歧。

易国幹等辑《黎副总统政书》卷4,上海古今图书局1915年印,第14页

△ **唐绍仪致电清内阁,告以内外情势紧迫,请勿再拖延和议。**

唐绍仪致内阁电文如下:

"鄂"。四蒙独立,是已离去中国,外人得所借口,势必瓜分。和议若再不决,将来东三省又倡独立,辽东岂复中国所有。探闻民军拟自行召集国会,凡蒙、回、藏、东省、直、鲁、豫各处均电约到沪投票。此举不商之于我,惟求各国承认。但国民自行集议,各国决无不认之理。又闻东南各商埠洋商团体拟电本国政府转劝皇上逊位,以期解决而保商务,现正在沪筹拟。并闻。仪。哿一电。

"军机处电报档",中国史学会主编《中国近代史资料丛刊·辛亥革命》(8),上海人民出版社1957年版,第159页

△ **岑春煊致电袁世凯,指责袁撤回议和大使,重开战端,别有用心。**

岑春煊致袁世凯电文如下:

今日国民多数均以共和为目的。朝廷既有召国会决政体之谕,自系采取多数。我皇上乃从民所欲,不私天下,以尧舜之心为心,为海内外所共见。民军感于朝廷礼让为国,休战息民,故亦众口一词,必以尊荣皇室为报。上下相交,各尽其道,为世界历史开一未有之局,诚吾国之光荣也。唐使南来,国民咸以平和有望。列强忠告,企盼尤殷。春煊养疴沪上,蒿目时艰,念公为国为民,必能主持定识。不图撤回和使,重启战端。皇上不以君位自私,而公必

反遏其德意。国民以人道为重,而公必自逞其兵威。从此战祸相寻,永无恢复和平之望。生灵涂炭,同就沦亡。上贻主忧,下益民祸。谁尸其咎?惟公一人。道路传言,方谓民军选定总统,公因失望,遽反所为。春煊实不愿以疑贤者也。总之,为皇室计,为国民计,惟有恪守唐使议定条款,从速取决国会,早定大计。庶几上安下全,举国蒙福。春煊亦得偷安林下,则受赐良多矣。事机危迫,敢贡刍荛,伏惟鉴察。岑春煊。马。借印。

"军机处电报档",中国史学会主编《中国近代史资料丛刊·辛亥革命》(8),上海人民出版社1957年版,第158~159页

1月9日(十一月二十一日)　南京临时政府陆军部启用关防,陆军部正式成立,部址设于原督练公所内。

《陆军部申报启用关防》文如下:

陆军部为申报事:窃照临时政府成立,组织各部。本部于正月初九日,奉钧处颁发关防一颗,敬谨受领,业于即日启用,合将任事及启用关防日期,具文申报,即祈照验施行。理合呈明。

《临时政府公报》第4号,中国科学院近代史研究所史料编译组编辑《近代史资料·辛亥革命资料》,中华书局1961年版,第33页

△ 孙中山令派黄复生、熊克武到沪接收川路股款,筹办蜀军。

《大总统令汪缦卿等移交川路股款筹办蜀军文》全文如下:

本月初四日据鄂军都督黎元洪转到蜀军都督张培爵、夏之时来电称:"蜀自赵尔丰荼毒后,糜烂不堪。重庆、成都虽各宣告独立,蒲殿俊、朱庆澜释赵不讨,反委以西藏,与以军饷五百万,以致防军溃变,任意焚掠,朱被炮伤,蒲亦窃逃,赵贼仍踞成都。土匪蜂起,民不聊生。重庆军械缺乏,不能进剿,恳赐援助"等语。

察成都一隅,倡义最先,受祸最烈。光复未几,复陷水火,谁非赤子,实堪恫念!中央政府统筹全局,自应速事戡定,惟近值和议未决,北伐在即,需款浩繁,势难兼顾。

前据苏军都督程德全、沪军都督陈其美呈称:"据蜀商童子钧、陈少谷等禀称:'自武汉起义,川路停修,各省及留沪各川人,皆欲提用沪上所存股款,筹办蜀军。驻沪川路公司管款员汪缦卿穷于应付,惧祸远飏,以川路存款股票折据交与商等管理。唯自汪去后,川人提款者,皆与商等为难。窃思以川路股款筹办蜀军,亦属以公济公,商等何敢固持不与;唯名目既多,良莠不齐,若使付托非人,窃恐虚糜无补。若得中央政府作主担保,即行交出,以供军用'"等语。

该商等深明大义,热心时局,殊堪嘉尚!唯念该款本系商股,若有私人借用,事前既易起纷争,事后恐难于归还。不如改由中央政府照数给与公债证券,似此办法,既有裨于大局,复无损于商本。除即委派黄复生、熊克武二员到沪接收路款外,为此令该商等妥速将所存川路股款,一律清算,点交黄、熊二员接收。俟交收清楚,即由财政部发给公债证券,以昭信用,而重商股。事关军务,幸勿迟延。此令。驻沪川路公司管款员汪缦卿、管理折据员童子钧、陈少谷知照。

《临时政府公报》第5号,中国科学院近代史研究所史料编译组编辑《近代史资料·辛亥革命资料》,中华书局1961年版,第34~35页

△ **黎元洪致电南京临时参议院,请统一国旗、军旗及商旗。次日收到南京临时参议院复电,国旗用五色旗。**

黎元洪致南京临时参议院电文如下:

正朔已定,国旗及军、商各旗式,应即划归一律。请速颁发定式,以便遵行。盼复。

易国幹等辑《黎副总统政书》卷4,上海古今图书局1915年印,第16页

南京临时参议院复黎元洪电文如下:

青电敬悉。沿江各省,现在皆以五色旗为国旗,经本院议决,请大总统通告各省,国旗即用五色旗。至军、商各旗,暂仍其旧。俟议定后,再由大总统通告。特此奉复。

易国幹等辑《黎副总统政书》卷4,上海古今图书局1915年印,第17页

△ **黄兴致电陈其美,请其敦促黄钟瑛到宁就任海军总长职。**

黄兴致陈其美电文如下:

陈都督鉴:政府新立,各部急须组织。目下他部均有端绪,惟海军部因总长未到,不能开办。祈就近请黄君钟瑛立即专车来宁,以便部署一切。事关大局,无任切祷。汤司令准十一日到沪。并闻。黄兴。佳。

1912年1月10日《民立报》

△ **成都民军攻克雅安,清代理边务大臣傅华封被俘。**

1912年2月8日《申报》《傅华封就抚记》报道:

前清代理边务大臣傅华封业已就获,已见昨报重庆都督公电。兹又据川报所载者录述如下:

《四川日报》云:"省城自赵督诛戮后,并勒令旗营将枪械缴出,大局本已安靖。讵满清代理边务大臣傅华封突又起兵东侵,已抵邛州(距城二百里),肆意攻击,虐民烧杀掳抢,无所不至。虽经军政府派兵前往攻击,而南路邛、雅等处人民已遭涂炭,大局殊为不靖。连日省城居民万分惊恐,逃往城外者颇多,其由水路开赴下游重庆者,一二日内已有三百船之多,其他由陆路者更难枚举。顷接姚桥捷报,知川军已于十一月二十一日午前八钟逼围雅州,奋力攻击,傅逆自知力不能支,业已大开城门,欢迎我军入城。惟傅逆为人存心诡诈,虽云归降,恐非至诚,故我军入城后,各标长仍以武装和平办法以为对待。从此大功告捷,必无危险之虞矣。"

又据邛州直隶州张致德上陆军部禀云:"陆军部长钧鉴:敬禀者:窃查直隶州昨将我军开抵雅城,已与傅军开仗情形禀报在案。顷据前次归汉之陈绍清专人来邛报告,我军与傅华封接仗四次,傅军大败,于十一月二十一日辰刻将雅城攻破,傅华封统率全队连同建昌道、雅州府、雅安县既[暨]阖城绅民竖立汉旗投诚,彭统制已督军队进城安抚等情。适直隶州派出侦探亦回州报同前由。仰见部长声威远播,使傅华封得以专诚投汉,曷胜欣忭。除已由彭统制报告并径禀都督外,理合肃禀,以释宪廑。敬请钧安,伏乞垂鉴。"

又云:探闻傅华封所部之西兵千余人,在邛州地方业已就抚,已于昨日抵省。军政府令其缴械后再行入城,各兵士深明大义,释械而入,以免别滋疑虑。惟初抵城时,军政府因恐匪徒乘隙混入,是以将南城暂闭,并谕令各街公口严为防范。其时不知者不免虚受惊恐。现当军政时代,风鹤时闻,寄语同城诸公,幸勿辄生摇惑,自扰安宁可也。

△ **清内阁奏报朝廷清军退出汉口、汉阳的原因。**

清内阁奏报朝廷全文如下：

武昌开战，长江各兵船早属匪有，江权尽失。浙江、江西各匪均由兵船运集杨逻司一带，人数约二万以上，拟攻黄陂，捣我左翼。汉阳府属之潜江、沔阳各匪，进据蔡店附近，袭我右侧。十月内安陆府天门、京山两县为匪占据后，应城、云梦、德安、应山等处万分吃紧。孝感站距云梦仅五六十里，广水站距应山不满四十里，此两站极受危险。十一月初襄阳樊城失守，枣阳即为匪占，信阳隐受抄袭之患。而孝感、广水、信阳各车站，均属湖北军队后路。运线既受革匪重重包围，计长约三百余里。汉口、汉阳实为绝地。后路万一有失，大局何堪设想。故藉唐伍两代表议定退兵之约，于本月十六日退兵至孝感、广水一带防堵。汉口、汉阳仍留文官巡警保护地方治安，由两面协商，为免战地。谨奏。

"军机处折包档"，中国史学会主编《中国近代史资料丛刊·辛亥革命》(8)，上海人民出版社1957年版，第237页

△ **湖南教育总会召开成立大会，推举符定一为正会长，胡元倓为副会长。**

1912年1月28日《申报》《湖南教育总会成立》报道：

湖南学界各士绅组织临时教育总会，现已就绪。于阳历一月九日开成立大会，到者八百余人。首由袁君德宣宣布宗旨，再由徐君特立、王君佑、熊君兆龙先后演说。次即用记名投票法选举正副会长。开票后，符君定一得三百二十八票，为最多数，定为正会长，胡君元倓得一百一十票，为次多数，定为副会长。符、胡两君当即登台布告进行意见。复公推夙君高翥、徐君特立、熊君非[兆]龙等七人为修改章程审查员。随后又由大众决定于阳历一月十三日再行开会，选举干事员。其时已午后五钟，乃宣告散会。

1月10日(十一月二十二日)　伍廷芳致函六国领事，通告清廷破坏议和，"将来延长乱象，战事复活，罪在满清政府"。

伍廷芳致六国领事函如下：

中国共和政府对于唐绍仪之印据[？]，本极满意。不意此议卒为满清政府〈之〉所破坏。唐使闻共和政府所提出之理由毫无异辞，极思和平解决，乃提议九日以政体付之国会公决。旋下谕旨声称政府将惟国会公意是从。不意清廷既得展限停战目的，遂不承认其代表之定案。致令唐使请销议和之责，清廷竟准其开缺。现在袁世凯极欲破坏唐绍仪所定议案，此种举动足以妨害列强所冀望之和平。则是平安之局卒为满清政府破坏。将来延长乱象，战事复活，罪在满清政府。所以共和政府不得不迅速发表。(伍使并请各代表将此事件迅速达知该国政府。)

丁贤俊、喻作凤编《中国近代人物文集丛书·伍廷芳集》下册，中华书局1993年版，第436页

△ **伍廷芳复电袁世凯，重申唐绍仪所签之条约为不可移动之条件，上海为开会地点亦万无可易。**

伍廷芳复袁世凯电文如下：

袁内阁鉴：个二、个三电均悉。此次和议，唐代表系负全权而来，载在文凭，中外共知，民国始行承认开议。若以签字定议之条约，可任便作为无效，将事[视]同儿戏，代表全权之信用扫地，何以与列国友邦并立于世界，本代表将何以自解于民国。凡唐代表先后所签各款，为阁下计、为民清两方面计，均应认为不可移动之条件。以上海为开会地点，即亦万无可易。

目下所宜酌订者,惟在开会之日期耳。且四海想望和平,为安定人心,速进治安起见,会期尤以急迫为要,阁下倘持人道主义,以安措天下为己任,自必以本代表之言为然。伫望速复。伍廷芳。蒸三。

观渡庐《共和关键录》第1编,第69~70页

袁世凯致伍廷芳"个二"电文如下:

伍代表鉴:鱼四、五电始终以唐代表签押为藉口。前已屡屡辩明唐代表权限,并将本大臣所以不能承认之理由再四详达,阁下并不细察此次代表之性质与其文凭之词义,且以一国国体问题动引国际公法,又不详考各学者之说与其成例,似此空言往还,而于重大条件转不复答,殊失和平之本旨。至唐代表辞职,十二日来电内有除知照伍代表外之文,即未得诿为不知。且其所签条款,未经商明本大臣,一律认为无效,更不论其辞职与否,望勿再执唐代表签押为辞,以免延滞。内阁袁世凯。个二。印。

观渡庐《共和关键录》第1编,第68页

袁世凯致伍廷芳"个三"电文如下:

伍代表鉴:鱼六、庚三电均悉。贵代表与唐代表先后所签各款,本大臣并未承认,业已迭电声明。另行提议,本大臣总理国务,其势不能远出,贵代表专任会议事宜,自可来北京面商,以期解决。至另派代表一节,以国体问题既非代表所能断定,故付之国会公决。现在所议乃国会选举条件及其地点、日期,自可直接电商。如此数者能速议定,其余亦不难迎刃而解,何必另派代表,徒多转折。贵代表于应议重要各节并不逐一答复,只以多不近理一语概行抹杀,如此即另派代表,岂复望有成议?今以北京定为开会地点,万无更易。一俟选举法协定,即当酌订开会日期,望贵代表迅将前电选举各条有无讨论之处见复,勿再推延,切盼。内阁袁世凯。个三。印。

观渡庐《共和关键录》第1编,第69页

△ **伍廷芳复电袁世凯,诘问河南巡抚齐耀琳虐杀民党张钟端等人事件。**

伍廷芳复袁世凯电文如下:

袁内阁鉴:洽三电悉。齐抚虐杀民党张钟端等种种违法行为,盐四电中尝条举之。贵大臣两次复电,皆仅凭齐抚一面之词,答非所问。兹再逐条诘问如下:

一、来电云:讯明张钟端等焚抢属实。试问张钟端等所焚何处、所抢何人?贵大臣曾否派人确查?祈切实指明。否则,贵大臣所谓违心捏饰,以一手掩尽天下之目者,必为齐抚确评。

二、来电云:供证确凿。试问齐抚所得之供证,曾由审判厅开正式之法堂否?曾用非刑拷讯否?求供证于三木之下,是否违世界之公理,背清廷之谕旨。

三、世界尊重人权之公例,除对敌时及由法律上正当之判决外,不得妄行杀人。今张钟端等既无扰乱治安之行为,其非对敌时可知,未尝交审判厅审讯,其非法律上正当之判可知。而齐抚遽用军法枪毙多人,是否违反世界之人道,弁毛[髦]清廷之法律?

四、齐抚搜捕焚抢优级师范、高等商学堂,是否背世界保护公安之定例,违中国数千年来尊重斯文之法律及习惯?

五、枉死诸人应昭雪否?监禁诸人应释放否?齐抚之违法行为应查办否?

以上各节,请贵大臣平心静气详查事实,是非曲直,昭若黑白。舍此不谈,尚言保和平、重人道乎?河南系君桑梓,究竟如何处理,望速逐条电复。伍廷芳。蒸四。

观渡庐《共和关键录》第4编,第4~5页

袁世凯致伍廷芳"洽三"电文如下：

伍代表鉴：微电悉。张钟端等无论其是否民党，既经讯明焚抢属实，供证确凿，地方官有保卫治安之责，自不能不按律办理。即如民军占领地方，遇有此等扰害治安之人，亦必不肯坐视不办。除莠安良，正所以保和平而重人道。现在南北各省秩序何如，共见共闻，自有公论，断不能违心捏饰，以一手掩尽天下人之目也。内阁袁世凯。洽第三。印。

观渡庐《共和关键录》第4编，第4页

△ 张謇密电袁世凯，谓"现以纱厂事须亲自赴鄂，拟借与段芝泉密商"，以南北军人名义提议召开国民会议，决定政体。张抵湖北再密电袁，请其就商北洋将领通电拥护共和，迫清帝退位。25日，袁电复张，告以"连日协商，渐有头绪"。

张謇致袁世凯密电一如下：

南省先后独立，事权不统一，秩序不安宁，暂设临时政府，专为对待独立各省，揆情度势，良非得已。孙中山亦已宣言，大局一定，即当退位。北方军队，因此怀疑，实未深悉苦衷。若不推诚布公，急求融洽之方，恐南北相持，将兆分裂，大非汉族之福，心窃痛之。国民会议，解决政体，既双方承认，所须磋商者，止开会手续及地点耳。若因是再肇战祸，大局何堪设想？謇前曾以第三位自任，今危象已露，不容坐视。现以纱厂事须亲自赴鄂，拟借与段芝泉密商，一则表示南方设立政府，绝无拥护权利之思；一则酌拟国民会议办法数条，请其与黎元洪双方结约，作为南北军人之公意，各自电请政府照办。意既出于军人，设南北政府不允照行，军人即不任战斗之事，如是则南北政府得以军人为借口，可免许多为难。此事与敬舆密议数次而定。公如以为可行，请一面迅速电复，一面密告芝泉，俾可决于陈请。倘公不以为然，亦请明晰电示，謇亦不便再问。但恐更一决裂，此后愈难收拾耳。所拟办法，大意如下：

一、开会地点及议员，应照代表与伍代表签定办法。

二、蒙、藏即派在京王公喇嘛。

三、开会期至迟不得逾两旬。

四、多数决定政体后，双方即须照行。

五、政体决定共和，即另举总统。

千万秘密，切盼。謇。养。

《赵凤昌藏札》第108册，上海社会科学院历史研究所编《辛亥革命在上海史料选辑》，上海人民出版社1981年版，第1073～1074页

张謇致袁世凯密电二如下：

窃谓非宫廷逊位出居，无以一海内之视听，而绝旧人之希望。非有可使宫廷逊位出居之声势，无以为公之助，去公之障。在鄂及北方军队中诚鲜通达世界大势之人，然如段芝泉辈，必皆交公指挥。设由前敌各军以同意电请政府，云军人虽无参预政权之例，而事关全国人民之前途，必不可南北相持，自为水火。拟呈办法请政府采纳执行，否则军人即不任战斗之事云云。如是则宫廷必惊，必畀公与庆邸为留守，公即可担任保护，遣禁卫军护送，出避热河，而大事可定矣。所拟办法如下，公如以为可行，须请密电段芝泉等。謇默观大势，失此时会，恐更一决裂，此后愈难收拾，幸公图之。亟盼电复。謇。

《赵凤昌藏札》第109册，上海社会科学院历史研究所编《辛亥革命在上海史料选辑》，上海人民出版社1981年版，第1078～1079页

袁世凯复张謇电文如下：

张季直大人：鄂鱼电悉。国会公决，系朝廷存亡关键，须请皇宗同意，非行政官所能擅

专,极多困难。连日协商,渐有头绪,已迭电少川矣。凯。阳第一电。

《赵凤昌藏札》第109册,上海社会科学院历史研究所编《辛亥革命在上海史料选辑》,上海人民出版社1981年版,第1078页

△ **中华民国女子同盟会在上海成立,以“扶助民国、促进共和、发达女权、参预政事”为宗旨,推举吴木兰为正会长、林复为副会长。会所设上海西门内曹家桥。并于本月发表宣言书。2月14日,吴木兰、林复呈文孙中山,请孙准予女子同盟会立案。2月22日,发布布告,望该会男女会员赴会,共同研究,以期该会得以完全成立,“达进行目的”。**

2月14日吴木兰、林复呈孙中山文如下:

大总统孙:

敬禀者:窃维人类肇生,先有男女,有男女而后有夫妇,有夫妇而后有父子、兄弟、家族、朋友,有父子、兄弟、家族、朋友而后有社会,有国家,男女平等之义不綦大哉!中国往籍已渺不可考,盘古、亚当其说不雅驯,荐绅先生难言之。然父子、兄弟、家族、朋友为构成社会、国家之元素,而男女又为父子、兄弟、家族、朋友之元素,则万古不易,历劫不磨,自有天地以至于世界末日不能一易此言者也。唐虞以降,至于姬周,男女平等之实征犹有存者。“天位大义,正位于内,仪型是式,作孚万邦。”载籍诗歌,三尺童子类能诵而习之。而女权堕落,数千年不能振拔者,何也?女学不昌,道德不明,专制淫威有以劫制之而已矣。是故国家专制,则不惜焚书坑儒,销锋铸金,以愚黔首;家庭专制,则不惜钳口裹足,蔽聪塞明,以误青年。“世人识字优[忧]患始,女子无才便是德”,盖皆恐学理一明,必难驾驭,故为此诐说淫词,冀以一手掩尽天下目,俾得甘为奴隶、牛马、赘物、玩具,然后宰割、烹醢、驱策、戏弄,可以任意行之而莫敢予毒,莫或予抗矣。

数年以来,时会凑迫,政治种族问题界限日益清厘。革命军起,全国响应,风驰云卷,飙忽万方。人民以死争由[自]由,仆专制而建共和,驱满虏而光汉室。民气发扬,已达极点。木兰等或曾学外邦,或生长南服,目击时艰,毫无赞助。伏念中国民族号称四万万,男女各居其半。今者枪林弹雨,肉薄[搏]相争,曾未几时,已宣和议。我神圣军人,铁血男子,其舍身取义、致命成仁者,奚翅百余万。女界同胞,何忍坐享自由,放弃责任,自甘雌伏,贻羞巾帼?用是不揣梼昧,集合女界同志,设立女子同盟会,以扶助民国、促进共和、发达女权、参预政事为唯一宗旨,并以普及教育为前提,以整军经武为后盾。同人等竭力经营,已于正月初十日在上海设立事务所,开成立大会,推举吴木兰为正会长,林复为副会长,选定职员办理进行各事。并附设经武练习队,明定课程,切实教练,亦于二月初六日在上海西门内曹家桥地方立校开课。所有办理大概情形,前承副总统、各都督、各部长及海内男女同志一体赞成。兹谨胪列详情,附呈同盟会章程并练习队简章,伏乞大总统准予立案。同人等醉心共和,尊重女德,倡导女学,借以发扬女权,为共和前途光。除会长吴木兰、评议部长唐金铃等敬求赏见面禀一切外,端肃寸禀,虔请崇安,伏乞训示祗遵。

女子同盟会会长吴木兰、副会长林复谨禀。

民国纪元元年二月十四日

(加盖“中华民国女子同盟会本部之图记”)

黄彦、李伯新编著《孙中山藏档选编》(辛亥革命前后),中华书局1986年版,第406~407页

《中华民国女子同盟会章程》如下:

第一章 总纲

第一节 本会以民国女子组成之。

第二节　本会以扶助民国、促进共和、发达女权、参预政事为宗旨。

第二章　会员

第一节　凡民国女子,得本会会员二人以上之介绍及确实之保证,得为本会会员。

第三章　入会及退会

第一节　会员入会时须纳入会金二元,按月纳会费一元。

第二节　前项之会费有滞缴至一年以上者,丧失会员资格。

第三节　会员有不得已之事故必须退会者,应受会长之认可。

第四节　会员有违犯会章或损坏名誉、泄漏本会机密者,经评议部议决,分别轻重,由会长宣布除名抑或议罚。

第四章　权利及义务

第一节　凡会员皆有受本会保护之权利。

第二节　凡会员皆有选举职员及被选举为职员之权利。

第三节　凡会员皆有遵守会章之义务。

第四节　凡会员皆有维持本会之义务。

第五章　职员

第一节　本会职员如下:正会长一人;副会长一人;评议部长一人,副部长二人,部员十人;内务部长一人,课长四人,课员十人;外务部长一人,副部长一人,部员四人;调查部长一人,部员无定额;执行部长一人,部员无定额;纠察部长一人,副部长一人,部员二人。

第六章　权限

第一节　会长总理全会事务。

第二节　副会长协理全会事务,并得于会长有故障时代理其职。

第三节　评议部主议决本会应行事项,裁判会中争议,监督本会行政,对于本会各部应独立行其职务。

第四节　内务部分设三课如下:

庶务　课长一人,课员二人,主任会中一切庶务;

财政　课正副长各一人,课员四人,主任会中财政事项;

文牍　课长一人,课员四人,主任各项文牍事宜。

第五节　外务部主任对于外部交涉事项。

第六节　调查部主任调查各项事宜。

第七节　执行部主任执行各项事宜。

第八节　纠察部主任纠察内外一切事宜。

第七章　选举及委任

第一节　会长、副会长,内务、调查、执行、纠察各部长、课长,由会员公举;各部员、课员由部长指定,须受会长之认可始能委任。

第二节　评议部长、部员均由会员公举。

第三节　各部长、课长及部员、课员有能兼任他项事宜者,经会长认可亦得兼任。

第四节　外务部部长、部员暂由全体推举同志男子充任,以资便利。

第五节　凡非本会会员之同志女子或同志男子,富于学识、卓著声望而热心赞助本会者,由本会推为顾问员。

第六节　同志男子赞助本会、极尽维持之义务者,由本会推为特别赞成员。

第八章　期限

第一节　各职员任期均定一年,连举连任,但以二次为限。

第二节　调查、执行两部,应由会长指定任期,不用前条之规定。

第三节　第七章第五、第六两节之职员无定额,并不定任期。

第九章　经费

第一节　本会经费以会员会费及特别捐款充之。

第二节　收捐细则别定之。

第三节　本会预算,于年始由内务部财政课制成,经评议会之议决,由会长宣布之。

第四节　本会决算,于年末由内务部财政课制成,得评议部认可后,由会长宣布之。

第五节　收入支出各项,应予下月第一星期由内务部财政课制成报告书,会长宣布之。

第十章　会期

第一节　本会会期分四种列左:

一、大会　每年春秋两季各开大会一次,其会期由会长于一月以前登报宣布,本部、支部会员均得与会。

一、特别大会　凡遇重大问题,经会员多数之要求,经评议部议决,由会长临时召集特别大会。

一、职员会　每星期六午后一时,合全体职员开会一次,商酌进行方针。如遇临时事件,由会长发布,开谈话会。

一、评议会　每星期一午后一时,合全体部员开会一次。若遇临时议事,由部长报告,开临时议会。

第十一章　附则

第一节　本会本部设于上海。络[陆]续推设支部于全国各地。

第二节　本会现组织一经武练习队,以为调查、执行两部部员之预备。但系草创,将来扩充时再为改定名义。

第三节　本会章程经大会议决公布后即日施行。

第四节　本会职员,除第七章第五、第六两节之职员不支津贴外,其余均酌给津贴,以资办公。

第五节　本会章程如有未尽未善事宜,经会员十人以上之请求,得提出修正案于评议部。但非全体会员过半数之出席,不得开议。非出席会员三分之二之决议,不得修改增加。

黄彦、李伯新编著《孙中山藏档选编》(辛亥革命前后),中华书局1986年版,第410～413页

1月《女子同盟会宣言书》全文如下:

自演箓辉旭,輶毂新辀,而后茫茫亚东大陆,遂孕出一完全自主力之优上民权,脱决奴隶籍之高华国步,而致成为四千余年生辟之河山,二十余区光复之祖奕。猗欤休哉!何其盛矣!而细推其驲辔级[极?]度,锋铄孕姆,又未始不归功于我数十万健儿之头血所鲜染而溅濡者也。

然以四万万亲爱同胞之公共地区而争自由、争平等,仅纵容最少数之男子以左持右操于其际,则按诸公和原理,亦未得为同辙步、同算符,而称为一定不易之至正确极。然则居今日而组咀革命,舍合我幼稚民国中之半生半死、半奴半主、半聩半聋之老大女同胞,以东翌[翊]而西携之不为功。于是倡女子尚武会者有人,倡女子义勇队者有人,倡女子国民军队以及倡女子北伐军者有人,种种急进主义,遂放革命史上之大异彩,而为亚、欧、澳、美洲人所称道不

衰。然而铁血主义可以立于靡靡不变、偈偈不适之起点地，而不可以收完力于建设主义发生之过渡时代。故有识者操纵时局，不持破坏手段而取改造手段者，良有由基耳。况值天启神域、还我自由之后，而半少数之男子仍持压制女子主义，以组织法律并及种种设施，使不早计竞争，全力抗动，则流弊必至，女权堕落，降至水平线以下之最低度，而亿万年附属品之丑名词犹保留于二十世纪始生之新中国，不平等之极度孰有优大于此者乎！夫苍公交付人类以神圣之资本，则同享权利于生存竞争中，同操委治于改良社会内，无论为男子、为女子，但使脱去未成年禁治产、准禁治产无能力之限制圈，则决无有一轩一轾之大纷歧点。此天权说所由起，而为千古不刊之名论也。

今大同主义已发达于无上上度，而独于主治上能力、议政上能力特加限制于大半数之女子，试问二十世纪之文明震旦，其尚容此野蛮专制之大痼疾乎？况平权真理，实合公权、私权、特别权而统一之。断未有号称平权，而男子乃享独占公权之能力，女子反受剥丧公权之极刑，使男子持平等观念，清夜自思，恐亦无辞以对付我女同胞也。加之天下兴亡，匹夫、匹妇同负绝对仔任之全责，乃于极乱世发端后多归罪于二万万无能力之女子，而于极治世支配上转束缚夫二万万有能力之女子，成不受功，败则受过，使女子而尽聋尽哑也，夫亦何言而无如尚有一线弱息奄奄未绝者欤？且国家当兵燹溅赭、燧影腥霞之际，而受无上上惨祸者为女子尤巨且痛，乃受害既深浩而谋自卫政策，势不得不于政治上一容半喙。不料自命建立文明之男子，竟视女子为玩弄物品、为家庭内之美术陈设品，是则我二万万女子之生命财产，卒被鱼我肉我鼎饵我诸男子之支配。诸女子而存生气也，其能不合全力以反抗之乎？盖女子为建造国民之母，即以女子而支配男子，亦适合于柔能克刚之原理；今纵不得支配男子，而反以绝对主义之下受其支配，且不许列赞襄支配之末座。光明大炯之四百余州，竟有此三十六层以下之黑暗女地狱。半开化之支那问题，昔则以排外思想而造成之，今则以不平权主义而加长之。则男子独智，女子独愚，转不如压服于野蛮时代下之犹得自由也。

本会有感于此，乃联合多数同志女子以持自卫行动，使或达其目的，则摩顶放踵，为民生谋幸福，而洗尽五大州中女子无能力之痼毒。万一天不假我，所行未逮，则洒血沫飞铁涛，牺牲二万万女子之身命以为未来多数女子谋绝大利益，亦在所不恤。堂堂正义之宣告，想亦我四万万男女同胞之所共谅者也。

黄彦、李伯新编著《孙中山藏档选编》(辛亥革命前后)，中华书局1986年版，第407～409页

2月22日发布布告如下：

东西各国，男女平等，凡女子亦有参预政事之权。我中国数千年来，女子深处闺中，几成废物，是四万万同胞半归废弃，虽为女子自行放弃，亦由专制国体不容稍有越俎使然。本会之设，以【扶】助民国、促进共和、发达女权、参预政事为宗旨。复经设立经武练习队，以为本会调查、执行两部之预备。业经本会会长吴木兰面呈孙大总统，颇蒙赞许，并承陆军部长黄克强先生、教育部长蔡元培先生及卫戍总督徐固卿先生、各部长、各都督一致赞成，勖以应尽之职，本会幸甚，吾女子幸甚。惟以孙大总统面许到沪莅会，提倡进行方针在即，而本会会章未臻妥善，必当改良。窃思现在共和成立，以尽力提倡民生主义为要务。女子既有参预政事之权，须具参预政事之学识，故本会于教育一部业经添设，亟待扩充。其它女子应尽之职所当注重者，均宜美备。为特布告男女同志，尚望勿吝玉趾，惠临本会，共同研究，俾臻完美，方不负大总统及同志诸君期望之殷，庶大总统莅会时，本会得以完全成立，达进行目的。曷胜翘企之至。会所在西门内曹家桥。

1912年2月22日《申报》

△ 日本内田外务大臣致电日本驻俄大使本野,提出与俄国在中国东北“就东经一百二十二度以西地区之分界线问题缔订协约”,并在内蒙古“划定两国势力范围”。16 日,日本内阁会议通过此决议。

内田致本野电文如下:

[第5号]绝密

日俄秘密协约附加条款所定之南、北满洲分界线,仅此于托罗河与东径[经]一百二十二度交叉点处,该点以西地区之分界线尚未议定。又,根据上述秘密协约第三条,帝国政府虽已承认俄国在外蒙古享有特殊利益,然而关于日俄两国在内蒙古之利害关系则未做任何规定。以上情况均为我大使所熟知。本大臣认为,日俄两国政府在适当时机,就东经一百二十二度以西地区之分界线问题缔订协约,并在内蒙古划定两国势力范围,对于根除将来一切误会、永久敦睦两国邦交,实属最为必要。本大臣又认为,日俄两国如欲缔结上述协约,则此时又为最适当之时机。鉴于去年十月二十四日我大使机密第三十七号来函所述俄国总理大臣密谈情况,看来此时解决上述悬案当无若何困难。基此,可否由我方向俄国政府言明上述意趣,提出商谈,例如:东经一百二十二度以西地区,沿托罗河流上溯,直达兴安岭分水岭,即以该河河道与兴安岭分水岭相连之一线为南、北满洲分界线之延长线;关于内蒙古两国势力范围问题,可否以张家口至库伦间之大道为界,将内蒙古纵分为东、西两半,其东部划为我国势力范围,西部归入俄国势力范围。如此向俄国政府提出方案,以期早日缔结协约,是否可行?上述方案,纯属本大臣一人之构想,尚未与其它内阁成员商谈,但愿尽先得知我大使对此有何见地,希即来电说明。

中国社会科学院近代史研究所中华民国史研究室主编、邹念之编译《中华民国史资料丛稿·日本外交文书选译——关于辛亥革命》,中国社会科学出版社1980年版,第132~133页

《日本政府关于开始第三次日俄密约谈判的内阁会议决议》如下:

关于延长南、北满洲分界线并在内蒙古划定两国势力范围问题,指令本野大使与俄国政府开始交涉。

帝国政府与俄国政府之间,先前已在南、北满洲划定两国势力范围,并以第一次《日俄秘密协约》附加条款定明双方分界线。但该分界线仅止于托罗河与东经一百二十二度交叉点处,尚未及于其以西地区。方今帝国势力正在逐步向其以西地区扩展,如不及早同俄国政府就上述交叉点以西地区界线问题预行商订,将来难保不在两国间惹起意外纷争。帝国政府根据第一次《日俄秘密协约》第三条之规定,虽已承认俄国在外蒙古享有特殊利益,然而关于内蒙古问题则尚未缔结任何协约。本大臣认为,内蒙古与我国势力范围之南满洲关系至为密切,日、俄两国在适当时机就此问题签订协定,不仅对于帝国将来之发展以及永远敦睦两国邦交有利;且在当前清国因此次事变而使蒙古问题即将展现一新局面之际,日俄两国就内蒙古问题签订某种协定,实为最得机宜。基于此种考虑,日前本大臣已向本野驻俄大使发出电训,征询意见,详如附件甲号(指上文内田致本野第5号密电,编者),该大使已有复电到来,陈明所见,如附件乙号(指1月13日本野复内田第8号密电,此电略,编者)。

另一方面,关于蒙古问题,在上述电训发出后,愈益引起世间注意,俄国政府亦于数日前正式发表《公报》,详如附件丙号(指1月11日本野致内田第4号电,此电见11日日志,编者)。俄国政府在上述《公报》中主张俄国对蒙古保有特殊关系,而其所主张之特殊关系,仿佛并不限定于外蒙古范围以内。对此,帝国政府若默然放过,即有怂纵俄国不顾《日俄秘密协约》第三条之规定而将其特殊关系向蒙古全域扩张之虞。因此,本大臣认为:帝国政府有

必要即时就俄国政府上述《公报》中所述“蒙古”一词之含义向该国政府提出质问，并借此机会由本野大使非正式提出关于延长南、北满洲分界线以及商订内蒙古协约问题，向俄国政府探询意向，以为将来解决此两问题打下基础，较为适宜。在提出上述问题时，俄国政府难保不如本野大使所预料，就如何根本解决满洲问题刺探我国政府有何决心。关于解决满洲问题，我国政府之方针早已确定，遇到适当时机即应适当加以解决。故可视本野大使与俄国政府交涉结果如何，如须表明我方决心，即可着该大使秘密告知俄国政府：遇有适当时机，适当解决满洲问题，帝国政府并无异议。同时向其说明：关于具体解决办法以及何时着手解决等问题，尚须慎重考虑，因此，日、俄两国政府尚待进一步仔细磋商，等等。当然，就上述延长分界线及商定内蒙古协约问题与俄国政府开始谈判时，俄国政府究竟能否表示同意，尚难预料，但本大臣认为，纵令我方目的不能实现，亦可通过此次商谈而使俄国政府了解帝国政府之意图，从而为将来造成极有利之结果。基于上述情况，建议内阁会议做出决定：乘此次向俄国政府就其《公报》措词提出质问之机，着本野大使根据上述旨趣就上述两项问题在最秘密中向俄国政府探索意向。

中国社会科学院近代史研究所中华民国史研究室主编、邹念之编译《中华民国史资料丛稿·日本外交文书选译——关于辛亥革命》，中国社会科学出版社1980年版，第149～151页

编者按：此件原系内田外务大臣提交内阁会议的书面提案，经讨论通过后即作为内阁会议的决议。该件原注“此件，于翌日（一月十七日）由内田外务大臣晋谒天皇启奏”。

1月11日（十一月二十三日）　南京临时政府外交部成立，部址先设于总统府内，后迁鼓楼前狮子桥。

1912年1月13日《民立报》《外交长之交替》载：

民国外交长伍廷芳、温宗尧来函云：“武昌起义后，廷芳等迭承各省军政府推举，办理外交，绠短汲深，自知万难胜任，兹以时势孔急，分属国民，何敢自耽安逸，遂尔勉承谆命。三月以来，谨慎将事，总觉力与心违，于民国大局未能稍有裨益。欲进行则吾才既竭，欲引避则于义未安，瞻顾徬徨，弥深内疚。今幸内阁成立，受代得人。廷芳等已于十一日交卸。嗣后各处外交事件，均□与新任外交总、副长王君宠惠、魏君宸组接洽。王君等学识淹通，一切措施必能悉臻妥协。廷芳等奉职无状，未能为国民稍效微劳，乃蒙各省军政府不加谴责，俾释重负，毋滋罪戾，其为感悚，岂可言喻。谨此谢忱，伏维公鉴。伍廷芳、温宗尧谨启。”

伍廷芳、温宗尧通电交卸外交事务文如下：

各省都督暨各军司令官鉴：临时政府业经孙大总统组织成立，外交部以王君宠惠为总长、魏君宸组为次长。敝处现已交卸，嗣后关于外交事宜，希与王、魏二公直接商办为盼。伍廷芳、温宗尧。真。印。

1912年1月14日《民立报》

△ 孙中山任命张翼枢为中华民国临时政府驻法国政府全权代表。

孙中山致法国政府电文如下：

巴黎。外交部长转法国政府：我荣幸地通知您，张翼枢先生现被任命为中华民国临时政府驻法国政府全权代表，为的是使两个姊妹共和国能建立友好关系，并能为推进文明及发展工商业而共同努力。孙文。

中国社会科学院近代史研究所中华民国史研究室等编《孙中山全集》第2卷，中华书局1982年版，第16～17页

△ **黎元洪下令鄂军北伐。**

黎元洪命令全文如下:

一、据诸方面报告,兵数不满九千、炮四五十门之敌,其主力似集注于杨店附近,其一部驻扎孝感附近。

二、我军拟准备攻击此敌。

三、第一军整顿完善后,即由阳逻经三山铺向黄陂方面前进,须与第二军协同动作。

四、第二军须于阴历二十七日午前八时,准备由黄陂县进占祁家湾,占领后,沿铁道线向三汊埠行进。

五、第三军须于阴历二十七日午前八时以前,确实占领新沟、汉川,嗣后即由孝感进攻。

六、步队第八协(附山炮四门),即日开赴麻城警戒我军右侧背。

七、步队第四协(附山炮一队),准备开赴汉口守备该地北面,特须注重滠口方面,且须与第二军及步队第一协连络,但渡江时期,须待后命。

八、步队第一协,准备开赴汉阳,任该地守备,务与第四协及第三军保持连络,但渡江时期,须待后命。

九、先锋步队第一标,即日出发,由阳逻向黄陂方向前进,务占领该地以任警戒。

十、其余诸队,任武昌守备,其担任区域,容俟后命。

十一、长江舰队,须以主力游弋于巴河、阳逻之间,其一部游弋于阳逻、金口之间,以任警戒。

十二、各军粮秣、弹药补充如下:

第一军由阳逻、三山铺兵站补充(三山铺兵站未设以前,均由阳逻补充);

第二军由阳逻、仓子埠、六指店补充;

第三军暂由黄陵矶补充,以后随攻击逐段增设兵站;

混成第八协、先锋队一标弹药,各自携行,其粮秣就地购办;

步队第四、一协,由武昌后路粮台补充;

留守步队仍照旧补充;

长江舰队粮秣,由葛店兵站补充。

十三、予在昙华林都督府。

大元帅黎元洪

曹亚伯《武昌革命真史》(正编),上海书店1982年印行,第564~566页

△ **南京临时政府陆军部通电各省在上海设立军械购运处,此后凡各省派人赴沪购办军械,"必先经本部认可,发给护照,转饬该处绍介,会同办理,以资便捷"。**

南京临时政府陆军部通电如下:

各光复省都督、各军政分府、各军总司令均鉴:本部为购运军械、器具、材料等事统一起见,现在沪建设购运处,业经派员前往分别办理。此后凡各省派员赴沪购办军械者,必先经本部认可,发给护照,转饬该处绍介,会同办理,以资便捷。再,如须赴外国购办者,亦须先经本部认可,通知沪军都督,发给护照,始可前往,以昭慎重。除分电外,合先电达,请查照办理可也。陆军部。真。

1912年1月13日《民立报》

△ 南京临时政府陆军部任命李燮和为光复军北伐总司令。1月23日,李燮和启用光复军北伐总司令关防。

龚翼星《光复军志》:

当是时,清、汉停战令下既久,而山西、陕西民军日告急,訾和议者皆曰:"是款我以缓师耳。"则定三道北伐之议:以朱瑞军道出津浦,柏文蔚出庐、颍向河南,而李燮和渡海趋烟台。元年一月十一日,授李燮和为光复军北伐总司令,设司令部于江宁城中韬园。

龚翼星《光复军志》,上海社会科学院历史研究所编《辛亥革命在上海史料选辑》,上海人民出版社1981年版,第214页

李燮和通告启用光复军北伐总司令关防电文如下:

民立、共和、神州、天铎暨各报馆转各部总次长、各省都督、各军司令官公鉴:敝军秣马厉兵,指日北伐。前蒙陆军部颁发关防,文曰"光复军北伐总司令",关防已于新历元月念三号敬【谨】启用。誓逐满虏,并剿袁贼。军符秘密,统希鉴照。光复军北伐总司令李燮和叩。宥。

1912年1月27日《民立报》

△ 因浙江都督汤寿潜调任南京临时政府交通总长,浙江各府改举蒋尊簋为都督。

1912年1月13日《民立报》报道:

本日(11日,编者)午后在都督府用记名投票法选举都督。到浙江十一府代表杭州梁有立、嘉兴沈钧儒、湖州莫永贞、宁波章述交、绍兴王泽灏、台州王芈、金华金兆棪、衢州詹凤藻、严州王韧、温州殷汝骊、处州项华甫;光复党员雷家驹、夏钟澍、吴文禧、朱自强、孙冠生、毛景麟;参议陈毅、顾乃斌、黄元秀、朱炯、壮景仲等共二十二人,蒋尊簋以二十一票当选。全体一致欢迎,蒋氏当即允就职。

蒋尊簋《浙江都督敬告全省父老书》全文如下:

中华民国元年正月十六日,汤公任中央政府交通部,辞浙都督,父老谬举尊簋承乏,固辞不获,敬布腹心为父老告:父老用我今日,舍亦今日,假如一国三公,莫资统率,唯唯否否,不负责任,则是安用都督为也?又或部自为政,人自为令,画诺伴食,无所事事,则又安用尊簋为也?夫事必统筹全局,而后可以实力进行。浙事内容,我父老已稔知之,尊簋不才,窃谓目前最急之务,厥有三端:

一、维秩序。浙省反正,心理所同,吏民宜各安堵如故;然而省内外之迁徙流离者,踵趾相接,此非尽纷纷者之无事自扰也。盗贼充斥则民不安其居,金融恐慌则商不安其业,生计日蹙,饥馑洊臻,索食抗租,疮痍载道,不亟图之,不几陷于无政府之状态乎?尊簋为人民保治安,自不能不为地方负责任,所愿与父老商榷者,此其一也。

一、消意见。倡义之初,事机逼迫,合群策群力以求进共和,犹惧不暨,况意见纷歧乎?一事也,此界与彼界分畛域;一县也,甲党与乙党相冲突,甚或权利竞争,同舟视同敌国,私意倾轧,党祸及于清流,始由一念之差,影响及于全局。戈操同室,何以御外?所愿与父老商榷者,此又其一也。

一、安职业。军事倥偬,需才孔亟,从戎者以杀敌致果为事,请愿者以致身效命为荣,同我汉风,发皇激励,尊簋爱之敬之,亦既无日不讨军实而申儆之矣。其它民事贤劳,相助为理者,无论内外遐迩,苟利于浙,必求所以展其长而久其任,务使农安于野,商安于市,工安于肆,士安于校,共和改造时代,当不使一人有废时失业之忧。夫用之而不尽其才,任之而复掣其肘,颠倒错乱,朝置暮更,此清之所以亡也。故欲安地方,必自人人各安职业始,所愿与父

老商榷者，此又其一也。

抑尊篡尤有进焉：今日之事，有不可忘者，有不可不忘者。吾人憔悴于虐政之下，或揭义徽，或临战地，居者行者，一德一心，夫岂犹有富贵利达之见存耶？天而既厌清德矣，中原豪杰，并起亡秦，又何敢贪天之功以为己力也？此不可不忘者也。北敌未灭，战祸延长，【尝】胆卧薪，有进无退，专制一日不覆，大局一日不宁，外人耽耽以我为卜，我又安得使人日立于庭而诏之乎？此不可忘者也。吾愿父老忘其不可不忘，而毋忘其不可忘，则吾浙其庶几矣。

《民国文牍》卷2，浙江省辛亥革命史研究会、浙江省图书馆编《辛亥革命浙江史料选辑》，浙江人民出版社1981年版，第534～535页

汤寿潜辞职电文如下：

省议会、常副都督、各府、军分府、民事长：潜昨晚到宁，中央已发表任潜交通，且无许辞。外顾大局，内念浙事，力小任重，惟有惶急。杭事仗诸公扶持，在杭三部长、在沪陈都督、章太炎、陶焕卿三先生，其才其望均胜衰朽以倍，幸浙父老择一替潜，必能为浙保障治安，维持秩序。潜住三两天，总设法一一返杭，循例交卸。潜叩。支。

1912年1月18日《大公报》

△ 俄国外交部发表公报称："俄国对于蒙古具有重大利害关系，故不能无视事实上业已成立之蒙古政府，倘若蒙古与清国断绝关系，俄国政府即不得不同蒙古政府开展事务关系。"

日本驻俄大使本野致内田外务大臣报告俄国外交部公报电文如下：

［第4号］

关于蒙古问题，俄国外交部于一月十一日发表公报，概要如下：

蒙古人在库伦宣告独立，要求俄国给予支持。俄国政府向其提出忠告，希望蒙古人平稳行动，同清国寻求妥协途径；同时，俄国驻库伦领事，对于清国电讯线路、银行及官员、衙署等曾尽力加以保护。其后，双方又提出委托，要求俄国政府在清国与蒙古间开始谈判时居中调解，俄国政府已决定接受此项委托。然而俄国政府认为：双方协商，只有在蒙古方面保全其固有制度之目的得以实现的前提下方能成立，故有必要敦促清国人对于上述蒙古人之目的予以尊重。由此见地出发，同时考虑到蒙古人已视清国政府所采取之下列三项措施为目无蒙人权利，即：(1)清国政府在蒙古设置行政机构；(2)驻扎清国军队；(3)纵容清国人移居蒙古。因此，俄国政府在给清国政府委托居中调停的回答中曾经唤起清国政府注意：双方谈判应以上列三项为签订协定之基础。此外，俄国政府还认为有必要促使蒙古人理解：为蒙古安宁起见，举凡促进蒙古发达之各项措施，均为俄、清两国政府所承认。关于蒙古问题，俄、清两国间并无任何意见分歧。因此，俄国政府为促进蒙古之各方面发展而提供援助，均与俄、清两国及蒙古之利益相符合。此即俄国政府所以接受双方委托，进行调解之原因所在。俄国政府已通过俄国驻清代理公使将上述旨趣告知清国政府，同时言明：清国政府如能接受上述旨趣，俄国外交官员将不辞为清、蒙双方协商进行斡旋之劳。俄国政府并无干涉清国国内事变之意，亦无侵略蒙古之野心，但如国境地区秩序混乱，即将使俄国利益蒙受损害，俄国政府不愿出现此种情况。此又为俄国政府所以接受双方委托，进行调解之另一原因所在。尽管如此，俄国对于蒙古具有重大利害关系，故不能无视事实上业已成立之蒙古政府，倘若蒙古与清国断绝关系，俄国政府即不得不同蒙古政府开展事务关系。

中国社会科学院近代史研究所中华民国史研究室主编、邹念之编译《中华民国史资料丛稿·日本外交文书选译——关于辛亥革命》，中国社会科学出版社1980年版，第148～149页

1月12日(十一月二十四日)　孙中山就国旗问题复函参议会,认为以五色旗为国旗不当,咨请参议会"暂勿颁定施行","俟民选国会成立之后,付之国民公决"。

孙中山《复参议会论国旗函》全文如下:

贵会咨来议决用五色旗为国旗等因。本总统对于此问题,以为未可遽付颁行。盖现时民国各省已用之旗,大别有三:武汉首义则用内外十八省之徽志,苏浙则用五色之徽志;今用其一,必废其二。所用者必比较为最良,非有绝大充分之理由,不能为折衷定论。故本总统不欲遽定之于此时,而欲俟满虏既亡,民选国会成立之后,付之国民公决。若决定于此时,则五色旗遂足为比较最良之徽志否,殆未易言。

(一)清国旧例,海军以五色旗为一二品大官之旗。今黜满清之国旗而用其官旗,未免失体。

(二)其用意为五大民旗[族],然其分配代色,取义不确,如以黄代满之类。

(三)既言五族平等,而上下排列,仍有阶级。

夫国旗之颁用,所重有三:一旗之历史,二旗之取义,三旗之美观也。武汉之旗,以之为全国之首义尚矣;苏浙之旗,以之克复南京;而天日之旗,则为汉族共和党人用之南方起义者十余年。自乙未年陆皓东身殉此旗后,如黄冈、防城、镇南关、河口,最近如民国纪元前二年广东新军之反正,倪映典等流血,前一年广东城之起义,七十二人之流血,皆以此旗。南洋、美洲各埠华侨,同情于共和者亦已多年升用,外人总认为民国之旗。至于取义,则武汉多有极正大之主张,而青天白日,取象宏美,中国为远东大国,日出东方,为恒星之最者。且青天白日,示光明正照自由平等之义,著于赤帜,亦为三色,其主张之理由尚多。但本总统以为非于此时决定,则可勿详论。因而知武汉所主张,亦有完满之解说。究之革命用兵之际,国旗统一,尚非所急,有如美国亦几经更改,而后定现所行用之旗章。故本总统以为暂勿颁定施行,而俟诸民选国会成立之后。谨复,并请
公安。

附粘天日旗样式两纸

今日适得武昌来电,则主张用首义之旗,亦有理由,非经将来大会讨论,总难决定也。(十二日)

《临时政府公报》第6号,中国科学院近代史研究所史料编译组编辑
《近代史资料·辛亥革命资料》,中华书局1961年版,第43~44页

△ 南京临时政府司法部启用印信,正式成立,部址设于甲家巷。

《司法部呈报启用印信文》如下:

为呈报事:本部于元月十二日,奉到钧处颁给印信一颗,遵于即日敬谨启用。为此呈报钧案,仰祈察核施行。须至呈者。

《临时政府公报》第18号,中国科学院近代史研究所史料编译组编
辑《近代史资料·辛亥革命资料》,中华书局1961年版,第143页

△ 鄂北伐第一军总司令吴兆麟被排挤去职。黎元洪委孙武接任,旋改杜锡钧代理。

曹亚伯《武昌革命真史》(正编):

是日杜锡钧等与孙武秘商,谓总司令官吴兆麟现改为北伐军第一军总司令,其兵力虽削,其名称仍重。现在清军不战自退,或者和议告成,可以不战,或者战事重开,而我援军甚

多,又系节制之师,必操胜算。指日大功告竣,吴之功劳权势亦愈加大,是后患也。仍宜设法牵制,或掣其肘,或送其命,皆可秘密图之。于是杜、孙商定,又请黎元洪派吴为第四镇统制,暂指挥第一军所属军队。是晚十二时,黎元洪赶办委札,派吴兆麟为第四镇统制,派人送往吴兆麟。吴兆麟接委札后,即请黎都督亲接电话,吴曰:"第四镇统制委札,业已收到,是何用意?"黎答不知。吴又曰:"第四镇统制,既无兵力,徒拥虚名,何能指挥第三镇及他各部队乎?且刻当军书旁午之际,大敌在前,我民军欲操胜算,应先和衷共济。大元帅统率各军,事权更当划一,用人则不疑人,疑人则不用人。"黎仍无以答,旋云:"是他们之意,将办法议妥,来请照办的。"吴又云:"第一军所属各队,虽已出发,惟总司令部犹在洪山,既如此猜疑,是事不可为也。我非争权夺利之人,自起义以来,只知办事,不知其它,已往成绩,可复考也。现在虽云北伐,不过是向前进行,或者和议可望成功,兵不再用,我先退让可也,免得都督为难,亦免他人时时忌妒。我就此辞职,请都督另简贤能接替为妙。"黎元洪接吴兆麟电话后,极为忧虑,当派蔡济民、吴醒汉往洪山司令部面劝吴兆麟。吴云:"如此办事,不独无成绩,顷刻即有大祸。既削权复降级,万不能再干。无怪岳武穆当日受冤也。实属可叹。"蔡济民等回报黎都督,谓吴决计不能再干。黎复派孙武、杜锡钧到洪山劝说,亦无效。又派徐达明、朱树烈二人往说,亦无效。于是黎用电话请吴兆麟当面商议,吴仍不干。黎云:"此事本与情理不合,但不能怪我。"吴云:"大元帅既有统率陆海军之权,不能作主,专听他人主张,将来危害,真不堪设想。我向来对于富贵,极为恬淡。起义后,虽迭任要职,然为大局起见,总是退让,隐忍不言,谁知犹不我谅,是真不可为也。仍请大元帅毅然解决,另简贤能接替为妙。"黎不得已,复调吴兆麟为大元帅府参谋总长,派孙武接充北伐军第一军总司令官。

…………

一月十三日午前十时,黎大元帅即将大元帅府参谋总长委札送到洪山宝通寺,请吴兆麟即日到差,以安军心。旋总监察刘公偕协统王安澜来洪山司令部,据称各方面对于临战更易总司令咸抱不平。谓:"前数日城内谣传有人以为吴总司令官兵权过大,在黎大元帅前百般谋害,将借北伐机会另行改组。复见组织北伐编制,我等以为是正当行动,不料现在果然发现不尽情理之事。是若辈妒贤嫉能,故意捣乱,以撤中华民国之台。黎元洪目下亦不作主,听人播弄,危险实大。查吴总司令自首义以来,劳苦功高。汉阳失守,黎元洪由武昌出走,经过种种危险,皆由吴总司令在洪山苦心计画,维持残局。当斯时也,若辈何以随黎元洪逃走,不来争权夺利?目下清军已退,和议行将告成,又来操纵黎元洪害人利己。设我辈不设法挽救,后来隐患,必有百倍胜于今日者。为今之计,趁此总司令未解除兵柄之时,宣布若辈罪状,绳以军法,警一戒百,则大局之幸,亦中华民国前途之幸也"云云。吴兆麟云:"各位所论极是。但此时正是危急存亡之秋,我辈只宜忍耐以保全大局,万不可走极端,使天下惊疑。若辈既不明大义,争权夺利,而外人尚不知其内容,我若以激烈手段对付之,彼辈必藉此造谣,颠倒是非。人而无礼,何事不可为乎。大凡办天下事,苟可以委曲求全,何能尽如人意。若甲因愤而杀乙,乙派又愤而报复,循环造业,争端必无已时。洪杨覆辙,可为殷鉴,望各位千万忍耐为要。"王安澜又云:"黎不能作主将奈何。"吴云:"既以我为参谋总长,我辈再从长计议可也。"刘公又云:"你为参谋总长固善,但黎之左右佥壬,非驱逐不可。"遂联合一班有勇之士,欲将黎之身旁小人即时驱逐之,吴兆麟力阻之,不从。杜锡钧闻风即逃往汉口,一面造谣,一面痛哭不已。少顷,有杜锡钧党徒潜往武昌大朝街孙武宅,面晤孙武云:"湖北是首义之区,又系中央军政府,目下黎又是大元帅,重心全在此地。军务部即满清陆军部,部长即等于北京之陆军大臣,可以任命军官。先生若就第一军军统,则军务部势必易人,就小遗大,甚为先生不取也。不如此时辞去军统之职,再由先生保荐一心腹之人,先生间接遥制之,此两全之策也。"孙武然之。于是又与黎元洪面商,以第一军总司令一职,暂命杜锡钧代理。

曹亚伯《武昌革命真史》(正编),上海书店1982年印行,第572~578页

△ 孙中山咨请南京临时参议院议决法制局职制。

孙中山《咨参议院议决法制局职制文》如下:

窃维临时政府成立,所有一切法律命令,在在须行编订,法制局之设,刻不容缓。应将法制局职制提出贵院议决,以便施行。除派本府秘书员李肇甫于本月十二日亲赴贵院提议外,合即先将法制局职制草案咨送贵院查核办理。此咨。

《临时政府公报》第3号,中国科学院近代史研究所史料编译组编辑《近代史资料·辛亥革命资料》,中华书局1961年版,第24页

△ 孙中山复函蔡元培,解释南京临时政府用章炳麟而不用康有为的原因。

孙中山《复蔡元培函》全文如下:

孑民先生大鉴:

来示敬悉。关于内阁之设备及其组织用人之道,弟意亦如是,惟才能是称,不问党与省也。但此时则不能不收罗海内名宿,来教所论甚明。然其间尚有当分别论者。康氏至今犹反对民国之旨,前登报之手迹,可见一班。倘合一炉而冶之,恐不足以服人心,且招天下反对。至于太炎君等,则不过偶于友谊小嫌,决不能与反对民国者作比例。尊隆之道,在所必讲,弟无世俗睚眦之见也。专此,即颂

道安。并复。

孙文谨复 十二日

中国社会科学院近代史研究所中华民国史研究室等编《孙中山全集》第2卷,中华书局1982年版,第19页

△ 孙中山及南京临时政府陆军部分别令关外都督蓝天蔚节制"北发之沪军暨海容、海琛、南琛三舰"。

孙中山致蓝天蔚电文如下:

万急。上海陈都督其美转关外蓝都督天蔚鉴:北发之沪军暨海容、海琛、南琛三舰,概由贵督节制,以一专权。委任状随寄。总统孙文。侵。

1912年1月14日《民立报》

南京临时政府陆军部致蓝天蔚电文如下:

万急。上海陈都督转蓝都督天蔚鉴:由沪出发陆军及海容、海琛、南琛三舰,统归君节制调遣,并行转饬遵照施行为盼。陆军部。文。

1912年1月14日《民立报》

△ 中华民国旅沪志愿决死团发布章程,以"牺牲性命,早复江汉,直捣幽燕,并破除共和政体之一切障碍"为宗旨。

中华民国旅沪志愿决死团章程如下:

一、宗旨 本团以牺牲性命,早复江汉,直捣幽燕,并破除共和政体之一切障碍为宗旨。

二、范围 本团现驻沪上,所有一切重要事宜,悉承沪都督命令办理。其平时教练及一切办法,纯具独立性质。至出赴战地,即听战地最高级之军事机关调遣。

三、编制　本团暂照陆军通行制度以为编制,额设五百零四名,全团分四部,部分三区,区分三队,每【队】计十四人。

四、职务　本团设总代表一员、正代表四员、副代表十二员、分代表七十二员、队员四百三十二人。

五、进行　决定元年正月中旬出赴江汉战地,以资援助。

六、军装　本团武器、服装,概系禀请沪军都督府代为采办。

七、饷项　本团全体义务为心,并无一定饷制,所有给养及一切经费,均系从俭开支。

八、军制　本团原体之性质,系与陆军相仿,所有一切命令、军纪,概照陆军规定奉行。

九、资格　本团添招队员,以下开各项为合格:

(甲)前来投效,须有各团体之介绍证书,或有切实店铺及本团同志可以担保者;

(乙)曾受文武学堂之普通教育者;

(丙)品行端正、确有爱国思想而素抱铁血主义者;

(丁)遇事坚忍不变者;

(戊)体力强壮、能耐劳苦者(以手提四十斤为度);

(己)年龄在十六岁至二十五岁者;

(庚)目力精明、躯干高大者。

总代表陈血岑

1912年1月12、13日《民立报》

△ **女子同盟会发起组织同盟女子经武练习队。本日,同盟女子经武练习队发表宣言书。2月13日,发布《同盟女子经武练习队简章》,以"练习武学,扶助民国"为宗旨。**

《同盟女子经武练习队宣言书》如下:

问今日吾女界同胞,有平等之幸福乎?无论男妇老幼必争起而应之曰:否。有自由之权力乎?无论男妇老幼必更争起而应之曰:否,否。嗟夫!天赋人权,吾女同胞何不幸沦丧,而久困于阳九百六之会也。窃尝计之,反对党之辩护者曰:女子薄弱。此狃于门户之见也,不观彼中下之家,多借吾女同胞奔走操作,以足衣食者乎?抑曰:女性柔缓。此囿于风土之说也,不观彼西南诸省,吾女同胞多朴质刚劲,远胜须眉者乎?嗟夫!吾女同胞盍不思之,而甘让彼男子独享盛名,以有千古也?

木兰等自渡东后,慨祖国之沉沦,见时机之成熟,以诸先觉不我遐弃,引入同盟,共商进止,号呼流徙,于此数年,本此寸丹,思团圆是,不敢谓有功也。迩者川人发难,鄂省乘之,遂以成事。一旦龙蛇起陆,雷雨满盈,不匝月间,中华旧土,光复十九。木兰等或自投红会之内,或编列战阵之间,聊行吾志,仍不敢谓有功也。乃见日来众志不齐,扰攘纷争,莫衷一是。如组织临时政府,以最关紧要之手续,经十四省之代表,费一月余之时间,迄未成立。嗟夫!此何时乎?此何事乎?而可仍听彼等男子攘权利、争意见,以伪乱真,饱食暖衣,从容坐论,以贻我同胞后日无穷之戚乎?况乎北虏锐意南侵,皖北、山西,迭见沦没。武昌之危机,江北之寇祸日深。设有不幸,根据全失,彼等男子之肉,其足食乎?嗟夫!失败,失败!虽不可知,而心所谓危,不敢不勉。

语云:"前者仆,后者继。"今日吾女同胞,正彼等失败男子之后援也。木兰等自归国时,即移设女子同盟会于沪上,规定章程,计分五部,广征同志,以谋进行。惟斟酌乎时机,须崇尚夫武略。现由本会发起一经武练习队,即以会员遴选组成,求达本会进行目的。军国民主义，不让男儿。教育家恒言务求女学。嗟夫！吾女同胞须知黄帝纪元四千余年之中，中华民国四万万人以内，最高尚纯洁者，吾女子之精神也；最灵活敏妙者，吾女子之心志也；最强固坚韧者，吾女子之能力也。若彼男子，殆千百中不一见也。时方多难，人尽我欺，欲图久安，先谋自立，吾女同胞盍归乎来！

1912年1月12日《民立报》

《同盟女子经武练习队简章》如下：

一、名称　本队定名为同盟女子经武练习队。

二、宗旨　本队以练习武学，扶助民国为宗旨。

三、队员　非女子同盟会会员，不得为本队队员。

四、职务　本队为女子同盟调查、执行两部之预备，俟练习已成，即服调查、执行之职务。

五、科目　分列如下：

甲、演讲；

乙、补习；

丙、操法。

细目别定之。

六、师资　不论男女，均聘请有真确之学识及富于经验者。

七、教程　甲、乙、丙三课，按日排定，各二小时，总计六小时，星期日仍辍课。

八、员额　本队暂置队长一人、队员八十人。

九、经费　本队一切用款，均由女子同盟会担任。

十、俸给　队长每月给俸十二元，队员十元。

十一、预诫　队员须认定宗旨，自重自爱，不得稍有毁损本队名誉及不规则之行为。

十二、检查　本队照军律，取绝对服从主义。凡队员一切行为及来往书函，由纠察部检查员随时报告。如发见违犯事项，即由本队分别轻重，认真惩戒。

十三、社所　本队现驻上海西门内曹家桥。

十四、罚则　罚处队员违章，均由本队队长禀承女子同盟会会长，协同评议部办理。

十五、规则　本队创办之初，所有一切详细规则，再为别定。

1912年2月13日《民立报》

《同盟女子经武练习队队员名册》如下：

中华民国女子同盟会谨将附设经武练习队员姓名、籍贯备造清册，呈请鉴核，须至册者。

计开：

李廷慧	江苏嘉定人	陈翠琼	江苏嘉定人
谢友石	浙江杭州人	胡铁英	四川云阳人
庄慧贤	江苏上海人	陈世英	浙江嘉兴人
袁希㴋	江苏宝山人	徐一鸣	浙江湖州人
胡剑华	四川云阳人	凌其瑞	江苏上海人
汤　纯	湖南人	杨瑞芳	浙江湖州人
沈家桢	四川夔州人	欧阳骏	湖南宁远人
陈魁英	江苏上海人	徐镕清	江南人
秦宝镜	河南光州人	谢寿石	浙江杭州人
谢介石	浙江杭州人	沈先芬	浙江乌程人

沈先馥	浙江乌程人	王振邦	浙江湖州人
王　明	浙江湖州人	王　奎	浙江湖州人
王德瑚	浙江湖州人	胡香池	四川崇庆人
武问梅	山西汾州人	马季芝	江南上元人
葛存惠	江苏嘉定人	龚振仪	江苏上海人
唐在珠	江苏上海人	邹铁卿	四川成都人
易群卿	四川成都人	卜世昌	江苏常州人
张佩铭	四川崇庆人	杜士周	湖北襄阳人
戴淑琼	四川崇庆人	杜士铜	湖北襄阳人
杜士岐	湖北宜城人	帅国瑚	四川温江人
罗天民	四川灌县人	彭家瑛	四川宜宾人
谢运鸿	四川万县人	彭家杰	四川宜宾人
张诵铭	陕西凤朔[翔]人	沈淑梅	浙江乌程人
谢运鸾	四川万县人	戴大珩	湖北麻城人
李　芬	湖北人	陈家英	湖南宁乡人
陈家杰	湖南宁乡人	任玉昆	四川华阳人
赵　璧	陕西凤翔人	杜左相	湖南长沙人
高罗熏	四川华阳人	尹昌炽	四川成都人
张孝先	广东惠州人	江　岷	四川江津人
任重远	贵州遵义人	吴素兰	江西南城人
吴若兰	江西南城人	林　樾	福建侯官人
李宗汉	湖南善化人	冯　时	浙江宁波人
黄思祖	广东香山人	关季梅	广东人
朱萝青	江苏人	韩　馥	浙江人
殷芝青	浙江嘉兴人	谌梦仙	湖南溆浦人
谌梦仪	湖南溆浦人	谌同昭	湖南溆浦人
罗玉琳	四川华阳人	杨同璧	四川新津人

民国纪元元年二月十四日

(加盖"中华民国女子同盟会本部之图记")

黄彦、李伯新编著《孙中山藏档选编》(辛亥革命前后),中华书局1986年版,第415~416页

1月13日(十一月二十五日)　中国同盟会决议设总部于南京。

1912年1月14日《民立报》报道:

同盟会驻宁会员今日(13日,编者)开会,决议立本部于南京,并发行机关报。

△ 伍廷芳致电袁世凯,就袁诬北方民党为土匪及残杀陕西民军事,质问其"是否欲以土匪之名,加诸北方诸省之民党,以肆其残杀?及是否置十一月初一日条约于不顾,以加攻击陕西民军"。

伍廷芳致袁世凯电文如下:

北京袁内阁鉴:漾诸电均悉。自武汉起义,全国人心佥向共和,非独已经独立诸省为然,

即如直隶、河南等省,虽尚屈于压力,而其人民表示之意,恐已于民军一致。如顺直、河南谘议局等电达清政府请改共和,又如直、鲁、豫、奉诸省皆派代表至南京参与联合会议,足征希望共和之心全国一致。所未赞同者,特少数之惯用压力者而已。今来电强谓南人对于北人感情甚恶,是无稽之言。民国之内已无汉、满、蒙、回、藏之分,更何有南北之界。来电云云,不独南方同胞所不欲闻,即北方同胞闻之亦应失笑。至于少数败类,甘为奸细,理宜与众共弃,岂能以为借口。阁下将起于义师云合之际,清政府所有政治、军事之全权萃于一身,海内喁喁,方冀有以慰四万万同胞之望,而乃偏听赵陈诸督之言,欲将北方诸省爱国志士悉加以土匪之名,以快其屠杀。甚至于已经承认之陕西民军亦肆行攻杀,不复知失信为可耻。举措如此,深足疑诧。遍观诸电,辞气暴横,非爱同胞者所忍出诸口。今试问阁下,是否欲以土匪之名加诸北方诸省之民党,以肆其残杀?及是否置十一月初一日之条约于不顾,以加攻击于陕西之民军?祈速电覆。伍廷芳。元一。印。

"军机处电报档",中国史学会主编《中国近代史资料丛刊·辛亥革命》(8),上海人民出版社1957年版,第238~239页

袁世凯复电如下:

元一电悉。所谓直隶、河南等省人民表示之意,恐已与民军一致,仍是臆度之词,自非确论。即如顺直、河南谘议局,早已闭会,其以少数人擅用该局名义发表意见者,并无效力,业经该省士民呈明。其奉天等省代表在南京者,本省并未公认,已有宣言。至南北均是同胞,宗旨虽未一致,而思想言论听其自由,何用其压力?本大臣前后各电,亦无南人对于北人感情甚恶一语。将来国体不问若何,而国民总属一家,既无南北畛域可言,安有感情善恶之说?其陕西方面,淫杀焚掠之残酷,及迭次进攻之违约,历经电达,言之再四,阁下不既知失信为可耻,何以转为先失信约者多方掩饰,讳莫如深?且既号称民军,应知保全民命,尤必有统一之号令,足以禁止暴虐,维持秩序,乃能自别于土匪。若陕西之淫杀焚掠,想民军亦必不愿引为同类。本政府对于民军与土匪,不惟其名而惟其实,只以有无扰乱地方治安为断。正因不忍坐视同胞之惨受屠杀,故于陕西方面绝对不敢认为民军。阁下如欲引而同之,是否欲听陕西同胞尽受土匪之残杀而后快?则本政府所不解也。内阁袁世凯。宥七。

1912年1月17日《大公报》

△ 海容、海琛、南琛三舰从沪启程,驶往秦皇岛,16日抵达烟台。

1912年1月14日《申报》载:

海军部长黄君钟瑛,因和议无成,停战期满,昨特命令南琛运船及海容、海琛二巡洋舰迅即驶往秦皇岛,接应各省北伐军队,犁庭扫穴,共奏肤功。闻其余各军舰,不日亦将出发全国,光复当在指顾间矣!

△ 山东同盟会会员邱丕振攻占登州,组设军政府,公举连绍先为鲁军司令,邱丕振为北伐司令。

孙丹林《山东辛亥革命之经过》:

午后二时,在府衙开会议定:登州军政府设考院内,其组织如下:山东都督连成基,兼总司令;总务部长徐镜心;外交部长刘艺舟,副部长崔景山;财政部长宋赓廷,副部长刘雨屏(登州义丰和银号财东);民政部长王蒸臣(清蓬莱知县),副部长蒋洁章(王之幕友);司法部长柳仲乘。大众推我为总秘书长,兼军事参谋。

当晚开大会,议定先决问题:一、由财政部负责筹饷,主要来源先由宋庆家及被俘之王统

领步青负担。二、第二日,十六日即阴历十一月二十八日黎明,连成基、徐镜心率领全体民军,开赴黄县前线北陌,与清军作战。三、后方善后事宜,由刘艺舟、丘[邱]丕振等留守。连督濒行之际,当众扬言:"吾此行以东北健儿与清兵一决雌雄,定然打他个落花流水,诸君静听好音可也。"丘[邱]闻此言,当即对连曰:"清兵叶长盛镇台,行伍出身,固不足道。其手下有一标统名玉振,乃青州驻防之旗人,与吾同学,士官学校毕业,擅长炮科,请都督注意此人,不可轻敌。"连曰:"丘[邱]君何以长他人志气,灭自己威风?岂君之同学皆为了不起之人物耶?设玉振常驻黄县,能阻止吾之革命前进耶?"丘[邱]曰:"闻玉振为陆军部铁良及良弼所赏识,而且种族之见甚深,必出死力抗拒,都督务必审慎从事,万不可大意轻敌。"连曰:"不必多言,静候捷音。"

阴历十一月二十八日黎明,连成基、徐镜心率领民军开赴黄县,当日光复。清方知县闻风早逃,地方士绅推举王治芗为民政长,韩寅卿为秘书,刘漱芳为军需,张庆尘担任为民军筹集粮饷,与清军对峙于北陌前线,距黄县城三十里。二三日后,青州府镇台叶长盛派其标统玉振率兵一旅与民军接触。清兵配有大炮、机关枪,民军仅有步枪七八百枝,暨手枪百余枝与自制之炸弹等,相形见绌。加以连、徐两人不谙军事,玉振士官毕业,连、徐非其敌手,旋即败退。

孙丹林《山东辛亥革命之经过》,中国人民政治协商会议全国委员会文史资料研究委员会编《辛亥革命回忆录》(5),文史资料出版社1981年版,第335~336页

邹鲁《山东义举》:

先是,在烟党人被攻脱险后,徐镜心、邱丕振、连绍先等先后克复登郡、黄县等处,于是革命基础渐臻稳固。未几,胡瑛到埠,以虞克昌为警备队统带,以补郑汝成之缺。次日军府重行改组,委张学济为秘书长,王培煦为民政司长,李惺齐为财政司长,邱伦璋为交通司长,栾星壑为司法司长,蒋冕为南山军务司长,连绍先为鲁军司令。是役也,由京、津派来之同志张煊、张竞生等,亦与有力焉。

烟埠光复之后,徐镜心、邱丕振等组织北方革命急进会,为北方革命大规模之运动,其总部即设于烟台。及被王传炯围攻脱险,乃移总部于大连。时方困于经济,未克大举。邱丕振及其诸弟与周绍庭等,各捐其产,得数十万金,购械募兵,于元年一月四日,邱丕振为北伐军司令,并设民政、军事、财政、庶务、参谋各部,柳仲乘、孙丹林、邱典五、邱子厚、邱绍尹、张彦臣、吴振夫、李凤梧、李文乡分任正副各部长。七日,邱典五、邱子厚、丁纪常以数骑袭取黄县,俘敌管带穆广胜。时清总兵叶长胜率左路巡防来犯,激战于黄县之西北马间三昼夜,始将敌击退。既而敌得第五镇之援队反攻,适我沪军北伐队先锋司令刘基炎,率部数千由海路亦至,又击退之,共毙敌三百余,俘敌百余。而左雨农率队循略东路,占领文登、荣城各县之捷继至,于是山东半岛略定,王传炯潜逃。胡瑛抵烟,首谋内部之改组与统一,乃移登州军政府于烟台,连绍先改任司令,邱丕振改任登州军政分府司令。敌乘我改组之际,又得新援,复攻我黄县。守军单弱,力战五日,二月十四日卒陷于敌,死伤者六百余人。

邹鲁《山东义举》,中国史学会主编《中国近代史资料丛刊·辛亥革命》(7),上海人民出版社1957年版,第321页

△ **清署察哈尔都统何宗莲致电清内阁,称"察防臣民全体不认共和"。**

何宗莲致内阁电文如下:

通密。据辽尔乌苏管站部员呈报,由库仑起,东十四台、乌里雅苏台、东二十台、阿尔泰军台之帮台察克达哈布苏尔嘎当差官兵撤回。查喀尔喊盟旗军台之帮台察克达哈布苏尔嘎当差官兵撤回。再察防臣民全体不认共和。察防现安。除报理藩部并详情另文呈报外(以

下疑有脱漏,编者)。宗莲叩。有。印。

"军机处电报档",中国史学会主编《中国近代史资料丛刊·辛亥革命》(8),上海人民出版社1957年版,第160页

1月14日(十一月二十六日) 南京卫戍总督府启用印信,正式成立。

《卫戍总督徐绍桢呈报启用印信》全文如下:

卫戍总督为呈报事:窃绍桢蒙大总统委任南京卫戍总督,旋于正月十四日奉令派员赍送印信一颗,遵即敬谨祇领,即日启用。除移行外,理合将启用南京卫戍总督印信日期,呈报钧府鉴核。为此具呈,伏乞照验施行。须至呈者。

《临时政府公报》第4号,中国科学院近代史研究所史料编译组编辑《近代史资料·辛亥革命资料》,中华书局1961年版,第33页

△ 蒋介石受沪督陈其美指使,遣人暗杀光复会领导人陶成章于上海广慈医院。

1912年1月15日《民立报》载:

会稽陶焕卿先生成章尽瘁革命事业,历有年所。此次浙省光复,功绩在人耳目。最近浙汤督改任交通总长,浙人颇有举公者,而公推让不遑,其谦德尤可钦佩。讵料昨晚二时许,公在广慈医院医室静宿,忽有二人言有要事相访。侍者引入室,公面向内卧。二人呼陶先生,公寤而外视,二人即出手枪击中公太阳部,复以手枪威胁侍者,禁勿声张,从容而去,而公竟自此千古矣。凶手未获,故案情颇不明了,惟近日盛传满洲暗杀党南下,谋刺民国要人,公或其一也。闻军政府刻已严密查究,法捕房亦严饬探捕缉获云。

1912年1月17日《民立报》报道:

陶焕卿先生在法新租界金神父路广慈医院医疾,被不知姓名之人用手枪击伤脑部身死。法捕房得信后,立饬各探捕严行查拿外,禀请会审副领事顾宝君,由顾君咨照聂谳员,会同至该医院,先察看该匪等入门形迹,复至二层楼头等病房,检视陶君之尸,系用手枪轰击,枪珠从左颈喉管旁边深入脑部,惟枪珠并未穿出头顶,故不能取出。检毕,由陶君亲友备棺成殓,须严缉凶手到案究办。并闻凶手留有手印在房门上,已由捕房摄影,以便侦缉云。

黄炎培《八十年来》:

有深知此中秘密的告我:"陈其美嘱蒋介石行刺陶焕卿,蒋雇光复会叛徒王竹卿执行。焕卿以为竹卿是自己的人,请他入室,就被刺死。光复会终于又刺杀了王竹卿。"陶焕卿是写在我所收藏同盟会会员名单上的。

黄炎培《八十年来》,文史资料出版社1982年版,第59页

△ 孙中山电复直、豫两省谘议局,告之所开议和三条件,"早经临时政府宣布,不必置疑"。

孙中山复直、豫两省谘议局电文如下:

直隶谘议局、河南谘议局鉴:由汪兆铭转来电称:贵局往复筹商,谓非速定共和政体,早建统一政府,不足弭内忧而消外患。拟提出三条件:一、清帝退位后,能否举袁为大总统?二、共和成立后,接管清政府所有北方军队,能否不追既往,与南军一律待遇?三、优待皇室及旗民生计,能否先行议定?云云。昨经电汪兆铭,以所开三条件,临时政府早已宣布此意,自属能行,令即转复贵局矣。临时政府惟一目的在速定共和,本总统受职誓言,即以专制倾覆,民国成立为解职之条件,所以示为民服务之本心也。清帝退位,共和既定,袁有大功,为

众所属,第一条件自无不能。南北既成一致,转敌为友,彼此解释嫌疑,更无不一律待遇之理。至于皇室可崇以尊号,给以年金,保其所有财产;其旗民生计,则各省正在筹议中。须知民国以专制为敌,而权位非所争,南北既可调和,则生灵免于涂炭,不分畛域,自是平等之本怀。清廷以退让而释干戈,皇室报酬,应示优异。此次贵局所开条件,早经临时政府宣布,不必置疑。本总统所必除者,为人道之蟊贼;所最尚者,为真正之和平;凡所宣言,皆为全国之大计。若复拘牵小节,反复游移,抗亿兆国民之心,保一姓世袭之位,至必重诉解决于武力,其咎当有所归。贵议局深怀大局,力愿维持,谅必洞明此意也。总统孙文叩。盐。

中国社会科学院近代史研究所中华民国史研究室等编《孙中山全集》第2卷,中华书局1982年版,第20页

△ 孙中山通电各省,禁止以嫌疑拘系曾仕清廷之人,“嗣后各地如遇此等嫌疑告密之事,应先令查根凭实,再交审判厅确实查核,庶刑当其罪,法允于平”。

孙中山通电如下:

各省都督、各军政分府鉴:近因各地每有曾仕清廷之人,罪状未著,遽以嫌疑被逮。如其人果系汉奸,敢于破坏我国前途,则诚自速愆尤;若以为曾受清命,则魏奕曾仕隋室,刘基曾仕元朝,专制鼎革之秋,犹且不问,若今改革政治为共和,则国犹是国,人犹是人,蓄众容我,并无畛域。当此百务方新,革命英奇难敷全国建设之用,宁可以狭义示人,动辄逮捕狙击,使四海之内屏息而听,重足而立?嗣后各地如遇此等嫌疑告密之事,应先令查根凭实,再交审判厅确实查核,庶刑当其罪,法允于平,不致以“嫌疑”二字滥用拘系,为民国革新名誉之累。特此普告。总统孙文。盐。

1912年1月18日《民立报》

△ 伍廷芳电复内外蒙古各王公,申明“民国成立,汉、满、蒙、回、藏一律平等,确无疑义”,请其“毋惑浮言,自相疑贰”。

伍廷芳复内外蒙古王公电文如下:

内蒙古六盟四十九旗图什图王、达尔汗王、卓里克王等,外蒙古喀尔喀四部落、八十六旗图什业图汗、车臣什扎萨克图汗、三音诺彦王等钧鉴:来电敬悉。民军起义之目的欲合汉、满、蒙、回、藏为一大共和国,此举并非为汉人自私自利起见,乃欲与满、蒙、回、藏同脱专制奴隶之苦,而享共和兄弟之乐。此与满人大有利益,即如今日满人不能贸易自由等,将来民国何至有此制度。至于蒙古若能除去苛政,同享平权,其为利益自不待言。故共和者非仅汉人之利,汉、满、蒙、回、藏所同利也。今诸王公何以于专制之满清尚思拥戴,于共和之民国反不赞同?此诚本代表所未喻。颇闻京中有人布散流言,谓民军所持民族主义至为狭隘,想诸王公闻之致生疑虑,故有此言。若以本代表所闻,民国成立,汉、满、蒙、回、藏一律平等,确无疑义。其满、蒙、回、藏原有之王公爵俸及旗丁口粮等必为相当之位置,决不使稍有向隅,且国民平权,将来之大总统,汉、满、蒙、回、藏人皆得被举。政治上之权利,决无偏畸,此皆本代表所敢为诸王公告明者。幸同扶人道,同卫中国,毋惑浮言,自相疑贰,是所深望。民国议和全权代表伍廷芳。盐。

观渡庐《共和关键录》第3编,第29~30页

内外蒙古王公致伍廷芳电文如下:

伍公廷芳鉴:大清建国,始联满、蒙、汉、藏、回为一体,今诸君极力主张民主,去我大清皇帝,非特满、蒙、藏、回不能赞成,即北方汉人、东三省人民必均不赞成。深望诸君翻然改悔,

共戴一君，同谋国利民福，全国幸甚。如必赞成民主，蒙部实不愿与诸君共和，必有最后之办法，以将待之。合即电闻，希三思见复。内蒙古六盟四十九旗图什图王、达尔汗王、卓里克王等，外蒙古喀尔喀四部落、八十六旗图什业图汗、车臣什扎萨克图汗、三音诺彦王等。漾。

观渡庐《共和关键录》第3编，第29页

△ **江苏代理都督庄蕴宽及张一麐致电袁世凯，劝袁放弃帝制，承认共和。**

庄蕴宽、张一麐致袁世凯电文如下：

内阁袁总理大臣钧鉴：停战议和，原为顾惜同胞起见，故国民会议，宜以最简之方法，最短之时期。若旷日顿兵，两方坐困，枝节横生，恐盟约未成，骨髓枯竭，瓜分豆剖，已陷于万劫不复之地位。亡国灭种，谁尸其咎？夫致君尧舜，学唐虞之禅让，是谓大智；救民水火，免生灵之涂炭，是谓大仁。此中机括，在公一身。若因一姓之兴亡，迁延决裂，糜烂全国，于公何利？孟子言，不嗜杀人者，能一天下。俾思麦以残杀，同种为深耻。共和与帝制之争，不过一帝字耳，以一字而残杀千万人，不如易一字而留四百兆人之感情，虽去帝名，而安富尊荣，有过于昔。公果为民请命，清廷未必不幡然改图，千秋万国，自有公论。华盛顿之荣誉，非公而谁侍？如天之福，赖公转圜，虽粉身碎骨，亦所心愿。敢效忠告，天日鉴之。张一麐、庄蕴宽同叩。寒。印。

1912年1月17日《大公报》要闻《电劝项城承认共和》

△ **张謇致函黄兴，主张同盟会"销去党名"，并以此为实现全国统一"最要之前提"。**

张謇致黄兴函如下：

……早车专人奉白李君云云，为公应付李君之备也。李君面说之言，不止此，其言欲径卖盐而径要鄙人之承诺。……又云：陆军部止允北伐饷五万，仅来一万余，其在宁之三营及总司令部开支无着，请于总统，总统委之陆军部，陆军部又不能应。军队乏饷即溃，到那时只好自由行动，莫怪对不住地方云云。鄙人答以此言非我所能答复，君应以此告总统及陆军部。……然问英士，言曾接济其十余万，……且所收吴淞之杂款亦不少，……究竟有若干兵？用若干饷？无从而知。……比令人访其代表梁君时，则房中方拥二妓，此等现状，可以推见其余矣。此不得不告公者。……盐事……收入，尚不可知，约略各处所要求及公所汲汲待用，非于所筹偿还三十万借项外，更借一百万不可……此不得不告公者。总之军事非亟统一不可，而统一最要之前提，则章太炎所主张销去党名为第一，此须公与中山先生蚤计之。由孙先生与公正式宣布，一则可融章太炎之见，一则可示天下以公诚，一则可免海陆军行政上无数之障碍，愿公熟思之。此为民国前途计，绝无他意也。

张孝若《辛亥革命前后及南京政府成立》(节录《张季直先生传记》)，中国史学会主编《中国近代史资料丛刊·辛亥革命》(8)，上海人民出版社1957年版，第52页

△ **湖南共和协会会长熊希龄、副会长张学济等联名致电袁世凯，指出不能实行君主立宪的三点理由，希望袁"速请明诏退位，勿误大局"。**

熊希龄、张学济等致袁世凯电文如下：

连日阅报，和议相持，势将决裂，大局之危，不堪设想。在公左右为难，具有苦衷。然人心所趋，大势所在，万不能再有君主立宪之理。征之事实，约有三端：

一、满室所最关系者，无如祖宗发祥之地。乃东三省危亡在即，漠不为动。去年国会请

愿,东省代表,未蒙采纳,反被拘解。安奉铁路之约,为全国人民所最痛心者,日人以一年而竣通四百余里。中国京奉车站,接筑沈阳城根,不过十里,至今尚未开工,此犹可诿之邮部也。赵、锡两督晋京,拟决政策,而国务各大臣,无一与商及要政者,监国召见,寥廖数语,即令请训,讳亡之深,至于如此。是满室对于满洲土地,尚不见爱,更何爱于全国?

二、满室所最密切者,无如满、蒙各旗之人。筹划八旗生计,内外臣民条陈甚众,乃变通旗制处,设立五年,未定办法,致使北京旗民,流离困苦。世裔降入娼优,老弱流于乞丐。蒙古王公受数百年之压抑,时至今日,理藩部以一书吏犹可以挟制王公。故各盟旗袭爵留京者,贷借巨款,贿赂官府,以至负债售地。部落日贫,债权操于外人之手。是满室对于满、蒙同族,尚不见爱,更何爱于汉人?

三、满室所最信任者,无如亲贵官吏。武昌事起,亲贵首先提取大清银行存款,市面因而摇动。王公眷属迁入六国饭店,人心又因而恐慌。各省督抚司道,平日以贿得官,为谘议局所纠劾者,清室均袒置不理,一旦变起,纷纷逃走,无一死事者。是满室对于亲贵官吏,尚不能得其信用,更何信用于今日之一般人民?

以上三项事实,征之满室,已失君主之资格,不能再临臣民之上,无可疑者。

再征之外国舆论,希龄等上年得见《泰晤士报》记者柏勒特,谓彼游历日本、中国,比较政治,优劣悬殊,中国政府实无治理人民之能力。又得美洲留学生来函,谓美国议员游历中国,回美后各报载其演说,有中国人民无抵抗恶政府之能力,将为强邻所吞并之语。然则满室腐败至此,尚能泰然而为人主乎?

今若以公之意,欲以兵力强而一之。不独兵连祸结,民困财空,使南北财产,尽行抵押,有渔人得利之危险。即令战局告终,此项债款,无非取决于国会之加税。现南北人民,既主共和,公独为满室而战,为君主而战,能保加税议案之得人民所承认乎?况以北军而仇南省,将来议加租税之议员,无非前日民军死难者之父兄子弟,揆之情理,能令我甘心纳税乎?

希龄等目击时艰,深忧亡国,用陈利害所在,窃皆以为满室已失人民之信用,实无再为君主之资格,必须迅速避让,免致涂炭生灵。国民会议之局,亦可不必举行也。时不可待,望公毅然速请明诏退位,勿误大局,天下幸甚。湖南共和协会正会长熊希龄、副会长张学济等一百五十人同叩。宥。

1912年1月19日《大公报》

△ 中华平民党发布《中华平民党简章》,宣布以“男女齐权、财产平均、种界融合、法律废止”为宗旨。

《中华平民党简章》如下:

定名　本党定名为中华平民党。

宗旨　(一)男女齐权;(二)财产平均;(三)种界融合;(四)法律废止。

组织　由中华民国男女具有平民思想者组织而成。

领袖　由本党党员公举男女首领各一人及干事若干人。

会地　本党先在中华国内武昌、上海、广东、四川、直隶各地设立报馆一所(现已均拟名为《中华民生报》,如总会所在地,即名为《民生报第一》,其余按数名之)。此报馆所在地即为会地,俟中华民国政府建设于某地,即以某地为总会。

联络　本党总会成立后,即派干事与各国平民党人联为一气,并于各国重要地方设立《中华民生报》,此报馆即为本党分会。

入党　无论中外男女具有平民思想者，得由本党党员二人以上介绍，即可入党。

经费　本党各项经费均由平均本党党员财产而来。

实行期　本党俟中华民国成立后即谋实行。

1912年1月14日《民立报》

△ 上海公民会成立，以“组织地方政党，督促庶政进行”为宗旨。

上海公民会成立公告全文如下：

本会已于正月十四日在江苏教育总会成立，以组织地方政党，督促庶政进行为宗旨。欲知章程，可向本会事务所取阅。凡本邑公民得本会会员介绍者皆可入会。每逢阳历初一、初六、十一、十六、二十一、二十六等日下午五时起，在英大马路保安堂本会事务所，讨论公民应尽屋[义]务。凡我会员，届日准时惠临，无任欢迎。此布。

1912年2月9日《民立报》

△ 满洲皇族良弼、溥伟、铁良在北京组织宗社党，反对清帝退位，顽固维护清朝统治。

曹亚伯《武昌革命真史》(正编)：

是日闻北京发生暗潮。清廷一班亲贵，以袁世凯始终与民军周旋，停战议和，不忠于清廷，于是载涛、载泽、溥伟、善耆、铁良、良弼等，组织宗社党。对共和政体，极端反对。并疑忌袁世凯日深，袁世凯更不得不借重民军之势，延长和议以玩弄天下。

曹亚伯《武昌革命真史》(正编)，上海书店1982年印行，第578～579页

1月15日(十一月二十七日)　孙中山复电南方议和代表伍廷芳，宣告如清帝退位，宣布共和，则将正式辞临时大总统职，将政权让与袁世凯。

孙中山复伍廷芳电文如下：

千急。上海议和代表伍廷芳君鉴：电悉。如清帝实行退位，宣布共和，则临时政府决不食言，文即可正式宣布解职，以功以能，首推袁氏。总统孙文。删。印。

观渡庐《共和关键录》第1编，第71页

伍廷芳致孙中山、黄兴电文如下：

南京孙大总统、黄陆军总长鉴：密。顷接唐君绍仪来言，得北京确实密电，现在清廷正商筹退处之方，此后如何推举，苟不得人，则祸变益巨。前云孙君肯让袁君，有何把握，乞速详示云云。廷即告以孙君肯让已屡经宣布，决不食言。若清帝退位，则南京政府即可发表袁之正式公文。至此后两方政府如何合并，可由两方协商决定。特闻。廷芳。盐。印。

观渡庐《共和关键录》第1编，第71页

△ 孙中山致电陈其美，令陈严缉刺杀陶成章凶手。

孙中山致陈其美电文如下：

万急。沪军都督鉴：阅报载光复军司令陶成章君，于元月十四号上午两点钟，在上海法租界广慈医院被人暗刺，枪中颈、腹部，凶手逃去，陶君遂于是日身死，不胜骇异。陶君抱革命宗旨十有余年，奔走运动，不遗余力，光复之际，陶君实有巨功，猝遭惨祸，可为我民国前〈前〉途痛悼。法界咫尺在沪，岂容不轨横行，贼我良士。即由沪督严速究缉，务令凶徒就获，明正其罪，以慰陶君之灵，泄天下之愤。切切。总统孙文。

1912年1月17日《民立报》

△ **南京临时政府陆军部陆军军官学校颁布《陆军军官学校章程》。**

《陆军军官学校章程》全文如下:

第一章　总纲

第一条　陆军军官学校,直隶于陆军部,为战时补充军官起见,招选中华民国全国有军人气质优秀人员,速行训练,以期养成军官资格为宗旨。

第二条　陆军军官学校,先行招选入伍生、陆军中小学堂学生以及各种陆志[军]学堂学生有志向学者,按其程度,分别教授。如此项人员不足额数,再行招选合格之学生,以谋补充。

第三条　学生额数暂定为三百人,俟将来校舍宽大及经费充足,再图扩充。

第四条　教育期限暂定为三个月,其中或应延长及缩短,均视战时情况及各科学生所学程度以为决定。

第五条　教育分为教授、训育二种。教授科目,则择战术、筑垒、兵器、地形、卫生学等,为战时最关紧【要】,必须通知者为主。训育科目,则以教练技术、服务提要为主。

第二章　学校之组织及各队之编成

第六条　陆军军官学校,设校本部及队本部、教官处、经理处、医务处,以便办理一切事务。

第七条　校本部,校长一员,副官二员,书记一员。校长以都领官充当,副官以参领官充当(但以副官一员兼管经理处)。

第八条　队本部,队长一员、队附军官一员。队长以参领官充当,队附军官以次等官充当。各队以学生五十名编成为一队(即一教授班),照第一队、第二队次序,逐次加以号数,暂编成为六队。

第九条　教官处,暂设教官六员,以步、骑、炮、工、辎重、机关枪各专科人员充当,其阶级均为参领官。

第十条　经理处,军需官一员,庶务员正副各一员,书记二员。军需官暂以校本部副官兼充,庶务员暂以相当之官充当。校内设印刷所一处,归经理处管理,其中设书记长一名,书记二名。

第十一条　医务处,军医官一员,司药官一员,兽医官一员(暂不设),医兵四名。军医官以三等军医长充当,司药官以一等司药充当。

以上各条,系设立陆军军官学校大纲。其余未尽事宜,俟本部斟酌现时情况,再行随时追加。至陆军军官学校内务细则,以及教育管理诸规则,由本部军学局与该校随时接洽,商酌办理,以期迅速施行。

"南京临时政府档案",中国第二历史档案馆编《中华民国史档案资料汇编》第2辑,江苏人民出版社1981年版,第159～160页

△ **成都大汉四川军政府发布《四川银行军用票简章》,决定发行军用银票,发行总额三百万元。**

秦枬《蜀辛》(选录):

十七至二十日财政部长董修武、次长张瑾雯开商会协筹银票办法,票分三等:十元、五元、一元,市用每元作库平银七钱一分,完解钱粮税捐增一分用,一年内不得取银,其票由部制,交银行发兑,不用者以军法治之。商会恐有碍,集各商讨论。是时都督柬邀商百余人于铁路公司,欲以银票及公产抵军饷银五百万。众骇然,谓省内安得有此银,议不协而罢。惟

银界之信用，商界愿合力维持，仍由公家设裕商公银号，减息借贷，以恤商艰，设四门公质以恤贫民。既决议，部设造币局，先制票三百万，驻部理事者张次长也。……二十七日四川银行、裕商公银号成立，始发军用票，利用钱庄亦成立。借造币厂铜元二十万，俾小票得换钱。财政部照旧征收四城门关税，商人以为累，商会请收成命。部长谓："此事原非本部主张，若欲变通可由会缴原额银三万抵支款。"会长谓："此银从何措，城内外无商货虽欲征得乎？"遂寝其事。

隗瀛涛、赵清主编《四川辛亥革命史料》上册，四川人民出版社 1981 年版，第 556～557 页

《计开四川银行军用票简章》全文如下：

第一条　本银行因四川现遭变乱之后，市面银根窘绌，军用浩繁，奉军政府命令，特发行银票，以救急需，名曰军用银票。

第二条　本银票第一次发行总额三百万元，嗣后如须赓续发行，再依次酌量办理。

第三条　本银票分十元、五元、一元三种发行。

第四条　本银票发行以后，凡完纳报解四川境内地丁、钱粮一切税课杂捐等项，及以外公私出入各款，均一律通用。

第五条　行用本银票者，与现钱无异，如有官吏商民人等故意推却，留难挑剔者，在省准呈报军政府财政部、军法裁判所，省外呈报各该地方，从严罚办。

第六条　商民行用本银票者，照九七平七钱一分计算。如持本银票完纳报解四川境内丁粮、税捐等项，照库平七钱二分计算(合九七平七钱四分九厘八丝八忽)。

第七条　本银票自发行之日起，经过一年以后，无论数目多寡另[零]整，均可持向本银行或本分银行兑换现银。

第八条　本银票发行以后，如有商民人等愿向本银行借贷者，须遵照左列各款办理：

(甲)偿还期限不得超过一年；

(乙)借用本银票者，仍当以军用银票归还，如以现银缴纳者，以库平七钱二分算还，用昭平允；

(丙)须有本银行认为相当动产不动产之抵押，或妥实铺商二人之担保。

第九条　凡使用本银票者，不得于票上画押签字，或盖用印章戳记，更不得涂毁窜改字迹，违者本银行不与兑换。但因使用日久，以致磨烂折断，不堪再行使用者，可持向本银行或本分银行换给。

第十条　如有私造本银票或发行者，一经查觉，照军政府令处以死刑。

隗瀛涛、赵清主编《四川辛亥革命史料》上册，四川人民出版社 1981 年版，第 596～597 页

△ 开缺两广总督袁树勋及唐文治等五人致电清廷："请明降谕旨，早定共和政体"，"特畀袁世凯以全权，与民军代表组合相当政府"，"速开国会，选举总统，宁息战祸"。

袁树勋等致清廷电文如下：

自初九日奉上谕，政体由国会议决，薄海臣民咸晓然于朝廷公天下之心，非私一家一姓，深为欣忭。乃十二三以后，改议选举章程，节目繁难，延长时日。人民颇疑朝廷有翻悔公同议决之意，未免失大信于天下。方今人心趋向共和，决无第二问题，不独东南十数省矢力同心，即西北各省闻亦均表同意。傥大局决裂，一旦兵临城下，九庙震惊，生灵涂炭，后祸何忍复言。历代灭亡之惨，皆由于一念之自私。前车可鉴。皇太后、皇上既以公天下为心，保全民命为重，应请明降谕旨，早定共和政体，上法唐虞，特畀袁世凯以全权，与民军代表组合相

当政府,一面速开国会,选举总统,宁息战祸。如此,则不独保全宗庙陵寝,保全满族人民,即后日史书亦当著为美谭。要之,赞成共和与亡国迥殊。若必固执私见,不速定计,延长时日,兵连祸结,民生受害更深,土匪蜂起,且恐外人不能久待,出而干涉。窃恐内讧外患,即在目前。树勋等目击情形,不忍坐视沦亡,用敢迫切直陈,不胜待命之至。请代奏。袁树勋、唐文治、丁宝铨、杨文鼎、施肇基。

"宫中电报档",中国史学会主编《中国近代史资料丛刊·辛亥革命》(8),上海人民出版社1957年版,第160~161页

△ 清四川总督岑春煊致电清廷,请"径降明谕,宣示中外国民,组织共和政治"。

岑春煊致清廷电文如下:

本日停战期满,民军海陆次第出发。现人心已去,北方虽有军队,恐亦并无把握。初九日谕旨,既许人民开国会决政,何忽迁延反复?是必有人以一己之私心,不顾大局之糜烂,皇室之危患者。今为朝廷计,与其徒延时日,致上下不能径接以诚,何如廓然大公,径降明谕,宣示中外国民,组织共和政治。俾天下知禅让美德,实出自朝廷本怀。人民感念至德,必筹安富尊荣之典,上酬皇太后、皇上之美,宗支王公与八旗亦蒙安全之福。春煊目睹时机迫切,朝廷已无实在之权,将履不测之险,不得不披沥上陈,吁恳速定大计,上存宗祀,下全民生。翘望阙廷,不胜悲痛哽咽之至。伏乞皇太后、皇上聪鉴。请代奏。岑春煊。沁。

"宫中电报档",中国史学会主编《中国近代史资料丛刊·辛亥革命》(8),上海人民出版社1957年版,第161页

1月16日(十一月二十八日)　革命党人杨禹昌、张先培、黄之萌谋炸袁世凯于北京东华门外丁字街,事败,杨等被捕死难。

1912年1月17日《大公报》报道:

昨接京电云:"袁内阁昨日上午十一点钟入觐,在东华门外丁字街猝遇刺客抛掷炸弹二个,伤毙弁兵四人、马四匹,袁未受伤。当将凶犯三人擒获"云云。又闻探访局前日在北池子捕获谋刺袁者二十余人,起出手枪、炸弹。为首之周、潘、张三人俱正法。昨日之举,其殆因此而发,亦未可知。详情容后再探报。

1912年1月18日《大公报》又报道:

袁内阁于二十八日遇刺一事,已纪昨报。兹悉是日上午十二句余钟,袁内阁自内廷退值回宅,行至东安[华]门外丁字街地方,突有人在祥义坊肉铺(三顺茶店隔壁)抛掷炸弹,第一个未炸,第二个幸马车行快,掷在车后,破玻璃窗一扇,袁内阁并未受伤。炸毙中军官袁金镖一人、护兵一人、马二匹,伤路人与兵警十余人。当场获党人二名,其一人逃至本街正泰茶药铺内,复为卫兵擒获。闻尚放枪拒捕。该凶手籍贯一为黄天鹏,贵州人,一为杨禹昌,资州人,其一未详。闻所掷炸弹,性质均极为猛烈。当日东安[华]门一带秩序大乱,各铺商均皆闭门,断绝交通至三四小时之久。世太保得信,即进内奏闻慈宫,未详有何懿旨。袁回迎宾馆后,随有太监四名乘马,同世、徐两太保前往传谕慰问。并闻是时内阁前有一形迹可疑者,挺然直入。询之彼,但云找人,亦不能道其所以。当由门岗揪扭其辫,其辫即应手而下,门岗疑系革党,不肯放松,伊即由腰内取出手枪,拟向内阁施放,因而拿获。闻所获各犯,已交民政部赵大臣亲讯确实,发京防营务处。嗣查知该犯等寓东单牌楼船板胡同,乃新由上海来京者。当派兵警往查余党,只获女眷一口,并于衣篮内搜出炸弹二枚云。

△ 孙中山发布《命陆军部严加约束士兵令》

孙中山《命陆军部严加约束士兵令》全文如下：

中华民国临时大总统令

民国除旧布新，原为救民起见。江宁光复以来，秩序紊乱，至今尚未就理。顷闻城乡内外盗贼充斥，宵小横行，夜则拦路夺物，昼则当街卖赃。或有不肖兵士，藉稽查为名，私入人家，擅行劫掠，以至行者为之戒途，居者不得高枕。此皆兵士约束不严，警察诘奸不力所致。除令卫戍总督、巡警总监外，为此令仰贵总长速筹防范方法，转饬各军一体加意约束，以靖闾阎而肃军纪。此令。

陆军部总长黄兴知照

孙文

中华民国元年元月十六日

中国社会科学院近代史研究所中华民国史研究室等编《孙中山全集》第2卷，中华书局1982年版，第24页

△ 南京临时参议院据孙中山交议向道胜银行借款案，议决为中央政府借款，数额一百万镑，签约事由中央财政部会同鄂军办理。

刘星楠《辛亥各省代表会议日志》：

一月十六日　十三省参议员，出席二十人：赵士北、吕志伊、段宇清、林森、汤漪、吴景濂、赵世钰、谷钟秀、周代本、李鎜（一作磐，编者）、彭允彝、刘彦、潘祖彝、王有兰、常恒芳、陈承泽、王正廷、刘成禺。赵士北主席。

主席宣布大总统交议：黎副总统电商，拟向道胜银行借款案，议决办法：一、此项借款，为中央政府借款；二、借款数目，为一百万镑，以镑计不以两计；三指定武昌四局栈，汉口韦尚文、刘人祥之地皮，为抵押品；四、签约事由中央财政部会同鄂军办理。

刘星楠《辛亥各省代表会议日志》，中国人民政治协商会议全国委员会文史资料研究委员会编《辛亥革命回忆录》(6)，文史资料出版社1981年版，第256页

△ 袁世凯密奏朝廷，谓大局危迫已极，民军坚持共和，别无可议，望宣布共和，开皇族会议，"速定方策"。同日，隆裕太后召见袁世凯，袁再次辞职。

袁世凯奏折如下：

奏为和议难期，请速定大计，以息兵祸，而顺民情，恭折具陈，仰祈圣鉴：

窃自武昌乱起，旬月之间，民军响应，几遍全国，惟直隶、河南，未经离叛，然而人心动摇，异于恒有。臣世凯奉命督师，蒙资政院投票选举，得以多数，依例设立内阁，组织虽未完善，两月以来，将士用命，业已克复汉口、汉阳，收回山东、山西。然而战地范围，过为广阔，几于饷无可筹，兵不敷遣，度支艰难，计无所出，筹款之法，罗掘俱穷，大局岌岌，危逼已极。

朝廷念国步之艰虞，慨民生之涂炭，是以停战媾和，特简唐绍怡、杨士琦等前往沪上，为民请命，此万不得已之苦衷，亦从来未有之创举也。屡接该大臣等来电，称民军之意，万众一心，坚持共和，别无可议等语。现期已满，展限七日，能否就范，尚难逆料。惟论目前情形，北方一隅，虽能少保治安，而海军尽叛，一旦所议不合，舰队进攻，天险已无，何能悉以六镇堵御京津，而弃各战地于不顾，危逼万分，等于呼吸，宗社所寄，民命所关，早夜以思，良用悚惧。若其激励将士勉强以战，财赋省分全数沦陷，行政经费，茫如捕风，搜讨军实，饷源何出，惟鲁惟豫，满目疮痍，地方素瘠，就地筹款，为势所难，常此迁延，必有内溃之一

日。傥大局至此,虽效周室之播迁,已无相容之地。辽东已为强邻所虎视,库伦早呈背顺之萌芽,悉索敝赋,力与一战,未尝不能收复一二行省。然而彼众若狂,醉心民主,兵力所能平定者土地,不能平定者人心。人心涣散,如决江河,已莫能御,爵禄已不足以怀,刀兵莫知所畏,似此亿万之所趋向,岂一二党人所能煽惑。臣等受命于危急之秋,诚不料国事败坏竟一至于此也。

环球各国,不外君主民主两端,民主如尧舜禅让,乃察民心之所归,迥非历代亡国之可比。我朝继继承承尊重帝系,然师法孔孟,以为百王之则,是民重君轻,圣贤业已垂法守。且民军亦不欲以改民主,末减皇室之尊荣。况东西友邦,因此次战祸,贸易之损失,已非浅鲜,而尚从事调停者,以我只政治改革而已。若其久事争持,则难免不无干涉,而民军亦必因此对于朝廷,感情益恶。读法兰西革命之史,如能早顺舆情,何至路易之子孙,靡有孑遗也。民军所争者政体,而非君位,所欲者共和,而非宗社。我皇太后、皇上,何忍九庙之震惊,何忍乘舆之出狩,必能俯鉴大势,以顺民心。且兵力库藏悉数盘查,敬缮清单恭呈御览,以尽有之国力而定和战之大计,如叨睿训,敢惜微躯。

然天下乃大清国一统之天下也,总理大臣受朝廷之委任,握全国之枢机,治乱之所在,去就因之,独至帝位去留,邦家存否,则非总理大臣职任所能擅断。其国务大臣亦只能负其行政一部之责,存亡大计,何敢思及。然为时局所迫逼于旦暮,臣会同国务大臣筹维再四,于国体改革关系至重,不敢滥逞兵威,贻害生灵,又不敢妄事变更,以伤国体。谨合词具陈,伏愿皇太后、皇上召集皇族密开果决会议,统筹全局,速定方策,以息兵祸而顺民心。披沥渎请,不避斧钺,冒死具陈,伏乞皇太后、皇上圣鉴,训示遵行。谨奏。

1912 年 1 月 24 日《大公报》

△ 山东民军占领登州,成立登州军政分府,推刘艺舟为正都督、徐镜心为副都督。

曹亚伯《武昌革命真史》(正编):

一月十六日,接山东登州军政分府来电,谓本日九时,同志九百人,兵不血刃,恢复登州府城,当即成立军政分府,以刘艺舟、徐镜新[心]为正副都督。并预备欢迎南方军舰入渤海,请速派舰二艘来登州,以便载敢死队会同北伐。

曹亚伯《武昌革命真史》(正编),上海书店 1982 年印行,第 589 页

△ 袁世凯致电伍廷芳,质问民军自武昌、上海北上,且占登州事,并要求立即撤回各军。

袁世凯致伍廷芳电文如下:

得汉口来电:前数日民军占领黄陂一带,约有兵一镇。又自二十四夜起,由武昌拔队,直抵青山对岸之地,向滠口陆续进发,其数约四千。又由蔡甸进兵,拟过汉水。又得上海、烟台、秦王岛等处来电:民军兵船三只,于二十六日由吴淞出发,二十七日过烟台,已由登州府登岸占地。又见山东军政府致各省都督电:同志五百人已恢复山东登州府城,当即成立山东军政府,并预备欢迎南舰,请速派商船二只来登载敢死队,以便会同北伐,并恳指示机宜各等因。查停战展期之约,系由两方认可,业经通告,而民军乃有此等举动,是民军始终无和平解决之真心。既战祸开自民军,本政府无坐视之理,将来生灵涂炭,咎有所归,本政府原不必再行电诘,自可施行相当办法。特以停战之约曾经声明,非彼此通告和议决裂、重开战事,不得进攻,何以民军首先违约?竟派队北上,且占登州,似此岂能续议?请阁下速复,并立即撤回各军队。若北来军队非阁下所能过问,是在民军范围之外,亦请阁下切实声明。至盼。内阁

袁世凯。勘一。

1912 年 1 月 19 日《大公报》

伍廷芳复袁世凯电文如下：

袁总理鉴：勘一电悉。谨分别答复如下：所称汉口来电云。今晨得黎副总统来电云："铣电悉。查杨逻、金口等处为民军固有之地，我军动作，清军不得阻止。至黄陂车站有无我军占领情事，已派参谋官前往该处调查。但恐为该处有民团上下弹压，清军疑为民军，亦莫须有之事。请电复袁内阁为盼。"又同时来电云："咸电悉。袁宥四电，称我军约千人来汉口造纸厂，并上车查视，又称我军在造币厂一带，查火车上来往军人，只放商民南来，不准北去等语。查我军正在防御吃紧，何敢轻易渡江。或系该地民团瞭望，实与我军无涉。又称，黄冈来民军万人，将夺武胜关。查黄冈所属阳逻一带，系我军原驻之地，并非有增加兵力、逾越范围情事。袁宥五电，称江岸左近，有民兵上岸，又见民兵乘船而下等语。查袁电只称沿江左近，并未确指系何地点，统称有民兵上岸，并未指人数，无从查悉。至称沿江而下，乃系我军转运粮秣，在武昌江岸，并未驶过江心，似无从禁阻。总之，我军在停战期内必不致妄行举动，阻碍和局。伏乞据实电复袁内阁为盼。"

据此二电，则武汉民军必无违约举动。来电所称恐有误会，尚待查复。至所称上海、烟台、秦皇岛等处来电云云。查上海、烟台均系民军所辖地方，关于军事上之调遣不为违约。若果有进攻情事，查明属实，应即电饬撤回。至于登州崛起之师，想必因停战期满，故自行发起，尚未知有续停战之约。惟既与民军为一致之行动，必受民军之约束。已〈已〉将续停战之约明白宣布，必能切实遵守。总之，民国临时政府希望和平解决，必不致于停战期内，为违约之举动，应切实声明，以免误解，而保和局。亦望尊处通饬各军队确守条约为盼。伍廷芳。篆。

观渡庐《共和关键录》第 2 编，第 47～48 页

△ **清军攻陷灵宝，陕西民军退守潼关，20 日潼关又失。**

河南巡抚齐耀琳致清内阁、军谘府、陆军部报告攻陷灵宝电文如下：

本日接周协统符麟、赵镇倜勘电："二十八日战斗略报：一、据密探报告，战败之西匪约万余，在灵宝防御，并在函谷关修筑坚固防御阵地。二、上午六点半钟，我军由陕州出发，至大营南端截获敌人马探四名。三、于十一点半钟，我军独力马队已到灵宝东北端之十里铺，与敌前线队遇战，未待步队到，即将前敌线冲散，敌乃坚守函谷关。四、于下午一点，我军大队已到灵宝东关，分路进击，相持四点之久，乃用猛烈炮火轰击，敌难支持，分路由小道遁去，五点二十分克复灵宝及函谷关，所获船载粮秣土枪火药等项，因天晚未追。请速饬二镇派营前进，防守已克各州县，以免旋得旋失之虑。并请饬各州县官到任，以资治理。周符麟、赵倜。勘。印"等因。除电告王统制派营前进，并行该道州外，特闻。并请电饬王统制查照。琳。宋。

"军机处电报档"，中国史学会主编《中国近代史资料丛刊·辛亥革命》(6)，上海人民出版社1957年版，第125页

周符麟、赵倜致清内阁、军谘府、陆军部、姜桂题报告攻占潼关电文如下：

初二日攻克潼关，战斗情况分条陈之：据密称[探]报告，并查察敌情，潼关乃该敌根据之地，已经训练之西兵多半扼守于此，及收集各州县败回之匪，约共有万人，在潼迤东之十里铺、七里坡等险要山隘层层筑垒，于东南对峙山巅设炮远击，颇得凭高视下，易如破竹之势。

又于黄河北岸分布支队,刺斜射之。此敌人布置周密之情形也。

麟、倜等妥商计画,分南北两支队进攻。南路支队:司令官赵倜,参谋官赵景清,独立马队毅军常营及魏营,前卫毅军宝营山炮队,附三镇炮四尊,六镇炮两尊,机关枪两杆,毅军中营步兵两哨为掩护炮及机关枪队,本队毅军许营、钧营。北路【支队】:司令官周符麟,参谋官保荣,前卫马队马六标第三营,前卫二十三标第三营,附机关枪两杆,毅军山炮四尊,本队二十三标第二营,毅军野炮、六镇重炮各四尊。此我军南北两支队编成之大概也。

我军两路于初二日上午七点由文底镇同时出发,南路由小道登山越岭而进,北路由大道节节渐进。北路野炮先在文底镇西端,向南山背射击,为掩护南路支队绕攻之计。南路支队得于九点十分行至南山之南面,即界羊肠小道,山坡险且长,至十点半钟始登山顶,攀藤附葛,足破履穿,该官兵等奋勇争先,节节前进,而宝营、常营为尤最。枪炮互击,对持约共五点钟之久,攻破敌人四层坚固堡垒,遂占领南山西端。复用排炮射击战败及潼关城内抵御之敌贼。北路支队亦节节进攻。沿途二十里,凡要隘敌均设卡,防御甚严。我军官兵等不畏艰险,虽枪林弹雨之中,猛勇百倍,将敌卡层层轰破,复用炮火射击隔河之援队,以阻渡河救援,遂于下午四点半钟占领第一关。当此之时,两支队伍已经相应,业均劳顿不堪,麟、倜等复为激励将士,勇气为之一振,乘势竭力攻击,至五点二十分进据潼关矣。嗣派一小支队出西关追击,以寒贼胆。追至距潼十里之吊桥,因天晚中止,即令该支队驻宿该处为前哨阵地。其余队伍,分驻东西穤各山隘,以备防御。虽获胜之余,不敢稍懈。是役也,敌人伤亡约五六百名,擒斩八人,我军并无伤亡。所有夺获敌人物品未及细查,容俟再报。此战斗克复之情形也。

计上月二十三日由渑前进,至本月初二日径抵潼关,十日之间连克数州县,实麟、倜等所不及料。惟该两军官兵等露宿风餐,倍尝辛苦,冰天雪地,不计饥寒,其忠勇可嘉,其劳瘁可悯。拟在潼关防御数日,俾资休养。一俟二镇到潼,再行计划西进。惟查宝营所用德国套筒毛瑟枪现存子弹无多,再请速发二十万,并请姜军派员运送前敌以资接济。再郭镇殿邦于初一日晚抵文底,初二日一同进攻,合并禀闻。麟、倜叩。冬。

"军机处电报档",中国史学会主编《中国近代史资料丛刊·辛亥革命》(6),上海人民出版社1957年版,第126~127页

1月17日(十一月二十九日)　南京临时政府财政部、内务部、海军部启用印信,财政部、内务部、海军部正式成立。财政部址设于旧藩署,内务部址设于江南政务厅,海军部址设于水师学堂。

《财政部呈报收到印信启用日期由》全文如下:

本部奉到颁给印信一颗,文曰"中华民国财政部之印"。谨于本日启用,布告成立。办公处暂行附设尊府内。理合呈明。

《临时政府公报》第4号,中国科学院近代史研究所史料编译组编辑《近代史资料·辛亥革命资料》,中华书局1961年版,第33页

内务部通告成立电文如下:

各省都督公鉴:本部成立,奉大总统令,颁发印信一颗,文曰"中华民国内务部之印"。已择于本月十七日开始启用,以资信守。除分行外,谨此电闻。内务部总长程德全。篆。

1912年1月19日《民立报》

海军部通告成立电文如下:

《民立报》暨各报馆、各省都督、各军政分府、各军总司令官鉴:海军部本日成立,启用印

信,设在南京海军学堂旧址。海军部叩。篆。

1912年1月18日《民立报》

△ 黄兴致电陈其美,请其严缉暗杀陶成章凶手,并设法保护章太炎。

黄兴致陈其美电文如下:

上海陈都督鉴:闻陶君焕卿被刺,据报云是满探。请照会法领事根缉严究,以慰死友,并设法保护章太炎君为幸。黄兴叩。霰。

1912年1月20日《民立报》

△ 黄兴复函王树谷,辞谢出任自由党副主裁。

黄兴复王树谷函如下:

敬复者:接读惠函并章程、缘起等件,具悉种切。公等为民国前途谋幸福,苦心孤诣,组织自由党,以助行政之不逮,鄙意极表赞成。但以现任行政职务,未便兼任党事。如解职后,当为党员,以效驰驱。谬承推举副主裁,愧不敢当,非敢固辞,实格于公例耳。区区此心,尚希亮之。专此奉复,顺请公安,诸惟爱照。黄兴顿首。

1912年1月17日《民立报》

△ 张謇致函黄兴,辞江苏"两淮盐政总理"。

张謇致黄兴函如下:

盐事,由旧则蹈九幽之黯,改新则当八面之冲。非兵力不足以维持,非财力不足以提挈。旧政府之惮于改革以此,旧社会之蹈于阱获亦以此。某虽有此志,而惧左右是事者不足与并进。徒发一端,无益大计。且旧政府本以是属财政,陈君年富力强,当可兼任。谨申昨说,乞与总统计之。某愿以让于陈君。

《张謇函稿》第27册;上海社会科学院历史研究所编《辛亥革命在上海史料选辑》,上海人民出版社1981年版,第1002页

△ 蓝天蔚照会日本关东都督大岛,希望日本政府确保南满铁路中立,于民清两军一律同等对待。

蓝天蔚照会如下:

敝国共和军之兴起,以改造专制政府为目的,其宗旨在于谋求人民幸福与世界和平,故对外国人民之生命财产自当尽力保护。而本省之一切设施,多与贵国有关,今本都督奉中华民国临时大总统之命督理关外军务,自必尽力,以全保护之责。但本省铁路为贵国所有,为维护和平起见,切望贵国确保南满铁路之中立,对于民军及清军,均应一律同等对待,是为切盼。特此电照,诸维亮察。

中国社会科学院近代史研究所中华民国史研究室主编、邹念之编译《中华民国史资料丛稿·日本外交文书选译——关于辛亥革命》,中国社会科学出版社1980年版,第220页

编者按:此照会录自1912年1月18日大岛致内田第50号密电。

1月18日(十一月三十日) 孙中山两次致电伍廷芳,告以清帝退位及优待皇室条件。

孙中山致伍廷芳"巧一"电文如下:

伍廷芳先生鉴:请告唐,清帝退位,共和既定,既推让出于诚意。至其手续,则须慎重,以为民国前途计。若两日为期〈草〉,不特贻外人讥笑,且南方各省或有违言,转不美。今以五

条件要约如下：

一、清帝退位，其一切政权同时消灭，不得私授于其臣。

二、在北京不得更设临时政府。

三、得北京实行退位电，即由民国政府以清帝退位之故电问各国，要求承认中华民国彼各国之回章。

四、文即向参议院辞职，宣布定期解职。

五、请参议院公举袁世凯为大总统。

如此方于事实上完善。孙文。巧一。

观渡庐《共和关键录》第1编，第76～77页

孙中山致伍廷芳"巧二"电文如下：

伍廷芳先生鉴：请告唐，皇室优待条件：

一、名号定为宣统皇帝，删去"世世相承"四字。

二、退居颐和园。

三、经费由国会定之。

四、如议。

五、包括在经费内。

六、如议乙，满、蒙、回、藏五条如议。孙文。巧二。

观渡庐《共和关键录》第1编，第78页

编者按：此二电《共和关键录》所标时间为1月19日，有误。

伍廷芳复孙中山"巧一"电文如下：

南京孙大总统、黄陆军总长鉴：密。巧一电悉。细译尊意，于辞职推袁二者均已决心。但虑袁被举后，即北京设临时政府，强全国服从，则必不能收全国统一之效。故改一、二、四、五诸条，以为防闲，用意至为深远。接电后，即转达唐君。唐谓清帝退位后，北京必不即设临时政府，此层可以无虑。但全国统一之政府，必不可不迅为成立。否则，北方陷于无政府之状态，而统一政府虽举袁为总统，决不能由袁一方组织。故孙公辞职，袁公被举之后，两大总统为交替起见，对于组织统一政府，必须直接筹商。唐所以屡欲孙公来沪，即为预筹统一政府办法，免致临时仓猝。至于通告外国，要求承认。既不必待各国之回章，自不必列于条件。盖成立在我，承认在人，今宜先求其在我者，清帝虽退位，而统一政府尚未成立，外人无从承认也。总之，清帝退位一层，若能办到，则以筹设统一政府为第一，如此事与唐、汪等商议，意见俱同。特闻。廷芳。皓二。

观渡庐《共和关键录》第1编，第78～79页

伍廷芳复孙中山"巧二"电文如下：

南京孙大总统、黄陆军总长鉴：密。孙君巧二电、黄君巧电均悉。前见孙君复直、豫谘议局电，闻于清帝之待遇有崇以尊号之语，且致汪函有云宜称让帝，或称清帝亦可，故与唐交涉。初谓宜称让帝，继因磋商仍许称清帝，既有以待外国君主之礼待之一语，则此空名，直与王公世爵等，同为废物，似不必重视。仍居宫禁，改为暂居宫禁，将来迁移，势在必行，所争只在迟早。至德宗崇陵云云，是为寡妇孤儿，为其夫与父请求。在我许之甚微，在彼求之甚切，前代鼎革，对于胜朝帝王常从丰殓葬，今我民国，何必吝此。唐来言，清王公今日下午会议，即可决定，欲急将条件议妥。廷见无所出入，为早定大局起见，已从权允许。总之，今日万国注目，甚望和平了结，皆谓中国不宜再有战事。而吾党所流血以求之者，只在共和，若清帝退

位，则共和目的已达，其他枝节，似可从宽。彼所要求之条件，诚如黄君之言，未免可笑，然将来之措置，国会固有全权，即已交和平会存案，亦非绝对不能更动。以廷愚见，此时不必操之过急，且此次协议转折过多，由袁转唐，由唐转廷，由廷转致尊处，意见偶有参差，即致全盘阻滞，既易致误会，尤易坐失事机。故廷于大体无甚差池，及与尊意无大出入者，先为允许，无非欲及早定议，以便进行。汪等意见相同。尚希鉴察为幸。廷芳。皓三。

观渡庐《共和关键录》第1编，第79~80页

△ 上海商务总会等致电孙中山、黄兴，请以陈其美"兼辖苏省"。本日，孙中山复电上海商务总会等团体，指出陈其美督苏应由江苏议会正式选举。

孙中山复上海商务总会等电文如下：

上海商务总会陈作霖、沪南商会王震、商务总所朱佩珍、全国商团联合会沈懋照、国民总会叶增铭、市政厅长莫锡纶鉴：电悉。陈都督为民国起义首功之人，光复上海，战功劬劳，以之督苏，必能胜重任而慰众望。惟苏督一职，向由省议会选举，倘经苏议会正式公举之，本总统无不同意也。总统孙文。啸。

中国社会科学院近代史研究所中华民国史研究室等编《孙中山全集》第2卷，中华书局1982年版，第27页

上海商务总会等致孙中山、黄兴电文如下：

南京孙大总统、黄陆军总长钧鉴：沪军都督陈其美，光复上海，亲攻制造局，几濒于危。规画苏杭，追复金陵，一切勋劳，均邀洞鉴，无俟赘陈。自建功沪上，保卫商旅，地方赖以安全。今虽南北筹统一，而大局实未敉平。陈都督立功苏杭，足资镇摄，亟当兼辖苏省，以一事权。所属人民同表欢迎之意。作霖等亦只为地方求治人起见，据实电陈，伏乞俯赐采择，地方幸甚，大局幸甚。商务总会陈作霖、沪南商会王震、商务公所朱佩珍、全国商团联合会沈懋昭、国民总会叶增铭、市政所长莫锡纶同叩。

《临时政府公报》第21号，中国科学院近代史研究所史料编译组编辑《近代史资料·辛亥革命资料》，中华书局1961年版，第171页

△ 南京临时政府陆军部颁布《维持地方治安临时军律》。

《维持地方治安临时军律》文如下：

照得民军之起，原以光复汉室，拥护人权为第一要义。宁省自光复以来，军队云集，其能恪守军律风纪者固系多数，而在外滋扰者亦复不少。近日本部所收商民诉状，如假托长官名义，擅自查封房屋，搜抄家产等，已有数起。一处如此，他处可知；都会如此，外省外州县更可知。似此不法行为，有悖吊民伐罪之本旨。若不严行振整，祸将胡底。兹特由本部暂定维持治安临时军律十二条，颁行各军队明白宣示，使知所警惕。倘仍不自爱，贻害地方，在统御各军队长官既负维持军纪风纪之责，即应将该军士详慎审讯，取具切实供证，按照本部所订军律惩办可也。

计开维持治安临时军律十二条

一、任意掳掠者枪毙。

一、强奸妇女者枪毙。

一、焚杀良民者枪毙。

一、无长官命令，窃取名义，擅封民屋财产者枪毙。

一、硬搬良民箱笼及银钱者枪毙。

一、勒索强买者论情抵罪。

一、私斗杀伤人者论情抵罪。

一、私入良民家宅者罚。

一、行窃者罚。

一、赌博者罚。

一、纵酒行凶者罚。

一、有类以上滋扰情形者酌量罚办。

《临时政府公报》第7号,中国科学院近代史研究所史料编译组编辑《近代史资料·辛亥革命资料》,中华书局1961年版,第49～50页

△ 南京卫戍总督致函陆军部委任卫戍分区司令官,并颁布《南京卫戍分区司令官条例》。

南京卫戍总督致陆军部函如下:

南京卫戍总督徐为移会事:窃照南京卫戍,地面旷阔,应分区设立卫戍司令官,以保卫治安,维持秩序,昨经面陈大总统钧听在案。兹查有胡令宣堪以派充西南区卫戍司令官,陈煦亮堪以派充东区卫戍司令官,何元山堪以派充北区卫戍司令官,业由敝督分别委任。惟查城厢内外,地段亘绵,现闻抢劫频仍,亟应先就原有军队,分区布置,以资弹压。胡令宣原带练军两营,何元山原带选锋队一营,陈煦亮原有城守协练兵约三百余名,暂令各带原队分段巡逻,一面另行编制颁发遵守,并先由敝督拟定条例,饬令互相联络,认真担任。嗣后遇有地方抢劫之案,即责成各该司令官捕拿惩办,不得推诿。除呈报大总统外,相应移会贵部,请烦查照施行。须至移者。

附条例一纸

右移

陆军部长

中华民国元年正月十八日

"南京临时政府档案",中国第二历史档案馆编《中华民国史档案资料汇编》第2辑,江苏人民出版社1981年版,第162～163页

《南京卫戍分区司令官条例》如下:

第一条　南京卫戍,地面旷阔,应分区设立卫戍司令官,维持地方之治安及秩序。其分区如下:

(1)自汉西门经中正街,东至通济门,南至南门及各门外,为卫戍西南区。

(2)自汉西门经中正街,至卢妃巷口,北转至土街口,经新街口至丰润门,达下关江岸及各门外,为卫戍北区。

(3)自通济门,经中正街至卢妃巷口,沿北区界至丰润门,又东至朝阳门及各门外,为卫戍东区。

第二条　卫戍司令官直隶卫戍总督,担任所管区内任务。该管区内遇有事故,均归该卫戍司令官专责。

第三条　卫戍司令官因实行其任务,除直接总统带警备队外(警备队编制另定颁布),遇必要时,得直接招集附近之警察及宪兵协助。

第四条　卫戍司令官,凡该管区内之城门稽守,归其专责。遇交界处所,各应互相办理。

第五条　卫戍司令官对于地方有骚扰时，得直接以兵力从事，同时报告总督府。遇有大帮匪徒，得直接请援于附近军队司令官协助。

第六条　卫戍司令官于其区内之暴徒、罪犯等，得有径行捕拿之权。如遇时机紧迫，不及送总督府核办时，亦得就地按法处治。

第七条　上条所谓暴徒、罪犯，不问军民，只就其实事情节之如何，一律办理。

第八条　卫戍司令官所施行一切勤务，除遵照卫戍规则所定之外，得临时自行酌定办理，一面报告总督府。

第九条　本条例为暂行章则，遇有未尽事宜，随时增补。至戒严时，则照戒严令行之。

"南京临时政府档案"，中国第二历史档案馆编《中华民国史档案资料汇编》第2辑，江苏人民出版社1981年版，第163～164页

△ **谭延闿复电黄兴，商量以湘矿抵押借款之事。**

谭延闿复黄兴"元"电如下：

急。南京陆军部黄总长鉴：元电悉。事关大局，无不赞成。连日与议会、商会、矿局商榷，以国家安危，虽竭力以供全国，亦所乐从。况湘款即由此挹注，尤为一举两得。惟官【有】只一锑矿，余皆商办，事须公认，非宽以时日，不能集议。闿意经理售砂，为借款之报酬，似可分为两截偿还。承借由中央政府主之，至售砂办法，须主专约，饬来长沙商定合同。去年湘人与英商布鲁特定约，甚周密，若能仿行，锑商当无异言。事不厌求详知，蒙詧，乞示复。

湖南省社会科学院编《中国近代人物文集丛书·黄兴集》，中华书局1981年版，第105～106页

黄兴复谭延闿"巧"电如下：

长沙谭都督鉴：巧电敬悉。事关大局，皆予赞成，曷胜感慰。湘中官有只一二矿，其余皆系商办，兴亦知之。惟此拟以取矿经售权抵借外债，无论官办商办，于利用均无损失。盖售矿砂，与采矿不同。官矿仍官矿，商办仍商办，惟矿砂归其售买，属买卖性质，必须按时价，决无害于办矿公司。此次借款，以矿砂之经售权作抵，并非纯粹报酬抵押借款之约。与售矿办法之约，本属两事，可分途办理。此刻但祈允以经售权，抵借契约即可成立。售矿办法专约，将来或在湘定，或由中央政府仿照湘中去年旧约拟定，另为一问题，目下仍可暂缓。大局紧急，千钧一发，全系此举。商民事不尽悉，乞恳挚劝告，以期于成，并祈速定电复。

湖南省社会科学院编《中国近代人物文集丛书·黄兴集》，中华书局1981年版，第105页

1月19日（十二月初一日）　南京临时政府教育部启用印信，教育部正式成立，部址设于碑亭巷江苏外务司。同日，教育部颁布普通教育暂行办法十四条。

《教育部呈报启用印信日期由》全文如下：

中华民国教育部蔡为呈报事：正月十九日奉大总统令颁给印信一颗，遵即敬谨祇领，即日启用，为此呈报钧案，仰祈察核施行。须至呈者。再，本部办事处暂设碑亭巷江苏外务司，合并声明。右呈大总统孙。

《临时政府公报》第4号，中国科学院近代史研究所史料编译组编辑《近代史资料·辛亥革命资料》，中华书局1961年版，第26页

南京临时政府教育部通告普通教育暂行办法十四条如下：

湖北黎副总统，湖南、江苏、浙江、安徽、福建、广东、广西、江西、陕西、四川、云南、贵州、关外各都督鉴：民国既立，清政府之学制，有必须改革者。各省都督府或省议会，鉴于学校之急当恢复，发临时学校令，以便推行。具见维持学务之苦心，本部深表同情。惟是省自为令，

不免互有异同,将使全国统一之教育界,俄焉分裂,至为可虑。本部特拟普通教育暂行办法若干条,为各地方不难通行者,电告贵府,望即宣布施行。至于完全新学制,当征集各地方教育家意见,折衷厘定,正式宣布。印文及普通教育暂行课程表随发。计开:

(一)从前各项学堂,均改称为学校。监督、堂长,应一律通称校长。

(一)各州县小学校,应于元年三月初五日即阴历壬子年正月十六日一律开学;中学校、师范学校,视地方财力,亦以开学为主。

(一)在新【学】制未颁行以前,每年仍分二学期:阳历二月开学,至暑假为第一学期;暑假后开学,至来年二月底为第二学期。

(一)初等小学,可以男女同校。

(一)特设之女学校章程,暂时照旧。

(一)凡各种教科书,务合于共和民国宗旨。清学部颁行之各种教科书,一律禁用。

(一)民间通行教科书,其中如有尊崇满清朝廷,及旧时官制、军制等语,并避讳抬头字样,应由各该书局自行修改,呈送样本于本部及本省民政司教育总会存查。如学校教员遇有教科书中不合共和宗旨者,可随时删改,亦可指出,呈请民政司或教育会,通知该书局改正。

(一)小学读经科,一律废止。

(一)小学手工应加注重。

(一)高等小学以上体操科,应注重兵式。

(一)初等小学算术科,自第三学年起,兼课珠算。

(一)中等学校为普通教育,文实不必分科。

(一)中学校、初级师范学校,均改为四年毕业。惟现在修业已逾一年以上,骤难照改者,照旧办理。

(一)废止旧时奖励出身。初高等小学毕业称初高等小学毕业生。中学校、师范学校毕业称中学校及师范学校毕业生。教育部。效。

1912年1月21日《民立报》

编者按:1月21日《民立报》电文抬头为“黎副总统,关外各都督鉴”,1月23日《民立报》专电更正为上文抬头。

△ 南京临时参议院通过咨请大总统立即进兵救援山陕案。

刘星楠《辛亥各省代表会议日志》:

一月十九日　十一省参议员,出席十三人:潘祖彝、陈承泽、段宇清、刘成禺、张伯烈、王正廷、李鎜、吴景濂、谷钟秀、赵世钰、王有兰、刘彦、赵士北(汤漪、欧阳振声、彭允彝、景耀月、马君武请假)。

赵世钰报告山陕危急情形,关系全局利害,请讨论设法维持。

王正廷提议质问政府作战计划如何,请其答复。

张伯烈提议,请亟筹统一军队办法,以利进行。议决办法:一、质问政府继续停战十四日事,不特未得参议院同意,且未通知参议院,实为违背临时政府组织大纲;二、继续停战事,无论已否实行,仍当立即进兵,救援山陕。山陕属我民国范围,自由进兵,与和议条款并无违背;三、停战期内,江皖所有进行军队,当与武昌援山陕之军,同时并进。

附:咨大总统文

参议院为咨请事:照得议战议和,关系军国重要,固不宜黩武,以致生民涂炭,亦岂宜老师,甘堕敌人奸计。自议和以来,清军阴施其远交近攻之手段,既攻陷山西,复集兵河南,以为大犯陕西之举；近且闻清军由甘肃进兵，与驻豫清军成夹攻陕西之势，危险万状，陕西果失，则清军即长驱窥我南京。观袁世凯致段祺瑞电，有陕西土匪不在停战之内等语，其阴险狡猾之战略，已见于言外。且将唐绍仪所签之约，任意推翻，有何和约之余地。我临时政府趑趄观望，竟冒冒然将议和日期一再继续，殊不可解；亦未闻有统筹全局之计划，甚至继续停战之约，并不通告本院，尤为骇异。兹本院于本日开会，议决办法三条，除推举参议员赵士北、王正廷、陈承泽三员面陈外，抄折查照办理，并希先行见复施行，此咨。

刘星楠《辛亥各省代表会议日志》，中国人民政治协商会议全国委员会文史资料研究委员会编《辛亥革命回忆录》(6)，文史资料出版社1981年版，第256～257页

△ 孙中山咨复南京临时参议院征询和战问题。

孙中山咨复南京临时参议院征询和战问题文如下：

本日准贵院咨开：议战议和，关系军国重要，固不宜黩武，以致涂炭生民，亦岂宜老师，甘堕敌人奸计。除原文有案不录外，复开：兹本院于本日开会议决办法三条，除推事[举]参议员三员面陈外，抄折查照办理，并希先行见复施行，并开办法三条等因，准此。

查此时和局未终，停战期满。敌之一方，电求停战，不欲遽为决裂，故未及提出。且讲和一事，早经公认。此次展期，乃由此一事发生，并非另生一事，似与《临时政府组织大纲》，尚无违反。至议和成否，于数日内解决。现在用兵方略，当以鄂湘为第一军，由汉京铁路前进；宁皖为第二军，向河南前进，与第一军会合于开封、郑州之间；淮扬为第三军，烟台为第四军，向山东前进，会于济南、秦皇岛；合关外之军为第五军，山陕为第六军，向北京前进。一、二、三、四军既达第一之目的，复与第五、六军会合，共破虏巢。和议一破，本总统当亲督江皖之师，此时毋庸另委他员。

再，中央财政匮乏已极，各项租税急难整理。饷源一事，业令由财政、陆军两部，会同筹画。合并声明。特此咨复。

《临时政府公报》第2号，中国科学院近代史研究所史料编译组编辑《近代史资料·辛亥革命资料》，中华书局1961年版，第12页

△ 南京临时政府内务部遵孙中山令，发布行用公文程序。

南京临时政府内务部发布行用公文程序文如下：

为咨行事：案奉大总统令开："现今临时政府业已成立，所有行用公文，亟应规定程序，以期划一而利推行。兹据法制院呈拟公文程序五条，详加察阅，尚属可行，合就令行贵总长，希即分别令京内外一体遵照办理，并发公文程序"等因。奉此。相应备文咨行京内各部及通令所属，以后用公文，其程序均应一体遵照办理。此咨。

公文程序

第一条　凡自大总统以下各公署职员及人民一切行用公文，俱照以下程序办理。

第二条　行用公文，分为左五种：

甲　上级公署职员行用于下级公署职员曰令；公署职员行用于人民者曰令或谕。

乙　同级公署职员互相行用者曰咨。

丙　下级公署职员行用于上级公署职员及人民行用于公署职员者曰呈。

丁　公署职员公告一般人民曰示；但经参议院议决之法规，应由大总统宣布者曰公布。

戊　任用职员及授赏徽章之证书曰状。

第三条　凡公文皆须盖印签名并署年月日，但人民行用于公署职员之呈文，得免其盖印。

第四条　各公署行用于外国之公文，仍照向例办理。

第五条　凡大总统及各部所发之公文有通行性质者，皆须登于公报。各公文除特定有施行期限者外，京城以登载《临时政府公报》之第五日为施行期；其余各处以公报到达公署之第五日为施行期。

《临时政府公报》第4号，罗家伦主编《中华民国史料丛编·临时政府公报》（第1~20号），中国国民党中央委员会党史史料编纂委员会1968年影印，第41~42页

△ 清廷驻俄国使节陆徵祥电请清帝退位。

陆徵祥致清廷电文如下：

和议不谐，战事复始。臣熟权再四，君主果可图存，则生灵涂炭，外人干涉，庸且勿计。无如天时人事，势难挽回。朝廷涣号屡颁，让步不为不至，人民卒未见谅，独立及于回蒙。各国舆论均重民情，虽始非无赞成君主之议，然人道日进，决无不顾多数国民怨恨之理。况如法路易十六乞援外人，非徒无济，徒召惨祸。伏念皇太后、皇上公天下之心，海内早所共见，何靳明降谕旨，慨允共和。逊位得名，光昭日月。矧皇室待遇必从优渥，不俟赘言。方今大势既去，若仍冀悻相持，则祸变之来，非臣所忍逆料。恳速断宸衷，慨从众愿。或暂时鸾驾离京，派大臣主持和议。总期速奠大局，而卫皇躬。臣重洋奉职，五内如焚。危机日迫，不敢不竭愚虑。傥尚不蒙鉴谅，惟请迅简贤能，来任使事。臣束装待罪，愿归司寇。阙廷遥望，无涕可挥。谨披沥电陈，伏乞圣鉴。乞代奏。

"宫中电报档"，中国史学会主编《中国近代史资料丛刊·辛亥革命》（8），上海人民出版社1957年版，第169~170页

1月20日（十二月初二日）　同盟会在南京本部召开武昌起义后首次大会，商讨修正同盟会誓词、今后工作方针等各项重要问题。（一说22日。）

1912年1月22日《民立报》报道：

二十日十时，在宁同盟本部开大会，到者千余人。孙总统派胡汉民为代表，黄兴亦到会。大多数举汪精卫为总理。

1912年1月23日《天铎报》报道：

本日（22日，编者），中国同盟会在南京举行会员大会，到会者内地十八省会员约二千余人。胡汉民代表总理孙中山先生正式提议修正誓词为："颠覆满清政府，巩固中华民国，实行民生主义。"当经一致通过。惟讨论今后改组政党问题，则会众显分左右两派：右派以为武装革命已告终了，应改为公开之政党，从事于宪法国会运动，立于代表国民监督政府之地位，不宜复带秘密之性质；左派则以革命之目的，并未达到，让权袁氏，前途尤多危险，党中宜保存从来秘密工作，而更推广之，不宜侧重合法之政治竞争而公开一切。讨论结果，右派占多数。旋每省各选评议一员，并有以孙先生方综国政不宜兼摄党事，举汪兆铭为总理之提议。胡汉民深诧会员之无识，起与众争，不得当，惟有太息退席。

中华民国史事纪要编辑委员会《中华民国史事纪要》（初稿）中华民国元年（1912）正月至六月，中华民国史料研究中心1981年印行，第120页

胡汉民《胡汉民自传》：

南京政府未解组，而同盟会会员已有公然脱党者。章炳麟为张謇、熊希龄、赵凤昌之傀儡，而奔走于江、浙间，号召保皇立宪派变相之政党；刘成禺、时功玖等则以地域意见，另组共和党，以拥戴黎元洪，皆不惮公然攻击同盟会。其人既由同盟会分裂以出，则于当时颇受影

响；同盟会因开大会于南京，党员意见分左右两派。右派以为武装革命已告终了，应改为公开之政党，从事于宪法国会运动，立于代表国民监督政府之地位，不宜复带秘密之性质。左派则以革命之目的，并未达到，让权袁氏，前途尤多危险，党中宜保存从来秘密工作，而更推广之，不宜侧重合法之政治竞争，而公开一切。乃讨论结果，右派占多数，且有改选精卫为总理之决议，盖以先生方综国政，不宜兼摄党事也。余诧其无识，起与众争，不得当，惟有太息而退。

中国社会科学院近代史研究所近代史资料编辑组编《近代史资料》1981年第2期，第61页

△ 孙中山发布《命陆军部颁行军令整顿军纪令》

孙中山命令如下：

中华民国临时大总统令

南京各军队纪律不整，本总统早有所闻。今阅上海《泰晤士报》十九日论说，其所登载，多系情实。该报向表同情于民国，今为恳切之忠告，若不切实警戒约束，不唯贻讥外人，后患何堪设想？该报所报下级军官及高级之官，终必同受其危险者，诚非过虑。除令卫戍总督外，为此令仰贵部速即颁行军令，责成各军司令以下将校切实奉行，以后各负其责任，并将下附所译论文给与各军将校阅看，俾知警省。须知纪律严明，训练有素，然后能保军人之名誉，作民国之干城。我南京军队不乏爱国男儿，亦断不容以少数不规则之行为，坏全体之名誉也。宜将此义通谕知之。此令。

陆军部知照

附：抄译上海《泰晤士报》论文一纸。

孙文

中华民国元年正月二十日

择译上海泰晤士西报十九日论说。纪律为今日军队最要之件，执兵权者，不得逾其职权于军事之外。今南京军队多以苦力充数，是为最危险之元素，恐其一日不受约束为害无穷。吾等对于共和运动极表赞成，故对于陆军一部之共和友人，不能不尽忠告，而对于近日无纪律之现象，不能不大声疾呼以警之。世界各国兵队，无坐车游行街市、持枪向空放射者。世界各国兵队，未有与新招之兵不明纪律以枪及子弹者。世界各国，除中国外，除有一定之职务及严重之约束外，未有与兵卒以枪及子弹使得游行街市者。世界各国之兵队，无在娼寮滋闹，至于持枪相争不受严重之诘问者。而此数者，皆发见于南京。此万不可以寻常视之，而不即施强硬手腕以禁绝之也。游移者，偾事之媒。今临时政府之试行民政及军政，不但国内，万国皆注意视听之。今日之现象不早禁绝，则不但下级军官，其在高位者，必终同受其危险。凡一切兵队非有职务者不可执枪。若出街，则必缴枪于营，犯此者当以严罚惩之。其兵士之受有职务携有子弹外出者，当其归时必须检查数目，不符者必受严罚。今者南京病院受伤之人，有老者、幼者、富者、贫者，皆兵士之所伤也。时机不可失，以后有外出者，必须有特许状，是为管束之第一步，而每日必须有十时至十一时之操练。今南京内既有可练成好兵队之材料，但须有能干者，其人须强干无惧，而兵官尤不能存一毫畏惧之心。吾侪甚望有权者执行其权，而其命令必当敬望服从，不然其名号及地位终有丧失之虞也。

"南京临时政府档案"，中国第二历史档案馆编《中华民国史档案资料汇编》第2辑，江苏人民出版社1981年版，第161～162页

△ 南京临时政府致电黎元洪,告之清帝退位后的六项优待条件,同时声称:“若清廷仍不肯就范,则再战有词,请仍照前电准备。”

南京临时政府致黎元洪电文如下:

和议成否,决于数日之内。清帝有意退位,现正商待遇之条件:一、清皇帝之名号,终身不废,以外国君主之礼待之。二、暂居宫禁,日后退居颐和园。三、其年俸若干,由新政府提交国会议决,惟不得少于三百万之数。四、陵寝宗庙,永远奉祀。五、奉安等处工程,照实用数支出。六、满、蒙、回、藏之待遇,与汉人平等。

又,对于袁内阁之要约:一、清帝退位,一切政权同时消灭,不得私授其臣民。二、在北京不改设临时政府。三、各国承认中华民国之后,文即辞职,请参议院公举项城为大总统。以上以南北统一,民国巩固为主旨。现虽未列入正式谈判,而进行颇确。若清廷仍不肯就范,则再战有词,请仍照前电准备。

现北方已有重兵至宿迁,窥淮、扬。闽、鄂、桂之兵须到南阳,宜一面扰围铁路,一面选派洛阳、山阳之民军以牵制之。

易国幹等辑《黎副总统政书》卷5,上海古今图书局1915年印,第5页

黎元洪复南京临时政府及伍廷芳电文如下:

哿电悉。当集全体职员会议,均以此次战争为改造国体,和议条件既合共和宗旨,一律甚表同情。

易国幹等辑《黎副总统政书》卷5,上海古今图书局1915年印,第5页

△ 孙中山接连复电伍廷芳,重申清帝退位条件,并提出“请参议院公举袁为大总统”,“袁不得于民国未举之先,接受满清统治权以自重”。

孙中山复伍廷芳电一文如下:

伍廷芳先生鉴:皓电悉。删去“让”字及改定“满、蒙、回、藏人一与汉人平等”,可依议;惟“相传不废”改作“终身不废”。又,如条件由民国临时政府用正式公文通告各国政府作为保证,不交海牙存案。合再告唐申明。孙文。哿一。印。

观渡庐《共和关键录》第1编,第76页

孙中山复伍廷芳电二文如下:

伍廷芳先生鉴:皓二电悉(见18日日志,编者)。昨改正巧一电:一,清帝退位,政权同时消灭,不得私授其臣民。二、在北京不得更立临时政府。三、各国承认中华民国之后,临时总统辞职,请参议院公举袁为大总统。此于民国安危最有关系,在所必争,请唐告前途当计及远大,毋生异议,盖袁不得于民国未举之先,接受满清统治权以自重。当清帝退位,民国临时政府当然统一南北,则外国必立时承认,此其期间甚短速。文之誓词以外国承认为条件,为民国践行此条件,立即退让,举袁为实任大总统,则文与袁俱不招天下之反对也。孙文。哿二。

观渡庐《共和关键录》第1编,第79页

伍廷芳致孙中山“皓”电文如下:

南京孙大总统、黄陆军总长鉴:密。顷接唐送来密电如下:

“来电悉。因带二电云:即可称大清皇帝云云。已经奏明及遍告皇室,乃勉允退让。今改称让皇帝,满人向爱虚名,必生变动,且彼等必虑已允者复改,将来皆可更改,满腹疑团更生枝节,且蒙古、伊犁、呼伦贝尔等处纷纷独立,呼伦贝尔且声明排汉扶清。我辈于南北合一

之后，有此一大问题不易解决，不知当如何费力，更不知能否挽回。姑留大清虚号，尚可藉此操纵，希冀满蒙离而复合。若并去之，直无可与交涉之词。谋大事者，宜争实际，不得惜此虚号，而贻国家分裂之祸。并非拘守尊君之义，专为皇帝计也。务乞切商办到，以全大局。又，蒙古王公现正合谋反对，方极力设法排解，拟将优待满皇[蒙]回藏人条件第一条仍照原议改为一与汉人平等六字，以释其疑。且除满人外，蒙藏程度实不能与汉人有同一之权利义务。此时定得太呆，必为将来行政一大阻碍，不如删去末二句，其余各条尚可照办。诏来一。

前途对于宫廷及皇族力以保全皇号自任，今忽改为让皇帝，此字类于谥法，又近于诙谐，皇族必大起反对。且此等称谓，直是闭门自尊，盖我辈既是民国，本无君臣，其所谓皇帝，断不至牵连到民国。况上句明待以外国君主之礼，更与中华民国无干。务乞代恳，勿争此一字。诏来二。"

清王公于今日下午会议，明日可宣布。时机甚迫，且来电所言，亦在情理之中。故从权允许删去"让"字及"均享一切权利、服从一切义务"二语，以期早定大局。廷芳。皓。印。

观渡庐《共和关键录》第1编，第75~76页

△ 伍廷芳代表南京临时政府向袁世凯正式提出清帝退位优待条件，同意保存清帝尊号、优定岁俸等等。

伍廷芳致袁世凯电文如下：

袁内阁鉴：如清帝实行退位，则民国政府所以待之者如下：

优待皇室条件：

一、清帝退位之后，其名号仍存不废，以待外国君主之礼待之。

二、暂居宫禁，日后退居颐和园。

三、优定清帝岁俸年支若干，由新政府提交国会议决，惟不少于三百万之数。

四、所有陵寝宗庙得永远奉祀，并由民国妥为保护。

五、德宗崇陵未完工程及奉安经费，仍照实用数目支出。

六、保护其原有之私产。

优待满、蒙、回、藏人条件：

一、与汉人平等。

二、保护其应有之私产。

三、先筹八旗生计，于未筹定以前，原有口粮，暂仍其旧。

四、从前营业之限制、居住之限制，一律蠲除。

五、所有王公世爵概仍其旧。

以上条件，列于正式公文，电达各国政府，以昭大信。民国议和全权代表伍廷芳。哿。

观渡庐《共和关键录》第1编，第81~82页

袁世凯复伍廷芳电文如下：

伍代表鉴：哿电悉。所称优待各条件，仅系从旁探询之事，未经彼此直接商定，自无庸电达各国政府。内阁袁世凯。豪二。

观渡庐《共和关键录》第1编，第82页

△ 张伯烈、孙发绪、谭延闿等拉拢湖北革命党人孙武、刘成禺等在上海发起组织民社，拥黎元洪为首领。强调建设“统一共和新国家”，反对革命“破坏”。2月20日，民社总部机关报《民声日报》在上海创刊。

《民社缘起》全文如下：

昔卢梭有言：国家者，人民同意所约成之社会也，既不能有脱离国家之社会，同时不能有违悖民意之国家。果国家而违悖民意者，其社会即得合全体之力监督而纠正之，或竟取消而改造之，以无偞民意为究竟。武汉起义，二三同志，以人民消极之份子，岂敢犯天下之不韪，而为此芟夷根株、摧廓习惯之举动乎？诚以某等奔走国事，数年于兹，默睹人心，或表同情，所幸民意所指，如矢在括，义声一倡，响应者十余省，景从者逾同胞全额之半，满清之覆，当在不日，成绩固良好矣。虽然，此岂高唱凯歌，交驰祝电，铺张功业，侈意肆志之日乎？行百里者半九十，前途之艰巨，正未可一息自卸也。破坏易，建设难，破坏之事业，得少数热心志士，鼓其百折不挠之气，牺身命，糜汗血，皆优为之。建设之事业，非团结我国民全体中之多数有能力者，护惜萌芽，防范疏弊，审慎结构，不能达完全良好之目的。一有不慎，启破坏之端，而流不可收拾之祸，其负罪于天下后世、世界万国者为何如？更毋宁不先发难，而贻此大任于来哲之为苟安旦夕也。以故破坏之事业得少数人民之同意，即可以无敌于天下者，建设之事业非合多数人民之同意，即不能收万弩齐发、趋于一鹄之效果。某等发难于机先，自不能不绸缪于事后。援卢梭人民社会之旨，发起民社。我父老兄弟，其能集思广益，铸迭[造]舆论，以国民联合之大多数，造成统一共和之新国家乎？是岂独本社之赐耶？公定规约如下。

1912年1月20日《民立报》

《民社规约》全文如下：

第一章　总纲

第一条　本社对于统一共和政治持进步主义，以谋国利民福。

第二章　社员

第二条　本社社员，须中华国民年满二十岁以上、有公民权、具普通常识者，由社员一人以上之介绍，评议部审查后，得为本社社员。

第三条　凡社员入社时，须缴入社金二元，常年社费六元，分正、六两月缴纳；有逾一年未缴者，销除社员资格。

第四条　社员有违背本社规约，或败坏本社名誉者，经评议部议决，由社长宣布除名。

第五条　本社本部及各支部社员，其权利义务一切均等，有相互维系之责任。

第三章　职员

第六条　本社设社长一员，总理本社一切事务；副社长一员，协助社长，率同各干事、评议员执行任务。社长不在本社及因事故不能任务时，由副社长代为执行。社长、副社长均二年一任，投票选举，得连任。

第七条　本社干事部设总干事一员、干事若干员，分任书记、会计、庶务、招待各事宜。其办事职任权限，另以细则定之。

第八条　本社评议部设评议员若干员，每社员二十人选举评议员一人，评议员有五人以上即得组织评议会，其议事职任权限，另以细则定之。

第九条　干事部各员由评议会选举任之，干事有缺额及因事故不能任务时，由评议会临时选补，须得社长之认可。

第十条　本社干事及评议员均一年一任，改选时亦得连任，但不得继续连至三任。

第四章 经费

第十一条 本社经费以社员常捐及特别捐充之。

第十二条 本社经费每月收入支出，须于下月第一星期内由会计员造具报告册，交评议部审查决定，由社长公布之。

第五章 会期

第十三条 本社会期计分五种如下：

一、大会 每年秋季开大会一次，其日期须两月以前登报布告，支部社员得一体与会。

一、特别大会 凡重大问题发生，经社员三分之一以上之要求，由社长临时登报召集，开特别大会。

一、职员常会 每月第二星期六日午后二时，合职员全体开常会一次，如临时发生事件，得由总干事通知开职员谈话会。

一、干事会 每星期六午后二时，由干事员开干事会一次，如临时发生事件，得由总干事通知开临时干事会。

一、评议会 每月第一星期六日午后二时，由评议员开评议会一次，其特别事故发生，经评议员三分之一以上之要求，得由总干事通知开评议会。开评议会时，干事员得到会陈述意见，但不加入议决之数。

第六章 附则

第十四条 本社先在上海设立各部，各省地方以次设立支部。各职员未经正式选举时，由发起人先行推定分任职务。

第十五条 本社先就上海组织《民声日报》，为发表言论机关。

第十六条 本社规约有应行修改者，于开大会时经多数社员之同意，得提议修改。

第十七条 本社事务所暂设上海江西路A字五十号四明银行间壁。

发起人：黎元洪、蓝天蔚、谭延闿、王正廷、王鸿猷、李登辉、孙武、朱瑞、张振武、吴敬恒、杨曾蔚、刘成禺、项骧、宁调元、孙发绪、周恢、张伯烈、汪彭年、高正中、朱立刚、徐伟、高彤墀、郭健霄、何雯。

1912年1月21、23日《民立报》

1月21日（十二月初三日） 孙中山主持南京临时政府第一次内阁会议，会议决定俟“清帝退位后，将请袁世凯来南京，以就此间临时政府”。

1912年1月25日《申报》要闻《记新政府第一次阁议》报道：

初三日午后一时，南京民国政府开第一次阁议，议决大事三条：

一、议行政方针，主张中央集权。

一、筹措军饷，拟将招商局抵押一千万。缘招商局盛股居多，理当没收。商股可由政府认还，如该局不允，当以相当之法对付。

一、和议大定，优待清皇室条件已由伍总长开去，将来清帝退位后，将请袁世凯来南京，以就此间临时政府。

是日到席者有陆军、海军、教育各部总长，余则为各部次长。且定此后每星期一、四午后二时开阁议云。

△ 伍廷芳致电袁世凯,就袁诘问民军违约进兵事,回复民军并无违约举动,相反的倒是清军违约进兵,有破坏和局的举动,请袁"严饬各军队,遵守停战条约,以免冲突"。

伍廷芳致袁世凯电文如下:

袁内阁鉴:前接来电,诘问民军违约进兵,刻据各处查复前来,应亟转告,以免误会。

一、黎副总统皓电谓,祁家湾一带有无我军,尚待查。至用火车运炮一节,实无其事,请告前途。

一、黄陆军总长皓电谓,鲁省民军占登州、黄县,想系未奉到续停战命令时所为,已电烟台军政分府,查明速复。并转饬各民军谨守信约,不得再行进攻。惟登州、黄县已归民军保护,应电袁内阁不可派兵往攻,以息纷争。前此清兵显于停战期内攻颍破天,不稍退让,是其成例。

据以上两报告,是民军确无违约之举动。惟近据各处报告,清军违约进兵,深可骇异。特举如下:

一、黄陆军总长皓电谓,皖北一带,凡属民军光复区宇,均有重兵镇守。顷闻倪嗣冲借口皖北倶有土匪,意图进取徐州方面。张勋亦任意勾结,肆行进兵。陕西则长庚、升允四路入寇,郦、延、乾、凤糜烂不堪。请电袁内阁速饬北方各军队,谨遵停战之约,勿轻举妄动,破坏大局。

一、顷特派员马光援、陈杭自渑池来称,陕西民军原守潼,清毅军原守阌乡,彼此约定停战后,毅军忽于十月念二袭入潼关。陕军退守华阴,毅军大肆杀掠,陕民愤激,要求陕军于冬月十五逐毅军出关。毅军又多方挑诱,致陕军进次陕州。清政府除令第六镇十八日自渑池西进外,所有汉阳诸镇,则以退为进,与武卫左军均于念一齐集洛阳。就毅军中人及洛、渑官民佥谓,毅军诱敌实为聚歼之计等语。又,升允有率回兵攻入乾州之耗。总之,无论清陕二军孰先开衅及陕西有无土匪,只能提出另行审查办理,不能作为现在开战之理由。况和议现将就绪,大局有属,何争一陕?如必糜烂陕西而后已,是诚何心?请电告袁内阁勒令升允退兵,并饬汉阳退出之军队不得往陕西进攻云云。

一、黄陆军总长号电谓,顷据第一师团长柏文蔚报告,张勋日由徐州增兵至宿州,大有破坏和议之势。请电袁内阁勒令退兵,以免生灵涂炭。

据诸报告,清军于皖北、陕西诸方面实有破坏和局之举动,请严饬各军队,遵守停战条约,以免冲突为盼。伍廷芳。马。

观渡庐《共和关键录》第2编,第50~51页

袁世凯复伍廷芳电文如下:

马电悉。黎、黄各电,语多失实,兹特一一答复。

一、民军占据登州、黄县,实于停战期内,先自违约,不得以未奉停战命令为解,应速令该军退出登、黄。

一、据倪军冬电,并无赴涡之事。

一、陕甘电报不通,尚待饬查。至陕西民军于初次停战期已先违约攻我潼关,我既退让,该军又于续停战期内夺我阌乡、灵宝,陕州代表既不能令其守约,我即不能再行退让。况该军淫杀焚掠,俨然土匪,前此业经奉告,我已不敢认为民军矣。

一、张勋一军,因永城、亳州、涡阳一带土匪王金妮扰害,官绅求救,派兵往援。为拯救民命起见,不得谓为肆行进兵,有破坏和议之势。

总之,两方协商妥订召集正式国会办法,早日解决,既免彼此争持,即各处土匪亦不至乘

机四起矣。内阁袁世凯。鱼二。

1912年1月28日《大公报》

△ **伍廷芳致电孙中山、黄兴,转呈唐绍仪获取的北京密电,密电对清帝退位后南北政权交接提出质疑。**

伍廷芳致孙中山、黄兴电文如下:

南京孙大总统、黄陆军总长鉴:密。今日唐氏送来密电如下:"冠三电悉。本拟赶促进行,初三日即可发表。今孙所开四条,多与前言不符。此事关键所最重者,在接气与不接气。如帝已退位,而孙未退,是全国只有一南京政府,袁既不得更设临时政府,又已脱去清政府所授之政权,则手下兵队,听谁调度?北方秩序,谁任维持?北京驻使,向谁交接?所谓不接气也。且最可虑者,是时袁则有受为南京政府部下之势,北方军士,必出阻力。孙电第三条云:向院辞职,则院可挽留;定期解职,则期可延缓。与春一电、伍致孙电即可发表让袁一语不符;与帆电孙即日解职一语不符;与第二电孙复伍电文即可正式宣布解职一语不符;又与议定降旨之日孙即行解职一语不符。北方各界,谣言阻力,日益繁多,迟则大碍。总之,大劫当前,四万万人只差三十点钟,便成熙皞之民。忽接孙电四款,将今日进行次第,全行紊乱,此后四万万人必死一半而后已。且项城为一时人杰,岂必欲争此总统?若疑其有莽操之志,尤不直一噱,不过为四万万同胞谋幸福而已。尚有挽救之法否?乞速电示。冬。"廷今日通告,乞核察。廷芳。马。

观渡庐《共和关键录》第1编,第82~83页

△ **伍廷芳致电孙中山、国务各总长、参议院长,主张清帝退位,宜由袁世凯与南京临时政府协商,"以两方同意组织统一之政府"。**

伍廷芳致孙中山、国务各总长、参议院长电文如下:

孙大总统、国务各总长、参议院长公鉴:日来与袁内阁切实筹商清帝退位办法,本定于初三日即发表清帝退位之谕旨,后因发生难问,以致稍滞。此难问之发生,在清帝退位后对于北方如何处置,清帝统治权已经消灭,而我临时政府,事实上尚不能直接统辖北方,则北方将陷于无政府之状态。据目下情形,是北方各官吏将士赞同共和,对于组织统一全国之政府宜得其同意。故廷芳以为清帝退位,宜由袁世凯君与南京临时政府协商,以两方同意组织统一全国之政府。如此,则统一政府成立之后,于内必能统一全国之秩序,于外必能得各国之承认。廷芳受议和全权代表之委任以来,往复筹商,以为惟此可期解决。今日有陈都督其美、温参议宗尧、汪参议兆铭在场赞成,已告唐君绍仪转电袁内阁。特此奉闻。廷芳。马。

观渡庐《共和关键录》第1编,第83页

△ **中国同盟会在南京筹办《中华民报》。**

1912年1月22日《民立报》载:

同盟会创办《中华民报》,举冯自由、刘家彦、黄复生等主持,政府助以机件、场所,黄兴助开办费五百元。拟招股十万元,二月出版。

《创办〈中华民报〉通告书》如下:

报纸者,由破坏时代言之,为爆弹之引线,由建设时代言之,则工师之准尺也。自东湖[胡]入关,盗据华夏垂三百年,中间非无发奋有为之士呼号奔走,思策群力排而去之,顾其影

响所及,往往囿于一隅,未尝遍于全国,卒多旋起蹶终。以不济者,则当时国民无有能持正确之主义,发为至当之言论为之鼓吹督促联络而团结之,致使目的虽同,方针或误,或流为暴乱,或狃于专制,故人民并不知有所谓平等自由之乐。而多数汉奸乘此时期,复恣为种种忠君事上之谬说,认贼作父,淆乱视听,以遂其富贵利达之私,逆胡乃得迁延,保其残喘,肆其余威以至于今日。若洪氏时之事实,其尤可恸心者也。比年以来,胡族之凶焰既日甚一日,国民之生命乃日蹙一日,吾人知其必不可与图存也,则相与昌言革命,攘臂奋发,大声疾呼,蕲与胡虏战胜于无形。报纸发达,无虑数十百种,卒使民族主义革命思想弥纶普遍于全国人之脑筋。故自武汉首义,期月之间,不劳飞檄,闻风响应者多至十数省,胡廷穷蹙待命须臾,则报纸之功伟矣。今者革命之事粗告成功,亦既询谋佥同,确定其共和,建立中华民国政府,将以奠国家巩固之基础,达国民完全之愿望,是由破坏时代以入建设时代也。顾当此民国缔造之始,建设事业条绪万千,而国家幅员又极寥阔,政治习惯各省往往自为风气,惧无以资联合而谋统一,同人等不自揆度,誓愿更竭血诚,就中央政府存在之地组织一《中华民报》,日出二纸,并附白话小说,以求政治思想普及全国,而为言论之一大枢纽。举凡关于政府与各行省行政上之现象、成绩,及有裨于政府与行政上之法理名言,皆据确实消息而出,以敏捷手腕采而录之,饷[飨]我国民,即蕲以此为我共和统一民国建设中预备之要图,进行之准则。则于古遒人之义,或庶几焉。此布。

发起人:黄兴、胡汉民、蔡元培、王鸿猷、马君武、章勤士、汪兆铭、仇亮、薛颂瀛、黄复生、李骏、蒋作宾、邓家彦、雷铁崖、张继、冯自由、黄藻、胡瑛、吴鼎昌、唐支厦、康宝忠、田桐、廖炎、柳亚卢、龚铄百、张人杰、林启一、孔庆睿、邓泽、石瑛、于右任、杜潜、杜次珊、张通典、底云同启。

附招股简章:

一、本报定集资五十万元,先集十万元作开办费。

一、每股金五十元,每年周息六厘,凭折支取。

一、入股截至新历三月底为优先股,以后为寻常股,凡优先权得以九成交纳。

一、入股至十股以上者有查帐权,永远送阅本报,不取分文;五股以上者有参议权,送报三年;两股以上者送阅本报一年。

一、每年除开支外,所余赢利分十成,以两成作公积金,以两成作办事人花红,其余六成按股摊派。

一、报馆开设南京老王府街。

一、本报帐目由经理每年六月及十二月各结一次,核明登报,并分送各股东。

南京收股处:老王府街本报馆。

上海收股处:四马路望平街口底奇峰。

1912年2月23日《申报》

△ 援川滇军李鸿祥杀害川军黄方及属下"百数十人"。

川南军分府杨家彬等致孙中山、黎元洪电文如下:

火急。宁孙大总统、武昌黎副总统钧鉴:援川滇军第二师团长李鸿祥,于正月十六日(指1912年1月16日,编者)率队到泸,敝处欢迎到城。十七日,滇军分队下合江。家彬等以客军远来,难悉该处情形,且合江被围月余,前办事诸人未能解决,家彬等受事仅旬日,曾迭派人和平交涉,深恐客军到彼龃龉,特由司令部长黄方带队同往。于十八日方先到合城,城内开门投降，当即布置一切，下【令】解散围城各军，转请滇军进城驻扎，代办善后事宜。方于二十一日率队回泸，道经蔡坝，滇军伏兵袭击，即迫缴枪械，将黄方及将弁军士百数十人尽行杀害。某等闻之，不胜骇异。盖黄方本属同盟会党人，于伪清光绪三十三年同党人熊克武在成都倡义，事泄，被赵贼尔丰永远监禁，九月（指1911年农历九月，编者）成都独立后，始克出狱。现李鸿祥在泸城出示，捏诬泸军抢劫，不受劝谕，先行开枪等语，意在借此掩饰。家彬等以大局尚危，未便轻开内衅，交涉仍守和平。谨此电闻。设法维持，顾全目前大局。前事曲直，姑候大局定后，再求公判。川南军分府杨家彬、邓邦植、席成元、卢峻、李鸿彦、王树等同叩。印。

《临时政府公报》第7号，中国科学院近代史研究所史料编译组编辑《近代史资料·辛亥革命资料》，中华书局1961年版，第56～57页

编者按：电文自"交涉仍守和平"以下疑次序有误，似应为"交涉仍守和平，顾全目前大局，设法维持。前事曲直，姑候大局定后，再求公判。谨此电闻。"

蜀军都督张培爵、夏之时致孙中山、黎元洪电文如下：

南京孙大总统、武昌黎副总统鉴：昨接川南军政府杨家彬等【电】称："援川滇军第二旅长李鸿祥分队，下援合江，由司令部长黄方【带】队同往。方先到合城，城内开门投降，转请滇军驻城中代办善后事宜，方率队回泸，道经蔡坝，滇军伏队袭击，迫缴枪械，将黄方及将弁军士百数十人尽行杀害"等语。

旋又接援蜀滇军李鸿祥电称："黄方、韩俟带兵赴合，既未预先通告，该两员又未能约束部下，以至入境肆行抢掠。敝军前往婉劝阻止，彼即开枪，轰伤数人。士气难遏，致开战斗，黄、韩二人及军士数人，登时击毙"等语。

为时据双方报告，情形不同，十分焦灼。现在秦中告警，千万火急，电文日四五至。援陕问题，非常吃紧，吾川及客军方且联合之不暇，何可内残同胞，外增虏焰，贻祸大局，见笑外人。兹特派联合滇黔蜀北伐团全权大使胡景伊、副使刘声元、中路支队总指挥但懋辛等赴泸，前往调和排解，顾全大局。一面确实调查，务祈和平解决，早日联师北伐。特此电闻。蜀军都督张培爵、夏之时叩。经［径］。

《临时政府公报》第7号，中国科学院近代史研究所史料编译组编辑《近代史资料·辛亥革命资料》，中华书局1961年版，第57页

△ 徐企文等在上海成立中华民国工党，朱志尧为正总领袖，徐企文为副总领袖。后于南京、芜湖、苏州、杭州、大通等地成立支部。2月9日，中华民国工党总部召开选举大会，重新推举正、副总领袖及各业领袖。2月21日，发表第一次改正草章，宣布以"促进工业发达、开通工人智识、消改工人困难、提倡工人尚武、主持工界参政"为宗旨。创刊《觉民报》为言论机关。

1912年1月22日《民立报》报道：

中华民国工党于昨日下午二时在小西门内事务所开会。先由发起该党之主动者徐企文君报告发起本党之原因及发起后之状况后，即推举正副党长及各职员，当即推定朱志尧君为正长，徐企文、钟衡臧两君为副长，朱绳尧君为总务长，庄允升君为经济长，严月波君为文牍长，沈炼石君为交通长，洪承祁君为调查长，刘滋生君为宣讲长，编辑由钟君兼任，至研究长由陈謷庸、钱锦华、范幼兰三君担任。推毕，由徐君等宣言：凡党员皆有筹划经费、招集同志之责，并谓如有意见，请函告本党，以便采集正当之议论。后由徐襄臣君等起言，愿力任此种义务，以谋本党之发达。及散会时，已六下余钟矣。

1912 年 2 月 10 日《民立报》载：

中华民国工党总部于昨日午后二时应劳动界多数发起人之要求，特借云南路社会党会场开会。先由徐企文君报告至南京见大总统之状况及南京、芜湖、苏州、杭州、大通各支部之成立。后由孙信义、孙广泰、陆树春诸君等发议，略谓：工党者，系工人之工党，故我辈均须担其责任，以便急于进行而免互生意见。众均赞成。于是遂重推职员，当即推举朱志尧君为正总领袖，徐企文君、谢月女士为副总领袖，陆树春君为铁业正领袖，钱锦华君为机器业正领袖，仲学准、仲学培、张家兴诸君为机器业副领袖，楼生财、郑志芳诸君为纱业正领袖，孙广泰君为电业正领袖，孙信义、竺庆发、王方鋆诸君为外国木器【业】正领袖，周林祥、虞品生、何光祚诸君为副领袖，张士德、吴云卿诸君为眼镜业正领袖，邹静兰、张云桐诸君为副领袖，杜鸿鸣、徐仁和【诸君】为红木业正领袖，朱焕章君为丝业正领袖，周联卿、费阆先、蔡鸿义诸君为银行【业】正领袖，陆士生君为雕花业正领袖，孙裕兴君为漆业正领袖，丁永佑君【为】帽业正领袖，印树盈君为织业正领袖，戴钦才君为寿器业正领袖，朱锦堂【君】为刻字业正领袖，周金生君为印字业领袖，邬阿福君为红帮缝衣领袖，王阿发【君】为制烟业领袖，末又(廿)公推刘血痕大律师为法律主任。后由刘律师、楼梅竹、苫君等相继演说，及散会时已七下钟矣。至该党之丝业团现定二十四日在小西门内事务所开会云。

中华民国工党总部第一次改正草章如下：

定名　本党为中华民国工党所组织之团体，故名中华民国工党。

宗旨　甲、促进工业发达；乙、开通工人智识；丙、消改工人困难；丁、提倡工人尚武；戊、主持工界参政。

事业　甲、对于工业发达问题：如组织品物陈列所、劝工场、模范工场、工业赛会、工业学校以及调查各国实业等是。乙、对于开通智谦[识]问题：如组织补习所、星期学校、发行杂志新闻，并定期或临时开通俗演讲会等是。丙、对于消改困难问题：如开办劝业银行、工人储蓄银行、提议工金之损益、议定作工时间及优待职工等是。丁、对于提倡尚武问题：如组织工团等是。戊、对于工界参政问题：如主持国会关于工业上之议案等是。

组织　本党分庶务部、经济部、文牍部、调查部、交通部、宣讲部、研究部、翻译部。

党员　凡工界同志年在十六岁以上而能自营生计者，不分贫富、男女、宗教均得入党，而外界同志之赞成本党者作为赞成员。

职员　设正领袖一人、副领袖二人、每部主任各一人、研究部主任若干人，均于开会时推举，三年一任；各部助任若干人由主任委任。

经费　党员每半年纳经常费小洋五角，如一次无力缴足者，得按月分缴。

地址　暂设办事所于上海小西门内。

会集　大会每年一次，以阳历一月十号合各支部行之，报告前年度之成绩，并议决本年度应行事宜。若有紧要事件，则开特别大会或职员会。

支部　随地组织，除宗旨及党员资格应照总部外，其余办法得参酌各地情形，自行妥订。其对于总部之义务权利如下：甲、将党员及选定职员名册报告总部；乙、支部对于总部有调查及报告该地一切情形之义务；丙、支部党员与总部党员有同等之权利；丁、如总部经费充余，得酌量津贴支部。

附则　甲、除宗旨外，其它各则得于大会时提议修改；乙、党员若有特别意见，得通信或来党报告；丙、非党员而有特别意见报告本党者，尤所欢迎。

1912 年 2 月 21 日《民立报》

1月22日(十二月初四日)　孙中山致电伍廷芳及各报馆,提出辞职五项条件,包括清帝退位、袁世凯宣布赞成共和并誓守参议院所定宪法等。

孙中山致伍廷芳电文如下:

万急。上海伍廷芳先生暨各报馆鉴:昨电悉。前电言清帝退位,临时大总统即日辞职,意以袁能与满洲政府断绝一切关系,变为民国国民,故许以即时举袁。嗣就后来各电观之,袁意不独欲去满政府,并须同时取消民国政府,自在北京另行组织临时政府,则此种临时政府将为君主立宪政府乎?抑民主政府乎?人谁知之?纵彼有谓为民主之政府,又谁为保证?故文昨电谓须俟各国承认后,始行解职,无非欲巩固民国之基础,并非前后意见有所冲突也。若袁能实行断绝满政府关系,变为民国国民之条件,则文当仍践前言也。至虑北方将士与地方无人维持,不知清帝退位后,北方将士即民国将士,北方秩序亦即应由民国担任。惟一转移间,不能无一接洽之法,文意拟请袁举一声名卓著之人。交接一节,满祚已易,驻使当然与民国交涉,方为正当,其中断之词[时]甚短,固无妨也。今确定办法如下:一、清帝退位,由袁同时知照驻京各国公使电知民国政府,现在清帝已经退位,或转饬驻沪领事转达亦可。二、同时袁须宣布政见,绝对赞同共和主义。三、文接到外交团或领事团通知清帝退位布告后,即行辞职。四、由参议院举袁为临时总统。五、袁被举为临时总统后,誓守参议院所定之宪法,乃能接受事权。按一、二两条即为袁断绝满政府关系,变为民国国民之条件。此为最后解决办法,如袁并此而不能行,则是不愿赞同民国,不愿为和平解决,如此则所有优待皇室八旗各条件,不能履行,战争复起,天下流血,其罪当有所归。请告袁。孙文。祃。

观渡庐《共和关键录》第1编,第88~89页

伍廷芳复孙中山电文如下:

大总统鉴:祃电敬悉。所开办法五条,廷已嘱唐转袁。以廷愚意,如不催袁速使清帝退位,以为与满州[洲]政府断绝关系之实证。清帝退位之后,袁同时宣布政见,绝对赞同共和主义。如此则尊处践约推袁。而关于组织统一全国之政府,必须彼此协商,出于两方之同意,则第五条所定,亦已包括于其中,似此则在我无食言之嫌,而前后交涉皆持一贯之方针,庶易就绪,否则所开条件,逐日变易,使廷亦茫无所措,而前后不符,受人疑驳,更无以取信于天下。恳请尊处筹一定之办法,始终坚持,不可随时更变。总之,若清帝退位,全国有统一之共和政府,则我辈目的已达。总统如何选举,国务总长如何委任,似皆容易商量。若以此复起战争,使天下流血,岂国民之福?廷所夙夜筹画者,无非欲早定大局,以免生民涂炭。尚希谅察。廷芳。漾。

观渡庐《共和关键录》第1编,第89页

△ 南京临时参议院表决通过孙中山提交议和五项条件。

刘星楠《辛亥各省代表会议日志》:

一月二十二日　出席二十人:常恒芳、汤漪、文群、王有兰、刘显治、熊范舆、陈承泽、潘祖彝、谷钟秀、刘彦、张一鹏、段宇清、赵世钰、张伯烈、时功玖、赵士北、周代本、李鏊、吴景濂、凌文渊。贵州代表刘显治、熊范舆到院。

大总统派秘书长胡汉民到院,紧急交议和议条件五条:一、清帝退位,由袁世凯同时知照驻京各国公使,电知民国政府;二、袁世凯须宣布政见,绝对赞成共和主义;三、大总统接到外交团通知清帝退位布告后,即行辞职;四、大总统辞职后,由参议院另举袁世凯为临时大总统;五、袁世凯被举为大总统后,须誓守参议院所定之约法,乃能接受事权。

胡汉民报告完毕，右列五条，经议员全体可决。

刘星楠《辛亥各省代表会议日志》，中国人民政治协商会议全国委员会文史资料研究委员会编《辛亥革命回忆录》（6），文史资料出版社1981年版，第258页

△ 黄兴致电盛宣怀，商量“由汉冶萍公司担借日金五百万元，归民国政府借用”。

黄兴致盛宣怀电文如下：

前由何天炯转达尊意，承允助力民国，由汉冶萍公司担借日金五百万元，归民国政府借用。见义勇为，毋任钦佩。兹特请三井洋行与尊处接洽，商订条约，即日签押交银，公私两益，是所切盼，并复。陆军部总长黄兴。

陈旭麓等主编《辛亥革命前后·盛宣怀档案资料选辑之一》，上海人民出版社1979年版，第233～234页

△ 谭延闿致电孙中山等，请勿再迟延停战议和，表示“若再延时日，敝省无论如何，决不承认”。

谭延闿致孙中山等电文如下：

宁大总统，陆军部长，申伍外交长，武昌副总统，各省都督，金口、长沙各路总司令公鉴：昨接陈都督效电及南昌马都督巧电、福州孙都督号电，以停战议和，务在此期限内议决，一切勿再迟延，敝省全体极表同情。万乞于阴历十二月十二以前，取决宣示。若再延时日，敝省无论如何，决不承认。特此预闻。延闿叩。祃。

《临时政府公报》第3号，中国科学院近代史研究所史料编译组编辑《近代史资料·辛亥革命资料》，中华书局1961年版，第22页

△ 山东军政府在烟台成立，孙中山命令杜潜代理山东都督。

1912年1月31日《申报》《山东军政府成立》载：

王司令布告：“传炯材谫能薄，谬承绅、商、学各界诸公推任军政府分府司令。传炯亦系民国一份子，未敢放弃责任，黾勉从事，三月于兹，其中困难，多非思意所及。幸赖诸公槃才卓识，群策群力，互相维持，烟台安宁，至今无恙。既临时政府特派代理山东都督杜君潜来烟视事，杜君热心毅力，众望素孚，已于十二月初四日组成山东都督府，执行职务，接替有人，得释重负，传炯幸甚。以后保守进行诸政策，尤望诸公竭力辅助。光复东鲁全境，同享共和幸福，是则传炯朝夕所馨香祷祝者也。前途茫茫，各自勉力。诸公幸垂鉴焉。”

杜都督告谕：“中华民国山东军政府总参谋长、代理山东都督杜，为出示晓谕事：自满人入关，戮先[我]汉族，削我民权，已二百六十余年于兹。日者武昌起义，不匝月而大江南北相继光复。天意人心，昭然可见。山东为秉礼之邦，承孔氏攘夷之训，故当南省起义之际，即各界宣布独立。未几，为满人迫压，强制取销，此不独山东父老所疾首痛心，亦我全国同胞所深为愤恨者也。今都督受山东全体同胞公举，并承总统命令，偕水陆大军驻扎烟台，指日西下攻取济南，光复全境，以洗数百余年之大辱奇耻，为同胞建造共和幸福。大兵所经，秋毫无犯。凡我士民，务需各安常业，勿自警扰。切切。特示。”

△ 清廷驻意大利使节吴宗濂、驻日本使节汪大燮，致电清廷，请速宣布共和。

吴宗濂致清廷电如下：

报传圣明比美尧舜，将允共和。外患相乘，间不容发。宜速宣布，以全两族。请代奏。

“宫中电报档”，中国史学会主编《中国近代史资料丛刊·辛亥革命》（8），上海人民出版社1957年版，第171页

汪大燮致清廷电如下：

举国趋向共和，明诏取决国会，昭示大公，光垂史册，安全之策也。傥相持，为祸烈，应请驾幸热河，以全皇裔而保国境。乞代奏。

"宫中电报档"，中国史学会主编《中国近代史资料丛刊·辛亥革命》(8)，上海人民出版社1957年版，第171页

△ 北京外城巡警总厅发布公告，凡在京报馆"倘有宗旨不正，意存煽惑，定即按律从严惩办"。

北京外城巡警总厅发布公告文如下：

外城巡警总厅为传知事：奉部传开内阁函："据同志联合会冯男爵国璋等呈称：'初九日伏读懿旨，将以君主民主政体取决国会，此诚朝廷不私大位博采舆论之盛心。国璋等默察全国人之趋向，皆以君主立宪改良政治为中国不易之经，即南方多数难民，身受民军之害，亦幸冀君主之成立。是以国璋等纠集同志联合会于京师，而推广分会于各省、各部落，专持君主立宪宗旨，以谋国利民福，排斥邪说，以正人心，群情奋发。窃视此次乱事之兴，首恃报纸鼓吹之力。今北京诸报，其宗旨纯正者固属不少，而南方诸报，则无不诪张为幻，变乱是非，加之匪党奸徒遍地，皆是到处煽惑，乱机伏生。传闻南方各埠，凡尊重朝廷主张君主之报纸，不准销售，而京师重地，对于鼓吹邪说之报纸反不加禁止，不特纲纪堕地，抑且危害国家。（按：志存煽惑扰害治安者，皆谓之社会犯而非国事犯。）国璋等迭次开会讨论，佥以取缔报馆禁销沪报为入手实行之策，如有报馆违背报律、煽惑人心者，一律查明封禁'等情。函知到部，合行钞录原件，传知该厅转饬各报馆遵照"等因。奉此。查同志联合会系在正人心而保治安，报纸为代表舆论之机关，嗣后务宜持论纯正，以尽天职。倘有宗旨不正，意存煽惑，定即按律从严惩办。为此传知其各懔遵。切切。此传。

1912年1月22日《大公报》

△ 东三省陆防全体军人致电清内阁，声称"东三省勤王军队业经组织，预备开拔，赴汤蹈火，惟听钧命"。

东三省陆防全体军人致清内阁电如下：

日来停战展期，全为一方面举动，我真退让，彼自进行，登、黄则据我完善，汉阳则暗事占侵。是以郑重共守之约，任彼破坏，是以血肉易得之地，弃于俄顷。关键授人，全局皆输。军人等闻之，愤激曷极。正在疑骇间，又传闻朝廷将有逊位之举，大臣有赞成共和之说。可惊可怪，莫此为甚。在军人等亦明知国家不可一日无君，纵时事艰危，钧阁政见亦万不至出此。然中外议论，人心惶恐，大局益以摇动。恳请钧阁亟有以表示之，以释群疑而靖谣言。至东三省勤王军队业经组织，预备开拔，赴汤蹈火，惟听钧命。谨附禀上闻。东三省陆防全体军人叩。支。

"军机处电报档"，中国史学会主编《中国近代史资料丛刊·辛亥革命》(8)，上海人民出版社1957年版，第170页

1月23日（十二月初五日） 孙中山发布命令，将江南造币厂划归南京临时政府财政部管理。

孙中山命令如下：

中华民国临时大总统令

兹据江南造币厂总理余成烈等禀请厘定币制，整理厂规及应否隶归财政部，以便有所禀

承等因前来。据此。查该厂为民国特设鼓铸机关,应归财政部管理,所有厘定币制及整理厂规,应由贵部议复呈核。为此令行贵部迅速妥议,呈候核夺。原禀发阅。此令。

财政部知照

孙文

中华民国元年元月二十三日

"南京临时政府档案",中国第二历史档案馆编《中华民国史档案资料汇编》第2辑,江苏人民出版社1981年版,第382页

余成烈、林景上孙中山书如下:

中华民国江南造币厂总理余成烈、协理林景谨上书大总统钧座:窃成烈等以薄德菲材,渥蒙擢用,昕夕筹度,时虞陨越。意以为关于通币之法制有不得不速为厘定者,属于本厂之规模有不得不急于整理者,谨就管见所及暨现办情形,为我大总统缕细陈之。

曷言乎关于通币之法制宜速为厘定也。货币为人民交易之媒介,非凭藉国家法律不能生完全效用。虏清旧币,种种复杂,早为寰瀛所诟病。推原其故,由于国家无公认交换之法货,而决择听之于奸商。货币无流通信用之实际,而疆界昼[画]之于官府。官与商交征其利,所苦者一般人民。东与西参错其间,所损者十倍权利。成烈等于十月到厂,维时军需孔殷,日促拨款,势难停工以待新币式之颁布。且一般习惯,若骤易新模,非特无以济市面之恐慌,更恐适以滋人民之疑虑。是以暂用旧模,不过一时权宜之计,为难情形,早经申报在案。兹际百度更新,万端待理。窃以为欲财政建充裕之基,须法币定划一之制。伏乞谕令财政部广征学说,体察舆情,定本位之为金为银,酌分量之或轻或重,从速颁定新币式样,俾资造铸而活金融。庶可以廓数千年恶货之弊端,坚四万万同胞之信用。此关于通币之法制宜速为厘定者也。

曷言乎关于本厂之规模宜急于整理也。查本厂自民军光复,成烈等接办时,旧案既已荡然,新章又未发表。故于受事之初,会集员司暂定简章,分为二科:曰总务,曰管理。厂以内管理科长主之,厂以外总务科长主之,而统计科附属焉。卫兵队则专司保护稽查之任。意以为上下相维,期不复蹈旧总办专擅罔利之敝。此亦参酌情形,有不得不然者。成烈等更有请者,造币厂为国家特设鼓铸之机关,与财政部有密切关系。兹幸共和政府成立,南京本厂究否隶归财政部,为将来全国鼓铸之总机关,伏乞酌夺宣示,俾阶级早定,接洽有所禀承。此关于本厂之规模宜速为整理者也。

至从前接办之初,旧储之款为数甚少,嗣复叠奉军政府谕,陆续拨充军饷,因此基金垂罄,待用日繁,成烈等虽勉力撑柱,为暂顾目前之计,惟缔造方新,宜规久远,应如何指拨公款,抑或贷用商款,以充基本之处,仰乞训示遵行。临书惶悚,翘待钧裁。成烈、景谨上。

"南京临时政府档案",中国第二历史档案馆编《中华民国史档案资料汇编》第2辑,江苏人民出版社1981年版,第382~383页

△ 孙中山致电伍廷芳,嘱其"电清内阁,令其实践条约,特派得力专员星夜赴山、陕战地,宣令停战"。

孙中山致伍廷芳电文如下:

急。上海议和代表鉴:据陕西特派员李良材报告:"阴历十一月十七日第六镇清军已由渑池西发,其汉阳退出之清军及武卫左军,均于二十一屯集恪[洛]阳,合谋攻陕。至升允所带兵队,由甘东出,已抵乾州境界,两面受敌,势甚危急"各等语。查此次停战展期,本出于清政府之要求,而袁世凯任豫、甘清军两路攻陕,违约失信,究何居心?前与唐代表议决条件中,载有两方政府各派委员至山、陕一带向两方宣布实行停战一条,本总统为尊重人道起见,特暂止援陕军队,拟先实行此条,以昭大信。希即电清内阁,令其实践条约,特派得力专员星

夜驰赴山、陕战地,宣令停战。至山、陕民军方面,早归中央节制,自由此间派员驰往宣布。其两方所派专员,应如何保护,以及日期地点,彼此接洽之处,即径请速电商定,以臻妥协。总统孙文。漾。

观渡庐《共和关键录》第2编,第67~68页

△孙中山复电伍廷芳,请其正式通知袁世凯议和五项条件,再次声明让位的条件和理由,表示"个人名位非所愿争,而民国前途岂可轻视",并请伍"始终其事"。

孙中山复伍廷芳电文如下:

万急。上海伍秩庸议和代表鉴:养电悉。昨午电要约五事:一、清帝退位,由袁同时知照驻京各公使电知民国政府,言现在清帝已经退位,或由驻沪领事转达亦可。二、袁须宣布政见,绝对赞同共和主义。三、文接到外交团或领事团通知清帝退位之电,即行辞职。四、由参议院举袁为临时大总统。五、袁被举后,誓守参议院所定之宪法,接受事权。此五条时经参议院之同意,于马电所陈协商办法,并无窒碍,即可并为正式之通告于彼方。至此次来电云云,有所未达。盖推袁一事,始终出于文之意思,系为以和平解决而达共和之目的。及见袁转唐有取消民国临时政府之电,此事于理绝对不行,要求其一不能摇动民国前途之保证,故有巧电,只保[系]手续稍异,并无有变初衷。继见来马电以各国承认时期为不能待,有袁与南京临时政府协商组织临时政府之说,则袁要有赞同民国之表示,以离去满洲政府之关系,彼此始有协商之地。昨电第一、二项,并不多费时日手续,第三、四、五项亦然。总之,个人名位非所愿争,而民国前途岂可轻视?前交贵代表之电,系转唐、袁磋商,并正式通告,且只保[系]手续之少异,亦因于事实而来,更无有失信于贵代表之事。和议解决既在数日之内,请始终其事。另派全权一节,可无置议。余详昨电。总统孙文。梗一。

观渡庐《共和关键录》第1编,第90~91页

伍廷芳致孙中山电文如下:

孙大总统鉴:个一电悉。目前停战期限将满,袁电请展期,适接黎副总统电亦嘱再展期三日。廷以若尚须展期,则彼此停战命令须传达各处军队,三日断难周遍。曾电尊处,询问可否展期,旋接来电,有展期十四日之命,而同时清帝方有退位之说。廷以有此期间必可磋商就绪。屡接北京传来消息,退位之事颇属可靠,而尊处迭电嘱转敢[致]袁,如能使清帝退位,则大总统之任,以功以能必推袁氏,此言大可以安北洋将士之心。廷既服公之雅量,且庆共和之目的可以圆满无憾。往复筹商,务祈早日定局。迨清帝退位之诏,已定于初三日发布,而尊处巧电忽添入五条件,与前电不符,使廷失信,处两难之势。而袁意倘各国未能即时承认民国,斯时北方诸省清帝统治权既已消灭,南方临时政府事实上又不能统一,便成无政府之状态,何以维持秩序,对付外人。以此之故,所筹之事,一时停滞进行。廷意凡议和必得两方之同意始为公平。故马电谓清帝退位之后,由袁与南京临时政府协商,以两方之同意组织临时政府,大总统已有推袁之说,则国务各总长亦必以两方同意,始得发表。廷以为舍此办法,无以解决目前难题。如尊处承认此办法,则大局可定,似无须告北方另派正式代表以续和议。廷对于此事心力已尽,自维受事以来,夙夜尽瘁,寝食不安,只为欲完全达到共和目的,不期于将近成局之时,又生此波折,进退维谷,不知所可。如马电所陈办法不以为然,则此后变故滋生益难逆料,惟有请另派贤能接议和全权代表之责,俾廷得奉身而退,以免愆尤,是所至祷。廷芳。养二。

观渡庐《共和关键录》第2编,第24~25页

△ **奉天巡防统领张作霖杀害奉天急进会会长张榕及宝昆、田亚赟。**

1912年1月25日《盛京时报》报道：

初五日晚，谘议局副议长袁金铠偕同急进会会长张榕在平康里宴饮，袁副议长先兴辞而出，比张榕出时，有常服者二人，觑定张榕用手枪三发击中要害，登时毙命，时在夜二十钟也。

同夜同时，某队入张榕弟宅时，适前《国民报》画报编辑人田亚宾［赟］，亦宿张榕宅内，同时亦被刺毙。

章开沅等主编《辛亥革命史资料新编》（3），湖北人民出版社2006年版，第482页

张作霖呈赵尔巽文如下：

奉天巡防前路兼中路马步队统领官张作霖为呈报事：窃查奉省自武昌事起以后，谣诼纷传，当九、十两月之间，凡各处土匪、地痞及诸无赖不逞之徒，无不假革命为名，希图扰乱。迭蒙宪台面谕：随时访查首要人等，捕拿送案，以遏乱萌等因。连日密派侦探严加防范，兹查有省城大北关张榕，前经组织急进会，自称会长，潜结亡命无赖多人，昼夜计议，并有暗杀党多名伺职出入，职早有所闻，只以无据风传，仍坦怀以待。近据密探报告，数日来民军北犯，已抵烟台，风声愈加紧急。连日，该犯张榕纠聚在会多人，大开秘密会议，与该军机关部来往通函，约期起事等语。职闻信之下，尚未敢稍涉卤莽，当派侦探长于文甲，带同兵弁跟踪追缉。本拟将张榕捕获，然后呈请讯办，乃行至西关平康里，路遇张榕，上前诘问，该犯竟敢开枪拒捕，经于文甲还枪迎击，即将该犯当场击毙。旋赴该犯住屋，搜出民军告示、委任状多件，又急进会会长木印一颗，小戳一个及信内有东洋文字者数封，内有大连来信，系近日发自机关部者，并汇有巨款，即系约期急速起事之函；又内有速将双木消化一语，双木盖暗寓职名也；又有一日文信函，内有速将张某、冯某致死，则余可无虑等语。皆与职侦探相符，即此二函可为谋叛暗杀之铁证。闻该犯党羽甚多，以满洲人宝昆、田亚赟为死友，一切结会、通匪，多系宝昆为之主谋，田亚赟辅之，张榕既经被捕，同恶万难姑容。该探长旋分赴查拿，乃一进宝昆宅内，该犯即从楼上开枪，轰伤探兵一名，该兵等奋勇前进，宝昆由楼窗跃下，被探兵立时格毙，搜获快枪三杆。步二营汤管带，分往查拿田亚赟，方抵其家，田亚赟已持枪冲出，该管带上前拦击，亦将田亚赟击毙。职查张榕图谋不轨，意欲自举总统，扰害治安，其蓄谋已非一日，今与民军机关部汇款，订期即拟起事，若非先期探明，下手迅速，则内外勾通，祸变必不可思议。至同党田亚赟素著凶恶，其密谋暗杀之心亦最烈，惟以无知莠民，无足比数；而宝昆本系旗籍，代受国恩，亦复甘心附逆，私藏军火，居心尤不可问。今幸立时破获，该首逆等同时伏法，地方得免扰乱，无任欣幸。除将告示、信件、名册业经面呈，暨分报巡防营务处外，理合将张榕及其同党宝昆、田亚赟等格毙各缘由及木印、小戳，一并具文呈报宪台鉴核施行。须至呈者。

右呈

钦差大臣东三省总督部堂赵

“奉天省公署档”，章开沅等主编《辛亥革命史资料新编》（3），湖北人民出版社2006年版，第132～133页

赵尔巽晓谕如下：

为出示晓谕事：照得保安必先禁乱，除暴乃可安良。自南方乱事之起，影响所及，匪人辄思暴动。我奉天地方，幸赖军警协力，绅民同心，均以安靖如常。而匪人张榕借端鼓惑，吓诈取财，屡谋作乱。本大臣所接绅民报告，何止盈箧，只以重人道为主旨，悯其狂愚，迭谕官绅向其告诫。讵料该匪谋乱之心，无时或息，近竟连日招集党类，秘密会议，勾结匪徒，定日起事及布散悍党谋叛。防军张、冯各统领，势甚急迫，不得不密谕军队防范查拿。初五夜，张统

领派弁分路查拿。张榕及其死党宝昆、田亚赟等，竟敢拒捕，致被格毙。兹据张统领呈报，并申送搜获名册、告示、谋乱函件多封、拒捕手枪三枝，罪状显著，除将原禀并批抄发登报外，合亟示谕阖省绅民诸色人等知悉。须知张榕等，此次格毙，实由于勾结谋乱，祸我生灵之所致。其名册业经本大臣当堂焚毁，绝不株连，并严谕陆防各军，妥为镇守地面，不得妄有捕杀。凡军民人等，各宜安心职业，勿信谣言，致滋惊扰。切切。特谕。

"奉天省公署档"，章开沅等主编《辛亥革命史资料新编》(3)，湖北人民出版社2006年版，第134页

△ 清署湖广总督段祺瑞致电清内阁、军谘府、陆军部，通报第四镇"目兵已与革军勾通"，"侧闻共和思想，近来将领颇有勃勃不可遏之势"。

段祺瑞致清内阁、军谘府、陆军部电文如下：

昨夜四镇参谋忽电传来，谓施统带云："二营目兵鼓噪特甚，求立即调往后方，以免意外。一、三营亦有沾染"等语。今晨陈统制来，求即调开，有刻不容缓之势。询其所以，吞吐不言。瑞见其情急，当准将该标调至李家寨。即派员密访情形。据称该标目兵已与革军勾通，约今夜叛去。四镇亦有云云。侧闻共和思想，近来将领颇有勃勃不可遏之势，征之今日事，益信其然。但瑞职任所在，惟有旁引远喻，力为维持，未知能持久否。惟十九标又去，力益单弱，彼若环攻，惟有尽其力之所有，成败利钝未敢料也。祺瑞。歌。

"军机处电报档"，中国史学会主编《中国近代史资料丛刊·辛亥革命》(8)，上海人民出版社1957年版，第171页

1月24日(十二月初六日)　国民协会于1月10日致函孙中山，请设国民参事院。本日，孙中山函复国民协会，解释暂不组织国民参事院而设立临时参议院的原因。

孙中山复国民协会函如下：

国民协会诸执事鉴：

两函敬悉。所论组织国民参事院一节，自是正当办法。惟临时政府之职务，首在军事上之进行。方今虏氛未靖，战祸方延，执行政务，首贵敏速。若组织民选议事机关，必先定选举制度，及组织选举机关。而各地秩序未复，计即自今开办，至速非数月之久不能成立，揆之时势，似嫌太缓。参议院由各省都督派员组织，本一时权宜办法，而在此过渡时代，力取简易，不遑他计也。若至时局大定，全国无烽，彼时临时政府当须改造，则参议院自在取消之列，而国民参事院之设，将为必行之要政。望诸君鉴谅此意，暂缓督促，一面协助政府力谋军事进行，是所盼祷。

1912年1月25日《民立报》

国民协会致孙中山函如下：

呈为临时政府方立，亟应设立国民参事院，以裨行政而资立法事：窃惟国家缔造之初，凡百设施，宜赖一二贤豪之主持；而联络统一，尤贵谋及多数人民之公意。今民国成立以来，政府既已组织，行政一端渐归统一。然上备行政之咨询，下掌立法之职权，独无此机关，则于代表民论之意，未为无缺。闻各省都督曾各派人员组织参事院。此盖行政上之代表，出于一时权宜之计而已。同人等以为今日大局初定，正式之立法机关，尚未成立，目前一方为代表国民舆论，一方为代表各省利害，宜由各省谘议局或府县会联合会，公选三四人，为各省国民代表。则于财政之统一、法律之规定，必大有裨益；而各省人民，借此得以联络。凡一切设施，尽出于一致之行动，庶上下之情以通，而民国之基础以固。应请速定国民参事院简章，通告各省选举议员，速赴南京，组织国民参事院，掌立法预算事宜。逮闭会期后，应采德、美上院

之制,分科任事,备行政上之咨询。要之,折衷至当,乃无扞格之虞;集思广益,方收统一之效。区区一得之愚,是否有当?伏祈酌夺施行。谨呈。

1912年1月10日《时报》

△ 南京光复后,军人不守军纪时有发生,南京市民上书孙中山,要求整治军纪。本日,孙中山函复南京市民,称"近连日与陆军当局筹议办法,不日当可军纪一新,愿诸君转达市民,少忍以待"。

孙中山复南京市民函如下:

兵民相疑,实光复后最大恨事。吾民经济恐慌,苦痛已甚,况复流兵抢劫,时有所闻,战后人民,何以堪此?本总统就任后,首谋统一军队,近连日与陆军当局筹议办法,不日当可军纪一新,愿诸君转达市民,少忍以待。至都督常驻一节,来函所陈甚善,此间亦拟如此办理,不日当可发表。以后关于市政诸问题,如有所见,请随时径达内务部,民意所归,无不尽力也。

一月念四日

中国社会科学院近代史研究所中华民国史研究室等编《孙中山全集》第2卷,中华书局1982年版,第39~40页

△ 孙中山致电江苏都督庄蕴宽,协商由江北补选一名参议员。

孙中山致庄蕴宽电文如下:

江苏庄都督鉴:顷接江北总参谋孙岳电称:"选派参议员,系事前曾派商贵都督如何分额,迄未接复。维时已迫,故就该处选派三员前来。今经参议院均予取消,将来江北痛苦,无可代达,恳予拨额"等因。查江北地方广要,酌予参议员额一名,以便其关切陈议,亦是实情。合行电商贵都督,取消一名,即由江北选充,俾得均平,而裨政要为荷。总统孙文。敬。

中国社会科学院近代史研究所中华民国史研究室等编《孙中山全集》第2卷,中华书局1982年版,第40页

庄蕴宽复孙中山电文如下:

大总统钧鉴:敬电诵悉。每省派参谋[议]员三人,俄[?]根据《临时政府组织大纲》,现派陈、凌、杨三君,本系代表江苏全省,江北地方情形,自可代达。请转电江北都督(蒋雁行),该处如有关系地方困苦之事,可随时转告陈、凌、杨三君。江苏代都督庄蕴宽。印。

《临时政府公报》第4号,中国科学院近代史研究所史料编译组编辑《近代史资料·辛亥革命资料》,中华书局1961年版,第32页

△ 黎元洪致电孙中山,提出"鄂省川淮盐厘,名义上为抵押品,实际上仍不失为鄂省进项。将来筹议归还,仍请中央政府统筹全局办理"。

黎元洪致孙中山电文如下:

孙大总统鉴:哿电悉。宜昌盐厘抵借英、德商款,原每年系一百万两。嗣因收不敷解,满清部议改为七十五万两,余数大约系由中央指拨凑足,然此项抵款,名虽就近解交税务司,其实清政府仍于别项收款拨补盐厘,以济鄂用。至淮盐总局应交之款,由督销局将应解鄂厘拨交税务局,而鄂省又将应解宁省一半川盐加课扣除互抵。现在民国对于满政府债约,在义师未起以前者,自应承认。但鄂省川淮盐厘,名义上为抵押品,实际上仍不失为鄂省进项。将来筹议归还,仍请中央政府统筹全局办理,所有欠解数目,皆系各该局就近拨解。关于宜昌川盐欠解数目,已电饬委员查复。其淮盐督销,本系宁省管辖,即请饬令调查。承询特复。元洪。敬。印。

《临时政府公报》第4号,中国科学院近代史研究所史料编译组编辑《近代史资料·辛亥革命资料》,中华书局1961年版,第32页

△ **南京临时政府陆军部陆军军官学校颁布《陆军军官学校教育方针》。**

《陆军军官学校教育方针》第一章总纲如下：

第一条 军官学校教育之目的，原来在使军官候补生养充初级军官必要之基本学术，故所学各课程，诸兵种均属相同，以期造成将来在队中应用，或再入各科专门学校，或独学、自习、研究高等学术之素地，期望他日大成为限，但迫于现时之状况，为战时迅速补充军官起见，不能不缩短教育期限，宽限学生资格，变通办理。因此则各学生之程度不一，又于短少时间须造成其有军官资格，教育上即不免来种种之困难，全在各队长、教官体察各级学生之状态、程度，随时施以相当之教育，方能稍收效益。

第二条 我国人从来之习惯，一般多好大言，而不切实行，又惑于昔时多以文官指挥武官之积习，好作参谋帷幄之官，且以为能阅军事学书籍即成为军人，全是抱此理想，几非口舌所能解破。此种习癖专在各队长于术科训育时，随时随地痛加针砭，遇事责其躬行实践，令其恍然自悟，最为紧要。

第三条 现今一般状况，多误会共和主义，系为平权自由，可以漫无纪律，遂至各军队中多为所传染，凡一切指挥命令均难实行，几无军纪、风纪之可言。此为最大毒病。各队长、教官于此一层弊端，遇有事物，须不逸其时机，引喻证明，令其醒悟，尤为紧要。例如汉阳之失败，此其一也。

第四条 教育科目仍遵照部章分为教授、训育二科。凡关于教授者，谓之学科。关于训育者，谓之术科。学科则以战术学、筑城学、兵器学、地形学、马学、卫生等为主。术科则以教练技术（马术、剑术、体操）、服务提要为主。各科主任教官，可以日本士官学校教程为蓝本，选其关于现时战斗最切实用必须通知者，择要编纂，并参照以操法教范、勤务令及诸规则等书，务勉避去深远之理论及复杂之事项，以简易而能实行适合于养成初级指挥官之本领为主旨。

第五条 各科主任教官，凡关于教育之要件，须记载于教育日志。遇有教育互相关连者，则将日志彼此交换，以便互知教育之状况，且掌训育之队长与教授军事学之教官，尤当连系一致，约定豫定表，使教育同时并进为要。

第六条 教育当以术科为至要，学科从之，须顾虑各科应如何切于实用，适当连系此两科目，以求进步。至教育之要领，须先就其方法及课目研究，依其顺序，使其如所计划而进步，尤当注意于时间之利用及节约，务求于仅少时间而收绝大之效力为要。

第七条 教授之目的，在使各学生能明其意义，心中透澈，以养成其遇事有随机应变之能力也。故教官须顾虑各学生之素养与才能，用启发及注入之方法，善为训导，令其具有敢为之精神与确实之学识，以期其应用力之发达。

第八条 训育之目的，在就其各生已修之诸科更练达，其技能使之增进，以养成其能教导指挥小部队，有初级军官之能力也。但我国一般学生多半因不喜运动而体弱，以致缺乏活泼勇敢之气概。故教练一事，不独使战术能实地应用，并能发达学生之体育，以药其柔弱之病。故教练与技术须平等分配，于全学期间，步工兵至一营，其它兵科至一连，以施行各种教练，其间复兼以技术，又或摘讲操法教范，以明术科原则之要领，彼此互相补助，练成初级军官之技能为要。

第九条 军队主要之点战斗也。故军事教育亦以战斗为基准。而战斗动作之要领，在容许其适度之独断专行，以促攻击精神之发达，其它惟要求指挥之统一，动作之协同，以防其汜[氾]滥而全其成功也。故本校教授及训育，始终不外此要旨，以期养成活泼有为之军官。

第十条　凡军官之适否,不徒在其学识才能,尤重在其精神品性之如何。故教授学术之时,须常涵养其德性,鼓舞其精气,以发挥其成为忠爱民国之良质,陶冶其成为坚定军人之志操,最为紧要。

第十一条　欲教育之周到,监督之普及,自应将各学生区分为多数之学班。但现迫于校舍及教官之缺乏,只能仍以各队为教授班,各兵科学生,仍须分配于各队,以便互相交换智识,藉资同化。惟教练之时,则照各种兵科区分为各班训育。至于技术,亦须顾虑其兵科及技能之优劣为适宜之区分。

第十二条　学术授业时间,每星期概以三十五时间为标准。至自习时间,则顾虑学科之预习复习及体力保全之度以为决定。

第十三条　欲检定各学生学理之解释及应用之识力,以供教育之斟酌及考科之材料,则就其已学习之学术,时时试验亦不可缺。但不可因此而减少教育之时间,尤宜注意。至试验之成绩,则各科以由零至二十分,以定优劣。

"南京临时政府档案",中国第二历史档案馆编《中华民国史档案资料汇编》第2辑,江苏人民出版社1981年版,第167~170页

△ **江西军政府颁布《江西省临时约法》。**

《江西省临时约法》如下:

第一章　总纲

第一条　中华江西省之人民,以江西固有之区域,组织军政府,统辖政务,以推翻满清,建设中华民国为目的。

第二条　江西政府以都督及都督所任命之政务委员、议会、司法组织之。

第三条　本约法于中华民国共和宪法施行之日,应即取消。

第二章　都督

第四条　都督由江西人民公选,任期为三年,连选得连任,但以一次为限。

第五条　都督代表江西军政府,有总揽政务之大权。

第六条　都督有统率海陆军之权。

第七条　都督有议决及公布法律之权。但都督对于议会议决之法律,如否认时,得声明理由,交令议会复议,惟以一次为限。

第八条　都督为保持公共之安全避免危害,遇有紧急之必要时,得召集政务委员会议,发布代替法律之命令。但须提交届期之议会,请求追认。

第九条　都督有于法定议会开会时间以外,召集临时议会之权。

第十条　都督于议会开会时,对议会得提出法律案及预算案。

第十一条　都督于议会开议时得到会发言,或命委员到会发言。

第十二条　都督有依法律任免文武职员之权。

第十三条　都督有依法律颁给勋章及其它荣典之权。

第十四条　都督有依法律宣告戒严之权。

第十五条　都督有宣告大赦、特赦、减刑、复权之权。

第三章　人民

第十六条　具有江西军政府法定之资格者,皆为江西之人民。

第十七条　人民依法律有纳税之义务。

第十八条　人民依法律有当兵之义务。

第十九条　人民一律平等。

第二十条　人民有言论、著作、出版及集会、结社之自由。

第二十一条　人民有通信之自由,其秘密不得侵犯。

第二十二条　人民有信教之自由。

第二十三条　人民有居住迁徙之自由。

第二十四条　人民有保有财产之自由。

第二十五条　人民有营业之自由。

第二十六条　人民【有】保有身体之自由,非依法律不得逮捕、审问、处罚。

第二十七条　人民有保有家宅之自由,非依法律不得侵入或搜索。

第二十八条　人民得诉讼于法司,请求审判。其由于行政官署之违法致权利受有损害时,得提起诉讼于行政审判院。

第二十九条　人民得请愿于行政官署。

第三十条　人民得诉愿于行政官署。

第三十一条　人民有应任官考试之权。

第三十二条　人民依法律有选举及被选举权。

第三十三条　本章所载人民之权利,有认为增进公益,维持治安之必要,或非常紧急时,依法律限制之。

第四章　政务委员

第三十四条　政务委员由都督任命,执行法律,处理政务,发布命令,并负其责任。

第三十五条　政务委员得向议会提出法律案,并得到会发言。

第三十六条　政务委员编制会计预算、募集公债及缔结有国库负担之契约时,须提交议会,经议会认可。

第三十七条　政务委员遇有紧急之必要时,得为财政上之非常处分及支付预算以外之支出。但事后须提交议会,请求追认。

第三十八条　政务委员就都督公布之命令及其它政务命令中,有关主管之事项,得单独署名。

第五章　议会

第三十九条　议会由民选议员组织之。

第四十条　议会议决法律案并会计预算、募集公债及国库有负担之契约。但基于法律之支出,议会不得减免。

第四十一条　议会审议决算。

第四十二条　议会得对政务委员提出条陈。

第四十三条　议会对都督及政务委员提出质问并要求答辩。

第四十四条　议会得接受人民之请愿书送交都督。

第四十五条　议会对于政务委员认为失职及法律上犯罪时,得以总员四分三以上之出席,出席议员三分二以上之可决弹劾之。

第四十六条　议会得自行制定内部之法规并执行之。

第四十七条　议会由议员中自选议长。

第四十八条　议会每年开会,会期为四十日。

第四十九条　议会每年按法定日期,自行集合开会闭会。

第五十条　议会于第四十八条所定时间以外，须有总议员三分之二以上到会始得开会；须有到会过半数以上之可决方得决议，可否之票数相同时由议长决定之。

第五十一条　议会之议事须公开为之，但经政务委员之要求及到会议员过半数之决议得召开秘密会议。

第五十二条　议会以议员二十人以上之连署得提出议案。

第五十三条　议员于议会内之言论及表决对于议会外不负责任。但以其它方法在议会外发表者不在此限。

第五十四条　议会议员除现行犯及关于内乱外患之犯罪外，会期中非得议会许可，不得逮捕。

第六章　法司

第五十五条　法司以都督任命之法官组织之。

第五十六条　法司之编制及法官之资格以法律定之。

第五十七条　法官若非受法律上之刑罚或惩戒之免职宣告时，不得免职。

第五十八条　法司以江西军政府之名义依法律审判民刑诉讼案件。但行政诉讼及其它特别诉讼不在此限。

第五十九条　法司之审判须公开行之；但有认为妨害安宁秩序及风俗者得秘密审判之。

第七章　附则

第六十条　本约法由议会议员三分之二以上或都督之建议，经议员过半数之出席，议员过半数之可决，得增修之。

《日本驻汉口总领事馆情报》1912年1月29日，中国科学院近代史研究所史料编译组编辑《近代史资料·辛亥革命资料》，中华书局1961年版，第618～621页

1月25日（十二月初七日）　黎元洪致电南京临时政府，拟将统一指挥国军行动。次日收到南京临时政府复电，“凡关于湖北方面之作战计画，应请尊处相机制宜”，“国军行动之总方略，应由中央规定”。

黎元洪致南京临时政府电文如下：

协商各条，清廷是否就范，刻得其正式答复否？现在和议难恃，停战不日期满，我军即准备进击。惟国军运行，最贵一致。使各自为谋，则一方既难奏效，而他方又被制阻。且敌之后方，有铁道之交通，其运动容易。前次敌于停战期内，取我太原及潼关等处，即其交通上便利，而我军无一致之运动。现拟将国军统一计画，可否暂归敝处？规定各方协同之运动，则我军免各个接战之害，而敌失其抽兵进击之利，庶扫北之胜效，或可期于速达。鄙意属在大局，非仅为鄂也。如表同情，仍希教示一切，速复为祷。

易国幹等辑《黎副总统政书》卷5，上海古今图书局1915年印，第10～11页

南京临时政府复黎元洪电文如下：

有电悉。和议难恃，我军战斗准备，刻不可忽。凡关于湖北方面之作战计划，应请尊处相机制宜，不为牵制。惟敌人作战目标，移向南京，国军行动之总方略，应由中央规定，通告各处，然后能期统一。

易国幹等辑《黎副总统政书》卷5，上海古今图书局1915年印，第11页

△ 清廷谕旨内阁“详切诰诫军民，勿得听信浮言，转相煽惑，以维秩序”。

清廷谕旨如下：

奉旨：前自武汉事起，朝廷不忍民生涂炭，采资政院之议，曾降谕旨，不以兵力平内乱。嗣由友邦介绍，以尊重人道停战和商为请，遣派代表赴沪讨论大局，多以国体问题付诸国民公决较为允当。召问王公大臣，各无异词，遂复降旨，谕令召集国会，以待公决。无非委曲求全，以期和平解决之意。现在讹言繁兴，人心不靖，诚恐民听易惑，致生误会。其国会办法正在磋商之际，凡我臣民尤不容妄启谣疑。着该管衙门，务本此意，详切诰诫军民，勿得听信浮言，转相煽惑，以维秩序。将此通谕知之。钦此。内阁总理大臣袁世凯。

“军机处现月档”，中国史学会主编《中国近代史资料丛刊·辛亥革命》(8)，上海人民出版社1957年版，第171~172页

△ 清署湖广总督段祺瑞致电清内阁，告之“迩来各将领不时来言，人民进步，非共和不可”，并称“已与各路将领熟商”，“拟即联衔陈请代奏”。

段祺瑞致清内阁电文如下：

恭读上月初九日懿旨，政体付诸公决。以现在人民趋向，何待再卜。不禁涕泣久之。迩来各将领不时来言，人民进步，非共和不可。且兵无备补，饷械缺匮，战守无具，败亡不免。稍一迟回，东皖、豫亦无完土，即皇室尊荣，势必因之而减，瓜分惨祸，将在意料之中。我辈死不足惜，将何以对皇室，何以对天下。已与各路将领熟商，始则责以大义，令其镇静，而竟刺刺不休，退有后言。昨闻恭王、泽公阻挠共和，多愤愤不平，要求代奏。各路统将亦来联衔。压制则立即暴动，敷衍亦必全溃。十九标昨几叛去，业经电陈。是动机已兆，不敢再为迟延。拟即联衔陈请代奏。祺瑞。阳二。印。

“军机处电报档”，中国史学会主编《中国近代史资料丛刊·辛亥革命》(8)，上海人民出版社1957年版，第172页

△ 袁世凯奏请修改国会选举办法，并提出“优待皇室条件似亦应由国会议定”。

袁世凯奏折如下：

本月初六日钦奉传旨：国会选举暨开会地点，可酌量变通办理等因。臣原拟会员每州县各一人，每旗各一人，地点定为北京，磋商越二十日，伍廷芳坚持不让，遂强定为选举区二十四处，一省为一处，内外蒙为一处，前后藏为一处，每处三人。臣以人数太少，众情不服，现拟改为二十八处，一省为一处，蒙、藏合为六处，每处六人，合共一百六十八人，与资政院额数相去不远。其国体未决以前，民党惧罹刑网，不敢来京会议，拟酌定为天津、汉口、青岛三处。如蒙余[俞]允，拟即电商伍廷芳，从速核复。再民军所拟优待皇室条件，前曾代请面奏，此系两面派人暗中商议，如改为国会取决国体，则优待皇室条件似亦应由国会议定，能否照前优隆，臣未敢预决。谨奏请旨。

“清农工商部档案”，中国第二历史档案馆编《中华民国史档案资料汇编》第2辑，江苏人民出版社1981年版，第57~58页

1月26日(十二月初八日)　南京临时政府颁布《中华民国各部官职令通则》二十七条。

《中华民国各部官职令通则》如下：

第一条　各部以总长管理事务，分列如下：

陆军总长　管理陆军，经理军事、教育、卫生、警察、司法并编制事务，监督军人、军佐。

海军总长　管理海军一切军政，与陆军总长同。

财政总长　管理会计、库帑、赋税、公债、钱币、银行、官产事务,监督所辖各官署及地方与公共团体之财产,并统辖临时政府财务。

外交总长　管理外国交涉及关于外人事务,并在外侨民事务,保护在外商业,监督外交官及领事。

内务总长　管理警察、卫生、宗教、礼俗、户口、田土、水利工程、善举公益及地方行政事务,监督所辖各官署及地方官。

教育总长　管理教育、学艺及历象事务,监督所辖各官署学校,统辖学士、教员。

实业总长　管理农工、商矿、渔林、牧猎及度量衡事务,监督所辖客[各]官署。

交通总长　管理道路、铁路、航路、邮信、电报、船舶、各种电业,监督所辖各官署及船舶并运输、造船事务,统辖船员。

司法总长　关于民事、刑事、非讼事件、户籍、监狱及保护出狱人事务,并其他一切司法行政,监督法官。

第二条　各部总长就于主管事务有重大者,具案呈请大总统召集各部总长开政务大会。

第三条　各部总长统于主管事务得发指示训令于地方官,并于必要时得停止地方官之命令、处分或取消之。

第四条　各部总长统辖所属职员,掌其吏事。

第五条　各部总长关于主管事务或于特别委任范围内得发部令。

第六条　各部总长就于主管事务各负责任。

第七条　各部设承政厅,掌参与机务、收发文书、典守印信、调制统计、记录吏事、编纂图书、管理会计及官产、官物事务。但陆、海军部得依便宜变通此例。

第八条　各部得分设各司,各司得分设各科,分掌事务。

第九条　各部置职员如下:

次　长　一人,特任。

秘书官　荐任。

书记官　荐任。

参事官　荐任。

司　长　荐任。

签　事　荐任。

主　事　判任。

录　事　判任。

此外,各部依便宜得置工监、工正、工师、工手、副官、事务官、编纂官、经理官、视察官、审查官、缮译官、通事。

第十条　次长辅佐总长整理部务,监督各司、科职员。

第十一条　次长于总长有故不视事时,除同署教令、出席会议及发部令外,得代理其职。

第十二条　秘书官承总长之命,掌管机要文书并总理承政厅事务。

第十三条　书记官承上官之命,分掌承政厅事务。

第十四条　参事官承上官之命,掌理审议及草拟稿案事务。

第十五条　司长承总长之命,主管本司事务,指挥签事以下各职员。

第十六条　签事承上官之命,分掌事务或掌理一科事务。

第十七条　主事承上官之命,分掌科务。

第十八条　录事承上官之命，从事庶务。

第十九条　工监特任，工正荐任，工师荐任，工手判任，皆承上官之命，掌技术事务。

第二十条　副长［官］荐任，承上官之命，掌整理补［辅］助事务。

第二十一条　事务官荐任，承上官之命，掌专门事务。

第二十二条　编纂官荐任，承上官之命，掌编修、纂记、纪录事务。

第二十三条　经理官荐任，承上官之命，掌经理会计事务。

第二十四条　视察官荐任，承上官之命，掌视察、调查事务。

第二十五条　审查官荐任，承上官之命，掌学艺、审查事务。

第二十六条　繙译官荐任，承上官之命，掌繙译外国语文事务。

第二十七条　通事判任，承上官之命，从事通译。

1912年1月26日《民立报》

△南京临时政府实业部、交通部启用印信，实业部、交通部成立。实业部址设于南京劝业会内，交通部址设于旧粮道署。至此，南京临时政府各部已全部正式成立。

南京临时政府实业部公告成立电文如下：

各民省都督、议会、各团体均鉴：中央实业部于今日成立，由总统颁给印文，曰“中华民国实业部之印”。部所设在南京劝业会内。实业部。宥。

1912年1月27日《民立报》

南京临时政府交通部公告成立电文如下：

各省都督、各报馆均鉴：本部成立，奉大总统颁发印信壹颗，文曰“中华民国交通部之印”。已于元月念六日启用，以资信守。办公处在旧粮道署内。谨此电闻。交通部。宥。

1912年1月28日《民立报》

△同盟会员彭家珍在北京炸伤宗社党头目良弼，越二日死。彭则当场身殉。

1912年2月2日《民立报》《良弼伏诛详记》记载：

良弼被炸身死，迭见本报专电。兹得京函，详述其事，亟录如下：

良弼豪宅在西华门外红罗厂。于初八晚十时，□人乘自拉缰马车投访良弼，其名片称为禁卫军标统崇功，其实即彭烈士家珍。其所以捏称崇功者，因崇与良相识，可以接见也。当投名刺时，阍人以良大人外出相告，某即返驾，甫数武而良归，彭仍折轮造访。阍人正以名刺呈良弼时，彭即探囊中炸弹，欲向前掷放。当时手滑，弹丸坠地，彭即应声殒命，良弼炸去一腿，亦昏倒于地，此外尚炸死一人。后警兵环集，搜查彭之怀中，尚藏有一弹。据云，彭以良弼素持排汉主义，此次各王公反对共和，又系良弼一人运动所致，故首刺之。并闻各王公自良弼被刺后，群怀恐惧。又因宣言反对共和者，人人知恭、泽二人最力，民党恨之，当在良弼之上，故二人尤为恐怖云云。

又一函云：日前炸良弼者，名彭家珍，假崇恭名。崇系奉天讲武堂监督，兼三营管带。初八晚乘京奉加车，由津下午十点至京，住西河沿金台旅馆。优等十三号到店不到十分钟，即乘该馆马车往军谘府探询良之住址，始知良住红罗厂。及到良住所，良未在。彭方欲归，适良马车到，彭即由马车内出，持炸弹向良猛击。良之左腿被炸已断，彭登时身死，良之车夫张某、彭之车夫路某均受重伤。现车夫俱由川田医院医治。

又一函云：初八夜十一钟，有军人二名乘马车前往西华门外红罗厂拜访良弼，适良因公往拜肃邸,夜半回寓,时正下马车,该军人通片求晤,突抛炸弹一枚,爆发声响其巨,良左腿受重伤,抛掷炸弹之人遂又抛一枚将自身炸毙。该处附近居民某甲于爆发后见有一人身着军服,乘马车向北飞驰,巡警尾追,终未能及。闻刺客怀中带有良弼之照相一张,又有崇恭名片一张云。

△ 孙中山致电广东都督陈炯明并广东省会及铁路公司,希望赞同以广东铁路抵押借款。次日,广东省会开会决定,函请铁路公司股东会议决。2 月 6 日,粤路公司股东大会议决允借,惟拟将借款留三百万,以筑粤路。

1912 年 2 月 4 日《申报》《粤路抵借外债问题》载:

孙大总统致广东陈都督电云:"万急。陈都督鉴并转省会暨铁路公司鉴:和议难恃,战端将开,胜负之机,操于借款。前文在外洋,本与数处有成议,乃各省代表必要临时政府,此'临时'字样,断难使各国立即承认,数处虽有成议,亦因之而阻迟,故现时借款必当以私人名义,尚不能用国家名义。今欲借各省之各种实业以为抵当,而借款以应中央政府目前之急需。其办法用中央担任偿解,订立合同,务期于不损公司利益。苏浙铁路已慨然借出,而广东铁路股东深明大义,想亦不吝也。大局所关,千钧一发,务望赞同此举,俾款早有着,全局早定,是为至祷。盼切电复。孙文总统[总统孙文]。寝(廿六)。印。"兹将粤东临时省会关于是案议案录左:

元月二十七日,粤东临时省会开会,出席代议士八十八人,宋议长主席,提议孙大总统来电,请以粤路抵押借款一事。由书记长陈述黄议长之意,以铁路系商办性质,抵押问题允与不允,权在股东,应请铁路公司公决云。李冠华谓:"黄议长所言,鄙人绝对赞成。该路系商办性质,岂能越俎代庖?但贻书劝告亦不可少。"梁孝肃谓:"广东铁路全属民有,允否之权本在股东,省会当先令其集议,并将集议详情报告省会为最后之表决。此事关系中央财政,但本省亦正困急,如允抵押,则将来广东对于借债获得之权利应如何分配之处,亦一问题也。"潘崇衍谓:"因军费而谋抵押之品尚多,何必斤斤于重要之铁路。"李冠华谓:"鄙人前因铁路会议,曾闻赶筑各支路需款孔亟,而第三期股本亦预料断难足额,因有借外债以资挹注之议,可否勖以大义,请其多借款若干,以供军需之用。"潘崇衍谓:"中央政府此次借款与铁路借款不同,盖铁路之借款为扩充营业起见,将来获利子母即可偿还。若中央借款,全为军饷需用,尽供于不生产之途,故鄙人绝不赞成李君之议。"梁孝肃谓:"潘议士所言系狭义的生产,中央政府此次电商借路押款乃广义的生产。何也,若得此款,即摧陷虏巢,则获利多矣,何区区营业之足言。"杨永泰谓:"铁路系合股而成,即属于各股东之产业,省会岂能有权以处分他人之财产?抵押与否自有主,在省会只可劝勉为之。来电谓苏浙已允,但苏浙铁路股本多由附加税凑集而成,若粤路则全属碎股,彼此固仍有所区别。"于是表决函请铁路公司开股东会集议,俟覆告本会再行续议。

1912 年 2 月 12 日《民立报》《粤路股东会议记》载:

二月六号(即旧历十二月十九日),粤路公司因中央政府借路押款事请股东集议。是日到者百余人,两点钟开议。先宣布总统来电,随请股东举临时主席。仝西岩举张良,张辞。有举郭仙洲者,众赞成。仙洲言:"弟有意见欲言,不敢主席。"众议主席亦可发言,幸勿辞。遂举郭仙洲主席,吴玉田宣布。随宣布外埠来电,计允借者六电,不允借者四电。又宣布各处来函,计允者三函,主张收三期股再借者两函。复宣布本日提议事项,请众股东研究总统来电如何答覆。有言俟收三期股然后借者,有言借款须留一半以筑路者,有言政府需款极急，须全数借出，不必留回筑路者。主席起言："请先解决允借与不允借，如允借请举手。"举手多数。叶君言："此次借款，各股东须知其用意，盖政府只以路为抵押，本息均由政府担任，并非一经借款则已失此路也。"主席言："叶君之言甚是，顷已多数赞成允借，如有不允者请再举手。"举手者一人。遂表决允借。主席又言："尚有一事欲与诸君磋商，目下公司存款仅有五十余万，如筑至韶关尚需二百余万，但韶关为收入最旺之路，不宜废弃，惟三期款难以济急，可否于政府借款之内留回三百万，俟收入三期再行拨回政府，是即全数借与政府之意。因公司固当助政府之力，而亦须维持本路也。"众议应将借得之款留回三百万，俟收得三期股款再行如数拨还政府。并即拟就电稿照发云："南京孙大总统鉴：借路押款，本日会议多数赞成，惟拟借若干及如何办法，乞先复电再商。粤路股东全体叩。鱼。"

△ **黄兴、钮永建致电陈其美、黄郛，请黄郛出任大本营兵站局长。次日，黄兴又致电黄郛，望其速赴任大本营兵站局长。**

黄兴、钮永建致陈其美、黄郛电如下：

陈都督、黄参谋长鉴：和议破裂，战事方始，后方接济，乃全军命脉所关。现拟设大本营兵站局，请黄郛君为局长，已请大总统发委任状，祈即来宁接洽开办。所有应办各端事宜，请在沪先行布置。黄兴、钮永建叩。

1912年1月29日《民立报》

黄兴致黄郛电文如下：

陈都督转黄郛君鉴：战机紧迫，兵站急需设立，望公速即首途，并盼电复。兴叩。廿七。

1912年1月29日《时报》

△ **南京临时政府财政部呈文孙中山，答复江南造币厂总理余成烈、协理林景上书孙中山所禀请厘定币制，整理厂规及应否隶归财政部等问题。**

南京临时政府财政部呈孙中山文如下：

为呈复事：案奉大总统发下江南造币厂呈文一件（见1月23日日志，编者），业奉批示：该厂为民国特设鼓铸机关，应归财政部管理，所有厘定币制及整顿厂规各节，仰候发交该部议复呈核等因。奉此。

查原呈内称：请定本位之为金为银，酌分量之或轻或重，从速颁定新币式样，俾资造铸而活金融等语，自是切要之图。惟政府初立，财政基础仅具雏形，各省惯习骤难统一。微论金本位制度，非有相当存金，不能实施，即划一银本位制度，亦非有全国金融整理就绪，未可轻议。应由本部随时察看情形，妥筹办理。至新币式样，亟应厘正，以一视听而符名实，应请饬下该厂仍照旧币分量，改订民国新模，拟就图案，交由本部呈候核夺。惟改铸新模，颇费时日，现时需款正殷，势难停铸。且该厂工匠众多，尤未便令其歇业，以致闲散。应请饬下该厂于新模制定以前，仍依旧式，照常鼓铸，以资利便。

原呈文称：南京本厂应否隶归财政部，为将来全国鼓铸之总机关，请酌夺宣示，俾阶级早定，接洽有所禀承等语。业奉批示，着归财政部管理。拟由本部加给委任状，仍暂用总理、协理名目，俟将来官制厘定，再行分别给委。至所呈分科治事各节，尚属妥协，应准照办。

原呈文称：基本金垂罄，应否指拨公款或贷用商款之处，请示遵行等语。查该厂另有呈文到部称：在沪议借商款，迭次磋商，已有眉目。应请饬下该厂妥拟条款，切实商借，至[呈]由本部核办。

以上遵议缘由,是否有当,俟示遵。谨呈。

"南京临时政府档案",中国第二历史档案馆编《中华民国史档案资料汇编》第2辑,江苏人民出版社1981年版,第383~384页

△ **南京临时政府内务部通电各省,请各省都督晓谕各州县,限于三个月内将城镇乡会选举簿一律制齐。**

南京临时政府内务部通电如下:

各省都督鉴:民国建立,人民有参政之权,而养成政治能力,尤以自治为先导。我国地方自治,满清时代颇具基础。应请各都督令各州县晓谕人民,通限三个月以内将城镇乡会选举簿一律制齐。其距省较远及交通不便地方,展限一月。选民资格与区域分划,暂仍旧制,惟组织与权限偏重官权、有害民权之处,俟民国新编自治章程于限期前发布,应即遵照。内务总长程德全叩。寝。

1912年1月28日《民立报》

△ **北洋军将领段祺瑞等四十六人秉袁世凯之意旨,联衔电奏,吁请清帝即日退位,立定共和政体。**

段祺瑞等奏折如下:

内阁、军谘、陆军并各王公大臣钧鉴:洪密。为痛陈利害,恳请立定共和政体,以巩皇位而奠大局,谨请代奏事:

窃惟停战以来,议和两月,传闻宫廷俯鉴舆情,已定议立改共和政体。其皇室尊荣及满、蒙、回、藏生计权限各条件:曰大清皇帝永传不废;曰优定大清皇帝岁俸不得少于三百万;曰筹定八旗生计,蠲除满、蒙、回、藏一切限制;曰满、蒙、回、藏与汉人一律平等;曰王公世爵概仍其旧;曰保护一切原有私产。民军代表伍廷芳承认列于正式公文,交海牙万国平和[和平]会立案云云。电驰报纸,海宇闻风。率土臣民,罔不额手称庆,以为事机至顺,皇位从此永保。结果之良,轶越古今,真国家无疆之庥也。想望懿旨,不遑朝夜。

乃闻为辅国公载泽、恭亲王溥伟等一二亲贵所尼,事遂中沮。政体仍待国会公决。祺瑞等自应力修战备,靖候新政之成。惟念事变以来,累次懿旨莫不轸念民依,惟国利民福是求,惟涂炭生灵是惧。既颁十九信条宪法,誓之太庙;又允召集国会,政体付之公决。可见民为国本,宫廷洞鉴,具征民视民听之所〈在〉决,不难降心相从。兹既一再停战,民军仍坚持不下,恐决难待国会之集。姑无论迁延数月,有兵溃民乱,盗贼蜂起之忧,寰宇糜烂,必无完土,瓜分惨祸,迫在目前。即此停战两月之间,民军筹饷增兵,布满各境。我军皆无后援,力本单弱,加以兼顾数路,势益孤危。彼则到处勾结土匪,勒捐助饷,四出窜扰,散布诱惑。且于山东之烟台,安徽之颍寿境界,江北之徐州以南,河南之光山、商城、固始,湖北之高[麻]城、襄樊、枣阳等处,均已分兵前逼。而我皆困守一隅,寸筹莫展。彼进一步,则我之东皖、豫即不自保。虽祺瑞等公贞自励,死生敢保无他。而饷源告匮,兵气动摇,大势所趋,将心不固。一旦决裂,何所恃以为战?深恐丧师之后,宗社随倾。彼时皇室尊荣,宗藩生计,必均难求满志,即拟南北分立,勉强支持。而以人心论,则西北骚动,形既内溃。以地理论,则江海尽失,势成坐亡。祺瑞等治军无状,一死何惜。特捐躯自效,徒殉愚忠。而君国永沦,追悔无及。甚非所以报知遇之恩也。

况召集国会之后,可[所]公决者尚不知为何项政体。而默察人心趋向,恐仍不免出于共

和之一途。彼时万难反汗。是徒以数月水火之患贻害民生,何如预行裁定,示天下以至公。使食毛践土之伦,歌舞圣明,零涕感激,咸谓唐虞至治,今古同揆,不亦伟哉。祺瑞等受国厚恩,何敢不以大局为念。故敢比较利害,冒死陈言。恳请涣汗大号,明降谕旨,宣示中外,立定共和政体。以现在内阁及国务大臣等暂时代表政府,担任条约国债及交涉未完各事项。再行召集国会,组织共和政府,俾中外人民咸与维新,以期妥奠群生,速复地方秩序。然后振刷民气,力图自强,中国前途,实惟幸甚。不胜激切待命之至。谨请代奏。

会办剿抚事宜第一军总统官段祺瑞,尚书衔古北口提督毅军总统姜桂题,护理两江总督长江提督张勋,察哈尔都统陆军统制官何宗莲、副都统段芝贵,河南布政使帮办军务倪嗣冲,陆军统制官王占元、曹锟、陈光远、吴鼎元、李纯、潘矩楹、孟恩远,河北镇总兵马金叙,南阳镇总兵谢宝胜,第一军总参赞官靳云鹏,参赞官吴光新、曾毓隽、陶云鹤,总参谋官徐树铮,炮队协领官蒋廷梓,陆军统领官朱泮藻、王金镜、鲍贵卿、卢永祥、陈文运、李厚基、何丰林、张树元、马继增、周符麟、萧广传、聂汝清、张锡元,营务处张士钰、袁乃宽,巡防统领王汝贤、洪自成、高文贵、刘金标、赵倜、仇俊恺、德启、刘洪顺、柴得贵,陆军统带官施从滨、萧安国谨叩。

1912 年 1 月 30 日《大公报》

△ 黎元洪致电孙中山、伍廷芳,请将清廷玩弄议和拖延退位情形通告全国,称“鄂中全体将士均已预备作战,誓不愿与满清共和”。

黎元洪致孙中山、伍廷芳电文如下:

南京孙大总统、上海伍外交总长鉴:停战期限将满,和议尚未告成。闻满清已简放张勋为南京总督。揆此情形,显系满清不愿意共和,徒废时期,以疲我军士。此停战期满,彼方若不决定退位,共同组织共和民国,再议展期,决不承认。曲实在彼,即前次所提待遇从优之条件,一律取销。鄂中全体军士均已预备作战,誓不愿与满清共和。再不可听其狡展,致遏我军义勇之气。请大总统、外交总长将种种情形,通告各国是幸。元洪,二十六号。

《临时政府公报》第 1 号,中国科学院近代史研究所史料编译组编辑《近代史资料·辛亥革命资料》,中华书局1961年版,第8页

△ 云南都督蔡锷致电孙中山、黎元洪及各省都督,认为“此时直无和议可言,惟有诉诸兵力”,表示愿意“亲率精兵,结合黔鄂,长驱河洛,期共戮力中原”。

蔡锷致孙中山、黎元洪及各省都督电文如下:

孙大总统、黎副总统、各都督鉴:护[谭]都督咸电,鄙意极为赞同。现民国中央政府已成立,大总统已举定,民主君主问题无复有研究之价值,此其一。国民会议,袁世凯欲于北京开议,又欲各省州县皆举代表,无非为狡展播弄之地步,以充彼战备,懈我军心,此其二。主张共和,殆全国一致;所反对者,惟少数之满清奴隶耳。设开会议而堕袁之狡诈,守定君主国体,则各省必不肯承认,战祸终无已时。仍拥戴满清为君主,固理所必无;即别以汉人为君主,亦事势所不容。故君主国体,为中国今势所万不能行,必强留存此物,将来仍难免第二、三次之革命,此其三。唐使签定之约,而袁不承认,方在停战期内,而北军袭取颍州,进攻陕州,在清廷亦并未决议和洽其中,故此时直无和议可言,惟有诉诸兵力耳。至作战计划,孙、陈各都督所见甚是。滇处僻远,未敢遥度。惟有亲率精兵结合黔鄂,长驱河洛,期共戮力中原。进止机宜,敬候中央指示。滇都督锷。宥。

《临时政府公报》第 10 号,中国科学院近代史研究所史料编译组编辑《近代史资料·辛亥革命资料》,中华书局1961年版,第81页

△ **杨度在北京组织共和促进会。**

1912年1月28日《大公报》报道：

昨闻杨度此次与资政院议员籍忠寅等组织共和促进会。初八夜于前门外兴福店大开成立会，到会者数十人，颇极一时之盛。杨度起席云："现值大局危急之际，大势所趋，已定非共和政体决不能收拾。诸君宜鉴于大局，勿惑方针。"并闻不日拟聚集赞成者再开大会。

1912年1月29日《大公报》：

现杨度等在北京发起一共和促进会，其宗旨系拟谋南北之统一，于北方实行共和起见。现入会者颇不乏人。闻君主立宪党大为反对。以杨度前本为主持君主立宪之人，今何忽变更宗旨，其中必系有主使者。已派人秘密侦察确实，再定对待之办法。并闻各亲贵与君主党甚疑与某有密切之关系，盖因其宣言书与某之议论相同，且杨度又为某素所最信任之人也。

《共和促进会宣言书》如下：

革命事起，东南十余行省已在共和旗帜之下。欲求中国之保全，先求南北之统一，欲求南北之统一，先求北方之实行共和。近者朝廷有逊位之说，尧舜之盛德，薄海同钦。乃亲贵王公及顽旧之徒，忽大张君主立宪之帜，破坏阻挠，不遗余力。夫使君主立宪尚可救今日之危亡，则度等素持此义，岂至今日而反昧然？特以时势所迫，断不能以党见之私，召瓜分之祸。且度等前此主张君主立宪，乃以救国为前提，而非仅以保存君位为目的，乃以保政治之进步，而绝不愿以杀人流血勉图君位之保存。彼亲贵王公及顽旧之徒，在人民希望君主立宪之时，则主张君主专制，于人民希望民主共和之时，又主张君主立宪。既不能于未革命之先，实行宪政，预消革命之萌芽，乃于既然革命后，又复反对共和，忍以皇室为孤注，拥护二百年一姓之私产，甘弃数千年文明之古国，何其本末倒置若此其甚乎？且民军宣言对于皇室皇族等之优待条件，已仁至义尽，与今日所在异者不过一盖用御宝与否之差异耳。于此而犹施其反对，欲不谓之安心亡国，何可得哉。(中略)

度等不敏，应时势之要求，鉴国民之心理，用敢发起斯会，勉尽匹夫之责。呜呼！生民涂炭，已濒水深火热之域；外侮方殷，行见豆剖瓜分之惨。求内部之统一，免外人之割裂，安危存亡，系此一举。凡我同胞，奋袂兴起，以尽民国之义务，是则同人含血泣泪，希望于我邦人志士者也。

发起人：杨度、薛大可、刘鼎和、曲作新、王赓、蹇念益、梅光义、周大烈、陆鸿逵、乌泽声、刘泽熙、舒鸿贻、籍忠寅、邵义。

1912年2月5日《申报》

1月27日(十二月初九日)　南京临时政府颁布《中华民国内务部官职令》。

《中华民国内务部官职令》如下：

第一条　内务部职员除《各部官职令通则》所定外，其额数如下：

秘书官　一人

书记官　九人

参　事　四人

司　长　四人

签　事

主　事

录　事

工　正

工　师

工　手

通　事

第二条　内务部置左列各司：

民治司

职方司

警政司

土木司

礼教司

卫生司

第三条　民治司掌事务事[如]下：

一、关于地方行政事项；

二、关于地方自治团体及公共团体行政事项；

三、关于选举事项；

四、关于保息荒政及公益善举事项；

五、关于调查户籍及编审事项；

六、关于各省人民移殖事项；

七、其他不属于他司之民治事项。

第四条　职方司掌事务如下：

一、关于核定地方疆理及土地统计事项；

二、关于监理官民土地事项；

三、编审图志事项。

第五条　警政司掌事务如下：

一、关于行政警察事项；

二、关于高等警察事项；

三、关于监理著作出版事项。

第六条　土木司掌事务如下：

一、本省直辖土木工程事项；

二、地方公共土木工程事项；

三、修理河道、堤防、海塘及调查事项；

四、关于收用土地事项。

第七条　礼教司掌事务如下：

一、关于宗教寺庙祀典行政事项；

二、关于监理僧侣、教师、道士事项；

三、关于改良体制及整饬风俗事项。

第八条　卫生司掌事务如下：

一、关于豫防传染病、地方病及其他公共卫生事项；

二、关于船舶检疫事项；

三、关于监理医师、药师及卖药业事项;

四、关于卫生会及地方医院事项。

第九条 本令自□年□月□□日施行。

1912年1月27日《民立报》

△ **黎元洪派员至孝感接洽,段表示:"对于共和政体,允有同意。此次军队退却,实不愿与民军冲突,损伤元气"。黎元洪随即"通饬各军,驻扎原地,暂不前进,所有一切准备,亦不得稍懈"。**

黎元洪致孙中山电文如下:

急。宁孙大总统鉴:接伍总长感电、宥电,即于二十七日派员至孝感,与北军接洽联络,一致进行。段祺瑞派员接待。据称段对于共和政体,允有同意。此次军队退却,实不愿与民军冲突,损伤元气。至进行方法,现已规定,请民军不必前进,致生误会云云。敝处已通饬各军,驻扎原地,暂不前进,所有一切准备,亦不得稍懈,致受老师费财之害,庶共和政体,得早日告成。下游各军请黄总长通知,相机动作是盼。元洪。艳。印。

《临时政府公报》第3号,中国科学院近代史研究所史料编译组编辑《近代史资料·辛亥革命资料》,中华书局1961年版,第22页

△ **孙中山致电伍廷芳,指出"和局至此,万无展期之理,民国将士,决意开战","此番开战,其曲在彼之真相,对于内外正式发表"。**

孙中山致伍廷芳电文如下:

万急。上海伍秩庸议和代表鉴:和局至此,万无展期之理,民国将士决意开战。今曾提交参议院,尤极愤激,誓以同心共去共和之障碍。贵代表宜将彼方撤销唐使、不认全权所已签约之国民会议选举法及提出清帝退位之议,已以正式公文通告优待条件及各种办法又复不认,再三反复,知清廷实无心于平和,此番开战,其曲在彼之真相,对于内外正式发表。总统孙文。沁。

观渡庐《共和关键录》第2编,第25~26页

伍廷芳复孙中山电文如下:

孙大总统鉴:沁电敬悉。停战之期,至明日上午八时为满,不再展期,已经决定。惟段祺瑞现与北洋四十二将校联名电奏清廷,速行宣布共和。段现统第一、第二两军,处武汉前敌。如黎副总统与之接洽,则明日武汉方面可联为一致,不复有战争之事。至张勋一军,唐君绍仪屡电劝其赞同共和,张回电反对。唐君又电袁内阁,嘱其严饬张军勿得暴动。倘明日停战期满,张依然跳梁,则兵衅非自我开,更可令天下万国知曲直所在。此处得袁内阁来电,据唐言皆系表面文字。其实袁运动清帝退位,未尝少辍。廷昨致袁电,谓若停战期满,尚未得清帝退位确报,则前此所交优待条件即全行作废。俟得袁复电,再行来电。嘱将和议无效之始末正式发表,与廷意甚合,惟须俟得袁复电,如仍无使清帝退位之意,以致兵衅再开,再行发表。如是,则清廷以争一君位之故,不惜流全国之血,必为人道所不容。而我民国政府希望和平之意,更昭著于天下。对外可得友邦之同情,对内可激同胞之义愤,似尤为妥协。特此奉复。廷芳。俭二。

观渡庐《共和关键录》第2编,第26页

△ 伍廷芳复电袁世凯，指出“阴历本月十一日如上午八时以前，仍未得清廷宣布共和确报，则前交优待条件，全行作废”。

伍廷芳复袁世凯电文如下：

北京袁内阁鉴：佳一电悉。阁下欲取消全权代表已经签定之条款，本代表始终未尝承认。来电拟更定选举法，直是翻悔，何云让步。至前电所开优待条件，系为清廷宣布共和之对待。阴历本月十一日如上午八时以前，仍未得清廷宣布共和确报，则前交优待条件，全行作废。特复。伍廷芳。感。

观渡庐《共和关键录》第1编，第87页

袁世凯致伍廷芳“佳一”电文如下：

伍代表鉴：宥电悉。阁下与唐代表订定之选举法，本大臣并未承认，已迭电声明，另行提议。昨以停战期限将满，亟盼从速解决，特变通选举条件及开会地点，以期简便，而亦让步。希查照阳二电讨论，速复。至退位一层，并未与贵代表商及，昨已覆述不敢置议。内阁袁世凯。佳一电。

观渡庐《共和关键录》第1编，第87页

△ 福建都督孙道仁致电孙中山、黄兴，因袁世凯在停战期间违约攻击山西民军，表示愿率将士请命赴敌。

孙道仁致孙中山、黄兴电文如下：

大总统钧鉴、陆军部长黄鉴：全国光复近三月矣，幸赖福威远播，而各界亦极赞成，将士用命，诸事现已颇有头绪，道仁实无建树也。昨将编成军队，陆续开进，由沪赴宁，听候调遣，俾得稍尽义务。惟查停战期内，袁世凯又纵兵在山西进攻。似此不遵公法，涂炭生民，不胜焦愤。窃愿再选将士，亲率赴宁，请命赴敌。大局一日不定，誓牺牲此身，达我共和目的。如蒙俯允，伏乞颁发电令，仁当即日起程，恭听指挥。临电不胜盼祷。闽都督孙道仁叩。沁。印。

《临时政府公报》第2号，中国科学院近代史研究所史料编译组编辑《近代史资料·辛亥革命资料》，中华书局1961年版，第16页

△ 黄钟瑛致函孙中山，因病请辞海军总长职，并荐刘冠雄自代。

黄钟瑛致孙中山函如下：

大总统钧鉴：

钟瑛自到部以来，肝痛与咳血之疾时作，累书引退，辄荷慰留。未尝不念时事方艰，力图自效。顾病势日剧，精神远不如昔，菲才当此，实多丛脞。故部务组织迄今未能就绪，尸位之愧不足以间执烦言，旦夕疚心，徒增疾痛。自维承乏海军廿余年，起居饮食视舰中为习惯，每遇登岸，则外感侵寻，动辄遘病。故此次虽勤调养，迄未告痊。诚就舰中使复其生理之常，于病躯当得少裨。且战事复亟，舰队之调遣必有司令以为之率。钟瑛虽力疾从公，断不能粉饰因循，必求于事实上有裨者。窃愿以司令之役移驻于海筹船上，承受机宜以指挥江海诸舰，黾勉图功，庶几获济。

至海军部长之任，则有钟瑛之师刘冠雄者，以福建船政学堂生留学英国多年，历充海琛、海天、飞鹰各舰长，德州机器局总办，广东水师营务处各差，其资望才学，中外共知，实足以表率海军，餍服众望。此次海军归顺，曾经全军推举为海军司令，其时刘方回籍省墓，乃以钟瑛承之。今者息居沪上，盱衡时局，亦甚愿宣勤民国，以尽其能。夫以俊杰魁伟之才，而令其有

置散投闲之叹,毋亦盛时之阙事也。因举之以为总统告,并请宣之于参议院,即公举以承海军部长之任。倘议者或持异论而未能遽相深信,则钟瑛愿以八口保之,而决不负我国民委任之意。且钟瑛之引贤自代,徒以大局故耳,非有所私意其间。如其不蒙见谅,则海军前途将坐误于钟瑛一人,殊非我总统为事择人之初心,国民其谓我总统何哉!临颖迫切,
祇请
大安,敬候示复。

黄钟瑛谨上　元月二十七日

黄彦、李伯新编著《孙中山藏档选编》(辛亥革命前后),中华书局1986年版,第73~74页

△ 山东即墨革命党人班麟书率民军起义,光复即墨。31日,在驻青岛德军胁迫下,班率民军撤离即墨,退往莱阳、高密。2月3日,孙中山、王宠惠联名致电烟台都督,令其遵照中德条约暂行退出即墨。

山东巡抚张广建致电清外务部报告即墨被革命党人占领文如下:

盐电悉。即墨于本月初九日忽被革军占据。诚恐蔓延,致扰治安。当即电明德署麦大臣,并派张参议树元率队前往,相机剿办,并加兵保护铁路。今晨接据电称,即城已经克复。嗣后但以于疆界内无革军,我军自应悉数撤回。用特奉闻。张广建。咸。

"军机处电报档",中国史学会主编《中国近代史资料丛刊·辛亥革命》(7),上海人民出版社1957年版,第349页

《外交部电伍总长严诘袁内阁责令速止高密清兵勿悖人道文》如下:

急。上海伍总长鉴:清兵违约进逼即墨,支日曾请电袁诘责。顷据山东民军代表刘冠三到部面称:旧历十二月十三日即墨民军已全数退往莱阳、高密,十四日午后三时有清兵二百余人进城,杀戮商民张慎斋、魏显章等十一人,并按保安会名册查究,多所株连等语。似此纵兵惨杀,大悖人道。应请速电袁内阁严诘,并责令迅即电止清兵杀戮,勿再株捕。外交部。虞。

《临时政府公报》第12号,中国科学院近代史研究所史料编译组编辑《近代史资料·辛亥革命资料》,中华书局1961年版,第94页

孙中山、王宠惠致烟台都督电文如下:

烟台都督鉴:顷据驻宁德领事面称:"接驻北京德使电开:'即墨县由民军占据,宣布独立。查即墨县离胶澳海面潮平附近一百里内,据光绪二十四年二月中德条约第一款内载:大清国允许离胶澳海面潮平周遍一百里内(系中国里),准德国官兵随时过调,惟自主之权,仍归中国。如有中国饬令设法等事,应向德国商定。该地内应驻兵营,中国允与德国会商办理'等语。是此款所订者,该处民军未尝遵照办理,请向贵部电饬该处民军,迅即照约退出"等语,即希贵都督迅饬该处民军照约暂行退出,候本部与德国商定再行办理。总统孙文、外交总长王宠惠。江。

《临时政府公报》第12号,中国科学院近代史研究所史料编译组编辑《近代史资料·辛亥革命资料》,中华书局1961年版,第93页

△ 清廷26日下旨封袁世凯为一等侯爵,本日,袁世凯上奏请辞不就。清廷又于本日起连续四天下旨请袁遵旨勿辞,袁亦连上奏章坚辞不就。

清廷26日谕旨如下:

十二月初八日奉旨:朕钦奉隆裕太后懿旨:内阁总理大臣袁世凯,忠公体国,懋著勤劳,自受任以来,筹画国谟,匡襄大局,厥功尤伟。着锡封一等侯爵,以昭殊奖,毋许固辞。钦此。

1912年1月27日《大公报》

本日袁世凯上奏请收回封爵成命折如下：

奏为沥陈下情，恳恩收回封爵成命，恭折仰祈圣鉴事：

本月初八日奉旨："朕钦奉隆裕皇太后懿旨：内阁总理大臣袁世凯，忠公体国，懋著勤劳，自受任以来，筹画国谟，匡襄大局，厥功尤伟。着锡封一等侯爵，以昭殊奖，毋许固辞。钦此。"跪聆之下，钦悚莫名。伏念臣世受国恩，屡叨殊遇。本年武汉事起，重膺疆寄，兼绾兵符，寻以更新政治，洊秉钧衡，当艰阻之迭乘，愤阽危之莫挽，绵历数月，寸效未收，国势土崩，人心瓦解，千疮百孔，无术补苴，诚有如明臣史可法所言，但有罪之当诛，并无功之足录者。兹将微臣受任以来为难情形，为我圣上披沥陈之：

此次各省事变，始而军队兴戎，继而官民响应，未及一月，而沦陷者十有三省，甚至畿疆东夏，亦多离涣。朝廷俯顺民情，允准资政院所奏，颁布宪法信条，君权剥削殆尽，无复留转圜之余地。近人谓虚君共和者，即同此意。臣入朝之初，抱定君主立宪宗旨，以挽救大局，虽近畿军队渐就范围，山东取消独立，方谓初衷可期勉，遂乃汉口甫下，海军继叛，汉阳既克，金陵复失。友邦出而介绍，以尊重人道息战和商为请，于是遣派代表讨论大局，磋商兼旬，迄无效力。民党坚持共和，毫不通融。而直、顺、河南谘议局□□和之腹地，各省时虞不靖。近则库伦、伊犁、呼伦等处，亦相继告变。以数百年之屏翰，亦有倒戈之形。臣苦虑焦思，深恐大局决裂，贻忧宗室，不得已沥陈实情，仰蒙慈圣召问王公大臣，询谋佥同，遂奉召集临时国会公决国体之旨。臣之初志既已背驰，然尚望国会开成，或不至偏重共和，尚存君宪之望。乃召集地点及正式选举法皆不克行，而纷纷电请者，不独素著时望之绅衿、曾立功之督抚、洞达外势之使臣，即各埠之商团、公会等，亦多坚主共和。臣独坐深思，每有涕下。诚不知人心何以如此乖离，国势何以竟难维挽。此臣之奉职无状者一也。

以军事言，臣起家督师之始，即以鄂军事重大，请饷增兵，经奉准后始敢成行。乃饷械之筹拨，军队之招募，均未齐备，迭奉催促之命，及臣亲赴前敌，激励将士，规复汉口，若竟乘势进取武昌，未必不下。而其时院员建议，各界争持，众口一词，皆请主抚，因之明诏迭颁，不以兵力从事，臣奉宣德意，停止进攻。洎入都后，筹计饷需，搜简军器，无一不形匮绌。借款屡议，迄无所成。乾隆新疆金川诸役，嘉庆川湖陕东豫之师，饷款合计皆及万万，中兴告功，而各路销饷者至十万万。今兵食之筹备者，知本月而不知下月，幸荷慈施，屡发内帑，免于饥溃。而兵不能增，饷不能益，顾此失彼，左支右吾，江宁、荆、襄之不能救，弊皆坐此。兼之党人到处煽动，土匪乘机窃发，失陷之地既未易复，而安靖之处亦难保无虞。民军可随时增加，我军则只在此数，东三省组织之军队征调而弗能即至，秦、晋、皖、豫环起之土匪，屡剿而尚未廓清，遂致军事至今亦无起色。此臣之奉职无状者又一也。

军队既属困难，外交复形棘手。即如铁路之运兵，关税之抵款，及各外国商团亦以条约失其效力，要求保护生命财产，皆事之尤为显著者。旷日持久，枝节必多，理喻请求，斡旋何术。此臣之奉职无状者又一也。

至于政治因军事而延搁，腐败如前，人才以学说而推迁，振起不易，犹其小焉者也。

臣以衰病之身，受恩如此，受任如此，而咎愆日积，涓埃无补，分当请罢斥，只以累世受恩，仰见宵旰焦劳，不忍以言去者重烦圣虑。然若再受高爵，则上累朝廷赏罚之明，下辜全国军民之望，其何以昭示天下，表率群僚？惟有恳恩收回成命，使臣之心迹稍白，免致重臣之罪。无任激切屏营之至。所有吁恳收回成命缘由，理合沥陈，伏乞皇上圣鉴。谨奏。宣统三年十二月初九日。奉旨已录。

1912 年 1 月 30 日《大公报》

1月28日(十二月初十日) 南京临时参议院成立,举林森为议长。孙中山率各部官员与会,并致贺词。

1912年2月11日《大公报》载:

初十日,南京参议院开正式大会,各省参议员到者四十余人,大总统暨各部总、次长亦均到会,惟景耀月以任教育未便参与立法,特未到会。开会秩序:一、奏乐;二、参议员就席;三、大总统及各部总、次长就席;四、临时议长宣告开会宗旨;五、大总统演说;六、各部行政总、次长演说;七、临时议长答词;八、奏乐;九、全体三呼中华民国万岁;十、奏乐;十一、撮影纪念。

附各省参议员名单如下:广东赵士北、钱树芬、邱沧海;湖南欧阳振声、彭允彝、刘彦;湖北时功玖、张伯烈、刘成禺;江西汤漪、王有兰、文群;广西曾彦、刘家彦、朱文邵;浙江王正廷、陈毓川、□[殷]汝骧[骊];福建潘祖彝、林森、陈泽承;江苏陈陶怡、杨廷栋、凌文渊;安徽常恒芳、凌毅、范光启;山西李素、景耀月、刘懋赏;贵州平刚、文崇高;云南段宇清;陕西张蔚森、赵世钰、马步云;四川张懋隆、吴永珊、周代本。

末附奉天吴景濂、直隶谷钟秀、河南李鏊。

南京临时参议院通告成立电文如下:

各省都督府、谘议局暨上海各报馆鉴:本院于二十八日开成立大会,二十九日选举正副议长,林森、陈陶怡二君当选。特此奉闻。参议院。艳。

1912年1月31日《民立报》

孙中山贺词如下:

中华民国既建,越二十有八日,参议机关乃得正式成立。文诚忻喜庆慰,谨摘中怀之希望,告诸参议诸君子之前而为之辞曰:

人有恒言:革命之事,破坏难,建设尤难。夫破坏云者,仁人志士,任侠勇夫,苦心焦虑于隐奥之中,而丧元断脰于危难之际,此其艰难困苦之状,诚有人所不及知者。及一旦事机成熟,倏然而发,若洪波之决危堤,一泻千里,虽欲御之而不可得,然后知其事似难而实易也。

若夫建设之事则不然。建一议,赞助者居其前,则反对者居其后矣;立一法,今日见为利,则明日见为弊矣。又况所议者国家无穷之基,所创者亘古未有之制。其得也,五族之人受其福;其失也,五族之人受其祸。

呜呼!破坏之难,各省志士先之矣;建设之难,则自今日以往,诸君子与文所黾勉仔肩而弗敢推谢者也。矧为北虏未灭,战云方急,立法事业,在在与戎机相待为用。破坏、建设之二难,毕萃于兹。诸君子勉哉!各尽乃智,竭乃力,以固民国之始基,以扬我族之大烈,则不徒文一人之颂祷,其四万万人实嘉赖之。

中国社会科学院近代史研究所中华民国史研究室等编《孙中山全集》第2卷,中华书局1982年版,第44~45页

△ 南京临时政府颁布《中华民国交通部官职令》。

《中华民国交通部官职令》如下:

第一条 交通部职员除《各部官职令通则》所定外,其额数如下:

秘书官 一人

书记官 六人

参 事 四人

司事[长] 四人

签 事

主　事

录　事

视察官　四人

工　监　一人

工　师

工　手

通　事

第二条　交通部置左列各司：

路政司

邮政司

电政司

航政司

第三条　路政司掌事务如下：

一、关于管理官办铁路事项；

二、关于民办铁路事项；

三、关于监督运输业事项；

四、关于管理国□事项。

第四条　邮政司掌事务如下：

一、关于管理邮政驿传事项；

二、关于监理民办信局事项。

第五条　电政司掌事务如下：

一、关于管理电报电话事项；

二、关于管理电气工业事项；

三、关于监理民办电气工业事项。

第六条　航政司掌事务如下：

一、关于管理航路灯塔浮桩及引水事项；

二、关于监督水上运输业及船舶并船员事项；

三、关于管理船政事项；

四、关于监理民办造船业事项。

第七条　本令自□年□月□□日施行。

法制院长宋教仁谨呈

1912 年 1 月 28 日《民立报》

△ 孙中山令南京临时政府行政机关及各省都督购阅《临时政府公报》。次日，《临时政府公报》正式创刊。4 月 5 日停刊。

孙中山命令如下：

中华民国临时大总统令

临时政府成立，政事上一种公布性质，宜有独立机关经营，以收其效，则发行公报是也。东西洋各国莫不有之。兹经委令创设，经始出版，应令各行政机关咸有购阅该报之义务，除将暂定则例登载该报一律照办外，为此令该部、都督、卫戍总督知照，并通饬所属一体遵照。此令。

《临时政府公报》第4号,中国科学院近代史研究所史料编译组编辑《近代史资料·辛亥革命资料》,中华书局1961年版,第27~28页

《临时政府公报》暂定则例如下:

本报暂定则例

一、本报为临时政府刊行,故定名为临时政府公报。

二、本报以宣布法令,发表中央及各地政事为主旨。

三、本报暂定门类六:曰令示,曰电报,曰法制,曰纪事,曰抄译外报,曰杂报,其子目见前。

四、本报日出一册,如遇国家纪念日政府停止办公时,本报亦休刊一日。

五、政府对于各地所发令示,或宣布法律,凡载登本报者,公文未到,以本报到后为有效。

六、凡各官署皆有购阅本报之义务,唯具印文请领者,皆照定价五折征纳,余另详前价目表。

《临时政府公报》第1号,中国科学院近代史研究所史料编译组编辑《近代史资料·辛亥革命资料》,中华书局1961年版,第11页

△ **广东潮州同盟会员与光复会员间因党见分歧,日益轧轹,章炳麟致函孙中山,请孙调和两党党见。本日,孙中山致电广东都督陈炯明及中国同盟会,嘱陈调和潮州同盟会、光复会会员间的分歧,"以免党见横生,而负一般社会之期许"。**

孙中山致陈炯明及中国同盟会电文如下:

广东陈竞存都督及中国同盟会公鉴:近闻在岭东之同盟会、光复会不能调和,日生轧轹。按同盟、光复二会,在昔同为革命党之团体。光复会初设实在上海,无过四五十人。其后同盟会兴于东京,光复会亦渐涣散。二党宗旨,初无大异,特民生主义之说稍殊耳。最后同盟会行及岭外,外暨南洋,光复会亦继续前迹,以南部为根基,推东京为主干。当其初兴,入会者本无争竞。不意推行岭表,渐有差池。盖不图其实际,惟以名号为争端,则二会之公咎也。同盟会实行革命之历史,粤人知之较详,不待论述。光复会则有徐锡麟之杀恩铭,熊成基之袭安庆,近者攻上海,复浙江,下金陵,则光复会新旧部人皆与有力,其功表见于天下。两会欣戴宗国,同仇建虏,非只良友,有如弟昆。纵前兹一二首领政见稍殊,初无关于全体。今兹民国新立,建虏未平,正宜协力同心,以达共同之目的,岂有猜贰而生阋墙。为此驰电传知,应随时由贵都督解释调处。同盟、光复二会会员,尤宜共知此义。虽或有少数人之冲突,亦不可不慎其微渐,以免党见横生,而负一般社会之期许。切切! 总统孙文。勘。

《临时政府公报》第1号,中国科学院近代史研究所史料编译组编辑《近代史资料·辛亥革命资料》,中华书局1961年版,第7页

同盟会广东支部复孙中山电文如下:

孙总统鉴:来电敬悉。岭南同盟会并无于[与]光复岫[会]轧轹事情。谨复,以慰廑念。同盟会广东支部谞[胥]叩。艳。

《临时政府公报》第4号,中国科学院近代史研究所史料编译组编辑《近代史资料·辛亥革命资料》,中华书局1961年版,第31页

章炳麟致孙中山函如下:

逸仙总统执事:据潮州光复会人来言,同盟、光复二会,日益轧轹,前由张继等公函劝告,卒无所效。迩者,几有贵族、平民之分矣。详考光复会初设,实在上海,无过四五十人;其后

同盟会兴于东京,光复会亦渐涣散。二党宗旨,初无大异,特民权、民生之说殊耳。最后同盟会行及岭外,外暨南洋;光复会亦继续前迹,以南部为根基,推东京为主干。仆以下材,同人谓是故旧,举为会长,遥作依归,素不习南州风俗,惟知自守礼教而已。

同盟、光复初兴,入会者,半是上流,初无争竞,不图推行岭表,渐有差池。盖被习文教者寡,惟以名号为争端,则二会之公咎也。然自癸、甲以来,徐锡麟之杀恩铭,熊成基之袭安庆,皆光复会旧部人也。近者,李燮和攻拔上海,继是复浙江,下金陵,光复会新旧部人,皆与有力。虽无赫赫之功,庶可告无罪于天下。侨民虽智识寡陋,其欣戴宗国,同仇建虏,亦彼此所同也。纵令一二首领,政见稍殊,胥附群伦,岂应自相残贼。仆以吴、楚之人,教令不能行于南国。迩以中华民国联合会事,精力俱殚,不遑其远及。执事挺生岭海,习其旧常,登高一呼,众山皆应,惟愿力谋调处,驰电传知,庶令海隅苍生,咸得安堵。兼闻同盟会人(指在广东者)有仇杀保皇党事。彼党以康、梁为魁帅,弃明趋暗,众所周知;然附和入会者,尚不能解保皇名义,赤子陷阱,亦谓无罪于人。今兹南纪肃清,天下旷荡,虽旧染污俗,亦当普与自新。若以名号相争,而令挟私复怨者,得借是以为名,无损于虏,徒令粤东糜烂,此亦执事所当谨饬者也。章炳麟白。

1912年1月28日《大共和日报》,汤志钧编《章太炎政论选集》下册,中华书局1977年版,第557~558页

△ **孙中山致电广东都督陈炯明及各省都督,明令严禁仇杀保皇党人。**

孙中山致陈炯明及各省都督电文如下:

广东陈都督及各省都督鉴:近闻各省时有仇杀保皇党人事。彼党以康、梁为魁首,弃明趋暗,众所周知。然皆系受康、梁三数人之蛊惑,故附和入会者,尚不能解保皇名义。犹之赤子陷阱,自有推堕之人,受人欺者,自在可矜之列。今兹南纪肃清,天下旷荡,旧染污俗,咸与维新,法令所加,只问其现在有无违犯,不得执既往之名称以为罪罚。至于挟私复怨,借是为名,擅行仇杀者,本法之所不恕。亟宜申明禁令,庶几海隅苍生,咸得安堵。特此电告。总统孙文。勘。

《临时政府公报》第1号,中国科学院近代史研究所史料编译组编辑《近代史资料·辛亥革命资料》,中华书局1961年版,第6~7页

△ **孙中山致电蒙古王公贡桑诺尔布等人解释革命宗旨,希望他们维持西北秩序。**

孙中山致贡桑诺尔布等人电文如下:

北京喀尔沁亲王(贡桑诺尔布)、喀尔喀扎萨克和硕亲王那(彦图)、科尔沁辅国公博(迪苏)暨蒙古诸王公各台吉均鉴:汉、蒙本属同种,人权原自天赋,自宜结合团体,共谋幸福。况世界潮流所趋,几于大同,若以芸芸众生,长听安危于一人,既非人道之平,抑亦放弃天职。今全国同胞见及于此,群起解除专制,并非仇满,实欲合全国人民,无分汉、满、蒙、回、藏,相与共享人类之自由。究之政体虽更,国犹是国。故稍有知识之满人,亦莫不赞同恐后。谅诸公明达,必表同情。文以薄德,谬膺临时总统之举,上述各意,已一再宣布,蒙地辽远,或未尽悉。而俄人野心勃勃,乘机待发,蒙古情形,尤为艰险,非群策群力,奚以图存。夙仰贵王公等关怀时局,眷念桑梓,际兹国势阽危,浮言四煽,西北秩序,端赖维持。祈将区区之意,遍告蒙古同胞,戮力一心,共图大计,务坚忍以底成,勿误会而偾事。并请速举代表来宁,参议政要,不胜厚望。中华民国大总统孙文。勘。

《临时政府公报》第4号,中国科学院近代史研究所史料编译组编辑《近代史资料·辛亥革命资料》,中华书局1961年版,第30页

△ **南京临时政府内务部通令保护人民财产。**

南京临时政府内务部通令保护人民财产文如下:

内务部总长程德全咨行事:顷奉大总统令开:"江宁克复之际,各军封存房屋,作为办公驻军之用,原为取便于一时,并非攘以为利。临时政府成立以来,即以保护人民财产为急务。贵部职司民政,尤属责无旁贷。仰即通饬所属,共体此意。凡人民财产房屋,除经正式裁判宣告充公者外,勿得擅行查封,以安闾阎,并将此意出示通告"等因。奉此。

查各处审判厅多未完全成立,正式裁判宣告,一时尚难举行;而于保护人民财产一事,苟非设有专条,恐显系民国之公敌、违犯民国之禁令者,借为口实,得以拥护其逆产,而并无过犯之人民,及终未反抗民国之官吏,反被侵害其私业,殊非民国吊民伐罪之宗旨。本部对于人民财产,负完全保护之责,何敢瞻徇玩忽,至使吾国民于干戈之后,再有剥削之虞?因特规定保护人民财产令五条,除饬京内各地方官切实遵行外,应即咨请贵都督通饬所属一律照办,以安民心而维大局。须至咨者。

附保护人民财产令五条:

(一)凡在民国势力范围之人民,所有一切私产,均应归人民享有。

(二)前为清政府官产,现入民国势力范围者,应归民国政府享有。

(三)前为清政府官吏所得之私产,现无确实反对民国证据,已在民国保护之下者,应归该私人享有。

(四)现虽为清政府官吏,其本人确无反对民国之实据,而其财产在民国势力范围下者,应归民国政府保护,俟该本人投归民国时,将其财产交该本人享有。

(五)现为清政府官吏,而又为清政府出力反对民国政府,虐杀民国人民,其财产在民国势方范围内者,应一律查抄,归民国政府享有。

《临时政府公报》第6号,中国科学院近代史研究所史料编译组编辑《近代史资料·辛亥革命资料》,中华书局1961年版,第42~43页

编者按:此令发布时间,有些著述因无法确定具体日期,均以《临时政府公报》刊出日期2月3日为准。今据1912年2月7日《大公报》"江苏"《关于保护财产之命令》文后的韵目"俭"确定为1月28日。

△ **南京临时政府授意苏路公司以产业作担保,与日本大仓洋行签订合同,借日金三百万元,其中借给南京临时政府二百五十万元、借给江苏都督府五十万元。南京临时政府以两淮盐课、盐厘作抵押。**

高劳《临时政府借债汇记》:

旧历十月中旬,沪军陈都督、江苏程都督,向苏浙铁路公司提议,拟以两淮盐课,向公司抵借八百万元。经两公司会同商议,将就绪矣,旋因他故作罢。临时政府成立后,饷械一切,需费浩繁。财政总长陈、沪军都督府商务总长王,向苏路公司复申前议。经公司董事局详细讨论,决议承允。即由王商务总长介绍,由苏路公司与日本大仓洋行订立合同,承借日金三百万元,以公司产业为担保,年息八厘。自订约后,第六年起,按年拔[拨]还,至第十年还清。即于此日金三百万元中,以二百五十万元借与临时政府,由财政总长与苏路公司订立合同,以两淮已抵从前赔款借款外之盐课、盐厘作抵,由盐政总理会同签字盖印。其余五十万元,借与苏省政府。以苏省原有藩库存典款项本利作抵。一切还款期限及付息方法,悉与苏路公司与大仓洋行所订合同相准,惟利息定为按月七厘半,于民国元年正月二十八日,双方签字。签字后,始由苏路公司将始末缘由,报告于股东,声明此项借款,董事局对于股东负完全

之责任。

高劳《临时政府借债汇记》，中国史学会主编《中国近代史资料丛刊·辛亥革命》(8)，上海人民出版社1957年版，第562～563页

苏路公司与日本大仓洋行签订合同如下：

苏路公司与大仓洋行订借款合同

立合同。江苏铁路公司今因正用，经董事会议决，宣布股东借到株式会社大仓组之款。订立借款合同条款十款，如下：

第一款　借款总数，计日金三百万元正。

第二款　借款利息，年计八厘(即百成之八)。付息年分二期，于阳历正月晦日，七月晦日支付。本年七月即作为第一期，于交款日起，按日计算。

第三款　还款期限，于缔约后第六年起，按年拨还，至第十年还清。

第四款　债权者于前记缔约期内，倘有希望正式债票之时，须与公司预先商议妥洽，由公司发行经政府承认之债票，交付债权者收存，此合同即作废。

第五款　苏省铁路公司倘于缔约后前五年内，不论何时清还此款之时，此合同即为无效。惟公司先期清还，则当于先期清还之款，议定日金每百园[元]加五园[元]偿还债权者。

第六款　担保物品，以苏省铁路公司之一切动产不动产及铁路营业权为借款之抵押。

第七款　苏省铁路公司，倘有届期不付利息或迟滞之时，债权者得以监督公司会计，至清还为止。

第八款　苏省铁路公司，倘欲向外国购买材料或起办工程之时，须先尽债权者商议，如价值较昂，或物质不合，可由公司向别家购买。

第九款　苏省铁路公司，倘欲聘用外国工程司之时，任由公司与债权者协商，聘用日本工程师。

第十款　苏省铁路公司，倘后再欲借款之时，必须先尽债权者商议。

以上各款，业经彼此同意，各无异言，一色缮成二分，记名签押，各执一通，收存为据。收付款项，各立收条为凭。

中华民国元年正月二十七日

公司小印　株式会社小印

明治四十五年一月二十七日

苏路总经理　王清穆　押

协理　张　謇　押

苏路公司关防

董事　吴本善　押

钱铭铨　押

宣时雨　押

株式会社大仓组取缔役

门野市各郎　押

株式会社大仓组上海支店长

何野久太郎　押

见证　王　震　押

"北洋政府财政部档案"，中国第二历史档案馆编《中华民国史档案资料汇编》第2辑，江苏人民出版社1981年版，第357～359页

南京临时政府财政部与苏路公司签订合同如下：

财政部与江苏铁路订借款合同

立合同。中华民国财政部今向江苏铁路公司借款，订立合同八条如下：

第一条　借款总数计日本金洋二百五十万元正。

第二条　借款自民国元年正月二十九日起，利息日[月]计七厘半，每年分两期付息，于五月底及十一月底交付，但须于一个月前购定汇票交苏路公司收存。至第一期应付之息，仍扣至本年七月二十八日支付。

第三条　还款期限，于订立合同后第六年起按年拨还，至第十年还清。每年应还本息之数，俱照后列之表在上海交付。(表略，编者)

第四条　财政部于订立合同期内，不论何时皆可清还此款，但须每百元加价五元。借款还清后，此合同即作无效。

第五条　以两淮盐课、盐厘，除前已另案备抵外所收入者为担保。(如盐法有变更时，仍以盐务之收入款作抵。)

第六条　财政部如届期不付本利，或不能全数照付时，中央政府应以其它各种入款抵付，并应准公司派员参预征收盐款之事。

第七条　本合同经财政部总长、盐政总理及江苏铁路公司签字盖印后，仍须得参议院之承认。

第八条　本合同一式三份，由财政部、盐政处及公司各执一份为据。

盐政总理关防

张　謇具名

苏路公司关防

总理王清穆　押

董事吴本善　押

宣时雨　押

钱铭铨　押

陈锦涛具名

财政部印

中华民国元年正月　　日

"北洋政府财政部档案"，中国第二历史档案馆编《中华民国史档案资料汇编》第2辑，江苏人民出版社1981年版，第359～361页

江苏都督与江苏铁路公司签订合同如下：

苏都督与苏路公司订立借款合同

立合同。江苏都督府(如将来都督名义有变更时，仍由江苏省政府担任本合同之责任)今向江苏铁路公司借款，订立合同八条如下：

第一条　借款总数计日本金洋五十万元正。

第二条　借款自民国元年正月二十八日起，利息月计七厘半，每年分两期付息，于五月底及十一月底支付，但须于一个月前购定汇票交苏路公司收存。至第一期应付之息，仍扣至本年七月二十八日支付。

第三条　还款期限，于订立合同后第六年起，按年拨还，至第十年还清。每年应还本息之数，俱照后列之表(缺)在上海交付。

第四条　都督府于订立合同期内，不论何时皆可清还此款，但须每百园［元］加价五元。借款还清后，此合同即作无效。

第五条　以从前司库发存各属典当生息之款本利作抵，由都督府另开清单（缺）粘附合同之后，仍将每年应付本息列入省预算。

第六条　如前条发存各属典当生息之款本利有变动时，应由都督府另指他项的款作抵。

第七条　本合同经都督府及江苏铁路公司签字盖印后，仍须得省议会之承认。

第八条　本合同一式三份，由都督府、省议会及公司各执一份为据。

总理　王清穆　押

苏路公司关防

协理　张　謇　押

董事　吴本善　押

宣时雨　押

钱铭铨　押

江苏都督关防

庄蕴宽　押

中华民国元年正月二十八日

"北洋政府财政部档案"，中国第二历史档案馆编《中华民国史档案资料汇编》第2辑，江苏人民出版社1981年版，第361～362页

△ 北伐民军攻占安徽固镇。

1912年1月31日《民立报》《固镇占领之确报》报道：

固镇为临淮至宿州必经之道，距蚌埠约数十里。在议和期内，我军第一支队驻扎临淮，去此甚远。嗣以袁、朱、倪、张各贼破约进兵，我军不得不预为之备，兼以颍、寿各处贼兵犯顺，妄杀无辜，我军素讲人道，更不得不吊民伐罪，以故义师始稍稍前进。粤浙各军又愤满奴汉贼屡以和局诱我，致误时机，一闻北伐，奋勇百倍，并闻总司令为柏文蔚，更踊跃争先。廿七号，敌兵步营、炮一营（六大尊）、骑一队，向我军驻营之蚌埠攻击。我军因守和约，未去重兵。以多数之贼兵，不徒不能胜我少数之义师（我军仅伤数人），反为我所挫。廿八号，我军第一支队联合各军向前出发，支队司令部亦同时设立于新桥，其他随战之卫生队并后方准备亦与之偕。迨抵固镇，鏖战良久，贼军战斗力虽不薄，然究不敌我军之严而正，见死伤辄逃，如鸟兽散。我军不忍残杀，任之窜【逃】，然强大之野炮，勇猛之前锋，颇伤死贼党无算。闻负固抗拒之逆贼张勋，设不先遁，必为俘虏无疑。附近同胞闻我军大胜，欢呼之声，几如雷动。我军绝无骄气，遂占领固镇，并拟分兵攻击宿州。大约不日必有好消息云。

△ 清山西巡抚张锡銮等致电内阁，请代奏清廷"下诏南北罢兵，速组共和政体"。

张锡銮等致清内阁请代奏清廷电文如下：

自停战以来，瞬将两月。虽有形之甲兵暂为止息，而暗中之亏耗所损更多。盖有匪不剿，有地不耕，有家不归，冻馁死亡岂可数计。坚持之说，其害至此。然即此两月之内，默察人心大势，除共和之外并无解决之法。前奉懿旨，政体取决国会，实为天下之心，虽尧舜无易此。数日以来，发生事实，有无待国会而已解决者，厥有五端：

开会必召国民，民军占领区域已占优胜，无论所定选举法如何，决不任主张君主之人北来会议。所余北省，谘议局为民意机关，然亦多数主张共和。此无可待者一。

坚持不决必出以战,战争解决是在用兵。今在南之兵权所在者为段祺瑞,在北之兵权所在者为近畿各镇,皆已联合会衔电请共和矣。此不能待者二。

四民辍业,喁望承平,转瞬春融,男不得耕,女不务织,衣食尽矣,国随以亡。此不及待者三。

外人眈视,坐观成败,调停言和,尚谓英日等国政体相同,利害相关,或有左袒君主之望。今观上海香港洋商团各电,并证以近日晋中外人一般舆论,均已侧重共和。再不解决,必将横生干涉,立召瓜分。此不容待者四。

北伐队之出发,势极悍猛,内多海盗盐枭,足为吾民之害。设竟北犯,言和不及,言战无兵,坐致惨亡,岂不更痛。此不能待者五。

有此五端,国会决解决之议已归无效。

救急愚见,拟有十条:

一、恭请皇太后、皇上临幸颐和园,或北狩热河,下诏南北罢兵,速组共和政体。

二、派全权大臣与伍廷芳在天津速组临时统一政府,限年内成;南北两政府同时取销。

三、电伍廷芳采取各国最优主义,速定优待皇室条件,送内阁签定后,将来无论何次国会皆不得有异议。

四、南北两军皆开回八月以前原驻地点,其学生女子等充军者,悉令回籍安业。

五、电伍廷芳定安置满人及保护权利条件。

六、筹满、蒙、回、藏问题。

七、宣示主张君主少数各军,晓以现在大势,不得稍有暴动。

八、大总统应俟全国民意机关成立,用正式选举。

九、临时统一政府期间,北省各督抚、南省各都督应负全省剿匪安民之责。

十、两方政见不同,所有从前战时举动均归消灭,不得再有祸首名目,及仇视情事。

锡銮等明知共和政体未必真能适合于今日,然目前祸机所迫,除此别无解决之方。且承认共和之后,将来公举总统,未必非皇上及皇族中人。不过公天下与私天下之心,则大有别。且栋折榱倾,同受覆压,祸在眉睫,不敢再有避忌。用特联衔,恭请代奏。

山西巡抚张锡銮、武卫右军统领总兵王汝贤、藩司李盛铎、提学司骆成骧、提法司许世英、巡警道任毓麟、署巡警道周勃、劝业道王大贞、谘议局议长梁善济、副议长刘笃敬、杜上化。

再第五协统领卢永祥现因带兵赴平阳,电未通,是以未经列衔,合并声明。

"宫中电报档",中国史学会主编《中国近代史资料丛刊·辛亥革命》(8),上海人民出版社1957年版,第176~177页

△ 中华民国律师公会在上海召开成立大会,公举蔡寅为临时会长,许继祥、涂景耀为临时副会长。

1912年1月29日《民立报》载:

中华民国律师公会于昨日上午九时至十一时,在大东门城内彩衣街总公会会所开成立大会,选举职员,蔡寅君被举为会长。蔡君力辞,介绍留学美国学生杨浦培君自代。惟因杨君未到会,乃公推蔡君为临时会长。又举许继祥、涂景耀两君为临时副会长,涂景新、盛开伟、徐怀霖、秦肇煌诸君为驻会律师,吴玉、陶同耀两君为书记员,何飞君为庶务员。闻蔡君与杨君系同学旧交,拟即日邀请入会自代云。

1月29日(十二月十一日) 胡鄂公、姜赐卿等在天津攻打总督衙门,事败。

胡鄂公《辛亥革命北方实录》(节录):

正月二十九日,为北方同志豫定占领天津革命军起义之日。时则云密低空,天似欲雪,未几风起云散,惨寒无温。王一民与日本同志谷村,于出发燃放信炮前,竟酩酊大醉于松乃家。彼二人痛饮毕,遂携炸弹二枚相偕而至燃放地,时仅入夜八时许。迨十时,总部同志闻到炸弹声二响,予曰:事败矣。此信号误发也。于是遂尽起传令兵催促各路司令迅速发动。时宵禁严,市民不得夜行,故传令兵所传命令亦无由完全达到。各路司令于闻到信炮后,仍集合部下依原定计划出发,多者三十余人,少者才十余人,然亦有以联络中断而自动集合者。金钢桥为天津交通咽喉,乃战守之所必争,故革命军之视金钢桥其重要与督署同。当信号误发之时,各路司令如姜赐卿、史玉生、崔文藻、孙树声、何南屏、韩佐治、林少甫等,明知事已失败,乃犹奉令集合少数同志向其目的地出发,此其忠勇为何如者。赐卿率领所部进攻督署时,遇孙树声于途,赐卿谓树声曰:今日事,金钢桥与督署孰当先?树声曰:金钢桥扼天津交通之枢纽,督署为敌人号令之所从出,同一不可后也。赐卿曰:子所言者乃战守之形势,吾则谓今日之急务耳。吾人革命,与其人少力分而无所得,不若将各路集中较有效力。树声曰:善。于是赐卿乃尽并树声之军而得八十余人。会林少甫、何南屏、韩佐治等率领四十余人从他道来,总计赐卿、树声所领者得百二十余人。赐卿乃编分为五队,而以树声领前队,林少甫、韩佐治领左右翼,何南屏领后翼,赐卿则自率中队以指挥全军。赐卿率领所部进至督署时,督署卫兵与革命军战于辕门外,一时枪弹炸弹飑飑如雨下,赐卿当挥令前队向督署东辕门进攻,而以左右翼掩护之。敌军卫兵以炸弹猛烈无可防御,遂不支向东辕门内溃退。赐卿遂指挥左右翼掩护前队攻入东辕门。战方酣,敌军卫队忽以一部由督署后以绕袭革命军之背,革命军受击,不得已,遂从东辕门退出,适孙茂春率领所部水师二十余人赶至,以与敌军战于督署后。赐卿知后路之危已解,乃复指挥左右翼掩护前队第二次向东辕门进攻。迨进至督署大门时,而孙茂春所部已为敌军击散,林少甫、韩佐治又相继战死。赐卿知不可复战,始下令冲围退却。是时,何南屏军殿后,南屏于掩护诸同志退却时,率所部后队左右射,以此敌军不敢进逼。南屏甫出重围,即以重伤继林少甫、韩佐治而逝。但同时,有进攻金钢桥而死者则高士俊也。有在中途与敌遭遇而战死者,则钱秀峰、管国贤、江润生、郭牧之等是也。亦有在途中为敌所捕者,则崔文藻、刘应福、李景伯、赵正叔、冯泉廉、周守玉、黄敬斋等是也。当《国风报》同志王一民,日本同志谷村燃放信号之前,以深宵稽查严,乃于松乃家罢饮后,即预伏于督署近邻一木厂中。其所携炸弹,一为十二磅,一为六磅,均系钢壳引线者,约以十二点钟同时着火。时朔风惨厉,月晕无光,二人偃卧木架下,以待时之将至,其萧瑟愁苦之境,诚有为人所不堪者。俟之久,至十点钟时,闻得隔院钟声误报十二点,一民呼谷村曰:时已至矣。谷村取其夜光表视之,亦应之曰:时已至矣。盖谷村则亦误识长短针所指时间也。谷村、一民于是着火引线,而一民之弹,适当谷村之股。一民弹发,谷村应声腾起半空间,甫及地,而谷村之弹亦发,以此,谷村之肢体四飞,谷村死。而此二十九日之天津起义亦因之失败矣。

胡鄂公《辛亥革命北方实录》(节录),中国史学会主编《中国近代史资料丛刊·辛亥革命》(6),上海人民出版社1957年版,第319~320页

△ 孙中山致电伍廷芳,宣布袁世凯阻挠共和罪状,称袁“不特为民国之蠹,且实为清帝之仇”,“若因而再启兵衅,全唯袁世凯是咎”。

孙中山致伍廷芳电文如下:

此次议和,屡次展期,原欲以和平之手段达到共和之目的,不意袁世凯始则取消唐绍仪之全权代表,继又不承认唐绍仪于正式会议时所签允之选举国民会议以议决国体之法,复于清帝退位问题业经彼此往返电商多日,忽然电称并未与伍代表商及等语,似此种种失信,为全国军民所共愤。况民国既许以最优之礼对待清帝及清皇室,今以袁世凯一人阻力之故,致令共和之目的不能速达,又令清帝不能享逊让之美名,则袁世凯不特为民国之蠹,且实为清帝之仇。此次停战之期届满,民国万不允再行展期。若因而再启兵衅,全唯袁世凯是咎!举国军民,均欲灭袁氏而后朝食。

白蕉《袁世凯与中华民国》(节录),中国史学会主编《中国近代史资料丛刊·辛亥革命》(8),上海人民出版社1957年版,第135页

△ 孙中山致电清军将领王占元、姜桂题、张怀芝等十人,盼能一致赞成共和。

孙中山致王占元、姜桂题、张怀芝等电文如下:

信阳州统制王占元、济南统制张永成、大同府统制何宗莲、河南统领张士钰、南苑统制张殿儒、北京毅军姜桂题军门、天津张怀芝军门、颍州朱家宝、倪嗣冲、新民府潘统制公鉴:民国义军,本为四万万人谋幸福,不得已而诉诸武力。近与袁内阁切商清帝退位办法,已有成言,而为满洲少数皇族所把持挟制,遂令内阁为难,陷于危困。南北本是一家,岂肯为彼少数人之私而流血。民国政府但图共和成立,救同胞于水火,他无所恋。天下之事,将与公等共之。今日段公芝泉亦联衔奏请共和,可见汉族同胞人人同此心理。所企一致进行,无复猜贰。转敌为友,实在今日,否亦在今日。请熟思而审处之,幸甚。中华民国临时大总统孙文叩。艳。

《临时政府公报》第4号,中国科学院近代史研究所史料编译组编辑《近代史资料·辛亥革命资料》,中华书局1961年版,第29页

张怀芝复孙中山电文如下:

万急。南京临时大总统孙鉴:艳电敬悉。段公联衔奏请共和,芝已认可,并非固执己见。但自武汉起事以来,南省商民被扰甚多,地方糜乱不堪。良由具政治思想者意在改革政治,而假托者则以掳掠为事,此固毋庸深讳。想公之才识,人所共仰,诚将吾国人民程度细加体察,自非有正当办法不可。窃谓中国今日,推倒清政府易,而平乱难,抵制列强尤难,一或不慎,则瓜分之祸立见。明公自海外归来,原为同胞谋幸福,设因此而召瓜分之祸,公岂肯出此。且兵连祸结,已非一日,若再迟延,不惟中国商民窘困不支,洋商损失亦巨,外人干涉,自在意中。审时度势,颇觉危险。当此莫若留君之口,以备化除满汉;留袁公之手,以备剥平扰乱。来电谓但图救同胞于水火。芝亦国民也,固惟以救民为急,别无他意。迩见生灵涂炭,不胜焦忧,敢布区区,惟公鉴察。所陈利害,请熟思之。公既知袁内阁为难,陷于危困,即请代筹切实办法,尚祈示知,再行商酌。帮办直东防务大臣张怀芝。文。

《临时政府公报》第4号,中国科学院近代史研究所史料编译组编辑《近代史资料·辛亥革命资料》,中华书局1961年版,第29~30页

何宗莲复孙中山电文如下:

孙逸仙博士鉴:艳电悉。以博士之才智,名扬中外,数十年之苦衷,一旦发育,推倒旧习,咸与维新,凡我同胞,无不钦佩。余本才庸识陋,何敢以末议尘听,今就局势大略言之。查历代创业,以武力成功者必先以德化之。今创业将成,倘以德服人,孰不望风钦敬。查北省各

界,并非均不赞成共和,即满人中亦居多数赞成。不过以时势观之,实因民军訾北人有不两立之势;又到处惨杀满人。骤举总统,意近除去专制而复行专制耳。由此而令人不得不起抵抗之举,即人亦必誓死相抗。若果公能实心共和,救济同胞,视北人及满、蒙、回人同为一家,不以仇杀为是,公暂不应总统之名,使大功成就,天下共举之,公非又一华盛顿乎。总之,若实行救同胞于水火,即不当有南北之分。用人行政,持平办理,必化敌为友,胜似百万强兵之战争。方救亿万之生灵,以不战而成大功,一旦办理善后,大公无私,皆公之厚德也。不然,内则土匪,外则强邻,民无聊生。刻下云南、库伦及呼伦贝尔、伊犁、西藏必得早为定夺,否则一旦为他人入手,大事去矣,皆公之咎也。愚昧之见,未识以为然否?何宗莲。寒。

《临时政府公报》第8号,中国科学院近代史研究所史料编译组编辑《近代史资料·辛亥革命资料》,中华书局1961年版,第60~61页

△ 为便于稽查军火,温宗尧于1月28日致电孙中山、南京临时政府外交部、海军部、陆军部,请在上海设立捕获战品裁判所。本日,南京临时政府外交部委任温宗尧设立捕获裁判所。3月27日,颁布《中华民国捕获战品裁判所章程》。

南京临时政府外交部复温宗尧电文如下:

上海卡德路九十号驻沪通商交涉使温鉴:勘电悉。现在战祸重开,亟应设立捕获裁判所。拟请兄为所长,以丁君榕及蔡君序东副之。所有应行颁布章程,请即拟定寄下,以便由中央政府核准施行。伍君现任司法总长,责任甚重,恐难兼顾。关君拟请来部襄助,一并附闻。惠。艳。

《临时政府公报》第7号,中国科学院近代史研究所史料编译组编辑《近代史资料·辛亥革命资料》,中华书局1961年版,第50页

温宗尧致孙中山、南京临时政府外交部、海军部、陆军部电文如下:

孙大总统,外交部,海、陆军部鉴:稽查军火,自是要着。惟各国兵舰运件往口,因驻沪谍报科查获扣留,领事啧有烦言。辗转解说,一有不洽,易生枝节。而战时查捕,实难松劲。惟有颁立条件,速设捕获战品裁判所,分别讯办,以济其穷。尧为慎重外交战事起见,此举万不容缓。胜任愉快,莫若伍廷芳、丁榕、关应麟深明法律诸君,拟请中央速定委任,俾其迅行组织办理,是为切要。温宗尧。勘。印。

《临时政府公报》第7号,中国科学院近代史研究所史料编译组编辑《近代史资料·辛亥革命资料》,中华书局1961年版,第51页

《中华民国捕获战品裁判所章程》如下:

第一章　组织及权限

第一条　中华民国捕获战品裁判所,以临时大总统之命令组织之。

第二条　中华民国捕获战品裁判所,审讯一切捕获战品案件。

第三条　捕获战品裁判所设所长一人,副长三人。除副长一人由海军部推荐外,余均由外交部推荐,临时大总统委任。

第四条　审讯词必经所长及副长一人署名,方能作准。

第五条　中华民国捕获战品裁判所成立及取消日期,以临时大总统命令宣布之。

第二章　手续

第六条　所有捕获船只及违禁品均须解至设有裁判所之最近口岸,交由该军政府派员收管。该员接收船货时,应将船货逐款注册,并叙明捕获之理由,然后将案卷妥送捕获战品裁判所候核。

第七条　捕获战品裁判所接收案卷后,应立即定期审讯。届时各造均得到所,并延请律师代辩。

第八条　所有船货经捕获战品裁判所判定为非违禁品者,应即释放交还原主;其经判定为违禁品者,一律没收入公。如原主不服,得于判定后二十日内向中央最高裁判所上控。

第九条　捕获战品裁判所得自定详细审讯章程。

右章程九条自颁布之日施行。

1912年3月27日《民立报》

△ 沪军都督陈其美颁布军律十条、赏例八条、惩罚令二十七款、军机律十条、逃亡律八条。

1912年1月29日《民立报》报道:

沪军陈都督饬:“据执法科议定军营律令,业以核准。兹特颁行各营,饬令遵行。”兹将军律十条、赏例八条、惩罚令二十七款又附注七条、军机律十条、逃亡律八条,一并照录于下:

军律十条

本军律为惩治战时及合围地驻扎军队之军事犯而设,一律处以死刑。凡各兵士有违反左列诸条者,依本律办理。

第一条　违抗上官命令者,处死刑。

第二条　扰害闾阎、奸淫掳掠者,处死刑。

第三条　奔投敌营及临阵脱逃者,处死刑。

第四条　盗卖军用品者,处死刑。

第五条　泄漏军情及散布谣言、摇惑众心者,处死刑。

第六条　临阵探报不实、诈功冒赏者,处死刑。

第七条　未奉命令擅自进退及防守不严、妄自惊扰者,处死刑。

第八条　愤争私闹而擅用枪械者,处死刑。

第九条　加害外人生命财产及扰害公共治安者,处死刑。

第十条　招摇撞骗及借端聚众滋事者,处死刑。

赏例八条

本赏例为酬偿兵士功劳而设,其额数之多寡,由本管长【官】酌量其功之大小定之。应列入赏例者如下:

一、临阵勇敢向前、杀敌致果者,赏。

二、擒获敌军将领及间谍者,赏。

三、首先占领敌人险要地塞及夺获敌人军械、粮草、马匹多者,赏。

四、侦探敌军实情及设计诱敌因而致胜者,赏。

五、恪遵纪律足为一队模范者,赏。

六、能竭诚招降敌军者,赏。

七、阵亡者,遗族优恤。

八、因伤残病者,优恤。

惩罚令二十七款

本惩罚令限于平时,军人、军属有犯左列诸条过失者,除分别记过外,应酌量情节之轻重,处以十日以上三月以下之禁闭。其条目如下:

一、懈弛职务及擅离职役在三日内自行回营者；

一、深夜私出营门浪游者；

一、违反规则者；

一、伪托病症、事故，希图躲避、逃走者；

一、嘲骂戏侮，未行持械斗殴及持械斗殴未伤人者；

一、酗酒、赌博者；

一、奉差出外有误限者；

一、袒庇所属过犯者；

一、请假逾限不归在五日以内者；

一、对上官抗言倨傲或诽谤者；

一、迹近招摇或事不干己妄行干预者；

一、携存非营中应有之物于营内者；

一、素行不修有失军人体面者；

一、已知过犯，仍曲自掩饬[饰]者；

一、受征召命而无故逾期迟到者；

一、因疏虞懈怠致损公家文书及器具物品者(限于非特别紧要者)；

一、遇演习集合之期而迟至或不至者；

一、违及礼式者；

一、误泄秘密事件而未遂者；

一、在军中不着制服及服装违式者；

一、不专心操演者；

一、误解命令及传达迟误者；

一、擅用公家物件及不慎收藏或移运公家物件者；

一、同队中互相讪谤者；

一、误犯军纪者；

一、延误公家文件者；

一、语言失实及妄言人过者。

附注：

一、在禁闭中如已实知悔过，得由该管长官酌量减轻或予释放。其期满不改者，斥退之；但被斥退后，有改过自新之实证时，仍得该管长官量予录用。

二、同时并犯两项条例者，应加重惩罚。

三、在戒严时，遇有违犯本令所密之条例，应受惩罚之人，各该管长官得酌量情节，饬令戴罪从功。其获得功绩者，可将应受惩罚随时注销或从末减，否则仍须补罚。

四、在禁闭中，如遇征战之时，得释令其随同服投[役]，以观后效。

五、军官、军佐及隶于陆军之文官，倘有过失，应受惩罚时，得由该管长官先处以看管。

六、凡士兵已经禁闭者，倘该管长官核其所罚以为不足蔽辜时，得令其并充苦役。

七、在看管禁闭期间内遇有疾病，应由该管长官知照军医诊治。如须移院调理，或有自行延医诊治及有意□分之事，均由该管长官随时酌量办理。

军机律十条

本军机律专为惩治漏泄军事机密而设。凡军人、军属及其他一般人民等，如有违犯左列诸条,依本后[律]办理。

第一条　明知为军事上秘密事件及图书、物件等,未经派令经管而私自探知或擅行收集,分别情节轻重,处以五年以上十年以下之监禁【刑】。在戒严时,加科一等。

第二条　为职务上所掌管或承办军事上之秘密事件及图书、物件等,漏泄交付或公示一人以上者,分别情节轻重,处以五年以上十年以下之监禁刑。在戒严时,处以永远监禁刑。

第三条　因偶然之原因得知军事上之秘密事件及图书、物件,而擅自表示公众或传说或交付于一人以上者,分别情节轻重,处以三年以上五年以下之监禁刑。在戒严时,加科一等。

第四条　凡军事上泄漏秘密事件及图书、物件等,倘有受人请托或贿赂军情事,不论有无戒严,均处以死刑。

第五条　因受贿赂所得之财物,得没收之。如已消费时,应追偿其价额。

第六条　凡军事港湾、要塞、水旱雷敷设所在及制造军火船械各厂或其他种防御建筑物件,未得该管长官许可而私自测量摹写、摄影或记录其状况者,分别情节轻重,处五年以上十年以下监禁刑,并科十元以上三百元以下之罚金。在戒严时,加科一等。

第七条　凡要塞及水旱雷敷设所在、制造军火船械各厂或其他防御建筑物件,未得该管长官许可而用作伪手段擅入窥伺者,分别情节轻重,处十年以上十五年以下之监禁刑,并科二十元以上五百元以下之罚金。在戒严时,处死刑。

第八条　凡谋犯以上各条未遂者,依本条定罪减轻一等。

第九条　凡违反以上各条罪名不止一次者,除死罪外,依各本条定罪加科一等。

第十条　凡二人以上共同违犯者,皆以正犯论;教唆人违犯者,同正犯;常人与军人共犯者,亦同。

逃亡律八条

本律为规定平时、戒严时军人逃亡罪而设。其条目如下:

第一条　军人擅离职役或逃出屯、营、本队,逾三日不返者,作为逃亡,处一月以上一年以下之监禁刑。在戒严时,逃亡期以一日为限,处一年以上三年以下之监禁刑。

第二条　军人逃亡时并携去服装者,处一年以上三年以下之监禁刑。在戒严时,处三年以上五年以下之监禁刑。

第三条　军人逃亡时并携去枪械、马匹者,处三年以上五年以下之监禁刑。在戒严时,处永远监禁刑。

第四条　军人在四人以上共犯逃亡之罪时,为首者处三年以上五年以下之监禁刑。在戒严时,为首者处永远监禁刑。

第五条　共犯逃亡时并携去枪械、马匹者,处永远监禁刑。在戒严时,为首者处死刑。

第六条　共犯逃亡数逾十人,不论有无携带枪械、马匹,为首者处永远监禁刑。在戒严时,为首者处死刑。

第七条　新兵入营不满三月及逃亡在十日以内,自行悔过回营者,得减轻一等。

第八条　逃亡兵士如在一月以内,数逾十人以上者,该管长官应得相当惩戒处分,其【处】分之轻重,临时酌量办理。

以上各律令,自颁布日起切实施行。惟此均系暂行简章,以后仍得随时由本府酌量变通增改。

△ 清江浦公举孙岳为浦镇扬联军总司令。

清江浦通电公告公举孙岳为浦镇扬联军总司令电文如下：

万火急。上海《民立报》转南京孙大总统、黄总长、武昌黎副总统、上海伍部长、各省、各军政分府、各军司令长、各报馆鉴：议和期满，奉命北伐，浦地各军无统一机关，深恐不便。乃于昨日在江北都督府开军事会，公举陆军部札委江北孙总参谋长岳为浦镇扬联军总司令，即日出发。于阳历二十六号，浦军张统领长林，率一混成协驻扎宿迁。二十九号，续开一标，系吴统带带领。三十号，扬军米统领占元又开一协进发。三十一号，镇军臧统带在新，率兵一标，机关枪二队，炸弹两队，会合扬军李统带鼎共成一协，均归孙总司令岳统率指挥。浦地仍余防营及盐务二十营，暨扬镇两标，统归张统领性节制。所有后方接应，公推镇军张统领性、陈参议伯盟驻浦，与蒋都督就近筹商军备事宜。江浦公叩。陷。

《临时政府公报》第7号，中国科学院近代史研究所史料编译组编辑《近代史资料·辛亥革命资料》，中华书局1961年版，第55～56页

△ 盛宣怀派代表李维格与日商代表在日本神户签订《汉冶萍公司中日合办草约》。

《汉冶萍公司中日合办草约》如下：

汉冶萍煤铁厂矿有限公司、日商代表会订华日合办煤铁厂矿有限公司草合同所订大纲条款开列于左：

一、改汉冶萍煤铁厂矿有限公司之组织为华日合办有限公司。

二、新公司应在中国农工商部注册，一切须遵守中国商律、矿律，总公司设在中国之上海。

三、新公司股本定为三千万元。华股五成，计华币一千五百万元。日股五成，计日币一千五百万元(此股本及将来分余利均以日币算)。华股只能售与中国之人，日股只能售与日本国之人。以后公司股东盈亏共认，不定官利，总照各国通行有限公司章程办理。

四、新公司按照矿律以三十年为期满。期满后由股东会公议，如欲展限，应照矿律再展二十年。

五、新公司股东公举董事共十一名，内华人六名，日人五名。再由董事在此十一人内公举总理华人一名，协理日人一名，办事董事华日各一名。股东另举查帐员四名，华日各二名。

六、总会计用日人一名，由董事局选派，归办事董事节制。以后添用华总会计一名，彼此平权。

七、汉冶萍煤铁厂矿有限公司之所有一切欠款及一切责任备有确据者，均由新公司接认。

八、除照矿律外国矿商不得执其土地作为己有外，汉冶萍煤铁厂矿有限公司之所有一切产业物料暨权利并照案所享特别利益，均由新公司接收。

九、新公司未经注册以前，由华、日发起人先行办事。所有新公司一切章程由发起人另行商订。(原件边注“添‘所有’云云十七字”。盖有小田切及李维格图章)

十、以上所开新公司华日合办，俟(原件边注“改‘已’为‘俟’”，盖有小田切及李维格图章)由中华民国政府电准汉冶萍煤铁厂矿有限公司，立将此办法通知股东。倘有过半数股东赞成，即告知日商。日商亦将情愿照办之意告知公司，签定正合同，立行照办。告知期限不得逾一个月。

此草合同在神户会订，照缮二分，各执一分。

明治四十五年一月二十九日

汉冶萍公司现有股本一千三百零八万元。公司代表之意,须填足股本一千五百万元。其添填之股票作为公司公用,其如何(原件边注"添何一字",盖有小田切及李维格图章)用法,由新公司董事会公议。日商须入股款日金一千五百万元。日商代表之意,除原有华股一千三百零八万元外,另填华股票七十五万元,日商出股款一千三百八十叁万元。此条须到东京,方能定议。其余各条,彼此允洽,别无异议。

以上草合同十条俟民国政府核准后,敝总理再行加签盖印,特此声明。正月二十九日。

盛宣怀注(盖章)

汉冶萍煤铁厂矿有限公司协理　李维格(盖章)

日商代表　小田切万寿之助(盖章)

陈旭麓等主编《辛亥革命前后·盛宣怀档案资料选辑之一》,上海人民出版社1979年版,第240~242页

1月30日(十二月十二日)　隆裕太后再次召开御前会议,决定退位。

张国淦《辛亥革命史料》《召开御前会议自行颁布共和》:

据胡惟德言:"皇太后十一月二十八日,见内阁全体密奏,又适袁总理被炸,极恐慌。二十九日,召开御前会议,宗室王公等齐集,伦贝子(溥伦)主张自行颁布共和,庆邸附和之,皇太后抱皇帝大哭,醇邸(载沣)无言,恭邸(溥伟)、泽公(载泽)反对甚力,无结果。三十日,又开御前会议,庆邸未至,伦贝子忽而反对,恭邸等尤坚持,亦无结果。十二月初一日,又开御前会议,本人与智庵(赵秉钧)、燕孙(梁士诒)奏请共和,故令余等列席。是日,庆邸仍未至,恭邸、泽公主持仍坚决,据说,庆邸不至,系为宗社党人所挟持,伦贝子出尔反尔,亦因此也,洵、涛两贝勒,未发一言。某次会议,智庵提出在天津组织临时政府,均反对,后又几次续开会议,均无结果。至十二月初八日,段军统电到,内阁召集有关系人员会议,袁总理出电相示,人人变色,无敢有异词者。其时备有赞成不赞成两单,军谘使良赉臣(弼),素为人所注目,至此,言现在除共和无别路,即在赞成单内签名。赉臣会散回家,被彭家珍炸死,于是宗室各王公等,人人自危。十二日,皇太后又召开御前会议,亲贵即无持反对论者矣,然仍唯唯其词,皇太后怒甚言:'你们是要我承担耳'。其后宣布共和,乃皇太后一人主持。此种会议,本人未有参与者,系得之宫廷中人躬亲其事者"云云。

又据赵秉钧言:"自清帝退位之说,日紧一日,各亲贵王公等,异常愤激,在有形无形中,而有一种结合,一时所指为宗社党者是也。其时南京选举孙文为大总统,而清帝退位,又不能急转直下,故有天津组织政府之提议,将北京政府与南京政府同时取消,另于天津组织临时统一政府。是时陈夔龙为直隶总督,闻知项城受清室劫持,感觉危险,即赶速秘密布置,预备袁到津,至有主张即日微服去津避祸者(陈督幕中人亦云)。其实亲贵愤激,亦无力足以制袁,禁卫军属冯国璋,讵肯变叛,袁之出此,一方面胁制亲贵,一方面撇开北京与南京,在天津另行组织政府,以支配一切。其后不出此者,清帝退位,急转直下,而某使方面,亦不以此举为然故也"云云。

张国淦编著《辛亥革命史料》,上海龙门联合书局1958年版,第309~310页

△孙中山将法制局所拟《中华民国临时组织法草案》咨送南京临时参议院。次日,南京临时参议院改为《中华民国临时约法》,另行起草。

孙中山咨送参议院《中华民国临时组织法草案》文如下:

查临时政府现已成立,而民国组织之法尚未商定,应请贵院迅为编定颁布,以固国民[民

国]之基。兹据法制局局长宋教仁呈拟《中华民国临时组织法草案》五十五条前来,合并咨送贵院,以资参叙。此咨。

《临时政府公报》第3号,中国科学院近代史研究所史料编译组编辑《近代史资料·辛亥革命资料》,中华书局1961年版,第25页

编者按:上文系自《临时政府公报》第3号《大总统咨参议院南京官制草案请议决咨复并中华民国临时组织法草案》一文中节录。

《中华民国临时组织法草案》全文如下:

第一章 总纲

第一条 中华人民今建立中华民国,组织临时政府统治之。

第二条 临时政府以临时大总统、副总统与内阁、参议院、法司构成之。

第三条 临时政府成立一年内,须开设民国议会,制定宪法,选举大总统,继续统治。

第二章 人民

第四条 凡具有临时政府法定之资格者,皆为中华民国人民。

第五条 人民一律平等。

第六条 人民自由言论、著作刊行,并集会结社。

第七条 人民自由通信,并不得侵其秘密。

第八条 人民自由信教。

第九条 人民自由居住、迁徙。

第十条 人民自由保有财产。

第十一条 人民自由营业。

第十二条 人民自由保有身体,非依法律,不得逮捕、审问、处置。

第十三条 人民自由保有家宅,非依法律,不得侵入搜索。

第十四条 人民得诉讼于法司,求其审判。其对于行政官署违法损害权利之行为,则诉讼于平政院。

第十五条 人民得陈请于临时议会。

第十六条 人民得陈诉于行政官署。

第十七条 人民有应任官考试之权。

第十八条 人民依法律有选举时投票及被投票之权。

第十九条 人民依法律有纳税之义务。

第二十条 人民依法律有当兵之义务。

第二十一条 本章所载人民之权利,有认为增进公益、维持公安之必要,或非常紧急必要时,得依法律限制之。

第三章 临时大总统、副总统

第二十二条 临时大总统、副总统,由各地方代表公举,其任期适用第三条之规定。

第二十三条 临时大总统代表临时政府,总揽政务。

第二十四条 临时大总统公布参议院所议定之法律。但有不以为然时,得以内阁员全体之署名,说明理由,付参议院再议,以一次为限。

第二十五条 临时大总统认为非常紧急必要时,得发布同法律之教令。但发布后须提出参议院,经其议定。

第二十六条 临时大总统得与外国宣战、媾和、缔结条约,但缔结【条】约,须提出参议

院,经其议定。

第二十七条　临时大总统统率水陆军队。

第二十八条　临时大总统除典试院、察吏院、审计院、平政院之官职及考试惩戒事项外,得制定文武官职、官规。

第二十九条　临时大总统依法律任免文武职员,并给与章差,及其它荣典。但任命内阁员,须得参议院之同意。

第三十条　临时大总统依法律宣告戒严。

第三十一条　临时大总统宣告大赦、特赦、减刑、复权。

第三十二条　临时副总统辅佐大总统,襄理政务。大总统有故不视事时,得代理其职。大总统因事去职时,即升任之。

第四章　内阁

第三十三条　内阁以内阁总理及各总长为内阁员组织之。

第三十四条　内阁员执行法律,处理政务,发布命令,负担责任。但制定会计豫算,募集公债,征收赋税,缔结国库有负担之契约,除非常紧急必要时之〈一〉处理外,须提出参议院,经其议定。其非常紧急必要时之处理,及豫算外之支出,事后亦须提出,经其承诺。

第三十五条　内阁员得提出法律案于参议院,并得出席发言。

第三十六条　内阁员于临时大总统公布法律及有关政务之教令时,须亲署名。

第五章　参议院

第三十七条　参议院由各省公举之参议员组成之。参议院议员,每省以三人为限。

第三十八条　参议院议定法律案、豫算案、条约及国库有负担之契约,并公债募集、赋税征收等事。但基于法律之支出,不得减除。

第三十九条　参议院审理决算。

第四十条　参议院得提出条陈于内阁。

第四十一条　参议院得质问内阁员,并求其答辩。

第四十二条　参议院以总员四分三以上之出席,以出席员三分二以上之可决,得弹劾内阁员之失职,及法律上之犯罪。

第四十三条　参议院得自制定内部诸法规,并执行之。

第四十四条　参议院于议员中,自选举议长。

第四十五条　参议院得随时集会开闭。

第四十六条　参议院之议事须公开之。但有内阁员之要求,及出席议员过半之可决,得秘密之。

第四十七条　参议院议员以十人之连署,得提出法律案。

第四十八条　参议院议员,除关于内乱、外患之犯罪,及现行犯罪外,在会期中,非得议长认诺,不得逮捕。

第四十九条　参议院议员在会场之发言、表决、提议,在会外不负责。但用他方法发表于会外者,不在此限。

第六章　法司

第五十条　法司以临时大总统任命之法官组织之。法司之编制及法官之资格,以法律定之。

第五十一条　法官非依法律受刑罚宣告,或应免职之惩戒宣告,不得免职。

第五十二条　法司以中华民国之名,依法律审判民事诉讼,及刑事诉讼。但行政诉讼及其它特别诉讼,不在此例。

第五十三条　法司之审判,须公开之。但有认为妨害安宁秩序者,得秘密之。

第七章　补则

第五十四条　本法由参议院议员三分二以上,或临时大总统之提议,议员三分二以上之出席,出席员过半数之可决,得改正之。

第五十五条　本约法自　　日施行。

1912 年 2 月 9、10 日《大公报》

编者按:《大公报》标题为《中华民国临时政府组织法》。

△ **黄兴、蒋作宾呈文孙中山,请其核准委任陆军部各职员**。

黄兴、蒋作宾呈孙中山文如下:

陆军部为申请事:窃查本部各局职员均已陆续派定,俾专责成。惟给予该员等之委任状,由部长署名盖印后,应呈由大总统加盖印信,以昭慎重而示优异。除将派定职任各员委任状一百零一份另具清折呈览外,理合备文申请钧鉴,伏乞核准施行。须至申者。

计:申送委任本部职员名折一扣。左申

大总统孙

中华民国元年一月三十日

陆军部　总长黄兴　次长蒋作宾

(加盖"中华民国陆军部之印")

陆军部谨将本部各局职员姓名开列于左,呈请鉴核。

参事官:林[宁]调元。

副官处:副官长何成浚;一等副官梅蔚南,一等副官唐豸,一等副官胡国梁,一等副官高秉彝,一等副官徐少秋;二等副官孙伯文,二等副官傅钧,二等副官徐乃嵩;三等副官李律,三等副官梅志和。

军衡局:局长仇亮,副官唐璋;尝[赏]赉科科长杨廷溥,任官科科长官其彬;一等科〈长〉员陈长虹,一等科员文锡祉,一等科员黄家濂;二等科员刘潜亮,二等科员张亢骞,二等科员胡炳焘;三等科员杨葆毅。

军务局:局长沈郁文,副官陈若桢;军事科科长张华辅,步兵科科长陈乾;一等科员余晋龢,一等科员凌元洲,一等科员何浩然;二等科员康毓文,二等科员张谞文,二等科员支士端;三等科员沙涌潮,三等科员张国维。

军械局:局长翁之麟,副官汪韬;枪炮科科长刘燮元,材具科科长张炳标;二等科员冷秉炎,二等科员汪道生,二等科员胡宗铨,二等科员何鸣皋,二等科员吴光杰;三等科员俞振,三等科员沈鸿钧。

军需局:局长曾昭文,副官马宗燧;粮服科科长林凤游,会计科科长杨鸿昌;一等科员吴士先,一等科员胡光智,一等科员李树吾;二等科员徐国亨,二等科员贺耀华,二等科员王竹怀,二等科员柳克厚;三等科员江汉,三等科员易兆鸿,三等科员林礼,三等科员傅维四,三等科员张铭彝;额外科员郑瑞卿,额外科员龚家仕。

军学局:局长张承礼,副官汤愔;炮兵科科长李实茂,步兵科科长沈尚朴,工兵科科长徐家瑢,骑兵科科长张鹗翎,辎重兵科科长高兆奎;一等科员高震龙,一等科员黄中,一等科员唐义彬;二等科员李著强;三等科员李浚,三等科员华维扬。

军医局:局长方擎,副官姚梦虞;卫生科科长张承学,医务科科长张修爵;一等科员张蕴忠;二等科员吴观光;三等科员吕文雄,三等科员赵世晋,三等科员徐寅,三等科员王观海。

军法局:局长陈嘉会,副官傅长民;一等法官陈登山;二等法官邱祖藩;三等法官杨纪宇。

秘书处:秘书长汤化龙;秘书官万声扬,秘书官金华祝,秘书官巴泽惠,秘书官黄中垲,秘书官徐田。

顾问官:周诗、耿觐文、李书城。

中华民国元年元月三十日

黄彦、李伯新编著《孙中山藏档选编》(辛亥革命前后),中华书局1986年版,第77~79页

《陆军部职员名单》如下:

高等顾问官:吴祐贞、陈蔚、杜俞、王芝祥、钟毓琦、陈雄州。

二等顾问官:倪谦、周诗、耿觐文、李书城、赵丹、凌昭、崔其枢、许适、刘懋政、路孝愉、费国祥、吴振黄、龚光明、陈晋。

副官处

副官长:何承[成]浚。

一等副官:梅蔚南、徐少秋、胡国樑、高秉彝。

二等副官:徐乃嵩、孙伯文、傅钧、李律、梅志和、徐尚忠、陈鲁。

三等副官:王毅、刘恢、黄异。

副官处收发员:胡昌林、张彬文。

绘图员:杨重岳。

秘书官

秘书长:汤化龙、巴泽惠、黄中垲、金华祝、张铭彝。

军衡局

局长:仇亮;副官:唐璋。

任官科科长:彭琦。

赏赉科科长:陈长虹。

一等科员:文锡祉、路孝忱、胡炳焘、陈俊。

二等科员:刘潜亮、张元骞、周颂彝。

三等科员:杨葆毅、花呈祥、倪荣黻。

额外科员:周金科。

军务局

局长:张孝准;【副官:陈若桢】。

军事科科长:张华辅。

步兵科长:陈乾。

炮兵科科长:夏国桢。

工兵科科长:凌元洲;〈副官:陈若桢〉。

一等科员:李华英、王季梁。

二等科员:康毓文、张谞文、支士端、萨贞豫。

三等科员:沙涌潮、徐锡畴、陈守谟、吴镜芙。

军械局

局长:翁之麟;副官:汪韬。

材具科科长:吴宣和。

枪炮科科长:刘庆恩。

一等科员:李任。

二等科员:冷秉彝、汪道生、胡宗铨、吴和、何鸣皋、吴光杰、白武。

三等科员:俞振、沈鸿钧、冯宏殷、吴桂长。

军需局

局长:曾昭文;副官:马宗燧。

科长:林凤游、杨鸿昌。

一等科员:吴士先、胡光志、李树吾、傅鸣一、方汉城、徐乃燊。

二等科员:徐国亭、贺毓华、王竹怀、李大觉、傅维四、李韫珩、谷正伦、彭骥、陈果、潘晋。

三等科员:龚家任、江汉、林礼、唐叔虎、陈麓斌、刘家骧、欧阳鍌、黄海岚。

额外科员:郑瑞卿。

购办处调查员:吴启;额外科员:李克一。

建筑科长:漆英;额外科员:彭启瑞。

军需校长:张叙忠。

军学局

局长:张承礼;副官:汤愔。

教育科长:蓝任大。

步兵科长:沈尚朴。

骑兵科长:唐豸。

炮兵科长:李宾茂。

工兵科长:徐家瑢。

辎重科长:李云龙。

一等科员:高振龙、李著强。

二等科员:林建魁、周蔚文、戴鸿渠。

三等科员:李浚、王咼离、吴洪谦、何裕邦。

军医局

局长:方擎;副官:姚梦虞。

卫生科长:张承学。

医务科长:张修爵。

一等科员:张蕴忠、华鸿。

二等科员:吴观光、吕文雄。

三等科员:赵世晋、徐寅、王观海。

卫生材料厂厂长:彭树滋、薛宜琪、曾牖。

军法局

局长:陈嘉会;副官:傅长民。

一等法官:陈登山。

二等法官:邱祖藩、施金墨、杨纪宇、郭光祖。

《临时政府公报》第46号,中国科学院近代史研究所史料编译组编辑《近代史资料·辛亥革命资料》,中华书局1961年版,第347~349页

编者按:《孙中山藏档选编》(辛亥革命前后)所载陆军部各局职员名单,与《临时政府公报》第四十六号所载《陆军部职员名单》相较,颇有出入,甚至同一人姓名也有差异。故一并录此,以供参阅。

△ **南京临时政府教育部通令各省推行社会教育**。

南京临时政府教育部通令如下:

湖北黎副总统,湖南、安徽、江苏、浙江、福建、广东、广西、江西、陕西、四川、云南、贵州、关外各都督公鉴:前拟普通教育暂行办法,业经通电贵府在案。惟社会教育,亦为今日急务,入手之方,宜先注重宣讲。即请贵府就本省情形,暂定临时宣讲标准,选辑资料,通令各州县实行宣讲;或兼备有益之活动画影画,以为辅佐。并由各地热心宣讲员,集会研究宣讲方法,以期易收成效。所需宣讲经费,宜令各地方于行政费或公款中,酌量开支补助。至宣讲标准,大致应专注此次革新之事实,共和国民之权利义务及尚武实业诸端,而尤注重于公民之道德。当此改革之初,人心奋发,感受较易。即希贵府迅予查照施行。教育部。陷。

《临时政府公报》第5号,中国科学院近代史研究所史料编译组编辑《近代史资料·辛亥革命资料》,中华书局1961年版,第35页

△ **中华民国实业协会在南京召开成立大会,宣布以"振兴实业、扩充国民生计,挽回利权"为宗旨,推举李四光为会长、万葆元为副会长、马君武为名誉会长。次日,发表《中华民国实业协会宣言书》**。

1912年2月14日《大公报》报道:

南京函云:中华民国实业协会先由万君葆元等归国发起组织以来,陆续入会者已不乏人,遂于一月卅号假座胡细柳巷湖北会馆开成立大会,到会百余人。先由临时主席张君维镛报告开会宗旨,并宣读秩序如下:(一)开会辞;(二)报告;(三)演说;(四)分散章程;(五)选举职员。(六)酌定每月常费;(七)散会。

读毕,由会员先后演说。丁君照普略谓:"今时何时,一革命潮流激急之时也,由族种革命变为政治革命。同人皆实业界人,实业知识必优于政治知识,故当出其所长以谋实业革命。实业革命可分为急进、渐进两种,急进即除旧布新之谓,渐进即逐次改良之谓。然无论如何下手,总须调查筹款,求我会诸君,须重视此事为自身分内事,切不可作客观"云。万君葆元叙述斯会之由来,并言整顿中国之实业宜斟酌社会状况,对症发药。夏君树人痛言"中国以科举愚人,贤士大夫大都薄实业而不为。民国既定,诸君当革除此习,以图富强,并抱定协会宗旨,实事求是"云。嗣由吴君震宣述协会之意义;王君祺演说协会之责任;黄君之根陈述协会之将来扩充法;魏君英武谓讲求实业宜辅以交通利器。陈君、青州赵君文焕等相继演说毕,遂用投票法举定正会长一人:李君四光;副会长一人:万君葆元;庶务干事二人:张君维镛、王君泽南;书记干事二人:丁君照普、吕君荃;会计干事二人:侯君霖、聂君国华。调查员无定额,凡到会者悉可担任。又议定会员常捐一元。五时散会。颇极一时之盛。

《中华民国实业协会宣言书》如下:

据天府,拥膏腴,固宜取之不尽,用之不竭,仓有红腐之粟,库有贯朽之钱,动植绵千里,珍奇灿五都,以财力雄天下也。然而终岁勤劳,民不聊生,万端搜索,计穷竭泽,有如头角崭然之健儿,无血液循环,以资营养,躯壳犹是,精神已微,左支废,右支缓,奄忽以逝之期不远矣。我国前日经济之险状言之,洵有令人惊心动魄者。今民国已立,百度维新,破坏之所耗,建设之所需,动盈巨万,拮据之状,无殊畴昔,嗷嗷待哺者,触目皆是也。感怀现状,想像将

来,识者黯然伤之。所幸新政府操实业命脉诸公,夙著盛业于海内,同人亦于实业上薄有知识,闻风倾倒,额手为天下庆得人。顾事关大局,统筹维艰,提揭固属至要,协赞亦为必需,执行原不可缓,研究仍在所急,此实业协会所由组织也。

窃维古今中外致贫之端不一,而实业不讲,则历代所同。鲁公家以强臣专利而致贫,汉中叶以内廷多欲而致贫,南北宋以输金和戎而致贫。致贫之因虽不同,假令四民并重,实事求是,亦何至于斯极。观于周之官礼,仅具规模;齐之鱼盐,仅庇一方;汉兴盐铁,流弊滋多;唐赋租庸,专重税则;南宋青苗,滞而不行;有明杂税,徒繁民生。能不慨然太息?尧舜有九年之水,汤有七年之旱,不至重为民病者,生齿未繁,耕织所获,足资储蓄也。

以上诸端,今日并发,伪王公之囊珍橐宝,颐和园之声色玩好,十余年之割地偿金,无尽之网,已穷有尽之鱼。况吉垣火灾,江皖水变[灾],影响亦非浅鲜,重以汉上一炬,全埠焦土,宁垣之厄,丧失亿万,近且贼兵四出焚掳,警告频闻矣。疮痍满目,其何以堪。慨消极之现象,既已如斯,而积极之设备,果属若何?农惰而工嬉,商则株守一隅,内地荒芜,外货充斥,商埠全权,人实司之,战云未急以前,已不堪问,遑论失业后情态耶。说者谓中国经济之恐慌,咎在财政之紊乱,斯岂探本之论。石地千里,愚民百万,既等无地无民,安能有财有用?中山先生三民主义,以今日观之,民族渐趋统一矣,民权自兹日伸矣,民生问题,犹未解决。然则弥既往之损失,谋未来之发展,同人安得不各竭所知,聊尽棉[绵]薄欤?夫弥既往之损失,导民各安其业,稍事改良,尚非所难,谋未来之发展,则百年大计,非可以急功近利之心求之,故因地制宜,谋实业行政着手之处,实为目前之急务,亦同人所最注目者。且夫太史公立货殖传,无识者疑其逐利,士子专事空疏无补之学,不识国民命脉所在,悉心考求,一任无知愚民,本其粗浅之经验以营业,中国生计进步迟迟,非以是欤?

同人不敏,建此机关,冀本调查研究实验之结果,措诸实际,务使盖藏尽泄,精华毕露,国货流行,利权不溢。易云:以美利利天下。不过于政府国民两方,均倾诚协助耳。环顾列强,若英若德,其谋实业进步之野心,洵足惊异;日以新造之邦,虽不能与诸强角,亦有蒸蒸日上之观;比、瑞等自知国小难以自存,亦力求于实业界伸其势力;美则亿万年蕴蓄未经发泄,恒尽其心思材力,以经营渗淡,五光十色,杂然并呈,宜他国望尘莫及也。夫鲁之鱼盐、楚之材木、江南金锡、西蜀丹青,古已传为美谈,今宁稍有逊色?愿我国民智日开,灵光焕发,出万里山河之形形色色,竞胜于实业竞争最烈之场,与彼美东西对峙,为亚东第一富国焉。区区之私,用质高明。

1912年1月31日《民立报》

《中华民国实业协会第一次修正章程》如下:

第一章　总纲

第一条　名称　本会定名为中华民国寔业协会。

第二条　宗旨　本会以振兴寔业,扩充国民生计,挽回利权为宗旨。

第三条　方法　联络海内外学理家、经验家、资本家协议实行。

第四条　会员　分左三种:

(一)会员　凡海内外曾受实业专门教育,或办寔业确有经验者,皆得为本会会员(但限于本国人)。

(二)特别会员　非实业界人,而其学术经验与本会有密切之关系,或愿襄助本会者,皆得为特别会员。

(三)名誉会员　凡捐助本会至五十圆以上者,本会认为名誉会员。

此外,学优望重、热心实业、赞成本会者,认为名誉赞成员。

第五条　事务所　设于南京游府西街朝紫巷原王公馆内。

第六条　支部　设立各地,除宗旨及会员资格应照总会规定外,其余办法,得斟酌本地情形自订详章,一面由总会备文请该地行政机关保护之。其与总会相互之关系如下:

(甲)互相报告章程名册;

(乙)互相报告调查事件;

(丙)互相扶持;

(丁)互相讨论进行方法。

第二章　组织

第七条　部署　分左四部:

(一)总务部分左四科:子、文牍科;丑、交涉科;寅、财政科;卯、庶务科。

(二)农务部分左二科:子、调查科;丑、编辑科。

(三)工务部　同前。

(四)商务部　同前。

第八条　职员　置名誉会长　人,正会长一人,副会长一人;各部置部长一人;各科置科长一人、科员二人(事繁时得由部长酌加)。

第九条　职员权限:

(一)正会长　总理本会一切事务,遇有对外事件得代表全体。

(二)副会长　协同正会长办理一切,遇正会长缺席时得代掌其职务。

(三)总务部长　总理本部一切事务。

(子)文牍科长　总理文牍事务。

(丑)交涉科长　总理交涉事件,并得分配本科科员任招待事。

(寅)财政科长　总理财政出入事项,并造报告簿册。

(卯)庶务科长　总理会内一切杂务(凡不属各科事均属之),至各科员,协同科长办理本科事件。

(四)农务部长　总理本部调查编辑事项,并协同本科长、科员讨论本部进行方法。

(子)调查科长　总理属于本部调查事项。

(丑)编辑科长　总理属于本部编辑事项。

(五)工务部长　同前。

(六)商务部长　同前。

第三章　事业

第十条　调查　调查各地实业团体及出产物、输入品,并国内外实业发达之状况与良窳之原因与其趋向。

第十一条　报告　就调查所得,每月刊行杂志一次。

第十二条　协议　凡关心寔业行政既实业议案,有时由本会提出意见参议其间。

第十三条　教育　提倡实业教育。

第十四条　社会　创办农工商各种会社。

第四章　选举及任期

第十五条　选举　本会职员由会员用单记法记名投票选举(选举票由本会制定,加盖印章,否则无效),期间定每年三月内。

第十六条　任期　本会职员以一年为任期，连选者得连任。

第五章　会期

第十七条　全体大会　每年二次，以三、九月为开会期，报告会务，修改会章，并解决会员提议之议案。

第十八条　临时大会　有特别事件，因会长之意见或经会员五分之一以上提议之议案，得开临时大会。

第十九条　职员大会　每星期一次，于星期三日行之。

第二十条　茶话会　遇有特别事关系于一部分会员者，得由会长随时通告开会。

第六章　权利及义务

第二十一条　会员之权利：

（一）有选举权、被选举权及发言权；

（二）各实业团有需用本会代聘专门人才时，会员有相当学识者，得由本会介绍；

（三）凡会员有稽查本会出入帐目之权，但须在大会前后五日内；

（四）凡会员有发明品，得由本会向行政机关请予专卖特许权；

（五）凡会员能特别捐助本会，或担任筹款，或办事若[著]有成效，或有所发明时，均得由本会杂志代为表彰；

（六）凡会员能改良土货、仿制外货，无资开办者，得由本会开会表决拨资助办；

（七）凡会员因办理会事受人诬枉者，经本会调查确实，得代为昭雪。

第二十二条　特别会员之权利：

（一）有发表意见之权；

（二）扶助本会时，得由本会登报志谢。

第二十三条　名誉会员之权利：

（一）由本会赠送杂志；

（二）登玉照于杂志；

（三）登报志谢。

第二十四条　会员之义务：

（一）担任本章程规定之各种费用；

（二）担任调查事宜；

（三）谋本会之发达。

第二十五条　特别会员之义务：

（一）入会时与会员同须缴入会金；

（二）有扶助本会之义务。

第二十六条　名誉会员之义务：

有捐助本会之义务。

第七章　经济

第二十七条　收入　分左三种：

（一）入会金　凡会员与特别会员入会时须缴入会金二角；

（二）经常费　凡会员每年须缴经常费一元，于每年第一次大会后三月内缴齐；

（三）特别费　特别费无定额，由各种会员及赞成员自由捐助；

（四）临时费　遇有特别事发生，开会临时募集。

第二十八条　支出：

(一)开办费；

(二)经常费；

(三)特别费。

每年核寔报告二次，于开大会时行之。

第八章　罚则

第二十九条　退会：

(一)凡会员有违背会章及败坏本会名誉，经本会调查确实后令其退会；

(二)会员中无故不纳经常费至一年以上令其退会。

第三十条　赔偿　会员有侵蚀公款者，经众决议，令其如数赔偿后令其退会。

第九章　附则

第三十一条　凡各种会员住所如有迁移时，须函告本会。

第三十二条　凡会员有质问事项，应由事务所函复。

第三十三条　海内外热心同志捐助本会书报、器物或有益论著者，本会应分别致谢。

第三十四条　本会章有未周详处，得由大会时公众修定。

1912年3月6、16日《申报》

△ 孙志强等十一人发起成立中华民国民生国计会，本日公布缘起及简章，宣布："专向各地演说，提倡实业，劝设学校，推广巡警，以顾全同胞生计为宗旨。"

《中华民国民生国计会缘起》如下：

溯自满洲专制，毒我国民，迄今二百余年。俾我国同胞权利尽失，生计日蹙，稠[忧]患之来，盖匪伊朝夕矣。今当三楚发难，不数月而东南半壁汉帜高扬，此皆仗铁血健儿掷数十万头颅，以推倒此专制政体，而为我国民造日后无穷之幸福。热心志士，自当交换智识，开通社会，俾我同胞皆能自立，一扫其旧时依赖性质，而富强之基础以固。顾通商大埠民智虽开，而穷乡僻壤或守旧如故，【不知共和为何物，反嫌独立无约束】，以是望商、学、农、工各界咸有进步抑难矣。同人等为此发起斯会，以讨论地方之利弊，而熟筹实业，顾全各界之生计而谋自保。特设机关部专负其责，而先以到处演说为唯一之宗旨。他日教育普及，民智宏开，实业扩张，与民更始，得与文明各国蔚成富强，庶不负今日本会组织之苦心也夫。

简章

定名　本会定名为中华民国民生国计会。

宗旨　本会专向各地演说，提倡实业，劝设学校，推广巡警，以顾全同胞生计为宗旨。

机关　本会机关，设本部于中央政府所在地，外另设支部于各省等处。临时机关设在上海西门外方斜路三百三十六号门牌。

资格　凡有自治性质，勇于义务者，无论男女，须由本会会员介绍方可入会。

组织　本会设正、副会长各一人。分总务、调查、演说、实业、教育五部，各设干事员若干人。其权限详载细则中。

集会　本会每逢春秋两季开大会一次，每月开常会一次。如有特别事故，即开临时大会。

经费　本会经费，除每年捐一元外，入会时须纳会费洋五角。有特别赞助者，认为名誉会员。

任期 本会职员,均由会员推举,以一年为满任之期。如办事干练,颇著成效者,仍许连任。

附则 (一)本会俟会员满百人以上即开成立大会;(二)本会细则俟成立后即发表;(三)此系暂定简章,应行改良之处,随时商订。

发起人孙志强、王佐民、邹兴邦、陆近朱、诸宛明、江蕉生、陆联魁、金支醒、翟士琦、朱佑民谨启

1912 年 1 月 30 日《申报》

编者按:上文系据 1912 年 2 月 1 日《民立报》校正。

△ 中华民国盐业协会公布发起趣旨及会则,宣布“研究盐业改良办法,以期发达盐界之经济为宗旨”。

《中华民国盐业协会发起趣旨》如下:

确盐旧制也,亦各国通有之制也。苟厘定税法不为厉,取诸民间不为苛,夫亦有裨于国,无病于民,何所不韪而裁之。乃若清朝确盐而限以引地,重以厘捐,则不可训矣。彼设卡署官,重剥之下,委员胥役,又皆以弊为利,遂至煎丁、灶丁、荡户等茹苦而嗟无告游手奸商枭贩等,被骗而罹法网。苟有仁者起,其必首裁之。今兹我汉光复,一反专制之苛政,果以首裁厘捐,苏我民困,是诚革命之大效也。虽然国家岁入以盐税为大宗,知其弊而裁之,而因噎废食,并除其确盐之制,则今兹战事之经营与夫战后施设需款孔巨,其何以济急而善后。为此发起本会,以讨论利弊,熟筹补助,顾全国计,造福民生,设机关部专负其责。异日者通过盐政之议案,与我民更始,而如文明各国得为自由之民,蔚成富强之国,庶不负今兹组织本会之旨也夫。

会则

第一章 名称

第一条 本会名曰中华民国盐业协会。

第二章 宗旨

第二条 本会研究盐业改良办法,以期发达盐界之经济为宗旨。

第三章 会员资格

第三条 凡有学识及盐务经验者,由本会会员介绍入会。

第四章 会员及会费

会员分为两种:名誉会员,通常会员。

第四条 名誉会员以有学识名望者或特别捐助者充之。

第五条 凡通常会员交入会费二元,当年费二元,由入会时交纳。

第四[五]章 职员

第六条 本会置职员如下:

会长一名,副会长一名;干事分为五部:总务部四名,书记部四名,会计部四名,调查部十名,交际部四名;评议员二十名。

第七条 以上职员公同推举,以一年为任期,但可再被选。

第八条 本会职员办事细则另行编订。

第五[六]章 集会

第九条 每年开总会一次,报告会务,更正会则,议论关于本会之利害重[要]事,兼谈内

外盐业上之事项。

第十条　关于本会之重要事件,因会长之意见,或有二十名以上之请求,可开临时总会。

第十一条　每月第一星期开讨论会一次。

第十二条　总会之议案时日及会场均豫先通知。

第六[七]章　报告

第十三条　本会编辑会员之通信、论说,及关于内外盐业上之事项,临时发刊。

第七[八]章　经费

第十四条　本会经费除收会员费外,如有不足之处,由关系本会者担任之。

第八[九]章　罚则

第十五条　凡本会会员有违背本会宗旨及破坏本会名誉者,得公决后请其退会。

第九[十]章　附则

第十六条　会员之质问,由会长求有学识经验者说明之,或广求会员之解说以应答之。但依质问之事项,可得请求调查费用。

第十七条　凡应答质问者,及寄有益论说稿者,赠与谢状或报酬。

第十八条　本会会则,于总会时得出席员过半数之同意,可得变更之。

第十九条　本会事务所暂设在上海四马路望平街一六三号,如有函件捐款,均请交此处。

1912年1月30日《民立报》

1月31日(十二月十三日)　南京临时政府财政部奉令发行南京军用钞票,发行总额一百万元。

南京临时政府财政部发行军用钞票示谕文如下:

为出示晓谕事:案奉大总统命令:"南京为民国首都,亟应整顿金融,以图都市之发达,业经筹拨巨款,开办中国银行,划一货币。惟目前军需孔亟,应先发行南京军用钞票,以维持市面,而协助饷糈,着财政部速筹办理"等因。奉此。当由本部督饬制就此项军用钞票,自本日为始,颁发行用。合即出示晓谕,仰军民人等遵照后开条款,一律通用勿违。特示。

计开

一、本钞票名为南京军用钞票。

一、本钞票由本部担保发行。

一、本钞票分一元、五元两种。

一、本钞票发行总额以一百万元为限。

一、本钞票有本部印信,文曰:"中华民国财政部之印"。

一、本钞票自发行之日为始,经三个月后,准持票到南京中国银行兑换通用银元。

一、本钞票凡纳捐上税一律照收。

一、本钞票凡银行、钱庄、商店均须一律行使。如有阻难、折扣情弊,一经查出,严罚不贷。

一、本钞票严防伪造,业由本部派出稽查员多名,慎密查访。如有查出制造或使用伪票者,无论何人准即解送各该管官厅,从严究办。

元月三十一号

"南京临时政府档案",中国第二历史档案馆编《中华民国史档案资料汇编》第2辑,江苏人民出版社1981年版,第386页

△ **南京临时政府公布《外交部官职令草案》。**

《外交部官职令草案》如下：

第一条 外务[交]部职员除《各部官职令通则》所定外，其额数如下：

秘书官 一人

书记官 六人

参事官 四人

司 长 三人

签 事

主 事

录 事

缮译官

通 事

工 手

第二条 外交部承政厅除《各部官职令通则》所定外，并掌驻在民国之各国外交官、领事官、侨民、叙勋事务及保管条约、缮译文书。

第三条 外交部置左列各司：

外政司

通商司

庶务司

第四条 外政司掌事务如下：

一、关于国际交涉事项；

二、关于界务、铁路、矿务、电线交涉事项。

第五条 通商司掌事务如下：

一、关于保护侨寓外国人民事项；

二、关于外国商业事项；

三、关于外人通商行船事项；

四、关于税务、邮政、外债事项；

五、关于通商口岸会审事项。

第六条 庶务司掌事务如下：

一、办理国书及国际礼仪事项；

二、接待外宾事项；

三、关于监理外人传教事项；

四、关于外人游历保护事项；

五、关于其他不属他司事项。

附则 本令自发布日施行。

1912年1月31日《民立报》

△ **南京临时政府外交部致电各省请保护外侨。**

南京临时政府外交部致各省电文如下：

各省都督鉴：停战期满，军事再兴，恐有不法之徒，乘机滋扰，害及外人生命财产。顷奉大总统命,通电各省都督,加意保护。此布。外交部。三十一。

《临时政府公报》第7号,中国科学院近代史研究所史料编译组编辑《近代史资料·辛亥革命资料》,中华书局1961年版,第53页

△ 是月,列宁领导的俄国社会民主工党第六次(布拉格)全国代表会议通过"关于中国革命"的决议,衷心祝贺中国革命所取得的成就,高度评价辛亥革命的世界意义,严厉斥责沙俄政府的侵华政策。

"关于中国革命"的决议如下:

鉴于政府的报纸和自由派的报纸(《言语报》)为了俄国资本家的利益,掀起一场宣传运动,叫嚣要乘中国发生革命运动之机占领与俄国接壤的中国的几个地区,代表会议指出中国人民的革命斗争具有世界意义,因为它将给亚洲带来解放并将破坏欧洲资产阶级的统治,代表会议祝贺中国的革命共和派,表明俄国无产阶级怀着极大的热忱和深切的同情注视着中国革命人民获得的成就,并斥责俄国自由派支持沙皇政府掠夺政策的行为。

《列宁全集》第21卷(1911年12月—1912年7月),人民出版社1990年版,第163~164页

△ 江苏昆山、青浦、奉贤和浙江石门、海盐等地相继爆发抗租斗争,苏督程德全、浙督汤寿潜、沪督陈其美分别出示严禁并派兵镇压。

1912年1月13日《民立报》载:

奉邑自光复后,其始小有风潮,旋即安静。乃本月初旬,忽有蔡家桥地方劣生洪某,闻邻近南汇匪徒倡乱,遂乘间起事,编发传单,麇集地痞□民,痛饮齐心酒,以抗纳租税、不还店帐为目的。近更与南汇匪首等暗通声气,党羽愈聚愈众。该处绅富杨、夏、吴、宋等姓,均遭抢劫,而小康之家,被害者亦复不少。狂称为洪天王复活,影响所及,已遍阖邑。现经孙民政长飞请沈统领督率师船往奉弹压,不知若何结果也。

《程都督劝民完粮纳租之示谕》如下:

江苏都督程为出示剀切诰诫事:照得本都督宣告江苏独立,无非为民请命,以冀改良政体,永保治安。军兴以来,饷糈浩繁,全恃人民完纳租税以资接济。本都督又顾念民瘼,不欲多取于民,一面且欲乘此时机永除一切恶税,故如各地厘金常关等项以前扰害吾民之虐政,业经宣布一律革除,惟丁漕正供在国家为正当之税源,在人民自属应尽之义务。前经交由省议会议决,报称本年成熟田亩上下忙及漕粮,一律按八成征收,其被灾、被兵地方,由该管民政长勘明呈核,分别蠲减,庚戌年以前积欠,一律豁免等因。实已体恤民艰,无微不至,经本都督通行各属,并出示在案。方谓吾人民必能共知感奋,咸乐输将,乃闻各属自启征以来,民间尚多观望,本都督深恐地方无赖匪徒乘机造谣,吾民不察,受其煽惑,致阻乐输,用再掬示至诚剀切诰诫。须知此次民军起义,志在拯民水火之中,一旦功成,共优游于共和政体之下,治平幸福,惟吾民享之。热心爱国之志士方且愿捐生命,出入于枪林弹雨,万死一生,前仆后继,而无所于悔,皆为吾民也。吾民若并此区区应纳之丁漕犹不踊跃输将,同是国民,试问于义何安,于心何忍?果其征收之际,蠹差劣保敢于应征定额外浮收一文,准人民指控该管官厅,从重惩办,以谢吾民。若吾民于应征定额不早完纳,或且听信匪类谣言,希图违抗,本都督亦惟有执法从事,不能为吾民宽也。其或聚众持械,胆敢加暴行于经征官吏,此辈决非安分良民,应以匪徒扰乱治安论,惟有派遣军队前往,准其按照军律治罪。本都督令出法随,勿谓言之不预。将此通谕知之。

1912年1月5日《申报》

江苏都督文告如下:

为严切告诫事:照得征收丁漕,以济军饷,各应从速输将,违干重办,叠经晓谕在案。至各佃户应还之租,亦应一律交纳。须知粮从租出,如抗租不还,各业户应完之粮亦即因之虚悬。准由各业户禀经该管衙门按户提案押追,以凭照例严办。如聚〈叙〉众抗租,或竟持械横行,暨属有意破坏治安,必非安分良民,本都督惟有照军法从事,勿谓言之不预。其各凛遵。切切。特示

1912 年 1 月 7 日《民立报》

1912 年 2 月 5 日《申报》报道:

昆山民政长方君,前因该邑巴城镇乡民聚众抗粮,禀奉沪军都督,命令沪军中营杨锦堂管带,偕同教习陈吉祥,带领兵士五棚,前往弹压,迄已多日,尚未回防。该镇西乡前日又有乡民庄盛卿为首,霸阻完粮,事为民政长查悉,立委王翰坡君,于 2 月 1 日偕同教习陈君,率兵驰往捕拿究办。各乡民闻之,均即闭户出外,聚集三四百人,由庄盛卿为首,各持器械,奋力拒捕。沪军营教习陈君,即命各军士一律开枪,迎头痛击。该乡民等乃分投逃窜,致未拿获。现在各兵士仍驻防该乡,严密搜捕。惟所带子弹已将告罄,故由陈教习于昨日飞禀沪军营王统领及中营杨管带,请即发给,以济急用。闻沪军营准即拨给枪子一千颗,已于昨日午后派弁二名解往该处矣。

1912 年 1 月 8 日《民立报》:

青浦县光复后,民政部酌定业户租籽收取八成,乡民借口松城仅收六成,共结团体,饮齐心酒,力图霸抗。民政部以租务攸关赋税,传知地保谕各乡民依限还租。地保不善处置,语多压制,致乡民激怒,麇集县城,与民团抵抗。该乡民受伤数人,遂将民政长徐彭龄之子劫去,大起风潮。当经徐君请松军政分府派兵弹压,已于日昨由沈葆义统带率领师船十六艘前往矣。

1912 年 2 月 4 日《申报》:

旧历十二月十三日,嘉兴石门县西南乡民聚众抗租,焚屋伤人,业已急电蒋都督请兵救援。本月十五日复据该邑马民政长二次告急,谓昨电达后,即带同兵警到西南乡鸽子洪弹压。讵船未泊定,岸上鸣锣聚众千余人,辄先开枪拒捕,伤毙兵警二人,并用巨石丛击,伤者尤夥,一面将河道堵塞,恃蛮围攻。兵警见此情形,回枪防御,拿获三名,众渐窜散,当将程世良等救护出险。据各业户禀报,现仍声言打毁各大户,乘势攻城,请速派兵下县镇慑,由县另遣兵差拿犯惩办。余另禀详。同日又电云,东南乡刁佃抗租,不完粒米,聚众殴伤业主多人,业经官兵弹压救护。本日复鸣锣聚众,焚拆业户房屋,拔人虏赎,宣言不杀尽业主不休,形同土匪,请速派兵解救云云。现闻都政各府已电饬方分府会同董、陈两统领迅速带兵前往和平解散云。

△ 柏文蔚呈文孙中山,陈述兼任皖省总司令理由,请核准第一军团编制条例。

柏文蔚呈孙中山文稿如下:

中华民国第一师团长兼皖军总司令柏文蔚,为详报第一军团编制情形并拟具军司令部条例,请予核准事:

窃文蔚统率第一师团驻扎浦口一带,北捣燕齐,西图皖豫,以固金陵门户。嗣因兵力进据临淮关,该地为北伐第一要隘,尤为皖省咽喉,遂由皖省公举文蔚兼任皖省总司令,由皖省通告并奉大元帅电知在案。文蔚窃维成军之始,必先预定军团司令部规条,然后统驭乃能划

一,谨拟具第一军团司令部条例,开陈钧核。抑文蔚尚有数事不能已于言者,谨为大总统披沥言之。

一、全局宜统筹也。民国现既设立中央政府于金陵,敌军自必舍武汉而以全力窥取金陵。现朱家宝、倪嗣冲均驻军皖北,张勋驻军徐州,无非东出青江,南下安庆,复由颖[颍]寿顺淮流以扼临淮。文蔚以孤军进扼临淮,西救颖[颍]寿,若非利用皖北民军,则必至无兵可以应敌,坐视敌军长驱直入。此不能不勉应皖省所请,暂行兼任皖省总司令之理由一也。

二、民军不宜弃为敌用也。我国产兵之地,素推皖北,由其民俗慓悍,历史上所铸成。袁世凯有鉴于此,故利用倪嗣冲、段芝贵等招募皖兵,倪、段均系皖产,故皖北之民亦多归之。所幸民国民族主义渐入人心,皖民现已排满归汉。十月十三日张勋至怀远,即为民军追击,夺张贼快枪三百余杆,张贼仅剩残兵千人、步枪三四百枝奔至徐州。民军均不顾身,阵亡管带一人、军官十余人、兵士六百余人。忠义之气,闻者起敬。今不收为我用,必至转为敌人所诱募。我军多收一民兵,即使敌营少一悍卒。此文蔚所以不能不暂允皖省所请,兼任皖省总司令之理由二也。

三、财政宜并顾及也。文蔚于阴历冬月十一、十二两日,亲赴临淮、凤阳各地考察。各军战术未必全行娴熟,而人不畏死,一经训练,即为义勇节制之师。复调查兵械,见其新旧式后膛枪有三千余杆,大小炮位二十余尊,战马一百余匹,俨有一师团之基础。现在敌军视为劲敌,不敢乘胜深入。文蔚窃计就此编练成一师团,兵械已有一半之数,只须添置枪枝,补置被服,较平时开办费可以节省一半。倘不收为我用,则该民军挺[铤]而走险,非北奔敌营,即南为流寇,挟以此种利器为患,何可设想!如其编列成军,则民军、器械均为我用。利害相形,孰得孰失,岂待再决?此文蔚所以不能不暂允皖省之请,兼任皖省总司令之理由三也。

综此三难,是以文蔚反复筹思统筹兼顾,拟开办第一军团,除文蔚旧有第一师团外,即以皖省现在之民军编为第二师团,并拟定第一军团司令部条例,表列开单,恭呈钧核。伏乞迅赐另行委任军司令长接办全军事务,大局幸甚!再皖省民军亟待编练,迟必另生变患,事机急迫,间不容发,伏乞迅予批示施行。须至详者。

附条例一册、表一张。右详

中华民国大总统

中华民国纪元元年元月第十一号详
加盖“中华民国第一师团”印

黄彦、李伯新编著《孙中山藏档选编》(辛亥革命前后),中华书局1986年版,第80~81页

第一军团条例及说明书全文如下:

第一军团编制规条并说明书

第一章　总纲

第一军团为联合第一师团、第二师团特设一总司令之机关,筹攻守之方略而期战事之便利也。其军司令机关之组织,以军团长一人统率司令部,而以军总参谋【长】一人、参谋次长一人辅助军司令赞划全军事宜。而于军司令部内分设数种独立机关,分任各事,惟均受成于军团长:一曰幕僚,合参谋部、副官部而成;二曰军炮兵部,参佐全军炮队事务,遇炮队聚战之时,由该员指挥督率;三曰军工部,参佐全军工队事务,遇工队聚用之时,由该员指挥督率;四曰经理部,督理全军军械、军需、金库暨转输事务;五曰军医部,统理全军卫生事务及战地死

伤者之送还、医院之设置、兜[?]药材之调办补充；六曰军马医部，掌理全军军马卫生、医治、补充等事；七曰军管理部，专任军司令部宿营、给养、警戒各事；八曰交通部，管理全军邮政电信事务；九曰军法部，执行法律，为军团长之顾问，任高等军法会议组织之事。各种独立机关均受军团长之指挥监督，各机关遇有相关之事均随时合力通作，以期军司令部指臂相使达共同之目的焉。

第二章 幕僚

第一节 参谋部

第一款 军参谋长。军参谋长辅助军团长统筹作战计划、出师准备并监督所部各团队之能执行本军团长之命令与否；又时时联络各团队之感情，并销除其意见；又须与经理部时时筹画兵站接济事务，期于战时之粮秣、被服、枪炮、药弹无误阵前接济为主。

第二款 军参谋次长。参谋次长禀承军团长会同参谋长统筹全军平时、战时一切事宜。凡参【谋】长权限内之事，参谋次长均得预闻，并于参谋长另有事故之时得代其执行；又随时督率各参谋执行各事宜。而参谋部又分置三司，另设司长及参谋，以分配参谋部各事焉。

第三款 参谋部第一司。本课[司]设司长一人，参谋四人，职掌如下：

（一）行军战斗、宿营之计划；

（二）命令、训令报告及传达；

（三）机密命令、训令之起草；

（四）作战中日记，调制作战一览表。

第四款 参谋部第二司。本司设司长一人，参谋三人，职掌如下：

（一）侦探敌情；

（二）调制地图；

（三）搜集关于敌情之报纸及通报。

第五款 参谋部第三司。本司置[设]司长一人，参谋二人，职掌如下：

（一）联络后路兵站；

（二）设置通信机关；

（三）筹画野战仓库、军需品之供给。

第二节 副官部

副官部为掌传达命令、掌管各项册籍、收发文件、保管印钥、管理庶务各事，以高级副官（以护军官改设）、一等副官（执事官改）总其成。设课员六人，其分课如下：

（一）传令课，掌传达军团长一切命令；

（二）册簿课，掌军司令部军官、军人册簿；

（三）文书课，掌收发一切文件；

（四）印钥课，掌任管军团官印钥、监视盖印事务；

（五）庶务课，掌军司令部内庶务。

第三章 军炮兵部长

军炮兵部长为统筹军团炮队作战之计划；在战时则指挥炮队；又须与参谋部、经理部长筹战时各炮之补充接济。

第四章 军工兵部长

军工兵部长为统筹工兵聚用之计画，指挥工兵，督理交通，与参谋部、经理部协议整理步工兵器具材料；又指示处置战利兵器之法。

第五章　经理部

经理部统辖军团部内军械、军需、金库转输一切事宜,准备临时应用所必需;在经济困难之时,随时禀承军团长设法接济供应急用;又得代表军团长,至陆军部计议临时接济之法。其所部暂分六部:

(一)本部,以经理部正长一人、副长一人、部员八人组织之。正副长职务在督理全部部员,听部长之指挥,办理临时事务。

(二)军械司,以司长一人、副长一人、收发员三人、修理员三人组织之。

(三)军需司,以司长一人、副长一人、粮秣课员三人、被服课员三人组织之。

(四)理财司,以司长一人、副长一人、会计课员四人、收支课员四人组织之。

(五)输送司,以司长一人、副长一人及科员八人组织之。

(六)兵站,以总监一人、副监一人暨科员八人组织之。

第六章　军医部

军医部长掌军团内之卫生及战时病院设置、死伤者运送及战时医药品之购买、补充、保管等事,及督率各团队军医官调治军士伤病。

第七章　军兽医部

军兽医部掌军团内军马之卫生及购买、补充、喂养等事,并督率各团队查马长查察各团队马匹强弱,督率各团队马医官疗治马病。

第八章　军管理部

军管理部料理本军团司令部宿营、给养、警戒各事。

第九章　交通部

交通部掌军司令部交通事项。部长督理全部交通事宜。军电信课分任电信事宜;邮便课分任邮便事宜。

第十章　军法官部

军法官部掌执行军法、审查法律,凡关于陆军检察、审问、判决、再审各事均属之。又于军团长法律上之顾问,则应为答复。

黄彦、李伯新编著《孙中山藏档选编》(辛亥革命前后),中华书局1986年版,第82~85页

△ 北伐联军颁布《北伐联军参谋团章程》。

《北伐联军参谋团章程》如下:

北伐联军参谋团发凡

启者:和议难恃,北伐在即,各省军队云集响应,共同进行。然不谋所以联合之方,筹统一之策,胜不相让,败不相救,良用隐忧。敝司令等有鉴于此,爰发起北伐联军参谋团,以期军事上有协同之功,作战时收指臂之助,且可以补助大总统暨陆军部、参谋部之不足,诚一举而数得也。兹将简章开明如下:

北伐联军参谋团简章

一、宗旨　考查各军之实力,互达各路之情报,筹画作战方针,务使北伐联军一致进行为宗旨。

二、命令[名]　北伐联军参谋团。

三、人员　由各军选派参谋代表二三员组织而成。就中公举团长一员,其余各参谋依战时总司令部之编制,分别办理课务。

四、权限　各军选派参谋有代表各军之全责，凡议决事件有要求各军司令官实行之权。如遇临时情况有万难实行之时，亦须从速通知，再行计议，从多数取决。

五、职务　各参谋既具有代表各该省北伐全军之资格，则该省出[北]伐军队之动作应认定有统一之效能。惟各参谋关于计画方面均须顾全大局，通筹利害，不得但以己军之得失而牵率全体之从违。

六、效能　参谋团既得各军主将之所信任，凡参谋协议取决之件，各军均须视为适当之举动，如该省军队显露违背之意，则所派参谋之责权立即消灭，彼军对于各方面之联合约章亦须视为无效。

七、费用　团内开支公费由各军分摊，各员津贴仍由本军给发。

八、地址　各军未出发以前，暂在石板桥洋房内为办事处。既出发以后，则选择各军适中地点，临时通知各军。

九、组合　参谋团由发起各军暂行组合，凡各省军队如蒙赞成斯旨，共表同情，请即敦赐教言，俾资信用；一面迅速委任参谋代表二三员参入公团担任职权，俾收万众一心之效。

十、办法　参谋团办事详章，应俟各省参谋入团人数约有光复各省军队三分之二再行集议。编定开办之初，暂由先到者酌量参拟，经发起各军司令官认可施行。

粤　　　姚雨平

发起人　镇军司令官柏文蔚　同　启

浙　　　朱　瑞

中华民国元年正月　　号

黄彦、李伯新编著《孙中山藏档选编》(辛亥革命前后)，中华书局1986年版，第89～90页

△ **北伐联军制定第一次作战计画。**

北伐联军第一次作战计画如下：

一、敌情

甲、敌军于湖北、河南境内驻兵万余人，以两标保护京汉铁道，石家庄驻兵一标，保定驻兵一标，北京城内驻兵两镇，城外驻兵一标，天津驻兵一标，唐山驻兵一标，山海关驻兵一标，兖州驻兵一标，济南驻兵两标，张家口驻新旧兵约万人。

乙、张勋统兵约六千驻徐州，复以兵一标保护津浦铁道。

丙、敌于秦皇岛驻兵一镇余(步、马、炮、工全)，直隶省驻防军万余人。

丁、河南府之西路驻兵一枝以阻我陕西之兵，毅军渡黄河以截我山西之军，复以兵一枝约一混成协攻我潼关，并欲截断陕军与襄阳之联络。

二、以第一军出襄阳，经南阳、鲁山、伊阳、宜阳、渑池、陕州等处，援潼关之陕军。待奏功后转攻河南府，至克复时即由孟津渡河，过怀庆，入山西泽州。以一枝队出潞安，其大兵由长子屯留沁州，于武乡会合，次经太谷、徐沟与山西之兵联络，攻取太原。待克复后，驻于平定、陉井[井陉]之间候令。其交通机关以密电达鄂(而陕西军速回西安剿除升允，奏功之后复回潼关听调)。

三、以第二军取道襄阳、枣阳、桐柏等处，与第三、四、五军联络，夹攻信阳。攻击奏效之后，由遂平收服舞阳、叶县、襄城、宝丰、郏县、禹州、汝州、登封、偃师等处，至河南府候令。其交通机关以密电达鄂。

四、电约第二、四、五军同时夹攻信阳。以第三军为干队，进攻黄陂、孝感等处。然【后】

分一支队由应山攻信阳之西,其本干队由京汉铁道夹攻信阳。至奏功之后,取道西平、许州、尉氏等处,进攻开封。攻击奏功之后,于此候令。其交通机关以密电达金陵,转达第五军。

五、以第四军取道黄州、麻城、光山、罗山等处,与第二、三、五军联络,进攻信阳。至奏功后,沿京汉铁道直取黄河桥,以重炮守北岸,分兵一支守南岸,其干队驻于原武候令。其交通机关以密电达鄂。

六、以第五军取道含山、合肥、固始、光州、正阳、确山等处,沿京汉铁道进攻许州,于此驻扎,以断敌军之救应,并守护信、许间之铁路及援助第二、三、四军。至二、三军奏功之后,取道中牟与第二、三、四军联络,进攻开封。至克服后,收取兰封、龙门、定陶、东明等处,驻扎曹州候令。其交通机关以密电达金陵转鄂。

七、以第六军出凤阳、颍州、太和、陈州、太康、通许,进攻开封。至克复后,取渡黄河,驻武阳、延津、邱封等处候令。其交通机关以密电达金陵转鄂。

八、以第七军出凤阳、宿州、永城、夏邑、砀山,顺黄河旧槽而下,与第八、九西[两]军联络,进攻徐州。至克复后,沿津浦铁道与第八、九、十军联络,进攻济南。至克复后,于此候令。其交通机关以密电达金陵转烟台。

九、以第八军沿津浦铁路与【第】七、九两军联络,进攻徐州。至克复后,取道丰县、鱼台、嘉祥、郓城、东平、东阿、平阴、长清等处,与第七、九、十军联络,攻取济南。至克复后,驻扎济河、禹城、苦水铺等处候令。其交通机关以密电达金陵转烟台。

十、以第九军出淮安、宿迁等处,与第七、八两军联络,进攻徐州。至克复后,取道峄县、沂州、泰安等处,与第七、八、十军联络,进攻济南。至克复后,驻扎茌平、东昌等处候令。其交通机关以密电达金陵转烟台。

十一、以第十军取道莱州、昌邑、青州、周村、章邱等处,与第七、八、九军联络,进攻济南。至克复后,驻商河、济阳、临邑、武定等处候令。其交通机关以密电达金陵转烟台。

十二、先到指定地点者,若无别故,则可助他军攻击。倘距离在三百里内,可用马兵及飞行器通信,以为各军之联络并互相援助。其进击亦须同时,免受敌人全力攻我先进之军队,是为至要。

刘庆恩拟

黄彦、李伯新编著《孙中山藏档选编》(辛亥革命前后),中华书局1986年版,第90~93页

2月1日(十二月十四日)　段祺瑞所派代表吴光新、徐树铮、曹崇鉴与湖北军政府代表孙武、余大鸿、张大昕会谈,双方协议:段军北撤,促进共和。武汉民军在阴历年内(即2月18日以前)维持现状,逾期不能实现共和,即行进攻。

黎元洪致孙中山、伍廷芳及各省都督电文如下:

孙大总统、伍代表、各省都督钧鉴:顷据段军统祺瑞派来全权代表,与敝处接洽一切,并要求敝处给与照会以便回复,其照会文如下:

"为照会事:据贵军统派来全权代表吴光新、徐树铮等,【与】本军政府代表孙武、余大鸿、张大昕等接洽。贵代表称贵军统主张共和,拔师北上,恐敌[敝]军前道[进],距离太近,致生冲突,妨碍进行等因。【经】本军政府代表陈述前来。本都督甚表同情,当派本军政府代表等与贵代表公同商酌。【贵军北上,促进共和】,旬日之内,必可解决。现约定阴历本年之内,敝军保持现状,其有鄂境以外者,本都督亦设法维持。如阴历年内不能解决,敝军即当前进,以资援助。为此照会贵军统查照可也。须至照会者"云云。特此电闻。

再，据该代表面述段军统言，凡北军退出地点，即归鄂军管理，合并声叙[明]。元洪。先。印。

《临时政府公报》第7号，中国科学院近代史研究所史料编译组编辑《近代史资料·辛亥革命资料》，中华书局1961年版，第54～55页

编者按：此电据《黎副总统政书》卷6第2～3页《致南京陆军部并各独立省分军事机关》电校正。

△ 南京临时政府陆军部复电谭延闿、程潜，促程潜率所部援宁。

南京临时政府陆军部复谭延闿、程潜电文如下：

长沙谭都督、程旅长钧鉴：卅一电悉。已组织一旅，恳迅开拔来宁，枪械就近补充。现段祺瑞已联合【各】军将统，要求虏政府速行退位。惟张勋极力反对，意欲抗拒。若能乘此机会，擒斩张贼，则大局可定。宁军力尚单薄，难资战守。盼颂公急来，相机策应，以速成功，无任盼祷。陆军部叩。东。

中华民国元年二月一号

"南京临时政府档案"，中国第二历史档案馆编《中华民国史档案资料汇编》第2辑，江苏人民出版社1981年版，第70页

△ 南京临时政府财政部发布示谕，由江宁商务总会设立军用钞票临时兑换所，除各商号可以将军用钞票兑换现洋外，其他军民人等，严禁藉端骚扰。

南京临时政府财政部发布示谕如下：

为出示晓谕事：照得本部奉大总统命令，发行军用钞票，业经出示晓谕在案。查此项钞票原定三个月后，由中国银行兑换。兹为活动金融，体恤商艰起见，由江宁商务总会设立临时兑换所。凡各商号收存此项军用钞票，必须兑换现洋以资周转者，准携带店号图章，前往该兑换所照数兑换。此外，军民人等只许持票到各商店买物，不得径向兑换所要求兑换现洋。倘有藉端骚扰者，立即拿获送究不贷。各宜懔遵勿违。特示。二月一日。

"南京临时政府档案"，中国第二历史档案馆编《中华民国史档案资料汇编》第2辑，江苏人民出版社1981年版，第387页

△ 南京临时政府以民国新立，军需孔繁，于1月下旬与轮船招商局商议，以招商局为抵押，借银一千万两。本日，招商局召开股东大会讨论此事，到会股东皆赞成借款。2月10日，招商局召开董事会，南京临时政府特派陈其美、汪精卫与会，并出示大纲三条，承诺不使招商局受丝毫之损害。

1912年2月3日《申报》《招商局股东赞成借款》报道：

轮船招商总局前因接到全体军官将校公函，及沪军都督转行中央政府急令，以民国新立，军需孔繁，暂借招商局抵押银一千万两备用，由中央政府分年担保本息等语。当由局中登报，邀请各省、各埠股东借张园特开临时股东大会。二月一日三时五分摇铃开会，股东到者约四五百人。先由职员报告开会宗旨，宣读陆军全体军官将校致招商局函，及沪军都督与招商局往来函件。次由陈英士都督代表政府宣布意见，大旨谓：民军已光复十余省，民国政府业已成立，惟专制政府尚未推翻，所恃者军人之热血耳。但有热血须有器械，器械非以代价交换不可，有热血更须有军饷，尤非筹大宗款项不可。筹款之法，至今日已势穷力竭，一言以蔽之曰，借款而已。然借款必有信物，万不得已始有借招商局虚抵之说。诸公深明大义，当能赞成。惟余可于诸公前发一誓，诸公如尽力助民国政府，他日政府必不负招商局之股东云云。次张叔和君谓：招商局连年亏折，不如趁此时机为政府效力。以目前情节论，转瞬大局可定，则今日以义务贡诸政府，他日即可向政府要求权利，俾亏耗之招商局营业日渐发达

也。全场掌声如雷。执事员问全场有意见否,有顷,无发言反对者。执事员云:全体赞成,无庸投票再决。遂摇铃散会。时三时二十二分,开会时间仅十七分钟耳。

2月10日《招商局董事会关于南京临时政府借款事项会议记录》全文如下:

阳历二月初十日特别会议即旧辛亥十二月二十三日

伍秩翁托温钦翁代表,谭干翁、施子翁、陶兰翁、潘明翁、严渔翁、谢纶翁均到,杨绶翁另投意见书到。

办事董唐凤墀、施禄翁均到,陈辉翁代表陈斗垣到。

南京政府特派员陈英士、汪精卫二先生均到会。

温代表发议云:此次民国政府,借招商局产抵押外债,有不可不赞成之理由。凡属国民,皆当表同情于政府。外间股东有异议及反对者,皆因未明借抵之方法。况政府开示大纲三条,于股东权利毫无损害,且有担保偿还本息,及优待保护,将来扩充外洋航路,许其补助津贴等语。大纲附录于后,如果股东知政府用意如此,绝无强迫等弊,当亦必一律赞成。各董事为股东代表,如赞成即用表决法式。当时施、陶二董与温代表有讨论。语多不备录。惟云:目前最要事件,应先登报广告,俾各股东深明此中原委,解释疑惑,方可鼓动群情,实行借约。

附抄政府大纲三条

一、此项借款,其本利俱由中华民国政府担任偿还,不使招商局受丝毫之损害。

二、招商局如承认此次借款,中华民国当承认招商局为民国国家邮船公司。

三、扩张其外洋航路,予以相当之补助津贴。

其详细办法,可俟协商定之。

陈英士先生发表意见,并有劝告之语。不备录。

汪精卫先生拟广告稿,及议约各董均签字。稿附录于后签约两纸附粘。

照抄登报广告底稿

招商局各股东公鉴:此次民国政府,欲借招商局产抵押借债。董事等以关于股东权利,而各股东又函电交驰,对于此举,多所疑虑,以致此事久悬未决。今由临时政府特委专员陈君其美、汪君兆铭来局布告。此次借款,只借招商局产,作为虚抵,一切用人营业,悉仍其旧。并无请外人监督干预等事,及交出政府于招商局承认借款优待条件如下。条件与前同。董事等详审以上情节,知此次借款与我各位股东权利丝毫无损,虽暂将局产虚抵,而既由政府担任偿还,将来之危险无从发生,目前之利益亦无妨害,况尚有种种利益以为酬报,似无庸疑虑。当此民国甫建,军需孔亟之时,凡我国民,皆宜有所尽力,以负责任。想我各位股东,既谂内容,必无异议。除由董事等一致承诺外,谨此公布,以慰群情。至与政府委员协商之事,容续函布告,尚祈鉴察为幸。

伍廷芳　温宗尧代表
谭国忠
唐国泰　潘明训代
施则敬
陶　湘

二月初十日

附粘一件

元年二月初十日午后二时,其美、兆铭到招商局,与闻董事会议。正主席伍秩庸先生代表温钦甫先生、谭干臣先生、陶兰泉先生、潘明训先生、施子英先生、严渔三先生，及查帐谢纶辉先生、办事董唐凤墀先生、施禄生先生、陈辉庭先生代表陈斗垣先生均在座。其美、兆铭交验政府委任状，并布告此次请招商局抵押借款之用意，及布告政府于招商局承认借款后之优待条件，共三条：

一、此项借款，其本利俱由中华民国政府担任偿还，不使招商局受丝毫之损害。

二、招商局如承认此次借款，中华民国当承认招商局为民国国家邮船公司。

三、扩张其外洋航路，予以相当之补助津贴。

其详细办法，可俟协商定之。

温先生宣布后，各董事均以此举既与招商局股东有利无害，已一致承认。一面通告各股东此次承认之理由，一面缮具局产抵押清单，以备交付债主，并由其美、兆铭代表政府，与招商局各位董事立优待条件之正式公文，立此为据。

伍廷芳　温宗尧代表　陈其美
谭国忠　　　　　　　汪兆铭
唐国泰　潘明训代表
施则敬
陶　湘
严廷桢
谢纶辉

阳历二月十三日，即旧辛亥十二月二十六日。

财政部朱葆三先生，执有董事诸公签允之公信，来局取去通商银行股份票二拾万两，邵子愉、陈伯肇两君会同开箱取件，未曾录簿，暂由书记条志附册

签允公函乙件，存帐房。

"招商局档案"，中国第二历史档案馆编《中华民国史档案资料汇编》第2辑，江苏人民出版社1981年版，第305~308页

△ 孙中山致电广东各社团，告之旅宁粤人推荐冯自由督粤，征询其意见；同日电告汪精卫，被举为广东都督府高等顾问。

孙中山致广东各社团电文如下：

广州临时省会转同盟会、军团协会、商会、报界暨各团体鉴：本日据旅宁同乡诸公到府会议，佥称"竞存北伐，精卫固辞，粤局无人主持，冯自由组织革命事业多年，于广东情形素所熟悉，对于军民及各社团亦甚浃洽，以之督粤，断堪胜任"等语。文为大局计，此间虽甚资冯臂助，仍当徇商人之请，暂为割爱。用特电知，希即会商电复。总统孙文。东。印。

中国社会科学院近代史研究所中华民国史研究室等编《孙中山全集》第2卷，中华书局1982年版，第56页

孙中山致汪精卫电文如下：

上海汪精卫鉴：本日据旅宁同乡诸公到府会议，力举冯自由堪胜粤督之任，请电粤商办等情，已照办电粤。诸公并举阁下担任高等顾问，文亦颇以为然。特电知，希复。孙文。东。印。

1912年2月4日《民立报》

陈炯明致孙中山电文如下：

孙大总统、冯自由先生鉴：闻大总统委定自由兄督粤，甚感。炯明行期已逼，急求得代，务恳速即赴任，以定人心。炯明经电请龙济光带所部济军返省，以防新军出发后，无主力兵

队镇压。昨已派广利先往北海迎载,约初五、六日可抵省垣。此间尚有新练模范标一标,留不北发,且有毅生、执信诸兄相助为理,粤省可保无虞。敬乞冯公早莅,俾炯明得与军士偕行,大局幸甚。炯明叩。冬。

《临时政府公报》第7号,中国科学院近代史研究所史料编译组编辑《近代史资料·辛亥革命资料》,中华书局1961年版,第54页

△ **张謇致电孙中山,请孙电令各省都督转饬各军政分府、各司令派兵保护盐商。**

张謇致孙中山电文如下:

孙大总统鉴:准外交部咨开:"接中华民国盐业协会电称:'闻各国银行家拟监督我国盐政,是于国权、国课丧失殊多,将来又障害我盐业改良议案。盐界起事反抗,必惹出种种危害问题,望竭力磋商筹付之法'等情。相应备文咨请贵部查核办理"等因。

又据淮南全体运商呈称:"两淮盐务为岁入大宗,值大局未定,转输停滞,迭奉钧谕催运,并谕令仍照旧章,曷胜钦佩。惟现在金融恐慌,大局未定,非设法维持,竭力保护,难免商人怀疑观望。请将情形电咨四岸都督,无论军饷若何紧急,不可于盐价商本内有丝毫挪移。即以前商本损失,概由公家担认。并请将商人转运资本沿途派兵保护,以重商本而免损失。似此,商情毫无疑虑,在无可设法之中,或可希冀源源接运"等语。

查淮盐停运已久,转经劝谕,各商颇多观望。经謇晓以大义,力任保护,各商承认即日掣运。今奉前因,理合电呈大总统,请电令各都督查照,转饬各军政分府、各司令加意保护,以重外交,而恤商艰。实业部长张謇叩。东。

1912年2月9日《时报》

△ **张謇致电南京临时政府外交部,请外交部会同财政部通电已光复各省,千万不可擅行挪用已经指抵洋债盐税,以免惹起外交问题。3日,外交、财政两部即通电各省。**

张謇致南京临时政府外交部电文如下:

外交部鉴:大咨敬悉。各国干涉盐政,关系甚大。各省盐课、盐厘、盐捐、加价、复价等岁入约五千余万两,中间抵偿赔款者已居多数。现因军用浩繁,各省往往一概挪用,以致惹起外交问题。除由敝处电咨湘、鄂、赣、皖四省都督,请其注意,勿擅动指抵洋债之款项外,似应再由大部会同财政部通电已光复各省,查明各该省所收盐税已经指抵洋债者,共有若干,并饬千万不可擅行挪用,以免起外交困难问题。是否有当,祈钧核施行。盐政总理张。东。

《临时政府公报》第12号,中国科学院近代史研究所史料编译组编辑《近代史资料·辛亥革命资料》,中华书局1961年版,第92页

外交部、财政部通电如下:

各省都督鉴:贵省所收盐税,已经指抵洋债者共有若干,请查明电复。此款万勿遽行挪用,致起外交困难问题,切盼。外交部、财政部。江。

《临时政府公报》第12号,中国科学院近代史研究所史料编译组编辑《近代史资料·辛亥革命资料》,中华书局1961年版,第93页

2月2日(十二月十五日) 成都、重庆军政府合并,组织四川都督府,尹昌衡、张培爵分任正、副都督。

尹昌衡、罗伦报告成渝合并经过电文如下:

孙大总统、黎副总统、黄总长暨共和各省都督、军政分府鉴:川省重庆于阴历十月初二日

宣告独立，建设蜀军军政府；成都亦旋于是月初七日反正，建设大汉四川军政府。两相对峙，三月于兹。然一省之中，事权不归统一，一切行政，殊多不便。每以北虏未灭，该省万分危急，非亟图合一，厚集兵力、财力不能救援邻省，直捣虏府。昌衡、伦有见于此，受任以来，力谋合并，屡与蜀军政府电函相商，专使来往，最后乃派张治祥君为成渝联合全权大使，赴渝与蜀军军政府所派全权大使朱之洪君提出条件，互相商议。于阳历正月二十七日拟就草合同十一款，双方签字盖印，并缮就正式合同，经蜀军军政府盖印，送请察照，盖印前来。当经召集文武职员，特开会议，经众赞成，于二月二日盖印迄，合同成立。

按照合同，伦应退职。重以文武职员暨军民人等公推，辞不获命，勉居军事【参】议院院长之职，谨当竭其驽钝，赞襄军事，用副成全蜀父老兄弟殷殷相望于伦之意。除照会蜀军政府，促将重镇赶紧组织就绪，并派黎庆云君往迎张都督麾节来省，共图新治，通告各地，合行电告。

至前此建设之川南军政府，早已合并于渝，蜀北军政府亦议决于成渝合并之后，同为合并。自此全川统一，责任愈重，昌衡德薄能鲜，曷克胜此。惟有与张都督暨各执事，戮力同心，共维大局，夙夜只惧，以免陨越而已。昌衡、伦同叩。篆。印。合同附后。

计开成都军政府提议六条，议决者如下：

（一）暂认成都为政治中枢。

（二）承认重庆应设重镇，领兵一镇，直隶全省军政府，其名义、权限、区域及任重镇之人有定时，两都督乃可全行出发。

（三）认定成、渝两都督为全省正副都督，惟须两军政府合并所成之各处部院职员票举定正副，以免彼此谦让。

（四）两处副都督将来拟代以重庆主领重镇之任，或枢密院长或军事参议院长。现在重庆副都督曾经推定为北伐军总司令官。俟各方面认可时，及成渝条约并附件宣布实行后，即完全担任北伐职务。（附件）

（子）如为滇黔川总司令官则应受中央政府命令，否则受本省军政府命令。

（丑）北伐团应需之械饷人员，应由四川担任者，当始终担任之。其细目如下：（甲）兵力成、渝共出新军二镇，内外各兵□令器械完备；（乙）薪饷先筹备四个月，全额后随时接济，饷章附；（丙）弹药始终竭力补充；（丁）人员限于必要之人员，量材调用，此条早经蜀军政府议决通告各省，成都全权大使应为特别报告。

（五）各部长、次官及各职员宜合两地人材组织之，特须由两都督斟酌调用。

（六）两军政府所派安抚宣慰使，应从此速将合并之事知会，使互相联合，以接到地为职务终了地。此条重庆业已实行，成都亦应催促实行。现据飞报成都所派北路宣慰使，尚以兵力胁换蜀军政府，已委任岳池、邻水、漫[渠]县等县地方司令官，请从速知会。

计开蜀军政府提议五条议决者如下：

（一）大汉四川军政府应改为中华民国蜀军政府，以符各省通例。

（二）都督印文应定为中华民国军政府蜀军都督之印文，各道、府、厅、州、县印文应改为蜀军政府各种关防，以昭划一。

（三）重庆既设重镇，领兵一镇，其不足之兵与械，于条约宣布之日，应即由成都陆续放充。

（四）蜀军政府与鄂、滇各军所订合同，成、渝合并后，应继续承认有效。

（五）提议西藏为全国之西藏。

以上十一条,由蜀军政府全权委员与四川军政府全权大使公同议决,认为有效,签字后,即由[将]合并之理由及条件,通告中央政府、共和各省及本省各地方,特必经两军政府调印后,即见实行。四川军政府全权大使张治祥、蜀军军政府全权委员朱之洪。

《临时政府公报》第24号,中国科学院近代史研究所史料编译组编辑《近代史资料·辛亥革命资料》,中华书局1961年版,第200~201页

△ 南京临时政府陆军部呈文孙中山,请取消各省军政分府,代以他项机关,并妥定其权限,以谋军政、民政之统一。

南京临时政府陆军部呈孙中山文如下:

为申请事:窃查光复各省关于地方行政制度,尚未拟定施行,以致各府、州、县纷立军政分府名目。所有军政、民政、财政,或由军政分府担任,或只任其一部,其权限之大小视任军政分府者之势力而为扩张,以致毫无限制。此在光复之初,秩序未定,不得不从权办理。现临时政府成立,当力求军事之统一,及地方行政制度之制定。所有各府、州、县所设军政分府亟应取消,代以他项机关,而妥定其权限,以谋军政、民政之统一。伏乞饬参议院商议妥善办法,再饬由本部遵照施行。须至申者。

右申

大总统孙

中华民国元年二月　　日

"南京临时政府档案",中国第二历史档案馆编《中华民国史档案资料汇编》第2辑,江苏人民出版社1981年版,第170页

△ 南京临时政府陆军部通电各省,重申严禁私自招兵募饷。

《陆军部禁止私自招兵募饷文》如下:

各省都督、江北都督、第一军司令长柏、第二军司令长徐及各处司令长鉴:本部自成立以来,调查民国义师,其编成正式军队者,现时为数已多,实足敷北伐之用。曾经电知各处,非有本部命令,不得擅行招募。乃查近来以个人名义,呈请招募,或径自招募者,仍不乏人。查其究竟,甚至自称军官名号,联络痞棍,借词筹饷,扰害地方,殊悖本部整饬军队之本旨。兹特重行申禁,务请各饬所属原有军队,严加训练。如有呈请招募者,一概不准。其敢托名招募,扰害地方者,即迅速严拿,由各该处军法会议讯取供证,电部核办,决不宽纵,以肃军纪。陆军部。冬。印。

《临时政府公报》第7号,中国科学院近代史研究所史料编译组编辑《近代史资料·辛亥革命资料》,中华书局1961年版,第51页

△ 南京临时政府实业部通电各省都督,请各省速行成立实业司。

《实业部通电各省都督设立实业司文》如下:

各省都督鉴:本部司理本国农工、商矿、山林、渔猎及度量衡。窃念实业为民国将来生存命脉,今虽兵战未息,不能不切实经营,已成者当竭力保存,未成者宜先事筹画。今外省官制,虽未画一,而各省之实业司,当速行成立,隶属本部。其已经成立者,乞将办事重要人姓名报告本部,以后并乞饬该司将所办事件,每月择要报部,以备存查。中华民国实业部。

《临时政府公报》第8号,中国科学院近代史研究所史料编译组编辑《近代史资料·辛亥革命资料》,中华书局1961年版,第59页

△ 南京临时政府实业部奉孙中山令，通告汉口商民建筑市场。

《实业部通告汉口商民建筑市场文》如下：

为通告事：奉大总统孙命："鄂江起义以来，战事倥偬，凡百生业，咸受影响，商家贸易，尤遭损失，而汉口全市为北兵焚毁，其惨酷情形，本总统蹙焉悯之。幸今者东南底定，民国肇基，商务为实业要政之一，亟应恢复，善后各事，尤宜审慎，须立永远之计，毋为权宜之策。兹据汉镇商民张崇、吴沛霖等呈请筹办汉镇商务、建筑市场等情，本总统察核情形，尚属可行。爰审定办法，先清丈被焚各家基址，即行登录，经地主议定地价，每年由公司纳租于地主。地主须按照所定地价百分之一，纳地税于国家，径由公司缴纳，由租内扣除，以一事权。他日国家因公需地之时，即照现定地价，随时买收，豁除前清给发官价之苛例。凡我国民仰体时艰，咸知大义，和衷共济，庶几商业之日兴，戮力同心，相跻共和之郅治。"特发通告，俾众咸知。元年二月二日。

《临时政府公报》第8号，中国科学院近代史研究所史料编译组编辑《近代史资料·辛亥革命资料》，中华书局1961年版，第58～59页

△《临时政府公报》刊载闽省《闽都督府大纲》，旋南京临时政府内务部认为该大纲"显然于国内独立成一政府"，请孙中山速令取消。2月8日，孙中山即令取消《闽都督府大纲》。

《闽都督呈报组织都督府大纲》如下：

闽都督孙道仁为呈报事：窃闽军光复以后，当经编订都督府大纲，并组织都督府政务院暨各部各局。谨将都督府大纲暨各部各局职员姓名，备缮清册各一份呈送，伏乞大总统察阅。须至呈者。

计呈送：都督府大纲一份，政务院暨各部局职员姓名册一份

谨将编订闽都督府大纲，缮册呈送察阅，须至册者。

谨开

都督府大纲

第一章　总纲

第一条　都督府置政务院、参谋部、司令部及都督署官属，由都督按照法律统领一切政务。

第二章　政务院

第一款　政务院总则

第二条　政务院以政务院临时总长及各部部长组织之。

第三条　政务院临时总长一员、副长二员。

政务院临时总长为各部之领袖，总理机务，保持各部之统一。副长襄助临时总长处理政务，临时总长有事故时，得由副长代理。（政务院临时总长先以前参事会长充之。）

第四条　凡发布法命，政务院临时总长、副长，应协同各主管部长署名负责。

第五条　政务院副长、各部部长，均由政务院临时总长推举，呈请都督特任。

第六条　行政各部之设置如下：

甲、民政部；乙、外交部；丙、财政部；丁、军务部；戊、司令[法]部；己、教育部；庚、交通部；辛、警务部。

第七条　政务院及各部得设顾问，由政务院临时总长、副长、各部部长，以具左列资格之一者，聘充之：

一、有勋劳者；二、有学识者；三、有德望者。

第八条　政务院临时总长,对于行政各部之命令及处分,认为必要时,得暂令停止,开院议决定之。

第九条　凡关于左列各件,须经政务会议决定,由政务院临时总长,呈请都督批准施行。

一、法律案及预算、决算案;

二、外国条约及重要之外交事件;

三、关于官制或规则及施行法律之命令;

四、各部主管权限之争议;

五、由都督交付之人民请愿;

六、预算以外之支出;

七、札任官及地方长官之任命及其进退;

八、按照法令应经政务院会议事件;

九、政务总长及各部长,认为应经政务院会议事件;

十、其它各部主管任务与高等行政有关系之重要事件。

第十条　军事上一切事件,除由都督札知政务院外,应由军务部长通报于政务院临时总长。

第十一条　各部置次官一人,由政务院临时总长遴选,呈请都督札任;各部科长、副科长由政务院临时总长协同该主管部长遴选,呈请都督札任。(二十一日经院议改正。)

第十二条　各部部长有事故时,以次官摄任;科长以下之代理,由部长定之。

第二款　政务院

第十三条　政务院置各局如下:

一、叙官局(恩给赏勋附);二、法制局(礼式附);三、印铸局(公报附);四、统计局。

第十四条　政务院所属各局职掌事务及职员之配置别定之,各部亦同。

第三款　行政各部

第十五条　各部官职及其职务权限,以各部官制通则定之。

第一款　民政部(第一款至第八款应为第一项至第八项,编者)

第十六条　民政部置部长一人,次官一人,设各科如下:

一、地方科;二、土木科;三、卫生科;四、实业科。

第二款　外交部

第十七条　外交部置部长一人,次官一人,设正、副科长一人,暂不分科。(二十一日经院议改正。)

第三款　财政部

第十八条　财政部置部长一人,次官一人,设各科如下:

一、会计科;二、税榷科;三、田赋科;四、理财科;五、公债科;六、盐政处。

第四款　军务部

第十九条　军务部置部长一人,次官一人,设各科如下:

一、军事科;二、人事科;三、军需科;四、经理科;五、执法科;六、医务科。

第五款　司法部

第二十条　司法部置部长一人,设次官一人,各科如下:

一、总务科;二、民刑科;三、典狱科。

第六款　教育部

第二十一条　教育部置部长一人,次官一人,设各科如下:

一、专门科(实业附);二、普通科。

第七款　交通部

第二十二条　交通部置部长一人,次官一人,设各科如下:

一、司法科;二、电政科;三、航业科;四、路政科。

第八款　警务部

第二十三条　警务部置部长一人,次官一人,设各科如下:

一、司法科;二、行政科;三、消防科;四、侦探科。

第三章　参谋部

第二十四条　参谋部置各科如下:

一、外事科;二、运筹科;三、调查科;四、测绘科。

第四章　司令部

第二十五条　司令部之编制别定之。

第五章　都督署官属

第二十六条　都督署官属如下:

一、军事参议官;二、秘书官;三、参事官;四、其它军佐官。

第六章　附则

第二十七条　本大纲自改定颁布之日,有实施之效力。

第二十八条　本项大纲如有应行改订之处,随时经政务院会议决定,呈请都督施行。

闽都督府政务院暨各部局职员姓名缮册呈送察阅。须至册者。

谨开:

闽都督府政务院　院长彭寿松　副长林斯琛　副长郑祖荫

政务院叙官局　局长刘　通　副长黄光弼

政务院法制局　局长林万里　副长李　倬

政务院印铸局　局长林　晓　副长陈景松

政务院统计局　局长邱任元　副长刘以苐

民政部　部长高登鲤　次官林　森

外交部　部长陈能光　次官林树菜

财政部　部长陈之麟　次官蔡法平

军务部　部长林之夏　次官萧奇斌

司法部　部长郑　烈　次官梁继栋

教育部　部长黄展云　次官刘以钟

交通部　部长黄乃裳　次官潘训初

警务部　部长翁　浩　次官熊丙生

参谋部　部长王　麒　副长林肇民

司令部　总长许崇智

船政局　局长林永荣　副长沈希南

公债局　总理李　恢

《临时政府公报》第5、6号,中国科学院近代史研究所史料编译组编辑《近代史资料·辛亥革命资料》,中华书局1961年版,第37~39、40~42页

内务部总长程德全呈孙中山文如下:

内务总长程德全呈:为顷阅《临时政府公报》五号载有闽都督府大纲一节,其组织名称显然于国内独立成一政府。今公报为中央政府发表政令之机关,而登载其事,是我中央政府已默为许可。有此闽都督府组织之大纲,已引起政治权不一之失策。若谓公报随便登载,则公报何为而设,而国人又将何所遵守?将来一切公布之法令,均不生效力,则内外观听,遂自此淆乱,而失其依据,其为害尚堪设想耶!本部以事关至巨,未便缄默,用特备文呈请,速令取销闽都督府组织大纲一事,并声明其登载失误之理由。以后公报凡关于法令之件,须公布者,始能登录,以一国人之观听。区区苦衷,实有不得已于言者,尚希谅之,并赐核行。此呈。

《临时政府公报》第10号,中国科学院近代史研究所史料编译组编辑《近代史资料·辛亥革命资料》,中华书局1961年版,第75页

《大总统批内务部请取销公报所登闽都督府组织大纲呈》如下:

据呈已悉。所称公报五号登载闽都督府组织之大纲取销一节,持论甚正,已交秘书处转饬公报局即行取销。公报为临时政府发表政令之机关,以后凡关于发表法令之件,必须公布者,始能登录。并饬知该编辑员于登载各件,务当悉心斟酌,不得稍有疏忽矣。此批。

《临时政府公报》第10号,中国科学院近代史研究所史料编译组编辑《近代史资料·辛亥革命资料》,中华书局1961年版,第75页

△ 贵州宪政预备会首领刘显世收买贵州自治学社社员、五路巡防军总统黄泽霖部下谭德骥,杀害黄泽霖,逐枢密院长张百麟。

黄烈诚《贵州起义首功黄泽霖被害略述》:

先夫黄氏,讳泽霖字茀卿,原籍浙江会稽县。先大父以知府官黔,父偕任,后亦卜仕,故先夫生于黔。学成后,习刑名,历就黔当道之幕。清廷变法,乃改治法政,投入民党。戊申春,与张百麟、钟昌祚、张泽钧等,组织自治学社。旋倾囊赴上海购运印刷机器,发起《西南日报》。又与同志创立学堂,先后开办公立法政、光懿女子师范、光懿女子两等小学,均任教务。辛亥年,又任教于官立法政学堂及法官养成所。先夫体魄壮伟,慷慨不屈。《西南日报》出版,揭载土豪事实,尤以唐尔镛、刘显世、任可澄、何麟书辈劣迹为多。先夫实任报务,唐、任、刘、何以是衔之。次年任可澄创设宪政预备会,又办《贵州公报》,交通官府,指自治党人谋革命多方倾陷。《西南日报》攻之最力,先夫又与其事。无何,四川争路事起,自治同人,见时机已至,与先夫密为革命预备。迨武昌首义,捷音入黔,乃于九月十四起事,不戮一人,反正成功,当推先夫为司法部长。时川省方多故,先夫建议以兵往援,乃公举为巡防各营军统,筹备出发。刘显世者,本兴义人,其父刘官礼以办团豪霸一方,显世继父业,充团防管带,性残嗜杀,远近衔之。当自治党密谋革命,宪政会侦知之,走告官署,巡抚沈瑜庆纳任可澄之谋,檄刘显世率所部来省搜杀革命党,未至而省垣反正,显世遂不前。先夫与张百麟,急欲化除党见,既引任可澄共事,又召显世来省。刘、任本反对革命,至是潜谋为乱,然以先夫握兵权,急谋去之。乃嗾其党何麟书发起英雄会,郭重光开汉军公,陈廷棻、陈钟岳开斌汉公(即哥老会),意图煽动军心。时援川先锋赴渝,已著战功,先夫行期在即,所部军士,果为公口摇动,先夫恐难制驭,乃徇众请,开光汉公以约束之。十二月初,因各公口多不法,先夫按治本管兵弁,戮数人,皆大怨望。刘显世乘势煽之,以三千金贿使为乱,十五日东路巡防队兵变,刺先夫于营中。叛兵争断其头与手,持往刘显世之门,报功索赏,同时又兵围张百麟、张泽钧于

家，掳掠一空。百麟、泽钧出走，又抄烈诚家产，捣毁房屋。哀哉！以民国首义之人，而遭惨祸如此，生者复无以为家，彼肇乱之刘显世乃安然为军务处长，宠膺少将，天道何存。烈诚弱女子耳，亦读书稍知大义，不忍先夫之冤以死，驰诉万里。有女孩二，犹在襁褓，负以随，孤孀颠连，一息仅存，尚冀仁人君子，哀彼死者，一评论焉。

黄烈诚《贵州起义首功黄泽霖被害略述》，中国科学院历史研究所第三所编辑《云南贵州辛亥革命资料》，科学出版社1959年版，第210～211页

张百麟《黄泽霖传》：

黔省光复后，议会议员与起义同志均主张调和党争，对于反对革命之宪政预备会时加保护。十七日，陆军生拘宪政会员毛凤岗，责其入城告秘，公立法政学生谓任可澄屡次谋杀革党，请诛之，百麟与议员诸公皆竭力劝阻，君亦曲为解释，毛、任诸人始得免死。百麟组织各行政机关，两党党员皆一律委任，宪政会诸人初畏刑戮，至是心始稍安。土豪刘显世原管带兴义团练，武昌起义，被其弟刘显治与熊范舆、唐尔锟力保显世招兵三千防滇、黔革军举事，李督甫给密札，而滇军起义，一战成功，任可澄辈亦于黔抚处力保显世带团练入省防革党。显世受札后，日夜赴省。是时黔抚与宪政会不敢公然杀革党者，乃专恃刘显世兵到始着手次第捕杀。不意显世甫至安顺，省城已宣布独立，乃密派其甥王电轮入省探军府意旨。兴义属各同志均请杀显世以安西路，财政司长蔡岳与显世弟兄交最厚，且主张调和党见，力保显世入省。君争论颇力，蔡君以辞职相要挟，百麟以蔡君办理财政颇费苦心，且有信用，不能不曲从其意，乃商诸正、副都督，准显世入省。君仍力争，百麟苦劝，始已。显世入省充二标一管带，君方准备援川，显世求接办君巡防统领事，君部下军士群反对之，显世又求署安义镇台或安顺提督，兴、安绅民均反对甚烈。军府开会，君独主张俯顺舆情，不能擅用压力，都督及参议诸君均以为然，遂不许显世之请，显世已愤不能平。滇省反正后，军界以刘显治、熊范舆、唐尔锟与李经羲之子密谋保显世招兵制革党，罪证昭然，遂抄尔锟家，并拘显治、范舆及李经羲之子，请正法。李根源与蔡都督均主张人道，劝令释放，惟滇人侦悉熊范舆等亏用铁路公款，复请查究。范舆与显治窘急，复函显世在黔运动电调。显世约蔡岳至军府晤百麟，请以一电调范舆、显治回黔，百麟不知刘氏用意，以为调黔人办黔事自可照办。发电后，显治、范舆复电称旅滇同乡已举渠二人与周沆充中央代表。是时，黔省议会已举平刚，遂急电止之，以免两歧。显世弟兄及熊范舆、周沆因是忌黔军政府愈甚，乱谋即由是定。显世一面派《黔报》(宪政会机关报)主笔陈稚书、新军标统陈宗岳以哥会名目滥交军人，私结军心；一面派戴戡往滇运动，并派黄鲁连来沪捏造谣言。当日黔军政府日纷扰于援川、援鄂诸问题，不料刘党竟有乱谋也。黔省光复，全以陆军学生及法政学生、自治党员与新军为中坚，初未尝广联哥会中人，虽军队中革党有曾假哥会结纳多人者，然亦未尝明树公口之旗帜也。自陈稚书、陈宗岳以主笔人及军官同开斌汉公(寓文武兼收之义)，时以谣言煽动军心，一般军人崇拜其哥会首领，遂日以犒赏事要求都督。君密商军府，请杀二陈以止乱。或谓二陈旧为绅士，恐他省疑为同党，误认为内讧，仅主张劝导，而不知其时之劝导实无效力也。君于百麟行后，将出发，成都独立捷报至，绅耆坚留君驻省，不许远行，盖两月之间，君渐次整饬军纪，督率教练，军事大有端绪，且随时扶持都督以保军府威重，省城全赖君之维持。盐政司于君请招兵保盐路，刘显世参预其事，遂派人密召劫匪罗魁至省，沿途抢骡马数十头，命匪党联骑直驱入省，名为马队。入城后，扬言苟不当标统，当杀都督保刘统领(指刘显世)。赵督知祸变将起，密委君以计擒罗匪诛之，人心大快，省内赖以安靖。复有东路兵与旧提督何东山家有隙，七人持枪磕诈，何氏家人赴君司令处鸣冤，君愤极，亲率卫兵至何宅擒乱兵。临刑时，东

路兵请赦七人死命,君曰:"养兵所以保民,兵先磕诈,焉能治匪,何以对同胞乎?"仍下令悉行枪毙。由是,阖城居民恃君能任法,安生乐业,称颂不绝。君名誉既高,勤劳愈甚,昼巡营伍,夜查街市,虽大雨雪不少怠,不意君之死期乃由是愈迫。盖刘氏结纳哥会,本欲谋乱以待滇军之来,君从李、孔二军官之策,以书生抚驭部下哥会中人,结合军心,刘氏之谋遂不能成。会滇军北伐队起行,戴戡蒙称黔省哥会为君提倡,军人跋扈,人心惊惶,请北伐军至黔定乱。滇军许之,与刘显世秘密通信,而军府不及觉察也。显世恐君存而滇军不能入黔,乱谋难遂,乃乘君诛罗魁及东路乱兵七人之机〈关〉,暗收罗匪党羽及东路乱兵党羽,劝其报仇,并以七千金为奖赏,又恐君死而百麟与都督尚存,犹能指挥军士剿匪,亦唆使匪党同时围都督及百麟。乱谋既蓄,待时而发。百麟养病私宅,卫兵初请轮班守卫,以辞职故,不许其请,盖不闻问一切,亦不需人保护也。都督及君亦无从逆料刘党乱谋。腊月十五日,百麟方晓起,忽远闻枪声,转瞬枪声竟至君宅外。差弁告变起,强扶至邻人室内,即闻乱兵放枪数百响,搜索声,抄掠声一时并作,忽又闻乱兵哗溃声,乃知安抚时所带卫军及南路军,已分路围攻乱兵,枪毙乱兵八名,余悉逃窜。南路统领陈守兼率兵护百麟回家,衣物一空,卫队管带彭尔昆受弹身死,老母及家属伏地避枪,尚未被祸。正拟派人报知君,有差弁来告,曰君已先遇害矣,都督亦将不保。百麟闻讯,痛不欲生,一面派南路兵传锣安民,劝勿惊惶,自有办法;一面督饬卫军又将擒获乱军正法四名,复率卫军至都督府与赵督共商办法,会衔剿匪。通告已盖印矣,都督卫军逼赵督,不许追问杀君一案,盖刘氏与匪兵又以哥会关系,联络都督卫兵,临时挟制赵督,使命令不行,力达谋乱目的也。百麟知军心已乱,乃率所部军至安顺。时刘氏请滇军已揭发,乃急电都督,拟一面以详情告滇军不必进行,一面治内匪以保治安。其时赵督已为李氏匪兵所制,已拟发回电,刘氏暗阻不许发,百麟探悉赵督困难情形,乃决计离黔,以免战祸,以书告赵督代筹自保及安民之法,遂行安顺、兴义,绅耆苦留,咸婉辞谢之,并详述不原[愿]以安全之贵州,变作争权位之战场,绅耆共流涕饯别。乃将所部军交安义镇台,携学生四人、差弁四人由南宁绕香港赴沪。尚不料刘氏引滇军至省,杀赵督并坑新军千余人,其次第杀害反正诸人,如此其毒也。

张百麟《黄泽霖传》,贵州省社会科学院历史研究所编《贵州辛亥革命资料选编》,贵州人民出版社 1981 年版,第 453 ~457 页

△ **袁世凯拟定汉阳、汉口退兵详细办法六条,电令段祺瑞与黎元洪就近磋商。**

袁世凯拟定汉阳、汉口退兵详细办法六条如下:

汉阳、汉口退兵详细办法,拟由尊处与黎元洪就近磋商,由英使电汉英领为介绍。又电沪英领转致伍廷芳,饬予接洽。所商各节,必须本大臣允准,乃可签押。兹预拟六条,希酌量妥订:

一、官兵退出汉阳、汉口百里以外,惟汉口以东阳逻司一带及汉阳以西至沌口之民军,一律退过长江之岸。

二、退兵日期。

三、退出之后,所有保卫地方事宜,由该处现设之官吏酌留巡警保卫,其保安条件由本大臣与伍廷芳协商定议施行。

四、退出之后,官民军均不得进占,亦不得于退时追袭。

五、退兵后,汉阳、汉口纯为商埠性质,不得筑台设垒,或加增武备及一切战事,以免生灵涂炭。

六、退兵时,不得损伤财产。

其余未尽事宜，由尊处酌拟。咸。

许师慎《国父当选临时大总统实录》下册，第191～192页；转引自中华民国史事纪要编辑委员会《中华民国史事纪要》（初稿）中华民国元年（1912）正月至六月，中华民国史料研究中心1981年印行，第171页

2月3日（十二月十六日） 隆裕太后授袁世凯全权与南京临时政府磋商清帝退位条件。

隆裕太后授袁世凯全权谕旨如下：

奉旨：朕钦奉隆裕皇太后懿旨：前据岑春煊、袁树勋等，暨出使大臣陆徵祥等，统兵大员段祺瑞等，电请速定共和国体，以免生灵涂炭等语。现在时局阽危，四民失业，朝廷亦何忍因一姓之尊荣，贻万民以实祸？惟是宗庙陵寝关系重要，以及皇室之优礼，皇族之安全，八旗之生计，蒙古、回、藏之待遇，均应豫为筹画。着授袁世凯以全权，研究一切办法，先行迅速与民军商酌条件，奏明请旨。钦此。宣统三年十二月十六日。内阁总理袁世凯署名。

《临时公报》辛亥年十二月二十六日（1912年12月13日），罗家伦主编《中华民国史料丛编·临时公报》，中国国民党中央委员会党史史料编纂委员会1968年影印，第3页

△ 伍廷芳致电孙中山、黄兴等，转达袁世凯声称现有权商酌优礼清室条件，拟续停战一星期，以便协商，请示如何答复袁世凯。

伍廷芳致孙中山、黄兴等电文如下：

万急。南京孙大总统、黄陆军总长、王外交总长、武昌黎副总统公鉴：顷由唐代表绍仪送来北京电如下："伍代表鉴：优礼条件，事关皇室，本大臣前以职在行政，谈不及此，是以两接来电，未便答复。现本大臣有权以商酌此事，请自十七日早八钟起至廿三日早八钟止，续停战一星期，以便协商。如承允许，即可由两方电饬各军队遵照，余另电达。内阁袁世凯。"应如何答复，乞即酌夺示知，以便电复。廷芳。觉。

《临时政府公报》第9号，中国科学院近代史研究所史料编译组编辑《近代史资料·辛亥革命资料》，中华书局1961年版，第73页

△ 张謇等致电南京临时政府，请划清临时政府与江苏都督权限。

张謇等致南京临时政府电文如下：

大总统、陆军部、财政部、南京府鉴：金陵自张勋负固，致烦联军进攻，苏省悉索敝赋，公私耗竭。幸新政府建设南京，各部成立，苏民延颈企踵，渴望援手。政府为全国之政府，非一省之政府，所有政府与江苏都督权限，亟宜划清，以垂永久。有如陆军，关于国防之事，如北伐各军、水陆要塞，应由陆军部担任；其关于省防、治匪、保民之事，仍由苏督担任。有如财政，凡共和政府应属于国家收支各项，由财政部直辖；其应属地方收支各项，仍由苏督管辖。南京府只以上江为范围，应仅管两县收支，各不侵轶，庶几机关明晰，民间稍轻负担，事理不至纷歧。应请交参议院分条核议，明定规约。乞电复。江苏省议会张謇等同叩。江。印。

1912年2月8日《时报》

△ 南京临时政府陆军总长黄兴发布正名布告，称"兴现任陆军部总长职，来往文件，应称现职。所有已取销之大元帅、副元帅名目，自不得更相沿用"。

黄兴发布正名布告全文如下：

为布告事：自各省代表谋组织临时政府，举兴为大元帅，兴以德薄能鲜，固辞不受，乃改

举鄂都督黎为大元帅,而兴副之,兴复未敢受职。逮临时大总统选举既定,强命兴为陆军部总长,不得已乃行就职,当即通电各省,取销元帅名义。前月十五补贺元旦,复亲对各军将校申明此旨,通告在案。现时各省军队以及各团体或个人似尚未尽悉,文函电禀,或称大元帅,或称副元帅,参差不齐,举皆失实。

夫称谓各有相当,名正则言顺,不可滥假也。初各省代表之举大元帅,原为暂虚大总统之位,而以大元帅摄其事也。今总统既已正式莅职,按诸法理,统率海陆军大权自应属之总统。今仍以业经取销之元帅名义,辱加诸兴,在称者或未详察,然兴甚惧国民心理不知注重于国家兵权之统一,而外人见名称歧出,亦以不能统一而见疑,因小误大,甚非民国之幸也。

近来兴对于此种称谓之文电,处置颇难。绳以严格之法律,名称不正之公文当然无效。兴既不敢为正式之答复,欲不复,则又以关系紧要,迟延搁置,恐误事机。是复既不便,不复亦觉非宜。以一名称之误,而致使兴两为其难,殊无谓也。用再明白布告,兴现任陆军部总长之职,来往文件应称现职。所有已取销之大元帅、副元帅名目,自不得更相沿用。经此次布告之后,如再有沿用者,无论何事,概不作复,以正名义而保体制。此布。陆军部总长黄兴。

《临时政府公报》第7号,中国科学院近代史研究所史料编译组编辑《近代史资料·辛亥革命资料》,中华书局1961年版,第52页

△ **南京临时政府教育部发布启事,征集国歌词谱。**

南京临时政府教育部发布征集国歌词谱启事如下:

国歌所以代表国家之性质,发扬人民之精神,其关系至大。今者民国成立,尚未有美善之国歌,以供国民讽咏,良用恧焉。本部现拟征集歌谱,俟取材较多,再敦请精于斯学者共同审定,颁行全国。尚蒙海内音乐名家制作曲谱,并附歌词,邮寄本部,不胜企盼之至。教育部谨启。

《临时政府公报》第8号,罗家伦主编《中华民国史料丛编·临时政府公报》(第1~20号),中国国民党中央委员会党史史料编纂委员会1968年影印,第164页

△ **北伐民军攻占安徽宿州。**

姚雨平通告攻占宿州电文如下:

《民立报》转各省都督、各军司令暨各报馆鉴:我军自败贼固镇后,节进取贼,挟全力下扑。今晨,据本军林协统报告:"江日八时,我军及宪兵联队与敌战于宿州东端。计敌兵除张贼二千余外,尚有第五镇步队四营,炮队一营,马队两队,山东巡防千余。历战至午后二时,敌军屡战屡败,我军追击十余里,杀贼千余,擒贼数十,受降百余,夺获敌军械、马匹无数。我军现驻宿州附近,敌军现已向徐州方面退去,镇军亦于三时扎近宿州"等语。特此告捷,聊慰国民。粤军司令姚雨平发。

1912年2月6日《民立报》

邹鲁致各报馆电文如下:

《民立报》转各报鉴:江日午前八时,我军及宪兵联队与敌战于宿州东端。计敌兵除张贼二千余人外,尚有第三镇(与上电第五镇必有一误,编者)步队四营,炮队一营,马队两队,山东巡防千余。接战至午二时,敌军屡战屡北,我军追击十余里,杀贼千余,擒贼数十,受降百【余】,夺获敌枪械无数。现敌已向徐州退却,镇军于三时到宿。我军现驻宿州。粤北伐经理

局长邹鲁发。

1912 年 2 月 6 日《民立报》

△ 袁世凯致电伍廷芳,提出修正优待清室条件:(甲)关于大清皇帝优礼之条件九款;(乙)关于皇族待遇之条件四条;(丙)关于满、蒙、回、藏各族待遇之条件七条。

袁世凯致伍廷芳电文如下:

伍代表鉴:兹将所拟优礼皇室条件,与各方面协商,详晰奉达,希妥速酌定见复。条件列下:

(甲)关于大清皇帝优礼之条件:

第一款　大清皇帝尊号,相承不替,国民对于大清皇帝各致其尊崇之敬礼,与各国君主相等。

第二款　大清皇帝岁用,每岁至少不得短于四百万两,永不得减额。如有特别大典,经费由民国担任。

第三款　大内宫殿或颐和园,由大清皇帝随意居住。宫内侍卫、护军官兵照常留用。

第四款　宗庙陵寝永远奉祀,由民国妥慎保护,负其责任,并设守卫官兵。如遇大清皇帝恭谒陵寝,沿途所需费用,由民国担任。

第五款　德宗崇陵未完工程,如制敬谨妥修。其奉安典礼,仍如旧制,所有经费均由民国担任。

第六款　宫内所用各项执事人员,由大清皇帝留用。

第七款　凡属大清皇帝原有之私产,特别保护。

第八款　大清皇帝有大典礼,国民得以称庆。

第九款　禁卫军名称、俸饷,仍如其旧。

(乙)关于皇族待遇之条件:

一、王公世爵概仍其旧,并得传袭。其袭封时,仍用大清皇帝册宝。

二、皇族对于国家之公权,与国民同等。

三、皇族私产,一体保护。

四、皇族免兵役之义务。

(丙)关于满、蒙、回、藏各族待遇之条件:

一、与汉人平等。

二、保护其原有之私产。

三、王公世爵概仍其旧,并得依次传袭。

四、王公中有生计过艰者,应设法拨给官产,作为世业,以资补助。

五、先筹八旗生计,于未筹定之前,八旗官兵俸饷,仍旧支放。

六、从前营业、居住等限制,一律蠲除。各州、县听其自由入籍。

七、满、蒙、回、藏原有之宗教,听其信仰自由。

以上条件,列于正式公文,照会各国,或电达驻荷华使知会海牙万国和平会存案。内阁袁世凯。禡二(《共和关键录》为"花二",编者)。

1912 年 2 月 7 日《民立报》

△ 中华民国自由党在上海张园召开成立大会,自由党会员及苏州、镇江、扬州、杭州支部代表千余人与会。宣布以"维持社会之自由,扫除共和之障碍"为宗旨。3月1日,创刊发行机关报《民权报》。

1912年2月5日《民立报》载:

纪元元年二月三号,自由党开成立大会于张园,老少男女党员到者千余人,苏州、镇江、扬州、杭州各支部代表齐来赴会,江苏代表尤携有鼓吹自由之《江苏公报》分散同人。沪上社会党、少年社、商团各代表及万国改良会丁义华先生均至。首摄影作纪念,人众,分三次摄毕。次由发起人谢君树华报告本党宗旨及执行、评议等部职员姓名。又次由发起人林君与乐报告,请李君怀霜演说。又次由发起人林君、徐君麟寰、蔡君等演说。又次由主裁李怀霜君宣布丁义华先生宗旨,于是登台演说,语语中肯。又次由社会党张君克恭及王树谷君演说,镇江代表胡义钦君、扬州支部代表颜君演说,杭州代表罗君传、商团会长叶惠钧君、王倬夫君等相继演说。又由主裁李君怀霜报告侠士、侦探两团不列入章程之故。又次由党员高女士企兰演说。又次由十三龄之党员余鹤君演说。又次由发起人杨君鸿春演说组织本党之宗旨,在提倡社会之自由。又次由谢君演说此次章程容有未善,请诸君回家细阅,有二十人以上提议,则即修改。旋即鼓奏军乐散会。

自由党缘起及简章如下:

众生芸芸,慈航普渡,妖气扰扰,雄气长嘘,此缘起自由党之意也。夫天赋人权,自有生以来,即予以完全自由之幸福。孩提之童、骀背之叟、纨袴之富、鹑褐之贫,孰无灵魂,以想以思?孰无肉体,以运以动?而何牵制束缚而不能享自由者之比比皆是也?吾党人有鉴于此,愿以毕生之脑力、腕力供我同胞奔走运用之劳,同归自由而已。"不自由毋宁死",非世界之公言乎?天既赋吾以人权,吾尤当爱护而保持之。孔子曰:"己所不欲,勿施于人"。西哲有言曰:"勿侵犯人自由。"自由之义昭然若揭。今丁此人权发达之期,社会之进步基于自由之催促,然而"自由,自由,罪恶假汝以行",罗兰氏所以临刑而痛言也。噫!吾党人行将深耕溉种,以植自由之良苗;又将芟刈蕴崇,以锄自由之蟊贼,甚悯恻夫同胞之不得自由也。为之树党以决成。发起人:蔡之韶、谢树华、林与乐、杨鸿春、徐麟寰、高冠吾、梁舜传、梁炳麟、罗传、赵铨章、王钺。

自由党简章

定名　本党定名为自由党。

宗旨　本党以维持社会之自由,扫除共和之障碍为宗旨。

机关　本党机关设本部于中央政府所在地及各都会附近,另设支部于行省及满、蒙、回、藏等处。临时机关设于上海法租界大马路自来火行西街口五百三十七号。

资格　凡与本党宗旨不相悖谬者,毋论男女皆得入党。

组织　本党组织设正副总裁各一人,书记、会计、理事若干,而其权限详载细则中。

集会　本党每年开大会二次,恳亲例会四次,若有重要事件即开临时大会。

经费　本党经费除党友每年常捐小洋五角外,入党时需纳洋五角;有特别慨助者,本党认为名誉党友。

进行　本党将来进行方法:公开自由讲演,创立学校,振兴实业,发行新闻、杂志。

附则　一、本党俟党员满百人以上者即开成立大会。

二、本党细则俟成立后即发表。

1912年1月8日《时报》

《民权报》出版通告如下：

本报系自由党全体同人组织而成，定于阳历三月初一日出版，即旧历壬子年正月十三日。基础已固，决无更改，致失信用。兹将内容及进行方法通告如下：

甲、关于内容者，本报以扩张民权、监督新政府、保持自由幸福为宗旨。编辑分十五部：（一）论说；（二）投稿；（三）要件；（四）专电；（五）译电；（六）要闻；（七）国内通信；（八）国外通信；（九）本埠纪事；（十）时评（内分三种）；（十一）丛录；（十二）文苑；（十三）小说（内分两种）；（十四）插画；（十五）来函。每日发行三大张，年终无休刊，国内外通人如愿担任访事，请按路程远近先期寄稿，遇重大问题且以通电为祷。合格函订，薪资从优。至鸿儒硕学以著作赐登，尤为欢迎。有欲代派本报者，亦祈预为示知，以便照发。

乙、关于股本者，本报虽属自由党之机关，然财政独立，不与党事含混，故组织之性质，系完全商办。所有股东之权利及义务，悉以商律为准。股额定十万圆，大股百圆，小股五圆。现在发起人缴足三万圆，以作出版之用。国内外热心之士，倘蒙入股，请交本馆事务所或各地自由党分部，俾额满之后，得以促本报之发达。

通信处：上海英租界四马路老巡捕房对门民权报事务所。

1912年1月30日《民立报》

2月4日（十二月十七日）　清军将领冯国璋、段祺瑞、张勋等六十四人电请伍廷芳承认北方所拟优待清室条件，南北双方和平解决。

冯国璋、段祺瑞、张勋等致伍廷芳电文如下：

上海伍代表鉴：北方军界不忍生灵涂炭，现多主张共和国体，朝廷亦无成见，无非尊重人道，以国利民福为宗旨。朝廷若以政权公诸国民，为数千年未有之盛德，凡我臣民，自应欢迎感戴，以尽报答之微忱。我军界同人，协同北方各界人士，商议优待条件，务请贵代表照此承认，庶可望从此戢祸息兵，得以和平解决，免致兵连祸结，横生分裂之惨，想贵代表应亦同此心理。条件如下：（以下与3日日志袁世凯"祃二"电相同，此处从略，编者）

总统官冯国璋、段祺瑞、姜桂题、张勋，翼长段芝贵，防务大臣张怀芝，会办河南军务倪嗣冲，统制官何宗莲、王占元、曹锟、陈光远、吴鼎元、李纯、潘矩楹、孟恩远，统领官李奎元、李泮藻、王金镜、鲍贵卿、卢永祥、陈文运、李厚基、何丰林、马良、张树元、马继增、周符麟、张锡元、王佩兰、伍祥祯、范国璋、高凤城、裴其勋、聂汝清，提督马金叙，总兵官王怀庆、徐邦杰、黄懋澄、李俊才、范书田、叶长盛、田保玉、张善义、谢宝胜、李永芳、谢有功、杨荣泰、张文生，武卫右军各营统制官王汝贤、洪自成、高文贵、刘金标，武卫左军各路统领官陈希义、殷贵、赵倜、方田、高云鹏、韩大武，河南统领官刘洪顺、柴得贵，奉天统领官吴俊升、张作霖、冯德麟、吴庆桐合启。洽。

观渡庐《共和关键录》第1编，第104～106页

伍廷芳复清军将领冯国璋、段祺瑞、张勋等六十四人电文如下：

总统官冯国璋、段祺瑞、姜桂题、张勋，翼长段芝贵，防务大臣张怀芝，会办河南军务倪嗣冲，统制官何宗莲、王占元、曹锟、陈光远、吴鼎元、李纯、潘矩楹、孟恩远，统领官李奎元、李泮藻、王金镜、鲍贵卿、卢永祥、陈文运、李厚基、何丰林、马良、张树元、马继增、周符麟、张锡元、王佩兰、伍祥祯、范国璋、高凤城、裴其勋、聂汝清，提督马金叙，总兵官王怀庆、徐邦杰、黄懋澄、李俊才、范书田、叶长盛、田保玉、张善义、谢宝胜、李永芳、谢有功、杨荣泰、张文生，武卫右军各营统制官王汝贤、洪自成、高文贵、刘金标，武卫左军各路统领官陈希义、殷贵、赵倜、

方田、高云鹏、韩大武,河南统领官刘洪顺、柴得贵,奉天统领官吴俊升、张作霖、冯德麟、吴庆桐诸公同鉴:尊处所开优待条件与本代表前所提交袁内阁者,大旨不相出入,已由袁内阁于二月五日答复,其所开条件与尊处相同。本代表因事关重要,特赴南京与临时政府、参议院协商。对于袁内阁提出之优待条件,有所修正,已得参议院全体议决,由本代表照电袁内阁矣。查此次修正案与袁内阁所提者大旨相同,较本代表前所提出更为优渥。惟所坚持者,在清帝实行逊位。盖必如是,然后共和国体乃完全成立。否则,有类于虚君共和之嫌,故独于此始终坚持。要之,全国人民为共和而流之血,前后积聚,可成江河,万不能含糊了事,以贻后祸。诸公既赞成共和,热心闳识,为薄海所共仰。而对于故君拳拳之厚意,亦为薄海所共谅。此次修正案,一面优礼清皇室,俾逊位之后,不失尊荣,一面巩固共和国体,俾民国基础不致摇动。实已斟酌妥善,想必诸公所愿纳也。伍廷芳。鱼。

观渡庐《共和关键录》第 1 编,第 106 ~ 107 页

△ **孙中山、黄兴联名致电伍廷芳,请其电告袁世凯,"时局自此,已非停战问题,乃在南北合力一致直入北京,以实力定大局"。至于袁所开优待清室条件,可协商办理。**

孙中山、黄兴致伍廷芳电文如下:

上海伍代表鉴:觉电悉(见 3 日日志,编者)。现在南北各军同赞共和,原无再起战争之理。惟清帝尚未退位,袁内阁主张共和,为二、三顽迷者所籍制,是以民军急图北上,速定大局,清廷意欲停战,惟有早日退位,否则迁延不决,徒滋祸害,恐惹起种种难题,民军岂能终止进行?顷已通电张勋、倪嗣冲、朱家宝、升允征求意见,如果赞成共和,彼此自系友军,自应联兵北上,共逼清帝退位,早图底定;若以言词表赞成,而于事实为抵抗,无论是否误会民军宗旨,而在民军方面不能不认为反对共和之仇敌,将与天下共同公诛之。质而言之,时局自此,已非停战问题,乃在南北合力一致直入北京,以实力定大局,不合此宗旨者即为共和障碍物,民军不能不竭力排除之,既非挑战即无所谓停战也。段军统与黎副总统所订条件最合此旨,袁内阁来电,似与今日时局不符,应无庸议。至优礼条件,袁内阁既称有权商酌,可按照祃电所开条件协商办理。其山西、陕西各军及升允等屡次违约进攻,应请袁内阁严饬该军立即停止战事,退出新占各地,共同联师北上,以彰大义。若东南言联和,西北主抵抗,与张、倪辈之反复无异,则民军自当一致运动,宁为玉碎,决不能坐受人始[绐],致贻中外之笑也。希以此意电达袁内阁为祷。孙文、黄兴叩。支。

1912 年 2 月 7 日《民立报》

编者按:本电录自 1912 年 2 月 7 日《民立报》刊载黄兴致各省都督、各军政分府及民军司令等"歌"电。

△ **南京临时政府陆军部通电各省,重申严禁私募军饷。**

《陆军部电致各省都督各军政分府严禁私募军饷文》如下:

各省都督、各军政分府鉴:私自劝募军饷,本部前已三令五申,严禁在案。兹查仍有借筹饷为名,到处招摇闯骗者,殊属目无法纪。用特电达各省都督、各军政分府,凡各地若有此项募捐人员,应请就地一律严禁,以保民国名誉而固民心。如有违抗不遵者,务请严惩不贷,以儆效尤,是为至祷。陆军部。印。

《临时政府公报》第 13 号,中国科学院近代史研究所史料编译组编辑《近代史资料·辛亥革命资料》,中华书局1961年版,第99页

△ **俄蒙军队围攻胪滨府营，胪滨守军被迫将枪马交与蒙方，撤离胪滨，胪滨府遂为俄蒙军队侵占。**

伍廷芳致电孙中山报告俄蒙军队侵占胪滨府文如下：

孙大总统鉴：顷接唐君绍仪送来梁士诒电文如下："周黑抚（黑龙江巡抚周树模）致阁部电，仅抄阅，希告伍。文如下：'顷据胪滨府张守寿增电称："十七日早八钟，俄马、步、炮队约八百余，蒙马、步队约四百余，合围府营。当即悬旗停战，请蒙员车总管到署面商。九钟车同俄官二员到署，限十二钟交枪马，否则开炮轰击。磋商四小时之久，非交枪马不可。增等因兵力不敷，若再开战，增等一身不足惜，必至牵动外交，不得已将枪马交蒙，下午四钟带兵出署，明晚回省"等语。查呼伦驿兵之变，初由俄人暗助，既则显然干涉，终则带兵合围，该府孤悬绝徼，援断兵单，势难固守。惟该府一失，沿边二十余卡伦及吉拉林议治局均不可守，呼伦道所辖全境，已成土崩之势，间接而入俄人之手。除饬李守鸿谟，将俄运蒙兵攻胪等情调查明确，以为交涉地步外，应请大部设法挽回，并盼示机宜。树谟。十八日'等语"云云。特为转致。廷芳，虞四。印。

《临时政府公报》第12号，中国科学院近代史研究所史料编译组编辑《近代史资料·辛亥革命资料》，中华书局1961年版，第95页

2月5日（十二月十八日）　南京临时参议院召开会议，讨论孙中山咨转袁世凯提出的清帝退位条件，修正通过了该项条件。次日，伍廷芳将修正优待条件电达袁世凯。

1912年2月7日《民立报》报道：

初五日，伍廷芳、汪精卫、胡汉民在参议院报告袁世凯所提出之优礼条件。参议院□开审查会，对于原案多所修正，□□□决。闻修正案之大意：（一）清帝□□实行逊位，至于逊位之后，其一身□祖宗、家族等之权利，不妨从优相待。（二）满、蒙、回、藏待遇，条件为满、蒙、回、藏人赞成共和，五大民族同建民国。当然，有此办法，不必因清帝即位，然后□此条件。此修正案已电达袁世凯矣。

伍廷芳电达袁世凯修正后的清帝逊位优待条件如下：

袁内阁鉴：花二电悉（见3日日志"祃二"电，编者）。所开优待条款与前次本代表所提出者更改甚多，深虑各省不能通过，故特与临时政府及参议院商酌，改定如下。阁下所难，本代表所深知，惟本代表所处之难，亦祈见谅。此次答复条件，非好为更易，实出于势所不得不然，已得临时政府之同意及参议院之议决，断难更改，希迅赐复，以期早日解决，是所切盼。兹将答复条件开列于下：

甲、关于皇帝逊位后优待之条件：

今因清帝赞成共和国体，中华民国于清帝退位之后，优待条件如下：

第一款　清帝逊位之后，尊号仍存不废，以待外国君主之礼相待。

第二款　清帝逊位之后，岁用四百万元，由中华民国政府付与。

第三款　清帝逊位之后，暂居宫禁，日后移居颐和园，侍卫照常留用。

第四款　清帝逊位之后，其宗庙陵寝，永远奉祀，由中华民国酌设卫兵，妥慎保护。

第五款　清德宗崇陵未完工程，如制妥修，其奉安典礼，仍如旧制，所有实用经费，均由中华民国支出。

第六款　以前宫内所用各项执事人员，可照常留用，惟以后不得再招阉人。

第七款　清帝逊位之后，其原有之私产，由中华民国特别保护。

第八款　原有之禁卫军,归中华民国陆军部编制,额数、俸饷仍如其旧。

乙、关于清皇族待遇之条件:

一、王公世爵概仍其旧。

二、清皇族对于中华民国国家之公权及私权,与国民同等。

三、清皇族私产一体保护。

四、清皇族免当兵之义务。

关于满、蒙、回、藏各族待遇之条件:

今因满、蒙、回、藏各族赞同共和,中华民国所以待遇者如下:

一、与汉人平等。

二、保护其原有之私产。

三、王公世袭概仍其旧。

四、王公中有生计过艰者,设法代筹生计。

五、先筹八旗生计,未定之前,八旗兵弁俸饷,仍旧支放。

六、从前营业、居住等限制,一律蠲除。各州、县听其自由入籍。

七、满、蒙、回、藏原有之宗教,听其自由信仰。

以上条件列于正式公文,由两方代表照会各国驻北京公使。伍廷芳。

观渡庐《共和关键录》第1编,第96~98页

△ 清第一军将领段祺瑞等九人联衔致电袁世凯请其代奏清廷,痛斥二三王公迭次阻挠颁发共和诏旨,声言将率军入京"与王公剖陈利害"。随即由湖北孝感撤兵北上。

段祺瑞等致袁世凯请其代奏清廷电文如下:

共和国体,原以致君于尧舜,拯民于水火。乃因二三王公迭次阻挠,以至恩旨不颁,万民受困。现在全局威迫,四面楚歌。颍州则沦陷于革军。徐州则小胜而大败。革舰由奉天中立地登岸,日人则许之。登州、黄县独立之影响,浸遍于全鲁。而且京、津两地暗杀之党林立,稍疏防范,祸变即生。是陷九庙两宫于危险之地,系皆二三王公之咎也。三年以来,皇族之败坏大局,罪实难数。事至今日,乃并皇太后、皇上欲求一安富尊荣之典、四万万人欲求一生活之路而不见许。祖宗有知,能不恫乎。盖国体一日不决,则百姓之因兵燹冻馁死于非命者,日何啻数万。瑞等不忍宇内有此败类也。岂敢坐视乘舆之危而不救?谨率全军将士入京,与王公剖陈利害。祖宗神明实式鉴之。挥泪登车,昧死上达。请代奏。第一军总统段祺瑞,统制王占元、何丰林、李纯,协统王金镜、鲍贵卿、李厚基、马继增、周符麟。

"宫中电报档",中国史学会主编《中国近代史资料丛刊·辛亥革命》(8),上海人民出版社1957年版,第178~179页

△ 清出使德国大臣梁诚、出使英国大臣刘玉麟联名致电清外务部,请代奏清廷"俯顺舆情,速颁诏旨,决定共和,以保中国而维危局"。

梁诚、刘玉麟致清外务部请代奏清廷电文如下:

乱久未平,国步危迫。前闻朝廷有意宣布共和,迄今未奉明诏。惟近则事机愈蹙,若再延宕,分裂颠覆势将立见,朝野同受其殃。惟有仰乞皇太后、皇上为天下大局计,俯顺舆情,速颁诏旨,决定共和,以保中国而维危局。请代奏。

"宫中电报档",中国史学会主编《中国近代史资料丛刊·辛亥革命》(8),上海人民出版社1957年版,第180页

△ 经南京临时政府批准,上海大清银行更名为中国银行,正式开业,以吴鼎昌任监督。

1912年2月6日《民立报》报道:

本月五号,中国银行开始营业,特于上午十时开茶话会,各界领袖、华侨代表暨股东到者百余人,跄济一堂,共表祝忱。

先由监督吴达铨君述开会词。大致谓:"满清政府惟一之金融机关,幸得南北股东之同意,财政总长之大力,今日改为民国惟一之金融机关,实最可贺。将来招集股本,以雄财力,改良办法,以谋进步,中国银行之前途,必有希望"云云。

次由财政总长陈润生君演说。大致谓:"满清之办理中央银行,有政治上种种不良之原因,故中央银行亦受其影响,未易改良。现在共和国体业已确定,本银行将来于统一纸币、办理国库两事,股东必得绝大利益。且外国人欲来购股甚多,均一律谢绝,惟愿我国民不可失此好机会"云云。众鼓掌。

次由股东代表何范之君演说。大致谓:"本行成立,以全体股东之一致,呈蒙大总统准行,并陈总长批示,使股东等得保有正当之权利,无任感谢。况政体改良,则因政治而得之,一切结果,必臻完好。本银行适于此时成立,实有无穷之希望。又得陈、王部长,吴、薛监督提倡指导,发达有期。是以日来股票虽尚未发行,而询问购买者已争先恐后,是可见人心之信赖民国,渴望共和矣。成立以后,尤望部长、监督赞助维持,庶股东等于法定范围内得享营业之利益,不第股东之幸,抑亦各商业之幸"云云。众鼓掌。

次由来宾代表、通商交涉使温钦甫君宣言。大致谓:"中央银行应有经收国家税课之职权,鄙人承乏交涉,前由陈总长委托,通告沪关税务司将税款改归中国银行经收,是即统一财政之起点,兼为实行中央银行办法之基础。财政之学,鄙人虽罕所经验,而于中国银行则可预决其将来利益之大,实乐观厥成,并愿为之尽力,谅诸君亦皆有同情也。"众复鼓掌。

旋由吴达铨君致谢各界,宣告闭会。

2月6日(十二月十九日) 南京临时政府参谋部正式成立。

南京临时政府参谋部通告成立电文如下:

各省都各[督]、督[各]军政分府、各司令长、各报馆公鉴:参谋部现已成立,奉大总统颁到印信一颗,文曰"中华民国参谋部之印"。合行布告。总长黄兴、次长钮永建。鱼。

1912年2月7日《民立报》

△ 南京临时政府法制院呈报启用印信,法制院成立。

《法制院呈报启用印信日期》文如下:

法制院宋教仁为呈报事:二月初五日奉大总统颁发印信一颗,即于初六日敬谨启用。理合备文呈请大总统察核。须至呈者。二月六日。

《临时政府公报》第11号,中国科学院近代史研究所史料编译组编辑《近代史资料·辛亥革命资料》,中华书局1961年版,第85页

△ 南京临时政府陆军部通电各省都督、各军总司令及驻沪购办军械处,重申采购军械须由驻沪购办军械处统一办理,各省不得私自采购。

南京临时政府陆军部通电如下:

各省都督、各军政分府、各总司令、温交涉使暨驻沪购办处均鉴:迭据驻沪购办军械处电

称:"连日沪上私行购运军械者络绎不绝,加以奸商从中播弄,非急设法查办不足示儆惩。请即电各省都督严查,以防偷漏"等情。查军械一项,乃军用专品,本部为杜渐防微,急谋统一起见,故在沪设立购运专处,非有各省都督正式咨购,经由本部认可给有凭照者,不得私行采办,业已分电在案。所以如此郑重者,非敢揽权,盖深恐奸商播弄,奸人有碍军事前途,为害孰甚。拟请贵处除现办之械业经本部认可不计外,其有于本【部】未成立以前订购各械,请详电以便存查,并请就地严密查访。自此次通电后,若仍有在沪私行购售,除将军械充公,应照私运军火例惩办,以儆效尤。陆军部。鱼。

1912年2月8日《民立报》

△ **孙中山颁发《陆军暂行给与令》。**

孙中山命令如下:

中华民国临时大总统令

陆军暂行给与令,着即准此颁行。此令。

孙文印

中华民国元年二月六日

"南京临时政府档案",中国第二历史档案馆编《中华民国史档案资料汇编》第2辑,江苏人民出版社1981年版,第171页

《陆军暂行给与令》如下:

第一章　总则

第一条　凡陆军军人及军属人员,一律按章发给俸饷等项。

第二条　凡本章所定名称区分于左:

(1)军队,指宪、步、骑、炮、工、辎重各队而言;

(2)部局,指陆军部、参谋部及他项陆军各种机关、陆军学校并各局而言;

(3)军人,指各官佐、士兵及各陆军学生而言;

(4)军属,指陆军官衙、学校各种机关内所属文官夫役而言;

(5)寄宿者,指在军队、部、局、学校内寄宿者而言。

第二章　俸饷

第三条　凡饷俸分为三种:

(1)俸饷,发给司务长以上各官佐;

(2)饷银,发给上士以下各士兵夫役;

(3)津贴,发给陆军各学生。

第四条　凡平时司务长以上各官佐俸银,均按第一表分别发给。(表略,下同,编者)

第五条　凡平时上士以下各士兵夫役饷银,均按第二表分别发给。各陆军学生津贴,均按第三表发给。

第六条　凡官佐、士兵、学生及军属人员,如有因公旅外者,除公给车费、船费外,每天按第四、五表发给旅费(但已发给半票或免票者,其车费、船费宜临时核实扣除)。

第七条　凡官佐、士兵及军属人员有兼差者,不准兼俸,惟择其俸饷之优者发给。

第八条　凡官佐、士兵、学生及军属人员之俸饷津贴,均按日数计算,每月分三期(十日、二十日、末日)发给。若届日适逢星期日,则提前一日发给。如有免官、免役与死亡及他事故,即于其事故发生之日停止。

第九条　凡官佐、士兵、学生及军属人员,各因违犯刑罚已治罪者,或休职者,当即停止

俸饷津贴。

第十条　凡官佐、士兵、学生及军属人员，如因特别勤务有应加俸饷者，另外规定，但不得过原俸饷三分之一。

第十一条　凡新兵未满六个月教育者，均发给二等兵饷银。

第十二条　凡出征官佐、士兵之俸饷，均按第一、第二两表增给。

第十三条　凡将行休职、停职与将退为预备役、后备役之人员，而事务在交代中者，仍按原有俸饷发给。

第十四条　凡预备役、后备役之军人及补充兵当召集中，仍按现役饷发给。

第十五条　凡新任与增俸减俸者之俸饷，悉由发令之翌日起计算。而预备役、后备役、退役、免官、免役者之俸饷，则至发令之当日止计算。

第十六条　凡召集者之俸饷，由编入部队之日至解散之日计算。

第十七条　凡死亡者之俸饷，以其当日止计算。

第十八条　凡官佐、士兵、学生，或请假逾期不归，或因病旷职，或擅离职守，或擅赴地方，或生死不明，均当酌量分别减其俸饷，或全行停止。

第十九条　凡在拘禁、留置中官佐俸银则减半额，士兵饷银则减三分一。

附则

(1)凡各工匠长饷银，均按军士级发给。

(2)凡各工匠饷银，均按兵饷发给。

(3)凡各护兵马弁夫役饷银，均按第二表备考二、三条发给。

第三章　粮食

第二十条　凡粮食官佐均归自备，士兵概由公给(照第六表定额)。

第二十一条　凡军队及医院之粮食，在营内居住之军士以下，当按现有人员给予定额。

第二十二条　凡在拘禁、留置、惩罚中人员仍给予粮食，其定额则按第六表减五分之一。

第二十三条　凡在监狱者之粮食，当按现有人数给与，一切经理悉委任该监狱长办理，其定额按第六表减五分之一。

第二十四条　凡属委任经理之米粮炊爨经费，以概算之数给予各部队，每月末日按照实数决算，呈由直接长官报部核销。

第二十五条　凡左列之未食数，仍以实食数算入之：

(1)休假中归省外宿及受许可外出者；

(2)随从兵寄宿于官佐家宅者；

(3)炊爨业已准备而未食者。

第四章　被服

第二十六条　凡在外居住之司务长以上之被服均由自备。但由司务长或学习官初升右军校者，由公发给服装费八十元。

第二十七条　凡营内居住之上士以下，及召集中之预备役、后备役上士以下士兵等，均按第八表所列之被服发给或暂时借用。

第二十八条　凡军队与病院应预备第九表所列之被服。

第二十九条　凡上士以下之普通被服，宜按现在人数多寡，发交该部队分配。预备被服，则按定额多寡，发交该部队保存。

第三十条　凡军人军属，可按地方气候发给(或借用)特别被服。

第三十一条　凡第八表所列被服,或制成发给,或将原料发给,应由临时酌量办理。

第五章　马匹

第三十二条　凡初等官佐以上之应乘马者,其乘马均由公备。但由初等官升中等官时,由公发给马具五十元,其余一切补充经费概归各官佐自备。

第三十三条　凡军队、学校所有马匹,皆按定数发给。购买、饲养、装蹄、剔毛、保存等项经费,其定额参照第七表与第十表。

第三十四条　凡军队、学校马匹,其装蹄、剔毛等器械初次发给现品,以后器械之保存款项,应由装蹄、剔毛款项内开支。

第三十五条　凡装蹄每月一次,剔毛每年二次,皆按期发给现金(参照第十表)。

第六章　杂则

第三十六条　凡各部各队之官佐及军士兵死亡时,当给埋葬费。其定额按第十一表发给。若有该亲族情愿将尸体领去者,则此费即交该亲族具凭支领。

第三十七条　凡医药费在上士以下因公伤病者,悉由陆军医院疗养,概不发给。在官佐军属因公伤病有不入陆军医院者,可按第十二表发给。

第三十八条　凡属委任经理部队,各给与上之余款与废物卖出款、赔偿款以及各款之利息,皆积为储蓄金,悉均照储蓄金保管法管理。报销时实报实销。

第三十九条　凡转职、休职、停职人员,其俸饷及一切应发款项,由甲处发给时,应将其职官姓名及发给月日及数目等通报乙处。

第四十条　凡一切银钱给与,当于原任地发给本人。如本人派往他处时,可依本人之请愿,于其旅外前发给本人,或交于本人所指定之受领人亦可。

第四十一条　凡俸饷与一切给与款项,均以银元计算。若发给数目上生出厘以下之零数,皆扣除归入储蓄款项内。

第四十二条　凡计算日期,每月均以三十日计算。

第四十三条　凡簿表计算上若生出零分零厘未满一位之数,则依五舍六入法计算。

第四十四条　凡军、师、旅、团、营、连所有一切器具、图书、纸、墨、笔、砚、茶、油、煤炭等项,均按第十三表分别发给公费。

"南京临时政府档案",中国第二历史档案馆编《中华民国史档案资料汇编》第2辑,江苏人民出版社1981年版,第172～176页

△ 孙中山聘章太炎、张静江为枢密顾问。

1912年2月7日《民立报》:

总统委任章太炎、张静江为枢密顾问。章今日已抵宁,总统派专员迎接。

《大总统敦聘章太炎先生为枢密顾问书》如下:

太炎先生执事:自金轮失驭,诸夏沉沦,炎黄子姓,归于僮隶。天右[佑]厥衷,人神奋发,禹域所封,指顾奠安,实赖二三先达启牖之功。文亦得密勿以从于诸君子之后,惟日孜孜,犹多陨越,光复闳业,惧有蹉失。唯冀耆硕之士,为之匡襄,砥砺民德,纲维庶政,岂惟文一人有所矩臬,冠裳所及,实共赖之。执事目空五蕴,心殚九流,撷百家之精微,为并世之仪表,敢奉国民景仰之诚,屈为枢密顾问。庶几顽懦闻风,英彦景附,昭大业于无穷,垂型范于九有。伫盼高风,无任向往,急惠轩车,以慰饥渴。

《临时政府公报》第13号,中国科学院近代史研究所史料编译组编辑《近代史资料·辛亥革命资料》,中华书局1961年版,第100～101页

△ **孙中山函复上海基督教美以美会高翼圣、韦亚杰,同意中国自立中国耶教会,并表示“今但听人民自由奉教,一切平等”。**

孙中山致高翼圣、韦亚杰函如下:

来示具悉。政教分立,几为近世文明国之公例。盖分立则信教传教皆得自由,不特政治上少纷扰之原因,且使教会得发挥其真美之宗旨。外国教士传教中国者,或有时溢出范围,涉及内政,此自满清法令不修、人民程度不高,有以致之。即有一二野心之国,借宗教为前驱之谍者,然不能举以拟政教分立之例也。今但听人民自由奉教,一切平等,即倾轧之见,无自而生,而热心向道者,亦能登峰造极,放大光明于尘世。若借国力以传教,恐信者未集,反对已起,于国于教,两均无益。至君等欲自立中国耶教会,此自为振兴真教起见,事属可行,好自为之,有厚望焉。

《临时政府公报》第9号,中国科学院近代史研究所史料编译组编辑《近代史资料·辛亥革命资料》,中华书局1961年版,第70页

△ **黎元洪致电南京临时参议院,请转达孙中山速下崇俭抑奢命令。**

黎元洪致南京临时参议院电文如下:

顷阅东西各报,载民国光复,各省夙以志士自命念切同胞者,大半染骄奢淫佚之习,与满清当道故态有过之无不及等语,不胜骇异。所载虽不尽实,必非无因。我国民膏血,满清朘削二百余年,即无此次战争,亦当力崇节俭,以恢复元气。况干戈未已,遍地哀鸿,即尝胆卧薪,尚恐不能造民国之福。倘昏迷如故,民国前途,何堪设想。敬祈转达大总统,速下崇俭抑奢命令,以挽颓风,而免外人讪笑,民国幸甚。

易国幹等辑《黎副总统政书》卷6,上海古今图书局1915年印,第6~7页

△ **德国政府于1月31日询问美国政府对于中国时局所采态度。本日,美国政府答复德国政府,主张列强“保持共同行动之政策”,反对“单独自由行动以及干涉中国内政之举”。(一说2月8日。)**

美国政府答复德国政府文如下:

为答复上月三十一日来文,询问美国政府对于中国时局所采态度一事,余得忝叨荣幸可以相告者,即是中国现刻乱事开始以来,敝国政府每遇机会之时,常与其他与华有关之列强,交换意见——尤其是法国、英国、意国、日本、俄国以及德意志帝国政府——究以何种方法保护共同利益为适宜。交换意见结果,敝国政府于是大为瞭然,所有与华有关之列强,盖无不一致具此卓识,主张保持共同行动之政策。

此种意见一致之处,可于十二月二十日法、英、德、日、俄、美代表同时咨交上海和议委员之通牒中见之,以及列强所采保护中国全境外人共同利益之手段中见之。

此外据敝国政府所获消息,得知其他关系列强,亦曾互换意见;以及对于此事之官式报告,亦常在各国新闻纸上见之。

因此敝国政府得以明瞭,所有列强对于现刻时局,彼此共同协作,不但毫无单独自由行动以及干涉中国内政之举,而且与其(平日)相互约保,尊重中国领土完全统治主权之言,全然相符。所幸者现在中国方面,并无外力干涉之必要理由,盖无论皇室及革党方面,皆莫不以保护外人生命财产为责任。据最近消息,愈足令人相信,即在将来,当亦无必须出于干涉之事。虽然,倘若将来竟违一切期望,干涉之举显有必要,则敝国政府深信,先由列强协商,

然后共同行动之政策,实应保持坚定。以便一切可能之误会,自始即行扫除。

此外敝国政府尝觉注意中国借款,不宜轻易贷与华人,实为严守中立政策之当然结论。除非对于此类借款,加以保证,决定用于战争双方以外之中立事项,方可。敝国政府又尝觉得现在时机,正宜特别适应借款政府所抱原则;凡对于彼等国民向华投资有与自国政府所持列强协调政策不合者,当加以阻止。

王光祈译《辛亥革命与列强态度》,中国史学会主编《中国近代史资料丛刊·辛亥革命》(8),上海人民出版社1957年版,第447~448页

杨玉如《辛亥革命先著记》:

……于壬子年一月三十一日德先以公文询美国对东亚时局之态度,美国答文于二月八日在华盛顿、柏林同时发表,文曰:

"……自中国革命发动以来,敝国政府每遇机与列强交换意见,尤其是法、英、意、日、俄及贵政府商讨何法保护共同利益,无不主张一致行动,又于各国报纸上得悉列强互换意见。因此敝政府明瞭对中国时局,彼此共同协作,不独无单独行动以及干涉中国内政之举,而且与平日和约尊重中国主权保全领土之言相符。现在中国方面,清皇室及革命党皆保护外人生命财产,既不因外力干涉而然,则将来亦无必须出以干涉,倘若将来竟违一切期望,不得已而必干涉,则敝国政府深信先由列强协商然后行动。坚定保持其政策,庶一切误会,自行扫除……此外敝国政府尝觉中国借款,不易轻与,实为严守中立之当然结论。除非对于借款可保证于战争双方以外之正当事项方可。又觉现在时机,宜特别适应借款政府所抱原则,凡对其国民向华投资,有与自国政府所遵列强协调政策不合者,当加以阻止。"

杨玉如《辛亥革命先著记》,科学出版社1957年版,第242~243页

编者按:李廉芳《辛亥武昌首义纪》亦认为此文日期为2月8日。因《辛亥武昌首义纪》也系引用王光祈译《辛亥革命与列强态度》,故未录入。

2月7日(十二月二十日)　南京临时政府秘书处致函内务部,提出各省所属之行政各部,一律改称为司。

南京临时政府秘书处致内务部函如下:

敬启者:顷奉大总统谕:各省光复以来,地方官职,各自为制,名称纷歧。兹值中央政府成立,关于设官分职,亟宜统筹全局,从新厘订,以昭划一,已由法制院编纂草案,具呈前来,先后咨交院议在案。所有中央行政各部,现定名曰部;则各省都督所属之行政各部,自应一律改称为司,以示区别。此事已另文行知贵部。嗣后各省司长,当直接受贵部之监督、委任,方合法理。但现行地方官制,尚未厘订施行,即各省司长之调用、顶补,本府亦无从着手,应如何斟酌委任,贵部暂筹适当办法。此次江西政事部长贺赞元,经贵部调用,所遗之缺,贵部既认本府秘书员熊越山堪胜此任,请径由贵部发给委状,俾早前往就职。若再由总统发给委任状,似觉碍难照办。一俟官制规定后,本府应发给何等委任状,自有完全办法。理合缄知贵部,即希查照办理可也。此致日祉。

总统府秘书处

中华民国元年二月七日

"南京临时政府档案",中国第二历史档案馆编《中华民国史档案资料汇编》第2辑,江苏人民出版社1981年版,第23~24页

△ 南京临时政府公布《中华民国财政部官职令草案》。

《中华民国财政部官职令草案》如下：

第一条　财政部职员除《各部官职令通则》所定外，其额数如下：

秘书长　一人

秘　书

参　事

司　长

签　事

主　事

录　事

工　师

工　手

通　事

第二条　财政部承政厅除《各部官职令通则》所定外，并掌事务如下：

一、关于编译各国财政法规及书籍事项；

二、关于稽查伪造纸币、钱币、债券事项；

三、关于财政事项。

第三条　财政部置左列各司：

赋税司

公债司

钱法司

库务司

会计司

第四条　赋税司掌事务如下：

一、关于地丁、漕粮事项；

二、关于海关、常关各税及各项杂税事项；

三、关于盐课、土药税捐；

四、关于监督地方官署、地方自治团体之税务事项；

五、其他关于税务事项。

第五条　公债司掌事务如下：

一、关于公债之募集及债票发行事项；

二、关于公债之出纳管理事项；

三、关于公债之偿本及付息事项；

四、关于各项公债之注册、更名事项。

第六条　钱法司掌事务如下：

一、关于货币事项；

一、关于中央银行发行纸币事项；

一、关于监理银行、钱业及补助事项；

一、关于调查币制事项；

一、关于一般金融事项。

第七条　库务司掌事务如下：

一、关于国家资金之运用出纳事项；

一、关于国库之出纳管理及计算事项；

一、其他关于国库一切事项。

第八条　会计司掌事务如下：

一、关于豫算、决算事项；

一、关于特别会计之预算、决算事项；

一、关于收入、支出之科目事项；

一、关于监督出纳官吏事项；

一、关于监督地方官署、地方自治团体、公共团体之财政事项；

一、其他关于会计一切事项。

第九条　本令自发布□□日施行。

1912年2月7日《民立报》

△ 孙中山致函宋教仁,令法制院拟订现今应用之法制规则。

孙中山致宋教仁函如下：

法制院长宋鉴：关于现今应用之法制规则,可由贵院便宜拟订,以便提出参议院议决施行。

1912年2月8日《民立报》

△ 孙中山致函王宠惠,请其次日到总统府一同接见美国国务院代表邓尼。

孙中山致王宠惠函如下：

子匡我兄大鉴：

明日下午四时,有美国参赞到府,并欲候见各部总、次长。伊系密奉其政府命观光中国新政府人物者。敬此通知,请届时到府一会为荷。此颂

大安

孙文顿首

二月初七日

中国社会科学院近代史研究所中华民国史研究室等编《孙中山全集》第2卷,中华书局1982年版,第67页

△ 黄兴复电伍廷芳,请其"速电袁内阁,饬张、倪退出徐、颍,再行派员接洽,以昭信用"。

黄兴复伍廷芳电文如下：

伍先生鉴：虞电悉。已电江北都督询问事实。民军非不欲和平解决,亦非不愿派员接洽,不过欲张、倪退出徐、颍,然后派员至民军接洽,方为可靠。若一面言和好,一面仍相持不下,其势非冲突不止。应请先生速电袁内阁,饬张、倪退出徐、颍,再行派员接洽,以昭信用。盼切。黄兴叩。虞。

观渡庐《共和关键录》第2编,第112页

伍廷芳致孙中山、黄兴"虞二"电文如下：

孙大总统、黄陆军总长鉴：顷接袁内阁效电："顷接徐州来电云：'奉谕停战,当派二人持函往告民军,讵民军张统领焚函并杀一人,其一逃回。张统领即率大队二千余人、大炮十二

尊，乘我未备猛扑进攻，我军且拒且退，距皂尾二里，逼无可退之地，只得奋力抵御，民军始退。我军仍守约未追，并将阵亡民军，饬校掩埋。寻复三函商，并未派员前来'等语。查豪一电已经通饬各军照办，并经该军函告，何以民军竟不如约，仍复进攻。并复三次函请派员，亦置不理。应请阁下速电该处民军查照豪一电，即派员接洽，以便商办一切，至盼"云云。祈尊处速发紧急命令至前敌与张勋所派代表接洽协商办法，并戒以滥法为公法所不许，勿贻外人讥笑，是所切盼。廷芳。虞二。

观渡庐《共和关键录》第2编，第102～103页

伍廷芳致孙中山、黄兴"虞"电文如下：

孙大总统、黄陆军总长鉴：顷接袁内阁效三电云："顷接济南吴统制电，据徐州统带报称：十六日民军来攻，我军退至距宿州二十五里之符离集，并被掳去兵弁四人等语。希速饬该处民军如约退回，并照豪一电，迅即派员接洽为盼"云云。希速饬该处军队迅即派员与彼方军队协商方法，以期早日解决大局。廷芳。虞。

观渡庐《共和关键录》第2编，第106页

△ **黎元洪致电孙中山，告之"日本已派第十二师团赴满洲"，请孙速电袁世凯，"早日决定大计，俾免各国乘隙伺窥"。**

黎元洪致孙中山电文如下：

南京参议院刘成禺转呈孙大总统钧鉴：军密。顷阅日本报载，日本已派第十二师团赴满〈满〉洲。此等举动，关系民国全局至巨。以鄙意忖度，盖因俄国将援助蒙古独立，扩张其势力范围，英国亦将扩张其势力于西藏，日本此举或欲延长其租借地期限，或扩其租借地域，更[或]更占领满洲全境。为今之计，宜速促满洲退位，恢复秩序，合力以排诸外国之要求，否则危险万状。敢祈速电袁内阁，早日决定大计，俾免各国乘隙伺窥，是所至祷。元洪。阳。印。

黄彦、李伯新编著《孙中山藏档选编》（辛亥革命前后），中华书局1986年版，第119页

△ **谭人凤在武昌致电袁世凯，反对保留清帝尊号。次日，谭又将此电转致孙中山、黄兴及南京临时参议院。**

谭人凤致袁世凯电文如下：

袁内阁鉴：共和政体，大势所趋，不独南北军队联络一致，即蒙古各部亦表赞同，从兹弭兵息民指日可俟。惟查清帝逊位后优待条件第一款尊号仍存云云，窃所不取。

夫君主、民主国体既绝不兼容，总统、皇帝名称自不能两立。今总统之外，再拥皇帝，非驴非马，不独无以尊崇国体，实恐见侮外人，其危险一。

清廷退位，非出于禅让之本心，而屈于民军之势力。若阳许逊位，阴行帝制，将来暗植私党，巧供[借]外援，路易十六之祸，行将立见，其危险二。

既许以外国君主之礼相待，本无干涉内政之时[特权]。惟国交仪式，系尊重其国体，非尊重其个人。玉帛往来，仅一时之礼。今清廷退国[位]，位[国]体变更，五种民族，视同一体。君权已全体取消，帝号本无所依据，若视为外国君主，称帝于民国之内，则彼将怀抱野心，煽惑蒙、藏，徐谋恢复，启藩部分离之渐，坏中华统一之基，其危险三。

逊位之后，领土、主权，一律转移于民国，此应然之势。若仍拥帝号，难保无赵尔巽、升允之徒，坐据偏隅，遥奉名义，以相号召。将来内部征讨，劳民伤财，殆无宁岁，其危险四。

查前代逊位君主有让皇帝之称，民国待遇清廷各条件备极优隆，旷古未有，名义一节，似

宜仍用让皇帝之字样,及身为止。至停战展期,万不能再允。清廷但有逊让之提议,而无其事实。山陕民军,迭遭蹂躏。那相[桐]、载泽尚拟借债借兵,阁下虽希望和平,而反对党日谋破坏,默察时局,断非空言所能解决。如清帝自知悔祸,当即日宣告退位,以顺舆情。倘犹观望迟延,即认为有意挑战,惟有联合南北各军队一致进行,兵临城下,噬脐何及。阁下既顾全大局,务请忠告清廷,速自解决,毋贻后悔。北面招讨使谭人凤叩。虞。

1912年2月8日《民立报》

谭人凤致孙中山、黄兴及参议院电文如下:

孙大总统、黄陆军【总】长、参议院议员诸公鉴:查优待清帝条件第一款,逊位之后尊号仍存云云,貌袭文明,实伏乱源,窃不敢取。

夫君主、民主国体绝不兼容,总统、皇帝名称自不能两立。今总统之外,再拥皇帝,非驴非马,不独无以尊崇国体,实恐见侮外人,其危险一。

清廷退位,非出于禅让之本心,而屈于民军之势力。若阳许逊位,阴行帝制,将来暗植私党,巧借外援,路易十六之祸,行将立见,其危险二。

既许以外国君主之礼相待,本无干涉内政之特权。惟国交仪式,系尊重其国体,非尊重其个人。玉帛往来,仅一时之礼遇。今清廷退位,国体变更,五种民族,视为一体。君权已全体取消,帝号竟[本]无所依据,若视为外国君主,而称帝于民国之内,则将怀抱野心,煽惑蒙、藏,徐图恢复,启藩部分离之渐,坏中华统一之基,其危险三。

逊位之后,领土、主权,一律转移于民国,此应然之势。若仍拥帝号,难保无【赵】尔巽、升允之徒,地据偏隅,遥奉名义,以相号召。将来内部征讨,劳民伤财,殆无宁日,其危险四。

且就事实行[言]之,清廷一面讲和,一面备战,山陕民军,迭遭蹂躏。那桐、载泽私借外兵,将来利用保皇名义,阴行割据手段,破坏大局,贻害子孙,其危险五。

顷阅总统及陆军【总】长通电,亦知停战展期,不可再允。鄙意空文辩驳,实堕虏计而懈士心。现南北军队既经联络,彼寡我众,彼曲我直,以此进战,何攻不克?惟有激励各军同时北上,人凤立当悉索敝赋,以相周旋。倘再迟延,玩寇长奸,谁尸其咎?时危事迫,敢效狂言。知我罪我,听诸公论。北面招讨使谭人凤叩。齐。印。

《临时政府公报》第13号,中国科学院近代史研究所史料编译组编辑《近代史资料·辛亥革命资料》,中华书局1961年版,第102~103页

△ 华侨联合会在上海召开成立大会,宣布以"联合国外华侨,共同一致,协助祖国政治、经济、外交之活动,及研究侨民之利弊,解除外人之苛待"为宗旨,推举汪精卫为正会长,吴世荣为副会长。9日,发表宣言书。10日公布章程。

华侨联合会通告成立电文如下:

南京大总统,各部总、次长,武昌黎副总统,各省都督,各省参议员,各报馆鉴:本会初七日开成立会,推举汪精卫为正会长,吴世荣为副会长。华侨联合会叩。阳。

1912年2月8日《民立报》

《华侨联合会宣言》如下:

自满虏窃据神州,汉家志士恢复不成,飘流海外者实繁有徒。海外华侨受其灌输,无不怀祖国沉沦之悲,蓄中原光复之志,是华侨之有革命心,犹先于国内也。而虏廷侦得其情,划除无术,嫉恶之余,目以海盗,以便假手外人而施其摧残之毒手。于是海外华侨惨遭杀戮。红河一役,草木余腥,盖虏廷嗾使之计成,而华侨革命之种几绝焉矣。夫光复之思,蕴蓄既

久，屠醢之祸，痛苦尤深，而谓华侨之子，若系苟稍具良知，肯一息稍忘革命，与虏廷同戴日月乎？故虏廷存一日，而华侨见嫉一日，华侨革命之心即日深一日。

是以近十余年公理大明，海内外志士风起潮涌，以与虏廷为难，而华侨即倾橐倒囊，资助经济，为革命军之后劲。当虏势犹张，国内未醒之时，凡惠州、钦州、广州、河口、镇南关以至最近广州之诸大革命，虽革命健儿牺牲性命，又何非华侨牺牲金钱之所致乎？且非有以上诸役之革命，又何以激醒国内同胞，而有今日之克奏肤功乎？是则吾华侨之对于新中华民国虽不敢攘臂居功，亦觉尽力匪小，义务与权利为对待，又安得默尔而息，自立于绝无关系之地位乎？况华侨虽不处国内，仍是民国一分子，合东西南北洋之华侨，计其数，几等于一省之众，即不言功，亦岂不当在国民应享权利之列？然则华侨当如何要求政府，政府当如何对待华侨，是必有适当之办法。而吾华侨所当联络研究以图进行者，是即吾华侨联合对内之预备也。

抑侨之义，虽曰暂，而核其实，适合于殖民政策。列强国势之盛衰，实因殖民政策之进退为转移，故彼侨民之所到，政府几以全力维持之，此殖民之所以发达，国家之所以强盛也。而吾华侨则因虏廷嫉视，非但难望其维持，并且历遭其摧折，外人知华侨孤立而无援也，遂等诸蝼蚁之践踏，牛马之苛御，生杀逐留，一惟其命，敲剥逼勒，莫撄其锋。盖世界人类所未经之惨状，而华侨胥肤受而身尝，境遇如此，身家性命之不遑保，尚望其与列强殖民政策相抗而占优胜乎？纵使摧锄不尽，迁徙日繁，而政权在外人之手，利源既归其垄断，商务复仰其唾余，亦惟有日趋贫窘，以驯至于流离转徙，凋敝死亡而已，又何能为国家扩张殖民而助其发达乎？夫狭其范围而论，华侨之经营不外个人之生活，而广其范围以观华侨之盛衰，即国力之消长。在满虏握政权时勿论，今民国新建，方期与列国并驾齐驱，纵横大地，我政府岂恝然于华侨而不思有所维持，我华侨岂澹然于政府而不思有所请愿？是又必有适当之办法。而我华侨所当联络研究以图进行者，是即吾华侨联合会对外之预备也。

具此两大端，关系重要，同人等身膺代表，不遑自逸，爰以斯旨布告海外各埠同胞，组织斯会于沪上，务望合力同心赞襄指导，并请各埠公举能员，以备评议，同人等盖不胜欢迎盼望之至也。

1912年2月9日《民立报》

《华侨联合会创办简章》如下：

第一条 命名 本会为海外华侨归国者所发起，故定名为华侨联合会。

第二条 宗旨 本会以联合国外华侨，共同一致，协助祖国政治、经济、外交之活动，及研究侨民之利弊，解除外人之苛待为宗旨。

第三条 入会 凡旅居国外华侨，愿入本会者，有本会会员一人介绍，即得认为本会会员。

第四条 会所 本会设总会于上海，设分会于国外各埠。

第五条 选举 本会暂由发起人假定职员，经理会务，派员到国外各埠联合设分会。俟各分会代表到齐，再开大会，行正式选举。

第六条 职员 本会设总会长、副会长各一人，分评议、干事两部若干员，以经理会务。其它各埠分会，酌察各该埠情形，另章规定。

第七条 正副会长权限：

（一）正会长对外则代表全体，对内则综理会务。

（二）副会长襄助正会长一切庶务。若会长有缺席时，得代理其职权。

第八条　评议员权限　评议员对于各该会有代表言论及义务之权,对于本总会有评议协赞一切之权。

第九条　干事员职任及权限:

(甲)庶务科:凡不属于他之各科者,胥归其经理。

(乙)会计科:经理会内收入、支出事务。

(丙)书记科:掌理文牍及记录。

(丁)调查科:调查本总会一切事务,及征集各分会种种之报告。

第十条　会规　俟正式选举后,由评议员另订专则。

第十一条　任期　本会各职员任期以二年为限,得连举连任。

第十二条　义务　本会对于海外各埠华侨,遇有障碍通商事故,应联合内外设法排除。

第十三条　责任　本会对于民国政府一切充实财政、兵力及办理外交诸事,应尽力协助。

第十四条　进行　本会对于国外华侨商业,及关于政治、外交、教育各问题,得随时开会研究,条陈其意见于政府。

第十五条　开会　本会每月开职员会一次,若遇见有临时事故,须开会讨究者,得职员过半数以上提议,应由会长召集开会。但会员散在外埠,各分会成立时,得自定开会规则,报告本总会。

第十六条　经费　本会经费由各分会担认外,并分常捐、特别捐、名誉捐三种。

第十七条　招待　本会有招待归国华侨之义务,但该华侨例应有该侨居分会介绍为合。其招待章程另行规定。

第十八条　本会章程如有施行不便之处,得二分之一以上职员、三分之二以上会员之提议,得开大会议决修改之。

"南京临时政府档案",中国第二历史档案馆编《中华民国史档案资料汇编》第2辑,江苏人民出版社1981年版,第21～23页

△ 徐州张勋部兵变。

1912年2月9日《民立报》载:

徐州于昨日(2月7日,编者)午后三时兵变,居民财产掳掠一空,电局亦被围,秩序大乱。全城糜烂,现甚危急。

1912年2月13日《大公报》载:

闻军谘部、陆军部于二十一日下午接到徐州急电,据称张勋部下各营因军饷缺乏,已于二十日肇变。张勋已不知下落。其各营之变系附合土匪,并非附合民军。现在正分路在附近各处焚杀淫掠,势甚汹汹云。

2月8日(十二月二十一日)　袁世凯致电唐绍仪转伍廷芳,对南京临时政府提出的优待清室修正条件,再次提出修正,表示"大清皇帝尊号,相承不替""万难更改";"逊位"二字,"必须改为致政或辞政"。

袁世凯致唐绍仪转伍廷芳电文如下:

唐大臣湘转伍代表鉴:鱼电悉(见6日日志,编者)。前致花二电优待条件,是各方面商议,贵伍代表大加删改,窒碍甚多。如第一款:大清皇帝尊号,相承不替,保[系]北方军民暨满、蒙人极端注意,万难更改;逊位二字,尤为北方军民所骇异,必须改为致政或辞政;

赞成共和改为宣布共和；外国君主改为各国君主。第二款：新币未定以前，仍用两，新币颁发以后，改为圆；其特别大典，经费遭逢甚少，核实估支，数亦无多，上下甚为注意，仍请增入。第三款：宫禁非民国所应有，不妨仍旧居住，各门看守；至宫内各殿照料用人甚多，侍卫二字不足包括，仍应加护军字样。第五款：谒陵经费亦非常需，数亦无多，仍应加入。第八款：陆军编制一语，诸多不便，请删去。此次极力迁就，万不能再有更改。亦将答复条件，开列于下：

甲、关于大清皇帝致政优待之条件：

今因大清皇帝宣布共和国体，中华民国于大清皇帝致政之后，优待条件如下：

第一款　大清皇帝致政之后，尊号相承不替，中华民国对于大清皇帝之礼节，与对于各国君主相等。

第二款　大清皇帝致政之后，岁用四百万两，俟改铸新币后改为四百万圆，此款由中华民国拨用。如有特别大典，经费由民国国会议定拨用。

第三款　大清皇帝致政之后，仍居宫禁，日后或移居颐和园，侍卫、护军人等，照常留用。

第四款　大清皇帝致政之后，其宗庙陵寝，永远奉祀，由中华民国酌设卫兵，妥慎保护，负其责任。如遇大清皇帝恭谒陵寝，沿途所需费用，由中华民国核实拨用。

第五款　德宗崇陵未完工程，如制妥修，其奉安典礼，仍如旧制，所有实用经费，均由中华民国支出。

第六款　以前宫内所用各项执事人员，可照常留用，惟以后不得再招阉人。

第七款　大清皇帝致政后，其原有之私产，由中华民国特别保护。

第八款　原有之禁卫军，额数、俸饷仍如其旧。

乙、关于清皇族待遇之条件：

一、清王公世爵概仍其旧。

二、清皇族对于中华民国国家之公权及私权，与国民同等。

三、清皇族私产，一体保护。

四、清皇族免当兵之义务。

丙、关于满、蒙、回、藏各族待遇之条件：

今因满、蒙、回、藏各民族赞同共和，中华民国所以待遇者如下：

一、与汉人平等。

二、保护其原有之私产。

三、王公世爵概仍其旧。

四、王公中有生计过艰者，设法代筹生计。

五、先筹八旗生计，于未筹定之前，八旗兵弁俸饷，仍旧支放。

六、从前营业、居住等限制，一律蠲除。各州、县听其自由入籍。

七、满、蒙、回、藏原有之宗教，听其自由信仰。

以上条件列于正式公文，由两方代表照会各国驻北京公使，转达各该政府。内阁袁世凯。野一电。印。

观渡庐《共和关键录》第1编，第109～111页

△ 梁士诒接连致电唐绍仪，称隆裕坚持保留“大清皇帝尊号相承不替”等三项条件，请唐“务必劝伍迁就”；并仍请唐与南京临时政府切商统一办法，提出“政府人员似可多用南方

人,惟政府地点,决不移易"。

梁士诒致唐绍仪"野一"电文如下:

弟等今早召对,上逐条逐字讨论,其讨论未及者,阁皆不再议驳。然所最决意坚持而言之再四者:一、留"大清皇帝尊号相承不替"十字。二、不用"逊位"二字。上云:"事实虽如此做,然若于字面上提出,将来京外因此而风潮迭生,我不安,国民亦不安。"三、必须用仍居宫禁或日后退居颐和园,随时听便居住。盖除太庙外,乾清门外尚有许多殿庙供奉圣容木主,就令皇上迁出,将来尚须保护其宗庙也。此三层如办不到,恐难以宣布共和。务必劝伍迁就。诒。野一。

观渡庐《共和关键录》第1编,第111~112页

梁士诒致唐绍仪"野二"电文如下:

项城本无意于总统,因中外逼迫,勉许暂任,以救大局。今见组织统一如此之难,恐无益危局,反启事嫌,拟请孙始终其事。惟北方如无政府,满人必仍生变动,正中王公之计。外人亦言如此。北方无政府,各国先须调目兵防卫。现蒙古、满洲,日、俄频增兵以鼓祸,贵族连结胡匪,潜谋甚急,皆须就近抵御。到开两电,未明示商议情形,亦知公陷于困难之境,不便宣言。然所云维持秩序,布置就绪,是时业已退位,项城将听何人之命令而维持布置耶?抑自行主张?即弟意仍求公切商统一办法,政府人员,似可多用南方人,惟政府地点,决不可移易。如真不能协商,亦乞明示。孙所拟五条,皆接任以前之事,乞细阅。诒。野二。

观渡庐《共和关键录》第1编,第112页

梁士诒致唐绍仪"野三"电文如下:

公与伍公冒寒赴宁,拯国民于水火,保皇室之安全,义闻深佩。惟清朝立基近三百年,遽易国体,万分为难。南方未能尽悉详细,我辈志在为国民谋幸福,稍不审慎,北人大乱,外人干涉,所失甚大,故不可不委曲求全,以期达到目的为宗旨。应在实际上讲求,不可徒快一时之观听,而生无数之波澜。民国既得其实权,又何惜此小礼节、小款项耶?今请细为申明之。第一款,逊位二字,最难者即满、蒙,暨北方军队、督抚,多不谓然,改为致政,人心稍安。又大清皇帝不过一大爵位,民国本无君臣之分,即断不虞,皇帝二字不过一徽章耳。现在蒙籍独立,将来尚可藉影响之名,以羁縻之,省却多少兵力、财力,省却无数民命。第三款,仍居宫禁之内容,廿九日电陈,暂居二字,反起疑心,不如将来仍行设法。至宫内护军即穿袍为守门者,人数颇多,最易滋事,即留用亦无须增饷,故不得不加入。谒陵暨特别大典经费,可由国会议定核实支用,数亦无多,不必惜此小费。至禁军由部编制一节,不必叙明,将来办法,本必须如此,若现在声出,反为打草惊蛇耳。总之,条件措词,得须浑括,将来相机徐图整理,云[仍]可平和就绪。近日东三省反对激烈,电阻金波赴奉,正在设法调停。而陕甘宗旨尤坚,将来须费兵力,不得不格外筹息事之计,以期迅速解决。乞密告伍公,同谅苦心。诒。野一[三]。

观渡庐《共和关键录》第1编,第112~113页

△ 冯国璋、段祺瑞等北洋六十四将领联名致电伍廷芳,称"大清皇帝尊号相承不替为尊荣最要之大纲","应请仍照旧原文,万勿更易。逊位一语,军界同人极为骇异,应请修正"。

冯国璋、段祺瑞等致伍廷芳电文如下:

伍代表鉴:鱼电敬悉。屡闻南方宣言,如国体改定,朝廷仍不失其安富尊荣。今条件中,大清皇帝尊号相承不替为尊荣最要之大纲,靳而不予,抑独何心?应请仍照原文,万勿更易。

逊位一语,军界同人极为骇异,应请修正。此两层最关重要,绝对不敢附和。其余各节,均听袁内阁与贵代表协商。如贵代表有和平解决之真心,期免生灵涂炭,决不因此争执,致败大局也。总统官冯国璋、段祺瑞、姜桂题、张勋,翼长段芝贵,防务大臣张怀芝,会办河南军务倪嗣冲,统制官何宗莲、王占元、曹锟、陈光远、吴鼎元、李纯、潘矩楹、孟恩远,统领官李奎元、李泮藻、王金镜、鲍贵卿、卢永祥、陈文运、李厚基、何丰林、马良、张树元、马继增、周符麟、张锡元、王佩兰、伍祥祯、范国璋、高凤城、裴其勋、聂汝清,提督马金叙,总兵官王怀庆、徐邦杰、黄懋澄、李俊才、范书田、叶长盛、田保玉、张善义、谢宝胜、李永芳、谢有功、杨荣泰、张文生,武卫右军各营统制官王汝贤、洪自成、高文贵、刘金标,武卫左军各路统领官陈希义、殷贵、赵倜、方田、高云鹏、韩大武,河南统领官刘洪顺、柴得贵,奉天统领官吴俊升、张作霖、冯德麟、吴庆桐。个。

观渡庐《共和关键录》第1编,第107~108页

△ 南京临时政府公布《司法部官职令草案》。

《司法部官职令草案》如下:

第一条 司法部职员除《各部官职令通则》所掌[定]外,其额数如下:

秘书长 一人

秘 书 五人

参 事 二人

司 长 二人

签 事

主 事

录 事

司 务

工 师

工 手

第二条 司法部承政厅除《各部官职令通则》所定外,并掌事务如下:

一、关于司法警察事项;

二、关于法司之设置□□及管辖区事项;

三、关于法官及他职员之考试事项;

四、关于律师之身分事项;

五、关于华洋会审事项;

六、关于稽核罚金、赃物事项。

第三条 司法部分设各司如下:

法务司

狱务司

第四条 法务司掌事务如下:

一、关于民事、刑事及非诉事项;

二、关于审判及检察事项;

三、关于恩赦、减刑、复权及执行死刑事项。

第五条 狱务司掌事务如下:

一、关于监狱之设置及废止事项;

二、关于狱官之监督事项;

三、关于犯罪习艺所事项。

附则　本令自发布日施行。

1912年2月8日《民立报》

△ 孙中山会见美国国务院代表邓尼、美国特派记者麦考密克,孙中山要求美国承认南京临时政府,但遭到拒绝。

麦考密克记述与孙中山的谈话如下:

"十一年来我一直对你们所要解决的一切问题都很感兴趣。"我向临时大总统孙逸仙说,"你和协助你的人完成了世界上最需要完成的事业——在中国推翻了满清统治,这是世界上以后还要做的事。"

"现在你想知道别人对你所要解决的重大问题——扫除满清,建立你自己的国家,与别国并立——如何看法。满清统治者在国外说有朋友,列强并不是因为他们而不承认民国。至于我们美国政府,可能最后才能承认你们。美国政府的政策是以这样的方式行事,即为中国的利益尽最大的努力与列强周旋。最近的葡萄牙新共和国,美国就是最后一个承认的。"

"不过,美国在三天之内就承认了巴拿马。"临时大总统孙先生说。

"中国与巴拿马不同。中国是列国竞逐的对象,为外事纠纷所困扰。美国过早的承认,可能会使你们的这种外事纠纷增多。我们的政府为我们的这种立场而骄傲,但也有它的困难。我们的人民不大了解中国,他们也为我们对中国的这种立场和主张而骄傲;虽然如此,政府还是走在人民的前面。美国政府不能冒在国内丧失影响的风险而比这走得更远,更不用说这样做要冒对其它各国丧失影响的风险了。所有说英语的国家肯定都对你们友善,同时你也知道,他们都急欲知道中华民国的稳固性。"

"但我们是不合法的。我们有三亿六千万人民,我们在十五个省份行使权力——远达缅甸边境。我们有政府,但不合法。我们不能继续这样下去。人民已在督责我们,他们不了解列强为什么不承认我们,他们不了解我们的外交问题。你知道,排外的情绪到处都是,它可能爆发,我们无法阻止它——我们无法向那些督责我们的中国人解释。世人都很友善——欧洲人都够朋友——我们到处都有朋友。但我们需要的是承认,你们应该承认我们。"

"假如中国能表现出治理自己的能力,"我说,"以它内部分歧的解决来保障外人的利益,外国的承认是无问题的。照目前的情形,我们若承认民国并借款给它,或者借款给北京政府,这都是偏袒。另一方面,假如你们与北方协议把国家划分为二,每边各自建立一个政府,你们就会得到承认。"

"不,那不行,我国人民的感情是一致的。所有的人都反对满清,都站在我们一边。北京并没有政府。"

当我们在总统官邸交谈的时候,外交部长王宠惠和美国特使邓尼博士(Dr. Tenney)正在另外的地方,同样讨论着承认民国和中国的国际地位等问题。

临时大总统最焦虑的似乎是两件事,其一是日本,其二是中国人民是否会不再支持南京政府。清廷的退位诏已经写好,只因南北双方的态度尚待协调,延迟未发。袁世凯赞同君主制,并保证支持清廷。假如民国归了现在的袁世凯,其目的将丧失;假如民国归了一个维护"中华民国"的袁世凯,其目的将可达成。

"你对袁世凯的判断如何?"临时大总统问我,"他将依哪一方面的考虑行事?"

"我认识他已有几年,我对他的印象十分良好,与对其它许多人的印象一样。他是个能干的人。而且自他做了山东巡抚和直隶总督以来,我认为他是为国家的最高利益行事的。他的确一直献身于他对革新的信念。"

"你认为他现在的行动是为了改革,还是为了清廷?"

"他不得不为清廷谋求最佳的条件,但他真正的利益必定是全帝国的利益——即国家本身,而不是任何个人。我认为他不可能只为其自身的利益行事。"

"如果我能拿得准他是如此,我就没有什么焦虑了。"

秘书和部长们都在等着临时大总统,将近一个小时的访问就此结束。临时大总统要去与临时参议院议长会商了。

中国社会科学院近代史研究所中华民国史研究室等编《孙中山全集》第2卷,中华书局1982年版,第140~142页

△ 孙中山复电伍廷芳,请其与袁世凯交涉,严行约束张勋、倪嗣冲进攻民军。

孙中山复伍廷芳电文如下:

上海伍廷芳先生鉴:转北京电悉。张勋为民军击退,所报杀使等事,殊为子虚。现查张勋、倪嗣冲均增兵增械,势欲南下。倪军尤为狡诈,屡诱攻颍上民团,惨杀无状,应请彼方严行约束,勿使徒托函电空言。至退位之事,更宜催促早定,不堪久待也。总统孙文叩。庚。

《临时政府公报》第13号,中国科学院近代史研究所史料编译组编辑《近代史资料·辛亥革命资料》,中华书局1961年版,第101~102页

△ 黄兴复电伍廷芳,请其转电袁世凯,如果张勋赞成共和,"自应联师北上,何为久占徐州?"

黄兴复伍廷芳电文如下:

伍代表鉴:据张勋电称:"派二人持函往告民军,讵民军张统领焚函,并杀一人,其一人逃回"等情。当电江北蒋都督确查。兹据电复:"实无其事,恐系张勋有意诬蔑。"现在清廷尚未退位,该军如果赞成共和,自应联师北上,何为久占徐州?希即转电袁内阁为祷。黄兴叩。庚。

观渡庐《共和关键录》第2编,第103页

△ 张勋派代表至宿州与北伐民军协商停战地点及条件。

1912年2月12日《申报》《北伐军与张勋联络矣》载:

张勋在徐州接到袁世凯停战电报后,其意已稍活动,前日特派委员至联军中陈述意见,确愿归顺民军,联络一气。粤、浦、浙诸军察其情形倘非有诈,联军各司令官遂公议定各派干员前赴徐州与张勋接洽,以便商定各项条件。

驻宁北伐联军参谋团前日接到袁世凯已饬张勋停战之电,亦开特别会议,讨论对付办法。各代表均不欲以张勋一个牺牲多数生命,总望大局早日和平为是,随公推粤军参谋刘汉帜、浦军参谋栾雨田偕往战地与张勋会商徐州方面停战事宜。

1912年2月13日《申报》《张勋联络联军之进行》又载:

张勋现在徐州自愿顺归民军联络一气各节,已载昨报。兹续接访函云,张勋前日特备正式公文,派一代表赍赴联军驻在地议和。粤军姚司令、浦军柏司令、浙军朱司令等以张如欲

投诚,须照段军统制例,将所部兵士驻扎地点悉数退至北方,始能开议。因命该代表回覆张提【督】,如张允将徐州自行让出,则联军即承认其真实投诚,与之商议一切条件。闻该代表去后,张已允认照此办理,故两方已各派亲信人员到符离集(南宿州北)会议停战条件。

附民军致张勋电:

"徐州张军门勋鉴:台函备悉。麾下目击时艰,赞成共和,南北问题,可望统一,同深佩慰。前承发阅清内阁来电,请派员与民军和衷商办,来函云已派有妥员等因。拟请约定阴历二十三日两方均在符离集会议南北军队协商办法,彼此派员,须有代表全权一人或二人,带同随员不得过五人,护兵不得过十人,相见以诚,无所猜忌,民国前途,定多裨益。贵处派来督队官已付复函,昨夜回徐。如趁车迟滞,万难如期,则准于廿四日会议,乞勿延缓。盼速电覆。驻宿州民军司令部。印。"

又民军致上海唐大臣、伍代表、南京大总统、陆军部、武昌黎副总统电:

"近间两奉黎副总统电示内开:倪、张两军均已赞成共和,极力维持,各派员与南军接洽等因。南北军界趋向渐臻一致,民国前途,曷胜庆幸。昨日张勋由徐州派人来宿州军次,函称业已派员协商办法,请即指定会议地点。当由驻宿粤军、浙军、镇军各司令官共同酌定,拟以距宿州地三十里之符离集为南北军代表会议之地,联络南北军之感情,协商赞成共和实行之动作,订定共同进行条件,俾期大局早日解决。业经以此意函告,并先电知。惟张勋所抱宗旨不知是否实心,决定会议办法有无结果,皆不可知。各军现惟协同体认,尊崇人道,不能不推诚相待。俟得复后再当电闻。再倪军方面,应由开往颍、寿各军自行协议接洽,合并声明。粤军司令官姚雨平、浙军司令官朱瑞、镇军旅团长郑为成叩。"

又张勋来函:

"启者:敝处既奉政府命令退兵夹沟,并已派定徐州府知府事陈毓崧为议和人员。贵军现派议员应在何处协商,望即函示。如其来徐,敝处自当担任保护接待也。"

编者按:据《黎副总统政书》卷6第14页《复宿州粤军司令姚雨平浙军司令朱瑞》电,称此电为"青"电,即9日,而此电文中又有"昨日张勋由徐州派人来宿州军次"一语,由此确定张勋派人赴宿州联络民军为8日。

△ 蔡元培发表《对于新教育之意见》一文,提出以军国民教育、实利主义教育、公民道德教育、世界观教育、美感教育作为今后教育的宗旨。

蔡元培《对于新教育之意见》全文如下:

近日在教育部与诸同人新草学校法令,以为征集高等教育会议之预备,颇承同志饷以谠论。顾关于教育方针者殊寡,辄先述鄙见以为喤引,幸海内教育家是正之。

教育有二大别:曰隶属于政治者,曰超轶乎政治者。专制时代(兼立宪而含专制性质者言之),教育家循政府之方针以标准教育,常为纯粹之隶属政治者。共和时代,教育家得立于人民之地位以定标准,乃得有超轶政治之教育。清之季世,隶属政治之教育,腾于教育家之口者,曰军国民教育。夫军国民教育者,与社会主义僢驰,在他国已有道消之兆。然在我国,则强邻交逼,亟图自卫,而历年丧失之国权,非凭借武力,势难恢复。且军人革命以后,难保无军人执政之一时期,非行举国皆兵之制,将使军人社会,永为全国中特别之阶级,而无以平均其势力。则如所谓军国民教育者,诚今日所不能不采者也。

虽然今之世界,所恃以竞争者,不仅在武力,而尤在财力。且武力之半,亦由财力而孳乳。于是有第二之隶属政治者,曰实利主义之教育,以人民生计为普通教育之中坚。其主张最力者,至以普通学术,悉寓于树艺、烹饪、裁缝及金、木、土工之中。此其说创于美洲,而近亦盛行于欧陆。我国地宝不发，实业界之组织尚幼稚，人民失业者至多，而国甚贫。实利主义之教育，固亦当务之急者也。

是二者，所谓强兵富国之主义也。顾兵可强也，然或溢而为私斗，为侵略，则奈何？国可富也，然或不免知欺愚，强欺弱，而演贫富悬绝，资本家与劳动家血战之惨剧，则奈何？曰教之以公民道德。何谓公民道德？曰法兰西之革命也，所标揭者，曰自由、平等、亲爱。道德之要旨，尽于是矣。孔子曰："匹夫不可夺志。"孟子曰："大丈夫者，富贵不能淫，贫贱不能移，威武不能屈。"自由之谓也。古者盖谓之义。孔子曰："己所不欲，勿施于人。"子贡曰："我不欲人之加诸我也，吾亦欲毋加诸人。"《礼·大学记》曰："所恶于前，毋以先后；所恶于后，毋以从前；所恶于右，毋以交于左；所恶于左，毋以交于右。"平等之谓也。古者盖谓之恕。自由者，就主观而言之也。然我欲自由，则亦当尊人之自由，故通于客观。平等者，就客观而言之也。然我不以不平等遇人，则亦不容人之以不平等遇我，故通于主观。二者相对而实相成，要皆由消极一面言之。苟不进之以积极之道德，则夫吾同胞中，固有因生禀之不齐，境遇之所迫，企自由而不遂，求与人平等而不能者。将一切恝置之，而所谓自由若平等之量，仍不能无缺陷。孟子曰："鳏寡孤独，天下之穷民而无告者也。"张子曰："凡天下疲癃残疾茕独鳏寡，皆吾兄弟之颠连而无告者也。"禹思天下有溺者，由己溺之。稷思天下有饥者，由己饥之。伊尹思天下之人，匹夫匹妇有不与被尧舜之泽者，若己推而纳之沟中。孔子曰："己欲立而立人，己欲达而达人。"亲爱之谓也。古者盖谓之仁。三者诚一切道德之根源，而公民道德教育之所有事者也。

教育而至于公民道德，宜若可为最终之鹄的矣。曰未也。公民道德之教育，犹未能超轶乎政治者也。世所谓最良政治者，不外乎以最大多数之最大幸福为鹄的。最大多数者，积最少数之一人而成者也。一人之幸福，丰衣足食也，无灾无害也，不外乎现世之幸福。积一人幸福而为最大多数，其鹄的犹是。立法部之所评议，行政部之所执行，司法部之所保护，如是而已矣。即进而达礼运之所谓大道为公，社会主义家所谓未来之黄金时代，人各尽所能，而各得其所需要，要亦不外乎现世之幸福。盖政治之鹄的，如是而已矣。一切隶属政治之教育，充其量亦如是而已矣。

虽然人不能有生而无死，现世之幸福，临死而消灭。人而仅仅以临死消灭之幸福为鹄的，则所谓人生者有何等价值乎？国不能有存而无亡，世界不能有成而无毁，全国之民，全世界之人类，世世相传，以此不能不消灭之幸福为鹄的，则所谓国民若人类者，有何等价值乎？且如是，则就一人而言之，杀身成仁也，舍生取义也，舍己而为群也，有何等意义乎？就一社会而言之，与我以自由乎，否则与我以死，争一民族之自由，不至沥全民族最后之一滴血不已，不至全国为一大冢不已，有何等意义乎？且人既无一死生破利害之观念，则必无冒险之精神，无远大之计划，见小利，急近功，则又能保其不为失节堕行身败名裂之人乎？谚曰：当局者迷，旁观者清。非有出世间之思想者，不能善处世间事，吾人即仅仅以现世幸福为鹄的，犹不可无超轶现世之观念，况鹄的不止于此者乎？

以现世幸福为鹄的者，政治家也；教育家则否。盖世界有二方面，如一纸之有表里：一为现象，一为实体。现象世界之事为政治，故以造成现世幸福为鹄的；实体世界之事为宗教，故以摆脱现世幸福为作用。而教育者，则立于现象世界，而有事于实体世界者也。故以实体世界之观念为其究竟之大目的，而以现象世界之幸福为其达于实体观念之作用。

然则现象世界与实体世界之区别何在耶？曰：前者相对，而后者绝对；前者范围于因果律，而后者超轶乎因果律；前者与空间时间有不可离之关系，而后者无空间时间之可言；

前者可以经验,而后者全恃直观。故实体世界者,不可名言者也。然而既以是为观念之一种矣,则不得不强为之名,是以或谓之道,或谓之太极,或谓之神,或谓之黑暗之意识,或谓之无识之意志。其名可以万殊,而观念则一。虽哲学之流派不同,宗教家之仪式不同,而其所到达之最高观念皆如是。(最浅薄之唯物论哲学,及最幼稚之宗教祈长生求福利者,不在此例。)

然则教育家何以不结合于宗教,而必以现象世界之幸福为作用?曰:世固有厌世派之宗教若哲学,以提撕实体世界观念之故,而排斥现象世界。因以现象世界之文明为罪恶之源,而一切排斥之者。吾以为不然。现象实体,仅一世界之两方面,非截然为互相冲突之两世界。吾人之感觉,既托于现象世界,则所谓实体者,即在现象之中,而非必灭乙而后生甲。其现象世界间所以为实体世界之障碍者,不外二种意识:一、人我之差别;二、幸福之营求是也。人以自卫力不平等而生强弱,人以自存力不平等而生贫富。有强弱贫富,而彼我差别之意识起。弱者贫者,苦于幸福之不足,而营求之意识起。有人我,则于现象中有种种之界画,而与实体违。有营求则当其未遂,为无已之苦痛。及其既遂,为过量之要索。循环于现象之中,而与实体隔。能剂其平,则肉体之享受,纯任自然,而意识界之营求泯,人我之见亦化。合现象世界各别之意识为浑同,而得与实体吻合焉。故现世幸福,为不幸福之人类到达于实体世界之一种作用,盖无可疑者。军国民、实利两主义,所以补自卫自存之力之不足。道德教育,则所以使之互相卫互相存,皆所以泯营求而忘人我者也。由是而进以提撕实体观念之教育。

提撕实体观念之方法如何?曰:消极方面,使对于现象世界,无厌弃而亦无执着;积极方面,使对于实体世界,非常渴慕而渐进于领悟。循思想自由、言论自由之公例,不以一流派之哲学一宗门之教义梏其心,而惟时时悬一无方体无始终之世界观以为鹄。如是之教育,吾无以名之,名之曰世界观教育。

虽然世界观教育,非可以旦旦而聒之也。且其与现象世界之关系,又非可以枯槁单简之言说袭而取之也。然则何道之由?曰美感之教育。美感者,合美丽与尊严而言之,介乎现象界与实体世界之间,而为津梁。此为康德所创造,而嗣后哲学家未有反对之者也。在现象世界,凡人皆有爱恶惊惧喜怒悲乐之情,随离合生死祸福利害之现象而流转。至美术则即以此等现象为资料,而能使对之者,自美感以外,一无杂念。例如采莲煮豆,饮食之事也,而一入诗歌,则别成兴趣。火山赤舌,大风破舟,可骇可怖之景也,而一入图画,则转堪展玩。是则对于现象世界,无厌弃而亦无执着也。人既脱离一切现象世界相对之感情,而为浑然之美感,则即所谓与造物为友,而已接触于实体世界之观念矣。故教育家欲由现象世界而引以到达于实体世界之观念,不可不用美感之教育。

五者,皆今日之教育所不可偏废者也。军国民主义,实利主义,德育主义三者,为隶属于政治之教育。(吾国古代之道德教育,则间有兼涉世界观者,当分别论之。)世界观、美育主义二者,为超轶政治之教育。

以中国古代之教育证之,虞之时,夔典乐而教胄子以九德,德育与美育之教育也。周官以乡三物教万民,六德六行,德育也。六艺之射御,军国民主义也;书数,实利主义也;礼为德育;而乐为美育。以西洋之教育证之,希腊人之教育为体操与美术,即军国民主义与美育也。欧洲近世教育家,如海尔巴脱氏纯持美育主义。今日美洲之杜威派,则纯持实利主义者也。

以心理学各方面衡之,军国民主义毗于意志;实利主义毗于知识;德育兼意志情感二方面;美育毗于情感;而世界观则统三者而一之。

以教育界之分言三育者衡之，军国民主义为体育；实利主义为智育；公民道德及美育皆毗于德育；而世界观则统三者而一之。

以教育家之方法衡之，军国民主义，世界观，美育，皆为形式主义；实利主义为实质主义；德育则二者兼之。

譬之人身：军国民主义者，筋骨也，用以自卫；实利主义者，胃肠也，用以营养；公民道德者，呼吸机循环机也，周贯全体；美育者，神经系也，所以传导；世界观者，心理作用也，附丽于神经系，而无迹象之可求。此即五者不可偏废之理也。

本此五主义而分配于各教科，则视各教科性质之不同，而各主义所占之分数，亦随之而异。国语国文之形式，其依准文法者属于实利，而依准美词学者，属于美感。其内容则军国民主义当占百分之十，实利主义当占其四十，德育当占其二十，美育当占其二十五，而世界观则占其五。

修身，德育也，而以美育及世界观参之。

历史、地理，实利主义也。其所叙述，得并存各主义。历史之英雄，地理之险要及战绩，军国民主义也；记美术家及美术沿革，写各地风景及所出美术品，美育也；记圣贤，述风俗，德育也；因历史之有时期，而推之于无终始，因地理之有涯涘，而推之于无方体，及夫烈士、哲人、宗教家之故事及遗迹，皆可以为世界观之导线也。

算学，实利主义也，而数为纯然抽象者。希腊哲人毕达哥拉士以数为万物之原，是亦世界观之一方面；而几何学各种线体，可以资美育。

物理、化学，实利主义也。原子电子，小莫能破，爱耐而几(Energy)，范围万有，而莫知其所由来，莫穷其所究竟，皆世界观之导线也，视官听官之所触，可以资美感者尤多。

博物学，在应用一方面，为实利主义；而在观感一方面，多为美感。研究进化之阶段，可以养道德，体验造物之万能，可以导世界观。

图画，美育也，而其内容得包含各种主义：如实物画之于实利主义，历史画之于德育是也。其至美丽至尊严之对象，则可以得世界观。

唱歌，美育也，而其内容，亦可以包含种种主义。

手工，实利主义也，亦可以兴美感。

游戏，美育也；兵式体操，军国民主义也；普通体操，则兼美育与军国民主义二者。

上之所著，仅具辜较，神而明之，在心知其意者。

满清时代，有所谓钦定教育宗旨者，曰忠君，曰尊孔，曰尚公，曰尚武，曰尚实。忠君与共和政体不合，尊孔与信教自由相违(孔子之学术，与后世所谓儒教、孔教当分别论之。嗣后教育界何以处孔子，及何以处孔教，当特别讨论之，兹不赘)，可以不论。尚武，即军国民主义也。尚实，即实利主义也。尚公，与吾所谓公民道德，其范围或不免有广狭之异，而要为同意。惟世界观及美育，则为彼所不道，而鄙人尤所注重，故特疏通而证明之，以质于当代教育家，幸教育家平心而讨论焉。

1912年2月8、9、10日《民立报》

2月9日(十二月二十二日)　伍廷芳致电袁世凯，将南京临时政府最后修正优待清室条件告诉袁世凯，除同意将“逊位”改为“辞位”外，其它条件“无可更改”，“决难再让”。

伍廷芳致袁世凯电文如下：

北京袁内阁鉴：野一电悉(见8日日志，编者)。此方所坚持者，为不使有类于虚君位，如照来电,必致各省、各军群起反对。前修正案系临时政府交参议院议决,无可更改。现各省且有以为太优者,实难再改。本代表深知阁下为难更甚,现力求迁就,改正如下,已至极点,决难再让矣。事机紧迫,嶰稍逝,万勿往返商榷,致耗时日,惟公图之。

甲、关于大清皇帝辞位后之优待条件:

今因大清皇帝宣布赞成共和国体,中华民国于大清皇帝辞位之后,优待条件如下:

第一款　大清皇帝辞位之后,尊号仍存不废,中华民国以待各外国君主之礼相待。

第二款　大清皇帝辞位之后,岁用四百万两,俟改铸新币后,改为四百万元,此款由中华民国拨用。

第三款　大清皇帝辞位之后,暂居宫禁,日后移居颐和园,侍卫人等,照常留用。

第四款　大清皇帝辞位之后,其宗庙陵寝,永远奉祀,由中华民国酌设卫兵,妥慎保护。

第五款　德宗崇陵未完工程,如制妥修,其奉安典礼,仍如旧制,所有实用经费,均由中华民国支出。

第六款　以前宫内所用各项执事人员,可照常留用,惟以后不得再招阉人。

第七款　大清皇帝辞位之后,其原有之私产,由中华民国特别保护。

第八款　原有之禁卫军归中华民国陆军部编制,额数、俸饷仍如其旧。

关于皇族之待遇条件及关于满、蒙、回、藏各族待遇条件,均无异议。伍廷芳。佳一。

观渡庐《共和关键录》第1编,第113~114页

袁世凯复伍廷芳电文如下:

唐少川即转伍代表鉴:佳电悉。承示优待条件,本日奉旨允准,除照会各国驻京公使外,谨闻。希查照办理。袁世凯。真。印。

观渡庐《共和关键录》第1编,第114页

△ 孙中山函聘赵凤昌为枢密顾问。

孙中山致赵凤昌函如下:

竹君先生执事:

民国初基,余膻未洗,万方多故,正待经营。文以薄质,谬承重任,思力未精,丛脞堪虞,非有硕彦相为扶持,惧负国人推选之意。素审执事器识宏通,体用兼备,傲藉高远之识,以为切磨之资,敢奉屈为枢密顾问。执事智珠在握,天下为心,想为慨然惠顾,共济前途。

临楮驰心,毋任伫眙。即颂

兴居

惟希炤詧。

孙文谨肃(印)

中国社会科学院近代史研究所中华民国史研究室等编《孙中山全集》第2卷,中华书局1982年版,第72页

△ 孙中山致电陈炯明,表示同意粤省会所请,希望陈继续留任粤督。

孙中山致陈炯明电文如下:

广东陈都督鉴:省会阳电挽留执事为正任都督,取消有期代理之约,海内外各界亦均挽留等语。粤为东南要地,现时秩序未复,人心未安,执事苦心经营,深洽人望,当为地方勉留。即以大局计,无论和战如何,粤亦为最有力之后援,岂可无人以资镇慑。前已屡电申明,今省会来电,亦同此意。可知谋百粤之治安,实难予求北伐之大将。现所部精锐成行,即亦无亏

初志，顾桑梓以安全局，责任有在，贵能审其重轻，非独文一人之厚望也。专布。即复。总统孙文。佳。

《临时政府公报》第14号，中国科学院近代史研究所史料编译组编辑《近代史资料·辛亥革命资料》，中华书局1961年版，第109页

粤省会“阳”电如下：

南京孙大总统钧鉴：陈竞存君督粤，秩序渐复，人心以安。前以其决意北伐，曾电奉介绍堪胜粤督任者四人，拟鱼日开正式选举。支日本会接冯君自由及都督府接大总统各电，知清廷退位，将有成议，北伐粤军，可遣偏师，毋庸大将亲行，力嘱本会挽留陈督，切勿改选，以乱人心。经于歌日开特别会议，全体表决，仍举陈竞存君为正任都督，取消有期代理之约，经备正式公文在案。海内外各界亦均挽留，请钧处再电竞存君勿萌去志，以定危乱而维大局。和议如何，并祈赐示。粤省会。阳。印。

《临时政府公报》第14号，中国科学院近代史研究所史料编译组编辑《近代史资料·辛亥革命资料》，中华书局1961年版，第109～110页

△ 南京临时政府陆军部通令各军队，严禁军人冶游聚赌，宣示“自此以后，惟有严密查拿，按律惩办，以肃军纪”。

《陆军部通饬各军队严禁军人冶游聚赌文》如下：

为饬禁事：照得民军起义，原欲涤除满清积弊，增进社会文明，凡属军士，宜如何淬厉精神，激发志气，共图厥成。讵在京各军队，竟有恃强闹娼聚赌酗酒，及无故荷枪结队嬉游街市，致与恶少痞徒无从辨别者，放纵卑劣，莫此为甚。前奉总统府令开：据外国《泰晤士报》详载民军此种行为，劝讽交加，极堪愧悚，饬即严行整顿等因。并由本部召集各军官开军事会议，约定改良办法，谅已特饬一体遵照矣。乃近闻闹娼聚赌之风，仍未稍从末减。推其流弊，必至人民视若虎狼，纪律任其破坏。此种行动，在满清野蛮时代，尚不如此之甚，不谓我民国义军，竟亦有甘蹈此恶习者，言之痛心，见者侧目。自此以后，惟有严密查拿，按律惩办，以肃军纪。各军官有督率之责，尤应时加训诫，严行约束。本部言出法随，决不稍纵。为此通行令知，令到，该军官即便转饬一体遵照毋违。切切。此令。二月九日。

《临时政府公报》第13号，中国科学院近代史研究所史料编译组编辑《近代史资料·辛亥革命资料》，中华书局1961年版，第99页

△ 段祺瑞自保定致电孙中山、黄兴、伍廷芳，提出“宣布共和之日，两方政府同时取销，临时大总统并须预行推定”。至于临时政府组成人员及暂设地点，“应由全体公同商定”。

段祺瑞致孙中山、黄兴、伍廷芳电文如下：

急。南京孙逸仙先生、黄克强先生、上海伍秩庸先生鉴：瑞昨日率兵到保，二次电奏，想有所闻。政体解决，已有端绪，善后手续，自应预筹。鄙见：宣布共和之日，两方政府同时取销，临时大总统并须预行推定。至临时政府必要人员，及临时政府暂设地点，应由全体公同商定。即以退位之时，为共和临时政府成立之日。庶统治机关不致旷时，两方不致陷于无政府之危险。诸君如以为然，即请将应推之大总统及临时政府必要之人员与地点迅速电示，俾与北方军界公议，免相猜疑。现在南北军民均盼解决，望将善后纲领迅示，以便催促宣布。瑞才疏身弱，毫无希图，俟国利民福之目的达到后，当即解甲归农，借藏鸠拙。区区微忱，统

希鉴原。段祺瑞。祃。

《临时政府公报》第14号,中国科学院近代史研究所史料编译组编辑《近代史资料·辛亥革命资料》,中华书局1961年版,第109页

△ 清督抚张镇芳、张勋、段祺瑞等九人联衔致电袁世凯,请袁代奏清廷"速降明谕,宣布共和,悉以政权公诸国民"。

张镇芳、张勋、段祺瑞等致袁世凯请代奏清廷电文如下:

共和国体久延不决,危机四伏,险象环生,内多糜烂之虞,外召干涉之祸。徐州、颍州、潼关各前敌,屡以兵单力竭见告。登州、黄县、高密相继独立,影响遍于全鲁。俄则阴助蒙古、库伦、伊犁及黑龙江之呼伦、胪滨各属,群谋构变。日则屯兵朝鲜,进逼辽沈,有乘隙思逞之志。直豫等省,党人潜布,盗贼蜂起,闾阎惊恐,廛市萧条。不但瓦解土崩,人民已陷火热水深之境,且恐国亡灭种,皇室将有覆宗绝祀之忧。尚何有于朝廷,何有于宗社,何有于皇族。思之惴栗,言之惨伤。比者屡读诏旨,以公天下为言。仰见宫廷俯顺舆情,远迈隆古。朝野喁喁企望,若待云霓。而共和问题迁延未定,逊让政权之明诏迟久未颁。中外失望,军民解体。转瞬春融,民军北上,战无可战,和不及和,必召剥肤之灾,可胜噬脐之悔。现在存亡呼吸间不容发。伏恳宸衷独断,速降明谕,宣布共和,悉以政权公诸国民。大计早一日决,即大局可早一日定,一转移间,而四万万生灵得解倒悬之厄。数百年宗庙陵寝仍保磐石之安。上以幸福予国民,下以尊荣酬君上,其为懿美,超轶唐虞,全国豪麻,万世仰德。镇芳因事机危迫,祸福利害无待再计,不避斧钺,呼吁上闻。曷胜涕泣祷祈之至。除陕西、甘肃、新疆三省电报不通外,镇芳等往返电商,意见相同。谨联衔请代奏。

署理直隶总督张镇芳、署理两江总督张勋、署理两湖总督段祺瑞、河南巡抚齐耀琳、署理山东巡抚张广建、安徽巡抚张怀芝、山西巡抚张锡銮、署理山西巡抚李盛铎、吉林巡抚陈昭常。

"宫中电报档",中国史学会主编《中国近代史资料丛刊·辛亥革命》(8),上海人民出版社1957年版,第181页

△ 北京蒙古王公联合会通电全国,推荐袁世凯出任统一政府临时大总统。13日,孙中山复电蒙古王公,已"报告参议院提出辞表,并推荐袁君之功能,众俱信服"。

北京蒙古王公联合会通电全国文如下:

南京孙逸仙、黄克强君及临时政府各部长,参议院全体议员,武昌黎宋卿君,上海都督,广东都督,广西都督,云南都督,贵州都督,浙江都督,江苏都督,江西都督,湖南都督,安徽都督,四川都督,陕西都督,奉天制台,直隶制台,山东抚台,山西抚台,河南抚台,新疆抚台,吉林抚台,黑龙江抚台,陕西抚台,甘肃抚台,奉天谘议局,山东谘议局,云南谘议局,江苏谘议局,湖北谘议局,直隶谘议局,山西谘议局,贵州谘议局,浙江谘议局,河南谘议局,陕西谘议局,四川谘议局,广东谘议局,安徽谘议局,吉林谘议局,甘肃谘议局,江西谘议局,黑龙江谘议局,新疆谘议局,广西谘议局,湖南谘议局,各镇统、协统,各师、团长,各司令长均鉴:天佑吾国,确定共和,惟时局之艰,已臻极点,补救建设,势须同时并进。南北合一政府,非得外交、军事声威显著之人,难资统理。项城于大局一事,始终苦心孤诣,竭力维持,权实兼施,恩威并洽,卒收转旋之效,厥功至伟。且政治经验至富,军队尤极推崇,同人佥谓统一政府临时大总统一席,必须项城力任其难,方能维系众心,保全大局。本会亦可藉手筹助绥驭蒙疆事务。现已公同议决由本会代表全蒙,推项城任统一新政府临时大总统,以冀收建设之功,兼

保和平之局。公等热心国事，谅必乐予赞成。除向项城陈情外，为此通电诸公，即希察照，备案见复为盼。蒙古王公联合会叩。养。

《临时公报》辛亥年十二月二十九日(1912年2月16日)，罗家伦主编《中华民国史料丛编·临时公报》，中国国民党中央委员会党史史料编纂委员会1968年影印，第26～27页

孙中山复蒙古王公电文如下：

万急。北京蒙古联合会蒙古王公鉴：电悉。帝制已除，合五大民族为中华民国，幸福无涯，中外同庆。来电荐举袁慰庭君，微执事等言，文岂忘其夙约？因今日始得接清帝逊位之详电，当即报告参议院，提出辞表，并推荐袁君之功能，众俱信服。文之推让，非只尚贤，亦以为国。区区此意，凡我国民，当共鉴之。专复。孙文叩。

《临时政府公报》第18号，中国科学院近代史研究所史料编译组编辑《近代史资料·辛亥革命资料》，中华书局1961年版，第143～144页

2月10日(十二月二十三日)　孙中山令南京临时政府陆军部任命宋子扬为徐州军政长。12日，陆军部回复孙中山，徐州军事已由柏文蔚节制，不便设立军政长，建议或以宋改充徐州民政长。

孙中山命令如下：

临时大总统令

徐州地方，现值戒严，军政长一职，亟应委员充任。查有宋子扬，前经该地方刘仁航等联名禀请委任，当经令行江苏都督查核办理在案。合行令仰该部迅即发给该员宋子扬委任状，责成该员克日受事，以重地方。至名称权限一并由该部规定饬知可也。此令。

陆军部知照

孙文

中华民国元年二月十日

"南京临时政府档案"，中国第二历史档案馆编《中华民国史档案资料汇编》第2辑，江苏人民出版社1981年版，第215页

南京临时政府陆军部回复如下：

为申复事：二月十日奉令内开："徐州地方，现值戒严，军政长一职，亟应委员充任。查有宋子扬，前经该地方刘仁航等联名禀请委任，当经令行江苏都督查核办理在案。合行令仰该部迅即发给该员宋子扬委任状，责成该员克日受事，以重地方。至名称权限一并由该部规定饬知可也"等因。奉此。窃查徐州方面军队已由柏军统文蔚节制，似未便设立军政长，以致事权不一。至该处民政事件，应由大总统饬下内务部着选派民政长一员，以重地方，或径以宋子扬改充民政长。理合申复，伏乞钧鉴。须至申者。

右申

大总统

中华民国元年二月　　日

"南京临时政府档案"，中国第二历史档案馆编《中华民国史档案资料汇编》第2辑，江苏人民出版社1981年版，第215～216页

△ 南京临时政府陆军部致电湘督谭延闿、桂督陆荣廷，商议取消湘桂联军总司令，将原有军队编为一师。

《陆军部致湘桂都督取销湘桂联军总司令并将原有军队编为一师电》文如下：

长沙谭、桂林陆都督鉴：湘桂联军总司令，刻由沈幼岚(沈秉堃)先生提议取消。兹拟就袁华选、赵恒惕、程子楷、陈裕时四君原有之军队编为一师，隶属于中央政府。诸君志同道

合,必能联为一气,练成劲旅。除电知湘桂都督外,用特奉闻。如荷赞同,祈速电复为盼。黄兴叩。蒸。

《临时政府公报》第16号,中国科学院近代史研究所史料编译组编辑《近代史资料·辛亥革命资料》,中华书局1961年版,第129页

△ 张謇致电袁世凯转汪荣宝、陆宗舆,"务望力助项城,必践廿四发表之约。万勿迁延两误,败破大局,追悔无及。"

张謇致袁世凯转汪荣宝、陆宗舆电文如下:

急。北京袁宫保转衮甫、润生鉴:辰密。南方对于优待皇室条件,当局与参议院反复磋磨,视来件无大出入。不独体项城为难,亦以顾全项城,维持国防而然。伍昨复阁电,实已笔舌俱瘁,费尽磋磨,无可再说。要之,种种优待专为辞位二字之代价,若不说明,何以合南北赞同共和之心理,亦何以示将来政治之健全。二君明于时势,务望力助项城,必践廿四发表之约。万勿迁延两误,败破大局,追悔无及。謇。蒸。

"军机处电报档",中国史学会主编《中国近代史资料丛刊·辛亥革命》(8),上海人民出版社1957年版,第182页

△ 陈其美致函孙中山,请孙撤销沪军都督。17日,孙中山致电陈其美,望其"勉为其难,勿怀退志"。

陈其美致孙中山函全文如下:

为呈请事:窃立国以正名为先,立法以统一为贵。当武汉起义,切望声援,事逾浃旬,东南如故。南京为大江都会,地点在所必争,惟巨寇负隅,急攻难下,不得不施盘马弯弓之策,以为搤吭镝破之谋。其美等冒死进行,先克上海,得制造局,海军源泉既为我有,东南电局总枢亦为我握。江、浙两省,本待南京消息而后动静者,至此乃相继而下。海军处亦因之组成,长江流域脉络贯通,爰合浙、苏、镇、沪之军会攻南京。张人骏、张勋、铁良螳臂无能,弃城偕遁,于是沿江各省悉数光复,范围稍广,消息较灵。

其美于上海光复之初,被众推举为沪军都督。夫上海属隶江苏,地居县治,都督之称,何以副实?当时曾力驳固辞,而众意以为都督之设,非原官制,非关地域,但因革命事实而发生此特设之官;且以战事方新,急宜策应,借此以扶大局,以系人心。责任所在,暂效驰驱。迨江苏光复后,再辞不许;临时政府成立后,三辞未准。

伏思受任沪军都督,本为一时权宜之计,不图开府后,各省援鄂、攻徐、援皖、攻鲁以及北伐各师,皆取道申江,纷纷供应,饷糈告匮,则问沪军;军械不敷,则问沪军。大至一师一旅之经营,小至一宿一餐之供给,莫不于沪军是责。且邮电、舟车之烦琐,几如职掌交通;华洋交涉之艰难,无异职司外部;查办案件之丛脞,又如职操司法。推之全国,海军之饷,多出沪军,每月用款之繁,数逾百万。以一无所能之其美,几兼交通、外务、司法、军政、财政而独为,以四无属地之申江,几综东南枢纽门户,统筹兼顾而独任。

其美觉十余年来为革命而出死入生之日,以今例之,向不致如斯。盖上海地处交通,人人得而求备,而地居下邑,事事为人阻挠。即如参议员,每省各举三人,而陈陶怡关系在沪,致欲去位;司法界借口动争地点,而姚荣泽抗不解申,几欲漏网。甚至沪上商团之驻扎,沪已批行,苏复咨驳;硝磺专卖公司沪已纳饷,苏令取消。对于沪上各机关人员,委任非专,号令不便。管辖上既无统一之权,事实上乃有冲突之势,牵制如此,无事可为。且凡百收入,均被各方面争之而去;凡百支出,均由各方面诿之而来。纵系巧妇,无米难炊,虽极肝脑涂地之

诚,岂能收戮力同心之效?

现已精疲脑惫,力疾从公。长此掣肘,非但不能副我初心,转恐因此而误大局。相应呈请大总统取消沪军都督名位,俾其美免恋栈之讥,苏、沪无骈枝之诮,仍得以革命军之一员,奔走共和事业,公私幸甚。伏候准行。谨呈。

1912年2月11日《申报》

孙中山挽留陈其美电文如下:

万急。上海陈都督其美鉴:现在清帝退位,民国统一,上海为江南要区,非有大将镇守,不能维持一切。据各地纷纷来电,咸以公为民国长城,关系全局,力请挽留。人心如此,公不可告退。尚望勉为其难,勿怀退志。总统孙文。篆。

《临时政府公报》第18号,中国科学院近代史研究所史料编译组编辑《近代史资料·辛亥革命资料》,中华书局1961年版,第145页

△ 中华民国工业建设会公布发起趣旨及章章,宣布"以群策群力,建设工业社会,企图工业之发达为宗旨"。

《工业建设会发起趣旨》如下:

政治革命,丕焕新猷,自必首重民生,为更始之要义,尤必首重工业,为经国之宏图。夫社会经济堕落久矣,金融也交滞,机关事业也悉成荆棘。孰为为之,迁流至于此极。彼农非不生之也,而粗粝之生货,不投俗尚。商非不通之也,而舶来之精品又深欧化。是则农为前驱,而工不为之后盾。商为白战,而工不与以寸铁。工以成之之谓何,何昧昧焉而不提倡之也。不提倡工业,而适当工业的民族帝国之潮流,宜其社会经济,悉漏卮于千寻之海壑而无极矣。往者忧世之士,亦尝鼓吹工业主义,以挽救时艰,而无效也,则以专制之政毒未除,障害我工业之发达,为绝对的关系,明达者当自知之。今兹共和政体成立,喁喁望治之民,可共此运会。设我新社会以竞胜争存,而所谓产业革命者,今也其时矣。虽然欲事建设,须萃人材,抑不有团体,亦无以厚其势力。窃观此次之自海外归效于祖国者,不乏专门之学术家,而相与讲学于国内者,自十年来遍各行省,亦颇有游艺长材。若合群策群力,企图物质的进步,于工业之前途,孰谓我国民力永靡而不振也耶?为是发起本会,嗟我同志,盍归乎来!钟衡臧宣言。

《临时政府公报》第19号,中国科学院近代史研究所史料编译组编辑《近代史资料·辛亥革命资料》,中华书局1961年版,第96~97页

《中华民国工业建设会草章》如下:

定名 本会定名曰中华民国工业建设会。

宗旨 本会以群策群力,建设工业社会,企图工业之发达为宗旨。

手续 本会进行之手续如下:

(甲)征集工业学专家,以有工业的经验及知识者相与讨论之。

(乙)启迪旧社会之工业上以种种改良之法。

(丙)合筹资金,建设适要之工业,为营业模范。

(丁)联合新旧工业为统一机关。

(戊)开宣讲会,报告东西洋曾经调查之工业状况及制法办法等,又讲述本会所讨论之学理。

(己)创本会月刊为本会之交通机关。

(庚)介绍专门人才于各工场,以随时发展本会之势力。

(辛)规画国货维持法,以保护工业于不败。

资格 本会征友之资格如下:

(甲)有普通工业学识,素为人所景仰者;

(乙)有专【门】技术之经验者;

(丙)卒业于东西洋学校之专科者;

(丁)有理化学识可应用于工业者;

(戊)有资本家能热心提倡工业者;

(己)于工业社会有能联络之势力者;

(庚)于工业社会有调查之能力者;

(辛)能义务宣力于本会者。

集会　本会除开始之成立会,及他日之纪念会外,不常开会。凡属会友或常莅机关部,或通讯于本会月刊部,以资联络,以便讨论。如有特别建设事宜,则开临时大会提议。

职员　本会设正副会长各一人,书记、会计各一人,其它除临时推举为月刊记者外,不皆住会所,散处各地,皆有通信讨论及联络调查等责任。

证费　本会交纳入会证费一圆。

经费　本会事务所开支,除由发起人分任外,如有特别捐助者,本会推为赞成员。

事务所　上海英租界二马路抛球场第七号门牌,德律风一千七百十二号。

附则　本会章程除宗旨外,可于每次大会时改正,期臻完善。

《临时政府公报》第19号,中国科学院近代史研究所史料编译组编辑《近代史资料·辛亥革命资料》,中华书局1961年版,第97～98页

2月11日(十二月二十四日)　南京临时政府陆军部奉孙中山令,通电各省饬所有北伐军悉改名为讨虏军。

南京临时政府陆军部通电如下:

武昌黎副总统、民各省都督转关外蓝都督暨司令官、各军政分府鉴:二月十一日奉临时大总统令:"现在北军既已赞同共和,从此南北一家,必无自相攻击之理。如有执迷不悟,反抗共和者,是为南北之公敌,中华之蟊贼,我共和民国神圣军人,自应同心戮力,大张挞伐,以歼丑类,而竟全功。兹据北军赞同共和,深堪嘉许,应由贵部饬所有北伐军悉改名为讨虏军,以符名实,而免误会为要。此令。陆军部知照"等因。奉此。除驻宁各军另由本部知照外,凡各省所属军希速改饬遵照,如有北伐军名目,应即照改,并仍驻原地,切实改编,严加训练,以待后效。陆军部。

1912年2月14日《民立报》

△ 南京临时政府陆军部通电各省及军队,决定将所有军队按暂时编制编成,所有官佐补授实官,希望各省及军队迅速呈报,以便实行。

南京临时政府陆军部通电如下:

各省都督,各军、师、旅司令处、参谋处钧鉴:本部现拟将全国各军编成建制,军队亟应调查明晰,预备划分管区,以期统一而免分歧。其编成均按照部颁暂行编制办理,前已电达在案。俟编成后即将所有官佐报由本部汇呈大总统,按其职务,一律补授实官,以谋军政统一。务望迅速呈报,以便实行为盼。陆军部。尤。

中华民国元年二月　　日

"南京临时政府档案",中国第二历史档案馆编《中华民国史档案资料汇编》第2辑,江苏人民出版社1981年版,第216页

△ 同盟会所属之东部同盟会发布启事，在南京设东部同盟会事务所，另在上海、杭州、苏州、安庆、福州设立分事务所。同日，发布《东部同盟会简章》。

东部同盟会启事如下：

东部于乙巳年由孙中山委任孙少侯、张伯纯、赵百先、陈雄洲四君经营，迄今七载，计入会会员不下廿余万人。现今同盟会设立本部于京城，各支部自应造立会员名册，送交本部，以便组织政党，协赞新猷。兹经会员拟定办法数则如下：

(一)设立东部同盟会事务所于宁垣，设分事务所于上海、浙江、苏州、安庆、福州五处。

(二)各会员就近在事务所签名，以备造册。

(三)推广会员，凡与本会同宗旨者，均可加入本会。

(四)俟调查清楚，择期开会，议所以进行之道。

(五)各分事务所地址及开会日期，俟决定后另行通告。

上海事务所设北泥城桥太平坊九十六号，由武仲英君经理。陈雄洲谨启。

1912年2月11日《民立报》

《东部同盟会简章》如下：

第一章　宗旨

第一条　本会三大宗旨：一、民族主义；二、民权主义；三、民生主义。

第二章　会员

第二条　凡自年十六岁以上有第一条宗旨，不背第三条、第四条者，皆得入会为会员。

第三章　入会规则

第三条　凡新入会者，须亲具愿书。

第四条　凡入会者，有本会会员二人介绍。

第四章　事务所

第五条　南京【设】事务所，上海、杭州、苏州、安庆、福州各设分事务所。

第五章　会期

第六条　会期分三种：一、职员会，每月一次；二、议事会，每年一次；三、特别会，随时召集。

第六章　经费

第七条　凡新入会会员，纳入会费一元。

第八条　会中储款，每月登报，留以待兴教育之用。

第七章　输捐及劝募

第九条　凡愿输捐者，请送至就近事务所，掣取本会收条为凭。

第十条　凡捐输人姓名须一一清列报告，本会即分别将收条交去。

第十一条　凡捐助物品及纪念品、教育品者，与捐助资金同。

附　入会愿书　凡愿入会者，同介绍人填愿书交事务所。

1912年2月11日《民立报》

△ 黄兴致电伍廷芳，告诫伍，关于和议应行注意两大要点："今后我民军对于和战，始终取一致之行动"；"凡既经休战之后，则不论东西南北，各方面自应一律照行"。

黄兴致伍廷芳电文如下：

伍代表鉴：兹将关于和议应行注意之两大要点，敬陈左右：

一、今南北协议之唯一目的，实欲早定共和大局。然欲定大局，必速下逊位明文。欲迫促清廷逊位,必南北军队连续北上,以武力胁制之。欲南北军队连续北上,则张、倪二君应率所部军队离开徐、颍,以为南方军队之先导,业经屡次声明。今二君不但未能出此,且于徐、颍以南地区逐次抗拒,或行攻击,或行进占,实与协议之目的相背。如二君果欲早安大局,即宜互相联络,一齐北进。设仍扼据要害,阻我北上,则清廷存侥幸之心,逊位有观望之患。且恐惹起他方面之效尤,大局牵延,必致更形糜烂。逆料二君当不忍出此。

二、今南北军队既已全体赞成共和,则北[双]方已毫无间隙,仍复弟兄之旧。除对于清廷共谋胁迫外,绝不致再有冲突之事,今后即应全体一律休战。若犹有一处仍然继续战斗者,即是与此旨相背。

总之,今后我民军对于和战,始终取一致之行动。若此方已休战协商,彼处犹继续战斗,我民国军绝不承认之。故议定书中特须注重此条。凡既经休战之后,则不论东西南北,各方面自应一律照行。设议定之后,有一处尚兴战未已,我民国军即认为欲破坏全体和局而重兴战争,且使之负开战责任。

以上两条,务望力求袁内阁及北方统将切实承认为叩。

正发电间,适接陕西来电,谓北军第六镇及毅军六营,乘议和期中暗袭潼关。又安徽来电,谓倪嗣冲于赞成共和后,复以兵力夺三河,困涡阳。是二者皆非真心议和之象,务望严诘之,按照上开两条切实施行。并告以今后不可再有此等举动,以免妨害和局,是为至要。黄兴叩。真。

观渡庐《共和关键录》第1编,第136~137页

△ 黄兴、蒋作宾、钮永建等十六人联名致电姜桂题、段祺瑞、冯国璋,斥责姜、段、冯:"南北军人现正联合一致,赞同共和","同是中国人,有何南北之分"。

黄兴等十六人致姜桂题、段祺瑞、冯国璋电文如下:

万急。北京姜军门桂题、段军帅芝泉、冯统制国璋均鉴:读报载公等致北军各路统兵官删电,不胜骇异。同是中国人,有何南北之分?即以南北军论,目今南军中北人极多,南人悉推诚相待,毫无疑忌。矧南北军人现正联合一致,赞同共和,函电交驰,驩言无间,同袍握手,遐迩咸钦。何谓南北军界,由分而合,感情未必尽洽耶?

至于强权武力云云,此乃各国政治家对外之辞,绝未含有对内性质。公等明达,胡竟误会,殊不可解。

至谓武力之最健全在北方军队一节,目下南北携手,不忍以同种相残,诚不知谁健谁弱。然兴等愚见,以为能驱除异族,战胜敌国,乃可谓武力之健。若为虎作伥,自残同种,如昔日湘、淮诸军之所为,则虽战必胜、攻必取,仍不可称为武力之健。欧美伟人评论具在,非兴等一二人之私言也。

要之,今日之事,总以巩固中华共和为前提,而一切强生界限、植党营私,亡国之为,皆当一扫刮绝,以成我五大种族建设大共和国之盛业,方足以餍世界列国之望,而奠汉、满、蒙、回、藏群生之安。若如尊电所云,则不惟于南北军人联合进行横生障碍,且于中华共和大局,显启纷歧破坏之渐,窃为公等不取也。事关大局,不容缄默。区区此心,统希亮察。南北军人联合会黄兴、蒋作宾、钮永建、柏文蔚、杜淮川、姚雨平、刘毅、陈晋、李书城,耿觐文、仇亮、沈郁文、覃师范、史久光、黄承恩、黄恺元同叩。尤。

《临时政府公报》第15号,中国科学院近代史研究所史料编译组编辑

《近代史资料·辛亥革命资料》,中华书局1961年版,第118~119页

姜桂题、段祺瑞、冯国璋"删"电如下：

徐州张制台、肥河倪藩台、张家口何都统、天津张抚台、济南吴会办、平遥卢会办、广水李统制、渑池王统制、新民潘统制、吉林孟统制、渑池周协统、赵镇台、洛阳郭镇台、怀庆马镇台、刘统领、开平王镇台、太原王统领、平遥谢镇台、大同杨镇台、正定徐镇台、宣化黄镇台、南阳谢镇台、跡[彰]德李镇台、徐州张镇台、莱州沙河叶归[镇]台、兖州田镇台、曹州张镇台、济州李协统、潍县马协统、开封张协统、刘协统、柴协统、奉天聂统领、伍统领、张统领、吴统领、汤河范统领、大名李镇台、彰德袁张营务处、高统领、保定府鲍统领公鉴：桂题等前因军民一致趋向共和，联合军界禀请立颁共和政体，盖所以免寰宇之糜烂，脱生灵于水火，舍此末由其道。刻闻宫廷俯鉴舆情，采纳谠论，明诏之颁，指日可待，从此国本安全，民生乐业，中国前途何幸如之。第念大局初平，人心未定，南北军界由分而合，感情未必尽洽，倘或意气用事，树党纷争，不惟共和之利不可图，抑且大局糜烂，祸或甚于往昔。伏思强权世界，非武力不足以制最后之胜利，非武力遵[不]足以保公众之治安，而武力之最健全者在我北方军队，然分之则势孤，合之则力厚。当此存亡过渡之秋，我北方军人仍宜固结团体，外以杜党界之纷争，内以保地方之秩序，行止进退，恪遵命令，凡有益于国利民福者，合全力以图之，其有反对斯旨者，合全力以除之，俾共和基础固于磐石，吾北方军界之荣誉将永垂不朽矣。敢布腹心，伏乞鉴察。总统官姜桂题、段祺瑞、冯国璋同启。删。印。

1912 年 2 月 11 日《民立报》

△ **袁世凯致电唐绍仪、伍廷芳及南京临时政府，告之清廷同意优待条件，决定下诏退位，并告以退位诏书全部内容。**

袁世凯致唐绍仪、伍廷芳及南京临时政府电文如下：

上海唐少川、伍秩庸、南京孙大总统、黎副总统、各部总长、参议院鉴：本日上谕："朕钦奉隆裕皇太后懿旨：前因民军起事，各省响应，九夏沸腾，生民涂炭，特命袁世凯遣员与民军代表讨论大局，议开国会，公决政体。两月以来，尚无确当办法。南北睽隔，彼此相持，商辍于途，士露于野，徒以国体一日不决，致民生一日不安。今全国人民心理多倾向共和，南中各省既倡议于前，北方诸将亦主张于后，人心所向，天命可知。予亦何忍因一姓之尊荣，拂兆人之好恶。是用外观大势，内审舆情，特率皇帝将统一治权公诸全国，定为共和立宪国体，近慰海内厌乱望治之心，远协古圣天下为公之义。袁世凯前经资政院选举为总理大臣，当兹新旧代谢之际，定有南北统一之方，即由袁世凯以全权组织临时共和政府，与民军协商统一办法。总期人民安堵，海宇义安，仍合汉、满、蒙、回、藏五族完全领土为一大中华民国。予与皇帝得以退处宽间[闲]，优游岁月，长受国民之优礼，亲见郅治之告成，岂不懿欤。钦此。宣统三年十二月二十五日，盖用御宝，内阁总理大臣署名。"谨达。袁世凯。真。

《临时政府公报》第 15 号，中国科学院近代史研究所史料编译组编辑《近代史资料·辛亥革命资料》，中华书局1961年版，第118页

△ **袁世凯致电南京临时政府，承认"共和为最良国体"，现"大清皇帝既明诏辞位，业经世凯署名，则宣布之日，为帝政之终局"，从此"永不使君主政体再行于中国"。并说明不能南来的苦衷，请迅即协商统一的办法。**

袁世凯致南京临时政府电文如下：

万急。南京孙大总统、参议院、各部总长、武昌黎副总统同鉴：共和为最良国体，世界之

公认,今由弊政一跃而跻及之,实诸公累年之心血,亦民国无穷之幸福。大清皇帝既明诏辞位,业经世凯署名,则宣布之日,为帝政之终局,即民国之始基,从此努力进行,务令达到圆满地位,永不使君主政体再行于中国。现在统一组织至重且繁,世凯极愿南行畅聆大教,共谋进行之法。只因北方秩序不易维持,军旅如林,须加部署,而东北人心未尽一致,稍有动摇,牵涉各国。诸君洞察时局,必能谅此苦衷。至共和建设重要问题,诸君研究有素,成算在胸,应如何协商,组织统一治法,尚希迅即见教。世凯。真。

《临时政府公报》第15号,中国科学院近代史研究所史料编译组编辑《近代史资料·辛亥革命资料》,中华书局1961年版,第117~118页

2月12日(十二月二十五日)　清宣统帝溥仪下诏宣布退位。持续两千多年的封建帝制最后终结。

溥仪宣布退位诏书如下:

大清皇帝宣统三年十二月二十五日旨三道并条件

奉旨:朕钦奉隆裕皇太后懿旨:前因民军起事,各省响应,九夏沸腾,生灵涂炭,特命袁世凯遣员与民军代表讨论大局,议开国会,公决政体。两月以来,尚无确当办法。南北睽隔,彼此相持,商辍于途,士露于野,徒以国体一日不决,故民生一日不安。今全国人民心理多倾向共和,南中各省既倡议于前,北方诸将亦主张于后,人心所向,天命可知。予亦何忍因一姓之尊荣,拂兆民之好恶。是用外观大势,内审舆情,特率皇帝将统治权公诸全国,定为共和立宪国体,近慰海内厌乱望治之心,远协古圣天下为公之义。袁世凯前经资政院选举为总理大臣,当兹新旧代谢之际,宜有南北统一之方,即由袁世凯以全权组织临时共和政府,与民军协商统一办法。总期人民安堵,海宇乂安,仍合满、汉、蒙、回、藏五族完全领土为一大中华民国。予与皇帝得以退处宽闲,优游岁月,长受国民之优礼,亲见郅治之告成,岂不懿欤。钦此。

宣统三年十二月二十五日　盖用　御宝

内阁总理大臣袁世凯、署外务大臣胡惟德、民政大臣赵秉钧、署度支大臣绍英(假)、学务大臣唐景崇(假)、陆军大臣王士珍(假)、署海军大臣谭学衡、司法大臣沈家本(假)、署农工商大臣熙彦、署邮传大臣梁士诒、理藩大臣达寿署名。

《临时公报》辛亥年十二月二十六日(1912年2月13日),罗家伦主编《中华民国史料丛编·临时公报》,中国国民党中央委员会党史史料编纂委员会1968年影印,第3~4页

奉旨:朕钦奉隆裕皇太后懿旨:前以大局阽危,兆民困苦,特饬内阁与民军商酌优待皇室各条件,以期和平解决。兹据复奏,民军所开优礼条件,于宗庙、陵寝永远奉祀,先皇陵制如旧妥修各节,均已一律担承,皇帝但卸政权,不废尊号。并议定优待皇室八条,待遇皇族四条,待遇满、蒙、回、藏七条。览奏尚为周至。特行宣示皇族暨满、蒙、回、藏人等,此后务当化除畛域,共保治安,重睹世界之升平,胥享共和之幸福,予实有厚望焉。钦此。

宣统三年十二月二十五日　盖用　御宝

内阁总理大臣袁世凯、署外务大臣胡惟德、民政大臣赵秉钧、署度支大臣绍英(假)、学务大臣唐景崇(假)、陆军大臣王士珍(假)、署海军大臣谭学衡、司法大臣沈家本(假)、署农工商大臣熙彦、署邮传大臣梁士诒、理藩大臣达寿署名。

甲、关于大清皇帝辞位后之优待条件:

今因大清皇帝宣布赞成共和国体,中华民国于大清皇帝辞位之后,优待条件如下:

第一款　大清皇帝辞位之后,尊号仍存不废,中华民国以待各外国君主之礼相待。

第二款　大清皇帝辞位之后，岁用四百万两，俟改铸新币后，改为四百万元，此款由中华民国拨用。

第三款　大清皇帝辞位之后，暂居宫禁，日后移居颐和园，侍卫人等，照常留用。

第四款　大清皇帝辞位之后，其宗庙陵寝，永远奉祀，由中华民国酌设卫兵，妥慎保护。

第五款　德宗崇陵未完工程，如制妥修，其奉安典礼，仍如旧制，所有实用经费，均由中华民国支出。

第六款　以前宫内所用各项执事人员，可照常留用，惟以后不得再招阉人。

第七款　大清皇帝辞位之后，其原有之私产，由中华民国特别保护。

第八款　原有之禁卫军归中华民国陆军部编制，额数、俸饷仍如其旧。

乙、关于清皇族待遇之条件：

一、清王公世爵概仍其旧。

二、清皇族对于中华民国国家之公权及私权，与国民同等。

三、清皇族私产，一体保护。

四、清皇族免当兵之义务。

丙、关于满、蒙、回、藏各族待遇之条件：

今因满、蒙、回、藏各民族赞同共和，中华民国所以待遇者如下：

一、与汉人平等。

二、保护其原有之私产。

三、王公世爵概仍其旧。

四、王公中有生计过艰者，设法代筹生计。

五、先筹八旗生计，于未筹定之前，八旗兵弁俸饷，仍旧支放。

六、从前营业、居住等限制，一律蠲除。各州、县听其自由入籍。

七、满、蒙、回、藏原有之宗教，听其自由信仰。

以上条件列于正式公文，由两方代表照会各国驻北京公使，转达各该政府。

《临时公报》辛亥年十二月二十六日（1912年2月13日），罗家伦主编《中华民国史料丛编·临时公报》，中国国民党中央委员会党史史料编纂委员会1968年影印，第4～8页

奉旨：朕钦奉隆裕皇太后懿旨：古之君天下者，重在保全民命，不忍以养人者害人。现在新定国体，无非欲先弭大乱，期保乂安。若拂逆多数之民心，重启无穷之战祸，则大局决裂，残杀相寻，势必演成种族之惨痛，将至九庙震惊，兆民荼毒，后祸何忍复言。两害相形，惟取其轻。此正朝廷审时观变，恫瘝吾民之苦衷。凡尔京外臣民，务当善体此意，为全局熟权利害，勿得挟虚憍之意气，逞偏激之空言，致国与民两受其祸。着民政部、步军统领姜桂题、冯国璋等严密防范，剀切开导，俾皆晓然于朝廷应天顺人大公无私之意。至国家设官分职，以为民极，内列阁、府、部、院，外建督、抚、司、道，所以康保群黎，非为一人一家而设。尔京外大小各官，均宜慨念时艰，慎供职守，应即责成各长官，敦切诫劝，毋旷厥官，用副予夙昔爱抚庶民之至意。钦此。

宣统三年十二月二十五日　盖用　御宝

内阁总理大臣袁世凯、署外务大臣胡惟德、民政大臣赵秉钧、署度支大臣绍英（假）、学务大臣唐景崇（假）、陆军大臣王士珍（假）、署海军大臣谭学衡、司法大臣沈家本（假）、署农工商大臣熙彦、署邮传大臣梁士诒、理藩大臣达寿署名。

《临时公报》辛亥年十二月二十六日（1912年2月13日），罗家伦主编《中华民国史料丛编·临时公报》，中国国民党中央委员会党史史料编纂委员会1968年影印，第8页

△ 孙中山致电伍廷芳,指出“如十五日下午十二点钟以前清帝不逊位,则收回优待条件”。

孙中山致伍廷芳电文如下:

万急。上海伍秩庸代表鉴:今日经参议院同意,如十五日下午十二点钟以前清帝不逊位,则收回优待条件。此布。即转北京。总统孙文。震。印。

观渡庐《共和关键录》第1编,第138页

△ 张謇因反对汉冶萍借款,未被南京临时政府采纳,电辞实业总长职务。

张謇致孙中山电文如下:

孙大总统钧鉴:汉冶萍事,曾一再渎陈,未蒙采纳。在大总统或自有为难,惟謇身任实业部长,事前不能参预,事后不能补救,实属尸位溺职,大负委任。民国成立,岂容有溺职之人滥竽国务,谨自劾辞职,本日即归乡里。张謇叩。(十二号)

1912年2月13日《时报》

2月13日(十二月二十六日)　孙中山向临时参议院提出辞职咨文,在所附三条件中强调临时政府设在南京、新总统到南京受任和遵守临时参议院所颁布的一切法制章程。同时推荐袁世凯继任临时大总统。

《临时大总统咨参议院辞职文》如下:

前后和议情形,并昨日伍代表得北京一电,本处又接北京一电,又接唐绍仪电,均经咨明贵院在案。本总统以为我国民之志,在建设共和,倾覆专制,义师大起,全国景从。清帝鉴于大势,知保全君位必然无效,遂有退位之议。今既宣布退位,赞成共和,承认中华民国,从此帝制永不留存于中国之内,民国目的亦已达到。当缔造民国之始,本总统被选为公仆,宣言、誓书,实以倾覆专制,巩固民国,图谋民生幸福为任。誓至专制政府既倒,国内无变乱,民国卓立于世界,为列邦公认,本总统即行解职。现在清帝退位,专制已除,南北一心,更无变乱,民国为各国承认旦夕可期。本总统当践誓言,辞职引退。为此咨告贵院,应代表国民之公意,速举贤能,来南京接事,以便解职。

附办法条件如下:

一、临时政府地点设于南京,为各省代表所议定,不能更改。

一、辞职后,俟参议院举定新总统亲到南京受任之时,大总统及国务各员乃行辞职。

一、临时政府约法为参议院所制定,新总统必须遵守颁布之一切法制章程。此咨。

《临时政府公报》第17号,中国科学院近代史研究所史料编译组编辑《近代史资料·辛亥革命资料》,中华书局1961年版,第132页

《临时大总统咨参议院推荐袁世凯文》如下:

今日本总统提出辞职,要求改选贤能。选举之事,原国民公权,本总统实无容喙之地。惟前使伍代表电,北京有约以清帝实行退位,袁世凯君宣布政见赞成共和,即当推让,提议于贵院,亦表同情。此次清帝逊位,南北统一,袁君之力实多,发表政见,更为绝对赞同,举为公仆,必能尽忠民国。且袁君富于经验,民国统一,赖有建设之才,故敢以私见贡荐于贵院。请为民国前途熟计,无失当选之人。大局幸甚。此咨。

《临时政府公报》第17号,中国科学院近代史研究所史料编译组编辑《近代史资料·辛亥革命资料》,中华书局1961年版,第132~133页

△ 孙中山复电袁世凯，告之行将躬身引退，践约辞职。

孙中山复袁世凯电文如下：

袁慰亭先生鉴：电悉。文以菲材，辱膺国民推戴，受任以来，拮据张皇，力不副愿，犹恐覆𫗧贻羞，负国民委托之重。自惭受任无状，日夜希冀推贤让能，苟得如公者举而自代，其缔造国民幸福，尚非意料所能预揣，文即引躬退在草野，为一共和国民，于愿已非常满足。无如时势未来，形格势禁，致公未得即遂共和进行之愿，文实尸位至今。今幸清帝逊位，民国确立，维持北方各部，统一南北，实惟公一人是赖。谚云：英雄造时势，盖谓是也。文复何功？过蒙奖誉，曷胜愧汗。新旧交替，万机待举，遗大投艰，非公莫办。谨虚左位，以俟明哲，曷胜伫立翘望之至。孙文。元。印。

《临时公报》壬子年正月初一日（1912 年 2 月 18 日），罗家伦主编《中华民国史料丛编·临时公报》，中国国民党中央委员会党史史料编纂委员会 1968 年影印，第 44 页

△ 孙中山通电全国，宣布“现在清帝业已退位，民国统一，兹定于本月十五日举行民国统一大庆典”。

孙中山通电如下：

南北各省都督、各军司令、天津《民意报》李石贞[曾]、天津及全国各报馆均鉴：现在清帝业已退位，民国统一，兹定于本月十五日举行民国统一大庆典。孙文。元。

《临时政府公报》第 16 号，中国科学院近代史研究所史料编译组编辑《近代史资料·辛亥革命资料》，中华书局1961年版，第129页

△ 袁世凯以“全权组织临时共和政府”名义发布一系列文告和通电，并以“全权组织中华民国临时政府首领”名义分别照会各国公使。同日，外务部奉袁世凯令也分别照会各国公使。

《全权组织临时共和政府袁布告内外大小文武官衙》文如下：

现在共和国体，业经宣布，世凯忝膺组织临时政府之任，力小荷重，深惧弗胜。窃念政府机关，不容有一日之间断。现值组织临时政府，所有旧日政务，目下仍当继续进行。庶政方新，百端待举，全赖群策群力，互相匡济，务以保全治安，共维大局为要着。在新官制未定以前，凡现有内外大小文武各项官署人员，均应照旧供职，毋旷厥官。所有各官署应行之公务，应司之职掌，以及公款、公物，均应照常办理，切实保管，不容稍懈。倘有借端规避，旷厥职守者，不独违背官规，抑且放弃国民义务。窃愿在官诸君子，共凛此意。此令。

《临时公报》辛亥年十二月二十七日（1912 年 2 月 14 日），罗家伦主编《中华民国史料丛编·临时公报》，中国国民党中央委员会党史史料编纂委员会1968年影印，第11页

《全权组织临时共和政府袁布告军警》文如下：

现在共和政体，业经宣布，本政府组织伊始，地方治安关系至重，全赖军警协同维护，免使居民惊扰。现军警各界赞成共和，早经联合一致，尤应各尽义务，合力维持。所有旧定之军纪警章，仍当继续施行，藉以统一政权，保持秩序。倘有不逞之徒，藉端生事，扰乱治安者，定当按法惩治，以维大局。凡各级长官务当共申此情，认真约束，勿得稍有疏懈致干咎戾。此令。

《临时公报》辛亥年十二月二十七日（1912 年 2 月 14 日），罗家伦主编《中华民国史料丛编·临时公报》，中国国民党中央委员会党史史料编纂委员会1968年影印，第11页

袁世凯《致北方各督抚及所辖各军队电》文如下：

从前政体未定，革命党人为改良政治起见，多持激烈主义，以致地方不靖，各省官吏不免

有捕拿党人之事。现已宣布共和,端赖组织政党,建设一切。嗣后各省及带兵官,务饬所属,勿得再拿党人。其已拿者,均须一律释放。至实系土匪扰害地方,既不得藉党人为名,自应从严惩治,以维秩序。全权袁。

《临时公报》辛亥年十二月二十七日(1912年2月14日),罗家伦主编《中华民国史料丛编·临时公报》,中国国民党中央委员会党史史料编纂委员会1968年影印,第11~12页

袁世凯《致北方各督抚各府州县电》文如下:

现在改定国体,采用共和,业经大清皇帝明白宣布。凡我国民,须知此次改革,为我国从来未有之创局。非舍故君而代以新君,乃由帝政而变为民政。自兹以往,我中国之统治权,非复一姓所独擅,而为四百兆人所公有。我中华国民,不论满、汉、蒙、回、藏何种民族,均由专制朝廷之臣仆一跃而为共和平等之人民,实我中华无上之光荣,亦世界罕闻之盛举。惟当新陈代谢之交,正祸福攸分之日,始基不慎,遗害何穷。吾人同属国民,各有天职,艰难缔造,义不容辞。凯以非才,谬膺组织临时政府之任,力小荷重,其何能堪。所赖我贤士大夫各竭知能,共谋匡济。诸公久膺疆寄,外观世局,内察民情,必有以慰同胞望治之心,方不负大清皇帝致政之意。其或愚氓无识,胥动浮言,亦宜剀切详明,广为劝导,务令各安生业,不酿事端,是为至要。至地方有司,在新官制未定以前,一切暂仍旧贯,所有各官署应行之公务,应司之职掌,以及公款、公物,均应赓续进行,切实保管,不可稍懈。总之,共和国家舆论即为法律之母,国是一定,万难再事动摇,无论何人,均有服从国法之义务。凯虽不敏,愿与诸公努力行之。敬布腹心,即希亮察。全权袁。

《临时公报》辛亥年十二月二十七日(1912年2月14日),罗家伦主编《中华民国史料丛编·临时公报》,中国国民党中央委员会党史史料编纂委员会1968年影印,第12页

《全权组织中华民国临时政府首领袁致各国公使照会》文如下:

为照会事:所有本全权与民军代表伍廷芳商议优待皇室各条件,业已议定复奏。兹将条件原文并本日所奉大清皇帝谕旨,钞录照会贵大臣、署大臣,转达贵国政府查照。须至照会者。

《临时公报》辛亥年十二月二十七日(1912年2月14日),罗家伦主编《中华民国史料丛编·临时公报》,中国国民党中央委员会党史史料编纂委员会1968年影印,第15页

《外务部致各国公使照会》文如下:

为照会事:宣统三年十二月二十五日奉上谕:朕钦奉隆裕皇太后懿旨:前因民军起事,各省响应,九夏沸腾,生灵涂炭,特命袁世凯遣员与民军代表讨论大局,议开国会,公决政体。两月以来,尚无确当办法。南北睽隔,彼此相持,商辍于途,士露于野,徒以国体一日不决,故民生一日不安。今全国人民心理多倾向共和,南中各省既倡议于前,北方诸将亦主张于后,人心所向,天命可知。予亦何忍因一姓之尊荣,拂兆民之好恶。是用外观大势,内审舆情,特率皇帝将统治权公诸全国,定为共和立宪国体,近慰海内厌乱望治之心,远协古圣天下为公之义。袁世凯前经资政院选举为总理大臣,当兹新旧代谢之际,宜有南北统一之方,即由袁世凯以全权组织临时共和政府,与民军协商统一办法。总期人民安堵,海宇乂安,仍合满、汉、蒙、回、藏五族完全领土为一大中华民国。予与皇帝得以退处宽闲,优游岁月,长受国民之优礼,亲见郅治之告成,岂不懿欤。钦此。相应恭录照会贵大臣、署大臣转达贵国政府查照可也。须至照会者。

《临时公报》辛亥年十二月二十七日(1912年2月14日),罗家伦主编《中华民国史料丛编·临时公报》,中国国民党中央委员会党史史料编纂委员会1968年影印,第15页

《外务部致各国使臣照会》文如下：

为照会事：现在大清皇帝业已辞位，由前内阁总理大臣袁世凯以全权组织中华民国临时政府。兹奉袁全权命令，将原有之各部大臣均暂留办事，改名各部首领。所有中外交涉事件，仍由本部首领遵守各条约，照旧继续办理。一俟临时政府成立，再行知照。相应照会贵大臣、署大臣，转达贵国政府查照可也。须至照会者。

《临时公报》辛亥年十二月二十七日（1912年2月14日），罗家伦主编《中华民国史料丛编·临时公报》，中国国民党中央委员会党史史料编纂委员会1968年影印，第16页

△ 清外务部照会各国使臣，将所有现驻各国出使大臣暂改称临时外交代表。

清外务部照会各国使臣文如下：

为照会事：现在本国正在组织临时共和政府，所有现驻贵国出使大臣，暂改称临时外交代表，接续办事。除电知各该员外，相应照会贵大臣、署大臣，转达贵国政府查照可也。须至照会者。

《临时公报》辛亥年十二月二十七日（1912年2月14日），罗家伦主编《中华民国史料丛编·临时公报》，中国国民党中央委员会党史史料编纂委员会1968年影印，第16页

△ 袁世凯会同清内阁大臣等十一人致电各督抚，解释南北议和、清帝退位的原委。

袁世凯等十一人《致各督抚电》文如下：

世凯卧病三年，无志问世。朝旨敦促，迭辞弗获，自督师洎入朝，抱定君宪宗旨。乃大势推迁，内外牵逼，东南区域，既皆瓦解，西北各省，时复响应。资政院及各谘议局，并商学各界，均主不以兵力平乱。又库储奇绌，借款为难，械不能购，兵不能增，以致汉口复而海军继变，汉阳克而南京旋失。江海之权亡，财富之源绝。虽设法激励将士，取销山东独立，规复山西省垣，力保陕洛，收抚大同一带，勉为支撑，北方赖以粗安。而潮流剧烈，到处灌输，民党散布京津，时谋举动，土匪又所在蜂起，分兵布置，防不胜防。重以六国调停，以尊重人道，息战和商为请，不得已始有代表讨论之行，继有公决国体之诏，磋商多日，迄无成议。迁延愈久，险象环生，外人以商务赔款时有责言，会匪、土匪焚掠淫杀，均以大局未定，难于剿办。近则库伦、伊犁、呼伦各处纷告独立，西藏变动屡见，内多糜烂之患，外动干涉之机。民军时复分道北攻，齐豫则警报频来，徐颍又援师莫继。兵饷多方凑发，异常竭蹶，年内非有百万，不克度岁，而军心摇动，政见变迁，若再相持，转瞬春融冰解，民军北来，欲战不能，欲和不及，非但生灵涂炭，必至京师震惊，何以安宫廷而保陵庙，何以全皇族而活旗民？世凯遭此困难，祈死不得，求去不允，与惟德等私忧窃叹，辄至相向泣下。

近者各国驻使、各埠商团、各处议会、各路军队、各省督抚纷纷来电，咸谓人心趋向共和，断难逆遏，事机危迫，呼吸存亡，与其为城下盟，后祸不堪设想，何如恩出自上，早日宣布共和，俾君上不失尊荣，国民乐为酬报。并责以不应以两宫及北方生命财产为孤注，侥幸一战，不虑万全。慈宫亲贵，鉴观大势，默察舆情，迭次召集会议，均主万无可战之理。世凯等复屡荷慈谕，谆谆以保全宗庙、陵寝，及安全两宫相训勉，并谓万不可激成种族之惨祸。闻命惴栗，惧莫能副，心力既竭，计无复之，只得以国家为前提，以安上全下为目的，以多数舆论为从违。当奉懿旨，与民军先商优礼皇室，暨待遇满、蒙、回、藏等条件，此实朝廷两害取轻，万不得已之苦衷，果能双方同意和平解决，皇室既可永享尊荣，为前代所未有，而满、蒙、回、藏世爵、各旗俸饷均可照旧，不致停废，以视决裂之后，受祸不测者，其安危苦乐，殆不可同年而

语。磋商数四,朝廷比较利害,斟酌定议,遂有今日之局。诸公热心求治,伟略匡时,渴望和平,定征同意。惟于此中原委,或尚恐未知其详,用敢略述奉达,伏乞亮鉴。袁世凯、胡惟德、赵秉钧、绍英、唐景崇、王士珍、谭学衡、沈家本、熙彦、梁士诒、达寿同叩。

《临时公报》辛亥年十二月二十七日(1912年2月14日),罗家伦主编《中华民国史料丛编·临时公报》,中国国民党中央委员会党史史料编纂委员会1968年影印,第13~14页

△ 南京临时政府内务部鉴于民国初立,地方官吏仍为满清旧人把持,引发种种弊端,拟对地方官制进行改革,实行文官试验。呈文孙中山,请孙速颁文官试验令。次日,孙中山批复:"应候令行法制局,将文官试验编纂草案,咨文参议院议决后,即日颁布施行可也。"

《内务部致大总统呈》文如下:

内务总长程德全谨呈:立国之道,在乎立本,立本之道,在乎任贤。民国初立,人才缺乏,庸俗思进,势不能免。推原其故,良由无法律以甄别之。况各省独立以来,惟军政一节,全归我有,而地方官吏,如府、县各缺,皆仍满清之旧人。彼等势利之徒,于民生疾苦无所顾虑,政治学问毫未问津。国家者,由地方集合而成者也,未有地方腐败,而国家可以健全者。革于上而不革于下,与不革者相去无几。国家危象,莫大于此。德全思从根本解决此弊,莫如速行文官试验,将其所得人才,分发各省,俾得改革之真际,而地方赖以巩固,即国本亦赖以不摇。为此,伏乞速颁文官试验之令,以便遵守而藉施行。此呈。

中华民国元年二月十三日

"南京临时政府档案",中国第二历史档案馆编《中华民国史档案资料汇编》第2辑,江苏人民出版社1981年版,第28页

《临时大总统批》文如下:

临时大总统批:

内务部呈请速颁文官试验令由。查国家建官分职,惟任贤选能,乃懋厥职,古今中外,罔越斯旨。第考选之法,各有不同,尚公去私,庶无情弊。今当民国建立伊始,计非参酌中外,询事考言,不足以网罗天下英才,而裨治理。该部所请,诚为当今急务,应候令行法制局,将文官试验编纂草案,咨文参议院议决后,即日颁布施行可也。此批。

孙文

中华民国元年二月十四日

"南京临时政府档案",中国第二历史档案馆编《中华民国史档案资料汇编》第2辑,江苏人民出版社1981年版,第28~29页

△ 孙中山、王宠惠联名通电各省,改定邮政现行办法三条。

《大总统暨外交部通告各省都督改定邮政现行办法电文》如下:

各省都督鉴:顷据驻宁英、德、日三国领事奉各该国公使命,到部面商,改订邮政现行办法,经本部议定如下:(一)邮票由中央政府颁发各省,不得另行印用,以归划一。(二)此次新颁发之邮票,暂准通行于国内。(三)各省现办邮务各洋员,可准其照向章办理,暂勿干预。以上各条,即希分饬各属照办。总统孙文、外交总长王宠惠。元。

《临时政府公报》第20号,中国科学院近代史研究所史料编译组编辑《近代史资料·辛亥革命资料》,中华书局1961年版,第158~159页

△ 温宗尧致电王宠惠,反对袁世凯以袁全权自居,提出应将"以全权组织临时共和政府"十一字删除。

温宗尧致王宠惠电文如下:

南京外交部总长王宠惠君鉴:顷阅袁世凯真电,清帝退位诏内有由袁世凯以全权组织临时共和政府,与民军协商统一办法等语。清帝已去位,此项全权系何人所授?民国必不应仍认清帝有委托全权之柄,且袁世凯成为清帝委托之人,于推举总统一端,恐生障碍。循名核实,名不正则言不顺,而事不成。为共和大局计,为袁世凯计,均应请将以全权组织临时共和政府十一字删除,方臻妥协。乞商明参议院并临时政府诸公,妥筹应付,是为至要。温宗尧。元。

1912年2月25日《大公报》

△ 章太炎发表《致南京参议会论建都书》,力主建都北京,反对建都南京,并列举建都南京有五害。同日,上海《民立报》社论发表空海《建都私议》一文,陈述必须建都北京的八点理由。由此拉开了全国建都问题大辩论的序幕。

章太炎《致南京参议会论建都书》全文如下:

参议会诸君鉴:建都议起,南北殊言,颇闻坚守金陵者,谓燕京有使馆炮台之险,亡清污俗之余,徙处南方,非独避危就安,亦以涤瑕荡垢。不悟政纪修明,则旧污自化;衅非自取,则攻具无施。此二者不足以成迁都之说,今复举利害校之:

中国幅员既广,以本部计,燕京虽偏在北方,以全邦计,燕京则适居中点,东控辽、沈,北制蒙、回,其力足以相及。若徙处金陵,威力必不能及长城以外,其害一也。北方文化已衰,幸有首都,为衣冠所辐凑,足令烝烝丕变。若徙处金陵,安于燠地,苦寒之域,必无南土[士]足音,是将北民化为蒙古,其害二也。逊位以后,组织新政府者,当为袁氏,若迫令南来,则北方失所观望。日、露已侵及东三省,而中原又失重镇,必有土崩瓦解之忧,其害三也。清帝尚处颐和园,不逞之徒,思拥旧君以倡乱者,非止一宗社党也。政府在彼,则威灵不远,足以镇制;若徙处南方,是纵虎兕于无人之地,非独乱人利用其名,蒙古诸王,亦或阴相拥戴,是使南北分离、神州幅裂,其害四也。【东】交民巷诸使馆,物力精研,所费巨万,若迫令迁徙,必以重资备偿,民穷财尽之时,而复縻此巨帑,其害五也。今北方诸议者,咸思改宅天津,其实犹不如仍旧,而况金陵南服偏倚之区,备有五害,其可以为首善之居哉!谋国是者,当规度利病,顾瞻全势,慎以言之,而不可以意气争也。

若曰南土为倡义根本,必不屈就北方,是乃鄙夫偃强之谈,岂足数于大君子之前乎?纵依是说,则倡义之始,实在武昌,又不应以金陵为宅矣。或言南中少吏,自愧铨材,以为建宅北方,必被淘汰,由保图禄位之心,腾其簧鼓,以挠大计。明知大势不可更改也,强与支拄,以延双方调洽之期,一日服官,则一日沾沾自喜,初不虑民生之日瘁、外患之相乘也。

窃以号称志士,热中患失,亦何至是!然以今日仕途混杂,不能无浮竞之徒,私相煽惑。诸君子职在建言,讦谟定命,岂忘国家久安之计,而徇朋友利禄之情,吾以为必不然矣。愿审思鄙言,速与解决。南北混一,九州攸同,然后生聚教训,期以十年,使中国雄视亚洲,未敢望也;国维四固,安如泰山,出于水火而登之衽席,则其幸耳。

1912年2月13日《时报》,汤志钧编《章太炎政论选集》,中华书局1977年版,第562~563页

空海《建都私议》全文如下:

近闻南北议和清帝退位之条件,双方大抵皆无异议,所争者不过临时统一政府之中央地点,即国都问题尔。夫国都宜在北京,此稍有识者所同意也。

第一,中国幅员广漠,外藩土地,几倍本部,风教言文,互相殊异。且外逼强邻,煽动教唆,时虑反侧。奠都北京,密迩边垂,控制较易。集重兵于中心,普文教于遐荒,文武兼施,威

德并用,自可以收一统之效。此以谋政治上之统一,不可不在北京也。

第二,中国本部人烟稠密,生齿日繁,经济发展,恐无余地。满蒙疆藏,万里茫茫,五金百产、牧畜农林之利,俯拾即是。奠都北京,则首善之地,万众争趋,工商自茂,藉为枢纽,或移民垦牧,以辟彼之利源,或通惠工商,以拓此之销路,产业发达,国家自富。日本明治初年迁都东京,以图东北,即此意也。此以谋经济上之发展,不可不在北京也。

第三,北京自元明以降,建中立极,垂五六百年,宫殿苑囿,闾阎公署,轮焕巍峨,极其美备。以大皇帝之金殿,改为大总统之雪宫,其他衙署,悉仍旧贯,名正言顺,且省经费,较之建都金陵,百废待兴,其省费岂可以千万计?此以谋财政之撙节,不可不在北京也。

第四,各国使馆,尽在北京,规模宏□,兼以种种关系,迁徙最难。顷闻各国公使已有反对建都南京之说,真伪虽不可知,然若必欲强其迁徙,则建筑经费,我先不得不偿,是已在我为莫大之损失。而况以其他关孙[系],彼尚不欲迁耶。此以避外交上之烦难,不得不在北京也。

第五,中国自古边患,多在西北。近来日、俄尤骄横。俄人公然承认蒙古独立,且助蒙兵攻我胪滨;□日人以万三千兵由奉上陆,司马昭之心,路人皆知矣。若欲避其锐锋而迁都南京,是平王东迁、高宗南渡之故智也。我退一寸,敌进一尺,行见大江以北,莽莽中原,为哥萨克之铁骑与耶马台之武士道从[纵]横逐鹿之场矣。区区东南一隅,欲苟安其可得耶?此以筹边防之支持,不可不在北京也。

第六,中国南北风土不同,性质亦异。南人多开明而柔脆,北人多野塞而强悍,军队尤然。读者平心品评现在南北之军队,当信吾言之不谬。故以北方之军队牵制南方之军队,势顺而易,以南方之军队牵制北方之军队,势逆而难。故奠都北京,以北方之军队卫护中央政府,则内重外轻,而有指臂相使之效;奠都南京,以南方之军队卫护中央政府,则内轻外重,而有尾大不掉之患。此以谋兵权之统一,不可不在北京也。

第七,自满清入关,燕京无色,深根固蒂二百六十余年,凡所以暴虐我人民,荼毒我生灵者,皆以此为发谋之点。今民国既建,国体既改,若非直驱燕京,据为首都,拔赵帜易汉帜,一新天下之耳目,则满清虽退,都城无恙,使彼得拥其皇帝□□□据其雄壮之首都,南面而立,安富尊荣,是天下之观瞻未变也。言念前途,何堪设想。此以达光复之目的,不可不在北京也。

第八,凡欲改革一国之政治,不可不先改革一国人民之思想。思想专制而欲建设共和,是筑楼阙于沙砾之上,未有不旋立而旋倒者。革命以来,南方人民藉报纸之鼓吹,思想为之一变矣。北方何如?前此屈伏专制辇毂之下,既不知共和为何物,革命一起,专制益甚,所有报纸率皆颂天王圣明、以君主立宪之说愚民,而人民益惑矣。使非建都北京,集文明于中央,汲新思潮以为之洗心而涤面,吾恐南方人民虽已共乐共和,北方人民犹梦想君主不置也。是又共和前途之最可虑者。此以巩固共和之基础,不可不在北京也。

凡此八者,皆今日我中华民国不可不建都北京之理由。世之议者苟念及此,夫亦可以恍然矣。而或有反对之者,其所据之理由则如下:

表面所据之理由则曰,北京建都既久,风俗颓败,王公贝勒,贪官污吏,城狐社鼠盘踞,而不解新国家。若建都于兹,则此等腐臭之虫,既恐不能排除净尽,而我新国家之新国民,且恐受彼传染而渐至腐败。内容所据之理由则曰,袁世凯世之枭雄也,然其是否忠心共和,不得而知,若建都北京,则临时政府全然置彼胯腋之下,咽呜叱咤,惟所欲为,一有反覆,将如彼何。惟建都南京,则临时政府之中,彼客我主,且有舆论为之监督,多数新人才为之匡翼,凡事自不得不就我范围。

噫！反对者之理由果如是而已乎？请为之说，以解其疑。

夫风俗之成也，往往自一二人倡之，其继也千万人应之，声应气求，遂播而为风，沿而成俗。北京风俗之颓败，非北京地气使之然也，人为之也。人能为之于前而使风俗颓败，独不能为之于后而使风俗清美乎？且真理与非理战，真理胜而非理败；正气与邪气战，正气胜而邪气败。吾民国所据之共和政治，真理乎，非理乎，正气乎，邪气乎？使非真理，非正气，则亦可以卷旗息鼓，不必革命矣。使为真理，又为正气，则风之所至，罔不披靡，旧染污俗，咸与维新矣。而况又有严法武力以遂其后乎。若虑其腐败之人不能排除净尽，不知此辈利禄之人，皆极胆小之人，共和政府既立于北京，彼早望风而遁矣。即有一二钻营者流，或思侧身新政府，以谋一啖饭之碗，然亦何敢牴抗新政府。而况循名核实，取人必严，又焉容彼腐秽迂愚者之滥竽其间？此表面上所据之理由不必虑。

若夫袁世凯雄据北方，高掌远蹠，意气不可一世，使非有强邻虎视，争思吞噬，一失足则有亡国灭种之痛。彼且封豕长蛇，蹴踏江左，而骗之南来束缚，驰骤使若牛马，俯首听命于我，此岂可得？夫英雄与英雄遇，欺之以术，不若感之以诚。与其小刀细工，启其猜忌，使之时时防闲，欲脱范围，不若开诚布公，推心置腹，使之晓然于吾民国诸君子，咸以国利民福、共和政治为宗旨，而无丝毫个人威权竞争之心。则以诚感者自以诚应，彼或且降心相从，谦谦然与吾民国诸君子共谋天下事。以彼之兵威，行我之政策，不数年间而共和之基础可定，国家之福利可增，而吾国民最初之目的亦可以达矣。若其反覆而甘为满奴或帝制自为，效拿破仑之故事，则袁世凯乃天下之公敌也，人人得而诛之。况人心已易，舆论已成，欲以一人之私心，抗全国之公意，而妄有所为，此拿破仑叔侄之所以失败也。以袁世凯之聪明，而谓其虑不及此，信乎？此内容所据之理由亦不足虑也。

夫表面、内容之所虑者皆不必虑，而犹期期反对建都北京，迁延时日，涂炭生灵，吾不知居心之谓何矣。

1912年2月13日《民立报》

2月14日（十二月二十七日）　南京临时参议院接受孙中山辞职。通过临时政府改设北京的提案，因孙中山等极力反对，次日复议，决定仍以南京为临时政府所在地。

1912年2月25日《民立报》《参议院会议补记》记述：

十四日，参议院会议临时政府地点，先后发言者俱主张北京，间有主张南京者。争辩多时，遂用记名投票法表决之。开票计得二十八票，其中二十票主北京，五票主南京，二票主武昌，一票主天津。议乃决。十五日开选举会时，忽有广东、广西议员起言临时政府地点须重议，非改在南京，吾辈愿以身殉会场。众谓不可如此，即欲重议，亦须俟总统不以前议为然交令复议乃可。言未毕，而交复议之咨文已到，遂重议。其结果仍用记名投票法，开票计得二十七票，其中十九票主南京，六票主北京，二票主武昌。盖直隶、奉天、江苏、云南、陕西、山西六省始终主张北京。

吴玉章《辛亥革命》：

2月14日，南京参议院开会的时候，竟然通过了迁都北京的决议。本来在参议院中，革命党人占据多数，是完全可以根据孙中山的意见通过建都南京、反对迁都北京的。但14日开会的时候，革命党人李肇甫，却到台上大放厥词，说了一通迁都北京的必要，参议员中原来就有不少人对袁的不愿南下表示同情，而李又善辞令，他这么一说，赞成迁都的人便成了多数。孙中山和黄兴知道这件事以后,非常生气,当天晚上把李肇甫叫来大骂了一顿,并限次日中午12时以前必须复议改正过来。15日晨,秘书处把提请复议的咨文作好后,需要总统盖印,而这时总统已动身祭明孝陵去了,我急着去找黄兴,他也正在穿军装,准备起身到明孝陵去。我请他延缓时间,他说:"过了十二点如果还没有把决议改正过来,我就派兵来!"说完就走了。这怎么办呢?只好找胡汉民去。好容易才把他找到,拿来了钥匙,开了总统的抽屉,取出他的图章盖了印,把咨文发了出去。同时,并通知所有的革命党人,必须按照孙中山的意见投票。经过我们一天紧张的努力,当天召开的参议院会议终于把14日的决议纠正过来了。

吴玉章《辛亥革命》,人民出版社1969年版,第158~159页

胡汉民《胡汉民自传》:

定都南京之议,参议院不同意,谓不足以控制东北。盖太炎、钝初反对最力,以为迁都南京,即放弃满蒙。(太炎于南京追悼阵亡将士,制挽联云:"群盗鼠窃狗偷,死者当不瞑目;此地龙蟠虎踞,古人毕竟虚言。"盖不惮公然为反革命之言论。)参议院惑于其语。先生召克强至总统府,让之。克强亦谓党中不应有异议。先生遂召集院中同志黄复生、李伯申、邓家彦等,为评言其得失,则皆唯唯。依参议院法,须政府再交院议,始能推翻原案。邓、黄等以是请,克强遽曰:"政府决不为此委曲之手续,议院自动的翻案,尽于今日;否则吾将以宪兵入院,缚所有同盟会员去。"是日,适祭明孝陵,遂请先生俱上马出府。余称病,不从行,而就府中草文书,交院再议;一面飞骑白先生。迨先生祭陵归,此事已解决,先生不予罪也。

中国社会科学院近代史研究所近代史资料编辑组编《近代史资料》1981年第2期,中国社会科学出版社1981年版,第57~58页

居正《梅川日记》:

先是议和期间,南京政府提出两个要件:一、首都必在南京,二、袁世凯必来南京宣誓就职。临时参议员有依附北京者,想动摇此议,作釜底抽薪之计。二月十四日,接受孙公辞后,预备选举前,提出首都问题,先付讨论。有主张南京者,有主张武昌者,讨论终结,旋付表决,用记名投票法。开票结果,共计二十八票,其中二十票主北京,五票主南京,二票主武昌,一票主天津。主张北京者,可谓大多数通过,咨送政府。政府见之,以为有违和议退让要件,嘱付我等约同盟会参议员,说明政府不能同意该案,必交复议。理由除郑重和议诺言外,北京为专制腐败势力集中所在,污染甚深,又受不平等条约束缚,东交民巷使馆营房,俨然敌国,动辄蒙其威胁,袁氏野心难驯,盘踞自雄,非帝制自为,即屈服于强国强权之下,不但不能建立独立自由平等民国,后患且不堪设想,我同盟会议员非力争推翻不可。二月十五日,参议院开会,第一议程仍为选举。议员某提出临时动议,变更议事日程,首先讨论政府交复议案,多数通过,开始辩论。参议员某登台发言,激昂悲愤,谓首都如不在南京,则将以身殉会场,举枪欲自杀。台下曰:不要讨论,请议长付表决。议长咨询有无异议?众曰无异议。扶某下台,即付表决,仍用记名投票法。计在场人数二十七人(比昨少一人),发票如数。开票检视,主南京者得十九票,主北京者得六票,主武昌者得二票(事后查出主北京者直隶、奉天、江苏、云南、陕西、山西,主武昌者两湖)。多数通过,首都决改在南京。但表面交复议案胜利,而耳语运动,犹有问题,姑置不论。随照议事日程选举,规则略有讨论。开始投票,则用无记名法,查点人数,有三十多人闹场。袁世凯自然得过半数以上当选,而迟迟不来南京就职。黎副总统(元洪)却于此中间来一通电,虽主张武昌为首都,而其袒袁不必南来之意,昭昭可见。记其文如下(此电见2月27日日志黎元洪"沁"电,此处从略,编者)。

章开沅主编,罗福惠、萧怡编《辛亥人物文集丛书·居正文集》上册,华中师范大学出版社1989年版,第90~91页

南京临时参议院通告孙中山辞职电文如下：

武昌黎副总统，各省都督，各军司令，北京袁公慰亭，蒙古王公联合会，南北军人统一会，北军各路统将，天津总督、谘议局，开封巡抚、谘议局，盛京总督、谘议局，吉林巡抚、谘议局，齐齐哈尔巡抚、谘议局，兰州总督、谘议局，迪化巡抚、谘议局，上海华侨联合会，北京、天津、上海、广东、汉口各报馆均鉴：清帝退位之诏已下，中华民国业已完全统一。十三日大总统向本院提出辞表，要求改选贤能，即于十四日下午亲临本院辞职。本院已议决于十五日下午二时开选举会，选举临时大总统。新总统未莅宁受任以前，孙大总统暂不解职。参议院。寒。

1912年2月16日《民立报》号外

△ **孙中山分别致电袁世凯、黎元洪，电告已偕各部总、次长向南京临时参议院提出辞职，已得允准。**

孙中山致袁世凯电文如下：

万急。北京袁慰庭先生鉴：今日文偕各部总、次长到参议院辞职，已得承诺，以新总统接事为解职期。同时文推荐执事为临时大总统，明日二时参议院开选举会。先此电闻。秩庸、少川已到宁。孙文叩。盐。

《临时政府公报》第18号，中国科学院近代史研究所史料编译组编辑《近代史资料・辛亥革命资料》，中华书局1961年版，第144页

孙中山致黎元洪电文如下：

黎副总统鉴：今日文偕各部总长向参议院辞职，已得承诺，俟新总统接任，即行解职。同时文并推荐袁公慰亭，明日开选举会。日间拟委代表偕唐君少川前赴北京，与袁公慰亭协商统一办法。本拟到武昌面谒执事，再由汉口乘车赴京，因汉口以北，火车不便，改由海道。祈执事迅即委派代表到沪，会同前往，以速为妙。盼切即复。总统孙文。

《临时政府公报》第17号，中国科学院近代史研究所史料编译组编辑《近代史资料・辛亥革命资料》，中华书局1961年版，第137页

△ **孙中山致电伍廷芳、唐绍仪，指出清廷退位诏内“全权组织临时政府”一语，“众不乐闻”，并请袁南来。18日，唐绍仪代转梁士诒复电，解释此非袁之意，并谓清谕无法自行取消。**

孙中山致伍廷芳、唐绍仪电文如下：

万急。上海伍秩庸先生、唐绍仪先生鉴：维密。昨十点得退位诏，即开阁议，逗夜爹凶[即夜提出]总辞表于参议院，推项城。惟退位诏内【全】权组织临时政府一语，众不乐闻。徇电告项城，请即南来，并举人电知，畀以镇守北方全权。照此办法，众当贴然。项城辛苦全[备]至，今日应将往来密电，证以事实，由沪发表，以明公论。弟解组至急，故促公等入宁，安[妥]商各事，请勿延。并告项城。孙文叩。寒。

中国社会科学院近代史研究所中华民国史研究室等编《孙中山全集》第2卷，中华书局1982年版，第94页

唐绍仪代转梁士诒复电如下：

南京孙大总统鉴：维密。顷接北京电开：“清谕有全权组织字样，南方多反对者。实则此层系满洲王公疑惧，以为优待条件，此后无人保障，非有此语，几于旨不能降，并非项城之意。故奉旨后，亦未遵照组织政府。清谕现在已归无效。若欲设法补救，除非清谕重降，自行取消不可。又万万无此办法。南方若坚持此意，实为无结果之风潮。乞公以此意劝解之。北

方安谧如常,奉天幸略有转机。各使均来道贺。寻常各事亦照常办理。士诒"等语。特转达。仪。巧。

《临时政府公报》第20号,中国科学院近代史研究所史料编译组编辑《近代史资料·辛亥革命资料》,中华书局1961年版,第163页

△ 南京临时政府内务部通电全国,告诫官民:在下者应各守本业,在官者应体恤民生疾苦,担负起保卫地方之责。

南京临时政府内务部通电如下:

各省都督暨各总督、巡抚,蒙、藏王公、喇嘛,办事大臣公鉴:自武汉起义,各省风从,金陵既下,建立临时政府,以为全国政治之中心,业经大总统昭告天下,与民更始。惟时清廷尚在北方,致多阻碍。今清太后自知人心已去,君主专制不可一日苟存,已令清帝退位,将统治权公诸全国,变大清帝国为中华民国,我国人从此合南北为一家,视全国为一体,固不宜有南人北人之见存,尤不宜有满、蒙、回、藏之歧视,同心努力,巩固国基。在下者应各守本业,力图进步,养成共和国民之资格;在官者应力除恶习,并切实整顿,铲除专制政体之余毒。矧军兴以来,战士暴骨于原野,老弱转死于沟壑,民生疾苦,非地方官孰与恤之?本部职司内务,有监督全国吏治之责。第现时官制、官规,仓卒未能颁布,当此新旧交替之时,全赖体察情形,因地制宜,当兴者兴,当革者革,毋借口于中央政策之未大定,舞弊营私,毋托词于新国法令之未公布,而任意废弃。至直隶、河南、东三省、甘肃、新疆及蒙、藏各地方官吏,不得以清帝退位,各自弃逃,致启纷扰。矧民国大局,凡为地方官者,均有保卫地方之责,希迅即通饬所属,共体此义,勿违。内务总长。寒。

1912年2月16日《民立报》号外

△ 同盟会本部通电全国,勉励同盟会员,"清帝退位,民国统一","以后对于政治统一之方针,国利民福之政策,尚希同心协力,一致进行,以期达我民权、民生之伟大目的,巩固民国根基"。

同盟会本部通电如下:

各省都督、各军政分府、各军司令官、各报馆鉴:清帝退位,民国统一,全国人民共享幸福,皆诸都督、各将士效命之力,报纸鼓吹之功,本会全体无任庆祝。以后对于政治统一之方针,国利民福之政策,尚希同心协力,一致进行,以期达我民权、民生之伟大目的,巩固民国根基。本会无任祷盼之至。中国同盟会本部叩。艾。

1912年2月16日《民立报》号外

△ 陆军部大本营兵站启用关防,大本营兵站在南京正式成立。黄郛任局长,黄慕松任副局长;黄兴任总监,纽永建任次监。

《大本营总兵站启用关防通告各处电文》如下:

黎副总统,各省都督,各军司令,上海、镇江、蚌埠各大本营支站鉴:大本营兵站局设在南京总统府内,于本月十四日启用关防,文曰:"大本营总兵站之关防"。特此通布。兵站总监黄兴、次监钮永建、局长黄郛、副局长黄慕松启。谏。

《临时政府公报》第19号,中国科学院近代史研究所史料编译组编辑《近代史资料·辛亥革命资料》,中华书局1961年版,第155页

△ 讨虏联军司令长孙岳致电南京临时政府陆军部，以共和业已成立，请取消联军总司令机关，并免发关防及参谋委任状。16日，陆军部咨文江北都督蒋雁行：凡前各联军司令等名目，皆在取消之列。至于参谋委任状应补发，以昭信守，关防则不能照发。3月2日，陆军部复电孙岳同意取消联军总司令机关。

孙岳致南京临时政府陆军部电文如下：

陆军部长黄钧鉴：共和业已成立，联军总司令机关待命取消。前请颁发关防及参谋委任状一节，请即免发。孙岳敬叩。寒。

"南京临时政府档案"，中国第二历史档案馆编《中华民国史档案资料汇编》第2辑，江苏人民出版社1981年版，第217页

《陆军部致蒋雁行咨稿》如下：

为咨复事：窃满清退位，南北联合，敌转为友。凡前各联军司令等名目，皆在取消之列。兹据来咨言，讨虏联军司令长孙岳电贵督转请发给联军司令关防及各参谋委任状一节，除各参谋已由本部径电孙司令长照准饬知在案，自应补发委任状以昭信守。至联军司令关防，则不能照发。相应备文咨复。为此，合咨贵都督烦为查照施行。须至咨者。

右咨

江北都督蒋

中华民国元年二月　日

"南京临时政府档案"，中国第二历史档案馆编《中华民国史档案资料汇编》第2辑，江苏人民出版社1981年版，第217页

《陆军部复孙岳电稿》如下：

江北蒋都督转孙司令官岳鉴：现南北既已统一，海内一家，战时所编联军讨虏机关，应当裁撤。兹贵总司令自请取消，理应照允。嗣后联军交涉事件，即由本部直与蒋都督及各军接洽可也。贵司令善后办妥，恳即来部听候委任。陆军部。冬。印。

中华民国元年三月初二日

"南京临时政府档案"，中国第二历史档案馆编《中华民国史档案资料汇编》第2辑，江苏人民出版社1981年版，第217页

△ 倪嗣冲致电皖督孙毓筠，拟派全权代表与商停战退兵事宜。

倪嗣冲致孙毓筠电文如下：

孙少侯君鉴：来电阅悉。热忱敬佩。兹以希望和平，因派李松材等前赴正阳与民军统将接洽，原期疏通意见，和平解决。况兹经宣布共和，南北已为一家，所有善后及撤退兵队各事，固应候袁全权与伍代表商办，庶免涂炭之苦，杜瓜分之患。兹遣华钧章、李松材两君为敝军全权代表，携带正式公文，于二十九日起程赴皖，与尊处晤商，以释猜嫌，而免睽隔。乞饬颍寿民军统将沿途保护，俾得早日到省，妥速协商，实为至幸。倪嗣冲。沁。叩。

1912年2月25日《申报》

2月15日（十二月二十八日）　孙中山率临时政府文武官员谒明孝陵，以昭告清帝退位，民国统一的完成。

《大总统谒陵文》如下：

维有明失祀之二百六十有七年，中华民国始建。越四十有二日，清帝退位，共和巩立，民国统一，永无僭乱。越三日，国民公仆、临时大总统孙文，谨率国务卿士、文武将吏祗谒大明太祖高皇帝之陵而祝以文曰：

昔宋政不纲，辽元乘运，扰乱中夏，神人共愤。惟我太祖，奋起草野，攘除奸凶，光复旧

物,十有二年,遂定大业,禹域清明,污涤膻绝。盖中夏见制于边境小夷者数矣,其驱除光复之勋,未有能及太祖之伟邵[硕]者也。后世子孙不肖,不能继厥武,委政小人,为犹不远,卵翼东胡,坐滋强大,因缘盗乱,人据神京。凭肆淫威,宰制赤县,山川被其瑕秽,人民供其刀坫[砧]。虽义士逸民跋涉岭海,冀拯冠裳之沉沦,续祚胤于一线,前仆后起,相继不绝。而天未悔祸,人谋无权,徒使历史编末添一伤心旧事而已。自时厥后,法令益严,罪罟益密。嗟我汉人,有重足倾耳、嵌[箝]口结舌以葆性命不给。而又假借名教,盗窃仁义,锢蔽天下,使无异志。帝制之计既周且备,将借奸术,长保不义。然而张曾画策于私室,林清焱起于京畿,张李倡教于川陇,洪杨发迹于金田,虽义旗不免终蹶,亦足以见人心之所向矣。降及近世,真理昌明,民族民权,盎然人心。加以虏氛不竞,强敌四陵,不宝我土,富以其邻。国人虽不肖,犹是神明之胄,岂能忍此终古,以忝先人之灵乎?于是俊杰之士飚发云起,东南厥始发难,吴樾震以一击,徐锡麟注弹丸于满酋之腹,熊成基举烽燧于大江之涘,以及萍乡之役、镇南关之役、最近北京暗杀之役、羊城起义之役,屡起屡蹶,再接再厉,天下为之昭苏,虏廷为之色悸,蕴酿蝉蜕,以成兹盛。武汉首义,天人合同,四方向风,海隅景从,遂定长江,淹有河淮。北方既协,携手归来,虏廷震惧,莫知所为,奉兹大柄,还我国人,五大民族,一体无猜。呜乎休哉!非我太祖在天之灵,何以及此?昔尝闻之,夷狄之运不过百年,满清历年乃倍而三,非天无常,事会则然。共和之制,亚东首出,事兼创造,时异迟速。求仁得仁,焉用怨谘。又闻在昔救时之士,尝跻斯丘,勖励军志,俯仰山川,欷歔流涕。昔之所悲,今也则乐。郁郁金陵,龙蟠虎踞,宅是旧都,海宇无吪,有旆肃肃,有旅振振,我民来斯,言告厥成。乔木高城,后先有辉,长仰先型,以式来昆。伏维尚飨。

《临时政府公报》第17号,中国科学院近代史研究所史料编译组编辑《近代史资料·辛亥革命资料》,中华书局1961年版,第135~136页

孙中山《祭明太祖文》如下:

中华民国元年二月十五日辛酉,临时总统孙文,谨昭告于明太祖开天行道、肇纪立极、大圣至神、仁文义武、俊德成功高皇帝之灵曰:

呜呼!国家外患,振古有闻,赵宋末造,代于蒙古,神州陆沉,几及百年。我高皇帝应时崛起,廓清中土,日月重光,河山再造,光复大义,昭示来兹。不幸季世俶扰,国力罢疲。满清乘间入据中夏,嗟我邦人诸父兄弟,迭起迭碚[踣],至于二百六十有八年。呜呼!我高皇帝时怨时恫,亦二百六十有八年也。岁在辛亥八月,武汉军兴,建立民国。义声所播,天下响应,越八十有七日,既光复十有七省,国民公议,立临时政府于南京,文以薄德,被推为临时总统。瞻顾西北,未尽昭苏,负疚在躬,尚无以对我高皇帝在天之灵。迩者以全国军人之同心,士大夫之正议,卒使清室幡然悔悟,于本月十二日宣告退位,从此中华民国完全统一,邦人诸友,享自由之幸福,永永无已,实维我高皇帝光复大义,有以牖启后人,成兹鸿业。文与全国同胞,至于今日,始敢告无罪于我高皇帝,敢于文奉身引退之前,代表国民,贡其欢欣鼓舞之公意,惟我高皇帝实鉴临之。敬告。

中国社会科学院近代史研究所中华民国史研究室等编《孙中山全集》第2卷,中华书局1982年版,第94~95页

△ **南京临时参议院选举袁世凯为第二任临时大总统。**

1912年2月21日《民立报》《选举大总统纪事》载:

南京参议院选举临时大总统,两省合投一票,选举被选举人。袁世凯得五票,黎元洪得两票。票箱由马湘伯、陈懋修监视。开票后,行正式选举,每省三参议员共投一票,共十七

票。袁世凯得十七票,满场一致。当即由参议院致电袁世凯君,云:"袁慰亭先生鉴:孙大总统辞职,参议院行正式选举,公得全场一致,足见南方人民信任我公之深。查世界共和国大总统仅华盛顿选举得全场一致,今我公亦然。愿公为世界第二之华盛顿,为东方第一之华盛顿。保人民之幸福,巩国家之宏基,南北统一,惟公是赖。请即日莅南京参议院受职。人民万岁!中华民国万岁!大总统万岁!参议院。"

《南京参议院通告举定大总统电》文如下:

武昌黎副总统,各省都督,各军司令,北京蒙古王公联合会,南北军统一会,北军各路统将,天津总督、谘议局,开封巡抚、谘议局,盛京总督、谘议局,吉林巡抚、谘议局,齐齐哈尔巡抚、谘议局,兰州总督、谘议局,迪化巡抚、谘议局,上海华侨联合会,北京、天津、上海、广东、汉口各报馆均鉴:民国统一,共和目的完全达到,孙大总统坚请辞职,经本院承诺,昨已电达贵处。本日开临时大总统选举会,满场一致选定袁君世凯为临时大总统。已电请袁君来宁就职。袁君未就职前,孙大总统暂不解职。谨此布闻。参议院叩。

1912 年 2 月 17 日《民立报》号外

孙中山通告辞职电文如下:

万急。武昌黎副总统、各省都督鉴:清帝退位,民国统一。文以革命之目的已达,当受职之始,曾有誓言,幸可以践。此后建设之事,当让熟有政治经验之人。袁公慰庭委曲求全,终达吾人和平之目的,其功莫大。清帝既退,袁公宣布政见,绝对赞成共和,文是以推荐于参议院。参议院既承认文之辞职,今日二时行正式选举,举袁公为临时大总统,临时政府地点仍定南京,以袁公到南京接事日为文解职之期。现已派专使迎袁南来,以为我国民服务。特此电闻。孙文。

《临时政府公报》第 18 号,中国科学院近代史研究所史料编译组编辑《近代史资料·辛亥革命资料》,中华书局1961年版,第144~145页

△ 全国各地举行中华民国统一大庆典,孙中山在南京出席庆典大会,并发表演说。

1912 年 2 月 16 日《民立报》号外报道:

今日(15 日,编者)午后二时,总统府内行庆贺南北统一、共和成立礼。秩序如下:一、升炮入场;二、总统就位;三、奏乐;四、唱国歌;五、各部、院长以次向总统鞠躬致敬,总统答敬;六、总统演说;七、奏乐,全体三呼万岁。

总统演说辞略谓:清帝退位,南北统一。袁公慰庭为民国之友,盖于民国成立事业,功绩极大。今日参议院选举总统,若袁公当选,余深信必能巩固民国。至临时政府地点,仍设南京。余于解任后,亦仍愿尽力于新政府也云云。

△ 孙中山致电袁世凯,告之南京临时参议院已正式选举袁为临时大总统,临时政府地点定在南京,并告之已派专使迎接来宁。当日,袁接孙电后即通电南京临时政府,以"北方危机隐伏",若"舍北而南,则实有无穷窒碍"为辞,拒绝南下,还声称"今日之计,惟有由南京政府将北方各省及各军队妥筹接收以后,世凯立即退归田里,为共和之国民"。

孙中山致袁世凯电文如下:

袁大总统慰亭先生鉴:今日三点钟由参议院举公为临时大总统,临时政府地点定在南京。现派专使奉请我公来宁接事。民国大定,选举得人,敬贺。孙文叩。印。

《临时公报》壬子年正月初一日(1912 年 2 月 18 日),罗家伦主编《中华民国史料丛编·临时公报》,中国国民党中央委员会党史史料编纂委员会1968年影印,第43页

唐绍仪代转袁世凯致南京临时政府电文如下：

南京孙大总统、黎副总统、各部总长、参议院、各省都督、各军队长鉴：清帝辞位，自应速谋统一，以定危局，此时间不容发，实为唯一要图，民国存亡，胥关于是。顷接孙大总统电开，提出辞表，推荐鄙人，嘱速来宁，并举人电知临时政府，畀以镇安北方全权各等因。黄陆军总长暨各军队长电招鄙人赴宁等因。世凯德薄能鲜，何敢肩此重任？南行之愿，真电业已声明，暂时羁绊在此，实为北方危机隐伏，全国半数之生命财产，万难恝置，并非因清帝委任也。孙大总统来电所论共和政府，不能由清帝委任组织，极为正确。现在北方各省军队暨全蒙代表，皆以函电推举为临时大总统，清帝委任一层，无足再论。然总未遽组织者，特虑南北意见，因此而生，统一愈难，实非国家之福。若专为个人职任计，舍北而南，则实有无穷窒碍。北方军民意见尚多纷歧，隐患实繁。皇族受外人愚弄，根株潜长。北京外交团向以凯离此为虑，屡经言及。奉、江两省时有动摇，外蒙各盟，迭来警告，内外并患，递引互牵，若因凯一去，一切变端立见，殊非爱国救世之索[素]志。若举人自代，实无措置各方面合宜之人。然长此不能统一，外人无可承认，险象环集，大局益危。反复思维，与其孙大总统辞职，不如世凯退居。盖就民设之政府，民举之总统，而谋统一，其事较便。今日之计，惟有由南京政府将北方各省及各军队妥筹接收以后，世凯立即退归田里，为共和之国民。当未接收以前，仍当竭智尽愚，暂维秩序。总之，共和既定之后，当以爱国为前提，决不欲以大总统问题，酿成南北分歧之局，致资渔人分裂之祸。已请唐君绍仪代达此意，赴宁协商。特以区区之怀，电达聪听，惟亮察之为幸。袁世凯。咸。等语。绍仪代转。

1912年2月17日《民立报》号外

△ 孙中山致电袁世凯，请其严饬禁阻将奉天行宫所藏器物私自卖与外国。次日，袁复电“已电奉天查禁”。

孙中山致袁世凯电文如下：

万急。袁慰亭先生鉴：闻奉天行宫所藏器物，由私人订卖与外国，价值甚巨。按此种器物，实为民国公产，并非皇族私有，应行禁止私卖。特此奉告，请严饬禁阻。孙文。删。

袁世凯复孙中山电文如下：

孙大总统鉴：删电悉。已电奉天查禁矣。袁世凯。铣。

《临时政府公报》第17号，中国科学院近代史研究所史料编译组编辑《近代史资料·辛亥革命资料》，中华书局1961年版，第138页

△ 黎元洪复电孙中山，告之已向临时参议院电辞临时副总统及大元帅之职，俟重新举定后，即行解职。

黎元洪复孙中山电文如下：

孙大总统鉴：咸电备悉。现在政体解决，元洪副总统及大元帅之职，已向参议院电辞，俟重新举定后，即行解职。尊处推荐袁公一节，此间同人均颇赞成。赴京代表，顷已委任，不日即附轮往沪，以便偕唐君少川等同行。特复。元洪。删。

《临时政府公报》第21号，中国科学院近代史研究所史料编译组编辑《近代史资料·辛亥革命资料》，中华书局1961年版，第172～173页

△ 湖北省临时议会召开成立大会，到会者百余人，举刘心源为议长，郑万瞻、汪恺为副议长。议决致电南京临时参议院，力争建都武昌。

1912年2月25日《申报》《湖北临时议会开幕》载：

二月十五日上午十二句钟，湖北临时议会在江汉书院开成立大会，自黎副总统以下，各行政机关皆派人莅会，到者百余人，会场整秩。首由正会长刘心源君摇铃开会，登台致开会辞。次由教育部长苏成章致祝辞。次黎副总统复致祝辞，大旨奖励议会，希望议会。当由副议长郑万瞻出致答辞，酬答既毕，提议临时重大问题。因接南京参议院来电，谓今日上午孙总统辞职，参议院拟明日举项城为临时大总统，昨袁欲将首都设在北京，希极力反对，毋使因仍旧都，致滋流弊。当付讨论，佥以武昌为全国中心点，交通便利，且可居中控外防守，最宜建都，宜在武昌。当由议长取决，电请参议院力争矣。至二点钟始摇铃散会。

鄂省通告临时议会成立电文如下：

参议院及各部长、都督、议会鉴：鄂省临时议会举刘心源为议长，已于今日开成立大会。知念，特闻。删。

《临时政府公报》第21号，中国科学院近代史研究所史料编译组编辑《近代史资料·辛亥革命资料》，中华书局1961年版，第174页

杨玉如《辛亥革命先著记》：

中华民国元年一月六日，军政府会议，佥以中央临时政府既经成立，而地方亟应成立民意机关，以实行民主政治。当即根据鄂州临时约法决议，限期成立湖北省临时议会。以各部总稽查处为选举筹备及监督机关。旋该处拟定选举临时办法要点如下：

一、每县定议员名额一名。

二、议员由各县在省之人士集会，用单记投票法互选之。以得票较多者为当选。

三、若该县在省者不满十人以上，其当选议员须得同府议员公认方为有效。

四、被选资格须年满二十五岁之男子，素无嗜好，得有学校毕业，或同等学力有证明文件者。

选举日期原定自一月二十日起，至二十五日止。按照府次，在指定地点分期投票，由各部总稽查处派员监督。嗣以手续繁重，各县未能按期选出，乃展至二月一日始告完成。其时和议虽在进行，而战事尚未终止，交通阻滞，故所选出之议员多数为各机关服务人员及留省者。各县被选人如下表(名单略，编者)。

选举告竣，定期于二月七日召集，八日开谈话会，十日举行开幕式，刘心源为临时主席，黎都督亲临致词曰：

"今日为我中华民国湖北临时议会开幕之日，亦即我国民主政治实现之初步。诸君皆我省之人望，将来必大有造于地方。元洪忝为军事行政首长，躬逢其盛，固甚荣幸。然和议成功与否，尚在不可知之数。吾鄂省为首义之区，责大任重，端赖诸君协力赞助。军兴以来，迄今四阅月，大勋未集，地方破坏，百废待举。一切应议应行之事，皆有待于商榷。诸君多参与是役，必能洞悉靡遗，务请体察今日一般情况，以利吾鄂者利中华民国，以树各省民主政治之模范。此则元洪之私愿，敢以期望诸君者也"云云。

同日选举刘心源为议长，郑万瞻、汪恺为副议长。赓即举郑万瞻、屈佩兰、汪恺起草临时议会章程。并发表宣言曰：

"长夜漫漫，待旦何时，金鸡一鸣，顿令旭日东升，光天重睹，此我鄂军起义之景象也。铲除君主专制之流毒，特创四千余年未有之局。人心所向，沛然若决江河，群以共和为惟一之

目的。迄于今日,战云将收,国基渐定,行将萃五大民族组成一团体。伟哉！我黄帝之子孙也。惟所谓共和云者,其要旨安在？质言之,亦民主而已。然以吾国幅员广漠,户口殷繁,如人人悉握政治权,其弊也必散漫无纪。分裂之害,殆有不可胜言者。夫谋国权之统一,为政治上活动之本源,于是乎不得不赖有总揽之机关。而握此总揽机关之最高权者,势不得不取法于间接之民主制,此今日临时议会之所由成立也。念吾鄂父老子弟,掷无数之头颅,捐无数之财产,始得此代价之共和。今日一旦付责于我数十之议员,任重材薄,何克当此？但愿众志成城,各尽其力,期无负于我父老子弟而已。而今而后,对于外部言者,若内务,若财政,若军务,若实业,若教育诸大端,自宜作统一之计划,本监督之职权,尽应尽之责任。而我辈所应共勉者亦约有四端:一曰识大体,勿毛举细故也;二曰矢公心,未可涉及私制[利]也;三曰尚和气,宜融化意见也;四曰持毅力,宜贞固任事也。本届议会虽属临时,庄子云:'其作始也简,其将毕也巨',我辈更有不得不慎厥初者,此则我辈所应共勉,亦即所以敬告于我父老子弟之前者也。"

翌日通过章程,并选举各股审查委员,当选者法律股吴兆廷等十一人,财政股董昆瀛等十一人,军政股彭介石等七人,教育股田飞凤等七人,实业股王家藩等七人,民政股朱孔阳等七人,陈请股邱国瀚等七人,惩罚股方汝确等四人,审查资格股叶庭瑛等五人。其时南京中央临时政府,因军用浩繁,财政空虚,有议以汉冶萍矿产抵押借款之说。该会得报,一致议决反对,通电否认。并推举董昆瀛、张祥麟代表赴宁力争,其议遂罢。未几南京临时参议院又有以赋税抵借道胜银行一百五十万镑之决议。该会闻之反对,认南京临时参议院由各省军政府派出,不能代表全国人民,通电各省,发起国民会议,议员由人民选举。旋得十六省同意。卒因时间迫促,民选困难,正式国会不久亦必召集,乃决就原有参议院议员名额,每省三人改为五人,暂由各省临时议会选举。

杨玉如《辛亥革命先著记》,科学出版社1957年版,第236～239页

《鄂省临时议会议员选举章程》如下:

第一条　由每厅州县各出议员一名,组织临时议会;将来其名额定为一百名,大县二名,小县一名。

第二条　各厅州县各选现在省城之人员一名,无人在省城之州县,暂缺。

各该州县如无十人以上驻省城不能成立选举团者,由同府选出之议员公认之。

第三条　各厅州县在省城之人员,具有左列资格者,均有选举权及被选举权:

一、在本厅州县有亲属及固定住所者;

二、年满二十五岁以上者;

三、能书写本人姓名及他人姓名者;

四、无精神病及传染病(肺病最为重要)者;

五、无其它嗜好者。

第四条　备战军人与现任地方官吏暂停被选举权。

第五条　现任官吏如当选议员时,应除去原官职。

第六条　都督任命各部总稽查处照料临时选举事宜,其职责如下:

一、考察各厅州县之选举名册及投票权等有无违法事宜;

二、确定各选举所;

三、审查各会场之违法事件;

四、制定选票及簿册式样,以资划一;

五、整理被选举人名册,转呈都督。

第七条　选举手续如下:

一、由选举委员调查各厅州县在省城之人员,限期作成名册,确定选举及被选举权;

二、选举日期,依据选举委员前订之章程办理;

三、选举会场由各厅州县代表人酌量选定,报告选举委员;

四、凡不赴选举会场投票者,其选举投票权即失效,他人代投者一律无效,倘有代投,一经查出以违章论;

五、用记名投票法;

六、以得票最多者为当选,票数相同者以抽签定之。

第八条　选举会场规则如下:

一、投票时,先由各厅州县之选举人选举纠议员,每县一人或二人(选举人超过五十人以上者用二人),负责会场之纠察;

二、各会场须派警兵八名至十名看守;

三、凡选举名册上未登记者,一律不得擅入会场;

四、不得携带武器进入会场;

五、除投票外不得争论闲事或高声喧哗;

六、集会时间由上午八时至下午五时止。

第九条　本章程为临时办法,正式选举章程产生后,本章程即失效。

各厅州县正式选举时,如承认此次所选出之议员,即视作被续选者,否则以正式选出之议员代替之。

《日本驻汉口总领事馆情报》1912 年 1 月 29 日,中国科学院近代史研究所史料编译组编辑《近代史资料·辛亥革命资料》,中华书局1961年版,第614~615页

编者按:湖北省临时议会成立日期尚有7日、10日、14日之说,按湖北临时议会"删"电,成立日期应为2月15日。

△ 荷属巴达维亚华侨升旗庆祝中华民国统一,遭到殖民当局干涉,并撕烂国旗,刺伤、掳禁华侨多人。南京临时政府外交部于21日、23日分别致电袁世凯及中国驻荷公使,请与荷国政府交涉。

《外交部为和属华侨被和官虐待致新选大总统袁电文》如下:

北京新选大总统袁钧鉴:顷接荷属巴达维亚电称:"华侨全体删日升旗,补祝大典。荷官派马队强迫下旗,并撕烂国旗无数,刺伤数人,掳人数十。事关国体民命,恳速交涉并复办法。巴城华侨全体叩"等语。请速就近向荷使交涉,以存国体而慰侨望。外交部长王宠惠叩。个。

《临时政府公报》第23号,中国科学院近代史研究所史料编译组编辑《近代史资料·辛亥革命资料》,中华书局1961年版,第188页

《外交部为和属华侨被和官虐待致海牙中国公使电文》如下:

中国驻和公使鉴:接和属巴城、泗水、朝埠华侨电称:各该处侨民庆祝民国统一大典,和官干涉,撕烂国旗,伤杀掳禁多人,封报社,禁通电,迫全体罢市,复被威吓开店,危急待救等语。似此横暴,实伤中和两国交谊。除电袁总统与和使力争外,希向和政府严重交涉。外交部。漾。

《临时政府公报》第23号,中国科学院近代史研究所史料编译组编辑《近代史资料·辛亥革命资料》,中华书局1961年版,第188页

2月16日(十二月二十九日)　袁世凯分别致电孙中山及南京临时参议院,声称南下为难,俟南京专使到北京后再作商议。

袁世凯致孙中山电文如下:

昨上两电想达。嗣奉尊电,慚惶万状。现在国体初定,隐患方多,凡在国民,均应共效棉[绵]薄。惟自揣才力,实难胜此重大之责任。兹更辱荷参议院正式选举。窃思公以伟略创始于前,而凯乃以铨材承乏于后,实深愧汗。凯之私愿,始终以国利民福为归。当兹危急存亡之际,国民既以公义相责难,凯敢不勉尽公仆义务。惟前陈为难各节,均系实在情形,素承厚爱,谨披沥详陈,务希涵亮。俟专使到京,再行面商一切。专使何人,何日起程,乞先电示为盼。肃复。袁世凯。铣。

《临时公报》壬子年正月初一日(1912年2月18日),罗家伦主编《中华民国史料丛编·临时公报》,中国国民党中央委员会党史史料编纂委员会1968年影印,第43页

袁世凯致南京临时参议院电文如下:

昨因孙大总统电知辞职,同时推荐凯,当经复电力辞,并切盼贵院另举贤能,又将北方危险情形暨南去为难各节详细电达,想蒙鉴及。兹奉删电,惶悚万分。现在大局初定,头绪纷繁,如凯衰庸,岂能肩此巨任,乃承贵院全体一致正式选举,凯之私愿,始终以国利民福为归。当此危急存亡之际,国民既以公义相责难,凯何敢以一己之意见辜全国之厚期。惟为难各节,均系实在情形,知诸公推诚相与,不敢不披沥详陈,务希涵亮。统俟南京专使到京,商议办法,再行电闻。肃复。袁世凯。铣。

《临时公报》壬子年正月初一日(1912年2月18日),罗家伦主编《中华民国史料丛编·临时公报》,中国国民党中央委员会党史史料编纂委员会1968年影印,第43页

△ 伍廷芳、温宗尧、汪精卫以全国统一,和议告竣,请辞议和代表职。次日,孙中山复电同意。

伍廷芳、温宗尧、汪精卫通电请辞议和代表职文如下:

南京孙大总统、武昌黎副总统、各省都督公鉴:自议和以来,廷以疏才,谬承重任,深惟今日共和思想已普遍于人心,北省同胞,一时未能相喻,致有自相残杀之惨。幸值停战议和,正可借此时机,推诚相与,共泯猜嫌,同谋进取,以南北之合并,成恢复之大功。盖所谓议和,即与北省同胞和衷商榷之谓。迨前清内阁袁君世凯所遣全权代表唐君绍仪至沪,彼此开议,唐君即宣言欲和平解决。惟以北省军民与十四省起义之民军情谊或有隔膜,意见自不免参差。如欲一致进行,必宜先避冲突之端,以成共济之美,因欲彼此息战,开国民会议,取决多数,以定国体。盖当时彼此明知全国人心已趋于共和,特以是为表示之作用耳。乃事机未熟,枝节横生,补救调和,费尽心力,由是乃有清帝退位之说。盖经一次挫折,即多一次进步矣。迨袁君布置就绪,而北洋统将段君祺瑞等全体一致赞成共和,遂以成民国统一之结果。中华民国自此完全发达于大地之上,诚我五大民族无疆之幸福也。廷惟共和事业,我大总统、副总统率十四省之同胞,成之于前,而袁君率北省及满、蒙、回、藏诸同胞,继之于后,曾不半载,遂竟全功。此皆由我全体军民之苦心毅力,磅礴鼓荡,大而且速,故能收此良果。廷受任以来,夙夜儆惕,虑以覆餗,贻羞民国。今幸借我军民之力,全国统一,和议告竣,谨辞议和总代表之任。此后仆当尽国民之天职,竭其愚虑,以仰赞高明。伏祈鉴谅,无任祷切。全权代表伍廷芳,参赞温宗尧、汪兆铭。铣一。

《临时政府公报》第20号,中国科学院近代史研究所史料编译组编辑《近代史资料·辛亥革命资料》,中华书局1961年版,第166～167页

孙中山复伍廷芳、温宗尧、汪精卫电文如下：

上海议和全权代表伍廷芳、参赞温宗尧、汪兆铭鉴：铣电悉。公等为民国议和事，鞠躬尽瘁，不避嫌怨，卒能于樽俎之间，使清帝退位，南北统一，不流血而贯彻共和之目的，厥功甚懋。所请辞退议和代表事，应即照准，谨代国民伸谢。总统孙文。篆。

《临时政府公报》第19号，中国科学院近代史研究所史料编译组编辑《近代史资料·辛亥革命资料》，中华书局1961年版，第155页

△ 伍廷芳、温宗尧、汪精卫通电各省，报告交涉清帝退位及优待清室条件的经过，并对一些条款作出解释。

伍廷芳、温宗尧、汪精卫通电如下：

孙大总统、武昌黎副总统、各省都督公鉴：廷与前清内阁协议清帝辞位后之优待条件，已于初九日致各省都督青电略陈梗概，谅蒙洞鉴。初十、十一等日与前清内阁往复磋商，昨日得其复电，已全体承诺。

案清帝辞位问题，筹商一月有余。关于辞位以后优待条件，尤费筹画。民国政府宗旨，在合汉、满、蒙、回、藏各民族，以建中华民国，已屡次剀切宣明。而所定满、蒙、回、藏各民族赞成共和之待遇条件，于平等大同之义，委曲调护之心，皆已周至。然满、蒙王公所注目者，不仅在本族之位置，尤在清帝辞位待遇之厚薄。果使清帝辞位得蒙优待，则皆以为清帝且如此，满、蒙诸族更何所虑。设其不然，则皆以为清帝犹不免如此，满、蒙诸族更无待言。此种存心骤难解说。前因优待条件久未商定，大起恐慌，谓既不见容于汉人，不如托庇于外国。东三省及蒙古等处已见端倪，因疑成隙，将为巨患。廷劳心焦思，迭与临时政府商酌，以为中国历史上凡遇鼎革兴朝，对于胜朝余裔恒从优看待，既已成宽容之德，亦以安旧臣之心。况今者民国政府持人道主义，又值清帝赞成共和，自愿辞位，民国政府法汉高雍齿且侯之意，承明祖宽待元裔之风，予以优待，必为国民所不拒。惟事关重大，廷虽受议和全权代表之任，而再三审度，不敢擅作主张，爰于本月初四日将前清内阁所开优待条件携赴南京，面商政府诸公。于所开条件有所修正后，提交参议院，再加修正，得多数表决，并谓将来字句之间如稍有斟酌，无关大体者，不必复须得参议院之同意。廷以议决案电达黎副总统，承表示同情。复前清内阁后，复有所争持，当经稍加修改，告以自此无可再让。民国政府于赞成共和自愿辞位之清帝，虽可予以优待，然万不能于共和国体稍有妨碍，得蹈虚君位之嫌。迨十二日下午，得前清内阁回电，已全体承诺。同日清帝辞位之诏亦已宣布，自此清国统治权全归消灭，中华民国统一全国，永无君主之余迹矣。详审优待条件中多关于清帝之一身及其祖宗家族等事，与政治无关。其必宜注意者应一一解释，以期共喻。谨历举如下：

一、清帝名号。案关于清帝一身之待遇，廷前只许以待外国君【主】之礼待之，旋经彼此磋议，以为虽以外国君主之礼相待，不能无所称谓，乃予以让帝之号。而彼方以为近于谥法，坚不肯从，始定为清帝辞位之后，尊号仍存不废。清帝与大清皇帝名称，不过有详略之殊，犹之直隶总督简称则为直督。故参议院所坚持者，在辞位之后四字，而于清帝与大清皇帝之别，谓为无关闳旨。可以大清皇帝辞位之后，尊号仍存不废，为最后之决定。盖如是则辞位之后，自可称为已经辞位之大清皇帝，与虚君位主义风马牛不相及也。至于前清内阁初所要求者，为大清皇帝尊号相承不替。廷已严加拒绝，彼亦虑蹈于虚君位之嫌，承认廷所主张矣。

二、清帝居住。前清内阁所要求者，为大内宫殿或颐和园随意居住。廷以专制君主为万目所共瞻，且居城之中央，阻碍东南西北之交通，必当拆改，清帝只居颐和园，不可仍留宫禁。

而前清内阁谓严寒之际,仓猝之际,未能即行迁移,应听暂为居住,日后再退居颐和园,此不过暂时之事。

三、禁卫军编制。前清内阁以清帝辞位后,虽不应仍有禁卫之军,而数近万人,一旦解散,将以失业之故而起恐慌,要求将该军额数俸饷仍如其旧。廷以该军原名禁卫,必改归中华民国陆军部编制,然后可侪于国民军之列,而不使人疑为已经辞位之清帝,仍有宿卫之兵。

四、王公世爵。案美、法同为民主之国,法有世爵,而美无之,此各因于其历史。美以平民手创新国,故世爵之制无自而生。法以革命之力,变君主为民主,其历史所贻留之制度,苟无碍于共和主义者,未尽改易,故世爵之制,仍存不废。今我中华国体新定,而蒙古、回、藏各处,因于历史,部落之制,未尽蠲除,一旦去其王公,各部惊疑,必滋大乱。故待遇满、蒙、回、藏条件,有王公世爵,概仍其旧一条。此中情形,想必为识者所鉴谅。颇闻论者有谓既受世爵,不宜再享公权。案共和国以国民平等为原则,即有爵号,不过以历史所留贻,为一家一姓之荣誉。故平时以私人资格,虽可以爵号自娱,而当其行使公权,如为官吏及议员等,则不能以爵号并列。故关于清皇族待遇及关于满、蒙、回、藏各民族待遇条件,于一面留其爵号,于一面使其公权私权一切与国民平等,庶于共和国体,无所妨碍。

以上条件,因易滋疑议,故略为解释。其它皆清帝辞位后关于一身及祖宗家族等事,无关宏旨。予以优待,使各国晓然于此次革命纯持人道,尤为民国之荣誉。至于待遇满、蒙、回、藏各民族之条件,系因满、蒙、回、藏各民族赞成共和,合五大民族同建中华民国,民国当然有此办法,非因清帝辞位之故。参议院既已切实宣明,已一并于清帝辞位之后由两方代表照会驻京各国公使,请其电达各国政府矣。兹将全文电陈左右,尚祈鉴察为幸。

甲、关于大清皇帝辞位后之优待条件:(以下见12日日志宣统退位诏书,此处从略,编者)

以上条件列于正式公文,由两方代表照会各国驻北京公使,转告各国政府。前全权代表伍廷芳,参赞温宗尧、汪兆铭。铣二。

观渡庐《共和关键录》第1编,第120~125页

编者按:《共和关键录》将此电日期记为2月17日有误,根据文后韵目“铣”应为2月16日。

2月17日(十二月三十日)　袁世凯以“新举临时大总统”名义发布通告:“自阴历壬子年正月初一日起,所有内外文武官,行用公文,一律改用阳历。”

袁世凯布告如下:

新举临时大总统袁　布告　十二月三十日

现在共和政体业已成立,自应改用阳历,以示大同。应自阴历壬子年正月初一日起,所有内外文武官,行用公文,一律改用阳历,署大中华民国元年二月十八日即壬子年正月初一日字样。特此布告。

《临时公报》1912年2月20日,罗家伦主编《中华民国史料丛编·临时公报》,中国国民党中央委员会党史史料编纂委员会1968年影印,第57页

△ 孙中山致电袁世凯,再次促袁南下就职。

孙中山致袁世凯电文如下:

万急。袁大总统鉴:咸电敬悉(见15日日志,编者)。公之委曲求全,其义昭于日月。惟国民劳公以全局,德望所存,在北在南,无不可以全副精神相统摄。此间为难之处,亦非文字可尽达,已委托唐绍仪君等北赴,造陈一切,公自鉴察。至公谓目前北方秩序,不能得措置各

方面同[合]宜之人,自不待言。然若分别诸要端,多电知数人,俾各受所委,得资镇摄,此亦为将来政府偏于南北东西必当筹用[划]之一法,公应首肯。文实竭蹶于服务,日夜翘盼卸代。孙文。篆。

《临时政府公报》第19号,中国科学院近代史研究所史料编译组编辑《近代史资料·辛亥革命资料》,中华书局1961年版,第155页

△ 南京临时政府财政部发布示谕:"凡有广东银元,买卖兑换,一律按照本省湖北洋价通行照用"。

南京临时政府财政部示谕如下:

为出示晓谕事:照得货币原□□□近,本无省界之别。从前满清时代,上下情形隔阂,以致市侩钱牙,藉端渔利,显分畛域,此省银元彼省不能通用,办理殊为不合。及闻南京市面,亦复任意挑剔,只用本省及湖北两处所出银币,其余广东暨他省银元,竟至摈而弗用,非以成色不足为词,即谓向例不用,无非借口省界以遂私图,言之实堪痛恨,合行出示晓谕。为此示仰诸色人等一体知悉,须知各处鼓铸银币,均系按照部颁成色,各省一致,并无歧异。而广东所出银元,成色尤较他省为准。现在政府正谋财政统一之时,讵容划分界限。自示之后,凡有广东银元,买卖兑换,一律按照本省湖北洋价通行照用,不得稍有折扣,藉端挑剔。倘敢故违,一经查出,即从严究惩。其各恪遵。切切。特示。二月十七日。

"南京临时政府档案",中国第二历史档案馆编《中华民国史档案资料汇编》第2辑,江苏人民出版社1981年版,第394页

△ 中华民军协济总会2月15日呈文孙中山,提出前清沪道交由比国领事代行收贮的公私存款,应归民国所有,该会拟向存放该款各商号按照存数清收,陆续汇解财政部,请孙示准施行。本日,孙中山令南京临时政府财政部迅即查明办理前清沪道交托比国存款。

孙中山命令如下:

临时大总统令

据民国[军]协济总会呈称:查得前清沪道存放各商号公私款项,共银十六万两,交托比国领事代行收贮等由。为此令行该部迅即查明办理。合就将原呈发交。此令。

财政部总长陈锦涛知照

计发公文一件

——民国[军]协济总会呈请收回前清沪道存款由

孙文

中华民国元年二月十七日

"南京临时政府档案",中国第二历史档案馆编《中华民国史档案资料汇编》第2辑,江苏人民出版社1981年版,第280页

中华民军协济总会呈孙中山文如下:

中华民军协济总会为呈请事:窃查上海道刘藉专制暴政聚敛甚肥,以道署公款溷私存放,经由敝会再四调查,查得该道盖用上海道署朱印图记票据,存放梅恒裕南号拾万两、隆昌增二万两、徐仓记二万两、梅莪记二万两,计共存银十六万两。当上海光复之时,民国已有完全国体,该道尚居心叵测,竟将公私存款,笼统署以道名,交由比国领事,代行收贮。其为肥私计,罪固可诛。其为满清计,罪更可诛。且款既交托代理人,代理人应有收取之权利。比领事遂派担文律师向该各商号追缴,岂知该各商号颇明大义,以为此种款项以公理论,应归民国有,不应仍归亡清官吏有,堂皇对付,拒不肯缴。窃思敝会既为协济,当然负清查之责

任。爰议订聘达商律师,文明交涉,向比领事收回该道存款票据,再由敝会向该各商号按照存数清收,陆续汇解财政部。至如何拨用,悉听钧裁。敝会为曲顺舆情起见,亦为国是服务,非敢好为发奸摘伏,以牺牲人之财产为要誉也。用敢披沥陈之。为此备具缘由,呈请大总统察核,伏乞示准施行。须至呈者。右呈

大总统孙

中华民国元年二月十五日

"南京临时政府档案",中国第二历史档案馆编《中华民国史档案资料汇编》第2辑,江苏人民出版社1981年版,第280~281页

△ 南京临时政府大本营总兵站通电各省,"总兵站业经成立,所有运输筹备事宜,统归本总站计划,转饬各支站妥为办理。"

《大本营总兵站规定运输简章通告各处电文》如下:

黎副总统、各省都督鉴:总兵站业经成立,所有运输筹备事宜,统归本总站计划,转饬各支站妥为办理。兹将重要条件详细开列:

一、各省续有军队军械等开赴战地,行经设有支站处所者,须先电示大本营总兵站,注明人员军械若干,舟行运船何名,陆行经由何地,约何日可到某支站地方,以便准备招待。

二、各省军队开赴总兵站地点,应豫备营舍,暂驻者请由该省豫先派员前来协商招待事宜。

三、各省驻在总兵站地点军队,如开赴前敌,应用船只车辆,可就近商由总兵站筹备。

四、战地不通邮政者,各该省寄与前敌军队之信函包裹,可寄由各支站送往,应由各都督行文各属张贴示谕,以便兵士家族周知。

五、各省军队将行出发之先,仍请该省都督,豫日通知。

六、总兵站驻在大总统府,兵站总监黄兴、次监钮永建、局长黄郛、副局长黄慕松。支站分设上海、镇江、下关、蚌埠四处,以后如续增设处所,应再行电告。

以上各条,统请查照施行,并希转饬各省各军知照。大本营总兵站启。霰。(分电战地各省军队、各司令官鉴:如有负伤兵士须送回调治者,可送至总兵站病院。)

《临时政府公报》第19号,中国科学院近代史研究所史料编译组编辑《近代史资料·辛亥革命资料》,中华书局1961年版,第149~150页

△ 袁世凯发布命令,准予北京陆军首领王士珍辞职,以段祺瑞署理。

袁世凯命令如下:

新举临时大总统袁命令:陆军首领王士珍呈称,病未轻减,请另遴贤员综理部务等语。应即照准。陆军首领委任段祺瑞署理。此令。

"军机处现月档",中国史学会主编《中国近代史资料丛刊·辛亥革命》(8),上海人民出版社1957年版,第192页

2月18日(壬子年正月初一日)　南京临时政府派定迎袁南下就职专使人员:专使蔡元培,欢迎员魏宸组、宋教仁等八人。同日,孙中山复电袁世凯,告之欢迎专使等人员名单。

《南京临时政府迎袁南下专使名单》如下:

欢迎专使

蔡元培　孑民　　浙

欢迎员			
外交次长	魏宸组	注东	楚
参谋次长	钮永建	铁生	苏
海军部	刘冠雄	子英	闽
陆军军需	曾昭文	可楼	豫
卅一团长	黄恺元	葆苍	楚
法制局长	宋教仁	敦[遯]初	湘
湖北外交司	王正廷	儒堂	浙
	汪兆铭	精卫	粤
外交参事	王景春	兆昌	直
秘书员			
	蔡序东	少严	粤
	曾广勷	治一	粤
	李精忠	德生	闽
庶务员			
	张　魁	庆华	苏
外	范熙绩	少陔	
	戴天仇		

以上二员系苏代表　又报馆访事陈君

"南京临时政府档案",中国第二历史档案馆编《中华民国史档案资料汇编》第2辑,江苏人民出版社1981年版,第88～89页

孙中山致袁世凯电文如下:

北京袁大总统鉴:铣电悉(见16日日志,编者)。此间派定教育总长蔡元培为欢迎专使,外交次长魏宸组、海军顾问刘冠雄、参谋次长钮永建、法制局局长宋教仁、陆军部军需局长曾昭文、步兵第三十一团长黄恺元、湖北外交司长王正廷、前议和参赞汪兆铭为欢迎员,偕同唐绍仪,前往北京,专迎大驾。并令该员等于起程时,另电左右。孙文。啸。

《临时政府公报》第20号,中国科学院近代史研究所史料编译组编辑《近代史资料·辛亥革命资料》,中华书局1961年版,第161页

△ 孙中山发布布告,告诫国民:今中华民国已完全统一,从今以后,"务当消融意见,蠲除畛域,以营私为无利,以公益为当谋,增祖国之荣光,造国民之幸福"。

孙中山布告如下:

各省都督、将军、巡抚、报馆:大总统孙文布告:今中华民国已完全统一矣。中华民国之建设,专为拥护亿兆国民之自由权利,合汉、满、蒙、回、藏为一家,相与和衷共济,丕兴实业,促进教育,推广东球之商务,维持世界之和平,俾五洲列国益敦亲睦,于我视为唇齿兄弟之邦。因此敢告我国民,而今而后,务当消融意见,蠲除畛域,以营私为无利,以公益为当谋,增祖国之荣光,造后[国]民之幸福,文谨惓惓焉。

中华民国元年二月十八日

1912年2月20日《民立报》号外

△ **因南京临时参议院于2月12日以汉冶萍借款违法,质问孙中山事,本日孙中山咨复参议院,汉冶萍借款并无违法。**

《大总统咨参议院答复汉冶萍并无违法文》如下:

二月十二日贵院质问违法借款两则。政府据院议通过之国债一万万元,因仓猝零星征集,颇难应急,遂向汉冶萍及招商局管产之人,商请将私产押借巨款,由彼等得款后,以国民名义转借于政府,作为一万万元国债内之一部分。嗣又因政府批准以汉冶萍由私人与外人合股,得钱难保无意外枝节,旋令取消五百万元合股之议,仍用私人押借之法,借到二百万元,转借于政府。是政府原依院议而行,因火急借入二百万元以应军队之要需,手续未及分明,至贵院有违法之防。至现行于江宁之军用手票,系借自上海地方政府之中华银行。当时军用万急,兵士索饷,据称即空票亦愿领受。查得上海政府已通行有此手票,遂向借发,旋恐有碍商市,即将汉冶萍私人借来之国债,随时收放。贵院欲得该手票之报告,当由上海地方政府一并造报,以免纷歧。据此实无违法及另造报告之处,故未即答为歉。此咨。

《临时政府公报》第26号,中国科学院近代史研究所史料编译组编辑《近代史资料·辛亥革命资料》,中华书局1961年版,第209页

△ **黎元洪咨文南京临时政府财政部,筹议统一币制问题。**

黎元洪咨南京临时政府财政部文如下:

中华民国临时副总统、海陆军大元帅兼鄂都督黎为咨会事:案据造币厂协理时功璧呈称:"湖北造币厂前因军需孔殷,急须赶造,未遑更换旧模。现今共和大局业已底定,庶政更新,所有造币厂银铜两项,自应改铸新模,与民更始。惟事关币制,法贵统一,所有花纹、重量,未便各省互相差异。兹本省已由厂中铸有式样,拟由协理亲赴南京,与中央财政部直接商定,然后回鄂遵式铸行。庶将来中央财政部颁行新币时,鄂省不至再行更换,淆人耳目"等情。据此。查统一币制,事关重要。鄂省银铜两厂模式,亟应与中央政府商定,庶免多所纷更。该员所请,自可照准。除任用暨分行外,相应咨会。为此咨会贵部,俟该员到部时,派员接洽,仍冀见复施行。须至咨者。

右咨

中央财政部

中华民国元年二月十八日

"南京临时政府档案",中国第二历史档案馆编《中华民国史档案资料汇编》第2辑,江苏人民出版社1981年版,第394～395页

《时功璧致财政部禀》全文如下:

禀折

敬陈者:功璧于武汉起义以后,即荷鄂军都督委充湖北造币厂协理。其时军需孔急,亟须铸造银铜两币,以给军用,未遑更换旧模。近者共和成立,大局粗定,自应改造新模,与民更始。惟事关全国币制,法贵统一,所有花纹、成色、重量,未便各省互有差异。当将前情呈奉鄂军都督谕准,并派委功璧前来,听候大部酌定式样,以便回鄂遵照办理。

惟功璧窃有陈者:铸造银铜两币,必先首定币制。币制定,而银铜两币之成色、重量、价格亦可因之而定,不至异日再有更张,方足以昭信用而利通行。第改定币制,近年以来,意见纷纭,迄无成议。功璧折衷众说,默察近情,敢就管见所及,粗举大纲,以备采择。

一、宜定虚金本位制也。查世界各国,均用金本位,惟中国用银本位,是以国际上之交

通、金融机关，全操于外人之手。今欲挽回利权，商业竞争，则用金本位制，殆无异议。惟目前现金既不充分，难敷全国之周转，是不得【不】暂定虚金本位，以为全国货币价格之基准，且将来实行用金之时，于金融机关上，亦不至大生变更。此今日宜早定者一也。

二、宜定银铜两币为辅助币也。查本位货币，系备巨额之支付。辅助货币，系备少额之支付，故辅助货币，必宜多分种类，以便通用。今议定银币最大者为一元，其次为五角，其次为二角，其次为一角，共四种。铜币最大者为一分，其次为一文，共二种，以便用于少额之交换，已足以利通行而无阻滞。此今日宜早定者二也。

三、辅助货币之价值宜早为规定也。查辅助货币，必须有一定之价值。各国辅助货币多以十进，盖取其便以计算故也。今拟定每银元一大元，法定价值铜元一百枚，每银元一角，法定价值铜元十枚，每铜元一枚，法定价值制钱十文，预为规定，永为定制。惟中国目前银元价值，各省大都均在铜元百枚以外，今若骤令缩小，商民必大受亏损。功璧之愚，以为宜先禁止银元价值，不准再行增涨，一面由各省财政部默为操纵，凡银元价值能值铜元百枚以外，必由铜元充溢供过于求之故，是宜多铸银币，少发铜币，使银元之价值渐减，铜元之价值渐增。俟银元价值能兑换铜元百枚左右时，然后出示晓谕，一律遵照法定价值，不准再有增减。如此逐渐递减，商民方不至骤然大受损抑。此今日宜早定者三也。

四、辅助货币之成色、重量宜早为规定也。查各国辅助货币之成份及重量，必与本位货币之折合为较低。故如日本辅助货币之纯量，大概相当于本位货币法定价格四分之三。盖恐辅助货币之原料，其价值腾贵时，必有溶化辅助货币以牟利者，故不得不为是规定也。惟以中国现情而论，通用之银元，其重量为七钱二分，其成分为百分之九十。盖依银本位之习惯而定，有实体完全货币之资格者。今既改为法定之辅助货币，则成份与重量自应较旧制酌减，方无流弊。但目前铸造新式银币，若成份与重量之低减较旧币相去太远，则人将争相溶化旧币以获利，而国内金融将大受恐慌，此断不可行者。且既以金为本位，近今金币原料缺乏，则银币之原料断不至有腾之[贵]贵[之]虞。此又不能与外国一例论者，似宜仍循旧制，或量为末减。至铜币则向视为辅助货币，久已通行无弊，似可毋庸置议。此今日宜早定者四也。

以上四端，仅就功璧意见所及，妄参末议。约而言之，今日共和初建，创定币制，必当使对内则可得全国人民之信用，对外则可博国际上交换之资格。庶币制不至紊乱，而财政始有整理之方。伏希详加酌议，审定施行。中华民国前途幸甚。财政幸甚。湖北造币厂协理时功璧谨建议。

“南京临时政府档案”，中国第二历史档案馆编《中华民国史档案资料汇编》第2辑，江苏人民出版社1981年版，第395～397页

△ 河南南阳宣布独立，成立豫南军政府，公推吕霞逌为临时都督，韩邦孚为民政长。

南阳绅、商、学、军界通告南阳独立电文如下：

南京孙大总统、武昌黎副总统、各部长、各都督鉴：阴历元日巳刻，南阳绅民宣布独立，公推吕君霞逌为豫南军政府临时都督，韩君邦孚为民政长，借维秩序。除电请襄阳派兵保护外，仍乞随时指挥进行。南阳绅、商、学、军全体叩。

《临时政府公报》第22号，中国科学院近代史研究所史料编译组编辑《近代史资料·辛亥革命资料》，中华书局1961年版，第180页

2月19日(正月初二日)　南京临时政府陆军部以满清退位,南北统一,战事已将告终,通电各省裁撤军政分府及裁减军队。

南京临时政府陆军部通电如下:

黎副总统、各都督鉴:满清退位,南北统一,大局将底和平。恢复秩序,整饬纪纲,实为目前要举。查军兴以来,各省以军事之要求,多于适要地点设立军政分府,以资镇慑。现战事已将告终,民政应设专员,军政应筹统一,军政分府多属无用。希贵都督酌量情形,将所属军政分府分别裁撤,以一事权。又战争方殷之际,各省兵卒皆仓猝召募,编配入伍,兵格既属参差,服装、饷械亦多缺乏。现南北军队维持秩序,剿灭匪徒,尽可敷用。凡各省军队宜就各该省情形酌留若干外,务希设法遣散,俾免滥竽。事关大局,敢祈竭力施行,赐复为叩。陆军部黄兴。皓。

《临时政府公报》第24号,中国科学院近代史研究所史料编译组编辑《近代史资料·辛亥革命资料》,中华书局1961年版,第193页

△ 孙中山咨文南京临时参议院,建议设立稽勋局。27日,又咨请在稽勋局内设捐输调查科。3月23日,南京临时参议院咨复"两事均属可行"。

《大总统咨参议院设立稽勋局文》如下:

盖闻劝扬之典,莫要于赏功,服务之官,必望其称职。是故官惟其才,赏惟其功,截然为两事,断未有以官为赏,论功授职者也。溯我民国,自造谋光复、称兵统一以来,殉义与积功者,既已不可殚数。夫在个人私愿,尽分子之劳,决非市赏,然准建国通法,造公家之利,必当酬庸。此赏恤之规制,未可不定。况赏恤之制未建,军兴之际,将佐官属,杂以有功与有才者兼任,国人之观听易淆,必有以为既树建国之勋,例应得官。故有立功而已官者,更望因功迁擢,其尽命而不及官者,亦议按事赠荫。如此则帝王以官赏功之流毒不塞,竟可以不止。现在统一之局大定,干戈待偃,国家之设官有限,而论功者众,借官为酬,与有功不录,皆伤国本,是以急咨贵院,务请速行建议,在临时政府时代,特设一开国稽勋局。俟所议通过,即委任专官,领受局事。对于开国一役,调查应赏应恤之人,分别应赏应恤之等,详订应赏应恤之条,再咨贵院议决施行。届时稽勋局即应取消,其给赏给恤之曹司,可议另隶于内部。经此郑重措置,庶于南北新旧纷繁错综之事实,能尽得头绪,而各有归束。于是议赏议恤,可以不漏不滥,任官与赏功之界限,亦得厘然分析。即目前本总统与行政各官属,当裁并军队,批答恤款之际,皆有所依循,是又足为临时维持秩序、稳固治安之补助也。此咨。

《临时政府公报》第20号,中国科学院近代史研究所史料编译组编辑《近代史资料·辛亥革命资料》,中华书局1961年版,第159~160页

《大总统咨参议院在稽勋局内设捐输调查科文》如下:

民国建国,为十数年来志士之血所沃成,此国人所公认。前已咨请贵院建议设立稽勋局,详细调查,分别等次,量予赏恤,发扬国光,表彰潜德,为目下切要之图,贵院定表同意。惟义旗之举,必有所资,诛锄民贼,非可徒手。或助饷于光复之日,或输资于暗杀之辰,毁家纾难,实无以异于杀身成仁。在当日党人筹措军债,曾许偿还,虽出资者以义忘利,而民国坐享成功,莫为之报,何以昭大信而劝方来。本总统以为稽勋局内可附设一捐输调查科,专调查光复前后输资人民,其持有证券来局呈报,或由他项方法确实证明者,就其输助金额,给以公债票。为此咨请贵院,归并前案,早日议决咨复,以便施行。

《临时政府公报》第23号,中国科学院近代史研究所史料编译组编辑《近代史资料·辛亥革命资料》,中华书局1961年版,第185~186页

南京临时参议院咨复如下：

二月十九日准孙大总统咨开，设立稽勋局一案。又二月二十七日咨请本院将此案从速付议，并于稽勋局设一捐输调查科。……本院于本月[日?]常会议决：稽勋局及局内设一捐输调查科，两事均属可行。

许师慎《国父当选临时大总统实录》上册，第311页；转引自中华民国史事纪要编辑委员会《中华民国史事纪要》（初稿）中华民国元年（1912）正月至六月，中华民国史料研究中心1981年印行，第358页

△ 袁世凯设立临时筹备处。该处为"新举临时大总统未就职以前筹备将来建设之计画"，及"备咨询筹画之机关"，下设法制、外交、内政、财政、军事、边事六股。

《临时筹备处规约》如下：

一、本处为新举临时大总统未就职以前筹备将来建设之计画，直接属于新举临时大总统备咨询筹画之机关。

一、本处分股如下：

法制股：研究新旧法令各种问题，预备草案并调查各国法令，以资参考。

外交股：研究各国交涉事件及新旧约章，预备将来继续或修正，并办理直接交涉文件。

内政股：现在四民失业，满目疮痍，所有安集人民暨八旗生计，均应急行维持现状及永久办法，并研求农工实业发达进行之策。

财政股：筹定临时岁入岁出，并为统一全国财政之预备。

军事股：筹备联合统一全国军队办法，并研究目前分配留遣及将来征兵、练兵之法。

边事股：对于东三省、蒙古、西藏暨各边省地方之特别计画，维持现状，并预备将来办法。

一、本处既直接隶属于新举临时大总统，其各股办事员由新举临时大总统选派。

一、以本处各股办事员组织为联合讨论委员会，遇有重大问题，由全体办事员开会讨论。

一、各股及联合委员会讨论事件，纂成意见书，呈由新举临时大总统核定。

一、此暂时条规，如有未尽事宜，随时呈请酌改。

一、本处办事细则另行规定。

《临时公报》1912年2月22日，罗家伦主编《中华民国史料丛编·临时公报》，中国国民党中央委员会党史史料编纂委员会1968年影印，第81～82页

△ 荷属爪哇泗水华侨升旗燃炮庆祝中华民国南北统一，遭殖民当局无理禁止。华侨与荷警发生冲突，当场被荷警击毙三人，重伤十余人，拘禁百余人。华侨致电南京临时政府请求保护。23日，南京临时政府外交总长王宠惠致电袁世凯，请向荷使严重交涉。

王宠惠致袁世凯电文如下：

北京新选大总统袁钧鉴：顷接上海华侨联合会电称："接爪哇泗水埠来电：'旧历元月二日，因升旗燃炮事与荷警察争执，闹起风潮，当场被捶毙三命，重伤十余人，掳禁百余人，书报社被封，外埠来电被截，荷兵日日乱掳，全体罢市抵制，复以兵力吓吓开店。事在危急，迄速解决对付，否则民不聊生'云云。乞设法拯救。华侨联合会叩"等语。华侨在荷属举行庆典，并无不合。荷官无理干涉，至于毙伤人命，掳禁多人，封闭报社，断截交通，种种横暴，实属有伤中荷两国交谊。乞向荷使严重交涉，并先见复。切盼。外交部总长王宠惠叩。漾。

《临时政府公报》第23号，中国科学院近代史研究所史料编译组编辑《近代史资料·辛亥革命资料》，中华书局1961年版，第189页

2月20日(正月初三日)　南京临时参议院再次选举黎元洪为临时副总统。22日,黎元洪通电就任临时副总统。

《参议院致大总统咨稿》如下:

本院接黎副总统电称:中央政府已准备重新组织,副总统及大元帅之职,应先辞退云云。本院当开会公决,谨从黎君之意,于二十日开临时副总统选举会,全体一致公举黎元洪君为临时副总统,应具正式公文,恭请受任。兹特具公文一份,敬请大总统转达为荷。此咨
大总统

"北洋政府大总统府档案",中国第二历史档案馆编《中华民国史档案资料汇编》第2辑,江苏人民出版社1981年版,第87页

《临时大总统致黎元洪咨稿》如下:

兹准参议院咨开:"本院接黎副总统电称:中央政府已准备重新组织,副总统及大元帅之职,应先辞退云云。本院当开会公决,谨从黎君之意,于二十日开临时副总统选举会,全体一致公举黎元洪君为临时副总统,应具正式公文,恭请受任。兹特具公文一份,敬请大总统转达"等因。准此。相应备文转咨,并特派本府参军黄大卫赍该项公文,前赴尊处,即希贵副总统查照接受为荷。此咨
副总统黎

"北洋政府大总统府档案",中国第二历史档案馆编《中华民国史档案资料汇编》第2辑,江苏人民出版社1981年版,第87页

《南京参议院报选举黎副总统电》如下:

各省都督,各军司令,北京袁公慰亭,蒙古王公联合会,南北军统一会,北军各路统将,津总督、谘议局,汴巡抚、谘议局,奉总督、谘议局,吉林巡抚、谘议局,黑龙江巡抚、谘议局,兰州总督、谘议局,迪化巡抚、谘议局,沪华侨联合会,京、津、沪、广、杭各报馆均鉴:二十日午后二时,开临时副总统选举会,全体一致举定黎公元洪为临时副总统。谨闻。参议院。

《临时公报》1912年2月25日,罗家伦主编《中华民国史料丛编·临时公报》,中国国民党中央委员会党史史料编纂委员会1968年影印,第113页

黎元洪致孙中山等电文如下:

孙大总统、参议院、各部处、卫戍总督、各镇协、各省都督、各军政分府暨各报馆同鉴:效电敬悉,甚惬本怀。不意皓、哿两电传示,复承诸父老、昆弟错爱,竟推洪蝉联前职,殊深惭悚。窃念义军发起之初,以讫民国完全成立,皆全国同胞共同之力,洪何人斯,敢忝副职。只以辞职不获,兵事未终,勉从众志,随诸公后。今南北和同,兵力永息,项城秉国,人望攸归,洪之才力,实难比肩,谨以临时大局,暂悖公民之命。仍望诸大君子,鼎力建设,奠定民国。一俟端绪就理,仍当归耕南亩,为一自由之公民。如蒙时惠教言,不胜翘企之至。元洪。祃。

《临时政府公报》第24号,中国科学院近代史研究所史料编译组编辑《近代史资料·辛亥革命资料》,中华书局1961年版,第198页

黎元洪致袁世凯等电文如下:

袁大总统、各部署、军界统一会、蒙古王公联合会、各报馆鉴:个、祃两电均悉。两日内连接南京效、皓、哿三电,雅意均与尊电相孚,译读之下,殊深爱[惭]悚。窃念义军发起之初,以讫民国完全成立,皆全国同胞共同之力,洪何人斯,敢忝副职。只以力辞不获,兵事未终,勉从众志,随诸君后耳。今南北和同,兵斗永息,项城柄国,人望攸归,洪之才力,实难比肩,谨以临时大局,暂从公等之命。仍望诸大君子,鼎励[力]建设,尊[奠]定民国。洪待教项城,叩蒙庇荫,庶几鲜所陨越。一俟端绪就理,仍当归耕南亩,为一自由之公民。现派往尊处代表出发,旦夕必趋尊教,仍望津津惠赐教言。望洋引颔[领],不胜驰企。元洪。祃。

"北洋政府司法部档案",中国第二历史档案馆编《中华民国史档案资料汇编》第2辑,江苏人民出版社1981年版,第87~88页

编者按:《临时政府公报》第22号《大总统咨黎副总统转达参议院公举仍为临时副总统文》记载为21日选举黎元洪为副总统,有误,应为20日。

△ 广东香、惠两军不满袁世凯当选临时大总统,决意北伐,南京临时政府陆军部急电加以劝阻。

南京临时政府陆军部电文如下:

徐州电局转镇军柏军长,湘军柴司令,粤军姚司令,清江蒋都督,孙司令,扬州徐司令,上海陈都督转陈汉钦君,安庆孙都督转皖北各军司令均鉴:顷广东香、惠两军来电,大不满意于新大总统,并云决意北伐等语。果如此,于大局实有关碍。项城处两难地位,苦心孤诣,致有今日,其功实不可没。孙总统顾全大局,早有此意。粤东明达者居其多数,此事必系一二无识者所为。务希洞观时局之危急,曲体孙大总统之美意,互为劝阻,祷切盼切。陆军部。哿。

《临时政府公报》第24号,中国科学院近代史研究所史料编译组编辑《近代史资料·辛亥革命资料》,中华书局1961年版,第196～197页

△ 南京临时政府陆军部通告各省,迅将前清忠义各祠分别改建为大汉忠烈祠。

《陆军部通告各省都督将前清忠义各祠分别改建大汉忠烈祠电文》如下:

各省都督鉴:民国统一,大功告成,凡在同胞,永享共和幸福。而死难诸烈士,或横被逮捕,血肉早已摧残,或战死沙场,而姓名犹虞湮没,亟应荐以血食,以慰忠魂。恳贵都督,迅将前清忠义各祠,分别改建为大汉忠烈祠,汇集各该省尽忠民国、死事诸烈士入祀其中,由本部派专员致祭。以后即由各执政春秋致奠,并于每岁旧历八月十九,即武汉起义纪念日,及新历二月十五日,即民国统一纪念日,恭行祀典,永以为例。以慰死者之灵,以作生者之气,以明昭烈诛奸之义,一举而三善备。陆军部。号。印。

《临时政府公报》第20号,中国科学院近代史研究所史料编译组编辑《近代史资料·辛亥革命资料》,中华书局1961年版,第160页

2月21日(正月初四日)　广东各界拟举孙中山长兄孙眉为都督,孙中山立即致电孙眉,劝其勿任,认为"兄宜专就所长,专任一事,如安置民军、办理实业之类,而不必当此大任"。

孙中山致孙眉电文如下:

孙寿屏大哥鉴:粤中有人议举兄为都督,弟以为政治非兄所熟习。兄质直过人,一入政界,将有相欺以其方者。未登舞台,则众人属望,稍有失策,怨亦随生。为大局计,兄宜专就所长,专任一事,如安置民军、办理实业之类,而不必当此大任。且闻有欲用强力胁迫他人以举兄者,以此造因,必无良果,尤不可不避也。弟文叩。个。

中国社会科学院近代史研究所中华民国史研究室等编《孙中山全集》第2卷,中华书局1982年版,第114页

孙中山《复广东各团体并各报馆电》如下:

广东各界团体并送各报馆公鉴:连接各界议举家兄为粤督之电,文未作答,非避嫌也。家兄质直过人,而素不娴于政治,一登舞台,人易欺以其方。粤督任重,才浅肆应,决非所宜。若为事择人,则安置民军、办理实业,家兄当能为之。与其强以所难,将来不免覆𫗧,何如慎之于始。知兄者莫若弟,文爱吾粤,即以爱兄也。谨布。孙文叩。个。

《临时政府公报》第21号,中国科学院近代史研究所史料编译组编辑《近代史资料·辛亥革命资料》,中华书局1961年版,第170页

高州招卓华等二十五人致孙中山电文如下：

粤局垂危，非寿屏先生莫挽。众望所归，举为都督，乞勿避亲贵之嫌，俯顺舆情所请。高州招卓华、杨汉民、陈寿庚、李履正、杨中英、搭烈士、黄珍、谭英培、梁相阶、吴伟生、韩志先、林献廷、杨中铨、麦少舟、杨瑞生、简安国、简开爵、杨日卿、杨燊南、关震南、杨超、招镇齐、梁福华、夫天民、江振华等叩。阳历二月七日。

1912年2月12日《民立报》

阳江州绅商许秉凌等十五人致孙中山电文如下：

陈都督决辞，接任无人。安危所系，各界咸仰孙寿屏先生，望孚全省，尤胜督任，恳速委用，以慰众情，维大局。阳江州全体绅商许秉凌、申国蕃、谭勉斋、叶培森、许芹第、许秉瑚、谭实芝、黄凿阶、许莲舫、李子昌、莫荣辛、何全卿、曾桂亭、梁培忠、工少香等同叩。微。

1912年2月12日《民立报》

△ **孙中山复函五大洲华侨，说明让位于袁世凯的原因。**

《大总统复五洲同志华侨询推举袁世凯为第二临时大总统函》如下：

旅居五洲同志、华侨诸君同鉴：因推举袁君为第二临时总统，纷接来电相争，其词颇多误会，恕不能缕缕见复，谨括举其要以相答曰：诸君尽其心力，与内地同志左右挈提，仆满清而建民国，今目的已达。以此完全民国，归诸全体四百兆人之手，我辈之义务告尽，而权利则享自由人权而已，其它非所问也。至于服务之行政团，若总统类者，皆我自由国民所举用之公仆，当其才者则选焉。袁君之性情不苟于然诺，当其未以废君为可也，则持之；及其既以共和为当也，则坚之。其诺甚濡，其言弥信。彼之布告天下万世，有云：不使君主政体再发生于民国。大哉言矣！复何瑕疵？至彼之委曲求全，予亡清以优待，亦隐消同气之战争。功罪弗居，心迹自显。前日之袁君，为世界之一人，今日之袁君，为民国之分子。量才而选，彼独贤劳。正我国民所当慰勉道歉，责之以尽瘁，爱之以热诚者也。总统既非酬庸之具，袁君即为任劳之人。宜观其从容敷施，以行国民之意，使民国之根基，由临时尽力维持而完固焉。我同志其鉴文之微忱。

《临时政府公报》第20号，中国科学院近代史研究所史料编译组编辑《近代史资料·辛亥革命资料》，中华书局1961年版，第160页

△ **南京临时政府财政总长陈锦涛与俄国华俄道胜银行签署借款一百五十万镑草约。26日，孙中山咨文临时参议院，请提前议决。27日，临时参议院表决通过。旋因各方纷电反对，3月8日，袁世凯复电各方，此款“已归无效”。**

高劳《临时政府借债汇记》：

二月二十六日，参议院接孙总统咨开：据财政府[部]电称，现拟借华俄道胜银行之款，系五厘息，九七扣，一年期，用中央名义担保，毋庸抵押，由下次大宗款内扣还。并须许以下次政府有大借款，如所索权利，与他家相等，华俄银行有优先权。共借一百五十万镑，于二十一日签字，候孙、袁总统及京行电许，并参议院通过，即行作实。据情咨请即开临时会，提前议决等因。当经全院赞成，声明将借款合同交院核议，始能签字。二十七日借款合同咨送到院，列如下：

(一)该银行照下列各条，应借与民国一百五十万金镑。

(二)本合同自正式合同签字之日起，以一年为限，其偿还之法载下。

（三）周年五厘计息，以所借之数计算。

（四）该银行付款，以九七扣折算。

（五）此款为民国之直接负欠，当以其赋税之所入，备为付息及偿本之用。

（六）如于本合同废止之前，民国借有大批外债，应即偿还该银行此次所借之款若干。惟偿还之数，不得过该大批外债首数次所交款数之半。

（七）民国以后如第一次拟借大批外债，若该银行所订约款，与他银行相彷佛者，该银行有首先应借之权。

（八）本合同须一面由选任总统袁世凯、临时总统孙文，一面由该银行之总行，及第十二条所载之南京参议院电准。该银行于核准之一星期内，应交付民国银三百万两，其余均该银行陆续交付，惟每星期不得过三百万两。第一次之应付三百万两应在上海交纳，倘有更动，再行复议。

（九）兑换本款，由民国所派之代表决定某某银行，或在上海，或在天津，一如民国之意。如兑换银行，为非道胜银行，民国应以百分之四之一扣用付该银行，其由该银行经手者，则无此款扣用。

（十）如该银行为民国借得第二批大款，则【第】四条所云百分之三扣用，按反比例归还民国，其法以偿本日期相距之远近为准。如距离愈远，则所还愈少。

（十一）本合同在核准前为草合同，核准后为正式合同（参观第八条），或有更动，须经两方面允可。至核准之期以一千九百十二年三月一号为限。

（十二）本合同须由南京现开之参议院投票公决核准。

（十三）本合同共缮成四份，由每方面签字，各存其二。

参议院既得此项合同，即交审查会审查，审查之结果：

（一）第五条“其赋税之所入”改为“民国政府所得之赋税”。

（二）第七条“彷佛”改为“等”。

（三）第八条后半改为：“以后每次交款，或在上海，或在他处，由民国通知该银行，指令交付。”

（四）第九条“或在天津”改为“或在他处”。

审查既毕，即于下午开会。议员到场表决者十四人，赞成者八票，遂通过。次日，鄂省议员刘成禺等，以昨日议会，违背院章，据参议院议事细则力争不得。嗣参议院亦以二十七日会议，手续未甚完备，于三月初一日开第二读第三读会，将条文稍有更改，仍即通过。然各省行政官及人民团体，均以此项借款内全国赋税作抵一节，及其它条件，丧失权利，贻害无穷，纷纷驰电孙、袁两总统，要求取消。至三月初八日，得袁总统通电云：此案闻该洋行并未承允，已归无效。盖合同第八条载明，须俟两总统及该银行之总行暨参议院电准，方能付款故也。

高劳《临时政府借债汇记》，中国史学会主编《中国近代史资料丛刊·辛亥革命》(8)，上海人民出版社1957年版，第564～567页

《大总统准财政部电称拟借华俄道胜银行款项咨参议院提前决议文》如下：

民国统一，战事已息。目前以恢复秩序，分别安置军队为第一要义，必需巨款，方足敷布。而各处疮痍未复，未能遽取诸民，拟借用外债。昨日得财政部电称：“现拟借华俄道胜银行之款，系五厘息，九七扣，一年期，用中央名义担保，无庸抵押，由下次大宗借款内扣还。并须许以下次政府有大借款，如所索权利与他家相同，华俄银行有优先权。共借一百五十万

磅,经涛于个廿一日签字,候孙、袁总统及京行电许,并参议院通过,即行作实。一星期内即交三百万两。请即交院议并电复。"为此,要求贵院即开临时会,提前决议。此咨。

《临时政府公报》第26号,中国科学院近代史研究所史料编译组编辑《近代史资料·辛亥革命资料》,中华书局1961年版,第209~210页

《大总统咨参议院提出华俄道胜银行借款草合同请提前议决文》如下:

昨据财政部总长陈锦涛电称:拟借华俄道胜银行款,其条件各点已提出贵院,经得同意,兹将与该银行订定借款草合同呈请转咨贵院开临时会,提前公决,核准前来。相应咨请贵院察照办理,并派秘书长胡汉民、财政部委员黄体谦到院,陈述一切。此咨。

《临时政府公报》第26号,中国科学院近代史研究所史料编译组编辑《近代史资料·辛亥革命资料》,中华书局1961年版,第210页

袁世凯复电如下:

南京临时议会、上海中华民国共和建设会、共和宪政会、工商勇进党、工党、公民急进党、社会党、民国公会、大同公济会、农工统一党、民生国计会鉴:电悉。南京参议院议借道胜款百五十万磅一案,闻该洋行并未承允,已归无效。袁世凯。庚。

1912年3月10日《民立报》

△ **湖北省临时议会通电各省临时议会,倡议在汉口另组中央临时议会。旋得苏、湘、皖、赣、浙、闽、粤、直、豫、鲁、晋、陕、奉、吉、黑等省临时议会或谘议局复电赞同。**

湖北省临时议会通电如下:

(上略)查民国通例,宪法必发生于下议院,政府成立,必早定宪法,乃足以定国本。本议会拟发起民国议会,暂定汉口为齐集地点,每省各由议会或谘议局选举十人以上、二十人以下议员,于二十四日内齐集汉口,筹画一切事宜。如蒙赞成,恳即先行电知本议会为盼。鄂省临时议会。马叩。

1912年3月18日《民立报》

3月2日湖北省临时议会致江苏省临时议会电文如下:

本议会发起中央临时议会,通电各省议会、谘议局,今已得湘、闽、皖、津各处赞成,贵省尚未见复,此间悬揣或由贵省谘议局已经解散,议会尚未成立,抑或以中央临时议会,必由人民直接选举,再俟中央政府召集,无须目前自由集合。但查民国通例,大总统无召集民国议会之权,正式选举,既须时日,又无确定之选举法。而此时临时大总统虽已举定,临时政府尚未组织完全,各种事项,须待议会解决者甚多。如宪法、选举法为立国之根本,无宪法则国本难定,无选举法则正式议会及总统无从难[产]生,而宪法、选举法无中央政府议会即无从出之地。此就政体而论,民国议会之亟须成立者一也。大局粗定,各省皆各自为治,将来国体采联邦制度、统一制度,问题甚大,须即早决,统治之权乃定。此就国体而论,民国议会之亟须成立者二也。军事既歇,民情待理,满清法律,多不适用,于此世界,断未有法律不统一之国家,而可以立国者。此就法律而论,民国议会之亟须成立者三也。用兵数月,财政困难,倍于往昔。中央与地方之财政,应如何分别,人民之担负,应否增加,现状之恐慌,若何维持,皆须即早解决,否则前途危险,不堪设想。此就财政而论,民国议会之亟须成立者四也。至上议院之应如何组织,参议院之地位如何确定,皆系重大问题,亦亟须解决者。且政府由总统自行组织,而又无监督机关,恐仅有民国之名,而失其实,不足以示天下。又前电暂定汉口为齐集地点,意在俟首都地点定后,即行前往。特此奉闻,并希即电复为盼。鄂省临时议会叩。宋。

1912年3月18日《民立报》

3月11日江苏省临时议会复电如下：

马、宋、寘三电敬悉。敝会本日开会，尊议极赞成。惟有拟修正者三事：一、正名为临时国会。二、每省各由议会或谘议局选举七人。三、齐集临时政府所在地。贵会如表同情，拟请续电各省议会或谘议局，倘得多数赞成，仍由贵会挈名电请袁大总统认可。共和肇建，事机万紧，伫盼赐复。江苏临时省议会。真。

1912年3月18日《民立报》

△ **奉天民军占领开原。**

1912年2月27日《盛京时报》载：

初四上午十句钟，突来大股军队在东门与防营对垒，防兵不利，阵亡数名，退败至南门里，某哨长为匪党击毙。匪党遂登钟楼，撞钟摇旗，喊令各商家开门放炮，以示欢迎。一时爆竹齐鸣，红旗摇曳，而封□[狱]及警务公所拘留之罪犯悉数被其释放，并将县署执法科所存之案卷焚烧净尽，县令、警长不知逋逃何处，迄今杳无下落。

章开沅等主编《辛亥革命史资料新编》(3)，湖北人民出版社2006年版，第514页

1912年3月3日《申报》《民军占领开原之详情》亦载：

攻败官军：民军党员段右军率勇斗员于呈祥、刘殿英、高云峰等二十九人，于上月初三日，于呈祥先带五人进城，在东门里各处藏伏。初四日早七钟，民军在城外攻击，城内巡防两哨巡警八十、保安团四十名，分布四门把守。当接仗时，东门里巡警分驻即被民军占据，警士弃枪潜逃，东门守城官军腹背受敌，始行撤退。民军即斩关入城，一时响应者十余人，协力猛击，官军死者六七人，纷纷败退，民军进街如入无人之境。

哨官阵亡：巡防队哨官张连升自奉委莅开驻防，昼夜梭巡，纪律殊为严明。民军攻城，预先与巡警约定，巡警守西北门，巡防守东南门。至东门被民军攻破进城，先命商家多放炸炮，西北两门巡警一弹未发，皆弃枪马抱头鼠窜，四散奔逃，民军顺风得势占据西门，旋向南门加攻。巡防该哨官正在南门里与民军奋力勇战，被民军剿后射击毙命。翌日平静，人民皆盛称张哨官忠勇，民军首领刘殿英等亦大生博爱之心，将阵亡官军九名买棺殡殓，抬送南郊以慰同胞之忠魂。

弃城潜逃：陈县令自旧历腊月下浣闻和议未成，时北发军将次进行，不知先期反正，一味胆小如鼠，异常慌恐，先将瀛眷遣去。既闻民军攻城，又手足无措，且不和不战不守，先只身跑至警局令警长保卫出西门，奔沟子车站，逃往奉天。警士见警官出城，兵心瓦解，一哄而散。

开放狱犯：民军进城仅二十九人，一时响应十余人，亦不过五十人，竟将多数官军击败。勇战员于呈祥先到县署将封狱开放，救其生父暨其岳父而出，复向犯人宣布云，有愿充军者充军，有愿回里者回里。一时投效者数十人。及操戈进内搜寻陈令，则早已潜逃矣。

烧司法科：民军杀到县衙，先纵火毁司法科，至将官军击败无踪，始回扑灭余火，一切册部[簿]案件皆已化为灰烬。

推举代表：开原县典史王君瑞廷自莅任以来，尚孚民望。当民军攻城时未曾擅离厅署，至民军收复城池后，见陈县令潜逃无踪，即在议会邀各绅商公推王典史代表正堂，于昨午视事。当即出示，招各司科人员、书记、巡警回署照常办事，切勿观望，致误要公云云。继向段宋两军交涉行政事件，不亢不卑，重整地方秩序，人民幸得安堵。

财政宽裕：民军初四日进城安抚后，即由统捐局提出税款三千二百元，在旗署提出三千元，硝磺局提出三十元。段、宋二人又在自治保安会向绅商各界团演说行军需饷，要求县署

存款。该会财政部长四合店理事罗品棠答云,官款虽存在敝号,予不敢擅动,恐后陈令再行索取。该会副会长书宪章接言云,现在既统一民国,交出此款,临时政府财政部自有章程,谅与我等无碍。袁小山接言云,品翁系四合店理事,私人也,充本会财政部长,公人也,县署存款经财政部长手取出,谅与四合店无涉。经众讨论多时,散会后果交出此款否,未知其详。然民军得此多数巨款,财政颇觉充裕。

△ **袁世凯以"新举临时大总统"名义颁发布告,令各地方官及将领保护外人生命财产。**

《新举临时大总统布告各督抚及各军队电》文如下:

现在共和成立,人民程度日进文明,凡我友邦在华人士,尤宜诚悃相孚,益敦睦谊,以期邦交稳固,共享和平,获跻世界于大同,保我国民之名誉。值此大局初定,人心浮动,地方秩序,诸待维持,所有旅华各国人民生命财产,应由该地方官及驻扎各军队切实保护。倘有疏虞,该地方文武将吏均难稍辞其责。本大总统谬承国民推举,勉担义务,所惓惓在抱者,尤以国利民福、辑睦邦交为重。望各地方长官及各将领转饬所属、所部,共悉此意,一律遵行。特此布告。新举临时大总统袁。个。印。

《临时公报》1912 年 2 月 25 日,罗家伦主编《中华民国史料丛编·临时公报》,中国国民党中央委员会党史史料编纂委员会1968年影印,第111页

2 月 22 日(正月初五日)　南京临时政府陆军部通电各省,迅将前清湘、楚、淮军昭忠各祠改建为大汉忠烈祠。

南京临时政府陆军部通电如下:

各省各报馆、各都督、各军政分府、各军司令、各商会、教育会公鉴:照得民国统一,共和告成,中外人心同深欢忭,此实吾全国殉难诸烈士及战死将士铁血之功。近年以来,俊杰之士,飙发云起,东南厥始倡义,邹容、禹之谟之骈首,史坚如、杨卓林、吴樾之捐躯,徐锡麟注弹丸于满酋之腹,熊成基举烽燧于大江之涘,以及萍乡之役、钦廉之役、镇南关之役、黄花冈[岗]之役,最近武昌发难之役、金陵光复之役、北京暗杀之役,吴禄贞被刺于获鹿,温生才死义于羊城,彭家珍收功于丸弹,皆不惜牺牲身命,抛弃骨肉。或抗节虏廷从容就义,或横罹党祸慷慨捐生。其间赴汤蹈火,陷阵冲锋,功未成而身先死,名湮没不彰,如诸烈士者,何可胜道?虽殉难之先后迟速不同,而其爱国爱民之苦衷,耿耿不灭于天壤则一也。亟应立祠崇祀,荐以血食,而恤幽魂。合亟通告各军、政、学、报各界,迅将前清湘、楚、淮军昭忠各祠改建为大汉忠烈祠,详细访查各省尽忠大汉死事诸君子,入祀其中,由本部特委专员前往致奠,以后即由执政春秋致祭,并于每岁民国纪念日恭行祀典,以为定例,一以慰烈士在天之灵,褫汉奸死后之魄,于[予]以激励军志,发扬民气,蔚成民国无疆之盛业,达于四裔,岂不懿与?须至通告者。陆军部。养。

1912 年 2 月 23 日《民立报》

△ **南京临时参议院再次就汉冶萍借款及南京军用票事质问孙中山。次日,孙中山将汉冶萍借款手续及南京军用票行使之情形咨复临时参议院。**

南京临时参议院咨孙中山文如下:

参议院咨:

二月十八日准大总统咨复本院质问违法借款一案。据称:"嗣因政府批准以汉冶萍由私

人与外人合股，得钱难保无意外枝节，旋令取消五百万元合股之议，仍用私人押借之法，借到二百万元转借予政府”云云。本院于本日开会讨论，疑问尤多：汉冶萍是否皆可用私人押借？所谓私人，究系何人？政府既取消五百万元合股之议，又转借二百万元，系用何种手续？其条件究系如何？

至南京军用票，来咨谓“系借自上海地方政府之中华银行”。然按之南京军用钞票内载明“南京通用银圆，中央财政部担保”，何以上海地方政府能发行此种军用钞票？而政府又何以随意借用他地方钞票发行？殊难索解。当经公决，认为来咨答复不得要领，请即日派专员到院切实答复，并将关于汉冶萍借款各种文件携交本院，以便讨论。此咨。

大总统

中华民国元年二月二十二日

（加盖“中华民国参议院印”）

黄彦、李伯新编著《孙中山藏档选编》（辛亥革命前后），中华书局1986年版，第201页

孙中山《咨复参议院再次质询临时政府抵押借款等案文》如下：

中华民国临时大总统咨

贵院二月十三日来咨，质问招商局抵押借款及以汉冶萍煤铁公司押借外债两事，又发行军用钞票实数，一并报告。二月十八日经已咨复。昨二十二日又准贵院来咨，以为未得要领，请派专员到院切实答复。兹将汉冶萍借款手续及军用钞票行使之情形答复如下：

一、汉冶萍之款，系该公司以私人资格与日本商订合办，其股份系各千五百万元，尚未通过合同于股东会，先由该公司借日本五百万元，转借与临时政府，而求批准其事，先交二百万至三百万，俟合办合同成立，交清五百万。该款已陆续收到二百万元。本总统以与外人合股，不无流弊，而其交款又极濡滞，不能践期，是以取消前令。惟已收支之二百万元，照原约须为担保之借款。

一、军用钞票，当时因中央所印者未能竣工，议借上海已印成者发行。旋因上海中华银行不肯代负交换之责任，又与订加印南京通用银元及三月通换字样。其时军需孔亟，刻不容缓，是以从权发行，现发有百十余万之数。

除上所答，仍派秘书长胡汉民到院，并将关于汉冶萍借款各种文件携交，以便讨论。此咨

参议院

中华民国元年二月二十三日

中国社会科学院近代史研究所中华民国史研究室等编《孙中山全集》第2卷，中华书局1982年版，第123～124页

△ 孙中山复函章太炎，再次解释汉冶萍借款及临时政府地点问题，并为黄兴澄辨。

孙中山复章太炎函如下：

太炎先生有道：

得二月二十日书，具诠一是，公谊私情，两深感荷，盖不止监督而维持之也。文已坚持毁合办之约，但能并虚抵约亦废弃否，则视所已收支之二百万元能否付还。守财者财甚于命，或不能迫之，则须另筹。未知沪上他路借债如何，竹君、秉三两先生裕于财政之筹划，尚乞有以赐教。仍一面严督盛氏。今急难之时期稍过，自当比择而从其宜。大抵挖肉补疮，依然不免，但要视疮痛如何，肉可否挖耳。

临时政府地点，鄙见亦与克兄同。谓军人本无执见，而克诳人以言，殊非事实，近者已为

共见。而粤东争电,至今未已,其强横之辞,文已一概裁抑之。主南主北,各有理由,公等所持大都系永久之说,此自可俟将来国民会议之。至于革故取新,兼使袁君威令素行于北者亦复收望于南,然后文得安然而退,从先生之教,为汗漫之游,否则,南北之扞格依然,又有承受清帝统治全权之嫌,非所以善处也。

文与克兄交处固久,先生亦素知其为人,此次执持过坚,然迥非出于私意。以先生之明,犹谓克欲谋总理,冤汪[枉]如此,谁与为辩,则不知清帝未宣布退位之前,季新(汪精卫字,编者)、少川曾私约克仍掌陆军或参谋,而克拒之曰:奈何仍以是污我。文屡与言,亦期期不可。展堂等自爱其乡,欲求克归粤一镇民军,亦不允。其厌事如此,乌有为总理之心事,更安有为求总理而变乱大计,强无为有,如来书所云者。

文于国事,只知有役务,不知有权位,故于进退之际,行其当然,不假勉强,以此自信,亦信克兄。盖是非不久自见,愿先生毋过操刻酷之论,尔时当韪文为不谬,与非强为克辨护也。专复,即颂

大安

竹君、秉三两先生均此问候。

孙文叩　二月二十二日早

中国社会科学院近代史研究所中华民国史研究室等编《孙中山全集》第2卷,中华书局1982年版,第120~122页

△ 孙中山令南京临时政府财政部将江南造币厂归民国中央管理。

孙中山命令如下:

据代理江苏都督庄蕴宽呈称:"案查江南造币厂经前清两江总督奏准开办,鼓铸银铜各币,流通市面,接济饷项,以宁省库款为其基金,所获余利,亦向归宁省支配,抵补各项不敷之款。是宁省所恃为利源者,该厂实为大宗。虽经前清度支部筹拟统一办法,议归国家办理,旋以该厂关系宁省利源,遽予改隶中央,本省饷源立绌,无法另筹抵补,因仍准留归宁省办理,由部颁发钢模,照式鼓铸,仍以余利备支本省应支各款,俾于本省利源及度支部统一办法,两不相妨。可见宁省不得已之办法,在前清政府所以特准者,亦事势然也。

光复以后,亟应赓续办理,为维持本省财政之计,节经都督委任王宰善充该厂总办,俾得照常鼓铸,保全固有之利,俾支各项要需。兹据该总办复称:'奉委以后,节经调查该厂现在情形,并晤商财政部长陈锦涛,查悉该厂现经改归中央政府接管'等情前来,不胜惊异。

伏查该厂向归宁省管辖,前清度支部不遽予归并者,原以该厂余利所入,支给本省要政所需甚巨,因准留办。现值光复伊始,本省财源之滞,不可胜言,而善后之策,待支之款,正待筹划。加以军饷浩繁,迫不容缓,罗掘无所,筹补为难。设并此固有之利,向所资为挹注者,听其骤失,目前大局何以支持?况国家财政所恃乎计臣之酌剂者,原期益寡裒多,得其平准,而非以损彼益此为政策。是该厂应归宁省接办,而中央政府只立于监督地位,毫无疑义。

抑都督更有进者:现正南北协议统一,关于财政事项,应如何通筹并顾,尚待踌躇,断非目前所能解决。国有省有,必先察其性质,考其事实,预筹抵补之方,俾无碍于行政要需,复得议会之公决,始能定议。而目前宁省待支之款,万分紧要,无米何以为炊,断不能束手坐待。言念至此,焦灼万状,再四思维,惟有恳请大总统鉴核,准将江南造币厂仍暂留宁省,照旧办理。并请指令财政部,迅将该厂点交王总办接办,俾资鼓铸而济饷源"等情前来。

查造币权理应操自中央,分隶各省是前清秕政,未可相仍。惟宁省行政之费,既赖造币厂为挹注,一旦失此利源,该省财力因而支绌,尚属实情。除批答外,合行令仰该部妥筹抵补

之方，俾资行政之费。切切。此令。

《临时政府公报》第19号，中国科学院近代史研究所史料编译组编辑《近代史资料·辛亥革命资料》，中华书局1961年版，第150～151页

△ 四川旅南京各界举行追悼大会，追悼蜀中革命死难诸烈士，孙中山亲临致祭。

《大总统祭蜀中死义诸烈士文》如下：

维民国纪元之二月二十有二日，蜀都人士以民国新成，大功底定，乃为其乡先烈士开追悼大会于新京，以慰忠魂。文既获与斯盛，谨以芜辞致祭于诸烈士之灵曰：

呜呼！昔在虏清，恣淫肆虐，天厌其德，豪俊奋发，共谋倾圮，以清禹域。惟蜀有材，奇瑰磊落，自邹迄彭，一仆百作，宣力民国，厥功允多。岷江泱泱，蜀山峨峨，奔放磅礴，导江干岳，俊哲挺生，厥为世率。虏祚既斩，国徽砃建，四亿兆众，同兹歆羡，魂兮归来，瞑目九原。呜呼哀哉！尚飨。

《临时政府公报》第22号，中国科学院近代史研究所史料编译组编辑《近代史资料·辛亥革命资料》，中华书局1961年版，第176～177页

△ 大同公济总会颁布《大同公济总会简章》，宣布以"化除畛域，联合同胞，组织共和进行"为宗旨。

《大同公济总会简章》如下：

一、定名　本会由辛丑陕潼尚字革命团发起大同民党，现于沪上集合同志，组织大同公济总会。

二、宗旨　本会宗旨在化除畛域，联合同胞，组织共和进行诸要义。

三、性质　本会性质以痛洗胡虏专制之余腥，而振起华胄复新之世界，视全国犹一人，视天下如一家。愿我同胞各尽天职，大公无我，合力进行，同享共和幸福。

四、会所　本会暂设上海成都路口五百六十二号为总会所，俟集有成款，再行扩充。

五、会费　本会无分界限，凡我同胞，无论男女，皆得入会，惟须宗旨与本会相符者，方为合格。凡会中人互相介绍或自行投书入会者，只收入会洋一元充作经费。如会中有热心特别捐助者，无论为数多寡，交总会筹备部掣取收条，由总会注册登报揭晓，认为名誉会员，并酌等敬赠欢迎品，以扬仁风。

六、会规　本会最重名誉，凡入会人须确无嗜好，品性纯良，先立志愿书、入会费，由介绍人同至总会注册，给以证书、徽章，以昭信实。

七、组织　本会暂定事务九部：

甲、侠义部：举其公正具有豪侠资格之士，专以监视反对共和、有害社会秩序及不平等事。

乙、法律部：熟悉法律之员，专研究公法，评定是非曲直，惟不得干预他人民、刑诉讼。

丙、筹备部：筹划一切经济预备进行事宜。

丁、斥候部：凡关于社会进行已否发现及一切隐微秘密事故皆得侦探。

戊、体育部：研究各种体育学术、卫生学及轻乘车骑、游戏、运动等术，渐进正式兵学，以造就军国民完全资格。

己、言论部：专于城镇乡围于风气地点，善为演说，以开民智，使我同胞人人深悉共和主义。

庚、联合部：专以联合各团体党会，以通情谊并一切交接事宜。

辛、介绍部：凡本会人员如有愿求职业，无论在会人及他项友人，有政事、各界、商业需用

人才之处,本会当为介绍。

壬、编译部:专掌本会书籍图表,编订各种杂志,组织大同民报社基础。

八、支会　本会由总会分举支部长,于各处设立支会,以求推广。现设第一支部于苏州、第二支部于镇江、第三支部于扬州、第四支部于南汇、第五支部于荡口镇、第六支部于平望镇。

九、进行　本会最后宗旨在联合五大民族,俟有成款,提倡各种实业,开设大同银行,设立学校,并组织大同民报社,广征舆情,发挥自由言论及慈善事业,如医院等。

十、附则　本会甫经成立,凡会中人皆有劝募一分之义务,以符公济之本旨。承同志踊跃分设支会已达六处。但本会宗旨首在联合同胞,所有未经设立支部之处,望我热心同胞,慷慨担任,更设支会,以达普及之目的。

以上简章暂行粗定,未能尽善,愿我同胞各抒意见,毋从毋隐以求实。

发起人:张震亚、何观莲、杨牺之、陈天华、梁牺、倪学宽、陈英培、姜坤、毛祥澍、魏彦龙、章峻、宁玄靖、章水天、焦桐、张烈裔、张笙阶、李荃、丁宜中、章时瑾、陈言、章汉廷、娄善麓、萧汉、邹光汉、李本汉、叶惠钧、胡宗桢。

赞成员:伍廷芳、成济汉、许纶、黄兴、李登辉、蒋汉民、李平书、聂云台、刘复汉。

1912 年 2 月 22 日《民立报》

2 月 23 日(正月初六日)　孙中山任命汪兆铭为广东都督,在汪到任以前,仍令陈炯明代理。

孙中山致陈炯明及广东各界电文如下:

广东都督、省会、军团协会、各界团体公鉴:现委任汪精卫督粤,俟袁世凯来宁,精卫即返。其未到任以前,由陈督代理,不可更辞。各界不可再举他人。切切。总统孙文。梗。

《临时政府公报》第 22 号,中国科学院近代史研究所史料编译组编辑《近代史资料・辛亥革命资料》,中华书局1961年版,第178页

△ 孙中山致电袁世凯,告之奉天、哈尔滨、黑龙江等处官吏反对共和,惨杀民党,请袁"速电阻妄杀,并将段军就近弹压,保护大局"。

孙中山致袁世凯电文如下:

北京袁大总统鉴:奉天、哈尔滨、黑龙江等处官吏反对共和,惨杀民党。当此南北统一,拯救民生,维持秩序,最为要策,岂容东省官吏破坏全局。况北满介于两大(两大指日、俄两国,编者),更不宜有阋墙之祸。祈速电阻妄杀,并将段军就近弹压,保护大局,国民幸甚。孙文。梗。

《临时政府公报》第 24 号,中国科学院近代史研究所史料编译组编辑《近代史资料・辛亥革命资料》,中华书局1961年版,第197页

袁世凯复孙中山电文如下:

孙大总统鉴:梗两电悉。东三省官吏初有异辞,现已冰解。昨据吉、黑两抚合电称:"哈埠华俄杂处,前和平解决,江省亦换挂国旗,请抒廑念"等语。至张都督凤翙电称主张一节,想系前事。现潼关周统领符麟等已与西军接洽,并于二月十八日两方将领全体在潼关欢会,联成一家矣。并闻。袁世凯。敬。

《临时政府公报》第 24 号,中国科学院近代史研究所史料编译组编辑《近代史资料・辛亥革命资料》,中华书局1961年版,第199页

△ 黎元洪以中华红十字会在武汉设立临时医院,救治被伤兵士并施掩埋,于21日致电孙中山,请孙准予中华民国红十字会立案。本日,孙中山复电黎元洪,准予立案。

孙中山复黎元洪电文如下:

黎副总统鉴:个电悉。查民国军兴以来,各战地将士赴义捐躯,伤亡不鲜,均赖红十字会救护、掩埋,善功所及,非特鄂省一役而已,文实德之。兹接电示,以该会前在武汉设立临时病院,救伤掩亡,厥功尤伟。复经日本有贺氏修改会章,已得万国红十字会公认,嘱予立案等因。该会热心毅力,诚不可无表彰之处,应即令由内务部准予立案,以昭奖劝。孙文。梗。

《临时政府公报》第22号,中国科学院近代史研究所史料编译组编辑《近代史资料·辛亥革命资料》,中华书局1961年版,第178页

黎元洪致孙中山电文如下:

南京孙大总统鉴:鄂省自起义以来,血战数十日,尸骸枕藉,伤残无算,幸赖中华红十字会在武汉设立临时医院,救治被伤兵士并施掩埋。兹查该会已由日本赤十字社长松方侯爵特派法学博士有贺长雄来沪,商榷修改会章。复承日本介绍,得邀万国红十字联合会公认该会为中华民国正式红十字会。此次民军起义,东西南北各省均设立分会共五十余处,所费不资,其功甚巨。如此热心慈善事业,似不可不特别表彰,伏恳准予立案,揭诸报章,以资提倡而重诚感,是为至要。元洪。个。

《临时政府公报》第23号,中国科学院近代史研究所史料编译组编辑《近代史资料·辛亥革命资料》,中华书局1961年版,第190页

△ 孙中山致电汉冶萍业务经理王阁臣,取消《汉冶萍公司中日合办草约》。

孙中山致王阁臣电文如下:

该草约,前虽批准,后以其交款濡滞,并不践期,已电告前途,汶[文]定取消,盛氏万不能以已由政府核准为借口。唐君等前商办法系为盛氏计。今各省反对,舆论哗然,盛氏宜早设法废去此约。且证书有须通过于公司股东会一语,不为通过,此约即废,不患无以处此也,乞速电告盛。

陈旭麓等主编《辛亥革命前后·盛宣怀档案资料选辑之一》,上海人民出版社1979年版,第253页

编者按:此电文系录自1912年2月24日盛宣怀致李维格电。

△ 袁世凯通饬奉天、吉林、黑龙江、直隶、山东、山西、河南、热河、察哈尔官绅维持现状,共保和平。

《袁大总统致奉天、吉林、黑龙江、直隶、山东、山西、河南、热河、察哈尔官绅电》文如下:

南省自民军起义后,原有行政长官不顾大局,遂先远飏,以致属僚星散,地方无主,秩序全乱,土匪蜂起,闾阎大受蹂躏。迨设法安集,而士民身家已遭涂炭。东北各省官绅,赞同共和,保守行政机关,辅助维持,故四民相安,地方完全,保全之大,非止个人之身家。现共和一致,尤宜官民协力,共谋国利民福,断不可稍争权利,致生嫌隙,如因私见,先自扰乱,害及同胞,讵为共和之本旨?将为中外所诟笑,仁人智士,必不出此。倘官绅龃龉,多所牵掣,致政令不行,治安不保,不但非本省之福,且与民国前途大有影响。贤达士绅,顾全桑梓,想能共见此义。至官长受中央委任,如有不洽舆情或不胜职任者,俟统一政府成立,必另订官制、官规,择贤任使,力求治理。兹当过渡之时,不得不以因为革,先保现状,决非有所私袒,但求地方生灵免被荼毒耳。区区此心,可质天日。继此以往,建设方新,万端待理,深患人才之不足,怀才待用之士,断无沉埋之理。其有激烈之士,仍望明达长官、老成绅士,谆详劝解,共保

和平,即为恪尽国民义务,鄙人有厚望焉。新举临时大总统袁世凯。漾。

《临时公报》1912年2月26日,罗家伦主编《中华民国史料丛编·临时公报》,中国国民党中央委员会党史史料编纂委员会1968年影印,第125页

△ 蔡元培、唐绍仪等在北上迎袁途中,发起成立社会改良会,以“在以人道主义及科学知识为标准,而定改良现今社会之条件”为宗旨。

《社会改良会宣言》如下:

自吾人企画共和政体以来,外人之觇吾国者,动曰程度不及。今共和政体定矣,吾人之程度果及与否,立将昭揭于世界。人之多言,于吾无加损也,而吾人不可以不自省。盖所谓共和国民之程度,固不必有一定之级数,而共和思想之要素,则不可以不具。尚公德,尊人权,贵贱平等,而无所谓骄谄,意志自由,而无所谓儌幸,不以法律所不及而自恣,不以势力所能达而妄行,是皆共和思想之要素,而人人所当自勉者也。我国素以道德为教义,故风俗之厚,轶于殊域,而数千年君权、神权之影响,迄今未沫,其与共和思想抵触者颇多。同人以此建设兹会,以人道主义去君权之专制,以科学知识去神权之迷信。条举若干事,互相策励,期以保持共和国民之人格,而力求进步,以渐达于大道为公之盛,则斯会其嚆矢矣。

民国元年二月二十三日。

东海舟次发起人启

高平叔编《中国近代人物文集丛书·蔡元培全集》第2卷,中华书局1984年版,第137页

《社会改良会章程》如下:

第一条 本会宗旨,在以人道主义及科学知识为标准,而定改良现今社会之条件。

第二条 本会定名为社会改良会。

第三条 本会设机关于北京、南京、天津、上海、武昌、广州等处,每处设干事员一二人。

第四条 凡赞成本会宗旨者,皆可报名入会。

第五条 本会以兰花为标记。

第六条 本会会员所约[纳]之费凡三:

甲 入会费一元;

乙 每年费一元;

丙 特别捐随意。

第七条 本会会员力任传布本会宗旨,并由本会刊行机关杂志及种种发明本会主义之图书。

第八条 本会会员如有违背本会宗旨之行为,本会得揭诸机关杂志以忠告之。

第九条 如本会会员对于本会条件为加增及修改之提议,宜揭其案于机关杂志,经全体会员讨论而决定之。

条件

一、不狎妓;

二、不置婢妾;

三、提倡成年以后,有财产独立权;

四、提倡个人自立,不依赖亲朋;

五、实行男女平等;

六、提倡废止早婚(男子十九岁以上,女子十七岁以上,始得嫁娶)及病时结婚之习;

七、提倡自主结婚；

八、承认离婚之自由；

九、承认再嫁之自由；

十、不得歧视私生子；

十一、提倡少生儿女；

十二、禁止对于儿童之体罚；

十三、对于一切佣工，不得苛待（如仆役、车夫、轿夫之类）；

十四、戒除拜门、换帖、认干儿女之习；

十五、提倡戒除承继、兼祧养子之习；

十六、废跪拜之礼，以鞠躬、拱手代之；

十七、废大人、老爷之称，以先生代之；

十八、废缠足、穿耳、敷脂粉之习；

十九、不赌博；

二十、在官时不受馈赠；

二十一、一切应酬礼仪，宜去繁文缛节（如宴会、迎送之类）；

二十二、年节不送礼，吉、凶等事不为虚糜之馈赠；

二十三、提倡以私财或遗产补助公益善举；

二十四、婚、丧、祭等事不作奢华迷信等举动，其仪节本会规定后，会员皆当遵守传布；

二十五、提倡心丧主义，废除居丧守制之形式；

二十六、戒除迎神、建醮、拜经及诸迷信鬼神之习；

二十七、戒除供奉偶像牌位；

二十八、戒除风水及阴阳禁忌之迷信；

二十九、戒除伤生耗财之嗜好（如鸦片、吗啡及各种烟酒等）；

三十、衣饰宜崇质素；

三十一、养成清洁之习惯；

三十二、日常行动，不得妨碍公共卫生（如随处吐痰及随意抛掷污秽等事）；

三十三、不可有辱骂、喧闹、粗暴之行为；

三十四、提倡公坟制度；

三十五、提倡改良戏剧及诸演唱业；

三十六、戒除有碍风化之广告（如卖春药、打胎等）及各种印刷品（如卖春画、淫书等）。

社会改良会发起人：唐绍仪、蔡元培、刘冠雄、黄恺元、李煜瀛、汪兆铭、宋教仁、曾广勷、蔡序东、钮永建、戴天仇、魏宸组、曾昭文、王景春、范熙绩、王正廷、张魁、黄闳道、万廷献、欧赓祥、唐汝流、施肇曾、冯懿同、俞文鼎、陈恂庵、蔡学培。

高平叔编《中国近代人物文集丛书·蔡元培全集》第2卷，中华书局1984年版，第138～140页

△ 日本照会美国政府，提出承认中华民国的条件：继续享有外人现在所享有的权利、利益及特权，并向新政府取得借用外债之预约。

日本照会美国政府文如下：

列强将被请承认中国新政府，继续外人现所享有之权利、利益及特权乃主要之点。此种特权系本条约产生，惟亦有法律成例或习惯者。因之，列强承认新政府时，须得到承认一切

权利、利益及特权之保证。同时应向新政府取得借用外债之预约。因此日本政府提议,列强采取共同行动主义,以上述为承认任何新政府之条件,如此必能获得满意之担保,较其它办法为优也。

王芸生《日本对辛亥革命之操纵与干涉》,中国史学会主编《中国近代史资料丛刊·辛亥革命》(8),上海人民出版社1957年版,第491页

2月24日(正月初七日)　孙中山令南京临时政府内务部通告全国,取消“大人”、“老爷”非分称谓,改以官职相称,民间则以先生或君相称。

《大总统令内务部通知各官署革除前清官厅称呼文》如下:

官厅为治事之机关,职员乃人民之公仆,本非特殊之阶级,何取非分之名称?查前清官厅,视官等之高下,有大人、老爷等名称,受之者增嘶,施之者失体,义无取焉。光复以后,闻中央地方各官厅,漫不加察,仍沿旧称,殊为共和政治之玷。嗣后各官厅人员相称,咸以官职。民间普通称呼则曰先生、曰君,不得再沿前清官厅恶称。为此令仰该部遵照,速即通知各官署,并转饬所属,咸喻此意。此令。

《临时政府公报》第27号,中国科学院近代史研究所史料编译组编辑《近代史资料·辛亥革命资料》,中华书局1961年版,第216页

△ 南京临时政府外交部照会驻宁各国领事及驻沪通商交涉使,除清帝原有私产外,所有清廷手内之动产或不动产,均属民国国有,其物主权不得私相授受。

南京临时政府外交部照会如下:

为照会事:照得清帝退位,民国统一,按照优待清帝条件,有保护清帝原有私产之一条。除此项私产外,凡未退位前,在清廷手内之动产或不动产,自退位之日起,均属民国国有,其物主权不得私相授受。如有此项情事,我民国政府当视为无法律效力之买卖,必将该物产追还。除电知各国驻北京公使外,合行照会贵领事查照,即希通告贵国人民,通商交涉使即希照会驻沪领事,并请其转告各国人民一体知悉可也。须至照会者。

《临时政府公报》第21号,中国科学院近代史研究所史料编译组编辑《近代史资料·辛亥革命资料》,中华书局1961年版,第169～170页

△ 南京临时政府内务部奉孙中山令,颁行新编历书。

《内务部咨各省颁布新历由》如下:

前奉大总统令,现在改定阳历,应即编定历书,颁布全国等因。奉此。本部即派专员综合中外历书,体察人民习惯,采撷精要,迅即编成,呈请大总统核准后,即行付梓。现已印就,合即附印颁行全国。惟书成仓卒,印出无多,每省颁发五千部,其不敷之数,由各都督府翻印,以期普及而利推行。此咨。

《临时政府公报》第21号,中国科学院近代史研究所史料编译组编辑《近代史资料·辛亥革命资料》,中华书局1961年版,第170页

孙中山《命内务部编印历书令》如下:

中华民国临时大总统令

按照改用阳历,前经本总统派员交参议院公议,当由该院全员议决,并通电各省在案。兹准参议院缄称:“应即颁布历书,以崇正朔,而便日用”,并由该院开会议决编历办法四条,等因到府。合即令行贵部查照,斟酌美备,赶于阴历十二月前编印成书,以便颁发各省施行。

至要。此令。

内务部知照

计抄发参议院原缄一件。

附:参议院原缄一件。

敬启者:改用阳历,前经大总统派员交议,当经本院议决,并通电各省,令即应颁布历书,以崇正朔,而便日用。兹经本院开会议决如下:

一、由政府于阴历十二月前制定历书,颁发各省。

二、新旧二历并存。

三、新历下附星期,旧历下附节气。

四、旧时习惯可存者,择要附录,吉凶神宿一律删除。

以上四条,既取决多数,相应函请饬部施行。

中国社会科学院近代史研究所中华民国史研究室等编《孙中山全集》第2卷,中华书局1982年版,第53~54页

△ 南京临时参议院于15日决定临时政府设在南京后,当日,代理苏督庄蕴宽发出通电,主张定都北京。22日,《临时政府公报》刊发魏宸组电文,对庄电予以驳斥。本日,《民立报》刊载黄兴《复庄蕴宽李书城书》,亦对庄电进行辩驳。旋章太炎又对黄电予以批驳。

黄兴《复庄蕴宽李书城书》全文如下:

苏州庄都督及李书城君鉴:两电均悉。所论各节,以国都问题与临时政府建置地点混合,故生种种误会。

鄙意国都问题当由国会解决。临时政府为暂行统治权之机关。袁公受民国之事,接受民国政府建置地点,当经各方面观察,择最宜于现势者权定之。此次民国成立,合南北军民一致而成,袁公之功,自不可没。惟清帝退位尚在北京,南方各军多数反对优待条件。袁公虽与清廷脱离关系,尚与清帝共处一城。民国政府移就北京,有民军投降之嫌,军队必大鼓噪。且临时政府既立,万不能瞬息取消。清帝既退其统治权,统一政府未成立以前,当仍在南京,临时政府自应受之于政府所在地,更无移政府而送其接受之理。自和局既定,袁公心迹已大著,万众倾心,移节南来,感情易惬,于袁与清帝关系断绝,尤足见白于军民各界,而杜悠悠之口。袁公明哲坦白,固已见此,故日来亦有来宁之意。若移政府而北往,势不得不移南方之重旅以镇北京,南北混一初成,移南军而镇北京,必启猜疑之渐,积猜疑而生破裂,后顾之虑,正复滋多。袁能南来,以北方领袖之宏才,为民国统一之元首,南方服其坦白,北方服其威重,感情融洽,统一之局可以大定。种种研究,临时政府地点必以南京为适宜。

盖就现势细衡之,非为永久之国都计也。即以国都论,鄙意固非主张南京者,要亦不主张北京。诸公主都北京虽具有理由,究强半不甚确正,请先答尊问各节,再就时论略为评释。尊电所设问题:

一、袁公南来,北方能否保持秩序?满、蒙各界能否无联络外人拥幼主以破坏全局?袁公在北固系人望,维持秩序,实不限于其身之驻在北方。袁虽南来,北军将校皆其旧部,对于袁公之爱戴,断无易地殊情之理。维持秩序,自有重镇之人,此节无容多虑。北方宜驻重兵,为今日必然之事实。宗社党或欲燃已死之灰,联外人以拥幼主,亦意中所必有。此在相机镇慑,随宜预防。袁公在北在南,皆同一揆,不得谓袁在北则必无此事,在南则难制此变也。

一、地理与历史上之观念,南京是否有建都之价值?此层为国都与临时政府地点上之误会。鄙意原不主都南京,前已明言,不再赘。

一、外界上之观念,东西各国不反对迁都否?使馆能移至金陵否?建都为国内重大之问题,决非专伺外人之意旨。北京非久远建都之地,将来决须迁都,岂能商诸外人始定进止?使馆以国都为主体,国都非以使馆为主体,国都迁则使馆必迁,外交上亦必有一番之办法。惟迁移使馆,建筑巨费,不能不由民国承认,经济上诚不能无损失。惟此种苦痛,实有万不能不忍受者。北方使馆以义和团扰乱之故,防兵、警察皆归外人,丧失国权,言之滋痛。建都北京,旧约继续有效,惟迁都可以谋废止,此自外交上收回国权之大关键,非一日所能办,非一言所能尽。然民国基础既定,迁都之际,开正式之谈判,持之有故,亦正可乘机而收回之。得收回此种国权,经济上虽蒙大损失,政治上之所得固已多也。

章太炎先生之函,与《民立报》上所论略同。所云谋政治之统一、谋经济之发展、谋兵权之统一等条,多非纯粹之建都问题。其最为人所信持者,北京非首都不足控制藩属,且恐北方地为蒙古。

夫控制藩属,自有政策,必首都于藩属附近,始能收控制之效?英伦偏于一隅,而殖民地遍各洲,以此说衡之,英属应分裂久矣。而到今益藩殖,知控制之道自有在也。

文化之通塞,在交通机关之通滞及其它政治之明否,于首都无绝对之关系。北方建都,在历史盖千年以上矣,南方建统一之国都无百年之历史。然而文化相较,南优于北。安得以都不在北,北方退化,为不可迁都之确谛?

鄙意所以决北京必须迁徙者,实逆计民国前途外交、军事两大问题而生。外交上之收回【国】权,可由迁都而发生,前已言之。若以军事论,则北京今日万非建都之地。盖今日之所谓军事,为与世界各国争衡之军事。则军事之布置,当为御外之计。首都在北京,根本勿摇,一有他虞,迁移亦难为计。此非可一一明言,谋国者断不可不为全局计久远也。

总之,此次组织政府,尚不能即定国都。袁来宁毫无私意,大总统明誓具在,辞职后见明文,各部长官具有心肝,岂肯缘革命以图私利?或疑促袁南来之主张,为苟图利禄报[援]附以谋固位者之怂恿。我辈办事,此心可质天日,岂为若辈所移转富于援附者?南都则南来,北都则北去,亦复谁能集者?要在当局者力遏以挽颓风,不得谓南都则攀附景从,而北都则否也。

昨参议院已决定请袁公来宁组织政府,本无事哓辩,惟恐此中或有误会,故略布达,乞详审为幸。黄兴叩。

1912 年 2 月 24 日《民立报》

编者按:根据文中内容"昨参议院已决定请袁公来宁组织政府",此电应为 16 日发出。

庄蕴宽通电如下:

十万急。南京孙大总统暨胡汉民先生,各部总、次长,参议院,法制院、联军参谋团,上海议和代表伍秩庸、唐少川、汪精卫三先生,各报馆,武昌黎副总统,各省都督,天津《民意报》、广东报界公会均鉴:民国统一,南北一家,深堪庆忭。惟此后条理万端,宜有远大之目光,纯洁之宗旨,若稍有丝毫障蔽,可使成者败而安者危。阅报载大总统咨交参议院全文,实践誓言,辞职引退,光明磊落,薄海同钦。但附有办法条件:

一、临时政府地点设于南京,为各省代表所议定,不能更改。

一、辞职后,俟参议院举定新总统亲到南京受任之时,大总统及国务各员乃行辞职。

两次[项]办法,蕴宽期以为不可。各省代表所议临时政府地点设于南京,乃在南北并未统一以前。今事实既已变更,则前议岂能拘执?至政府地点之应否设在南京,与新总统之是否须到南京,就事实上论之,不可参以主客、尔我之见,致起中外猜疑。今姑设为问题数则,以供研究。

一、现势上之观念，如袁公南来，北方各省能否保持秩序？满、蒙等处，能无联外人拥幼主以破坏全局之事否？

一、地理与历史上之观念，披览地图，南京能控制西北各边否？中国古时除洪武一代外，南京有建都之价值否？

一、外界上之观念，东西各国，能不反对迁都否？使馆能移至金陵否？以鄙见测之，舍北就南，种种之危险，将使和平解决之共和政体，自生荆棘，致启争端，曲直固不必言，利害岂能不计？

前见《大共和日报》十三日登有章太炎致南京参议院书，《民立报》同日登有出[空]海建都私议，业已阐发尽致。章太炎谓都南京之害有五。出[空]海谓必在北京之理由有八。报馆持论，鉴出[空]衡平，毫无偏倚。蕴宽南人，定[岂]不以南都为利？须顾以大局所系，自当尊公理而泯私图。统一政府之必在京、津，毫无疑义。

正拟电间，奉总统删电，转到袁公真电，有极愿南行，只因北方秩序不易维持等语，自系实情，明者自能鉴及。谨贡所见，以待公决。庄蕴宽叩。咸一。印。

观渡庐《共和关键录》第1编，第144～145页

魏宸组致庄蕴宽电文如下：

江苏庄都督鉴：接读来电，大为骇异。现在民国统一，非复革命时代？政府与国民举动，不可不各就范围。稍一不慎，即成无政府之现象。何谓国民范围？思想言论，皆能自由，惟不能违背法律而已。何谓政府范围？受议会之裁制，为国民之公仆，一切行政人员，皆须禀承中央命令，取一致之行动。有不适意者，当谏阻之；谏而不听，当力争之；力争不得，则去位。如是则身为国民，言论乃可自由。公为都督，行政中人也，即政府一分子也，对于国家大计，有所陈述，当告之总统或各部长，能行者以中央之命令行之，否则由中央政府交于议会，决定而后行之。断无以一人之意见，径电各部、各省、公人、私人及各报馆，致有类于耸动社会、反对政府、扰乱秩序之理。令中外闻之，将谓吾政府何也！且公所提各问题，固易解决，无俟过为研究者。维持秩序，赖有兵力，固与袁之在南在北无关也。控制西北，亦视兵力与政治若何，决不因京城为转移。英于印度，法于安南，美于菲律宾，未闻因京城之远而失之也。联外人拥幼主，系公过虑。夫外人果欲保全清帝，于武昌起事之日，以一纸书或可办到，岂尚待今日哉？至各国反对一节，尤为大谬。义师一起，商务全消，各国何尝不反对，吾人固未尝先求外人之同意而后施行革命也。交涉事件，殆视吾国民程度如何，外交办法如何耳。此后全国义务在筹画统一，恢复秩序。凡背统一、危秩序之行为，国民尚宜自制，况政府乎？语云：惟善人能受尽言。区区之意，敢以奉闻。魏宸组。

《临时政府公报》第19号，中国科学院近代史研究所史料编译组编辑《近代史资料·辛亥革命资料》，中华书局1961年版，第156页

章太炎《驳黄兴主张南都电》全文如下：

陆军部总长黄兴致江苏都督庄蕴宽电，力主临时政府地点，必在南京，其不合者有三：

一曰："袁公虽与清廷脱离关系，尚与清廷共处一城。民国政府移就北京，有民军投降之嫌，军队必大鼓噪。"案今清帝虽空存名号，其事权已归袁公。优待条件，明言以外国君主相待，所谓民军有投降之嫌者，谓降清帝耶？谓降袁公耶？若云降袁公者，袁公已被选为大总统，大总统之所在，而百僚连袂归之，此自事理宜然，何投降之可说？若云降清帝者，彼实寓公，尚不得与守府之君比拟。大总统开府北京，寄居者本无秋毫权藉，朝觐讼狱，必不就彼宫

廷,所谓投降者又安在乎?移临时政府于北京者,谓官吏往就之耳,军人则各守汛地,部曲有分,岂以政府迁移,军队亦从之北徙,而云军队必大鼓噪,此何说也?黄君总率六师,龙行虎步,苟军人受谣成惑,当明谕晓导,以解群疑。既不能为,而复假借军威,胁制舆论,陆军总长,犹可谓胜任否?吾则更转一解曰:政府移北,若有投降之嫌;袁公南来,亦有受降之惑。昔者沛公至霸上,秦王子婴素车白马,降轵道旁,奉传国玺。然则今之下关,非犹昔之霸上乎?今之大总统印,非犹昔之国玺乎?若北若南,终无可以解此嫌者;必欲解之,惟有南北分裂,各拥土疆耳。若知同一汉种,本无降顺之名,又安用诡辩为?黄君年已壮艾,不应复作童稚之言也。

二曰:"临时政府既立,万不能瞬息取消。清帝既退其统治权,统一政府未成立以前,当仍以南京为临时政府,自应受之于政府所在地,更无移政府而送其接收之理。"案统一政府者,统治南北各行省,而旁及外藩,非专统治南方也。南方虽有临时政府,本无图籍,所可接收者安在?夫新旧递嬗,所承受者,无过文书方策耳。地丁漕粮之册,文武官吏之名,户籍伍符之编,外交条约之录,此在金陵乎?抑在宛平乎?若置图籍不言,而空言接收者,是只接收临时政府之空名。袁公既被举为临时大总统,则名实自归之矣,何必移统一政府于金陵,然后为接收耶?且夫排斥满人,不承认向有主权者,此可为历史著作之言,而不能见之事实也。向令统一政府所承受者,惟是临时政府,而非满洲政府,然则蒙古、新疆二属,汉、唐、宋、明所不能全制,惟满洲政府抚而有之,而临时政府草创于南,对此未有丝毫权力,亦未有丝毫名分,惟有令统一政府弃之而已;若犹欲保此二属者,即不能辞承受满洲政府之名。苟事虚名而害实权,岂远言谋国者所当言耶?

三曰:"袁公移节南来,与清帝关系断绝,尤足见白于军民各界,而杜悠悠之口。袁公明哲坦白,固已见此,故日来亦有来宁之意。若移政府而北往,势不得不移南方之重旅,以镇北京。"语至是,私心大见矣!袁公南来,而后清帝关系断绝,然则燕京官吏将帅之伦,皆未与清帝关系断绝者耶?不断绝则犹是清臣,而有携贰两从之忌,是无人可以登用者,其必以金陵诸吏摄乏可也,此非为南方僚属固其禄位乎?袁公已被举为民国大总统,徒以与清帝同城,谓之关系未断,是断绝不断绝之分,不在名位权实,而在地点。然则临时政府所遣使人往迎袁公者,一入蓟门,亦即与清帝复生关系耶?且移政府而北往者,徒有名义可移耳,金陵法纪未成,(参议员非民选议员,所定约法,乃暂时格令耳。)图籍不备,岂有一物可以往移。乃云不得不移南方重旅,以镇北京。夫军事区域,遍布诸州,本不以政府迁移,而军人亦从之远戍。北方六镇,皆数年劲旅,非若南方临时招募之兵也,此犹不足以镇北京,而待南军镇之乎?所谓镇者,谓镇袁公耶?抑镇宗社党耶?若云镇宗社党者,何以袁公在北则必往,袁公南来则不必往。若云镇袁公者,恐黄君不应为此挑衅之言矣。

举此三者,黄言所议,皆不足以成理由。至于久远建都之地,黄君自云不主金陵,而于临时不暇计其利害,此亦应驳者,有四:

一曰:"袁公南来,北军将校,皆其旧部,对于袁公之爱戴,断无易地殊情之理。维持秩序,自有秉镇之人,此节无庸多虑。"案军人本以服从为职,就地节制,胜于遥授机宜。今东三省已有东邻练士,区处其旁,兵祸一兴,中原亦从而扰攘。袁公虽将略有余,而国士犹不足以御外,身在北方,调遣尚虞不及,况处身卓远耶?袁公自言:"无可代者。"知偏裨莫如大将,岂可以臆见代为谋乎?

二曰:"宗社党欲联外兵以拥幼主,亦意中所必有,此在相继[机]镇摄,随宜豫防。"此乃虚言耀世,实无一筹。黄君敢死之英,破坏时可以任其勇果;及夫势已大成,而犹不取万安之计,徒为臆必之言,是亦轻于料事矣。

三曰:"使馆以国都为主体,国都非以使馆为主体,迁移建筑,经济诚不能无损失,此种苦痛,实有万不能不忍受者。"前二语,诚知大体,而偿此巨费,必在国力富厚之时。他日永久建都,不取北京,无妨于中原择地。今者,民穷财尽,公私之费,时虑不周,犹欲忍此苦痛,则必借款而后可。岂临时政府抵押已多,欲以此修饰报销册乎?不然,有何不可忍受,而必决然离绝北都也。

四曰:"控制藩属,自有政策,必首都于藩属附近,始能收控制之效?英伦偏于一隅,而殖民遍各洲,以此说衡之,英属应分裂久矣。"呜呼!黄君视中国兵力,果于英比侪耶?且英以海岛之国,藩属棋置于五洲,而中国地属大陆,势相连缀,彼借军舰之威,此用步骑之力,形势已大殊矣。英于属地,皆设总督以临制之,而中国于蒙古,未有一镇一府处其上者,非首都密迩,指臂何以相使?声威何以相及?他日经营戎索,有形格势禁之能,虽徙首都于关、洛可也。当今之时,岂暇仓猝离北京乎?

其于永远建都之说,亦有应驳者二:

一曰:"北方建都,在历史盖千年以上矣;南方建统一之国都,无百年之历史。然而文化相较,南优于北,安得以都不在北,北方退化,为不可迁都之确谛。"案北方文化之衰,自安史倡乱始。是时首都建在万年,故关陕犹未退化。及经朱邪、沙陀之乱,燕云复入于契丹。宋都汴梁,则文化财及伊洛。降及金、元,直北不见文明之俗四百余年。成祖肇建北京,犹未能挽其末绪,满洲间之,益滋污俗。夫建都北京者,逆挽之使不退于蒙古,非能顺进之使比迹于南方也。大去不居,则冠盖绝而人文彀,其与黑龙江、吉林诸省,岂有间耶?

二曰:"今日所谓军事,为与各国争衡之军事,则军事之布置,当为御外之计。首都在北京,一有他虞,迁移亦难为计。"此徒见庚申、庚子之祸耳。鸦片战争之役,英舰亦上溯南畿,北京可扼,南京独不可扼乎?以畏敌而徙处隩深之地,何不建宅成都,又视江东为深阻也。若曰我能往,寇亦能往,则惟有并力向前,争趣形势,旅顺、大连诸险,他日遂不思复乎?黄君其无受岛人间言,为退处让敌计也。

举是六者,黄君之辩,亦无一可以成立。虽然,黄君固言:"非缘革命以图私利,我辈办事,此心可质天日。"此其自处审矣,愿部下壮士,宁静安处,弗起暴动。不然,而拳铣射天,弹丸弹日,四万万人固不能为灵均之问,黄君亦安能为子厚之对耶?

汤志钧编《章太炎政论选集》下册,中华书局1977年版,第565~569页

△ 日本神户、大阪华侨千余人召开中华民国成立庆祝会,入夜提灯游行,遭日本警察强行干涉。

1912年2月26日《民立报》报道:

昨日(24日,编者)神户华商行提灯式,以祝中华民国之成立。行列正在进行,日本警察出街阻止,彼此互有争执,而日警绝不让步,卒至强行干涉。华商大愤。旋集会议决,由旅日华商电达世界各埠华商,严行排斥日货。

1912年3月3日《民立报》《日警侮辱华侨事》又载:

日本神、阪华侨被侮一事,本报已载专电。顷复得特别访函,据云日本警察屡次侮辱我同胞。前革命初起,留东学生由总会发起开祝贺会,并拟行提灯会,已牒日警署认可矣。及预备已妥,忽日警突来,谓奉政府令禁止。彼时留学界激昂,甚至以在他人政府之下(原文如此,此句疑有脱字,编者),不得已听其禁止而已。二月二十四日,神户、大阪之华侨约千余人

集议开中华民国共和祝贺会于神户中华会馆,入夜举行提灯行列,正进行中,突被日警五六名用强力阻止,谓支那共和尚未由列国公认,不准有此等祝贺举动,迫即解散。神、阪华侨均谓我辈与横滨华侨同一国人,又同在日本法律之下经营商业,横滨华侨既能行提灯行列共和祝贺会于前,独不许我辈神、阪华侨踵行于后,且提灯行列已将手续提出,警部已经许可,何反覆而忽禁止?日警蛮横不听,横用武力迫之解散,且将发起者拘到警署。于是千余华侨大动公愤,群集中华会馆,协议对付方法。九时散会。议决三件,以实行抵制:

(一)将日警之种种蛮横行为,陈徇目下东京开会中之议会,请其代质问日本当局者之责任。

(一)吾辈中华民国侨商将今日被日警侮辱之情形,电告我共和政府,并电告各国在留华商及祖国内地各商埠,对于日本商品,断然取非买同盟主义,以行报复。

(一)吾人除必不得已之日货外,一切日本商品,概不准使用,并前与日本商店所结之卖买契约,断然实行破弃。

1912年3月3日《申报》《纪神户华侨提灯会与日警龃龉事》亦载:

居留神户之华人,以清帝退位,特庆祝中华民国成立,于二十四日夜举行提灯行列。闻神户商人初恐难得兵库县警察部之许可,决计展期,适东亚协会中之日本人出为斡旋,遂得警察部之许可。而其中附以各种条件,如不得使用乐队,不得加入日本人,步行中不得呼万岁等,以及其他之条件。华商既得许可,即于午后六时会合于中山手通六丁目中华会馆。来者共有千余人,由刘次荆、余东泉二人率领同文学校学生在先,郑祝三、杨海筹二人殿焉,手执提灯、中华民国国旗及革命军旗,鱼贯而出中华会馆,行列之前仍有乐队,且连呼万岁。行至四宫神社附近时,警官以音乐队为言,颇有干涉之状。此时会中千余人大为愤激,因此两方遂互起争执。旋仍经过生田前元居留北海岸通宇治川元町通,以至福建商业会议所,齐呼万岁者三,乃散队,仍回中华会馆。目下华商议决不履行其契约,抵制其商品。而东亚协会之人大惊,以此不仅为贸易上之大事,且于外交上亦有不便,特出为调停。至华人一方面,则于二十五日午前十时在中华会馆集议对付兵库县警察部之办法。至会议情形,当再探登。

1912年3月4日《申报》《再纪神户华侨与日警龃龉事》:

神户华商因举行提灯会与日警龃龉详情已志昨报。兹悉华商于二十五日午前九时在中华会馆开会,筹议对付方法。是日到会者有五百余人,先由刘次荆氏报告前夜之颠末,旋由陈可仁、鲍翼君、杨海筹诸氏相继演说,提议陈请于日本帝国议会抵制日本商品以及破弃与日本商店之买卖契约等办法。满场一致,随即表决。此时乃有松方幸次郎、泷川辨三、直木政之助、中村清治等出为日本县厅及中国人两方面作调停者,当向副会长周子卿氏请求暂时展期决议,又请求会议暂时休憩,皆为周君拒绝。其后又由他方调停,以松方氏为神户商业会议所代表,泷川氏为东亚协会代表,由周副会长招待登坛演说。先由松方氏言曰:"昨夜之事,余大为悲感。诸君提灯行列一旦中止,复有意再举行乎?余深愿诸君之希望不空。今当由神户商业会议所并东亚协会之两团体全部担任。"说毕之后,遂由周子卿氏力劝华人姑依两氏之调停,认昨夜提灯行列之中止,另再举行,以待适当之时期。遂摇铃闭会。松方、中村等退出,泷川氏一人仍留。于闭会后接续议论其结局,即议定由调停者于三日内向警察部交涉,午后散会,由泷川氏会见松方氏报告颠末,并谓华人极望再举行提灯行列,当以此意向兵库县当局者交涉。松方等遂同时至兵库县厅而会知事代理折原内务部长陈述情形,又向兵库警察部交涉。初仍不许,后由泷川辨三氏等再三请愿,遂许之,然仍附以条件,第一不得参入女子,第二提灯之柄不得过三尺,第三除在中华会馆、福建商业会所等处可以奏乐呼万岁外,在进行中一律禁止。乃当举行提灯行列时,巡查藉口于有乐队、有妇女,又复出干涉。于是华人非常愤激,大起冲突。闻松方、泷川等氏现仍极力调停,冀得圆满之解决云。

2月25日(正月初八日)　黄兴等一百四十七人在南京联衔发起组织陆军将校联合会,冀以"结成一大团体","铸成中华伟大之军人,以共济时艰"。举黄兴为会长。

陆军将校联合会致各报馆公告成立电文如下:

《民立报》转神州、天铎、时、新闻、时事、大共和暨各报馆鉴:本会已于今日开成立大会,举定正会长黄兴、副会长陈蔚,协理徐绍桢、陈懋修、洪承燕、林[宁]调元。特电。陆军将校联合会。有。

1912年2月27日《民立报》

发起陆军将校联合会缘起如下:

军兴时代,非多数瑰才荦识之士,同德协力,以供国家之牺牲,未有能歼大敌建伟业者也。征之历史,自古皆然。比者武昌起义,不匝月而光复十余省,诚吾国革命史之特色。然北虏未灭,正吾辈枕戈待旦,为国家效死之秋。肩兹巨任,非有高尚之学术、卓越之精神、优美之道德,不足竟全功而巩新国,用拟邀集同志,结成一大团体,互相研究,互相箴勉,铸成中华伟大军人之资格,以共济时艰,此则某等组织斯会之本旨也。

发起人:黄兴、李宝成、何鸣皋、张灯、黄湘元、蒋作宾、张华辅、何国桢、张全吉、许文瀚、林[宁]调元、陈干、李馨、黄国华、徐文澄、陈蔚、官其彬、汪略、金同寿、黄烽元、沈郁文、高兆奎、张鹤翎、陈虹烽、骆咏曾、仇亮、沈靖、黄中、奚政、潘荫春、杨廷溥、杨言昌、陆凤韶、邓镕渠、卢润培、翁之麟、何浩然、程疆、何应钦、陆维达、耿觐文、余晋和、范滋泽、黄歧春、高冲天、张承礼、沙涌潮、赵鳌、彭光湘、常士彝、许葆英、张绪文、阮鸿、汪有容、凌敏刚、舒厚德、支士端、龚继疆、汪时璟、熊宝慈、何澄、杨葆毅、缪庆禧、蒋珩、劳远基、黄郛、文锡祉、王裕光、李勋、黄家濂、戴任、张元骞、淳于玉龙、许国馨、尹兆尘、何成浚、陈长虹、胡培新、陈丙炎、田辅基、陈懋修、胡宗铨、魏超中、朱仑、张群、官成琨、陈华、高宗远、曹纪泰、胡万泰、李书城、冷秉炎、黄均恩、汤盘、曾枥超、汪韬、程云飞、徐同、舒学成、陈晋、郑廷钧、俞钟彦、刘燮成、陈其蔚、汪迈、滕璧、沈尚仆、庄说、张志豪、张人武。

赞成员:刘器成、张志澄、陈汉钦、陈聂。

1912年2月21日《时报》

《陆军将校联合会传单》如下:

径启者:国家多难,武事为先,欲谋辅助进行之方,必藉集思广益之力,是以纠合同志,创设陆军将校联合会,结成一大团体,互相研究箴勉,铸成中华伟大之军人,以共济时艰。兹定于二月二十五号午后一时,假座三牌楼第一舞台开成立大会,议决详细章程及选举职员,以期本会日渐发达,凡我将校,届时务祈贺临是幸。

发起人:黄兴、蒋作宾、林[宁]调元、陈蔚、汪迈、章亮元、茅乃封、黄朝元、刘燮元、张成礼、沈尚东、高兆奎、陆维达、柯森、马嘉全、徐同、何成浚、何国桢、李馨、李实茂、卢润培、潘荫椿、俞钟彦、徐家镕、张鹗翎(上文作张鹤翎,编者)、黄中、仇亮、官成鲲、李勋、陈懋修、黄烽元、耿觐文、杨廷溥、官其彬、陈汉钦、陈雄修、张承礼、许葆英、舒厚德、陈晋、李书城、沈郁文、张华辅、何澄、黄郛、戴鸿渠、薛同、陈干、翁之麟、何鸣皋、汪略、刘燮成、余晋和、张绪文、陈华、汪韬、冷秉炎、胡宗铨、戴任、陈凤韶、程疆、胡培新、高宗远、李华英、舒学成、奚政、汪时璟、黄均恩、何应钦、黄国华、金同寿、蒋珩、张志豪、张灯、张全吉、邓镕渠、汪有容、黄岐春、陈裕时、范滋泽、赵鳌、阮鸿、高冲天、彭光湘、劳远基、常士彝、凌敏刚、张俊、胡万泰、陈聂、徐之鉴、熊宝慈、张群、尹兆尘、田辅基、邓翊华、熊烈、孟晋、孟宏、杨兆淞、宋长胜、徐涛、徐衡、高毓隆、刘毅、周应时、皮广生、叶文英、黄桂华、周凝修、黄尔宇、邓质仪、彭明俊、尹同佥、朱先志、王观镐、徐之鉴(与前面重复,编者)、夏观天、刘汉、何荩诚、李焜甫、方策、徐绍桢、郑廷钧、杜淮川、郑弘漠、李茂盛、徐振中、路孝愉、王有才、汪达、王有丙、许衍祥、黄诗选、黄胜奎、张宏斌、孙先歧、陈玉书、陈丙炎、蒋家骥、张栋、黄尔干、吴德霖、陈立生、刘浏、金如鉴、朱仑、许文瀚、黄湘元、许国馨、李得胜、陈正东、邹煜、张智恩、方清、杜持、徐文澄、骆咏曾、张毅、马玉衡、高维邦、俞腾、熊一弼、熊湘杰、杨得清、宋琪、张福胜、朱俊业、沈汉卿、徐春年、洪恪、金让、季亮。

赞成人:陈长虹、张元骞、黄家濂、文锡祉、曹纪泰、李思广、刘长誉、赵光、杨葆毅、支士端、张诸文、沙涌潮、沈光怡、许春荣、李雅章、成大材、余晋和、何浩然、杨志澄、张侯、黄世豪、汪瑞钧、王吉元、沈靖、杨言昌、刘器成、龚维疆、陈晋、陈其蔚、庄鳌、程云飞、缪庆禧、王裕光、淳于玉龙、曾柄超、陈虹煃、项泽蟠、陈棍、江恢阅、魏超中、陈虹奎、严康侯、蒋瑜、张兆第、林之夏、卢东瀛、夏文龙、留芝芳、左炳焘、王志阬、陈其璋、张锡祖、张人武、陶熙、宁元庆、滕壁。

《临时政府公报》第22号,中国科学院近代史研究所史料编译组编辑《近代史资料·辛亥革命资料》,中华书局1961年版,第180~181页

△ 南京临时政府陆军部颁布宪兵暂行服务规则。

南京临时政府陆军部命令如下:

陆军部令

兹定宪兵暂行服务规则,仰各宪兵一律遵守。

总长 黄兴 印

中华民国元年二月二十五日

"南京临时政府档案",中国第二历史档案馆编《中华民国史档案资料汇编》第2辑,江苏人民出版社1981年版,第186页

《宪兵暂行服务规则》如下:

第一条 宪兵总司令官规定宪兵服务细则,呈由陆军总长核定施行。

第二条 宪兵总司令官、支部司令官及营长认为必要时,得召集所辖各营长及连长。

第三条 宪兵营长及连长掌理各该连内之军纪风纪、训练教育、内务、服装、卫生及军需等一切事务。

第四条 连长得课所辖排长之职务,且得将各排配置及转换。

第五条 宪兵连长应常巡视管区,并校阅所辖各排之军纪风纪、训练教育、及职务服行之程度。

第六条 宪兵排长得配置各军士于各班,并得将各班之宪兵应时机之必要,分作各分遣所。

第七条 宪兵排长应常监视部下之勤惰,并随时将其情况报告于各该连长,但职务上必应巡视管区时,须得各该连长之许可(分遣排长不在此限)。

第八条 宪兵班长承排长之指挥,服行一切勤务,且指挥监督部下各宪兵。

第九条 宪兵视察军人军属之行为,凡发见过误,应尽礼劝告。若认定有不法行为时,

在现役者应即通报本人所属之上官，或卫戍地长官，及要塞司令官，在续备役及后备役中者，应即通报本人所辖之师团长，或团队区司令官、卫戍地司令官。

第十条　宪兵奉有长官之命令，或时机迫切不能犹豫时，得不着规定之服装执行勤务，但必须携带勤务手折。

第十一条　宪兵侦知地方有不静情形及事件发生时，除报告所管本长官外，得通报卫戍司令官、要塞司令官，或按其必要，通报该地行政官。

"南京临时政府档案"，中国第二历史档案馆编《中华民国史档案资料汇编》第2辑，江苏人民出版社1981年版，第186～187页

△ 南京临时政府陆军部咨文财政部，请财政部查照发给十万元债票，以资分派发给军队。

南京临时政府陆军部咨财政部文如下：

咨财政部

为咨行事：案据本部发给各军队饷章，定有公债票三成分发在案。兹查贵部公债票业已印行，相应咨请贵部查照发给十万元债票，以资分派发给。即派员领取过部可也。须至咨者。

右咨

财政部

中华民国元年二月二十五日

"南京临时政府档案"，中国第二历史档案馆编《中华民国史档案资料汇编》第2辑，江苏人民出版社1981年版，第309～310页

2月26日（正月初九日）　南京临时政府召开内阁会议，议决对待荷兰虐待华侨办法四条。

1912年2月28日《民立报》报道：

二十六日内阁会议议定对待荷兰虐待华侨事件如下：

一、限三日内释放捕获者；

二、赔偿损失财产；

三、被害者之赔偿；

四、恢复人权，与欧侨、日侨一律看待。

右署如无满意之答复，民国自有相当之对待。

△ 南京临时政府陆军部呈文孙中山，呈报拟定勋章章程，请孙核准施行。3月1日，孙中山批复准予颁行。

南京临时政府陆军部呈孙中山文如下：

为申请事：窃查论功行赏，各国定有专条。凡有功将士，酌量赏以各等勋章，所以示奖励也。兹共和告成，民国统一，亟应仿照各国酬庸之例，厘定赏勋办法，特制各等勋章，以备给与有功民国各将士，藉资鼓励。谨将拟定赏勋章程，缮列清折，并绘就勋章图样，一并呈请钧鉴，伏乞核准施行。须至申者。右申

计申送清折一扣，各种勋章图式一本。（此行疑应在"中华民国元年二月二十六日"后，

编者)

大总统

中华民国元年二月二十六日

谨将拟定勋章章程缮折申请宣布施行

(甲)勋章之种类

一、第一种,给与民国陆、海军人之有特别战功者,曰:九鼎勋章。

二、第二种,给与民国陆、海军人之有寻常战功者,曰:虎罴勋章。

三、第三种,给与民国一般为国尽瘁功劳卓著人员者,曰:醒狮勋章。

(乙)各种勋章之用法

(一)九鼎勋章

(子)九鼎勋章分九等,即自头等以迄九等。

(丑)得有九鼎勋章者,每年按照等级由国家给与年金,以至该本人死亡之日为止。

(寅)九鼎勋章,头等年金千元,二等年金八百元,三等年金六百元,四等年金五百元,五等年金四百元,六等年金三百元,七等年金二百元,八等年金百元,九等年金五十元。

(卯)头、二等九鼎勋章给与陆、海军上等军官。自三等至六等九鼎勋章,皆可给与陆、海军上、中、次等军官。自六等至九等勋章,皆可给与陆、海军士兵。

(辰)给与九鼎勋章时,附给证明书,书内详载受给与者之特别战功,以后给领年金,均以此证明书为据。

(二)虎罴勋章

(子)虎罴勋章分九等,即自头等以迄九等。

(丑)得有虎罴勋章者,仅于战争结局后,给与勋金一次,其数即头等千五百元,二等千二百元,三等千元,四等八百元,五等六百元,六等四百元,七等三百元,八等二百元,九等百元。

(寅)自头等至六等虎罴勋章,皆可给与陆、海军上、中、次等军官。自六等至九等虎罴勋章,皆可给与陆、海军士兵。

(三)醒狮勋章

(子)醒狮勋章分九等,即自头等以迄九等。

(丑)醒狮勋章如系褒赏名誉者,无赏金。其它均有赏金,但其赏金数目,临时酌定,多寡不拘。

(寅)各等醒狮勋章,均可赏与为国家办事人员,及陆、海军官佐、士兵,但以民国人为限。

(四)凡既得各种勋章之人,其后更立战功,或另有功劳者,可换给同种较高等之勋章,或加赏他种勋章。

(丙)勋章之形状及取义

一、九鼎勋章中刻黄帝象,列五兵于其身旁,外围以九鼎(参看附图)(图略,下同)。其取义即黄帝作五兵挥斥百族定九鼎,以显扬战功是也。

二、虎罴勋章中刻虎罴两兽,外围以花纹(参看附图)。其取义即前有士师,则载虎罴以表扬佩此之军人,有如虎如罴之势也。

三、醒狮勋章中刻一狮,外围花纹上刻一古钟(参看附图)。其取义即自由钟声,惊醒全国同胞是也。

(丁)勋章之区别

各种勋章之头、二等者,佩于上衣左胸部下方,另由左肩至右胁下,悬大绶一条。头等大绶金色，二等大绶银色（参看附图）。三等者，悬于上衣正中第一扣上，其绶红色上有白花一朵（参看附图）。四等至九等者，均悬于上衣左胸部上方，四等绶红色，五等绿色，六等黄色，七等白色，八等蓝色，九等紫色（参看附图）。

（戊）勋章给与规则

一、凡在战场有下列特别战功者，给与第一种勋章：

（子）夺获敌人标旗大炮，或捕获敌军军官者；

（丑）身虽受伤，尚力疾从事战斗者；

（寅）在战场中勇敢率先，堪为他人表率者；

（卯）在战斗间，其动作及处置善良，与全军或全体有关系者；

（辰）于最困苦缺乏悲惨之时，尚能泰然从事战斗，足振起他人志气者；

（巳）冒险前进，侦探得敌人军情虚实或位置者；

（午）能冒险从事达任务中最重要之目的者；

（未）运筹得法，指挥调度适宜，致获全功者；

（申）决死进行，达目的后尚生还者；

（酉）奋不顾身，以救护长官者；

（戍［戌］）右列各条之外，其事实功绩卓著，迥异寻常者。

二、凡在战场有下列寻常战功者，给与第二或第三种勋章：

（子）力疾从事战斗者；

（丑）夺获敌军重要军械及捕获敌军目兵者；

（寅）战斗勇敢率先者；

（卯）冒险从事，虽未达目的，确经履行其任务者；

（辰）在战斗间，其动作处置极善良者；

（巳）指挥调度得法者；

（午）出征人员于同僚之中任事最为得力者；

（未）于右列条件之外，其事实功绩显著确实者。

"南京临时政府档案"，中国第二历史档案馆编《中华民国史档案资料汇编》第2辑，江苏人民出版社1981年版，第187～190页

孙中山批复如下：

临时大总统孙批

一件。陆军部呈报勋章式样及章程请核准施行由。

据呈已悉。勋章所以酬庸劝士，亟应制定颁行，以励有功。该部所拟勋章章程及形式，尚属妥善，应准颁行。此批。

孙文

中华民国元年三月初一日

"南京临时政府档案"，中国第二历史档案馆编《中华民国史档案资料汇编》第2辑，江苏人民出版社1981年版，第190页

△ 南京临时政府陆军部通告各省于3月1日召开追悼会，祭奠死义烈士。

南京临时政府陆军部通电如下：

武昌黎副总统、各省都督均鉴：吾华革命之事，继续几二十年，艰苦卓绝，始有今日。其

间仁人志士、任侠勇夫,慷慨赴义者固不乏人;而将士登陴陷阵,以死报国,粉身碎骨而不辞,糜肝脑蹈白刃而不悔者,尤更仆难数。夫求仁得仁,死者可以无憾;而报功崇德,吾侪未忍忘情。爰订三月一日午前十时,邀集此间政、学、军、警、商、报各界,开追悼大会于小营演武厅。尚冀贵处同时并举,藉抒哀悃,以慰死者之灵,以作生者之气。所有历年死难及此次阵亡诸烈士,并乞详细调查见示,以凭汇案,分别入祀忠烈祠,无任盼祷。陆军部黄兴。宥叩。

《临时政府公报》第25号,中国科学院近代史研究所史料编译组编辑《近代史资料·辛亥革命资料》,中华书局1961年版,第205~206页

△ 孙中山致电袁世凯,告之升允"仍反对共和,已破醴泉,现攻咸阳,省城危急万分",请袁速为救援。

孙中山致袁世凯电文如下:

北京袁大总统鉴:顷得陕都督廿二电,升允闻清帝辞位,仍反对共和,已破醴泉,现攻咸阳,省城危急万分,请电尊处速为救援。查升允实为国民公敌,前已承段军允借饷械助战,惟虑不足应急,更请从速设法为援。幸甚。孙文。宥。

《临时政府公报》第25号,中国科学院近代史研究所史料编译组编辑《近代史资料·辛亥革命资料》,中华书局1961年版,第206页

袁世凯复孙中山电文如下:

孙大总统、黄参谋总长鉴:宥电悉。陕省危急,昨已电饬赵军迅速赴援矣。特复。袁世凯。沁。

《临时政府公报》第25号,中国科学院近代史研究所史料编译组编辑《近代史资料·辛亥革命资料》,中华书局1961年版,第212页

2月27日(正月初十日)　黎元洪通电全国,主张建都暂在北京,将来移武昌。

黎元洪通电如下:

万火急。北京袁大总统、中国建设会、南京孙大总统、参议院、参谋团、各部总长、各省制台、抚台、各省都督、各司令官、各报馆公鉴:清帝逊位,已经浃旬,组织政府,瞬不容缓。徒以首都地点,南北争持,迁延未决,人心皇皇,危险万状。

夫欲为民国筹统一,规久远,则临时政府,自应以地形险要、交通便利、能筦全国枢纽者,为适当之地点。居中驭远,莫若武昌。有识者类能言之。

第值此新陈代谢,情谊未孚,陕疆有战云未靖之忧,满清有死灰复燃之虑,蒙藏诸边,尤为岌岌。倘非假因利便之势,从容坐镇,必不能维持秩序,控制中边。稍一疏虞,将至人心动摇,邻邦干涉,内忧外患,迭起丛生。言念至此,深为焦灼。

南京参议院诸公力持建都金陵之议,原欲改弦更张,从新缔造,宅心未尝不美。然统观大势,默相舆情,两害相权,必择其轻,两利相权,必择其重。此中关系,屡详各省函电中,无庸赘述。且即舍北京而论,建业偏安,犹不若武昌之形胜。考诸往史,利害昭然。然且以时势所造,犹不得不力图治安,勉求让步。若参议院诸公必欲胶执成见,事久变生,诚恐以一时未审之谋,贻全国无穷之祸。倘使后人追原罪首,悔将何及?谅热心爱国者,当不出此。

窃谓为暂时权宜之计,必须规定燕京,藉消隐患,将来宅中建国,仍在武昌,既足涤三百年旧染之污,亦可辟亿万世奠安之局。折衷定策,莫此为宜。如蒙允诺,即请从速组织临时政府,规画一切,一面仍开辟武汉,建筑新都。洪虽不敏,愿董其成。俟新会告成之日,即为总统移驻之时。胜朝反侧,已就范围,民国感情,亦孚一致。郅治之隆,胥操左券,岂惟我北

方父老群相仰望，当亦我南中诸公所乐为赞成也。

洪虽籍隶楚北，忝执鞭弭，为天下先，特以事机急迫，稍纵即逝，失此不言，祸患立见，审时立论，概秉大公。既不敢挟权利之心，以供私图，亦不忍存畛域之见，以贻大患。皇天后土，实鉴此心。临颖盼复，神与电驰。元洪叩。沁。

1912 年 3 月 1 日《民立报》

△ **湖北"群英会事件"爆发。是日，由原文学社员组织的改良政治群英会联合湖北军界数千人在武昌暴动，反对黎元洪和孙武所把持的湖北军政府，起事于当日平息。亦称"湖北二次革命"**。（一说 28 日。）

1912 年 3 月 10 日《大公报》要闻《详记武昌军队之暴动》载：

武昌兵变一事，早经电告平靖。兹悉此事原委，因黎副总统前以军队中人赋闲者多生觖望，故特设毕血会，以为将来位置地步无如仅有虚名（原文如此，编者），未见效果，故第二次革命之风传较前虽稍稍宁息，而该党中人组织进行仍不少懈。廿七、廿八两日（即十一、十二）（应为十、十一，编者），风潮陡起，城内秩序大乱，其内容至为复杂。兹将调查所及者略述于下：

廿七日上午，由群英会在大朝街发出传单，招集军界中人开秘密会议。到会者四百余人，各给该会徽章，公举代表一人赴都督府呈明宗旨：（一）尊崇都督；（二）改新政治；（三）歼除民贼；（四）保卫治安。黎副总统诚恐酿成变故，当请该代表转达该会人员，定当设法调和，请少安毋躁。讵该代表尚未到会，而该会人员已整队出矣。

当群英会之开议也，内容极秘，各部人员俱未悉其底蕴。及该代表禀呈宗旨，都督府卫兵传出消息，各部人员逃匿一空。会员等率队首至军务部，部长孙武已闻风飏去。因搜索不得，即将各城门紧闭，一面分布队伍到处搜查，一面率队至孙私第掩捕，幸孙之家人已先时藏匿，而室中衣物已抄毁一空。军队搜孙不得，又往第二镇统制张廷辅公署，迫令率军尾从，张未允，即有人用手枪将张击毙。盖因张与孙武感情素厚，恐其起而反对，故先将张下手。各军队即至军务部后，又分道赴内务、交通两部，实行推翻主义。部员已一律脱逃。他部无恙。惟闻各部员误中子弹者不少，而第一镇统制黎本唐受伤尤重。毕血会长蔡济民被捆送都督府，请即正法。经副总统再三劝谕，送交执法处，科以永远监禁之罪。

是日，各铺一律闭门，无论军队、部员，凡未挂有群英会徽章者必从严盘诘，遇衣服华美之人，即行褫去。至夜深仍未宁静，枪声间作，居民有缒城而逸者。

廿八日天甫明，黎副总统召集各军队开军事会议，将各部名目改为各司。其军务、内务、交通三部另由众公举（已见前电）。少顷都督府、军务司长均出安民示谕。下午一时，城内稍静，而门仍闭，禁止出入。

此事之发现原为推翻孙武起见，因搜孙不获，往各部搜查，故内务、交通两部均受影响。其实孙武已于二十七日到汉口。此时已有知其踪迹者，特派军队二百余人渡江访拿，并出有赏格如能将孙武拿获者赏洋一千元。各军队由文昌门出，故将该门暂开开仅一小时，复又紧闭。各部长均于二十七日避居汉口。蒋翊武亦住租界内。顷都督府饬人请蒋回省（已举军务司副长），筹商一切。蒋闻外间传言，此次之事乃由己为原动，诚恐有意外危险，特刊印布告一通，以释疑谤。

是日午前长街各店均未开市。都督饬商会传知各店一律开市，四时已有数家开门交易。嗣后有军队数人在街宣言，商民有不遵照开市者，以扰乱秩序议罪。下午各街各地均照常开市。

1912年3月4日《民立报》《鄂垣军界冲突纪》亦载：

武昌军政府各部办事诸人，多以意气用事，党派各分，攘权争利，无所不至。内务部之风潮正烈，而军务部之决裂又见。窥其大势，不弄至同归于尽不止。现在各部名称一律应改为司，内容不无更动。惟军务部正长孙武平日办事严切，人多恨之，此次又不能平允驭下，其对于卅二标老军感情极恶，是以外间有第二次革命之说。

黎副总统因维持大局起见，诚恐闲散将士串同为患，将三十二标及三十一标(系由四川回鄂)一律改为近卫军，除饷银照发外，每名给予津贴五元。一面饬办毕血会，招集闲散将士，编为毕血士，约计千余人，妥为收留，以安其心。惟未能为之位置。二次革命之说，仍未稍息。又令三十二标及卅一标老军组织教导团，以示尊重之意。而若辈更形骄，妄以现在各协标营长官多是昔日正副目兵，且不称职者尤为不少，故此反对甚力。蓄谋排挤，已非一日。迨昨改部为司之际，故一时暴动。盖已先日组织有一湖北改良政治群英会，始能一呼百应。阳历二十八号，即行发难，乌合之众，分为两起，一起至孙武寓所，围住肆意行抢，一起至军务部门首把守，凡挂军务部徽章及华服洋装者，立即剥下，并至军务部内用手枪击毙四人，闻系标统二人，管带二人。是时城内大哄，各军队一律荷枪上街，皂白不分，人心惶恐，商店一齐闭门，枪声不绝，民间不敢行走，秩序大乱。纷纷扰扰，几如汉阳失守时情形大致相同。并有一种谣言，非将全鄂军政府各部一律推倒不可，及黎副总统亦不承认云云。

有共和促进会干事马逐北会同公益社集合各代表议决四端：一、尊崇都督；二、改良政治；三、歼除民贼；四、保卫地方。始稍安静。各处城门一律紧闭，无论何人不准出入，惟共和促进会会员有徽章者，均蒙保护，余则不在其例。若辈又邀求将军务部副长蒋翊武升充正长，蒋则托病不出。后又举定三十一〈二〉标统带曾广大为正长，此时已渐平静。

黎副总统先后出有告示三道：

其一："为晓谕事：照得本军政府为谋政治改良，各部处职员有不孚人望者，经本都督查觉，当立即斥革，以洽人心。凡军队不得自相残杀，自紊秩序。为此示仰各军队一体知悉，勿违。"

其二："照得大局粗定，凡百事待筹商，各处用人行政，尚须略示更张，现正亟图整顿，秩序恢复如常。谕尔商民人等，务须共享平康，一律安居乐业，毋得自起惊慌。"

其三："军务已换正长，秩序安静如常，各营兵士归队，居民毋得惊惶。"

所有巡警各署告示大致相同。现在风潮已平，可以照常出入矣。

蒋翊武通电如下：

北京袁大总统、各行政长官、南京孙大总统、各部总长、参议院、各省都督、各军司令官、各报馆均鉴：武昌首义，翊武赞襄其间，力维大局，积劳成病，养疴汉口。不意二十八号武昌乱机猝发，人心惶惑。幸我副总统无恙，秩序尚未大坏。但当此民国大局未固，岂容此野心利禄，肆无忌惮，糜烂地方，草芥人民，酿起外人干涉耶？翊武仍力疾集齐军队，联合湘、桂留鄂之师，驻扎阳夏，镇压一切。如有不遵我副总统之命令及损失我副总统之威严者，惟以武装维持治安耳，大局当可无恙。知关锦注，肃此通告。蒋翊武叩。艳。

1912年3月5日《大公报》

《孙武宣言书》如下：

起义以来，各省响应，不四阅月，南北统一，民国建，共和成，大局粗定。中央政府正议立地，人民幸福尚未造成。而二十七晚，近卫军、将校团、义勇团、毕血队以及诸闲散之军士，竟然集合暴动，枪弹乱放，刀械横施，各佩群英会之徽章，私铸群英会之钤记，沿途肆意抢劫，行同匪类，并将武家抄洗一空，军务部暨各部总稽查处打毁无存。枪毙二镇统制张廷辅，伤及家人；围杀四镇统制邓玉麟，绕攻各部，搜杀交通部长，自举总司令官。次晨，成群寻杀起义之代表吴春芳等多人，且闭城大索，诛累无辜。军队三五成群，时放枪弹，扰乱市面，威吓居民，掳掠劫杀，种种野蛮，惨无人理。共和新国，演此现象，非遗羞强邻，启干涉之衅，而黄祖有灵，亦未必瞑目也。

在彼等乱徒，借口推倒武一人，可以占军务部地位，可以树乱党声势。讵知军务部公地也，军务职公奴也。武何人斯？为一公奴。自问多愧，安用乱徒结党推倒？矧武三次上书辞职，登报告罪归田。抵掌于人言，属喧于公牍，重以都督之训命，同志之推诚，不得已再销病假，进部治事。明知才力棉[绵]薄，破坏之后，艰于建设，不敢意存恋栈，妨碍前途。奈遗贤在野，观望不前，此所以暂时勉任其艰也。乱党如以武溺职偾事也，文明处置，可以正式宣布罪状，交议事会裁决，呈都督惩办。野蛮处置，可以一二人暗施毒手，枪毙武躬。乱党如以武挟赀致富也，缓言之，可以切实调查侵吞公款若干，照数问罪。急言之，可以啸聚乱徒，或拦路打抢，或破屋抄家。何须勾动全城军力？二十七晚，乱党抄武家时，除同仁医院存洋五百元，交通机关处存洋七百元外，所抢去之银钱，果逾百数否耶？所抢去之衣物，除代李少东保存之衣箱二十余只外，果逾百件否耶？乱党身亲掳掠，谅可悉数宣告，以定武之罪。乱党如谓武任用私人也，可以调查各镇、标、营以及各部、各局、各机关、各处，问有武之亲族血戚任何职、握何权否耶？乱党如谓武结党自固也，近日发觉之共和、促进、急进等会，自由、社会党等以及大同、公益种种诸社，列武之名于发起者间，曾认可而签□，涉□于会场，参议于党论否耶？乱党昧于事势，为武一人而牵动大局，涉及无辜，是祸一人以祸天下，不禁切齿痛恨也。

武家富巨万，自运动革命后，奔东流西，家产荡然。此次残炸余生，力疾从公，起义反正，虽云无功，而亦无罪。突遭身家之祸，言之心寒齿冷矣。武为桑梓计，宁忍辱负痛，念切偷生，凡可以顾全大局一分，即始终尽一分之力，断不稍逞意气，涂炭生灵，使天下后世诟病。乱党若不再动淫威，残民似逞，不以好恶而祸同志，不争权利而进贤能，维[不]持破坏，认真建设，改良政治，破除党见，奉以实心，行以实事，虽碎武骨而戮全家，亦所心服。如树党营私，争权窃位，不造福于民生，反加害于同类，同□□□所同嫉，天地之所不容。武虽□后人也，谢绝世事，问心纵忍，自安于义有所不合也。一纸宣言长辞行。

1912年3月13日《民立报》

△ **迎袁专使蔡元培一行抵达北京，下午蔡等谒袁世凯，面交孙中山请袁南下就职手书。**

《大总统致新选袁总统函》如下：

慰廷先生鉴：文服务竭蹶艰大之任，旦夕望公。以文个人之初愿，本欲借交代国务，薄游河朔。嗣以国民同意挽公南来，文遂亦以为公之此行，易新国之视听，副舆人之想望，所关颇巨。于是已申命所司，善治馆舍，谨陈章绶，静待轩车。现在海内统一，南北皆有重要将帅为国民之膂，维持秩序之任均有所委付，不必我辈簿书公仆躬亲督率。今所急要者，但以新国民暂时中央机关之所在，系乎中外之具瞻，勿任天下怀庙宫未改之嫌，而使官僚有城社尚存之感。则燕京暂置为闲邑，宁府首建为新都，非特公之与文必表同意于国民，即凡南北主张共和疾首于旧日腐败官僚政治之群公，宁有间焉。至于异日久定之都会，地点之所宜，俟大局既奠，决之正式国论，今且勿预计也。总之，文之志愿，但求作新邦国；公之心迹，更愿戮力人民。故知南北奔驰，公必忘其自暇。磋乎！我辈之国民，为世界贱视久矣。能就新民国之发达，登我民于世界人道之林，此外岂尚有所恤乎？公之旋转之劳，消磨其盛年，文亦忽忽其将衰。耿耿我辈之心,所足以质无穷之方来者,惟尽瘁于大多数幸福之公道而已。公其毋以道途为苦,以为强勉服务者倡。公旆南莅,文当依末光,左右起居,俾公安愉,俟公受事而文退,翘盼不尽。

《临时政府公报》第25号,中国科学院近代史研究所史料编译组编辑《近代史资料·辛亥革命资料》,中华书局1961年版,第203~204页

△ 孙中山致电陈其美,再次慰留陈担任沪督。3月5日,上海各团体亦致函陈其美予以挽留。3月9日,陈其美复函上海各团体,同意留任沪督。

孙中山致陈其美电文如下:

万急。上海陈都督鉴:前得辞表,亟电挽留。顷闻执事退志仍坚,政府亦当成执事让德之美。惟以军事、财政、外交、交通诸大端言,沪上都督万难遽行取消,幸请顾全大局,再行勉为其难。俟前述诸大端中央布置就绪后再商。至盼。总统孙文。沁。

《临时政府公报》第25号,中国科学院近代史研究所史料编译组编辑《近代史资料·辛亥革命资料》,中华书局1961年版,第206~207页

陈其美复孙中山电文如下:

孙大总统钧鉴:沁电敬悉。屡蒙温谕慰留,感惭无地。当上海光复之初,半壁东南,咸未底定,军书旁午,不得不谋设都督以资镇慑。其美不才,谬被公举,事关大局,未敢固辞。任事以来,瞬已数月,始虽捣心绞脑,而办事尚稍顺手。现在南北统一,战事告终,时局则已达和平,办事至动辄棘手。今就沪上一隅情形,亦有才不胜任之惧,何况日益加甚乎?蔽贤尸位,贤者所讥。辱承垂爱,敢布区区。其美叩。俭。

《临时政府公报》第25号,中国科学院近代史研究所史料编译组编辑《近代史资料·辛亥革命资料》,中华书局1961年版,第223页

上海各团体致陈其美函如下:

英士都督阁下:沪自上年九月十三日光复以来,迄今数月,赖公维持,得保秩序,凡我旅居同胞,莫不感戴。现今南北虽云统一,而国都之争执未定,项城未来南,则不得谓之正式统一。一日,京、津、武昌叠起兵变,危险万状,此时上海为中外要点,更非有雍容坐镇,竭力扶持不可。阁下岂可聚然放弃,置数百万生命财产于不顾,以违造就民国之初心?敝会等甚为我公不取也。昨日敝会等特假江苏教育会,由各团体正式举代表到会,研究我公去留与上海之安危问题。经多数取决,乞公暂留,以俟大定。诚如孙中山先生电留所云,即我人民亦必成全公之高志。但现非其时,务乞纳各团体之请,以慰数百万人民之望。且京、津多事,军情一日千变,此后之军事恐更多于前日,亦未可料也。函到即请惠复,以便宣布。事经公决,不达目的必不能已也。用特联名上书,统希伟鉴。

共和建设会、共和促进会、工商勇进党、上海公民会、南市商团、沪南商会、南市志成商团、国民总会、上海商民求减房租联合会、中华女子共和协进会、女子尚武会、绍兴旅沪同乡会、宁波旅沪同乡会、汉帮志诚公所、中华实业联合会、中华民生国计会、四川旅沪同乡会、北面招讨使谭人凤代表邓柏、公民郑权、公民陈仲蓉、公民朱少峰、公民虞兆芳、公民顾品三、公民陈荣文、公民俞少钦。

1912年3月5日《民立报》

陈其美复上海各团体函文如下:

敬复者:承书慰留,惭感无戳。其美既任沪督,前又告辞,事近两歧,群疑乃动。兹蒙错爱,敢布腹心。

当政府未立以前，沪上为战时枢纽，军政、交通、外务诸端，关系全国。遂因事实上发生都督，其美以实行自任，义不容辞。规划之难，想所同喻。逮南北统一，和议告终，不先正名，无以治国。苏、沪同省，奚庸两督？况大局粗定，事已不繁，民政、交涉各司分职就理。且中央各部亦已成立，事有专司，既不必兼备亟筹，又不必如前冒险。辞职之文于是发布。乃中央不谅，迭电慰留；诸公多情，复蒙雅爱。其美何人？见重如此。夫沪督去留，应观事实。事实当去，挽我不留；事实应留，推之不去。始之担任及后之告辞，皆属事实问题，或挽或推，均非知我。

现在代表北上，警变又闻，趾企北方，尚多膈膜。且国都既未解决，项城尚未南来，全局进[通]筹，势未大定。不得不以其美之躯壳，再延沪督之灵魂，非敢将顺舆情，借此见好。且其美以冒险为天职，此后共和巩固，已无冒险者可为之事，不得已而求其次，则管见所及，无过于实际之谋。满、蒙、回、藏，僻处边陆[陲]，地广人稀，利源未辟。欲将我国跻于强大，先应筹集巨款，实力经营；利用已集之军人，拓殖未开之边地，则富强之基础立于此。鄙见如斯，敢陈左右。于权利所在，最易竞争。其美仍拟本革命时代之运动手腕，为共和国民之调和人员，此则其美所敢担任而希望者。专此奉复，敬请公安。陈其美顿首。

1912年3月9日《民立报》

△ **唐绍仪致电王宠惠，告之荷公使贝拉斯允以“私意”就商荷属爪哇殖民当局请其“不禁升旗，并允将所捕之人酌量释放”。王接唐电后当即复电：“现下所亟应力争者不在升旗问题，而以释人、索偿、废除虐例为最要”。同日，王又致电上海华侨联合会，指出外交部对于北京此次之交涉，殊未满意，业即电驳。**

《外交部为和官横暴事致唐少川君电文》如下：

万急。北京唐少川先生鉴：沁电悉。和属虐待华人，由来已久。此次风潮，偶因升旗而发生。故现下所亟应力争者不在升旗问题，而以释人、索偿、废除虐例为最要。此次被捕诸人，事同一律，自应全行释放。若如和使所云，未知所谓酌量者，以正式之裁判为准，抑以甲必丹之意为准。至允以私意，电告和官，不禁升旗一节。现庆典已过，而拘捕日众，即许升旗，于侨民何补？且侨民既属理直，固不应以私意调停。盖私意只可处个人之事，而不可以施之国际之交涉。此次要求各款，务须确实承认，方为妥善。仍希据理力争，毋任狡赖。盼甚。王宠惠。沁。

《临时政府公报》第27号，中国科学院近代史研究所史料编译组编辑《近代史资料·辛亥革命资料》，中华书局1961年版，第219页

《外交部为和官横暴事致上海华侨联合会电文》如下：

上海华侨联合会鉴：接北京电开：“宥电悉。和属华侨事，昨驻京和使贝拉斯到外部面称：‘巴泗两埠华侨事，已得回电。称巴埠始因升旗，继而不准夜出游，众华侨不遵警章，以致被拘，旋即询明释放，惟将情形较重者暂禁泗水。案系因华侨中之甲必丹不肯升旗，多数华侨大加强迫，和警及兵队恐有害治安，出而弹压，华侨不服约束，遂捕多人。政府并无反对共和之意。惟该地方官于未奉承认明文以前，不能不照向章办理’等语。答以华侨因欢迎共和，升挂国旗，系属常事，何致有害治安。至承认问题，更与华侨无涉。和官如此举动，实背公理，务当速电该处和官，将华侨一律释放，准其自由升旗，并将兵队撤去。贝云，不能擅发允侨升旗命令。后再三驳辨，贝始允以私意通知该处，和官不禁升旗，并允将所捕之人酌量释放。特闻。乞转联合会。绍仪。沁。”等因。本部对于北京此次之交涉，殊未满意，业即电

驳。特闻。外交部。沁。

《临时政府公报》第27号,中国科学院近代史研究所史料编译组编辑《近代史资料·辛亥革命资料》,中华书局1961年版,第219~220页

△ 日本驻德公使向德国政府提交公文,提出承认中华民国,民国政府需保证所有外人在中国所享之权利、特权及自由。并提出列强需行动一致。

日本驻德公使向德国政府提交的公文如下:

为中国新设永久政府并注意实行本国对外义务事,列强似当先行协商,在此现状之下,如何承认新邦问题。关于此种承认问题,列强似有现刻即行加以研究之必要。

所有外人现刻在华所享之权利、特权及自由,在此新设政府之下,应当继续享受,实为十分重要。此种权利、特权及自由,大半基于条约允许;只有一部分乃系由于国家法令或固定习俗所取得。因此之故,列强能于承认之时,要求(中国)新政府正式证明此种权利、特权及自由,以作预防之计,对于列强方面,似甚有益。同时列强能得上述政府正式承诺中国所负外债,亦亟有益。

在承认新政府一事尚未决定以前,暂由列强在华代表及领事,径与中国出名军官协商普通的局部的事件,实有必要。

因此,帝国政府提议,共同行动之原则,际此目下难关曾经显奏功效者,实应推用及于上述各种问题,如承认新政府问题以及行动步骤问题,其间列强当可一致进行。而且承认之举,应以新政府担保尽力保护列强在华公共权利及利益为条件。

假如上列各项提议,列强可以承受,则藉此一致行动之举,当可获得较为有利之保证,而承认问题亦将易于解决。帝国政府并望赐给驻京代表关于此事之必需命令。

王光祈译《辛亥革命与列强态度》,中国史学会主编《中国近代史资料丛刊·辛亥革命》(8),上海人民出版社1957年版,第454~455页

2月28日(正月十一日)　孙中山以中央公债票业已发行,令沪督陈其美转饬上海财政司,将上海公债票即日停止发行。

《大总统令沪都督转饬财政司即日停止发行公债票文》如下:

据财政部呈称:"此次发行中央公债票,原以统一财政,巩固信用。前因报载上海发行公债票广告一则,当由本部援鄂军政府成案,咨请沪军都督转饬财政司,迅将广告停刊等因在案。迄今多日,未得咨复。昨阅《大共和日报》仍载此项广告,其中仍有商明本部长,定以三百万元为限等语。查沪军政府发行债票,诚为救急之举,其在中央债票未发行以前所售之票,本部长准其发行,其在发行中央债票以后,所有沪军政府未售之票,即当截止。屡经王震、朱佩珍二君来部相商,俱以此对。本部长并未认可三百万元之数。乃今阅报载广告,所云事实全不相符,传闻难免误会。本部长职权所在,窃有不能已于言者:姑勿论购票之人财力有限,此盈彼绌,无裨实益。但以上海一隅,即有两种债票之流行,非特有伤国体,抑恐贻讥外人。况民国初立,万端待理,各省均有度支匮绝之虞。若皆纷纷援例,目前虚糜之害犹小,政出多门之诮尤大。本部忝掌全国财政,长此纷歧错出,将何以收整齐划一之效?除咨沪军都督外,为此呈请大总统俯赐察核,迅电沪军政府转饬财政司,将上海公债票停止发行,无庸续售。并请查照前咨,将已售出之债票查明号码数目,详细列册,克日报部,以凭稽核。一面仍来部续领中央债票,继续办理,俾昭统一"等因前来。

查该部所呈，为免纷歧而昭信用起见，中央公债票既经发行，上海公债票应即停止，自是正办。为此令仰该都督，即行转饬上海财政司，将上海公债票即日停止发行。并查照财政部前咨，将已售之债票，查明号码数目，详细列册，克日报部。一面到财政部续领中央债票，继续办理，俾昭划一。切切。此令。

《临时政府公报》第28号，中国科学院近代史研究所史料编译组编辑《近代史资料·辛亥革命资料》，中华书局1961年版，第226～227页

△ 孙中山批准南京临时政府财政部拟订的江南造币厂章程。

孙中山批文如下：

临时大总统批

一件　呈拟造币厂章程，恳请批准由。

据呈已悉。所拟造币厂章程十二条，尚称妥洽，应即照准。此批。

孙文

中华民国元年二月二十八日

"南京临时政府档案"，中国第二历史档案馆编《中华民国史档案资料汇编》第2辑，江苏人民出版社1981年版，第399页

《财政部原呈并章程》如下：

为呈请事：窃维民国圜法，关系重要，币厂简章，应先厘订。前经派员至江南造币厂详加考察。兹据复称，该厂赓续旧章，积习难除。又查该厂册表，用人用款，均涉浮滥。本部职司财政，考核所关，兹特酌拟造币厂章程十二条，缮单呈请批准，俾有遵循。至所有从前办事人员，即行分别撤留，以示惩劝而资整顿。理合呈明，即希钧鉴。谨呈。

造币厂章程

第一条　造币厂归财政部管辖，掌铸造国币一切事宜。

第二条　造币厂暂设总厂于南京，设分厂于武昌、广州、成都、云南四处。如再添设分厂，须呈明大总统批准，其分厂统归总厂直辖。

第三条　总厂设正、副长各一员，由财政部荐任，管理总、分各厂一切事宜。总厂及各分厂各设厂长一员，帮长一员，均由正、副长遴选妥员，呈部核准委任，秉承正、副长分理各该厂一切事宜。

第四条　总、分各厂应设工务长一员，总务长一员，均由正、副长遴选妥员，呈部核准令任；其余艺师、艺士及各员司，由各厂酌定员数，呈部核定。

第五条　财政部筹备铸币专款，发给总厂，分派各厂应用；所有各省旧设银、铜圆厂机器、厂房材料，准总厂选择提用。

第六条　总、分各厂应铸辅币，数目由中国银行斟酌市面情形，随时拟定数目，呈由财政部核准饬厂照铸。

第七条　总、分各厂铸成国币数目，每十日一次，呈报财政部查核。

第八条　总、分各厂铸成新币，重量成色公差之类，必须遵照定章，并遴派精通化学人员，随时化验；如有不符，即回炉重铸，以免参差。

第九条　总、分各厂所铸各币，由总厂呈送财政部化验；财政部亦得随时任抽各厂所铸各币化验查核。

第十条　造币厂出入款项，由总厂按季详造表册呈报，财政部按年总结，除表册外，并应呈报预算、决算清册。各分厂应将该厂收支数目，与银、铜等币出入情形，每月一次呈报总

厂,仍每日将帐簿结算清楚,以备总厂随时查核。

第十一条　各厂有缉访私铸防卫厂料等事,应请各省都督协助者,随时照行。

第十二条　总、分各厂办事细则,由总厂拟订,呈由财政部核准施行。

《临时政府公报》第27号,中国科学院近代史研究所史料编译组编辑《近代史资料·辛亥革命资料》,中华书局1961年版,第217~218页

△ 孙中山咨请南京临时参议院议决法制局所拟《文官考试委员官职令草案》、《文官考试令草案》、《外交官及领事官考试委员官职令草案》、《外交官及领事官考试令草案》。

《大总统咨参议院议决文官考试与外交官及领事官考试令草案文》如下:

任官授职,必赖贤能;尚公去私,厥惟考试。兹当缔造之始,必定铨选之程。前经令行法制局,拟订文官考试章程。今据该局将所拟文官考试委员官职令,与文官考试令,暨外交官及领事官考试委员官职令,与外交官及领事官考试令各草案缮具前来,合行提出贵院议决。又昨据内务部函称,各处待用之士,荟萃金陵,而各省办事人才,反觉缺乏,则文官考试实难再缓等语。按之现在情形,诚如该部所云。今拟请贵院将文官考试委员官职令,与文官考试令草案,提前议决,以便颁布施行。此咨。

《临时政府公报》第24号,中国科学院近代史研究所史料编译组编辑《近代史资料·辛亥革命资料》,中华书局1961年版,第193页

《文官考试委员官职令草案》如下:

第一章　总则

第一条　文官考试委员,分为高等文官考试委员、普通文官考试委员两种。

第二章　高等文官考试委员

第二条　高等文官考试委员隶属于内阁总理,其职掌如下:

一、关于高等文官考试事项;

二、关于高等文官任用铨衡事项;

三、关于普通文官试验科目厘定事项。

第三条　高等文官试验委员以左列各项人员组织之:

委员长一人:法制院长。

常任委员八人:法制院高等官二名,官、私立大学教授各三名。

临时委员:无定额,得斟酌情形增置之。

第四条　常任委员由内阁总理推荐,总统委任之。临时委员亦同。

第五条　委员长指挥委员,综理考试事务。

第六条　常任委员承委员长之指挥,掌第二条各项事务。

第七条　临时委员承委员长之指挥,掌第二条第一项事务。

第八条　委员长及常任委员,一年得给以四百元以内之津贴,临时委员得给以二百元之[以]内【之】津贴。

第九条　高等文官考试庶务,得置常任书记与临时书记掌之。

第十条　常任书记以三人为定额,临时书记员额,视事之繁简斟酌定之。

第十一条　常任书记及临时书记以内阁所属判任官充之。

第十二条　常任书记,一年得给以二百元以内之津贴,临时书记得给以百元以内之津贴。

第三章　普通文官考试委员

第十三条　普通文官试验委员，中央于内阁设置之，地方于各官厅试设之。职掌如下：

一、关于普通文官之考试事项；

二、关于普通文官任用铨衡事项；

三、关于普通文官考试科目拟定事项。

第十四条　中央普通文官试验委员长及委员，由内阁于国务各官厅之高等官委任之。

第十五条　地方普通文官试验委员长及委员，于左列各项人员中，由各该地方行政长【官】委任之：

一、该官厅之高等官吏；

二、该地方专门学校教授。

第十六条　委员长承长官之命，综理试验事务。

第十七条　委员承委员长之命，掌第十三条各项事务。

第十八条　关于普通文官考试庶务，得置书记一人掌理，以该官厅之判任官充之。

第十九条　普通文官考试委员长、委员及书记之津贴，另规定之。

第二十条　本令自发布日施行。

1912 年 3 月 22 日《民立报》

《文官考试令草案》如下：

第一章　通则

第一条　文官考试除有特别规定外，均依本令。

第二条　文官考试分为高等文官考试及普通文官考试二种。

第三条　考试期日及考试地点，由考试委员长于考试期一月前，以公报布告。如未有公报地方，以普通公布程式布告之。

第四条　本国人民年龄在二十岁以上而有完全公权者，得应文官考试。

第五条　文官考试合格者给与合格证书。

第六条　凡考试时有违章舞弊，经委员发觉者，不得入本期考试。至既经考试合格后，始行发觉者，其合格证书作为无效。

第七条　凡应文官考试者，应纳考试费。高等文官考试四元，普通文官考试二元。

第二章　高等文官考试

第八条　高等文官考试，每年在京师举行一次，但偏远地方交通不便者，得划明地段，派员分往举行。派员方法，另规定之。

第九条　高等文官考试，分豫试、正试二种，非豫试合格者，不得应正试。

第十条　前条豫试分为二场，第一场为论文考试，第二场为口述考试。论文考试及口述考试，均应以法制、经济命题。

第十一条　国内外高等专门以上学校卒业者，免其豫试；各大学本科卒业，得有学位者，免其考试。

第十二条　高等文官考试科目如下：

一、宪法；

二、刑法；

三、民律；

四、行政法；

五、国际公法;

六、经济学。

以上六种为必试科目。

一、财政学;

二、商律;

三、刑事诉讼律;

四、民事诉讼律;

五、国际私法。

以上五种为必择科目,由应试者于其中豫选一种。

第十三条 正试分为二场,第一场为笔记考试,第二场为口述考试。非笔记考试合格者,不得应口述考试。

第十四条 高等文官考试细则由委员长定之。

第三章 普通文官考试

第十五条 普通文官考试,中央及各地方得以便宜随时举行。

第十六条 普通文官考试以中学校之科目为标准,斟酌各官厅所掌之事务,由普通文官考试委员定之。

第十七条 普通文官考试分为二场,第一场为笔记考试,第二场为口述考试。非笔记考试合格者,不得应口述考试。

第十八条 国内外各高等专门以上各学校卒业者,免其考试。

第十九条 普通文官考试细则,由普通文官考试委员长定之。

第二十条 本令自发布日施行。

1912年3月24日《民立报》

《外交官及领事官考试委员官职令草案》如下:

第一条 外交官及领事官考试委员,属外务[交]总长之监督。

第二条 外交官及领事官考试委员,以左列各项人员组织之:

委员长一人:外交次长。

委员七人:外交部外政司长一人,外交部高务司长一人,外交部繙译司长一人,高等文官考试委员二名,官、私立大学教授各一名。

临时委员:无定额,得斟酌情形增置之。

第三条 除职务上当然为委员长或委员外,由外交总长之推荐,总统委任之。临时委员亦同。

第四条 关于考试庶务,得置书记掌之,书记以外交部之判任官充之。

第五条 外交官及领事官考试委员,除外交部官吏外,得与以年额百元以内之津贴。

第六条 本令自发布日施行。

1912年3月23日《民立报》

《外交官及领事官考试令草案》如下:

第一条 外交官及领事官考试于外务[交]部举行。

第二条 外交官及领事官考试期日,应于试期一月前,以公报布告之。

第三条 本国男子年龄在二十五岁以上而有完全公权者,得应外交官及领事官考试。

第四条 欲应外交官及领事官之考试者,应具志愿书附履历及论文,并将其论文繙译外国文一种,英、法、德、日等,呈于考试委员。

前项之志愿书及履历、论文等,皆须应试人亲笔。

第五条　考试委员于前条履历及论文并译文,认为有应试资格者,即将其姓名榜示。

榜示之后,考试委员应按榜示姓名,定期召集检验身体。非经榜示并身体合格者,不得预考。

第六条　外交官及领事官考试分为两场,非第一场考试合格者,不得应第二场考试。

第七条　第一场考试科目如下:

一、作文(国文或外国文),从第四条所译外国文之一种;

二、外国语,从第四条所译外国文之一种;

三、公文摘要(国文);

四、口述要领之笔记(国文)。

第八条　第二场科目于[如]左:

一、宪法;

二、国际公法;

三、国际私法;

四、经济学;

五、殖民政策。

以上为必试科目。

一、行政法;

二、刑政[法];

三、民法;

四、商法;

五、刑事诉讼法;

六、民事诉讼法;

七、财政学;

八、商业学;

九、外交史;

十、商业史。

以上为选择科目,由应试者任择两科试之。

第九条　第二场考试分为笔记考试与口述考试,非笔记考试合格者,不得应口述考试。

第十条　凡考试时有违章舞弊,经委员发觉者,不得预本期考试。至既经考试合格后,始行发觉者,其合格证书为无效。

第十一条　定考试合格者之方法,由考试委员议定之。

第十二条　考试合格之有效期间,除合格后任为外交官及领事官者外,其期为二年。

第十三条　凡应试者须纳考试费四元。

第十四条　外交官及领事官考试细则,外务[交]部定之。

第十五条　本令自发布日施行。

1912年3月26日《民立报》

△ 南京临时政府司法部次长吕志伊以孙武、刘成禺违背国宪罪,应行逮捕,函告黎元洪决定办法。本日,南京临时参议院以吕违法,对之进行弹劾,并请孙中山核办。3月3日,孙中山咨复参议院,吕函件"系私人书信,在法律上无施行之效力,不能认为正式公文",吕之所为不为违法。

南京临时参议院弹劾吕志伊文如下:

二月十日,司法部次长吕志伊函告鄂军政府军务【部】长孙武加本院参议员刘成禺以违背国宪罪,应逮捕,并转呈黎副总统决定办法。当经黎副总统覆电大总统及司法部部长,斥驳其非。查此案关系行政官逮捕议员,苟非有违背国宪之确据,而欲行其逮捕,实为各国宪法所不容。据该次长吕志伊所称,刘成禺在参议院场中出言不慎,谓明朝如何,本朝如何云云。此等言论之有无,姑置弗论。即令有之,亦不过出言偶尔失慎,断不能指为违背国宪之确据。且议员在议场内发言,对于院外不负责任,该次长身为司法行政官,何得滥行干涉?又以湖北首先起义,未敢遽行捕惩,并向副总统请示办法。种种违法,实难姑容。兹经本院参议员刘成禺提议,当众公决该次长吕志伊违法。重要点有四:

一、凡议员在院内发言,对于院外不负责任。该次长于议员院内之言论横施干涉,深文罗织,违法者一。

一、凡议员在会期中,除现行犯及内乱外患罪外,不得逮捕。该次长乃指摘议员莫须有之发言,认为应行捕惩之左证,蔑视议院,蹂躏民权,违法者二。

一、本院议员代表全国,非一地方所得而私。大总统为行政首长,亦无惩治议员之权。该次长乃远告于鄂军政府之军务部,而请求办法于副总统。身为职官,故紊权限,违法者三。

一、参议院为立法之府,参议员犯法虽不视齐民有加,亦断无特别末减之理。刘成禺如果违法,自应按法治罪。该次长何得藉口首先起义之邦,公然缓逮,既枉法又市恩,违法者四。

以上种种违法,倘置不纠绳,则立法机关可以随时横遭蹂躏,民国前途,何堪设想。固不独刘成禺、吕志伊二人之关系已也。本院认为吕志伊既如此违法,实不能胜司法次长之任。惟应如何惩〈惩〉处,即请大总统核办咨复。并抄吕志伊致孙武函及黎副总统电复大总统暨司法部伍总长各件。此咨。

起草员:王有兰、汤漪、谷钟秀、文群、时功玖。

1912年3月1日《民立报》

《大总统咨复参议院弹劾司法部次长吕志伊违法文》如下:

接二月廿八日来咨,自系为尊重立法权,保障言论自由起见,诚无可非难之理。惟查法律最重方式,苟方式一有不备,即不能发生效力。此次司法次长吕志伊所发之函,系私人书信,在法律上无施行之效力,不能认为正式公文。该私函所述,仅系发表个人之意思,并无行为。在法律上亦无徒据个人之意思,不问其有无行为,遽认为有效之理。来咨以"欲施行"三字断之,未免重视意思而忽略行为矣。贵院议员刘成禺现仍在参议院照常发言,身体言论毫无阻碍,据此即不能断定吕志伊有不法干涉之行为。既无不法干涉之行为,则来咨所指蔑视议院,蹂躏民权之事实,皆不成立矣。来咨对于议员刘成禺出言不慎一事,谓"即令有之,亦不过偶尔失慎,不能指为违宪之确据"。今吕志伊用私人信函转托请示办法于副总统,亦有如来咨所谓出言偶尔失慎之嫌,本总统何能为之讳。抑共和民国之下,立法权固当倍加尊重,而行政权亦不宜轻蔑。司法次长系民国之望,遽尔因其私函之意思,弹劾不职,恐非民国之宜。美国百年以来,议院弹劾行政官不过数次,诚互相尊重维持之至意。当兹民国初定,常人亦不能无过激之意思，其未见于行为者，自不必深求，亦不能以其为司法次长而遽据"欲施行"三字加等深文也。此咨。

《临时政府公报》第28号，中国科学院近代史研究所史料编译组编辑《近代史资料·辛亥革命资料》，中华书局1961年版，第225～226页

△ 鄂省参议员张伯烈、刘成禺、时功玖，因反对以全国赋税作抵向俄华道胜银行借款未果，且遭议长林森呵斥，辞去参议员职务。

1912年3月1日《申报》《参议院议员以借款案辞职》报道：

本月廿七日（旧历初十日），南京参议院开议财政总长陈锦涛向道胜银行借款一百五十万磅之合同，议长林森仅以十四人到场开会，八人赞成，即作为通过案。散后各省议员据理与争，且因合同第五条有以全国赋税指抵之事，多不承认。二十八日，议员张伯烈、刘成禹[禺]、时功玖等据参议院议事细则第八条、第十八条、第二十一条质问议长林森，谓为违法之表决，并力争以民国赋税作抵借款之非，主张昨议无效。乃议长不惟不执行院章，反在场痛呵鄂议员等，以图呈抑。鄂议员见议长出此不法行为，遂同时辞职而去。闻他省议员亦有主张辞职者。兹将时议员及民社电文录下：

南京参议院议员时、刘、张三君电：

"武昌黎副总统暨鄂议会、总监察、各司司长、总稽查公鉴：政府借道胜债百五十万磅，以民国所得赋税作抵，定期一年偿还，且许以优先权。既启监督财政之渐，复挑拨列强猜忌之心。当此民国未经承认，南北未能确实统一之时，公然与外人订此不利之约。议员总数四十五人，乃以十七人到会，十四人在场，八人之赞同，作为通过。功玖等力争不获，反被议长当场呵斥，声色俱厉，有若囚虏。功玖等自问能力薄弱，难膺巨任，深恐陨越，有负乡人之托，谨此电辞，并祈另派妥员，俾副政府之望。时功玖、刘成禺、张伯烈同叩。"

上海民社本部电：

"北京袁大总统、南京孙大总统、武昌黎副总统、各省都督鉴：南京财政部现又向道胜银行借新债一百五十万金磅，合同有以全国所得赋税指偿之条。词旨笼罩，既种祸根，必致酿成外侮。其他条件，于偿还多所限制。俄商俨欲以是掩取我国借债之优先权，恐于四国成约将生阻碍。南京政府欺蔽议员，参议院竟以十四议员开议此案，八员赞成，作为通过，即日订正式借约。鄂、苏参议员全体辞职，舆论益滋不平。务恳竭力挽回，免滋后祸，大局幸甚。民社本部。"

刘成禺、时功玖、张伯烈布告辞职文如下：

谨布者：自民国参议院成立以来，成禺等才力绵薄，学识谫陋，纵令舌敝唇焦，终难拾缺补遗，其结果诚如江苏参议员杨君廷栋、陈君陶怡、凌君文渊辞职函中所谓，内不见信于政府，外不见谅于社会者矣。成禺等既谬受国人重托，便当效犬马长劳，故饵之以官而不动（以法制局某官说伯烈，以司法部某官说功玖，以财政部某官说成禺），畏之以威而不恐（司法次长吕志伊呈请黎副总统捕惩成禺），读江苏议员辞职之书而不耻者，无非欲贡千虑之一得，作有怀之必吐，得尺则尺，得寸则寸，以答我父老耳。孰意近日发觉一案，议长既咄咄逼人，成禺等又望望然去。吁！是岂成禺等之初心哉，盖势有不能自已也。

二月念六日上午，政府委员胡汉民到会报告，谓据财政总长陈锦涛电称，不用抵押，借到俄华道胜银行百五十万金磅云云。当经全院赞成。惟须将借款合同交院核议后，始能签字。

至二十七日上午，借款合同由政府咨送到院，例交审查会审查之。讵知自十二时散会退

食,至下午三时之三小时间,除食时不算入外,而此等重要财政案竟审查毕,且已付诸印刷,并于是时继续开会讨论此案。一似此案一发千钧,稍纵即逝之势,而成禺等未之知也。参议院定章,每日正式开会时间系上午九时至十二时。下午继续开会,原属例外,故成禺等因要未曾出席。及至四时半,院役送此审查案至湖北参议室,成禺等始知系借款巨案,急奔到会,而议场已经表决,议长将摇铃散会矣。退而问诸直隶议员吴景濂、河南议员李鏊、山西议员素君等,始知到会者连议长仅十七人,至表决时仅余十四人,赞成此案者得八人云云。成禺等当即公请议长林森君,此案系违法,少数之表决不得作为有效。而议长不理。

念八日上午开会,成禺等以参议院议事细则质问议长。据其第二条云,凡会议须有半数以上之议员到会,方可开议。本院议员全数四十五人,应得二十二人出席,始足半数。昨日出席仅十七人,而议长猥行开会,是否违背第二条?又据其第十八条云,关于法律、财政及重大议案,必经三读,始得议决,其他议案,若多数议员认为应行合并读会次数时,得合并或省略之。借款为财政重案,依法必经三读,而议长竟以一读了之,是否违背第十八条?至此时议长林森君及赞成是案之八人等,或谓可省二读三读者,或谓昨日下午可作二读,今日再补行三读,或谓已经表决之案不能推翻。其说纷纷,皆答非所问。议长乃变为补行三读之说。盖以三读会议决,全案之可否,二读会议决,逐条之可否。其所以变幻而出此者,非肯认三读会,殆有所避忌也。至是时,成禺等又据议事细则念一条云,凡政府提出之议案,既经第一读会者,应交审查会审查之,待其报告后,以该案大纲付之讨论,并议决应否开第二读会。昨日午后之会,明系审查报告讨论大纲,并非第二读会,且此条亦未云讨论大纲即为第二读,而议长独为第二读会,又是否违背第二十一条?况议事细则第十九条云,第一读会应于议长将议案通告各议员后,隔二日行之。第二十三条云,第二、第三读会日期,或间两日,或间一日,得由议员公决之。据此则此案至速亦须三日后始能为第二读会,而议长即以上午由政府咨交此案到院,甫行通告议员时,强认为第一读会,又以即日下午三时认为第二读会,又是否违背细则,变更院规?至此时议长林森君及赞成是案之八人,左枝右梧,既不能自圆其说,又不肯取消是案。于是议长乃横生枝节,故意寻衅,在议台上声色俱厉,拍案大呵,滥加成禺等以阻挠他人言论之咎。吁!议长对于议员竟如野蛮法官对待囚虏,议院尚可一日居耶?用是成禺等不敢不自爱,立时辞职。

夫成禺等质虽愚鲁,粗有知识,当此民国新定之日,需款孔急之秋,未尝不欲筹外债,以济时艰。前月鄂人电知中央政府,以鄂省四局四栈及刘人祥、韦尚文地皮作抵押物,借道胜银行款若干,提案到院,成禺等对于是案未敢为生民凋敝、一片焦土之湖北稍存私吝,其争先赞成,多去筹画之实情,虽天下人交代之,亦我议院及各行政官所共见共闻者。事机一变,神出鬼没,乘此新旧临时总统未行尽知,且订此以民国赋税作抵,以优先权让俄之借款合同,既开外人监督财政之端,又挑各国利益均沾之衅,窃恐共和不及成立,南北不及统一,而民国已灭亡于无形矣。与其如此灭亡,毋宁以老大帝国断送于满清政府之手,何必出自民国,外招列强诟骂,内重汉族罪戾耶。吁!是可忍也,就[孰]不可忍?成禺等滥厕议员,责有攸归,既不敢定政府之嗾使,亦不甘□涂水而盲从,惟有据法发言,以免愆咎。至法为议长轻灭[蔑]而不得据,且加以不测之侮辱,则人之自爱,执不如成禺等也。是以此次辞职,明知见罪于国人,然雷霆之声虽宏,不足以振聋者听;日月之光虽明,不足以觉瞶者目。况成禺等之碌碌者乎?折厥案由,谨布天下。罪我恕我,公诸国人。

1912年3月2日《申报》

△ 蔡元培一行27日抵达北京，北洋将领即于28、29日分别致电蔡元培，提出袁世凯不能离开北京，反对袁世凯南下就职。

王占元致蔡元培电文如下：

北京煤渣胡同法政学堂蔡专使钧鉴：顷闻诸公到京，欢迎袁大总统赴宁受任，情意之亲切，深为北方军界所同佩。惟思统一政府未定以前，宜[内]政、外交、边藩、军事、民情各方面正待计定，袁大总统实有一刻不可离京之势。刻今既已共和受任，何分南北，尚祈俯念大计所关，勿庸专请南行，实为盼祷。第二镇统制官王占元。勘。印。

黄彦、李伯新编著《孙中山藏档选编》(辛亥革命前后)，中华书局1986年版，第132页

北洋陆军第四镇致蔡元培等电文如下：

北京煤渣胡同法政学堂蔡专使诸公鉴：顷闻台驾抵京欢迎大总统赴宁受任后再回北京等因。查现在统一南北，畛域无分，惟共和肃成，内政亟待组织。各国公使均驻北京，交涉事繁，刻不容缓。且东北人心未定，地方秩序均待镇摄维持。如大总统南行，人心易启猜疑，必致牵动全局。依以上各节而论，大总统实不能不[要]其离京，务乞电达南京，力陈利害，请大总统即在北京受任，勿庸南行，大局所关，不必拘于典礼。想诸公明达，定当俯如所请也。特电奉恳，不胜盼切。第四镇叩。勘。印。

黄彦、李伯新编著《孙中山藏档选编》(辛亥革命前后)，中华书局1986年版，第132～133页

鲍贵卿等致蔡元培电文如下：

急。北京煤渣胡同法政学堂蔡专使鉴：闻公等有请大总统赴宁受任后再回北京之说。值此国家新造，万目瞻仰之时，谋国诸君宜努力同心事事，从实际上研究，不可以理想为谈判。仅将大总统目下不宜轻移一步理由，剖切陈之：

一、清帝现居北京，凡失势之徒皆欲居为奇货，大总统举足之后，设有借徒[复]辟之名以图自便其私者，北方糜乱，谁职其咎？

一、某某国野心勃勃，每欲收渔翁之利，幸外交有术，彼始不得逞其隐谋，若乘我之隙以阴为扇惑，边防空虚，实力薄弱，其害何堪设想？

一、战后元气萧条，人心浮动，当事事如实际上之进行，何暇谋及虚文缛粳[节]，亟应删繁就简，刻日组织新政府，以免陷国民于无政府地位。

以上三条，仅就其颤[显]而易见者言之耳。公等公忠谋国，识见镶[?]通，祈速电致南京孙公及诸君子，力为撤[谐]国，以保大局，全国幸甚。保定各军队总叔[司]令官鲍贵卿、统带官张松柏、崔需、朱廷灿、王懋赏暨各将士同叩。勘。印。

黄彦、李伯新编著《孙中山藏档选编》(辛亥革命前后)，中华书局1986年版，第133页

李纯等致蔡元培等电文如下：

万急。北京煤渣胡同政法[法政]学堂蔡专使诸公鉴：顷阅报章，欣悉诸公持迎袁大总统赴宁受任后再回北京，具见南省同胞亟盼统一，仰望袁大总统之真意。惟事关重大，不得不反复研求，以期尽啡[善]。如以受任而言，自全国公举之日，即大总统受任之时。此旬余间任内政，任外交，无一不受全国同胞之信仰，以言受任，更无所诉[谓]受任也。如以首都地点拟移建洹[?]垣，大总统即当赴宁。抑思国体粗定，人心犹未全安，倘首都遽移北[南]方，各省势必动摇，满洲、蒙古亦自唇齿无依，种种危机不堪设想。况北京东交民巷一带，自庚子乱后，各国经烛需费甚巨，骤为他移，交涉立起；如外交失败，联军之祸，当必再见方[于]今朝。诸公预杜瓜分，而衢[瓜]分更速；预固国都，而首都安在。天下事贵通筹，万不可以少数人之意见，致坏大局。纵以北京为其基础，然事在人为，概革所谓“周虽旧邦，其命维新”是也。纯

等为大局起见，不揣冒昧，谨据实直言，万祈诸公从速电达南京，痛陈利害，仍在北京建立首都。中国幸甚，大局幸甚。李纯、马继增、吴金彪、张敬尧、王恩贵、李焕章、萧安国、宋玉峰、徐长庚、周文炳、宫邦铎、苏得胜、吴新田、黄占魁、魏明山、张凤鸣、樊毓英、丁效兰、毕化东、齐燮元、方本仁、陈光达、王钟、李常、陆严铭、郝得同叩。勘。印。

黄彦、李伯新编著《孙中山藏档选编》(辛亥革命前后)，中华书局1986年版，第134页

张锡元等致蔡元培等电文如下：

万急。北京煤渣胡同法政学堂蔡专使诸君同鉴：闻台从抵京欢迎袁大总统赴宁受任，锡元等戎事久羁，不获见聆大教，曷任景企。窃维都城地点，按之地理、历史、现势均不宜舍北就南，全国已成一致之论，何庸赘议。锡元等通观近势，窃谓此时共和虽布，秩序未复，不特总统受任不可稍迟，即北京尤不能远离，致生种种急险：

一、查北方军队不下十万，自豫边各处南军时时进规[逼]，群情已滋疑虑，一闻总统南行，北方军队势将横生揣测，变乱一成，必致不可收拾；

一、内外蒙古久有折无[?]强邻之势，军兴以来尤为岌岌可危，其赖以维系者惟总统一人，若一出北京，是复予人以煽诱之资，自弃藩篱后悔何及；

一、近数月间，南北隔绝，商务停滞，内地盗贼纷起，外人几视为无政府国家，北方秩序若再一扰乱，岂能仍前坐视，以待我之自谋。

以上各节，仅旧[举]大略。总之，都城宜在北京，南北舆论既已从同，即应以迅速定议为宜。若必谓民军起自南方，总统必须一赴南京以副志[众]望，则俟将来大局底定，固亦未迟。此时建设方始，存亡治乱关系匪轻，诸公洞达时艰，望务将此中利害向南京政府痛切陈之，俾共和国家得以早日观成，实为全国之幸。二十九协统领张锡元、中路统领刘洪顺、后路统领柴得贵等同叩。勘。印。

黄彦、李伯新编著《孙中山藏档选编》(辛亥革命前后)，中华书局1986年版，第135页

刘金标等致蔡元培等电文如下：

万急。北京煤渣胡同法政学堂转南京蔡专使诸公钧鉴：顷闻大总统赴南京议事。惟值统一政府未定之际，诸政未备，民心不定，袁大总统实系时刻难离北京，设或赴南京，诚恐大计攸关。特恳贵专使速电南京，袁大总统即在北京受任，以免民心摇动，致生他呃。除径电恳请袁大总统暂勿赴南京以等[筹]大计外，专此敬叩。武卫荫[?]军后路统领官坳[刘]金标暨全路官长同【叩】。伊[俭]。印。

黄彦、李伯新编著《孙中山藏档选编》(辛亥革命前后)，中华书局1986年版，第136页

鼎痱等致蔡元培等电文如下：

北京煤渣胡同法政学堂蔡专使诸公均鉴：顷闻诸公到京欢迎袁大总统赴宁受任一节，具见诸公推戴热诚，不至使帘远堂高、南北有睽隔之意，无任钦佩。惟统一政府尚未巩固，大局一日不定，袁大总统即不可一日离京。其难有五：

一、内政：建设方新，万端待理，袁大总统一日离京，诸事无所禀承，则国利民福难望有急进之效果。其难一。

一、外交：北京使馆林立，展拓基址以为久计。正赖有袁大总统之勋威德望，足以联络邦交，一离北京，各大使难免启猜疑之隙。其难二。

一、边藩：共和政体久为王党所阻挠，幸赖袁大总统措置咸宜，始允宣布。然其心究未尝帖服，大总统一离京，该王党勾结蒙、藏余烬，必有复张之势。其难三。

一、军事：北洋军队将士多为袁大总统所训练，感激之忱逾于金石。一日离京，势必攀辕

饮泣,而阻其南行。其难四。

一、民情:北方风气刚劲,抚之则易知恩,拂之则易思乱。袁大总统历官于齐燕、畿辅,政声所树,浃入人心。且共和甫经宣布,民心粗定,袁大总统于是镇抚之,民自相安于无事,一日离京,难保不激而生变。其难五。

有此五难,诸公当以为然,即请诸公设法电达南京毘[痛]陈斯弊,请袁大总统即在北京受任,勿庸南行,以瑗[?]人心而定国计,大局幸甚!鼎鼐等。勘。印。

黄彦、李伯新编著《孙中山藏档选编》(辛亥革命前后),中华书局 1986 年版,第 136 ~ 137 页

倪嗣冲等致蔡元培等电文如下:

火急。北京煤渣胡同法政学堂蔡君元培暨诸公均鉴:顷闻诸公联络入京,欢迎袁大总统赴宁受任后再回北京,足征中山先生推贤让能,诸公亦同声翊戴,实我共和前途无疆幸福,曷胜感忭。惟念现在大局初定,内政、外交、边藩、军事百端待理,实有一发千钧、一刻千金之势。袁大总统如赴南京,往返程途暨料理接收各事,至少必两三月方能北面[回]。此两三月中,各国公使俱在北京,既难强与俱南,交涉殷繁,必多贻误。而蒙古、东三省人民顽固,既不免犹有违言,且外人虎视眈眈,正在窥伺,尤须袁大总统在北方坐镇,设法调和,尚可渴望融洽,一旦他往,即恐另滋事端。况军队人民切望袁大总统修好邻邦,联络满、蒙,俾大局一日果定,人心一日能安,岂容搁置,致生枝节。由种种方面观察,袁大总统实有一刻不可离京之势。诸公热心共和,顾全大局,谅有同心。深望将此中利害电商南京同人,即请袁大总统仍在北京受任,俾得大局早定,我共和国基固于包桂[?],实为至幸。敝军意见相同,合词电布,尚乞鉴察。倪嗣冲暨全界军人同叩。艳。印。

黄彦、李伯新编著《孙中山藏档选编》(辛亥革命前后),中华书局 1986 年版,第 137 ~ 138 页

雷震春致蔡元培等电文如下:

北京煤渣胡同法政学堂蔡专使诸公鉴:顷职[闻]诸公到京欢迎袁大总统赴宁受任一节。诸君远道专忱举行盛典,殊深感佩。第念国体初定,政府尚未统一,大总统未便遽离北京,敢述理由布诸左右:

现在各部大臣纷纷辞职,几陷于无政府状态,诸务丛脞,百端待理。此因内政不便离京者一。

际此新旧代嬗,各国交涉繁多,诸须提议。且使馆均在北京,大总统一旦南行,设有乱民内讧,酿成交涉,谁执其咎。此因外交不便离京者二。

而且边藩疑团未释,尚存观望;军队麇集北京,赖有坐镇;民情知识不齐,尚未静谧。以各方面而论,大总统实有一刻不可暂离北京之势。

诸君既以国利民福为心,自宜为大局计安危,当此财力困难、民心不靖,正应扫去浮文,力求实际,受任大典何必定在南方举行?若谓借以昭示大一统之规锉,满、蒙、回、藏,设请赴各处受任,又将何词以解?务望电达南京,痛陈利害,请大总统即在北京受任,以资维系,大局攸关,实为盼祷。雷震春叩。艳。印。

黄彦、李伯新编著《孙中山藏档选编》(辛亥革命前后),中华书局 1986 年版,第 138 ~ 139 页

潘矩楹等致蔡元培等电文如下:

北京煤渣胡同法政学堂蔡专使诸公均鉴:顷闻袁大总统赴宁受任之风说。敝镇各级官佐,佥以清帝业已退位,统一政府尚未立定,袁公离京实于大局诸多妨碍,谨为诸公缕晰陈之:

现在共和甫定,庶政茫无头绪,急待广[?]速厘正,俾全国有所法守,以昭大同。此其不

可离京者一。

列强环伺,乘隙思逞,日人之在东三省煽惑,土匪四出纷扰,借故进兵,狡黠尤甚,外交正在棘手。此其不可离京者二。

蒙藩反对虽渐融和,现仍蠢蠢欲动。此其不可离京者三。

全国人心初归一致,在诸公到京欢迎,原期袁大总统早日受任,国民早获人安;惟当统一政府未定以前,倘袁公南行,北方稍有不靖,掣动全局,内政不能修,外交不能涉,疆圉不能固,人民幸福不能保,思治复乱,惨祸立生,尤非矩楹等所敢知也。此其不可离京者四。

以上理由,愚昧者所能知,明达诸公谅当鉴察。潘矩楹率二十镇官佐同叩。艳。印。

黄彦、李伯新编著《孙中山藏档选编》(辛亥革命前后),中华书局1986年版,第139~140页

卢永祥致蔡元培电文如下:

煤渣胡同法政学堂蔡专使鉴:顷闻诸公赴京欢迎袁大总统赴宁受任等语。惟正值人心未定之际,以内政、外交、边藩、军事、民情各方面而论,统一政府未定以前,袁大总统实有一刻不能离京之势。倘一离京,惟恐人心浮动,又兼彼辈趁此扇惑,实于大局有关。望诸公转达南京,袁大总统仍在北京受任,勿庸南行为盼。会办山西军务卢永祥。印。赊[赚]。

黄彦、李伯新编著《孙中山藏档选编》(辛亥革命前后),中华书局1986年版,第140页

△ **广西省议会因省防统领秦步衢蹂躏议会,逮捕议员,宣布总辞职。**

1912年3月27日《申报》《广西议员被捕情形》载:

桂省防统领秦步衢于前月至桂林议院逮捕徐议员一事,已略见前报。兹闻是日议院方会议事件,突有秦统领乘四人大轿,并率军队数十名,前后呼喝而至。及入议场,即行发议。惟所出之言,异常庞杂,与从前当副议长时迥不相同。时甘议长已有不悦之意。未几又与徐议员争论领枪之事,以致互相冲突。秦竟在议场上大肆咆哮,拍案詈骂,一若布告徐议员领枪济匪罪状者。然迭经议长发令禁止,均皆不听,议长以其威势迫人,不可向迩扰乱议场之秩序,即令散会。秦即怒握徐手下场,并向其背猛扑数下,徐议员所戴之帽亦横飞数武,复喝令军队拘回署内。徐议员却步不前,又被军队威迫不过,遂挺身而去。蜂拥过市,如捕大盗。城内商民均未知所犯何罪,多有惊而讶之者。当时各议员见此情形,莫不发指眦裂,以为议员被辱,至此已极,故于三月一号即行全体告退云。

广西军政府代广西绅、商、学界通电如下:

急。南京大总统、参议院、各部院[总]长、各省议院、军政府、各埠报馆、都督、各督抚送各府县议会均鉴:二月廿八号,本省议院议员全体辞退。据其理由,谓系省防统领秦步衢带兵蹂躏议场,逮捕议员,业经通电各省及各府县。秦统领当即通电辩释。绅、商、学界全体以事关大局,当即开临时大会,公推代表上书慰留。略谓秦统领果出于违法逮捕议员,蹂躏议场,即由军政府加以相当处分足矣。议院为人民代表宪法上机关,不应轻易解散云云。求其答辩,议院仍置不理。嗣由代表面诘议长及议员。其答复但谓已经通电各处,未便收回成命,且议员人数奇少,在法律上已无效力。据此答复,则议院辞退,实出于人少之故,前此通电藉词而已。特此电闻,统祈详查。此次交涉函件,俟后奉寄。桂绅、商、学界全体叩。军政府代。蒸。

1912年3月22日《民立报》

△ 潘昌煦、朱寿朋等发起组织国民党，是日发表宣言。3月1日公布暂定简章，宣布“以人民为国家主体，完全保护其固有之权利以发扬共和之精神”为宗旨。事务所暂设上海西门外江苏教育总会后面西林寺。

《国民党宣言书》如下：

亚洲无民国。亚洲之有民国，自我中华始。我中华之为亚洲一大帝国，旧矣。风卷电掣，变化倏忽，蜕帝制而植民权，自我今日新中华始。

虽然帝国之责任于此终，民国之责任即于此始；帝国之责任君主当之，民国之责任，非我国民其畴当之者？

或者曰：中华国民偃仰生息于专制政治之下，数千年于兹。以数千年专制政治，养成之种种特性与其习惯，俄焉歆于所慕，改易常度，其奔赴共和事业也，犹商人之投机耳，功获告成，殆关天幸。夫天佑中华，诚不惜贶以共和之美名。而数千年来，专制政治养成之种种特性与其习惯，岂能一日划削以尽？令欲以非常责任，遽属之柔脆散漫、专恃依赖之国民，必无济。

呜呼！如或所云，其儆惕我国民欤？抑图破坏我民国，先以厚诬我国民欤？我中华而仍为专制帝国，则已；我中华而仅由专制帝国，远法英伦，近师日本，进为立宪帝国，则已；今既一跃而为民国，则我国民之实力，讵不能追踪平昔所最敬慕、最友爱之美利坚，遥遥对峙于东西两半球之上，以发扬其光采？故处今日而论责任问题，谓国民不足恃者，是颠覆我国民责任，即侮夺我国民权利，虽目为公仇可也。何则？民国云者，以人民为国家主体，握无上之主权者也。

今夫主权在民之说，当世类能道之。究其持论之根据，则大都指为国会。不知国会之权能与行政、司法各机关同出一源，皆有所限，未可加以无上之名也。盖定三权之范围者，宪法也；而握编纂宪法及改正宪法之权者，国民也。国民处至尊之位，握无上之主权，即负无限之责任。凡为民国，固应尔也。不然，议会万能之流弊，视君主之专制又何以异？

大地之上，大小民国，奚翅十数，其以三权为宪法，所付予国民独握无上之主权者，厥惟美利坚。考其行政，以哲克生所持主义为最合共和之真际。何则？立行政之地位者，往往欲扩充其势力，或且与民奋斗为集权之计。哲氏独认国民为全国所含之质点，以保护国民权利为行政之基础。所谓国民，民政是也，彼名共和而实专制者，其知是耶？吾党窃愿本此主义，效忠民国，进则见诸实施，尽公仆之天职；退则主持舆论，示政海之方针。世有哲克生其人乎？愿握策而从之矣。

1912年2月28日《民立报》

《国民党暂定简章》如下：

第一条　本党定名曰国民党，未经成立以前，暂称国民党同志会。

第二条　本党宗旨于全国统一政治之下，以人民为国家主体，完全保护其固【有】之权利以发扬共和之精神。

第三条　本党具永久性质，始终一致。

第四条　事务所设在都城（都城未定以前，暂设在上海西门外林荫路江苏教育总会后面西林寺），即为将来本党干部，其各处赞成本党发起集会者为支部。凡组织支部者，须经干部之允可。

第五条　凡有公民资格者，经本党党员二人以上之介绍，即可着籍；但将来有戾于本党宗旨以及本党名义干涉他务者，得公决除名。

第六条　本党同志会设干事十人,推定干事长一人,以主持党务、推广同志为应有之责任。

第七条　各干事每月集议二次,于第一、第三周日曜日行之。同志会每月集会一次,由干事长定期通知。

第八条　本党发起之始,需费较寡,暂由发起人公同负担。

第九条　本党同志集合至五百人以上时,即开成立大会,公举党首及各职员。

第十条　本党同志会应根据现定宗旨,草拟政纲,于第一次大会公决宣布。

第十一条　本党详细章程,俟开成立大会时,推举起草员拟订,由全体党员公决之。

发起人:汤一鹗、张坚、陆鸿仪、潘鸿鼎、潘昌煦、章圭瑑、钱崇威、吴廷耀、金念祖、金文翰、沈恩膏、顾瑞、金其堡、沈彭年、赵履福、席德尊、秦毓钧、孙春雷、项钟华、顾言、林曾裕、谢永炘、陈敬铭、朱维清、张家镇、张毓英、贾丰芸、陈瑞清、郁德基、贾丰臻、张葆元、朱楚善、沈周、沈宝善、项镇方、吴祥熊、李宗邺、朱寿朋。

1912年3月1日《民立报》

2月29日(正月十二日)　为胁迫南京临时政府取消迎袁南下就职的决议,袁世凯怂恿第三师师长曹锟于是日晚发动北京"兵变"。北洋军将领旋又联名通电,坚持"临时政府必立设于北京,大总统受任暂难离京一步"。

1912年3月2日《大公报》要闻《北京兵变之警信种种》载:

昨日本报附送号外传单纪北京陆军第三镇第二标第六营于前晚兵变,在崇文门内放火抢劫,东南一带枪炮之声不绝,并由前门东车站上火车东往永定门而去,所有住户、铺户皆不敢出门探听等情。兹据续报言:十二日晚北京提灯会沿街辱骂,禁卫军同毅军并第三镇兵队大为愤怒,遂开放枪炮,击毙多人。至夜一点余钟,该军又将石大人胡同袁总统议事之处围困。是时,炮击及枪毙者约有千[?]余人,议事者四十余员,逃出十余人。朝阳门被三炮打坏,起火燃烧。红十字会亦已焚。十三日早由京开往榆关快车,至下午二点余始行过津。

又接北京电信云:二月二十九号晚,第三镇因提灯会之际,由石大人胡同起事,到金鱼胡同东安市场。一至东单牌楼,遂抢掠日本旅馆扶桑馆,窜入抢劫,并枪毙厨役一名,系中国人,及日本厨役一人受伤甚重。该兵施放枪弹至各使署。翌早又至前门外一带以及西城等处。该兵乘火车直至丰台黄村等站,均行抢掳。

又据《天津日报》昨日号外传单云:昨夜八时,北京忽起暴动,第一镇及三镇兵士三千名结队在城内外各处持械滥入民家,有抗拒者即发枪击毙,恣意抢夺放火。夜九时,有十余处火起,前门外及东单、西单各大街所有富商巨贾皆被焚烧抢劫,火光炮声迄今早六时始息,天明各兵均隐匿不见。日本居留民百余人皆逃至日本驻屯军营内避乱,扶桑馆、信义、信昌各洋行均遭抢掠,东华洋行佐藤任之助氏居屋亦被焚毁,扶桑馆内财物尽被劫去,并枪毙华人一名,三菱公司幸未波及。日本兵士昨夜均在东单牌楼附近一带警备。

又云:闻今夜有尚拟烧抢前门之说,人心甚为恐慌。

又云:该乱兵于今日(十三日)午后在黄村与官军(中华民国军)冲突,开始战斗,未知结果。

又闻该乱兵至丰台抢掠时有驻屯英兵往阻,乱兵恃众不服,英兵无可如何。

又云:袁云[世]凯消息不明。

又云:袁世凯以机关枪队防剿暴徒,袁则不知逃往何处,或云已被乱兵所戕,未知确否。

又据督署消息云:陆军段首领来电嘱天津兵警严加防范。北京前门珠宝市、直隶银行分行昨夜被乱兵抢去现银七千两。

又云：督署接北京电，袁总统避至东交民巷英使馆内。

又云：闻乱兵拟乘车来津，第三镇统制曹锟在丰台堵截防其南下。

又前晚督署接阮忠枢电云："天津张制台鉴：今夕驻京三镇军队因事冲突互战，劣匪乘机抢掠，致失火延烧民房。敝处现已分兵弹压劝止，并无他。故宫均安，希速宣布，以免传讹。枢。艳。印。"

又据探访局来函云："敬启者：查昨晚六钟时，陆军第三镇连同毅军因每兵裁饷一两之故起哄，自东华门起抢劫，钱、当各商焚烧殆尽。东四牌楼至齐化门一带次之，崇文门至前门一带又次之，东安市场已毁于兵火。一夜枪声不绝，至今早八点钟始息。袁大总统无恙。传令兵丁不出营者每名加赏二十两。现正招抚溃兵，尚未就绪，特此奉闻。"

昨又得北京电话云：今日（十三日）铺户一律关闭停止贸易。今夜已发令格外戒严。

1912年3月3日《大公报》要闻《续纪北京兵变时之真象》又载：

北京兵变情形已纪昨报。

兹又接北京专函云：二十九日（即十二日）晚七点钟余，突闻枪声四起，正阳门、地安门、东华门、朝阳门内外驻扎之第二、三等镇，同时暗约起事，大肆焚掠。前门外珠市口、骡马市大街、琉璃厂等处亦有被抢之店铺，地安、东安两门外之火势尤烈。而所抢之店铺以银钱号、钟表、金店、银楼、估衣洋货各家最居多数。至九、十点钟，南北城秩序全无，异常扰乱，叛兵到处均有，土匪相随附和抢掠，甚至赃物抛掷路中者亦甚多。各处巡警、商团、两翼五营、各游缉队均因事起仓卒，毫无戒备；又因枪枝腐旧，子弹人仅一排，并众寡不敌，未敢抗捕。有放枪追获者实百中之一二。是时东交民巷使馆界各国卫兵亦分配出队登城放枪示威，并隔断界内交通及分遣保护洋侨。当时袁总统分颁紧急命令，调派未叛各陆军及武卫各军，会同警卫队四处敌[搜]捕拿获叛兵、土匪百余名，获赃甚多，并令极力保护使馆界。袁总统之卫队亦极力保护迎宾馆及南京专使行馆，然已被抢（或云专使等避入美使馆）。并闻东北城尚有被伤铺伙二人，行路者数人。又当时袁总统发令前三门不得关闭，以留该叛军逃走之路，免各商民多受惊恐。至夜四点钟，各叛兵始分逃。有谓乘火车逃回河南、山东各省者。探其原因，并非专为索饷，尚有别项关系。当兵队之出也分两起，一向崇文门，一向东华门。起意者为唐天喜所统之第十标，暨上月初由孝感、广水、黄村等处来保卫京师之兵，而益以新招之武卫军暨地方失业之洋车夫及匪徒，故秩序大乱。民政首领自步军统领及其它各大官员如曹统制、如段陆军首领，均在石大人胡同附近压弹，禁卫军总统冯国璋则率部下守卫禁城。闻暴乱初起时中外政客以为必系所谓宗社党、保皇党起事，然细细检查，既不见禁卫军及各项旗兵参杂其间，是此等暴乱纯为金钱起见，并无政治意思云。又闻十三晚九点钟西城又有五处起火，谣传庆王府有被焚之说。

又昨据《天津日报》号外传单云：京中报告今日（即十四日）午前禁卫军与毅军在东四牌楼十二条胡同联合抢掠，步军统领所辖之兵前往弹压，杀叛军十二名。详情容探。又云：昨日（十三日）午后四时，北京北城一带枪声大起，大约系毅军与第三镇互相冲突。又云：是晚毅军第一镇及禁卫军复肆大掠，内有一部往袭洵、涛两贝勒邸，并在洵邸发炮肆行掠夺。又一消息，石大人胡同并□□焚，因姜军保护颇为得力也。

同日《大公报》要闻《详记北京兵变后之调查》又载：

北京第三镇陆军叛变各事迭志本报。

兹据北京访员复行调查，除前纪外，尚有种种见闻汇录如下：是日倡乱原委有二：一为因该镇来京时曾许每月加饷一两五钱,现因共和底定,有延不照放之说;一为数日前曹统制琨[锟]已有所闻,曾传令饬缴军械子弹,声言俟剪发后改换新枪械。由是众军借口剪发缴枪械索加饷为由,自是日下午四钟鼓噪。闻起事军之统带系魏姓,素日有克扣之劣迹,虽婉言劝阻,已无效力。闻是时倘得一有声望之军政大员前往劝慰,即不至如此扰乱,且此次之变,系官弁军人会合而起。

次日午后,访员亲往东、南、西、北城调查,见宣武门外巡警木屋中已无一人,而大街马路中有一二巡警,亦不按岗位。其时有两美国人同乘马车,均着行猎装,各持快枪一枝,形甚张惶,另有行李,中国车五大辆装有箱多只,每车均有美兵一人护送。其宣武门内巡警、游缉队渐多,沿途往来之各项军兵络绎不断,至西单牌楼附近迤北,有武卫右军多名,马路两旁几满,惟荷枪者少,空手者多。西四牌楼南北除另有消防队外,其余均相同。后入皇城根,见往来各军兵尤多,人半均乘人力车,形似前夜出防之势,此军人为巡警、游缉队、消防队、禁卫军为多,毅军占少数。逾时有回营之消防大队从东来,荷火钩者数十人,拉拥皮水龙者数十人,全队均系满身泥水灰土,似出救火完毕者。闻路人言,是日自午后已过去四五次矣。其西安门三门全闭,地安门亦如之。有禁卫军等保护,均开左门一扇,以通行人。地安门外尚有枪声隆隆,系禁卫军因新领之枪,恐不灵活,故先试放。而各居民颇多不安,且大街两旁有烧迹。逾时又由西来毅军约两千余人,均荷枪列队向北行,询系驻扎北城各地者。而各项军队三五十人一队,纷纷往来不绝,所经过之各处,除多数铺家有人在外观望之外,行人不过寥寥十余人,大半皆贫民购买食物者。各店铺一律闭门,闻均被抢。无论大小商业,百中无一幸免,门面破坏者比比皆是,惟粮店间有开一门之家,数亦不多。再欲往东城调查,而东安门迤北城根,除军队外,行人绝少,行路甚艰,幸乘车尚易行,而枪声间断不绝于耳,即湾[弯]转绕越,始达东安门。大街沿途均系军队,惟此街一带另有袁总统护卫马队甚多,再往南则军队尤多,东交民巷台基厂邮政总局、电报局均有军队甚多。各街巷肩担车载包裹男女,均系出逃之住户。其正阳门内大致与各处同。前门外各商店亦一律闭门,间有已烧者甚多,尚有席盖尸身数具。内城有步军统领所帖[贴]招领尸身广告多张,亦系前晚误伤之人。是日内外城巡警总厅分派专员会区清查被抢各户,并查所失之略数。民政首领赵秉钧、顺天府尹、步军统领暨两翼五营将弁等均分别亲行查验。

此系十三日调查之大概情形也。

1912年3月9日《民立报》《北京兵变之详情》亦载:

北京兵变详情,已志本报。今又将特函录下:

祸始:此次变乱,据确实消息,系驻扎帅府园奶子府及城外三处,第三镇兵为原动者,而崇文门第二镇兵亦曾与之联合。至第三镇统制曹锟,原驻奉天,经调直隶防石家庄一带后,因滦州第二十、四十协军变,复调该镇兵队,开往滦州驻扎弹压,于去腊宣布共和之际,经袁调该镇兵来京入卫,忽有此变。

二十九日晚八时顷,第三镇第九标驻扎齐化门,遂排队入城,专以抢掠为事。变起时,东局电语即不通,夜深时,偶有一二可通者,但亦绝无仅有之事也。以故内外城之守望巡警相率一空,西城一带安堵无恙,东城则枪声四起,火光烛天,城外行人则狂向西奔,铺户居宅率皆闭门。至夜深时,除第三镇兵外,靡有行人矣。

原因:第九标兵当其未变时,即有怨言出,谓:"驻扎北京,日夜执梭巡事务,太自苦尔,吾将归吾乡里也。"故其入齐化门时,对于各铺户之宣言:"吾等欲归,向汝求盘费,速与我,毋他理由也。"

又函云：第三镇陆军在去年时，曾奉陆军部命令，与前敌各军，每人每月加津贴银一两。其后此军调来北京，保护京城，系专担任东城地面，而以西城归姜军保护。前日忽接到陆军部命令，谓去年所加之津贴，每月一两者裁撤。该军不服，遂率队入城，往要求第三镇统制官曹锟免裁此项津贴。入齐化门后，遂到禄米仓，尚未见曹锟之面，而先与第三镇军之分驻禄米仓者相晤，遂约同举事，各处掠取盘费云。

目的：入齐化门时，挨户抢劫，有官长统带之，专以搜索现银钱暨贵重之物件为事。夜深三四时，顷刻所获已多，相率往西车站逼其开车，饱飏而去。次晨六时，即抵保定。盖其目的专在金钱，无他项丝毫关系也。

抢劫：齐化门内旁近各街市之住宅暨各铺户，其被抢劫最酷，几于靡家不索，一经搜索，十室九空。初入门时，只身而来，惟恐无所得，其匪情类如是也。以次则东四牌楼以北暨其南崇文门内外、正阳门内外，为其抢劫之场所。被抢劫者当铺、钱店、银号，其大宗也。其它则小康之住户暨绸缎店等等。珠宝市之炉房，实其目的之所在。以有铁栅栏，未能入。前清之亲贵及著名富有之那桐家、世续家，并未受害。

焚烧：饱其所欲，即予一火，东安市场一带，其最大之火场也。灯市口以北、金鱼胡同以南之锡拉胡同以北、乃兹府以南，又次之。崇文门内乃至克林德石牌坊暨正阳门外之鲜渔口以南，被焚烧者，零星一家或数家而已。东四牌楼之西牌楼，东华门外之门楼，其中非有金钱，亦被焚毁，彻夜火势不熄。

死伤：此次事变，虽死伤不少，然实多系误伤。盖兵之目的在钱，得钱即逝，亦不肯拚死斫杀，故多以枪向空开放，但冀威吓，惟东华门外丁字街集成钱号，以强硬相对付，死六七人焉。崇文门外花市大街、前门外大街暨其它之三里河等，多系误中流弹云。

警戒：变起时，派兵弹压实有所闻，然该兵等防备并不竭力，警巡亦皆逃散，所有重地均无只影，满街寥寂，唯火焰枪声而已。时皎月悬空，凄惨之状，难已[以]言喻。赵秉钧、乌珍、曹锟、段祺瑞，闻变均驰石大人胡同弹压，叛兵不服，几遭不测。武卫左军及禁卫军中之游击队，均奉袁总统令，不准与乱兵对垒攻击，以免人民涂炭。次日，袁即调武卫左军防卫石大人胡同，禁卫军由西苑奉调进城弹压。

外兵：各国防兵出动，以日为多，盖日人旅京者最多。故当时出兵，其步哨直至东单牌楼以北，克林德牌坊附近。德、法、意、奥兵警戒长安街、崇文门大街；英、美、俄兵之警戒线，南至水关外，北至御河桥附近，西至东交民巷西口，极为严密。外人惟日本稍受损害，东华洋行、扶桑馆诸处，颇遭劫掠。三菱公司以墙垣高厚，故未得拦[阑]入云。

专使：当枪声四起时，南京政府专使招待所内，亦有外来兵士纵枪毁门而入，所内护兵措手不及，南来诸人只得分路避去。蔡专使偕汪君兆铭、范君熙绩，入一僻室，闭户熄灯，静坐以待之。兵士四处掳掠，幸未被觉。逾时人声稍靖，蔡君等出寻晤秘书蔡君序东、曾君广勷、庶务张君魁。所内守护者，只余张君清澄一人相伴。时火势四面逼近，又有兵士纵枪而入，蔡专使等乃赴附近美国人格林君家小驻。承其殷勤招待，昨晨偕赴六国饭店暂寓。未几，王君正廷、王君景春、钮君永建、黄君恺元、魏君宸组、宋君教仁、刘君冠雄、陈君乙白均至，万君廷献、刘君一清、彭君汉遗[遗]、张君大昕亦均探知住所。而招待所内所有行李文件等，掳掠一空矣。

善后：叛兵四出抢夺之时，袁总统即恐城内开战，酿成巨变，故发命令仅准追赶出城，不准在城内延战。后又出招抚示谕，略谓：第三镇素守纪律，顷被诱惑，遂有此变，仍准招抚回营，既往勿究云云。盖恐其溃散后骚扰各乡，故有此举。又亲卫兵之未滋事，均行酬赏。毅军弹压地面极为出力,现已令分段专任驻守,并专函致各使馆慰问及道歉。闻各使馆亦有函慰袁总统云。

△ 孙中山令南京临时政府财政部承认中华银行为商银行,并由国家补助股份一半。3月3日,财政总长陈锦涛呈文回复孙中山,中华银行不能由国家补助,请孙改正前令。3月21日,孙中山批复,财政部所呈"应予照准"。

孙中山命令如下:

临时大总统令

据中华银行股东郭辉等呈称:"窃商等前以本行垫发沪军公款太多,力不能支,请照原定章程,颁给公股洋一百二十五万元,并公举代表江上青君叩谒钧座,面陈一切,荷函致陈财政长筹款照拨。惟陈财政长以此行未经中央组织,颇有难意。伏念沪军起义之时,中央政府尚未成立,当此金融沮塞,百事待举之际,必先筹设财政机关,以资挹注。于是沪军陈都督特命沈财政长,从速筹办,七日告成,当订招股章程,公股商股各半。商等以此行为经济要素,民国首基,不惜鬻产举债,以附股份。当此之时,苏军甫经反正,张军尚踞金陵,大局甚危,人心未定,沪上兵民,一夕数惊。若非本行柱撑,肆应其间,事变之生,未可逆料。是沪督之创此行,非为沪民计,实为民国全局计;商等之乐附股本,非为沪军计,实为热心共和计。窃意政府成立之后,必将本行原订章程宣布承认,特别保护,以示奖励而劝国民。乃一再禀陈,虽蒙钧座俯鉴下忱,优谕慰允,一则饬拨巨款,设立南京分行,再则准照原章,拨发公股资本,无如当事者每以财政困难无力应付为言。在当局者,自有苦衷。然本行办事之人,既已呕心绞脑数月之久,中华之名称亦已中外皆知,商等力虽微薄,断不忍坐听其澌灭。现惟有赶紧招集商股,以巩基础,一面先在南京设立分行,以扩营业。至本行性质究居何等,从前沪军府原订章程,是否仍行承认,应请大总统俯赐察核,批示遵行。又南京分行,刻拟即日先行设立,应恳令知财政部立案,确予保护"等情前来。

查该行系在沪上光复之时,由沪军陈都督饬令沪财政长等所组织。在当时中央政府尚未成立,金融沮塞,商旅束手。沪军当东南之要冲,征兵转饷,时机危迫,间不容发,赖该行之功,遂得应付裕如。是陈都督筹画之劳,该行维持之力,均不可掩。为此,令仰该部查照,认该行为商银行之性质,由国家补助股份一半,其办法如日本银行之对于正金银行。如目前无现金,可给以公债票一百二十五万作抵。庶政策既不因之违碍,商本亦赖以维持矣。此令。

财政部总长陈锦涛知照

孙文

中华民国元年二月二十九日

"南京临时政府档案",中国第二历史档案馆编《中华民国史档案资料汇编》第2辑,江苏人民出版社1981年版,第413~414页

陈锦涛呈孙中山文如下:

财政部长陈○○呈

案奉大总统训令,饬部认中华银行为商银行性质,由国家补助股份一半,其办法如日本银行之对于正金银行。如目前无现金,可给以公债票一千二百五十万作抵(此处与上文一百二十五万有异,二者必有一误,编者)。庶政策既不因之违碍,商本亦赖以维持矣。此令。奉此。查该行前在本部呈请拨款开办分行,并谓该行具有中央银行性质等语。当以该行维持困苦,固于光复有功,第因此即认为具有中央银行性质,窃恐各省纷纷援例,必至机关歧出,

贻诮骈枝，批答该行在案。兹复奉令前因，自属大总统体恤商艰，酬报勤劳之至意。

惟查正金银行，先日本银行而创立。盖缘明治维新之始，采用美制，各地国立银行泛发纸币，现银外溢，国家几陷于破产，故设正金银行，办理外国汇兑，吸收外国现金，以维持本国币制。嗣日本银行创立，定为中央银行。其时正金已具有规模，卓著成效，故认为特种商业银行，委以外国汇兑事务，许由日本银行轻利借给二千万元以内之特权，是正金之所以享此特权者，实根据于特别之情形与历史。

今中华银行创设未久，规模未备，设立之时，不过为一隅发行军用钞票之机关，非以外国汇兑为目的，则与正金银行办法迥不相同。况目前部款，既绝无来源，各省又纷纷请助，安有余力以办外国汇兑之经营。稽诸现情，证诸往事，固不能以补助之义务责政府，更不能以待正金之利益待该行。即谓光复之始，筹办维持，功不可掩，窃恐类于此者，正不独该行为然。设各省金融机关，凡经有功光复者纷纷援例，则补助政策中央必致立穷，特种银行机关且遍全国。况且此种补助之款，系属特别支出，非经议院通过，政府实无权特许。本部固不能破坏宪政，抑恐徒启纷争。锦涛等部务忝膺，未敢徇一时酬报之私，致立法失平之诮。合将理由备呈鉴核，伏乞改正前令，以符政制，仍候训令施行。此呈。

"南京临时政府档案"，中国第二历史档案馆编《中华民国史档案资料汇编》第2辑，江苏人民出版社1981年版，第414～415页

孙中山批复如下：

临时大总统批

一件　财政部呈复中华银行不能由国家补助，乞改正前令由。

呈悉。所陈中华银行补助一节，颇有窒碍难行之处，尚属实在情形，应予照准，仰即知照。此批。

孙文

中华民国元年三月二十一日

"南京临时政府档案"，中国第二历史档案馆编《中华民国史档案资料汇编》第2辑，江苏人民出版社1981年版，第415页

△ 南京临时政府内务部、教育部通告各省，在民国通礼未颁以前，文庙暂时照旧致祭。

《内务教育二部为丁祭事会同通告各省电文》如下：

湖北黎副总统暨各省都督、各督抚公鉴：本部近接浙江民政司长电称："文庙丁祭应否举行？礼式祭服如何？其余前清各祀典应否照办？迭据各属请颁典礼，应归统一，敝省未便擅拟，请电照遵"等因。据此。查民国通礼，现在尚未颁行。在未颁以前，文庙应暂时照旧致祭。惟除去拜跪之礼，改行三鞠躬，祭服则用便服。其余前清祀典所载，凡涉于迷信者，应行废止。惟各地所祀者不尽同，请由本省议会议决存废。事关全国，为此通电贵省，即祈转饬所属查照办理。内务部、教育部。艳。

《临时政府公报》第32号，中国科学院近代史研究所史料编译组编辑《近代史资料·辛亥革命资料》，中华书局1961年版，第254页

△ 沪军都督府民政总长李平书发布布告，在上海南市市政厅及闸北各设华洋混合裁判法庭一处，此后遇有租界以外华洋混合公诉，即依中国法律在各该法庭进行审理。

李平书布告文如下：

上海民政总长李为布告事：照得上海为通商巨埠，洋人在租界外居住、营业、置产，日见增多，界外华洋交涉结讼，时有发生。而租界既有西人自治之分，则我境内之法律范围，依事

实发生地法、物产之所在地法、行为地法、住所地法,须定有巩固之准据。溯自光复以来,上海沿岸之黄浦江,以在租界限外,虽归洋巡缉捕,所有刑事已改解南市裁判所审理。其在租界内发生之刑事,被告在华界者,凡由捕房提起公诉,会审公堂移请饬提,已特行就地预审。至民事诉讼,亦援照租界定例,以原就被,保我境内之人民各种身份财产,均得受本国法之保障。对于洋人原告,仍实按条约履行。本总长博采舆论,佥以前项事实悉心办理,必有巩固本国律法之效力。惟须特设法庭,选派精通中外律法之员,遇有界外华洋混合公诉、私诉,于服从本国法讯断外,并参用中外诉讼法之适用秩序,俾中外均能信服。并经呈明沪军都督,推举前上海许交涉司办理华洋司法事务。先就南市市政厅并闸北各设法庭一处,俾租界外远近地方,遇有洋人告华人讼案,均得由领事照会该法庭传提人证。其审理章程,按照条约法例遵行。现据具报,已于本日视事。所有该法庭应审之各种讼案以及华洋诉讼法,当由该庭克日公布,并经公议,续行组织该庭之上级裁判,为上海华洋混合裁判上控之所,俾前清历失法权,有急起直追之效力。合行布告。为此,仰上海商民人等一体知悉。特此布告。

1912 年 2 月 29 日《时报》

△ **国民共进会、共和统一会、政治谈话会在上海联合组成统一共和党。3 月 10 日,公布《统一共和党规约》,宣布"以巩固全国统一,建设完美共和政治,循世界之趋势,发展国力,力图进步为宗旨"。**

统一共和党成立公告如下:

光复以来,海内热心志士群思结合团体,发表政见,以贡献民国。惟团体以分,而势力即减,或未易到达其目的。今共和统一会、国民共进会、政治谈话会以宗旨、政见相同,联合为一大政党,定名统一共和党,以期一致进行,庶于民国前途有所裨益也。特此布告。本党上海交通处设五马路祥麟里十三号门牌,电话:三千一百六十七号。

国民共进会、共和统一会、政治谈话会敬启。

1912 年 2 月 29 日《申报》

《统一共和党规约》如下:

第一章　总纲

第一条　本党以巩固全国统一,建设完美共和政治,循世界之趋势,发展国力,力图进步为宗旨。

第二条　本党政纲如下:

一、厘定行政区域,以谋中央统一;

二、厘定税制,以期负担公平;

三、注重民生,采用社会政策;

四、发达国民商工业,采用保护贸易政策;

五、划一币制,采用虚金本位;

六、整顿金融机关,采用国家银行制度;

七、速设铁路干线及其它交通机关;

八、实行军国民教育,促进专门学术;

九、振新[兴]海陆军备,采用征兵制度;

十、保护海外移民,励行实边开垦;

十一、普及文化,融和国内民族;

十二、注重邦交，保持国家对等权利。

第二章 党员及入党手续

第三条 凡具有公民资格，年满二十岁以上者，皆得为本党党员。

第四条 凡欲入党者，得有本党党员二人介绍，本部经总理认许，支部、分部经支部长、分部长认许，方为有效。

第五条 党员入党时须纳入党捐一元。

第六条 本党党员皆得被选任为本党职员。

第七条 本党党员皆有负忠实本党之义务；如欲脱党时，应提出理由书，本部须得总理认许，支部、分部须得支部长、分部长认许；未经认许时，不得即入其它之政社。

第八条 本党党员如在外经营党务，须随时报告本党。

第九条 本党党员如违背本党规约及以个人行为败坏全体名誉者，经职员会多数议决，由总理宣告除名。

第三章 职员及其任务

第十条 本党设总理一人（暂缺）、总务干事五人、参议二十人、财务监理员三人、文牍员六人、会计员二人、交际员三人、庶务员二人。

第十一条 总理代表本党，主持一切党务。

第十二条 总务干事赞襄总理，办理党务。

第十三条 参议，参议本党重要事务。

第十四条 财务监理员，管理本党财产，并检查会计。

第十五条 文牍员，担任各地往复书牍，并保管、记录一切文件。

第十六条 会计员，分任本党收入支出。

第十七条 交际员，专理接洽党员及联络事务。

第十八条 庶务员，整理本党一切庶务。

第十九条 总理未举定以前，一切党务由总干事以合议体行其职权。

第四章 选任职员及任期年限

第二十条 总理、总务干事及参议由全体大会投票公举。

第二十一条 财务监理员由职员会公推，文牍、会计、交际、庶务各员由总理指任，总理未举以前，由总务干事协商指任。

第二十二条 以上职员任期均以一年为限，但得连举连任；如有缺员时，遵照二十条、二十一条办理。

第五章 开会时期

第二十三条 本党开会，分定期会、特别会、通常会三种：

一、定期会：每年一次，由总理于国会开会前定期召集，本部党员及各支部、分部所派代表开全体大会，但须于会期一个月前将会所、日期、提议事件，预为通告（边省须用电报）。

二、特别会：如有重要事件发生，一时不能召集支部、分部党员，得合本部职员及各支部、分部党员在本部所在地者开特别会议。

三、通常会：召集全体职员，每月开会一次；但有职员十人以上之陈请，亦应召集开会。

第六章 党费

第二十四条 本党党费由党员捐集，分常年捐与特别捐二种。常年捐六圆，分一、六两月缴纳；特别捐无定额，由党员自由捐集。党员一年以上不缴常年捐又不商告理由者，当宣告除名。

第二十五条　本党党员有为官吏、国会议员及各公司职员，每年薪俸二千元以上者，纳所得捐百分之二，五千元以上者百分之五。

第二十六条　本党每岁出入款项，于年终十二月内，由会计员造具表册，经财务监理员检查后，登报报告全体会员。

第七章　支部、分部之设立及与本部之关系

第二十七条　本党于行政区划未改定以前，设支部于省会，隶属于本部；设分部于各府、州、县，隶属于支部。但宗旨、政纲及党员入党手续，应照本规约第一、第二章办理。

第二十八条　各支部须将该支部及其分部会员名册，按月具册寄送本部。

第二十九条　支部、分部对于本部有维持及报告调查之责，本部对于支部、分部遇有重大事件，亦应随时报告，但分部则由支部转达。

第三十条　支部长由支部开全体会选举，分部长由分部开全体会选举，选举后报告本部。

第三十一条　各支部、分部党员，其权利、义务于本部党员同。

第三十二条　各支部有重大事件关系全局者，得提议于本部，由总理召集，开特别会议。

第三十三条　各支部、分部除将入党捐汇交本部外，应以常年捐十分之一作为维持本部经费；但有特别需要时，彼此皆应量力协助。

第三十四条　支部及分部章程，得斟酌其地情形自定之。

第八章　附则

第三十五条　本党创办日报、杂志，发表政见，鼓吹舆论，其章程另定之。

第三十六条　本党规约由发布之日即生效力，如有碍难施行之处，得由三分之一提议，经特别会议议决，得变更修改之。

第三十七条　本部事务所，国都未定以前，暂设南京，上海及汉口分设交通处。

1912年3月10、12日《民立报》

3月1—4日(正月十三—十六日)　通州、高碑店、长辛店、黄村、三家店、保定、天津、小站、蔡村、杨柳青、沧州、大直沽等地纷起发生反对袁世凯南下的北洋军“兵变”。

1912年3月11日《大公报》要闻《保定大焚劫之详报》报道：

三月初一日(即十三日)下午六钟，保定驻防各队突出城外剽掠武库，夺其枪枝弹药，并嗾土民[匪]结队进城，放火开枪，剽掠财物。东、西、南、北各大街殷实之区一律被抢，须臾尽为灰烬。是日傍晚，京师乱兵坐乘二列车驶抵保定下车，偕保定军队肆行掠夺，昧爽又乘火车远飏而去。初二日早晨，多数乱兵归营，仍有残兵若干于光天化日之下公然续行剽掠。午后稍归靖谧。才庆苏生，讵料日晡军警搀杂复肆横虐，别有无数痞棍滥穿军服随手抢劫，无所顾忌。初三日早晨，乱兵仍还其巢窟，尚见土匪横行如昨。是日上午十一钟，第二镇鲍协统始派第二、第六两镇[？]军队进城内弹压土匪。日暮枪声始息，入夜安静无事。是日乱兵麇集车站强迫路员开车，因无汽罐车，徒付阙如，徒步分散，不知所之。防军、乱兵争逃恐后，沿途村落亦皆被抢。并闻此次乱兵剽掠其因不一，曰扣减粮饷；曰袁总统南行；曰不愿共和；曰敌视鄂人；曰保存发辫；曰二月廿九日祝贺共和刺第二镇心；曰饷久不发，某军人与东三省联络，故意滋酿事端。以上飞语纷起，莫衷一是。然乱兵蓄意，早在事前，略无疑议。又闻起事时藩道两署，委弃乱兵，任其蹂躏，臬司曹锳系曹锟胞弟，在衙袖手坐视如无事者。保护外人亦不尽力。迨至初三日甫派马队数员，亦被匪迫逃窜而去。巡警为乱兵强迫，望风逃窜。入夜与乱兵结合，一同掠夺，如有协约。至北洋军械局武库，居常守备甚严，当时竟允乱兵之要求，开放军械、军服。初一日土匪多穿军服者，职此之故。

1912年3月4日《大公报》《续志乱耗之详情》报道：

前晚九钟余，本埠（天津，编者）有变兵、土匪纵火抢掠一事，业已略志昨报。兹再将种种详情补志如下：缘此项乱兵系由北京窜来第三镇叛兵若干，会同当地第四镇淮军、督署卫队及巡防队北段巡警，同时起手，土匪和之。先将新车站电线割断，并枪毙德国大夫一员。霎时枪声四应。而河北大胡同、估衣街、宫北、竹杆巷、河北大街、南门外河东、小关、西门内窑洼等处相继起火，变兵、土匪乘势劫掠，各该街当铺、金银行、绸缎、洋货等铺无一存在，并枪毙多人。西以河北大胡同、估衣街、河北大街三处为尤甚。直到翌早黎明，枪声火光始稍息。是晚各租界均调齐洋兵安设炮位把守要隘，界内安靖如常。十五日早，见河北大胡同有二军人押送洋车一辆，内有包裹十数个，被巡警四人盘诘，知为抢劫而来者，即扭至警局。又早八句余钟，有巡警二名押送地扒车二辆，甫入日界，即被日捕上前盘诘，言语支杂。除将衣物扣留外，并将该二警饱打一顿，扭局管押。又昨日午后在东门外拿获抢犯十七名，就地正法。又昨早六钟河东水梯子陈家沟一带亦均被抢掠殆尽。又在未起事之前数时，西沽叶当铺已被土匪抢掠一空。又昨晚津站除津榆火车仍行载客外，京津火车均已往来不通。

1912年3月10日《大公报》《八志乱后之详情》载：

督宪张制军昨曾密饬各府、厅、州、县，略谓：此次津、京、保定被变兵、土匪抢掠焚烧，刻均得赃逃逸。凡该变兵、土匪过境，认真盘查，倘被拿获，一经讯实，先斩后详，以示惩儆。又西沽乡防局因旧历十四日夜间该村当铺及米面等铺被抢一空，商民异常惶恐，昨已禀请县尊设法保护，以安生业。又杨柳青绅士石元士等以现在变兵、土匪到处抢掳，自应严加防范，昨特禀请县尊转详督宪暂借枪械若干，以资防卫。又巡警公所昨日票发县署递解人犯五十六名、苦力人犯三十三名，业经邑尊奴大令分别执行。又昨有由沧州来者，据云旧历十五日有游勇多人将该处钱、当各铺抢掠一空，当即逃走。又京汉火车前因各处变兵抢劫，不能通行，至昨二十日始行照常载客。又津邑自兵变，人心惶惶，各学堂均已从缓开学，惟军医学堂为当务之急，不可稍有延缓，已于昨日照章开学。又闻阳历初六、初七两日，有变兵多名路过张家口，意欲抢劫，幸经该绅商筹款相送，始行他往，地面得以保全。又昨日下午，有治安会人等在河北地纬路某甲豆腐房内搜出布疋等件，正拟带局究办，不料有德兵二名赶到，未容理论，竟将治安会兵丁并枪械、布疋等物，一并解往新车站铁路巡警局。后经会长张绍曾向其说明情形，始行放还。又自警道杨敬林有令按户搜查赃物后，日前夜间，多有暗将貂褂、哈呢衣服等物移弃侯家后芦子坑等处者，为数甚夥。又日前由南来有张勋兵十余名，均荷枪枝，由新车站下车时，被德国兵队将枪枝子弹全数收下，使之徒手而去。盖距津二十里内，除各国承认之兵警外，此界线内不准有兵也。又各国实行辛丑约，已见袁总统与直督及天津临时治安会之万急电。故前次驻扎法政学堂前及河北三条石后张周公祠各处陆军，抢掠饱载去后，直督于阴历正月十六日又调来军队，亦驻扎该处，然十七日又即移扎他处。盖辛丑条约距津二十里内，不许中国驻兵，由各国保护也。近来传说日本担任保护东门一带，美国西门，德国北门河北，法国南门一带。惟河北大经路新车站各处，除德兵昼夜梭巡外，尚有日、法两国兵昼夜稽查。

1912年3月10日《民立报》《天津兵变之详情》亦载：

北京兵变，延及津埠，焚掠之惨或谓视庚子尤甚，前已迭见本报专电。兹得访友来函，所

述尤详。录登如下:

原因:此次天津之变,起因于督署卫队北段巡警张怀芝所带防营与第四镇一部分之兵士闻第三镇兵抢掠发财,陡萌异志,窃聚语密商。及初二(十四)晚由京窜来第三镇叛兵若干,甫下火车,即放空枪一排,并大声招呼兵警(不要跑,咱们同抢),遂同时起手,土匪和之。而大变遂成矣。

焚掠:起手时先将新车站电线割断,即放火焚烧车站,霎时枪声四应,而河北大胡同、估衣街、宫北、竹杆巷、河北大街、南门外河东、小关、西门内西家洼等处相继起火,变兵、土匪乘势劫掠,各该街当铺、金银行,绸缎、洋货等无一得免,而老洋钱厂、度支部造币厂受损最巨〈余〉。如长芦运库、直隶省银行及储蓄银行、交通银行、大清银行、津浦铁路局,亦均遭破坏损失,津地菁华,大略已尽其焚烧,最甚者除地纬路一带全烧外,督署及沿河北岸一带亦成一片焦土。其余城内鼓楼一带虽起大火,幸未延烧多处云。

伤害:沿路死伤者甚多,然皆系穿军衣及短衣者。说者谓是夜间抢掠财物之兵匪分赃不均,自行残杀,其商民被枪毙者不过十余人,津浦路局收支司事周维泽君在内。至外人受害,则只德国医生雪格来君一人,为流弹所毙,其余概未波及。

善后:□初三日黎明,枪声火光稍息,叛兵四散,巡警尽力弹压。阖埠官绅特开会议维持办法。除警道加添岗警及探访局、保卫局、体育社、水团、商团加添军火一律戒严外,并由官家发给各商号手枪各五千枝;又商号联合,自行在本埠某洋行购买手枪四千枝,以资防御。警道又传谕各巡警、团勇,如遇抢掠财物之兵匪,拿获就地正法。是日叛兵被斩首者甚多。又各铺户居民晚八时一律闭门。故初三日犹稍有抢掠,初四起已颇觉平静矣。

外兵:英、法、日、德、意各租界始终未被扰害,奥界虽小有骚乱,亦系本地土匪所为,由领事馆加兵保卫,已一律安全。故外人当时仅调兵自守,绝无借口干涉占据华界之意。惟某国尚自南满陆续调来军队。然使津地再无他变,亦不虑其发难也。

1912年3月11日《民立报》《北方乱事之影响》报道:

京汉铁路:京汉铁路火车已于日前停止开行。兹探其原因,系以琉璃河之铁路桥已被该处居民拆毁,以堵乱兵来路。殊不知铁桥虽拆,而乱兵仍至该镇。现亦被抢一空。附近各村庄亦同遭蹂躏,凡银钱、骡马无一存者。刻闻此领乱兵已往南行。又有一说谓琉璃河铁桥,系日前为乱兵所拆。不知孰确。

良乡:良乡县亦被抢,并闻城内商民受害甚烈。

长辛店:长辛店闻亦有土匪起哄,然尚未大肆抢掠。所有车站中外国人员之眷属,均运往他处暂避。

保定:保定驻札[扎]之第四镇,大肆劫掠藩臬各署及各商店,住户多被抢掠,学堂亦被折[拆]毁,交通机关皆断绝不通。第六镇亦有兵变之说,详情未悉。保府并无戕杀洋人之事,惟焚烧教堂在所难免。又函该处军队闻三镇叛后,即同声响应,四出抢劫,土匪继之,不论商户居民贫富,莫不被抢一空,各处衙署皆被焚殆尽。薛家屯所驻之兵,亦分途抢劫。其蹂躏情形,较之北京,有过之而无不及。叛兵焚抢后即呼啸四散,现在城中已稍觉安静矣。

丰台:当北京起事时,由天津开往北京之第十次火车到京,未停即回丰台。是晚,驻丰陆军三镇原有二千余兵丁人,亦于同日夜间十一钟余起事,所有该镇居民铺户及洋商、新泰兴、平和公等洋行均被抢掳一空。连夜枪声不绝,并枪毙路人数名。至翌早犹抢掳不止,并将第十次火车上客人行李货物抢尽,当即四散,尚有未逃者约千人。同夜黄村亦有陆军两营抢劫该村当铺富商。驻防丰台铁路之英兵四十余名,然晚均避往铁路机器房内,幸免得无恙。下午四点开往天津之快车三日行至丰台，虽有三镇兵上车，并未抢劫，惟在头等车内搜出逃兵三名，当即拿获，车即开往天津。闻此三人掳有金条并银洋千余元，该处兵士纷纷夺取。至炮兵与步兵冲突，彼此开枪轰击，其后炮兵竟将大炮推出，势将激战，幸有人调和了事。当扰乱时英兵并未干预，惟该处站长稽查等均避入英兵营中，故皆获免云。袁总统以三镇既已哗变，恐北京再有不测，除三镇已溃散之叛兵外，京中尚余有数营，日前丰台警报到京，总统特命将三镇抽拨两营赴丰台防堵。讵意该处叛兵抢掠十八村后，在该处盘踞者仍有数百人，双方相遇即起战斗，由京中派往之三镇用炮轰击，所毙甚众，叛兵始行四散。丰台商号如平和公、新太兴、景顺、合同利、公德源栈俱被虏[掳]无遗。所驻之兵系第三镇第五混成协及武卫右军。当起事之时，有兵官三人，先事逃逸者二人，其一向前阻而不得，急向兵跪求无效。变兵恐英国守备兵出而干涉，派人告以我辈专事劫夺，非毁铁道，不犯尔等责任，不得干涉。英兵官犹豫不决，变兵即向空处开炮一响，以示威吓。故英兵官亦无可如何。迨至各变兵饱掠归营，途遇官长皆举手示敬，作告别状焉。日前开行之第十次京奉车，每晚十时到京，从永定门闻变，折回丰台，适丰台亦起暴动，致将搭客行李亦被抢劫。前日五时，应开第一次早车及通州车均停止不开，其八时半之快车虽照常开行，然因沿途障碍颇多，直至下午一点始到。

△ **袁世凯致电孙中山，报告北京兵变情形，并声称“严惩乱兵”。**

袁世凯致孙中山电文如下：

南京孙大总统鉴：昨夕三时，第三镇驻城内两营因误听谣言哗变，抢掠城内外街市，继以放火。旋经弹压，秩序业已回复。蔡专使所驻法政学堂，适在闹事左近，亦被抢掠；蔡公及同行诸君均分途避出，幸各无恙，今晨移寓六国饭店。事出仓猝，又在夜间，防范不周，至为歉仄。除派员妥为照料，并严惩乱兵外，特先电闻，希转知各省，勿听谣言，幸甚。袁世凯。东。印。

《临时政府公报》第29号，中国科学院近代史研究所史料编译组编辑《近代史资料·辛亥革命资料》，中华书局1961年版，第236页

△ **蔡元培致电南京临时政府，报告北京兵变情形，认为兵变“专为抢掠起见，与政治无关”。**

蔡元培致南京临时政府电文如下：

南京孙大总统、参议院、各部总次长、武昌黎副总统、上海《民立报》、天津《民意报》、烟台蓝都督鉴：昨夜八时，北京城内枪声四起，所在纵火，招待所亦有兵士纵枪毁门而入，掳掠一空。培与汪君兆铭、范君熙绩、杨君广勷、蒋君岭暍、张君魁，暂避外国人家。今晨至六国饭店，王君正廷、王君景春亦至，余人尚无下落。此事闻因第三镇兵变，杂以步军统领衙门所辖，及禁卫军等，专为抢掠起见，与政治无关，亦未滥杀人。余情续详。蔡元培。东。

1912年3月3日《民立报》

3月2日（正月十四日）　孙中山令内务、司法二部通饬所属，今后一概不准使用刑讯，销毁一切刑具，以重人权；禁止买卖人口，以示一律平等。同时严禁栽种和吸食鸦片，否则剥夺一切公民权利。

《大总统令内务司法两部通饬所属禁止刑讯文》如下：

近世文化日进，刑法之目的亦因而递嬗。昔之据威吓报复为帜志者，今也则异。刑罚之

目的在维持国权、保护公安。人民之触犯法纪,由个人之利益与社会之利益不得其平,互相抵触而起,国家之所以惩创罪人者,非快私人报复之私,亦非以示惩创,使后来相戒,盖非此不足以保持国家之生存,而成人道之均平也。故其罚之之程度,以足调剂个人之利益与社会之利益之平为准,苛暴残酷,义无取焉。

前清起自草昧之族,政以贿成,视吾民族生命,曾草菅之不若。教育不兴,实业衰息,生民失业,及其罹刑网也,则又从而锻炼周纳,以成其狱,三木之下,何求不得。彼虏不察,奖杀勖残,杀人愈多者,立膺上考,超迁以去,转相师法,日糜吾民之血肉以快其淫威。试一检满清史馆之所纪载,其所谓名臣能吏者,何莫非吾民之血迹泪痕所染成者也。

本总统提倡人道,注重民生,奔走国难二十余载。对于亡清虐政,曾声其罪状,布告中外人士。而于刑讯一端,尤深恶痛绝,中夜以思,情逾剥肤。今者光复大业幸告成功,五族一家,声威远暨。当肃清吏治,休养民生,荡涤烦苛,咸与更始。为此令仰该部转饬所属,不论行政、司法官署,及何种案件,一概不准刑讯。鞫狱当视证据之充实与否,不当偏重口供。其从前不法刑具,悉令焚毁。仍不时派员巡视,如有不肖官司,日久故智复萌,重煽亡清遗毒者,除褫夺官职外,付所司治以应得之罪。吁!人权神圣,岂容弁髦,刑期无刑,古有明训。布告所司,咸喻此意。

《临时政府公报》第27号,中国科学院近代史研究所史料编译组编辑《近代史资料·辛亥革命资料》,中华书局1961年版,第215～216页

《大总统令内务部禁止买卖人口文》如下:

自法兰西人权宣言书出后,自由博爱平等之义,昭若日星。各国法律,凡属人类一律平等,无有阶级。其有他国逃奴入国者,待以平民,不问其属于何国。中国政治,代主开放,贵族、自由民之阶级铲除最早。此历史之已事,足以夸示万国者。前清入主,政治不纲,民生憔悴,逃死无所,妻女鬻为妾媵,子姓沦于皂隶,不肖奸人从而市利,流毒播孽,由来久矣。尤可痛者,失教同胞,艰于生计,乃有奸徒诱以甘言,转贩外人,牛马同视,终年劳动,不得一饱。如斯惨毒,言之痛心!今查民国开国之始,凡属国人咸属平等。背此大义,与众共弃。为此令仰该部遵照,迅即编定暂行条例,通饬所属,嗣后不得再有买卖人口情事,违者罚如令。其从前所结买卖契约,悉与解除,视为雇主雇人之关系,并不得再有主奴名分。此令。

《临时政府公报》第27号,中国科学院近代史研究所史料编译组编辑《近代史资料·辛亥革命资料》,中华书局1961年版,第216页

《大总统令禁烟文》如下:

鸦片流毒中国,垂及百年,沉溺通于贵贱,流衍遍于全国。失业废时,耗财殒身,浸淫不止,种姓沦亡,其祸盖非敌国外患所可同语。而嗜者不察,本总统实甚惑之。自满清末年,渐知其病,种植有禁,公膏有征,亦欲铲除旧污,自盖前蛊。在下各善社复为宣扬倡导,匡引不逮,故能成效渐彰,黑籍衰减。方今民国成立,炫耀宇内,发愤为雄,斯正其时。若于旧染锢疾,不克拔涤净尽,虽有良法美制,岂能恃以图存?为此申告天下,须知保国存家,匹夫有责;束修自好,百姓与能。其有饮鸩自安、沉湎忘返者,不可为共和之民。当咨行参议院,于立法时剥夺其选举、被选一切公权,示不与齐民齿。并由内务部转行各省都督,通饬所属官署,重申种吸各禁,勿任废弛。其有未尽事宜,仍随时筹画举办。尤望各团体讲演诸会,随分劝导,不惮勤劳,务使利害大明,趋就知向,屏绝恶习,共作新民,永雪亚东病夫之耻,长保中夏清明之风。本总统有后望焉。

《临时政府公报》第27号,中国科学院近代史研究所史料编译组编辑《近代史资料·辛亥革命资料》,中华书局1961年版,第214～215页

△ **南京临时政府交通部致电长江沿线各省都督，请其保护招商局轮船。**

《交通部致长江各都督通饬所属保护招商局轮船电文》如下：

武昌黎副总统、南昌马都督、安庆孙都督、苏州庄都督均鉴：南北联合，时局大定，长江流域，行旅商货急宜流通。已饬招商局轮船于二十九日起，照常开驶。应请尊处通饬沿江各属民政兵警，一体保护，以维航业。祷切盼切！交通部。冬。

《临时政府公报》第30号，中国科学院近代史研究所史料编译组编辑《近代史资料·辛亥革命资料》，中华书局1961年版，第245页

△ **南京临时政府内务部颁布暂行报律三章。旋因上海报界反对，孙中山于6日下令取消。**

《内务部颁布暂行报律电文》如下：

上海中国报界俱进会转全国新闻杂志各社知照：民国完全统一，前清政府颁布一切法令，非经民国政府声明继续有效者，应失其效力。查满清行用之报律，军兴以来，未经民国政府明白宣示，自无继续之效力，而民国报律又未遽行编定颁布，兹特规定暂行报律三章，即希报界各社一体遵守。其文如下：

（一）新闻杂志已出版及今后出版者，其发行及编辑人姓名，须向本部呈明注册，或就近地方高级官厅呈明咨部注册。兹定自暂行报律颁到之日起，截至阳历四月一日止，在此限期内，其已出版之新闻杂志各社，须将本社发行及编辑人员姓名呈明注册，其以后出版者，须于发行前呈明注册，否则不准其发行。

（二）流言煽惑关于共和国体有破坏弊害者，除停止其出版外，其发行人编辑人并坐以应得之罪。

（三）调查失实，污毁个人名誉者，被污毁人得要求其更正，要求更正而不履行时，经被污人提起诉讼，讯明得酌量科罚。内务部。冬。

《临时政府公报》第30号，中国科学院近代史研究所史料编译组编辑《近代史资料·辛亥革命资料》，中华书局1961年版，第239页

上海报界致孙中山电文如下：

南京孙大总统鉴：接内务部电，详定暂行报律三章。今统一政府未立，民选国会未开，内务部擅定报律，侵夺立法之权。且云煽惑关于共和国体有破坏弊害者，坐以应得之罪。政府丧权失利，报纸监督，并非破坏共和。今杀人行劫之律尚未定，而先定报律，是欲袭满清专制之故智，钳制舆论。报界全体，万难承认。除通电各埠外，请转饬知照。报界俱进会、《申报》、《新闻报》、《时报》、《神州报》、《时事新报》、《民立报》、《天铎报》、《启民爱国报》、《大共和报》、《民声报》公叩。

1912年3月12日《大公报》

《大总统令内务部取消暂行报律文》如下：

昨据上海报界俱进会及各报馆电称：接内务部电，详定暂行报律三章，报界全体万难承认，请转饬部知照等语。案言论自由，各国宪法所重，善从恶改，古人以为常师，自非专制淫威，从无过事摧抑者。该部所布暂行报律，虽出补偏救弊之苦心，实昧先后缓急之要序，使议者疑满清钳制舆论之恶政，复见于今，甚无谓也。又，民国一切法律，皆当由参议院议决宣布，乃为有效。该部所布暂行报律，既未经参议院议决，自无法律之效力，不得以暂行二字，谓可从权办理。寻三章条文，或为出版法所必载，或为国宪所应稽，无取特立报律，反形裂缺。民国此后应否设置报律，及如何订立之处，当俟国民议会决议，勿遽亟亟可也。除电复

上海各报外,合行令仰该部知照。此令。

《临时政府公报》第33号,中国科学院近代史研究所史料编译组编辑《近代史资料·辛亥革命资料》,中华书局1961年版,第256~257页

居正《梅川日记》:

民元三月间,在已辞职尚未交待之内务部,余一时心血来潮,见上海报纸,语杂言庞,思有以纳于轨物。以出版事业归内务部职掌,曾集参事商议,拟订报例,属林长民参事起草,而林君误听为报律。适余因公赴沪,托张大义秘书代行。林君草成后,交秘书长(张君云南人,亦革命党初作官者),不俟余归,又不呈总统交临时参议院,即以电报发布:(见上文,此处从略,编者)上海各报大哗,著论斥责,至谓欲饱余以老拳者。电呈大总统文:(见上文,此处从略,编者)尔时余在上海,知闯出祸事来了。星夜回京,不暇向部究问,即入总统府,先谒秘书长胡汉民先生,胡先生见余,又好气又好笑。曰:尔这颗炸弹放错了,炸到自己身上,如何是好?余曰:放出祸来,用水浇息就是。胡先生曰:尔去浇罢。余曰:我浇不中用,要总统浇才行。胡先生曰:大总统在办公室,尔自去说。乃晋见大总统,侍立许久,大总统问何事?余具上述。大总统笑曰:取消可乎?余唯唯。退回部。参议院同志来见,多谓卤莽太甚,余告以故。同志曰:林长民非我族类,其意何居,不必深论。只有自己认错,赶快取消,以平公愤。余曰:适才见大总统,意亦云然。即于是日由大总统下令内务部,取消暂行新律。复由大总统电报界俱进会及各报馆谓:"民国一切法律,须经参议院议决发布乃生效力,此次内务部所布暂行报律三章,未经参议院决议,应作无效,除令该部知照外,特此复闻。寅麻。"计此闯祸之暂行报律,内务部三月二日发布,大总统三月六日取消,而滔天大祸不五天而消弭。

章开沅主编,罗福惠、萧怡编《辛亥人物文集丛书·居正文集》上册,华中师范大学出版社1989年版,第93~94页

△ 南京临时政府教育部致电各省都督,通告《大清会典》、《大清律例》、《皇朝掌故》、《国朝事实》及其它有碍民国精神等课程,须一律废止。

《教育部禁用前清各书通告各省电文》如下:

湖北黎副总统、各省都督及督抚钧鉴:本部高等以上各学校规程,尚未颁布,各地方高等以上学校,应令暂照旧章办理。惟《大清会典》、《大清律例》、《皇朝掌故》、《国朝事实》及其它有碍民国精神暨非各学校应授之科目,宜一律废止。此外关于前清御批等书,一律禁止滥用。希即宣布施行。教育部。冬。

《临时政府公报》第32号,中国科学院近代史研究所史料编译组编辑《近代史资料·辛亥革命资料》,中华书局1961年版,第254页

△ 滇军唐继尧部以北伐为名,于1月28日从昆明出发,出兵贵州,2月27日,唐部抵黔。本日,唐率部占领贵阳各机关,宪政预备会推唐为黔督。4月25日,袁世凯正式委任唐为黔督。

《唐继尧致滇督我军代平黔乱黔人要求督黔电》如下:

加急。云南蔡都督钧鉴:我军二月二十七日抵黔,耆老会绅矜欢迎犒劳,民人忭舞欣幸,谓如重睹天日。本部驻螺狮山,各队分扎照壁山、东山、观风台、九华宫等处。连日耆老会诸君代表全权不承认赵德全,并要求继尧为黔省临时都督,代剿防陆各营会匪,情词恳切。辞之再四,继见黔省人民倒悬待解,黔滇唇齿,关系密切,如再固辞,未免伤黔人感情,只得允许暂行担任,并立约五条,另详呈览。嗣由耆老会函告赵德全,众怒难犯,晓以利害,劝令辞职,并担保生命财产。殊赵不听忠告,谓黔民倚仗滇军,故敢携贰,转约蓝绍廷、叶占标等准备袭

击我军,定期歌日烧抢。黔省绅耆探实,佥请先发制人。刘如周、胡锦棠两军共表同情,爰于冬日黎明,开城迎请。我军严队而入,分攻都督府、执法部、火药局各处,俱得手。商民争以肴酒饷军,酬钱不受,有感激泣下者。城外南厂、黔灵山、紫林庵、头桥各营亦为我军击毙多人,赵、蓝、叶预逃未获,军队缴械投诚者无数。特会商绅耆,诛首恶数十人,余悉贷以不死。下午七钟,一律肃清。黔民大悦,悬旗志庆。我军负伤六人。凡此皆我都督威德所致,故能迅奏肤功。江日入城驻军,一俟建设完善,再当报告。特先电陈,请纾廑系。再,到黔后,电局为赵阻止,随营电报亦不能达,谨此附及。继尧叩。支。印。

贵州省社会科学院历史研究所编《贵州辛亥革命资料选编》,贵州人民出版社 1981 年版,第 97 ~ 98 页

《黔省绅商致滇督电》如下:

滇蔡都督钧鉴:黔局糜烂,屡经禀陈。我公笃念唇齿,不分畛域,允令北伐队远临代平祸乱。抵筑后,十四日协攻军府,赵德全、蓝鑫、叶占标皆逃,余部尽降。贵军纪律森严,筑垣克平逾恒,父老欢念如庆更生,公恳总司令唐公继尧任黔都督。此后黔获治安,实也我公之赐,谨此电达,共表谢心,并祈转谢滇军府诸公,伏祈秉鉴。黔绅商军学界郭重光、刘显世、叶之鸿、任可澄等同叩。支。印。

1912 年 3 月 29 日《民立报》

《唐继尧担任临时都督文》如下:

为晓谕事:照得黔省秩序扰乱不靖,系由都督赵某毫无学识,率意妄行所致。循名责实,实属有负黔人。兹经各界公议,立令赵某取消伪职,不得滥窃虚名。致临时都督一职,公推本司令官权任维持。本司令官值此军民纷扰之际,不便坚辞,自当俯顺群情,临时担任。惟念军心未固,民心益疑,本司令官既负军民全责,应即日统率滇军入城镇慑,务各安分守职,勿得自相惊扰,为此仰军民人等一体凛遵。特谕。

贵州省社会科学院历史研究所编《贵州辛亥革命资料选编》,贵州人民出版社 1981 年版,第 98 页

北京临时政府国务院致唐继尧电文如下:

贵阳唐都督鉴:奉大总统谕,已任执事署理贵州都督。杨荩诚于贵州光复有功,业令来京,另加委任。所部驻常军队,另电谭都督妥派干员,分别安插,其未布置以前,所有军队,不准到黔。执事应即化除意见,勿负委任,是为至要。国务院。有。印。

贵州省社会科学院历史研究所编《贵州辛亥革命资料选编》,贵州人民出版社 1981 年版,第 105 ~ 106 页

△ 章炳麟在上海改组中华民国联合会,建立统一党,举章炳麟、程德全、张謇、熊希龄、宋教仁为理事。4 月 23 日设本部于北京。

1912 年 3 月 3 日《民立报》《中华民国联合会之改组》报道:

中华民国联合会以改组统一党事,昨假江苏教育总会开全体大会,宣布政纲。到会者二百人,章太炎君报告开会宗旨与联合会成立以来之历史及所以改为统一党之理由。熊君秉三演说政纲。张君季直演说组织政党,所以站稳共和脚步。黄君云鹏演说社会政策与社会主义之区别。遂投票选举理事五名:章太炎、程雪楼、张季直、熊秉三、宋敦[遯]初。又每省选评议员二名,当场选出者十省。五钟散会。

章太炎《中华民国联合会改党大会演说辞》如下:

本党前此名联合会者,因各省独立,恐形势涣散,不能统一,故设立此会,但尚未宣布政纲。数月以来,政府未成真正政府,故本会亦鲜大事可记。而对于建都、借债各问题,或明电力争,或暗中阻止,对于时病,盖已多所挽回。现在沪、宁两处,俱有政团发生,除社会党外,

如民社、国民协会、共和统一会、国民共进会等,宗旨大约相同,本可合而为一,即仆亦甚望其并合。无如事实上微有阻碍,故一时不能即合,然将来必可联合也。

本会本部会员,现已达七百余人,南方各省,大抵皆已设支部,北方亦可渐次扩充。当此区夏廓清,真正政府,必当出现,故应此时期改名为统一党。至本党宗旨,不取急躁,不重保守,惟以稳健为第一要义。外人亦有谓政纲宜独树一帜,使他人不能相同者,此乃不合时宜之语。盖政纲之为物,原取适用于国家,非如制造商品,以争奇制胜为能。又统一二字,若当国势巩固之后,本无庸说,现在则不得不有所需求。以中国此时南北尚未和合,外藩尚未亲附,政权、兵权尚未集中,故宜标示此义。而国力未厚,有智者对于政事,自宜小心谨慎,多所顾瞻,不能一往偏激。故诸团体之政见,自不能与本党特殊,本党亦不必与他党之政见立异。若好为新奇,务标胜异,此非不足以快口吻,而去国利民福远矣。

1912 年 3 月 3 日《大共和日报》,汤志钧编《章太炎政论选集》下册,中华书局 1977 年版,第 576 ~ 577 页

3 月 3 日(正月十五日)　中国同盟会本部在南京召开会员大会,制订新纲领,宣布"以巩固中华民国,实行民生主义为宗旨",举孙中山为总理,黄兴、黎元洪为协理。自此,同盟会由秘密转入公开活动。

1912 年 3 月 8 日《大公报》要闻《南京中国同盟会之通电》报道:

(上略)今日同盟会开全体大会,到者数千人,空前之盛会。宣布宗旨二事:一、巩固中华民国;二、实行民主[生]主义。政纲九条:一、完成行政统一,促进地方自治;二、实行种族进化;三、采用国家社会政策;四、普及义务教育;五、主张男女平权;六、励行征兵制度;七、整理财政,规定币制;八、力谋国际平等;九、注重移民垦殖事。全数赞成举定孙中山为总理,黄兴、黎元洪为协理。规模大备,决定大为扩张,以成民国最大政党,各支部亦宜实力推广,以张党势。如有卓见,尚希电达,以备采择。南京中国同盟会本部。江。

《中国同盟会总章》如下:

第一章　总则

第一条　本会定名中国同盟会。

第二条　本会以巩固中华民国,实行民生主义为宗旨。

第三条　本会政纲分列如下:

一、完成行政统一,促进地方自治;

二、实行种族同化;

三、采用国家社会政策;

四、普及义务教育;

五、主张男女平权;

六、励行征兵制度;

七、整理财政,厘定税则;

八、力谋国际平等;

九、注重移民垦殖事业。

第四条　本会暂设本部于首都,设支部于各要地。

第二章　会员

第五条　凡中国人已经成年,具普通智识,赞同本会宗旨,由会员二人以上之绍介,经本部及支部干事认可者,得为本会会员。

第六条　会员须遵守本会章程及政纲。

第七条　入会会员应纳入会费一元，常年费二元。

第八条　会员得绍介同志入会。

第九条　会员得选举本会职员，及被选举或委任为本会职员。

第十条　凡已入本会者，同时不得入他政党。

第十一条　会员得五人以上之同意，对于本部或支部可提出意见书，陈请评议。

第十二条　会员欲出会须提出理由，经本部或支部之评议部许可。

第十三条　会员一年以上未缴常年费，且不通告理由者，宣告除名。

第十四条　会员有违犯规则、败坏名誉者，经评议部议决，由总理宣告除名。

第十五条　会员因会事受损害者，由评议部议决，得受特别保护及抚恤。

第十六条　会员于入会日领受会员徽志，为开大会时入场之证。

第三章　职员

第十七条　本会设总理一人，协理二人，由全体大会选举。

第十八条　总理代表本会总揽一切事务。

第十九条　协理襄助总理，遇总理有事故不能理会务时，得代理其职权。

第二十条　干事部分为五：曰总务部、交际部、政事部、理财部、文事部，每部设主任干事一人。

第二十一条　主任干事由全体会员投票选举十人，呈总理选任。每部分设数科，科员若干人，由该部主任干事荐任。

第二十二条　干事部之职权及分科，另章规定，其要领列下：

总务部　辅助总、协理指挥本会一切事务，图谋各部事务之调和，联络本部与支部之关系，并掌理不属他部之事务。

交际部　掌理本会与他团体或个人交涉之事务。

政事部　研究政治上一切问题，联络在议院及政府任职各会员，以谋党见之统一。

理财部　筹划本会经费，管理一切收支，及本会经营之农工商业。

文事部　掌理本会一切文件，及出版事项。

第二十三条　各部干事每年改选一次，但得连举连任。

第二十四条　本部设评议部，评议员由本部会员选举，每省以一人以上、四人以下为限，任期一年。

第二十五条　评议部决议本会章程及一切临时发生事项。其章程另定。

第四章　经费

第二十六条　本会经费，以会员入会费、常年费及特别捐充之。

第二十七条　每岁收入支出，于年终由理财部造册，经评议检查后，登报报告全体会员。

第五章　会期

第二十八条　本会会期，分为全体大会、常会、临时会，皆由总理召集。全体大会每年开一次，各支部皆派代表莅会；常会每季开一次，只限于本部会员；临时会遇有重大事件方开，无定期，视会之性质如何，以定召集支部代表与否。

第六章　支部

第二十九条　各支部得依据支部通则，自定章程，但不得违背本会之宗旨及政纲。

第三十条　各支部长须按季将支部会员名册及会务情状，报告本部。

第三十一条　各支部得随时建议于本部。

第三十二条　各支部之会员入会费须按季寄交本部。

第七章　附则

第三十三条　本总章自发布之日施行。

第三十四条　本总章有职员五人以上,或会员十人以上之提议,经评议部三分之二可决,得修改之。

中国社会科学院近代史研究所中华民国史研究室等编《孙中山全集》第2卷,中华书局1982年版,第160～163页

《中国同盟会本部职员一览》表如下:

执行部

总　理:孙　文

协　理:黄　兴　黎元洪

总务部

主任干事:汪兆铭

干　事:田　桐　吕志伊　冯自由　吴永珊　石　瑛　孙润宇　魏宸组　周仲良
郑　权　邓家彦　张辅汉　刘星楠　钟震川　于德坤

交际部

主任干事:张　继

干　事:尹　骞　史　青　熊传第　胡国梁　洪承典　马君武　仇　亮　梁　龙
刘揆一　陈承泽

政事部

主任干事:宋教仁

干　事:范光启　平　刚　林　森　王正廷　钱树芬　文　群　熊成章　刘　彦
张大义　凌　毅　赵世钰　仇　鳌　殷汝骊

理财部

主任干事:居　正

干　事:曾鲁光　马伯援　王黻炜　方　潜　章　梓　沈缦云　高　鲁

文事部

主任干事:李肇甫

干　事:任鸿隽　景耀月　熊传第(交际部已列名,编者)　彭素民

评议部

议　长:张耀曾

副议长:田　桐

议　员:(皖)常恒芳　方　潜　龚维鑫
(赣)邓文辉　黄榕鸥　文　群　彭素民
(黔)平　刚　胡肇安　于德坤　周仲良
(蜀)吴永珊　黄复生　熊成章　任鸿隽
(鄂)田　桐　张绍良　杨照离　何世匡
(滇)吕志伊　张耀曾　张大义　黄嘉梁
(闽)陈承泽　林　森
(湘)萧翼鲲　仇　鳌　刘　彦　彭邦栋

(桂)刘　崛　邓家彦　曾　彦　刘月清

(直)王芝祥

(鲁)刘星楠　彭占元　刘冠三　谢洪焘

(浙)王正廷　楼聿新

(豫)曾昭文　王靖方

(苏)赵正平　黄　奎　朱时源　陈南阳

(晋)景耀月

(陕)徐朗西　赵世钰

(粤)胡汉民　金　章　林直勉

(南洋)吴世荣

(美国)卢仲博

(加拿大)冯自由

黄彦、李伯新编著《孙中山藏档选编》(辛亥革命前后),中华书局1986年版,第384~386页

△ **孙中山咨请南京临时参议院克日议复借款救济皖灾案。9日,参议院开会议决:"应请照原咨办理。"**

《大总统咨参议院核议借款救济皖灾文》如下:

前据财政部总长陈锦涛呈称:"华洋义账[赈]会以安徽救急事宜向四国银行借款,请示办法前来,当经饬令该部与该会会商办理在案。兹再据该部长呈称:据该报告灾情万急,如十日内无大宗赈款,恐灾民坐毙日以千数。又函称:四国银行允每星期可借十万两,分十六星期,共借一百六十万两,以民国财政部收据交银行存执,为暂时担保之证。与现时南北商妥暂借二百万之办法相同。窃以该省兵燹偏灾,纷乘沓至,物力凋敝,罗掘俱穷。今日复接孙都督电,请中央拨助,愿在钱粮项下分年提偿,其窘急情形亦可想见。然恐磋商此项分摊条件,缓不济急,可否俯念民生流离,倒悬待解,借款救济,实为瞬不容缓之举。迅将全案理由咨交参议院查照,克日议复,以苏民命"等因。据此。理合咨请贵院查照全案理由,克日议复,以便施行。事关民命,幸勿迟误。此咨。

《临时政府公报》第30号,中国科学院近代史研究所史料编译组编辑《近代史资料·辛亥革命资料》,中华书局1961年版,第240页

《参议院咨复议决华洋义赈会拟向四国银行借款救济皖灾文》如下:

初三日准大总统咨开:据财政部呈称:华洋义赈会以安徽救济事宜,拟向四国银行借款百陆拾万两,由财政部担保等语,请本院克日议复云云。经本院于本日开会议决,此事关系民命,势在必行,应请照原咨办理。惟将来应如何摊还,仍须由财政部报告本院。此咨。

《临时政府公报》第34号,中国科学院近代史研究所史料编译组编辑《近代史资料·辛亥革命资料》,中华书局1961年版,第264页

△ **黎元洪通电早定国都,组织中央政府,北洋将领及南方各省相继通电响应。**

黎元洪通电如下:

清帝逊位,已近二旬,政府尚未组成,邻邦尚未承认,群龙无首,岌岌可危。徒以变象未生,偷安旦夕。顷闻京畿煽乱,宗党操戈,首难虽平,余孽未靖,祸变之来,尚未有艾。外人对此极为激昂,某国并潜谋运兵,入规京辅。设再稽时日,险状环生,列强眈眈,难保不自由行动,瓜分之祸,即在目前。敢伸前请,为诸公告:

国家构立,首由政府。现虽南北和解,战祸初宁,但新旧机关,双方对峙。国钧不颛,邮命无价;尔虞我诈,莫知适从;桀黠之徒,乘机思逞;鸣俦啸党,角立为雄;一隅糜乱,全国随之。是惟[谓]兵亡。

天灾侵寻,连年饥馑;江淮以南,饿莩载道。满汉构兵,群省响应;鄂宁鼙鼓,陕晋烽烟。哀我蒸[烝]民,流离垫隘;村落为墟,田园不浍;夫僵海角,妇亡天涯。劫火余灰,罔知所措;不图安抚,何以善后?是谓民亡。

满清虽暴,犹可为国。自举义旗,倏逾半载,乃大局已定,犹事争持。高功怀谗,雄才畏祸,迁延不决,人人自危。满、蒙、回、藏,甫就羁縻;死灰尚然,卧榻久睡;稍一反侧,岂复我有?分裂不当,必求平均;莽莽神州,掷此孤注。是谓国亡。

四海困穷,民生凋敝;帑枯于上,产匮于下;急图统一,尚惧失时。设外患一生,兵祸连结;斩木无援,析骸不饱;黑隶红氓,犹求弗获;轩黄遗裔,长绝人群。是谓种亡。

凡此数端,皆由于国基未定,有以召之。而究厥原因,仍本于争都之一念。论者执南北二京,比挈利害,连篇累帙,犹未探原。总之,丁此时机,万分危迫,舍南京不至乱,舍北京必至亡。即金陵形势果胜燕京,犹当度势审时,量为迁就。况利便之势,相判天渊乎?元洪非丧心病狂,何敢危言耸听?特以祸机已见,更无争意气之时。其兄弯弓,某弟垂涕,亡无日矣,不忍不言。伏乞力祛成见,共济时艰,早定国都,组织政府,庶可收中央统一之效,杜外人干涉之端。其它尽可从容解决。如蒙允许,即请速电北京,决定大计,无任翘盼。临颖请命,魂电交驰。

易国幹等辑《黎副总统政书》卷8,上海古今图书局1915年印,第3页

段祺瑞、姜桂题、冯国璋通电如下:

万万火急。南京孙大总统、各部总次长、参议院、卫戍徐总督、军界诸公、武昌黎副总统、各省都督、北京新举袁大总统、各部首领、在京专使及各代表公鉴:宣布共和已过两旬,专使到京亦已七日,而临时政府设置何处,袁大总统受任何时,统一政府如何组织,迄无定议。北方秩序渐难维持,满、蒙岑岑将再牵动。使馆卫电,昨已调集六国发兵,既见电报。上无政府,下有反侧;内不统一,外多虎视。一言可决之大计,徘徊审慎,杳无消息,诚令人有不解者。

说者谓南有临时大总统,北有新举大总统,和衷共济,维持治安,何得目为无政府?不知对内而言,则临时大总统之教令不能越江而行于北,新举大总统之教令不能越江而行于南,历日稍久,恐不免以统治无权□[召]致瓜分之祸,对外而言,则新举大总统未经布告,临时大总统未经承认,历日稍久,恐交涉不能续行,干涉即将踵至。日、俄、英、美调兵,昨到天津,诸君想有所闻,必可为所欲为,我将何以待之?对边而言,则临时大总统偏居南中,于联络控驭之方,均有鞭长莫及之势;新举大总统未受公任,既难取信于人,即难踏实办事。历日稍久,恐边部各谋自立,勾结为患,而我有唇亡齿寒之忧。在浅见者或尚腼然,以两政府自豪;而有心者已不免黯然,以无政府而哭,日日哀号于[也]!虽谓无政府为国家之至危极险,乃日处此至危极险之地诗[位],天[犹]梦梦而不知误[悟],岂不陧[大]可哀哉!

四千年专制余威,一跃而入共和之局,民国基础已定八九。倘以一事无谓之争执,功亏一篑,更召灭亡,谁尸其咎?能无遗憾?兹就内情、外交、边部各方面观之,临时政府必应设于北京,大总统受任嗱[必]暂难离京一步,统一政府必须旦夕组定。敢请主持全局,迅促议决,早日正式布告列强,镇定全国,以免眉睫之祸,庶尚有自立地步,否恐五族无噍类矣!情急词迫,言短意长,俯维鉴察,鹄立候复。段祺瑞、姜桂题、冯国璋同叩。支。印。

黄彦、李伯新编著《孙中山藏档选编》(辛亥革命前后),中华书局1986年版,第161~162页

北京南北军界统一联合会通电如下：

南京孙大总统、参议院、各部总长、武昌黎副总统、各省都督、各司令长均鉴：共和宣布，民国完全成立，所未竟者临时政府未组织耳。今中外人士延颈伫盼新政府成立，俾各省秩序早日恢复，以收统一之效。乃宣布已逾两旬，蔡使来亦数日，而临时政府尚无建设之明文。人心惶恐，军心动摇。已失之秩序，不得恢复；未失之秩序，亦将不保。奸人煽乱，已见动机；外国进兵，已有确耗。若再延不早决，大局溃烂，民国立见瓜分。一发千钧，无有危于此时者矣！诸公费无量苦心，成此伟业，若因新政府不得早成，致坠全功，此实有志之士骇怪惊诧，叹为不解者也。袁总统赴宁受任再行北旋，为便于统一起见，虽不可少此一行，然于缓急先后之间，不能不权衡重轻。今袁未离北，乱端已见，倘一举足，必致不可收拾。此种情形，当早为诸公所鉴。为今日计，惟有请袁大总统在北京受任，即日由南北协商，速成临时政府，以维系人心。俟政府已成，大局粗定，再请大总统周视全国实行联络，较为两全。事机危迫，万难顷刻再延，叩恳速决为盼。军界统一会公叩。

黄彦、李伯新编著《孙中山藏档选编》(辛亥革命前后)，中华书局1986年版，第163页

赵尔巽等通电如下：

至急。北京袁大总统、蔡专使、军界统一会、南京孙中山、武昌黎宋卿先生、参议院、各省督抚、都督鉴：临时政府设在北京，袁大总统暂不能南行，东三省所主张理由，迭经电陈在案。此次京、津、保定之乱，闻由袁大总统有南行之信，军心疑虑，以致土匪得以乘机勾结暴动。倘使离京，更属不堪设想。现京、津秩序，尚未尽恢复，善后、交涉当益困难。诸公如忍违初心，坐视民国之亡则已；如欲固国基而免瓜分，应立刻决议，即日在北京组织临时政府，统一政权。南方诸彦，无妨连袂北上，以赞新猷，万勿再争虚文，致受实祸。盼切祷切。赵尔巽、陈昭常、宋小濂及军警、绅商、人民同叩。初五。印。

黄彦、李伯新编著《孙中山藏档选编》(辛亥革命前后)，中华书局1986年版，第169～170页

陈昭常等通电如下：

火急。北京袁大总统、蔡专使诸公、军事统一会，南京孙总统、参议院，武昌黎副总统，各省督抚、都督、谘议局、议会、报馆均鉴：日内闻京津兵变，市面骝[骚]然。顷奉袁大总统通电，谓："共和初定，突出奇变，舍速建统一政府外，殊无他法。惟组织之事既不可缓，南行之举又不能成，已与南京政府电商办法"等语。窃思共和新布，百端待理，无论内政外交，莫不急需有确定之统一政府，方足以巩固初基。今政府统一之设尚属虚悬，而土地沦胥之惨已见其兆，后患何已，实所痛心！大凡国家必具有完全人格始克成立，总统如元首，又如首之脑，各省如四肢，政府各机关如五官，脑具而五官不备，是谓无人格之人，乌能生存于世界？中国现状毋乃类是。革军初起，省界各分，国体更新，众心未定。倘不速建统一机关以筹确定办法，则各省纷争，势将割裂，军队滋抚[扰]，到处横行。生灵之涂炭堪虞，外人之干涉并至，助我者将无所施其力，而利我内乱者转得其谋。且君主之党、草泽之雄均未肯舍己徇人，只因大势所趋，未敢显为公敌。统一之组织若再不定，则乘机造乱之隐患随在难防，现众虽强支持，危险实难逆料。至全国财政紊乱已甚，南北军队待饷孔殷，欲解散则为匪堪忧，欲应付则饷需何出。长此迁延不决，京津之变岂堪再见！

大抵此时待商者，但因建都地点及袁总统南行两问题未决之故。建都之宜在北京，前电具述。况当此绝续之交，北方军心民心均赖袁总统一人维持，故临时政府尤不可不先在北京成立；应俟全局大定，随后再筹永固办法。南京诸公所主持者，无非以军政府初成于南，总统似宜往南受任。孰知清帝退位，共和宣布，实在北京；全国仰望，外人注目，均集于此。无论

日后是否迁都,再由国会决定,此时总统必须于北京受任,始能统一全国,庶北方再无暴动之虞,而南北共和亦由是而根基益固。即令总统受任组织必经参议院之赞同,则总统现为势所迫未能南下,而南京参议院诸公未始不可北来。参议院之移动,比之总统之行止,其关系当较轻也。至在北京组织政府,一切手续较易,尚属余事,毋烦缕陈。是否有当,务求公决。

当此时势急迫,一发千钧,实中国今日存亡一大问题。尚乞在事诸公,顾念时艰,俾挽危局,不胜翘企待命之至。陈昭常暨政军警字[学]各界、谘议局同电。歌。印。

黄彦、李伯新编著《孙中山藏档选编》(辛亥革命前后),中华书局1986年版,第170~171页

谭延闿通电如下:

至急。北京袁大总统、各部院、各大使、各会,南京孙总统、各部院、各大使、各会,武昌黎副总统,各省都督均鉴:黎副总统微电所言,兵亡、民亡、国亡、种亡各节,沉痛迫切,深中现时危象。北京联合会支电尤中肯要。延闿才学浅薄,时切隐忧,建设问题与新政府之组织,曾于二月铣日通电各处,将意见发表。诚以都城为政治枢纽,非建立燕京,不足以谋王[五]族之统一,巩固共和。庄都督咸电(见2月24日日志,编者),实为颠孽[扑]不破之论。袁公既为北部安危所系,自不能轻去燕朝[京],致启乱机。诸公关怀大局,务望从速决定,勿再稽延。只得先将建都问题解决,然后将南京政府各机关移之就北,自不致有柄[衲]凿之虞[虑]。惟既告[一乃]成,时不可再[失]。【伏望诸公立】予赞成,免生他变。不胜惶悚待命之至。湘都督护[谭]延闿。歌。

黄彦、李伯新编著《孙中山藏档选编》(辛亥革命前后),中华书局1986年版,第169页

编者按:此电据《黎副总统政书》第8卷校。

庄蕴宽通电如下:

南京孙大总统、各部长、参议院,武昌黎副总统,北京蔡专使、军界统一会,各省都督、各司令长均鉴:统一会支电悉。袁公尚未南行,北兵已被煽动,若统一政府延不解决,则宗社党以全国为孤注,外人以代平内乱为词,此诚危急存亡之秋,四百兆人生死关头所在也。诸公费无量苦心热血推倒专制,建设共和,本无丝毫权利思想,但亟于民国前途有所补益,何事不可牺牲,决不以袁公未能来宁,遂置最重要之临时政府问题迁延时日。来电所称,请袁大总统在北京受任,俟政府已成,大局粗定,再请大总统周视全国,实行联络,自是两全之策,蕴宽胸中空盲,亦无成见,所可誓诸天日者,惟以民国存亡一线为前提耳。袁公支电,亟已与南京政府电商办法,伏乞孙大总统早日解决,以定人心。声嘶泪竭,不暇择言。蕴宽叩。歌。印。

黄彦、李伯新编著《孙中山藏档选编》(辛亥革命前后),中华书局1986年版,第167~168页

江苏临时省议会通电如下:

孙总统、各部长、参议院、北京新举袁总统、武昌黎副总统、各省都督、督抚、省会、谘议局公鉴:南北统一,瞬逾两旬,只以地点各执,强要袁南【行】,致统一政府迄未成立。奸人乘机煽惑,遂肇京、保之变。志士仁人,杀身毁家,冀得真实幸福,非为依草附木者把持利禄之媒。循是不悟,堕强邻之奸谋,召瓜分之实祸,生何以见全国同胞,死何以对殉义诸烈?言念及此,痛哭失声!今全国大多数皆主临时政府设在北京,所见既同,自应协力以达公共之主张,岂可任令挟私见、争意气者败抗[坏]大局?惟有请孙总统速电袁总统,在北京受任组织临时政府,召集临时参议院。至建都问题,自可静待国会议决。庶乎全国人心皆定于一,已坏之秩序立见恢复,未坏之秩序可以维持。值此危亡呼吸之际,既不敢市惠以悦人,亦不顾直言以贻祸。谨吐肺腑,公诸天下,死生成败在此一举。请分别径电,一致进行。江苏临时省议会叩。微。

黄彦、李伯新编著《孙中山藏档选编》(辛亥革命前后),中华书局1986年版,第168页

云南临时省议会致孙中山、南京临时参议院电文如下：

南京孙大总统、参议院公鉴：首都问题，南北争持，均有理由。以现势论，西南各省，妇孺皆知拥护共和，□□满清。至若满、蒙诸藩，虽表青[面]均赞成共和，而倾向满清之意，恐不能全行断绝。今溥仪尚拥帝号，而宗社党犹暗生心。若袁总统南来，则镇摄无人，不啻故纵奸乱，小腆举绪，死灰易然。可虑一。以大总统之威望，而尚有天津之兵变，大局几至破裂，若遗[？]南来，则北兵愆无顾忌，焚杀抢劫更可任意，生灵涂炭，视[势]将燎原。可虑二。日俄野心，路人皆知。东三省、蒙古一带匪势久张，政府若不统一，彼必以无政府借口自由行动。统一政府若不仍在北京，彼若乘虚逞其诡秘手段，利用乱党搅扰治安，或故杰[焚]使馆，或故杀外人，借端逞□，进兵干涉。一国发难，群将效尤，弥天之祸，可为寒心。可虑三。若定都北京，合力组织健全政府，可虑诸端或能消解。况形势之控制较优，铁路之交通甚便，经之交朝宗[？]夙称丰裕，实业之发尽日渐增多。一旦都会□南□，必受亏委。去面面观昌[？]，万难轻动。本议会对于国都问题仍主北京，务恳鼎力主持大局，幸甚。云南临时省议会叩。支。印。

黄彦、李伯新编著《孙中山藏档选编》（辛亥革命前后），中华书局1986年版，第160～161页

孙毓筠通电如下：

万急。南京大总统、各部总次长、参议院、武昌黎副总统、各省都督、督抚、北京新举袁大总统、各专使、段军统、冯军统、姜军门鉴：顷接袁总统暨段军统支电，借悉北方情形。敝处前于议决临时政府地点问题，电中曾谓袁总统举足南京，恐大局因之牵动；并称此项问题万不可久搁，亦正虑及于此。惟目前乱象虽已平靖，人心未尽安宁，更非前日情形可比。所有敝处前请移驻天津之议，应请暂行取消，仍就北京城内组织统一政府，并请袁大总统正式宣布，此系暂设临时政府，将来都城建设何处，再由国会公议。一面将组织统一政府布告各友邦，则大局即日可定。事关存亡大计，情势危迫，伏望迅赐解决，既[不]使功败垂成，无任祈祷之至。皖都督孙毓筠叩。鱼。印。

黄彦、李伯新编著《孙中山藏档选编》（辛亥革命前后），中华书局1986年版，第176页

徐宝山通电如下：

南京孙大总统、各部总次长、卫戍总督、参议院、参谋团、武昌黎副总统、各省都督、各司令官、分府、各报馆、各公团公鉴：顷读黎副总统电，痛陈国体，剀切详明，令人悲愤欲绝。窃思我国同胞，屈伏于异族专制之下将三百年，几无脱离羁绊之一日，幸得中山先生提倡革命于外，各志士奔走运动于内，唤醒国民，始知有革命思想。以故，武昌首义，各省风从，未及半年，全国遂定，收效之速，实为环球革命历史所未有。揆厥原因，虽由诸同志频年鼓吹之力，亦缘比岁满洲政府倚任亲贵，排斥汉人，政乱于上，民怨于下，有以致之。

今民国方新，万绪更始，正宜庶政公诸舆论，凡百顺之人民，以示天下之无私，而表共和之真相。乃我临时政府成立以来，对于国利民福，未尝有所设施，但闻今日以某路抵借外债，明日以某局押借洋款，又其甚者则汉冶萍之与日人合赀，全国赋税之抵俄人借项，其失人心丧主权，与清政府之干路国有、四国借款殆过之无不及。

又如参议院议决定都地点，陆军部以命令勒主南京。鄂议员在院发言，偶尔失捡[检]，司法部欲行逮捕。虽专制之野蛮，无此甚也。同盟会人在内之把持政柄，在外之声树煊赫，虽满洲之亲贵，无此甚也。

呜呼！清鉴不远，乃冀引为前车，胡竟步继后尘而加之甚焉？我中山先生抱持革命宗旨三十余年，流离颠沛于海外，莫之或易，固不愧造时势之英雄，即我政府诸公，亦称一时之彦。此兴亡之点，宁有不知而事事适蹈之覆辙？而当此患难，相从之同党，或致希利禄，或挟偏

私,左右夹持,遂致政府令失宜耳。

今南北将士已和解,项城总统又经举定,徒以建都地点彼此争执兼旬,不能解决,致令政府不克组成,百端不获具举,外人不允承认,种种危险,皆由此点而生。是则都城暂在北京,项城实难南行,南方明达,早已多数认可,而我政府偏逞意见,作此无谓之争,群情皇惑,莫知究竟。比日北京已兵变矣,外人并有进兵津保之谣言,若再任意迁延,不图变计,万一内忧外患纷至迭起,纵不瓜分豆剖,亦必鱼烂肉糜。全国沦胥,在此一举。

眷怀大局,无涕可挥。宝山忝居分府,亦民国一分子,此祸在眉睫,千钧一发之际,有所见不敢避忌不言。伏祈政府诸公服从多数,早定大计,则民国幸甚,同胞幸甚。扬州军政分府徐宝山。鱼叩。印。

1912年3月13日《大公报》

编者按:黎元洪通电日期尚有3月5日、3月6日说。1912年3月10日《大公报》公电补录《武昌黎副总统电》电文后署十八日,即公历3月6日;谭延闿"歌"电称黎电为"微"电(见上文),即3月5日。

△ 神州女界共和协济社致函孙中山,要求女子参政权。次日,孙中山复函谓:天赋人权,男女本非悬殊。女子将来之有参政权,盖所必至。

神州女界共和协济社致孙中山函文如下:

中山先生钧鉴:鄂中起义,各省响风,天人思汉,亿众一心,不数月而共和政府成立。洵祖国数千年未有之盛业,即先生廿余载之惨淡经营,及吾同盟兄弟姊妹,掷无数头颅、糜无量血肉之效果也。

今先生以经纬天地之才,涵养万物之德,元首新国,力行懿政。同胞雀跃,寰宇欢迎。汉恩浩荡,傍逮胡儿,虏廷钦感,昕夕思退。仰见先生仁怀若海,无分畛域。大局底定,转瞬间事。斯举国之福,吾女界与有荣焉。

某等窃思共和国既建设矣,国内必无不平等之人,男女平权,无俟辞费。此番改革,女子幸能克尽天职,或奔走呼号捐募饷糈,或冒枪烟弹雨救护军士,或创立报章发挥共和、鼓吹民气,或投笔从戎,慷慨【杀】敌,莫不血诚坌涌,视死如归,侠肠毅力,奚让须眉?其于祖国爱而能助,此固神明华胄应具之美德,要亦先生数十年来苦心提倡,化人以道之所致也。

迩者,民国初立,万政更新,非全国努力,无以善后。兹特联合女界各团体组织大会,命名神州女界共和协济社,以普及教育、研究法政、提倡实业、养成共和国高尚纯全女国民为宗旨。首当创办女子法政学校及发刊《女子共和日报》,协力进行,勉为将来参政之预备。际兹宪法将定,国会未集,敢代表全国女界,专诚请愿,乞赐赞成,于参议院存案,俾国会决议时,为女界预留傍听及参政一席。数载后女子之政治知识既具,资格已满,乃可实行。国计民生,人人有责,政界多才,罔间笄弁。仿欧美之雄图,辟东亚之旷典,惟先生宏此远谟。前者林君宗素以私人资格请愿,尚蒙慨许以中华女子有完全参政权,足征先生笃爱平等,超迈古今,首重人权,卓荦中外,下风鼓舞,钦佩无量。某等不揣愚陋,上体盛意,下顺舆情,一再请命,当邀忻诺,普告天下,永为民国矜式,并为世界模范。女界幸甚,中华幸甚。

再女子法政学校,为铸造女子政治学识之基础,《女子共和日报》为灌输女子政治及实业思想之机关,准今春开办。惟经济未充,规模不远,务祈鼎力扶持,赐拨款项,为各省先导,庶敝社声势顿增,成立弥速。区区苦衷,伏维垂鉴。冒渎清神,曷胜惶悚待命之。社章呈上,幸教正之。敬请伟安,鹄候德音。神州女界共和协济社全体发起人敬启。

1912年3月3日《民立报》

孙中山复函如下：

女界共和协济社公鉴：来书具悉。天赋人权，男女本非悬殊，平等大公，心同此理。自共和民国成立，将合全国以一致进行。女界多才，其入同盟会，奔走国事，百折不回者，已与各省志士媲美。至若勇往从戎，同仇北伐，或投身赤十字会，不辞艰险；或慷慨助饷，鼓吹舆论，振起国民精神，更彰彰在人耳目。女子将来之有参政权，盖所必至。贵社员等才学优美，并不遽求参政，而谋联合全国女界，普及教育、研究法政、提倡实业，以协助国家进步，愿力宏大，志虑高远，深堪嘉尚！所请开办女子法政学校，应由该社员等呈明教育部核夺办理，并由本处拨助五千元为该社扩充公益之用。该社员等宜力行无倦，以光吾国而促进步。至女子应否有参政权，定于何年实行，国会能否准女界设傍听席，皆当决诸公论。俟咨送参议院议决可也。并候公益。孙文。

1912 年 3 月 4 日《民立报》

3 月 4 日（正月十六日）　迎袁专使蔡元培等将北方"兵变"、袁世凯不能南下等情，急电南京，请对袁迁就。

蔡元培致南京电文如下：

培等此次奉总统令而来，本止有欢迎被选大总统袁君赴南京就职之目的。顾自抵天津而北京，各团体代表之纷纷来见，呈递说帖者，北方各军队首领之驰电相商者，已数十通，佥以袁君不能离京为言，且无不并临时政府地点为一谈。元培等以职务所在，无稍事通融之理。且袁君面称："极愿早日南行，惟徇于北方各种困难问题，须妥为布置"云云。是本与培等北来之目的，决无差池。故培等一方面对于诸要求者，撤去临时政府地点问题，而惟坚执袁公不可不赴宁受职之理论；一方面催促袁布置北方各事，以便迅速启行。

不意前月二十九日夜，北京军队忽然变乱。一般舆论，以袁将南行为其主要之一原因。内变既起，外人干涉之象亦现，无政府之状态，其害不可终日。于是一方面袁君颇不能南行，而一方面则统一政府不可不即日成立，在事实上已有不可易之理由。培等会议数次，全体一致，谓不能不牺牲我等此来之目的，以全垂危之大局。

爰于初一、初二两日，叠发公电私电多次，提议改变临时政府地点，冀得尊处同意，以便改转交涉之方针。乃两日间未得一复，而保定、天津相继扰乱，大局之危，直如累卵。爰于今日午后开会议，准备与袁君为最后之交涉，于会提议准备之主旨两条：（一）消灭袁君南行之要求。（二）确定临时政府之地点为北京。其达此主旨之方法，大略袁君在北京行就职式，而与南京、武昌商定内阁总理，由总理在南京组织统一政府，与南京前设之临时政府办交代，公遣外务总长或次长到北京任事。其参议院及内阁迁北京时，用重兵护卫，以巩固政府，弹压内乱，全体赞同。然此事虽为今日必要之举，而以培等职务所在，决不能为此案之提议者。迨唐绍仪、汪兆铭与袁君最后熟商之结果，适与培等准备会议所提出之两条相同。

惟以何等手续行此两条始无窒碍，则非在南京讨论不可，嗣定于欢迎团中推数人，袁君亦派亲信者数人，同赴南京。仪、铭回寓告之培等，培等皆赞同，遂推定教仁、永建、正廷、汉遗四人回南。袁君所应派之人，属仪酌定。绍仪与同人商酌，指定唐在礼、范源濂二君，已商袁派定同行。将来一切详细办法，均由教仁等到南京后妥商，不先赘述。

惟约计自启行以至商定，至早必要十日以外，而北地之人，以恐误大局者，函电纷至，外人亦啧有烦言，若不从速解决，以安人心，恐至败坏，不可收拾。敢请尊处迅开会议，如赞同袁君不必南行就职，及临时统一政府设在北京之议，请即电复，并宣布中外，以拯危局。至培等放弃职务之罪,则敬请执法惩处。蔡元培。支。

高平叔编《中国近代人物文集丛书·蔡元培全集》第2卷,中华书局1984年版,第143~145页

△ 孙中山令准南京临时政府陆军部呈请奖恤吴禄贞、张世膺、周维桢三烈士。

孙中山命令如下:

临时大总统令

据该部呈称:"窃维荡涤中原,肇建民国,为先祖复累世之仇,为后人造无穷之福,实赴义先烈捐躯洒血,以有今日。起义以来,效命疆场,碎身沙漠,若将若士,更仆难数。而吴禄贞、张世膺、周维桢三氏者,为同胞惨死,尤最凄怆,恤悼宜先抚恤者也。爰采各国抚遗恤亡之例,定抚恤章程。凡此次起义诸将士、兵卒,或遇害于行伍,或遭凶于暗昧,均按其等级高下,申请赐予一时恤金及遗族恤金,以酬忠烈而励将来。查吴禄贞应照大将军例,赐一时恤金一千五百元,遗族每年恤金八百元;张世膺照右将军例,赐一时恤金一千一百元,遗族每年恤金六百元;周维桢照大都尉例,赐一时恤金九百元,遗族每年恤金五百元。拟请从先酌准,赐予三氏恤金,以为我共和开国报功酬勋之先表,宣示天下,以不负忠烈之意。为此,申请察核,伏乞照准施行"等情前来。查民国新成,宜有彰勋之典。吴、周、张三氏,当义师甫起之日,即阴图大举,绝彼南下之援,以张北伐之势。事机甫熟,遽毙凶刃,叠被重创,身首异处,死事至惨。而抚恤之典,尚尔缺如。该部所称,实属深明大体,应准如所请,风示天下。此令。

陆军部总长黄兴知照

孙文

中华民国元年三月初四日

"南京临时政府档案",中国第二历史档案馆编《中华民国史档案资料汇编》第2辑,江苏人民出版社1981年版,第268~269页

△ 袁世凯致电孙中山等,声称"际此时艰","万难即日致行",还称"方今欲巩固民国,保全共和,舍速建统一政府外,殆无他法"。

袁世凯致孙中山等电文如下:

南京孙大总统、各部总长、参议院均鉴:二十九日夜,第三镇炮队营与辎重队先由彼此冲突,嗣复肆行抢劫;次晨溃兵四散,复殃及天津、保定一带。共和初定,突出奇变,对内对外,惶愧莫名。幸迩来乱象已渐平靖,京城以内布置日就周密,可保再无动摇之患,使危大局,而起外人之干涉。惟专使到时,凯已决意南行组织临时政府,以便南北统一,早慰国民之厚望。际此时艰,此志万难即日致行,公等俯念民生国计之不可稍忽,想能曲谅。抑凯尚有不能已于言者,则北京外交团及吾国驻外各代表,无不谓方今欲巩固民国,保全共和,舍速建统一政府外,殆无他法。全国心理想均表同情。组织之事既不可缓,南行之举又不能成,焦灼万状。特先布闻。袁世凯。支。

黄彦、李伯新编著《孙中山藏档选编》(辛亥革命前后),中华书局1986年版,第159~160页

△ 南京临时政府内务部饬令南京各僧道寺观,严密稽查本寺观僧道、游方僧道,及佃住寺观人民等,以防奸匪混迹其间。

《内务部饬令僧道寺观严密稽查示》如下:

南京为国都重所,自光复以来,虽秩序渐就安宁,而宵小之隐伏其间者或亦不少。阅卫戍总督规定稽查所章程,并历揭日前发见手枪、炸弹、毒药各种等情形,奸宄混迹,可想而知。

今客栈、旅馆、门□等处，经警局取缔巡查，而寺观社庙各处亦应严行查缉。况民人概行剪发，最易冒充僧侣，藉以藏奸，抑或装扮道流，潜谋不轨。偶一失察，贻害实非浅鲜。本部有管理宗教之责，对于寺观各处自应加意防闲。查僧道旧例，入其教者，类以度牒或牒钵盂为凭。为此示饬僧道主管人等一体知悉，凡所住僧道良莠不齐，务须严行约束，随时留心查察。或有徒侣勾结外匪，通同作奸，抑或身怀暗器，恃横强霸等情，准予立刻报警拘捕，不得扶同徇庇容隐，致干咎戾。其来该寺观挂单住宿者，尤宜验明牒证，方许容留。倘遇身无牒证而又形迹可疑之人，亦即报明该管警局，以遏匪踪。惟不得挟嫌讹索，任意留难，致为游方僧道之害。其有人民佃住寺观者，务须询明来历，考察的确，始予招留。设于寺中发生危险事端，该僧道主管人应负责任。除行知巡警总局查照办理外，合亟出示，晓谕其各凛遵勿违。特示。

1912年3月4日《民立报》

△ 南京临时政府陆军部陆军军官学校颁布《陆军军官学校暂行条例》。

《陆军军官学校暂行条例》如下：

第一条　本校直隶于陆军部，收集各兵科入伍生，授以初级军官应有之学术，养成爱国之精神，使具有初级军官之资格为宗旨。

第二条　本校教育期限，以一年半为毕业。

第三条　本校教育分为教授、训育二科：

一、教授科目如次：

战术学

兵器学

地形学

筑城学

军制学

军人卫生学

马　学

外国语学（英、俄、德、法、日）

二、训育科目如次：

操　练

马　术

体操及剑术

军用文及诸勤务训诲

第四条　本校设置职员如下：

校　长　右将军

副　官　大（左）军校

教　官　左（右）都尉　军医　兽医　文职

总队长　大都尉

队　长　左（右）都尉

队附军官　大（左）军校

军　医

兽　医

军需官

上、中、下士

第五条　校长直隶于陆军部,总理全校事务。

第六条　总队长禀承校长,统属全校教育事宜。

第七条　副官掌理全校庶务及文牍。

第八条　队长担任本队内学生之训育,对于学生之成绩负完全责任。

第九条　队附军官辅佐队长,分担本队训育诸科目,监察学生日常躬行。

第十条　上士、中士、下士分管本队庶务,文牍兼充技术助教。

第十一条　兵学教官,分担教授各军事学科。每科以高级资深教官一员为科长,俾规定本科教育计划及方法,以期教育齐一。

第十二条　马学教官,担任教授马术兼任调教马匹,掌管校厩一切事宜。

第十三条　文职教官,分任教授外国语。

第十四条　军医掌管校内全体卫生事宜兼任卫生学教授。

第十五条　兽医掌管校厩卫生事宜兼任马学教授。

第十六条　军需官承校长命令,掌理全校军需事宜。

第十七条　本校学生额数,由陆军部逐年预计应行补充军官员数而定。

第十八条　学生在修学期内不准径请退学,如有故犯校规希图退学者,除按律严惩外,仍追缴用过学费。

第十九条　学生如犯有左列事项即行开除:

一、学力缺乏难望毕业者;

二、紊乱军纪屡犯规则及品行不端者;

三、伤痍疾病不堪修学者;

四、毕业考试不及格者。

第二十条　学生如犯前开第三、第四项而被开除,尚希望充军官者,酌量准其于次学期再行入校。

第二十一条　学生如有犯第十九条各项被开除者,应否追缴学费,由校长酌量情形,呈请陆军部核办。

第二十二条　学生如因疾病或别项事故,不能于修学期内完全学习所定之学术,或不能受毕业考试者,酌量准其留校补习。

第二十三条　如有第二十、第二十二条事项,校长须将其事由申报陆军部核办。

第二十四条　学生毕业考试,先由校长拟定考试规格,呈请陆军部核准后始行考试。

第二十五条　毕业考试毕,校长督同各教官、队长调查各生成绩,定为考科序列,呈请陆军部核准后,由陆军部申请大总统莅校发给毕业文凭。

第二十六条　发给毕业文凭后,校长可命各生即归原队。

第二十七条　学生在肄业期内,除星期、庆祝日例行放假外,酌放暑假三星期,其余概不准请假。

第二十八条　其余一切内务细则及教育管理诸规则,由本校体察情形拟订呈请陆军【部】核准施行。

"南京临时政府档案",中国第二历史档案馆编《中华民国史档案资料汇编》第2辑,江苏人民出版社1981年版,第191~193页

3月5日(正月十七日) 孙中山令内务部通饬各省,限令于二十天内将发辫一律剪除,有不遵者,以违法论。

《大总统令内务部晓示人民一律剪辫文》如下:

满虏窃国,易于[吾]冠裳,强行编发之制,悉从腥膻之俗。当其初,高士仁人或不屈被执,从容就义;或遁入缁流,以终余年。痛矣,先民惨罹荼毒,读史至此,辄用伤怀。嗣是而后,习焉安之,腾笑五洲,恬不为怪。矧兹缕缕,易萃霉菌,足兹疾疠之媒,殊为伤生之具。今者满廷已覆,民国成功,凡我同胞允宜涤旧染之污,作新国之民。兹查通都大邑剪辫者已多,至偏乡僻壤留辫者尚复不少。仰内务部通行各省都督,转谕所属地方一体知悉。凡未去辫者,于令到之日,限二十日,一律剪除净尽,有不遵者,【以】违法论。该地方官毋稍容隐,致干国纪。又查各地人民有已去辫尚剃其四周者,殊属不合,仰该部一并谕禁,以除虏俗而壮观瞻。此令。

《临时政府公报》第29号,中国科学院近代史研究所史料编译组编辑《近代史资料·辛亥革命资料》,中华书局1961年版,第233页

△ 南京临时政府教育部通告各省,速令高等专门学校开学。

《教育部通告各省速令高等专门学校开学电文》如下:

湖北黎副总统、各省都督及督抚均鉴:现在大局粗定,各处高等专门学校若不从速开学,则高等学生半途废学,中学毕业生亦无升学之所,殊非培养人才之道。即希转饬贵府教育司,酌量地方财力,分别开办,以重学务。教育部。微。

《临时政府公报》第32号,罗家伦主编《中华民国史料丛编·临时政府公报》(第21~40号),中国国民党中央委员会党史史料编纂委员会1968年影印,第707页

△ 蜀军政府致电南京,以滇军抵渝,索饷四十万,并欲驻扎城内,恐滋惊扰,请示方略。8日,孙中山致电张培爵、夏之时转滇军司令长,令该军当确遵参谋部电,由郧阳或襄阳援陕。至于军饷,蜀军政府自当量力筹济,滇军不可任意要索,致伤邻谊。

蜀军政府致南京电文如下:

万火急。南京参议院熊成章、李肇甫、黄复生及内务总长程雪老鉴:临密。支电计达。现北伐中止,川滇黔北伐条约自应取消,滇军乃云未见北伐中止电文。□滇军在泸时,曾数电缓其东下。现列舰数百,源源来渝,据该约索饷四十万,坚欲驻扎城内。渝地人心初定,烟火稠密,自成都派来重要军队,尚驻城外,而该军人数万余,在□州尚未上岸,在渝必欲进城。加之实无驻所,只以震恐人心。该军此种举动,诚不知其意旨所在。请速陈告大总统、陆军总长,设法维持。事机急迫,间不容发,乞即飞示方略,至切至祷。中央如来电,请由爵、时转该军长,并闻。培爵、之时及同人叩。歌。

《临时政府公报》第34号,中国科学院近代史研究所史料编译组编辑《近代史资料·辛亥革命资料》,中华书局1961年版,第269页

孙中山致驻川滇军司令长电文如下:

重庆张、夏都督转滇军司令长鉴:据蜀军政府歌电,滇军抵渝,索饷四十万,并欲驻扎城内,恐滋惊扰,请示方略各等语。查本总统前因川乱就平,曾电滇都督将驻川滇军撤回,慎固边围。旋以陕西升允猖獗,由参谋部电命该军取道汉中,会师援陕。现闻该军东下,其意仍在北伐。不知自清帝退位后,北伐之事久已中止。该军当确遵参谋部电命,由郧阳或襄阳援陕为要。至各地甫经安集,易起惊扰,该军军行所至,尤以客主相安为第一要义。军饷一层,

蜀军政府自当量力筹济,滇军亦不可任意要索,致伤邻谊。破坏之后,祸机丛伏,所恃以维系者,唯顾全大局之一念耳。切切望之。总统孙文。印。庚。

《临时政府公报》第34号,中国科学院近代史研究所史料编译组编辑《近代史资料·辛亥革命资料》,中华书局1961年版,第269~270页

3月6日(正月十八日)　南京临时参议院议决批准袁世凯在北京受职。

南京临时参议院致袁世凯电文如下:

支电悉(见4日日志,编者)。京乱已平,群情欣慰。惟经此次动摇,君势难即时南来,而对内对外,又非君早日受职不可。本院连日得蔡专使等来电,正在筹画良策,冀巩国基。昨复得钧电,知事机更不容缓,遂于今日开会议决,允君在北京受职,决定办法六条:

一、由参议院电知袁大总统,允其在北京受职;

二、袁大总统接电后,即电参议院宣誓;

三、参议院接到宣誓之电后,即复电认为受职,并通告全国;

四、袁大总统受职后,即将拟派国务总理及各国务员姓名电知参议院,求其同意;

五、国务总理及各国务员任定后,即在南京接收临时政府交代事宜;

六、孙大总统于交代之日始行解职。

以上各条,经咨达孙大总统,并电知蔡专使等,请君接电之日迅即照办,以慰国民厚望,不胜盼祷之至。参议院。麻。

1912年3月10日《大公报》

南京临时参议院致蔡元培等电文如下:

北京六国饭店蔡元培君暨诸君钧鉴:支电敬悉(见4日日志,编者)。时局危急,实难固执成见,诸君苦心,自当共谅。本院特于本日开会议决,允袁君在北京受职,决定办法六条:

一、由参议院电知袁大总统,允其在北京受职;

二、袁大总统接电后,即电参议院宣誓;

三、参议院接到宣誓之电后,即复电认为受职,并通告全国;

四、袁大总统受职后,即将拟派国务总理及各国务员姓名电知参议院,求其同意;

五、国务总理及各国务员任定后,即在南京接收临时政府交代事宜;

六、孙大总统于交代之日始行解职。

如此办法,与目下局势实属相宜,已电请袁君照此办理。至北京情形,本院极欲得详续报告,已咨政府电请汪君兆铭即日来宁报告一切,务乞汪君即来为祷。参议院。麻。印。

黄彦、李伯新编著《孙中山藏档选编》(辛亥革命前后),中华书局1986年版,第175~176页

△ 南京临时政府陆军部呈文孙中山,拟以第八、第十七两师编为第三军,以广西副都督王芝祥担任军长,请孙核夺施行。同日,孙中山令准施行。

南京临时政府陆军部呈孙中山文如下:

为申请事:窃查各省现有军队,亟宜编定建制,遴派统将,以资整理。兹拟以第八、第十七两师编为第三军。查广西副都督王芝祥谙练军务,谋略优长,堪以充任第三军军长兼本部高等顾问官。所有各旅旅长,除十五旅旅长已委陈裕时充任外,查有赵恒惕堪以派充十六旅旅长,程子楷堪以派充三十三旅旅长,宋尚杰堪以派充三十四旅旅长。至该二师师长拟暂缓设,一切事宜均由旅长直接军长办理。是否有当,理合申请核夺施行。须至申者。右申

大总统孙

中华民国元年三月六日

"南京临时政府档案",中国第二历史档案馆编《中华民国史档案资料汇编》第2辑,江苏人民出版社1981年版,第241页

孙中山令如下:

临时大总统令

现在各省所有军队,亟应编定建制,俾资统一,而策进行。兹据该部申请,以第八、第十七两师编为第三军,所拟各项办法,尚属妥善,着即准此施行。其王芝祥以下各统将,并着随时认真督率训练,俾成劲旅,毋负委任为要。此令。

陆军部总长黄兴知照

孙文

中华民国元年三月六日

"南京临时政府档案",中国第二历史档案馆编《中华民国史档案资料汇编》第2辑,江苏人民出版社1981年版,第241~242页

△ **南京临时政府财政部咨文陆军部,提出第一军团所募华侨债款,与中央财政、国民负担,息息相关,应尽数解由财政部核收。**

《财政部为第一军团所募华侨债款仍应解部咨》文如下:

中华民国财政部总长陈为咨复事:窃照柏军团长请领公债票二百万园[圆],交何永亨赴日劝募,并将该款购买军械一案,前经本部以目下南北统一,兵器可从缓购,所募债款,应全数解部,咨请贵部查照原案,变通办理等因在案。

兹于二月廿五日接准咨开:"现在国体虽已大定,筹备仍应齐全。第一军仓卒编成,举凡军用物品缺乏甚多,必须立筹巨款,购办完全,以便整饬而资训练,庶可期兵归实用,饷不虚糜。此次委派何永亨赴日募债,早经本部与柏军长再四磋商,一俟债款募得,即行解缴本部,由本部指定式样,派员会同购买一切,当不致复有前日收集窳败器械虚耗资财之流弊。所有第一军募债购械,应仍按照原案办理之处,咨复本部查照,盼切施行"等因到部。准此。

查该军仓卒成师,军用物品未免缺乏。此次贵部拟将何永亭(上下文均为何永亨,两者必有一误,编者)赴日所募债款,直接解部购办军械,自系为整饬军事起见。惟此项债款,为本部责任所在,且与中央财政、国民负担,均有息息相关之势。若因何地所募,即归何地使用,不复解由本部,微特漫无稽考,流弊滋多,且此风一开,各部、各省均可援例,目前固不免糜费之害,财政将更有分裂之忧。再四思维,此次何永亨所募日侨债款,无论能否足额,仍应尽数解由本部核收,方合统一财政之本旨。至第一军团所缺军械,现既为完全筹备之用,究与战时临敌不同。应请贵部详加综核,通盘筹算,实在需款若干,咨由本部量力拨济,事关大局,治军理财不能不兼筹并顾,非以职掌度支有所吝于出纳也。兹准前因,相应咨复贵部,请烦查照办理施行。须至咨者。

右咨

陆军部

中华民国元年三月初六日

"南京临时政府档案",中国第二历史档案馆编《中华民国史档案资料汇编》第2辑,江苏人民出版社1981年版,第310~311页

△ **袁世凯致电南京临时政府,称自经北京兵变,“北方商民愈不欲凯南行,函电吁留,日数千起”,暂难南来,请黎元洪代赴南京就职**。

袁世凯致孙中山等电文如下:

南京孙大总统、参议院、国务各总长、各省都督同鉴:此次南京特派专使来燕,【迎】凯赴南京受职。凯极愿南行,借与诸君相见,共筹国家大计。惟以北方秩序需人维持,正在拟议留守之人,不期变生仓猝,京师骚扰,波及京津。自维抚驭非易,致使闾阎受惊,殊深惶悚。连日布置,差幸秩序渐复,人心渐安。惟自经此变,北方商民愈不欲凯南行,函电吁留,日数千起。而南京政府,亦鉴北事之方殷,谅南行之宜缓。连日筹商办法,以凯既暂难南来,应请黎副总统代赴南京受职。而内阁总理,俟凯与孙大总统、黎副总统商定其人,协行提交参议院,请求同意。庶几大局早定,人心早安,对内而谋统一,对外而言承认,以完全巩固中华民国之基础,是所深望。特此电闻。袁世凯。鱼。

《临时政府公报》第33号,中国科学院近代史研究所史料编译组编辑《近代史资料·辛亥革命资料》,中华书局1961年版,第259页

△ **袁世凯致电黎元洪,请黎赴宁,代往参议院行正式就职礼,并告之已与孙总统商定,以唐绍仪为内阁总理,即请于就职之后,即时提交参议院,请其同意认可后即行发表**。

袁世凯致黎元洪电文如下:

武昌黎副总统鉴:军密。专使到后,本拟即时南行,以便组织统一政府。自廿九变后,人心大为摇动,军队既不足深恃,外患复日形紧迫。不得已遂商之南京政府,拟请阁下代受事权,在南组织政府。顷得复电认可,故特另以明电作为正式委托。本应先与足下商妥再行发表,惟电报往来需时甚多,恐误大局,尚祈曲谅。敢请于收到明电之日,即行赴宁,代往参议院行正式就职礼,是为至盼。再:凯电所举各人,此间甚表同情,已与孙总统商定,以绍仪为内阁总理。即请于就职之后,即时提交参议院,请其同意认可后即行发表。如此则内阁成立,大局可以稍定矣。袁世凯。鱼。

黄彦、李伯新编著《孙中山藏档选编》(辛亥革命前后),中华书局1986年版,第174页

△ **湖南特别议会致电各省议会、谘议局、上海各报馆,提议限制南京临时参议院权限,提出凡关于民国建设、民国法律、人民权利义务,参议院“绝对无议决之权”**。

湖南特别议会致各省议会、谘议局、上海各报馆电文如下:

各省议会、谘议局、上海各报馆鉴:南京临时政府参议院由各省都督委任人员组织人民代表,不可视为正式立法机关。此次选任临时总统,议决建都地点,虽事实不谬,绳以法理,实属逾越权限。顷又接鄂议会绛通电,参议院径以少数议员表央[决],遽将全国赋税抵借道胜银行金磅一百五十万元,尤属侵权。若漫无限制,于民国前途甚为危险。除另电南京政府取消借债议案外,兹特发起订定临时参议院权限,拟商数条如下:一、关于民国建设事件;二、关于民国法律事件;三、关于人民权利义务事件。上列三项,参议院绝对无议决之权。亟应由各省选举人民代表组织临时国会,万无任政府委少数参议院[员]议决民国肇造诸大政之理。至组织国会,前经鄂议会马通电发起(见2月21日日志,编者),敝会力表同情,应由各省议会协致赞同,以成全国正式舆论之机关。以上二端如何[荷]赞同,即希分别电复。限制参议院权限一节,并希赓电南京孙总统、北京新举袁总统,请照所拟,将参议院明白规定,迅行公布是荷。湖南特别议会通电。鱼。

1912年3月12日《申报》

△ 李燮和呈文孙中山，请辞光复军总司令，孙中山允许李辞职。本日，李燮和通电辞去光复军总司令职务。

李燮和通电如下：

袁大总统、南京孙大总统、各部总次长、卫戍总督、参议、武昌黎副总统、各省都督、各军司令官、各报馆均鉴：满清退位，南北联合，民国丕基，于以大定，军政统一，实为急务。凡我民国[军]，均应由临时陆军部改编，不得私用名称。燮和所统光复军，除驻防吴淞、鄂、鲁各师旅早经交由各都督接管不计外，其在宁步、炮、工程各营，亦已呈准移交第五师团长刘毅接统，并将军司令部取消，以节糜费。伏思此次革命，全仗民军。当武汉首义之时，正燮和奔走不皇之日，其始仅二三同志，继乃云集数千，振臂一呼，群皆效命。光复沪淞，管锁长江门户；转战金陵，奠定东南半壁。虽曰天与人归，实惟群策群力。所幸南北一统，战事告终。兵气变日月之光，英雄无用武之地。归马放牛，欣观其泰；功成身退，非所敢云。况共和建设，端赖鸿材。铜山洛钟，声气相应；联镳接踵，硕彦云兴。燮和自维才识无补平时，辞职归田，还我自由，所得多矣。除备文呈报总统府、陆军部外，合行通报。区区愚忱，尚祈亮察。李燮和。鱼。

1912年3月8日《大公报》

李燮和呈孙中山文如下：

光复军总司令李燮和为呈请事：窃司令于上年八月十五日，由武昌赴沪。因念上海属东南要区，吴淞为长江门户，欲规画东南，接济内省民军饷械，断清军运输之路，截萨军舰队后援，非得吴淞上海不可。当即创设机关，密制炸弹，购械筹饷，组织秘密军队号光复军。派员游说淞沪各处兵警，联络一气。遂于九月十三日，一鼓而克复上海。义旗所指，吴淞、崇明、狼山、福山各重镇，次第光复，又数日而苏浙反正。司令乃组织军政分府于吴淞，厚集兵力，以固门户。旋督令部将黎天才，率师会同苏浙联军，进攻金陵，先后占领乌龙山、幕府山、狮子山、天保城、东西梁山诸险要，清军大震，遂于十月十二日攻克金陵全城。惟时武汉敌兵尚在相持。休军数日，即命部将黎天才率师数千赴鄂助战。一面筹备饷械，预备北征。业经开步兵一团，令旅长李炯、团长周朝霖，率往烟台驻扎。正拟陆续出发，忽奉临时陆军部令，以清帝退位，毋庸北伐等因。当即传集将士，谕以南北统一，宜归马放牛，共图建设，以维国本等语。士众皆欢呼，祝民国万岁。

窃念武汉起义之初，东南半壁，除九江为民军占领外，余如南昌、安庆、苏州、江宁、杭州、吴淞、上海等处，均未响应，武汉孤立无援，几丧大局。司令招募军队，自筹饷械，以全力经营东南，逮江浙既下，而上游遂有恃无恐矣。既而临时陆军部成立，乃荷补助军需，由是光复军始归临时陆军部统辖。今完全共和既已成立，司令二十年来所怀志愿亦已少酬。自知无建设之力，乏经世之才，不足共裕新猷，赞扬治业。再四思维，惟有自请辞职，以免贻误。业将取消光复军名称，裁撤军司令部各由，呈请临时陆军部核办在案。司令得以劫灰余生，栖息田里，敢云挂冠，聊以藏拙。家住洞庭之滨，衡山之阳，有薄田二十顷，古籍千余卷。鸡黍桑麻，差足自给；枕书抱膝，颇能自娱。非避东海之滨，欲卧北牖之下。伏乞大总统俯念微忱，不予责备，则清泉白石，无非出自鸿施，扫地焚香，定祝共和万岁。除分行外，所有司令自请解职归田情由，理合具文呈请大总统察核施行，实为公便。

《临时政府公报》第34号，中国科学院近代史研究所史料编译组编辑《近代史资料·辛亥革命资料》，中华书局1961年版，第267页

《大总统批光复军司令李燮和辞职呈》如下：

呈悉。该司令规画东南，往来淞沪，朱家结士，翟义兴军，用张光复之旗，誓扫膻腥之秽。遂乃蛟腾沪渎，鹰攫金陵。收龙盘虎踞之雄，作电掣风驱之势。于是汉阳晴树，无碍云烧；岳墓南枝，顿教风定。厥功甚伟，其绩尤多。当夫开府吴淞，联军苏浙，横江锁铁，竟胶王浚之楼船；断水投鞭，直慑苻秦以草木。定倒悬之大局，推发迹之功人。今则天下一家，旗新五色，人无二志，政美共和，国家当倚寄于长城，将军遽退藏于大树。从赤松而辟谷，固秦仇已报之心；徙朱地而计家，岂范策未行之故。然而一行已决，早知驹谷难留；百战余生，宜遂荷衣初服。用兹嘉许，放李靖为神仙；树之风声，使樊侯无容地也。惟买山之钱不备，歉仄兹多；而柱下之史待修，荣誉靡替。此批。

《临时政府公报》第34号，中国科学院近代史研究所史料编译组编辑《近代史资料·辛亥革命资料》，中华书局1961年版，第266～267页

△ **西北实业协会在上海召开成立大会，以"振兴西北实业，发展国民经济，挽回利权"为宗旨。公举于右任为会长，米如玉为副会长。**

1912年3月7日《民立报》《西北实业协会发轫》报道：

六日下午二时，西北实业协会开成立大会。首由米如玉君报告会议成立情形。次讨论总会地点及实行事件，并设立各省分会。次公举职员：正会长于右任，副会长米如玉，会计马凌云，书记王月波、张季鸾，农业科员李镜蓉、宋维城、徐培楠，工业科员梁上栋、李建德、赵奇英，商业科员赵世钰、林宗汉、张礼，河南分省干事周维屏、张达善，调查员单希曾、林英钟，山西分会干事狄观沧、梁济，调查员郑宝善、赵廷雅、郭德修，陕西分会干事李龙门、张允耀，调查员张荫亭、马凌甫、张阜生、刘东轩、白西垣、张晴川、苏病侠。次由会员及来宾捐助经费，甚形踊跃。旋来宾钱宝书君演说，略谓全国宜设实业会及互相联络之利益。继由吉林杜景芳演说东三省急宜移民开垦，此次协会成立，宜互相联络，协助进行，而设拓殖银行尤为急务。云战后须营以实业为第一要着，吾国人士如能热心提倡，洵中国前途之幸也。散会已五时矣。

《西北实业协会缘起附简章》如下：

司马迁传货殖，班固讥其崇势利。乃观食货一志，大旨在规劝君相，视迁之推奖齐民，识愈卑矣。夫狡兔拥三窟，猿猱善攀缘，以求食物，知自保，其术自工。观于此，不可以知养民之道乎？物当仰之天，力必出诸已[己]，已[己]既利，人亦不病，四海自无困穷之虑。故追溯古昔，自炫术智巧富强，如商鞅、李悝者，操纵庶民，附益聚敛，其法不可为训。即太公圜府，弘羊均输，亦辗转补苴之计，非所以进民于富厚之术也。虽然术士矜奇策，而不能禁烝民之厚，自为谋也。吾民之自谋果何如者？采薪于山，樵夫知之；取鱼于渊，渔父知之；求禽兽于泽薮，货布帛于市廛，猎夫与贩竖知之。若夫辟荆棘以植养森林，凿池沼以繁息鱼鳖，厉山泽以生聚鸟兽，种桑麻以制取丝缕，则樵夫、渔父、猎夫、贩竖无一能知者。故樵夫、渔父、猎夫、贩竖者流，终身役役，四体为疲，其自奉不能有加于老农，何者？所资易竭，供给时穷也。悲夫吾民夙以四类科计，士无事而食无论矣，若夫农服先畴，工审曲势，商迁有无，拘守此义，数千年无变通，其于求富，何以异于樵夫、渔父、猎夫、贩竖之行也。思近数十年与西方皙种角逐而不胜，始挽务本，以竞竞[兢兢]于实业。然设一公司，董理任之污吏，资本渐被侵蚀，亏折不堪，遂至中辍者比比也。今民国肇建，兵戈未靖，国民元气，倍加耗损，则振兴实业以舒苏民困，允为当务之急。某等有感于斯，爰纠合同志欲从事

于西北实业。窃念统名实业，包举极繁，约而计之无逾两端，调制药品也，铸造器械也。大师研核半生，良工损益数次，犹难备极完美，诸如此类，统曰根极于人为。若夫凿山取矿，引水溉田，据草原，蓄六畜，变贫瘠为腴壤，凡此诸端，稍施人力，立收实效，统曰根极于天然。两者相较，天然者容有限，而兴办甚易，人为者日益精，而创造极难，短长各足自补。而在吾国今日，则以利用天然者为最宜。以科学未深，究不足与言前民用也。西北数省，豫与晋富煤铁，秦陇则矿产而外，【尤】宜蓄牧。神州本部，无有出其右者。且各国成例，户口繁多，首先移殖，五洲无遗地，始思以工业来世界之财。蒙古、伊犁、新疆者，或沃野连绵，或矿山错峙，地旷人稀，吾国民之一绝好移殖地也。而欲从事移殖，则交通与金融机关宜先务矣。然则广敷铁道以连络京汉，征集巨资以设立银行，西北人士，尤不得辞其责矣。故某等组立斯会，约有三义：一曰以自办御侵夺。晋矿失而复得，豫矿尚在争持。意人尝欲兴航运于黄河，犹不目[自]振，人以助我为名，而设肆代营者，安能峻拒也。今拟先以豫晋秦陇四省为界域，历察矿脉，详审土宜，然后募资财于全国，延师匠于五族，使夫野无遗利，庶业繁兴，他人无所逞其觊觎。二曰广财源以资辅。全国东南，负赋税极巨，新疆所出，至不足以自给。然大江之南，乏可辟之地，西北遗利正多，则开发西北，不惟均负财赋，亦所以广已畅之源也。三曰因地利以厚辅。土著之民，海滨之民，日饱鱼鳖，山居者时苦饮水不给。西北人民多山居，户口日繁，而营业之途不增。迩者新业一兴，人人趣而为之，卒之同业过多，还以自困。故目今所急，在多启途径，使民无旷废。总此三义，行以二术。云何二术？曰防范装猃，劝奖齐氓，务使事业易兴，而不阶贫富悬绝之祸。此某等愿与海内诸同志所蠠没者也。进行步趋，列叙简章如下方：

第一章　总纲

第一条　本会由西北实业家及热心实业者组织而成，故定名曰西北实业协会。

第二条　本会以振兴西北实业，发展国民经济，挽回利权为宗旨。

第三条　本会择定适当地方设立总会，于各省及交通便利之处设立分会。

第四条　本会实行事项分左三种：

一、开办实业杂志，定期发刊，以诱进人民实业知识；

二、开设实业学校，以养成实业人材；

三、于适当地方提倡兴办各种实业公司。

第二章　组织

第五条　本会置名誉会长一人，提倡本会主旨，资助本会。

第六条　本会置会长一人，代表本会总理庶务。

第七条　本会置副会长一人，襄助会长总理庶务，并于会长缺席时代掌其职务。

第八条　本会置书记员二人，掌管本会撰写、记录等，并收存一切文件。

第九条　本会置会计员一人，管理本会财产及登记收支帐目，报告公众。

第十条　本会分农、工、商三科，各科置科员若干人，分理实行事务。

第十一条　本会置调查员若干人，调查各地农、工、商务情形，随时报告。

第三章　会员

第十二条　凡有实业知识及富于经验而并热心赞助本会者，由会员绍介，得入本会为会员。

第十三条　会员均有选举、被选举及监督本会一切事务之权。

第十四条　凡会员均有筹集□□，扩充本会应行事务责任。

第四章　会期及选举

第十五条　本会于每年三、九两月开全体大会。遇有重大问题,经会员三分之一以上要求开会时,得由会长招集开临时全体大会。

第十六条　本会职员,于每年三月开全体大会时投票公举。

第十七条　本会于每年开职员会一次。若有要事,得随时开会。

第五章　经费

第十八条　本会经费分当年、特别二种:

一、当年经费由会员担任;

二、特别经费由会员担任募集股款。

第六章　附则

第十九条　本章程系仓猝草定,其有不备之处,得随时更改。

1912 年 3 月 4 日《民立报》

3 月 7 日(正月十九日)　孙中山分别复电蔡元培、袁世凯,告之南京临时参议院同意袁在北京就职,请黎副总统代行一节,可以取消。

孙中山复蔡元培等电文如下:

北京六国饭店蔡元培等鉴:鱼电悉。前提议袁大总统不必南行,委由副总统代赴南京,惟以内外属望至殷,副总统或不能遽来,仍恐有稽时日。昨提出参议院,经院决议,电允袁总统在北京受职。是黎副总统来宁代表一节,可以取消。惟袁总统得参议院电复认可之日,举行仪式,应由专使等代表民国接受誓词,赍交参议院保存,以昭隆重。专复。并请达商袁大总统。孙文。虞。

《临时政府公报》第 33 号,中国科学院近代史研究所史料编译组编辑《近代史资料·辛亥革命资料》,中华书局1961年版,第258～259页

蔡元培等致孙中山电文如下:

南京孙大总统鉴:培等受命欢迎袁君赴宁就职,前月二十七日已以此意面达袁君,而袁君亦极愿南行,一俟拟定留守之人,即可就道。不期二十九夕北京兵变,扰及津、保。连日袁君内抚各处军民,外应各国驻使,恢复秩序,镇定人心。其不能速离北京,不特北方人民同声呼吁,即南方闻之,亦当具有同情。故培等据所见闻,迭电陈述。兹承电示,知袁君不必南行,并由袁君委托副总统黎君代赴南京受职。是培等欢迎之目的已经消灭,似应回南面陈一切。谨先电闻,并祈即复。元培等。鱼。

黄彦、李伯新编著《孙中山藏档选编》(辛亥革命前后),中华书局 1986 年版,第 172 页

孙中山复袁世凯电文如下:

北京袁大总统鉴:鱼电悉(见 6 日日志,编者)。支日因专使来电,知公不能刻日南行,故有商请黎副总统到宁代公受职之电。同日接各界来电,期望至殷,言之迫切。因恐黎副总统镇守武昌,是以将专使要求各条提交参议院,当经院议决,公在北京受职。其办法六条,除由参议院电知外,今日一再电专使转达尊处。请黎副总统代行一节,可以取消。尤望即依参议院所开手续,正式受职,速电国务总务总理员名,俾参议院同意,刻日派遣来宁,接收交代,早定大局。无任切盼。孙文。阳。

《临时政府公报》第 33 号,中国科学院近代史研究所史料编译组编辑《近代史资料·辛亥革命资料》,中华书局1961年版,第259页

△ **孙中山致电黎元洪，以武昌起义孙武厥功甚著，请黎元洪告戒各界，不要以流言蜚语伤害孙武。**

孙中山致黎元洪电文如下：

武昌黎副总统鉴：闻军界各同志与军务部部长孙武起冲突，经副总统令孙武辞职，而论者依然不靖，且有购拏之说。按前武昌军务部长孙武，奔走光复之事累年，此次武昌起义，厥功甚著。纵使行事用人或有偏颇，而解职以去，用避贤路，副总统可谓持之平允矣。至谓孙武有何罪状，则当由副总统正式宣布，岂容蜚语四出，极其所之，致使望门投止，状类逋逃，文以为甚非所以待有功者之道。敬请副总统为各界告戒，无伤同气，无害功能，天下幸甚。孙文叩。虞。

《临时政府公报》第33号，中国科学院近代史研究所史料编译组编辑《近代史资料·辛亥革命资料》，中华书局1961年版，第259页

△ **黄兴复电蓝天蔚，统一政府成立在即，望蓝传檄东三省各路，谨守秩序，免贻口实。**

黄兴复蓝天蔚电文如下：

前读通电，声明我辈倡议，原为大局牺牲，非谋私人权利，此心皎洁，日月同昭。并详述关外特殊情形，了如指掌，设非亲历其境，断难洞察及此。业饬各路停攻，顾全大局，佩慰实深。惟北方赞同共和，兄弟一家，南北一致，自无丝毫疑忌。赵公颇识时务，心必无他。第虑所部未能遍解大义，几疑我辈为与竞争利禄而来，致多误会，遂启争端。顷已电致赵公，详加剖白。请饬三省部属保持现状，对待一切，务期和平。昨接项城艳电，已嘱段军统与尊处代表接洽，如何议拟，仍盼电示。统一政府成立在即，孙、袁两公必能顾念地方，合筹善后办法，布置一切，当可仰慰壮怀。现在北方人心未靖，警报迭传，甚愿及早回复，免酿交涉。尚希尊处传檄各路，剀切劝导，谨守秩序，免贻口实。嗣后北方军情，并恳就近查探，随时电知，以便商承孙、袁两总统相机办理。黄兴。虞。印。

1912年3月20日《民立报》

△ **黄兴致电东三省总督赵尔巽，统一政府成立在即，北方人心未靖，请赵通饬东三省部属保持现状，勿令再启纷扰。**

黄兴致赵尔巽电文如下：

前闻我公赞同共和，东南人心，靡不感佩。惟据蓝都督来电，我公部下"仍多违反行动，双方对抗，险象毕呈"等语。查关外逼处强邻，动辄牵制，与内地情形迥不相同，内讧朝生，外患夕至。我公素持国家主义，亦必不忍见此。第恐部下尚多误会，不免争端，特荐一言，以解群惑。兴与诸同志倡义目的，但求改造政治，并非攘夺权利，此心可白于天下。况际此全国联合，南北一致，兄弟一家，尤当各矢诚心，共维大局，何敢自甘鹬蚌，坐利渔人。昨接项城艳电，已嘱段军统与蓝都督代表接洽。统一政府成立在即，孙、袁两总统必能顾念地方，合筹善后办法，将来如何措置，必可仰慰荩怀。现在北方人心未靖，警报迭传，无非由宗社煽惑所致。愿我公坚持定见，万勿以少数感情牵动全局，致令优待条件不能实现，满人种族无由发达，则建忠于国家者多矣。务恳通饬三省部属保持现状，对待一切，总期和平，勿令再启纷扰，民国幸甚。张、冯两君，并乞代达鄙意。陆军部总长黄兴。虞。印。

1912年3月20日《民立报》

△ 黄兴致电山东巡抚张广建，统一政府成立在即，请张通饬所属，保持现状，以免鲁省再启纷争。

黄兴致张广建电文如下：

执事赞同共和，东南人心，靡不钦佩。前据胡都督烟台来电，亦以执事深明大义，即令各路停止前攻，并经派员接洽，自是正办。兹接山东临时议会及各处来电，执事“忽逮代表，有意破坏”等语，不胜惊异。我辈起义目的，但期改造政治，并非攘夺权利，此心可白于天下。况际兹全国联络，南北一致，兄弟一家，尤宜各矢诚心，共维大局。何忍自甘鹬蚌，坐利渔人。幸勿误会，致启争端。务恳通饬所属，保持现状，对待一切，务期和平。现在北方未靖，警报迭传，若鲁省再启纷争，大局何堪设想。统一政府成立在即，孙、袁两总统皆知地方重要，自当另筹善后办法，届时当有通知。业经分电胡都督遍谕同志，慎重从事，以维秩序。并希转饬所属一体办理。陆军部总长黄兴。虞。印。

1912 年 3 月 20 日《民立报》

3 月 8 日（正月二十日）　袁世凯致电南京临时参议院，电告誓词，请代为公布。

袁世凯致南京临时参议院电文如下：

南京参议院公鉴：麻电悉（见 6 日日志，编者）。所议六条，一切认可。凯以薄德，忝承推举，勉任公仆义务，谨照三月初六日参议院议决第二条办法，电达宣誓。下开誓词，请代公布。其文曰：“民国建设造端，百凡待治。世凯深愿竭其能力，发扬共和之精神，涤荡专制之瑕秽，谨守宪法，依国民之愿望，蕲达国家于安全强固之域，俾五大民族同臻乐利。凡兹志愿，率履勿渝。俟召集国会，选定第一期大总统，世凯即行解职。谨掬诚悃，誓告同胞。大中华民国元年三月初八日。袁世凯”等语。希查照并转饬所属知照。临时大总统袁世凯。初八日。印。

“沈阳县公署档”，章开沅等主编《辛亥革命史资料新编》（3），湖北人民出版社 2006 年版，第 197～198 页

南京临时参议院复袁世凯电文如下：

袁大总统鉴：电达誓词敬悉。谨照本院三月初六日议决办法之第三条认大总统为受职一电，通告全国，并致辞于大总统之前。其文曰：维中华民国元年三月九日，临时大总统袁世凯莅任，本院代表全国欢呼迎祝□致之词曰：共和肇基，群治待理，仰公才望，畀以太阿。筚路蓝缕，孙公既开其先，发扬广大，我公宜善其后。四百兆同胞公意之所托，二亿里山河大命之所寄，苟有陨越，沦胥随之。况军兴以来，四民辍业，满目疮痍，六师暴路，九府匮竭，转危为安，劳公敷施。本院代表国民，尤不得不拳拳敦勉者。《临时约法》七章五十六条□□宪法期守之，维谨勿逆舆情，勿邻专断，勿狎非德，勿登非才。凡我共和国五大民族，有不至诚爱敬，皇天厚[后]土，实式凭之。谨致大总统玺绶，俾公令出惟行，崇为符信。钦念哉。参议院。

1912 年 3 月 12 日《大公报》

△ 袁世凯致电孙中山，依据南京临时参议院所拟第四条办法，拟派唐绍仪任国务总理，并谓孙如同意，请将此电送交参议院，求其同意。

袁世凯致孙中山电文如下：

南京孙大总统鉴：参议院拟决第四条办法，拟派国务总理姓名，电知参议院，求其同意等因。现国务总长拟派唐君绍仪。国基初定，万国具瞻，必须华洋信服，阅历中外者，始足膺斯艰巨，唐君此其选也。公如同意，请将此电送交参议院，求其同意，并希示复。稍俟即拟派国

务员,再行电商。袁世凯。初八日。印。

《临时政府公报》第36号,中国科学院近代史研究所史料编译组编辑《近代史资料·辛亥革命资料》,中华书局1961年版,第275页

△ **江西都督马毓宝辞职,江西省临时议会改举李烈钧继任江西都督。**

1912年3月15日《民立报》《赣都督辞职记事》报道:

赣省马都督于三月七号得九江全体来电,略谓:"九江光复,乃公之功,钦佩无已。惟公身多疾病,不能任此重任,请速辞职,顾全名誉,大局幸甚"云云。马都督即传集军界领袖到府,于七号晚开秘密会议,征求军界诸君意见。而军界反对马都督者颇多。马都督遂电孙总统辞职,当经孙总统电复照准,并电谕赣省临时议会另举,加札委用。马都督乃正式公文分散各营及公团于八号午间到府会议。比时各界齐集会议厅,都督对众宣布云:"毓宝才力短浅,蒙各界推举,膺此重任,现值疾病时作,敢请辞职"。并云"本省有人在南京开会四次,败坏鄙人名誉,谓江西人送二万金于毓宝,并运动中央,欲为江西副都督。现值江西尚属安静,毓宝值此时交斯任于江西。倘至糜烂辞职,何面目见江西父老。但为国民,亦当尽国民职务,若蒙诸君不弃,敢请为一军界长官。"于是众皆鼓掌赞成。次由三标统带蔡森宣言,谓:"此时须以保护江西秩序为第一问题,不能即以九江要求,遂使全体承认。此事总须大家商议,作如何办法。"次由吴铁臣[城]宣言云:"江西自光复后,连换三都督,在前清时岂有数月间连换三巡抚之理,对于此事不赞成。"又某君云:"今日开会诸君须知宗旨所在,马都督若能保江西治安,且愿为江西都督,则须赞成挽留,否则另议。"马都督对于此言甚不谓然,坚辞曰:"毓宝乃实心辞职,非徒托空言。"于是各执一见,争持不决,商议良久,最后乃议决电询中央如何办法,再作善筹。遂散会。闻临时议会得孙总统电后,即于晚间开会公举李烈钧为赣省都督。除电告李君外,并派代表前往迎迓。外间骤闻又换都督,莫不惊疑,多谓江西糜烂之祸,即在目前。以故,军政府于八号晚间,即有携荷快枪装弹之军士上街巡逻,城门亦于四钟即早关闭云。

江西省临时议会通告举李烈钧继任赣督电文如下:

《民立报》转中央参议院并各省都督、议会钧鉴:本日奉孙大总统电开:"据贵省马都督来呈辞职,并请派员接管等因。查都督为今日地方行政长官,责任重大,应由省议会公举,而得中央同意,加给委任状,足昭慎重。今马都督历陈办事艰难,力求隐退,即请贵会速行正式选举继任之人,电告以便核委。总统孙文"等因。遵即开会举定本省武宁人、现充副总统府高等顾问官李君烈钧为本省都督。除电复大总统外,合亟布闻。赣省临时议会。庚叩。

1912年3月15日《民立报》

马毓宝请辞赣督电文如下:

北京袁大总统、南京孙大总统、武昌黎副总统钧鉴:毓宝自光复以来,诸君随总统后,对于赣省军事政治,尽力进行。无奈德薄能鲜,心有余而力不能逮,虽秩序尚称安宁,而整顿究未得手。日夜焦思,无所为计。忧虑愧悚,深惧贻误大局,无以对江西人民。近日以来,忧郁成疾,兼之身体素弱,现患咯血之症,日益加剧,半月前尚可力疾任事,今则坐立为艰,食不能进。据医者云,非静养数月,不能就痊。安能以此羸症之躯,负全省人民之责。屡次辞职,因为各界劝阻,只冀病可早愈。现在有加无减,万难支持。思维至再,惟有恳请总统俯念赣省全局紧要,迅赐准予毓宝辞职,另委贤员来赣接任都督。大局幸甚。毓宝幸甚。不胜迫切待命之至。毓宝叩。阳。

《临时政府公报》第36号,中国科学院近代史研究所史料编译组编辑《近代史资料·辛亥革命资料》,中华书局1961年版,第276页

陈繁阑等通电公举李烈钧为赣督文如下：

袁总统、南京孙大总统、黄陆军部长、武昌黎副总统暨各省都督、各司令官、各报馆均鉴：今日接马都督电称，近因患咯血之症，力疾辞职，尤复始终为赣顾全大局，保护治安，敝省同胞，无任钦佩。现经廷训等在浔开全体会议，公举李君烈均[钧]接任，并电商赣江官、绅、商、学各界，均表同情。俟拟全江代表到齐，即赴鄂欢迎李君就任。仅以奉闻。陈繁阑、戈克安、刘丕均、余鹤松、蔡锐霆仝叩。庚。

1912年3月15日《大公报》

陈悱训等通告赣省各界议决请赣督马毓宝退位电文如下：

北京袁大总统、南京孙大总统、黄参谋总长、黎副总统及各省都督、驻宁赣省邓司令官暨各路司令官、各报馆均鉴：都督马公毓宝督赣以来，事事狗[苟]私，百政不理，并身体孱弱，烟瘾甚重，贻害不堪。现经敝省各界议决，请其退位，以全大局。特此奉闻。陈悱训、戈克宛(上文为戈克安，编者)、余鹤松、刘世龙、蔡锷仑暨军、绅、学、商各界公叩。

1912年3月15日《大公报》

3月9日(正月二十一日)　孙中山通电全国，宣布袁世凯就职誓词。

《大总统宣布新选袁大总统宣誓电文》如下：

武昌黎副总统、各省都督、督抚、各司令官、全国各界团体公鉴：初六已将参议院决定统一政府组织办法六条通告各省。顷得参议院咨称："本日接到袁世凯君电传誓词，其文曰：'民国建设造端，百凡待治。世凯深愿竭其能力，发扬共和之精神，涤荡专制之瑕秽，谨守宪法，依国民之愿望，蕲达国家于安全强固之域，俾五大民族同臻乐利。凡兹志愿，率履勿渝。俟召集国会，选定第一期大总统，世凯即行解职。谨掬诚悃，誓告同胞。大中华民国元年三月初八日。袁世凯'云云。谨此奉闻，并乞即行通电全国为盼"等因。为此通电布告全国。临时大总统孙文。佳。

《临时政府公报》第36号，中国科学院近代史研究所史料编译组编辑《近代史资料·辛亥革命资料》，中华书局1961年版，第273页

△ 孙中山复电蔡元培等，请其在袁世凯就职时代为致贺，并请促国务总理、国务委员速来宁，"使文速交代、解职，符参议院议案"。

孙中山复蔡元培等电文如下：

万急。北京六国饭店蔡元培等鉴：维密。庚电悉。袁公受职时，请为文致贺。印可另铸。惟国务总理、国务员须速来，使文速交代、解职，符参议院议案。此间之印，即可取消。孙文。佳。印。

黄彦、李伯新编著《孙中山藏档选编》(辛亥革命前后)，中华书局1986年版，第181页

蔡元培等致孙中山"庚"电如下：

南京孙大总统鉴：维密。虞电悉(见7日日志，编者)。由培等代表民国接受誓词，已与袁公接洽照办。袁总统就职后，即须用印，应否俟南京送来，或须另铸，祈示。再：据袁公云，东三省现在并无戕杀党人之事，恐尊处所闻系以往事。拟于同行中派定二人，偕同袁所派委员前往细查。元培等。庚。

黄彦、李伯新编著《孙中山藏档选编》(辛亥革命前后)，中华书局1986年版，第181页

△ 南京临时参议院复电蔡元培等，告之“本院接大总统电传誓词后，已照初六日所拟办法第三条复电，认为受职”。

南京临时参议院复蔡元培等电文如下：

北京六国饭店蔡元培君暨诸君钧鉴：阳电悉。仍请汪君即日回宁，藉商一切。本院接袁大总统电传誓词后，已照初六日所议办法第三条复电，认为受职。并此奉闻。参议院。佳。印。

黄彦、李伯新编著《孙中山藏档选编》(辛亥革命前后)，中华书局1986年版，第181页

蔡元培致南京临时参议院“阳”电如下：

南京参议院诸君公鉴：麻电敬悉(见6日日志，编者)。诸君顾全大局，设此委曲求全办法，使中华民国早收统一之效，莫名敬佩。此间情形，昨已委托宋君教仁、钮君永建、王君正廷、彭君汉遗回南京报告一切。计期将到。应否再遣汪君兆铭回宁，希酌复。元培。阳。

黄彦、李伯新编著《孙中山藏档选编》(辛亥革命前后)，中华书局1986年版，第181页

△ 广东都督陈炯明解散驻省各部民军，惠军统领王和顺不从，两军发生冲突，陈炯明将惠军包围缴械。陈随即电南京临时政府，指责王和顺纵兵抢掠，擅自招募兵士，私购军械等。孙中山电令陈炯明“严行搜捕解散”王和顺部溃兵。

1912年3月27、28日《大公报》《详纪羊城军界之内讧》载：

粤函云：统制惠军王和顺日前面谒都督，申请长堤自大巷一带归其巡查，如有失窃抢劫，自行任咎，无庸另派陆军。都督已首肯。迨至九号，有陆军一队欲入其界线，惠军告以前情，请往别处，讵陆军并不理会，即放空枪示威。惠军即时戒严，四处放飘。陆军即声言明日必报复。故惠军于天晚时，即由大营拖大炮两尊，在天字码头安放，又捉有陆军四人，回一协大营。而九点钟两军忽又交战。是役也，长堤被毙者四人：新军二人，过路二人。又在永汉门交战最为激烈，伤宪兵二名，毙宪兵排长一名，陆军第五标三营共伤兵三名。惠军伤者未得实数。

十号又接战。长堤几绝行人，铺户皆关闭。午前有方便医院及军团演说会各善堂等分队到战地实行调和，无效，故仍在仓前街等处交战。陆军在海味街德安押店楼上作炮台，俯视街道。有陆军十余人被惠军困在怡珠茶楼，彼此终日互相轰击。自晨至午，毙者、伤者不计其数。传由各十字会施救。迨至入夜，大新街一带又有陆军与惠军互行轰击。

十一号陆军又在燕塘抬炸弹两箱助战，被康字营在小马站截留。十点钟两军在广府前大决战，陆军毙者三人，康字营伤者三人，城内闹成一片。该两箱炸弹仍在小马站安放。又东堤东关戏院已为炮毁，所有房屋多已倒塌。陈都督于十一晨出示略云：和顺造乱，所有东南关一带居民应暂行迁避。此示一出，省中居民大为惊恐，即有总商会及广州临时自治会集议，并请龙济光同往谒见陈都督，设法调和。闻是日两军仍在永汉门一带接战，至傍晚始行停息，死伤甚多。各城门均有重兵驻守，禁止往来。是日午刻，两军所放之炮弹直飞至西关兴隆街十八甫等处，河南有中流弹死者三人。

陈都督出示云：“王和顺包藏祸心，煽兵肇乱，希图推翻政府，破坏安宁，罪不容诛。本都督歼除首恶，罔治胁从，所有惠军兵士，均属同胞，误投王和顺部下，被其煽惑，可原可矜，奚忍一并诛锄？为此示仰惠军兵士，宜维持大局，保全治安，速行缴枪归顺，投交就近巡警区所及各地段军队，随领回枪价银十五元，并许免究，或愿归农，或愿编归吴协统部下，均听其便。倘仍助虐肆凶，定复严剿。孰去孰从，尔等其慎思之。此示。”

三月十一日又下令云:惠军如允收队退出,新军停枪不许射击,如若违命,重惩不贷。

惠军亦于战时布告云:"本军自克复惠州以来,所至各境,均遵守文明规则,与同志各军界毫无冲突。今在省城回龙社驻扎,极力保护地方,所有南关一带,如常安静,商民同声称颂。日前有陆军小队夜间巡查至南关之永汉街等处,无故开枪,当时本军质问原因,据答失枪之误,彼此均无意见。乃十九、二十两晚约七句钟时,又有陆军军士多人巡查至此,复行开枪。本军以其有意冲突,即向都督陈明,冀消隐患。孰意竟不答复。至二十一下午三句钟,复有陆军列队来永汉街,竟向本军驻所开枪轰射,直有袭营之势。当场伤本军军士数人,横蛮已极,本军不得不极力防卫,准备对待。然经开战,地方必不能安全,实非和顺之本愿。窃思陈都督自任职以来,擅作淫威,历行专制,与革命宗旨大相违悖。前此经以利用陆军强迫各路民军解散,冀集大权于一己,虐全省之人民。今竟袭我惠军,声诉不理。肇祸之魁,非异人任。用特布告各社会及众同胞,应如何筹备对待该都督之处,务祈一研究之则,粤东幸甚。"

十二号早晨十点钟,城内财政司署前有陆军一队经过,该驻兵喝问口号,陆军不答,彼此又在署前大战。陆军死者三人,伤者数人。约战数十分钟之久。太平门、靖海门、五仙门一带均有惠军驻守,严阵以待。双门底一带时闻枪声,有陆军一队为惠军所追,幸得双门底之轻械炮击退。是役约有三小时,商店□□大损,而居民已饱受惊恐矣。是日,龙统制将新军截留惠、协两军兵士二十二人带同[?]到公安会,面交陆兰清统领送回各该营妥置,并由公安会举出代表数人,会同黄宣慰使、龙统制、各军统领,亲赴两军极力调和。惠军战线除东南关及老新城外,所有西关一带由龙济光派兵保护,各处要隘进口□龙□本军。对于西关商民及沙面外人,均力任保护。如惠、陆军等能受调和固为最善,如各军不受劝解而欲上窜西关,则不论何军亦必以强力抵御,以尽保护之责。沙面各国领事以粤乱吃紧,深虑龙军孤掌难鸣,特调内河战舰至粤,以资自卫,并饬兵舰长留炉火,以备不虞。珠江河面有广东鱼雷船数艇昼夜梭巡,并缉私船等亦武装戒严,以备不测。

十三号都督通请各界茶会,到者数百人。先由都督详述此次痛击王和顺不得已之苦衷,有应辩明者:一为陆军之剿王和顺,系奉政府命令,并非交哄,本无所谓调和;二广东变象迭生,镇定全仗兵力,现外间对于此举多不满意,设将来有事,能否不用兵力,应请诸君研究。说毕,各界讨论颇久。陈都督再言:此次剿办,若政府肯调炮队轰击,顷刻可以平定,徒以太损商场,不得已,始开炮十二响,原非政府之意。并絮絮以外间言论为词。旋有某君起言:此次舆论并非反对遣散民军,亦并非反对剿王和顺,因见商场伤残太甚,致动一慈悲之心,故有不平之鸣耳。今都督能将不得已之苦心发表,则当邀各界体谅。众大鼓掌。都督终言,鄙人德薄能鲜,实不敢居都督之位云云。众复讨论再三,坚请都督勿辞。谈论至四点钟始各兴辞而出。

是日都督又出示,历指王和顺蓄谋乱粤,抗命称兵,扰民损商之十六确证。毫非因与陆军冲突而然,其与散兵一事,更无关系。各民人不可误信谣言,致淆乱实情,摇动心志等语。

又此次与惠军交哄之陆军,系陈炯明所部之循军改编,多旧日之巡防队。其与战之民军,则除惠军外,有协字、仁字等营。其余各营,间有被伤者,系由个人自行赴战云。

又是日宣慰使张蔼云亲到粤商维持公安会,与会员及省会代表议士讨论,此次惠军肇变虽已止息,惟善后事宜万分要紧。张君提议略谓:现在财政支绌,不得不设法安置民军。其安置之法,应由临时省会提出,粤省财政岁入若干,除行政各费外,约可养兵若干名,商之各民军统领,开诚布公,倘得其同意,即由各统领自行分别认裁。刻下兵民杂处,设军队一有冲突,于人民生命财产诸形危险。应请临时省会提议妥善办法,以免扰害商场。一面从速编练商团,以匡警察之不逮。各会员深韪其议,拟即筹策进行,并由该会派出调查员多人,分往各战地,将此次各商民损失情形逐一确查,以尽维持之责。

10日陈炯明致孙中山、黄兴"蒸"电文如下:

大总统、陆军总长鉴:王和顺所部,误信谣言,谓军政府拟缴枪械,解散该军,率先狙击派出巡查军队,经理员弹压,彼并击所派人,致毙排长一人,从卒三人,伤数人。现仍踞城外民居,此处惟恐伤扰居民,未敢遽剿。闻彼已致电中央政府,谓炯明苛待民军酿变。希于彼电到日,即复以严电诘责之,令即从粤政府指挥,不许顽抗,如违,即以乱匪视之。由中央拨兵会剿,以折其气,庶可免残居民,弭此祸乱。否则战虽必胜,元气恐伤也。急盼电复。炯明。蒸。

《临时政府公报》第40号,中国科学院近代史研究所史料编译组编辑《近代史资料·辛亥革命资料》,中华书局1961年版,第297页

10日陈炯明致孙中山"蒸二"电文如下:

孙总统鉴:王和顺蓄意破坏广东,屡抵抗命令,宣言事败即杀外人以起瓜分,居心实不可问。顷以遣散各民军,彼所部辄自疑在被散之列,狙击巡查军队,并伤及派往弹压官长。罪无可逭。闻彼辈有电到南京,幸勿为其所惑。即以严电饬其凛遵粤政府命令,可免惊扰居民,波累无辜,否则恐损伤太大也。炯明。蒸二。

《临时政府公报》第41号,中国科学院近代史研究所史料编译组编辑《近代史资料·辛亥革命资料》,中华书局1961年版,第308~309页

11日陈炯明致孙中山、黄兴"真"电文如下:

南京孙大总统、黄陆军总长鉴:和顺抗不遵命令,早经开炮关城,经派兵围剿,王已潜逃,所部除吴镜如一协遵命不动外,皆已分溃,刻正搜捕解散。省城安稳。先此奉闻,后书详报。炯明。真。印。

《临时政府公报》第41号,中国科学院近代史研究所史料编译组编辑《近代史资料·辛亥革命资料》,中华书局1961年版,第309页

12日孙中山致王和顺电文如下:

广东报界公会转惠军统领王和顺鉴:闻惠军在省与督部新军有冲突事。陈督设法安置民军,自为今日治粤必然之策。且分别留遣,并无一律解散之说。君等宜遵守约束,共维大局。须知世界各国之军队,皆不能讲平等,而命令必出于一是。倘以猜嫌之故,致启纷争,惊扰居民,谁任其咎?特此正告我爱国之民军知之。总统孙文。侵。

《临时政府公报》第38号,中国科学院近代史研究所史料编译组编辑《近代史资料·辛亥革命资料》,中华书局1961年版,第286页

13日孙中山致陈炯明电文如下:

万急。广东陈都督炯明鉴:前以南北统一,民国大定,各省民军过多,亟宜分别遣留,由陆军部通行命令到粤。贵都督按切地方情形,酌量留遣,办理有方,各路民军亦遵约束。乃王和顺妄造谣言,率先狙击巡查军队,抗拒命令,并伤及派往弹压长官,开炮哄[轰]城,肆扰居民,自非蓄意破坏广东,何至有此暴乱行动?现闻王和顺经已在逃,除吴镜如一协遵命不动外,皆已分溃。仰贵都督迅即严行搜捕解散。其余各路民军,于起义之际,具有勤劳。北方既平,当以公安为重。慎终如始,方为善保勋名。将此通令知之,其勿负本总统之期望也。临时大总统孙文。元。

《临时政府公报》第39号,中国科学院近代史研究所史料编译组编辑《近代史资料·辛亥革命资料》,中华书局1961年版,第291页

13日粤省会致袁世凯、孙中山、南京临时参议院等电文如下：

袁新总统、孙大总统、参议院暨同乡诸公钧鉴：民军统【领】王和顺，久蓄异志，潜招桂兵，私购枪炮，分据要地。前日突阻新军查街，捣毙数命，斩断电线十一，置炸炮轰城内外。陈都督万不得已，姑宣罪状，令军围攻。幸其部下多不从逆，现王逃兵溃，商民多受惊骇扰害。此役并非因裁兵而起，各民军皆安，请纾廑念。粤省会。元叩。

《临时政府公报》第48号，中国科学院近代史研究所史料编译组编辑《近代史资料·辛亥革命资料》，中华书局1961年版，第358～359页

15日陈炯明致孙中山、黄兴"删"电文如下：

万急。南京孙大总统，黄陆军总长鉴：惠军统领王和顺，弁髦军令，蔑视政府，纵容部下，占踞要塞炮台，强夺警察队驻所，私自派人往安南招兵，致法人来函诘责，更复图窜广西，占领浔、梧各属。种种横悖行为，足拟证其立心肇乱者，擢发难数。

此次因【解】散关仁甫私招兵士，王及所部陆梅、廖竹斌等，遂与关仁甫、杨万夫密谋，一面以政府解散民军为题，肄[肆]行煽惑，一面计划围攻省城。初八晚，新军巡查队队长巡查至海味街，惠军卫队阻不许过。巡查队忍之，还报炯明，当经饬王和顺代表到府，以理晓谕。

初九日之午，新军复以巡查任务，行至该处，惠军阻之如前，且复开枪轰击。巡查军一面抵御，一面回报。炯明即派罗委员持令前往弹压。只随带兵宪四名，至永汉门附近，即为暗伏瓦面之惠军枪及，罗委员及宪兵等遂退回。后派弹压一排，续往肇事场所，至永汉桥，复被击毙排长、兵丁四人，伤一人。是晚复派陆军司长往晤王，戒其勿破坏大局，终借词新军欲缴伊军械，不肯收队，而其部下廖竹斌等，竟扬言新军不先收队，王统领即往西关称都督等语。

至初十日，惠军在永汉门外，围攻新军者愈益猛，且盘踞当楼，安炮楼上，以便攻城。一面发信李福林、陆兰清、黄明堂等民军统领，煽令助攻，信中有放火烧城之语，幸均不为所惑。

炯明初以城厢内外，民居稠密，不忍以武力镇压，致损坏商场，故拟隐忍，调停息事，徐图处置方法。惟彼辈怙恶不悛，关仁甫军踞东堤，杨万夫军在归德门，遥为声援，节节进攻。十一早，长堤惠军，先开大炮五次，向城轰击，且连发两炮，轰击江固兵舰。炯明遂不得已，准令新军用炮，将乱军恃为掩护碍难进攻处所击破。并令新军四面兜剿，遂将乱军击散，关仁甫、王和顺暨其部下陆梅、廖竹斌等均逃。

十三日，省城秩序完全恢复。计仁军及王和顺卫队陆梅所部惠军一协，除死伤及弃枪逃走或缴械降服之外，只余三数百人，刻已酌量缴枪，给资遣散，或编归别军。其杨万夫所部协字营兵，因助战至远，故死伤逃亡略少。然亦拟解除杨之兵权，愿遣散之兵，必致遣散，以符决定之政策。

是役新军死者约二十人，伤者约四十人。永汉门、归德门外及东堤娼寮地方，略有损伤。刻已出示，令该处居民将所受损害情形具报，以便抚恤。此次事变，为粤省独立以来刻刻所预期者，及今爆发，尚易收拾，若姑息容忍，将来之祸恐尚不止此也。炯明。删。印。

《临时政府公报》第45号，中国科学院近代史研究所史料编译组编辑《近代史资料·辛亥革命资料》，中华书局1961年版，第342～343页

19日孙中山复陈炯明电文如下：

万急。广东陈都督炯明鉴：电悉。王和顺在粤举动，早有所闻，蓄意破坏，当非一日。此次公然作乱，目无法纪，幸除其一二私党之外，各民军皆知大义，不受所煽惑，而贵都督，坚强不挠，办理尤合机宜，民害之除，社会之幸也。自兹以后，我粤民军，当以遵守军纪、维持治安为第一之天职，慎终如始，善保光复之成勋，是所厚望。临时大总统孙文。皓。

《临时政府公报》第45号，中国科学院近代史研究所史料编译组编辑《近代史资料·辛亥革命资料》，中华书局1961年版，第342页

3月10日(正月二十二日)　袁世凯在北京宣誓就任临时大总统,蔡元培代孙中山致贺词。

1912年3月11日《大公报》要闻《大总统举行受任礼纪盛》载:

中华民国元年三月初十日即壬子正月二十二日午后三时,新举临时大总统袁在京师石大人胡同府内举行受任礼。兹将大总统受职礼节次第录下:一、各项人员齐集礼堂,依次排列;二、引导员请大总统至礼堂中间偏北面南立;三、各项人员就本位,向大总统行一鞠躬礼,大总统答礼;四、大总统诵宣誓文,诵毕奏乐;五、各人员分班至大总统前行一鞠躬礼,大总统答礼毕退回原位;六、大总统退至门次立定,各项人员向大总统行一鞠躬礼,大总统答礼遂出;七、各项人员以次退;八、大总统退至他室,分次接见进谒人员,由各部首领带见;九、茶会奏乐。各项参礼人员单:欢迎专使及欢迎员,黎副总统代表,各省总督、都督代表,北京各部首领、副首领,八旗满蒙汉军都统、副都统,每旗一人,军统,镇统,协统,统领,海军舰长,步军统领,左右翼总兵,顺天府尹,大兴县知县,宛平县知县,各省在京绅士每省一人,满洲绅士二人,蒙古绅士二人,回族绅士二人,西藏绅士二人,北京市民代表、商务总会二人,总董事会二人。

1912年3月13日《大公报》要闻《详纪大总统受职盛典》又载:

大总统初十日受职典礼已纪前报。兹将当日情形详纪如下:

是日下午三时,由各招待员导引各项人员依次上楼,按照秩序排列,嗣由掌议[仪]员逐条报告礼节次序,由引导员请大总统至礼堂中间南面正立,各武随员随同至礼堂,所有各项人员皆向大总统行一鞠躬礼。大总统答礼后,即由秘书员捧出誓文,由大总统当众宣读(誓言已录),即由总统亲手交与南使蔡君元培收受。

当中蔡君代表孙总统祝词云:"我国新由专制政体而改为共和政体,现在实为过渡时代。最重要者,有召集国会、确定宪法等事。孙大总统为全国选一能负此最大责任之人,而得我大总统,因此推荐于代表全国之参议院,参议院公举我大总统,而大总统已允受职。孙大总统为全国得人庆,深愿与大总统躬相交代,时局所限,不克如愿。用命元培等代致祝贺之忱,希望我大总统为我中华民国造成巩固之共和政体,为全国四万万同胞造无量之幸福焉。"

蔡君演说毕,即由大总统答词。其大意略谓,此次承孙大总统之推让,及南京参议院、五族同胞之公举,义难固辞,勉尽义务。以后自当竭忠尽谋,以期无负同胞推举之盛意,并以力谋汉、满、蒙、回、藏五民族之幸福为第一之职任。又谓此次孙大总统特遣诸专使远来欢迎,其谦让之忱,固为天下同胞之所共见。今对于孙大总统及诸君之盛意且感且愧,就此多谢孙大总统及诸君云云。

随有喇嘛二人呈哈达,其状异当恭谨。大总统仍以哈达还赠该喇嘛等。该喇嘛等退后,即由掌仪员按照次序唱引各项人员至总统前行礼。先由欢迎团诸代表向大总统行一鞠躬礼,次即各部首领、各署洋员、各旗都统、各省总督、都督代表、最高级军官、步军统领及左右翼总兵、顺天府及大宛两县、各级军官、在京绅士、满蒙回藏绅士、北京市民挨次至总统前行礼,总统一一答礼毕后下楼,楼下各房间备有果酒等品,各员入室休息。总统在楼上传谕由各首领带领各部司员谒见,到者人甚寥寥。

是日,英使朱迩[尔]典亦亲至观礼,各国公使亦有到者,其各使馆人员以及各国新闻记者均参观盛典。中国新闻记者到者亦不少。惟使馆人员及报馆人员皆不行礼。其满、蒙王公有睿王、阿王、博公诸人,各部首领自胡馨吾以次,无不到者,各最高级军官则有姜、冯两军统、荫午楼以及各镇统领诸人,惟各省总督、都督之代表及在京各省绅士人数甚少,每班仅数人而已。石大人胡同以及楼门外沿途站立巡警卫兵,楼东排列军乐队,按时奏乐,真数千年未有之盛典也。

袁世凯誓词如下:

各省衙门均鉴:民国建设造端,百凡待治。世凯深愿竭其能力,发扬共和之精神,涤荡专制之瑕秽,谨守宪法,依国民之愿望,蕲达国家于安全强固之域,俾五大民族同臻乐利。凡兹志愿,率履勿渝。俟召集国会,选定第一期大总统,世凯即行解职。谨掬诚悃,誓告同胞。大中华民国元年三月初十日。袁世凯。

《临时政府公报》第41号,中国科学院近代史研究所史料编译组编辑《近代史资料·辛亥革命资料》,中华书局1961年版,第307页

△ **袁世凯发布《大赦令》,宣布"除真正人命及强盗外,无论轻罪重罪,已发觉未发觉,已结正未结正者,皆除免之"。**

袁世凯《大赦令》如下:

命令:本日临时大总统令:国体变更,首在荡涤繁苛,与民更始。我国民积受专制官吏之弊,失教罹罚,政多未平,陷于囹圄,或非其辜。当兹民国初基,正宜湔除旧染,咸与维新。凡自中华民国元年三月初十日以前,我国民不幸而罹于罪者,除真正人命及强盗外,无论轻罪重罪,已发觉未发觉,已结正未结正者,皆除免之。我国民其自纳于轨物,怀兹刑辟,毋蹈匪彝,以保我同胞之身命与荣名于无极。此令。

《临时政府公报》第41号,中国科学院近代史研究所史料编译组编辑《近代史资料·辛亥革命资料》,中华书局1961年版,第307~308页

△ **袁世凯颁布《豁免钱粮令》,宣布"所有中华民国元年以前应完地丁、正杂钱粮、漕粮,实欠在民者,皆予除免,有司毋得追索"。**

袁世凯《豁免钱粮令》如下:

临时大总统令:我国民积苦专制,重罹兵祸,农民损失甚巨,岂宜催督逋欠,重滋扰累。所有中华民国元年以前应完地丁、正杂钱粮、漕粮,实欠在民者,皆予除免,有司毋得追索。我国民其勤于农业,务培根本,蕲进行于富庶维新之郅治。此令。

《临时政府公报》第41号,中国科学院近代史研究所史料编译组编辑《近代史资料·辛亥革命资料》,中华书局1961年版,第308页

△ **袁世凯发布通告,以民国法律尚未议定颁布,前清诸法律除与民国国体抵触各条应失效外,其余一律援用。**

袁世凯通告如下:

临时大总统令:现在民国法律未经议定颁布,所有从前施行之法律及新刑律,除与民国国体抵触各条应失效力外,余均暂行援用,以资遵行。此令。

《临时政府公报》第41号,中国科学院近代史研究所史料编译组编辑《近代史资料·辛亥革命资料》,中华书局1961年版,第308页

△ **南京临时政府陆军部呈文孙中山,呈请批准施行《陆军人员补官任职令草案》、《陆军官佐免官免职令草案》、《陆军官佐暂行补官简章》。同日,孙中山下令准予颁行。**

南京临时政府陆军部呈孙中山文如下:

为申请事:窃查南北统一,民国告成,推原其故,无非将士用命所致。自兹以往,军务正

殷，将释同室之戈，大张挞伐于世界，非亟为就职补官，不足以崇国体而专责成。谨拟定陆军人员补官任职令草案二十八[九]条，及陆军官佐免官免职令草案十一条。惟查现有军职出身不一，未能尽合本令所规定，是以另拟陆军官佐暂行补官简章九条，专为此次补官而拟，一俟改归一律，即将此条取销。嗣后免补事宜，即悉照陆军人员补官任职令草案执行。所有拟定陆军人员补官任职令草案及陆军官佐免官免职令草案、陆军官佐暂行补官简章，一并缮具清折，呈请钧鉴，伏乞核准施行。须至申者。

右申

大总统孙

中华民国元年三月　　日

"南京临时政府档案"，中国第二历史档案馆编《中华民国史档案资料汇编》第2辑，江苏人民出版社1981年版，第218～219页

《临时大总统令》如下：

中华民国临时大总统令

陆军补官任职及免官免职令着准此颁行。

孙文印

中华民国元年三月十日

"南京临时政府档案"，中国第二历史档案馆编《中华民国史档案资料汇编》第2辑，江苏人民出版社1981年版，第219页

《陆军人员补官任职令草案》如下：

第一节　总纲

第一条　陆军官佐，均应终身服役，与文官解职后即退为平民者不同。故任职而外，必应补官，始能各专责成，慎厥职守。

第二条　凡已补官者，如非受免官之处分，虽停职、休职或退归续后备役，仍可保有其官位。

第三条　凡各军职，均有一定之阶级，应以相当之官，任相当之职，不得越级充任，亦不得降级充任。但规定军职有两阶级者，该二级均可充当该军职。

第四条　既受免官处分人员，不得任一切军职。

第二节　补官

第五条　陆军官佐补官办法分为四项：

（一）由陆军军官学校，及他项同等之陆军学堂毕业，充学习官期满，经所管团、营长出具考语堪以授官者，一律补以右军校，是为例补。

（二）由军士升额外官佐后，立有战功，具有相当之学术才具，经该管长官呈请特升（若临时官佐补充令，曾有此规定），亦得补授右军校，是为特补。

（三）自右军校以上各级军官佐于停年期满后，凡应序升或拔升人员，遇有上一级军官佐缺出，于每岁五月及各月初一日，将应升人员补以升级，宣登公报，是为升补。其停年考绩轮升拔升办法，见本令第四、五、六节。

（四）自大都尉以下各级官佐，应按本科授职。倘有改充他科军职时，应改补他科官佐（如骑兵军校改辎重兵军校，步兵都尉改宪兵都尉等），是为改补。

第六条　上等第三级以上军官佐，由大总统补授，中初等军官佐由陆军部申请大总统补授。

第七条　额外军官佐，由各该军队、学堂、局、司之高级官长考察部下应补人员，呈由陆军部补授。

第八条　各级军士,由各团长(步、骑、炮兵)、营长(工、辎重兵)考察部下应补人员,呈请各该管高级官长补授,申报陆军部存案。

第九条　各级军官佐补官之后,应授与补官证书。该证书由陆军部制备,申请大总统盖印署名,然后由部分别发给。

第三节　任职

第十条　凡在陆军部所定陆军官制及暂行编制内之官佐军职,从前已经委任者,均仍其旧。此令颁行之日起,如有军职缺出,须按本令手续委任。

第十一条　无论部、局、军队、学堂上等第一、二级军职(除陆军总、次长及参谋部总、次长外),均由陆军部开列胜任人员,申请大总统简任。

第十二条　无论部、局、军队、学堂上等第三级、中等第一级官佐军职,均由陆军部查明合格人员,申请大总统委任。

第十三条　凡中等第二级以下官佐军职,属本部及本部直辖之军队、学堂、局、司者,由军衡局呈请总、次长委任(本部直辖军队初等第一级以下各官佐,暂由该军长、师长委任,以归直捷)。各省都督所辖之学堂、局、司,由各省都督委任。但所委任须按本令第三条而行,如有待升级始可委任者,只可暂给予代理名目,并呈请本部,俟本部按停年考绩轮升拔升定章升补相当之级后,再行委充该军职,但中等第二级以上两阶级皆可充当之军职,虽以其第二级军官委充,仍当照第一级军官委充办法,由陆军部申请大总统简任或委任。

第十四条　凡属于各省都督、各军长、师长委任人员委任后,统由各都督、各军长、师长呈报陆军部宣布,并须由各都督、各军长、师长负完全责任。倘有中等第二级以下军职缺出,于本省或本军内无相当人员堪以胜任者,可呈请陆军部指调他省及他军人员,或直请陆军部派委亦可。

以上第十三、四两条系暂行办法,俟将来军政统一后,尚须酌量更改。

第十五条　凡任职者,均发委任书(附书式一纸)。上等第一级至中等第一级官佐军职之委任书,由陆军部办妥后呈请大总统盖印署名。中等第二级至初等第三级官佐军职军衡局请委任者,由本部发委任书。各省都督委任者,由各省都督发委任书。各军长、师长委任者,由各军长、师长发委任书。但其委任书式,须与本部委任书式同。

第十六条　凡以停职、休职人员委充军职者,须与起用例相符,经陆军部认可后,方可委任。

第四节　停年办法

第十七条　凡补官或升级人员,于补官升级之后,须充现役军职满左列所定年限者,为停年已满,始可照轮升拔升例升迁:

右军校　两年

左军校　三年

大军校　四年

右都尉　三年

左都尉　三年

大都尉　三年

右将军　四年

左将军　无定年

第十八条　停年未满人员,虽有异常劳绩,只可作为记名拔升人员,俟停年满后,归入拔升项下，尽先提升，惟于停年未满期内不得援例（战时可以酌量变通办理）。

第十九条　凡补官或升级人员，均由本部设立停年名簿，按补官或升级日期先后编号登记。嗣后停年期限，即据以起算。如有同日补官者，则以学校毕业成绩，及拔升、轮升、例补、特补考绩优劣，战功有无，以及升级前之资深资浅，为其先后次序。

第二十条　如遇有停职、休职者，须按照其解职期限，扣去停年期限。

第五节　考绩办法

第二十一条　凡全国一切现役军官佐，每年年终均由长官考绩一次，汇呈报该管长官，该管长官复出具考语判决等次汇报本部，由本部作成全国现役官佐考绩总表，以考核全国现役军官佐学识才具及其它一切。

第二十二条　考绩表记载法及有考绩权长官，如附表所列（表略，编者）。

第二十三条　有考绩权各官，填所属官佐考绩表，应负完全责任，不得草率从事及存私徇情。

第二十四条　历年考绩均列上等者，于停年满后，如确系成绩卓著，得归入拔升项目下。倘历年考绩均列次等者，如确系成绩不良，虽停年已满，仍不得依轮升次序升级，而归入轮升次序之末，或令休职退归后备。

第六节　轮升拔升办法

第二十五条　各级军官升级，依轮升及拔升办法如下：

（一）由各[右]军校升左军校，轮升者三分之二，拔升者三分之一。遇有缺出，第一缺归拔升，第二、三两缺归轮升，余类推。

（二）由左军校升大军校，拔升、轮升各半。遇有缺出，第一缺归拔升，第二缺归轮升。

（三）由大军校升右都尉，拔升者六分之五，轮升者六分之一。遇有缺出，第一、二、三、四、五缺归拔升，第六缺归轮升。

（四）由右都尉升左都尉，及左都尉以上之升级，一律均系拔升。

第二十六条　停年已满人员，未经该管团、营长以上有特保，及历年考绩表未列上等或次等者，一律依停年名簿先后次序，轮流升级，是为轮升。

第二十七条　停年已满人员，当停年未满之先，如有特别战功者，归入拔升第一项。劳绩卓著，学术才具均优长，经该管长官特保者，归入拔升第二项。在陆军大学毕业者，归入拔升第三项。历年考绩均列上等者，归入拔升第四项。均不依轮升次序，提前升级时为拔升。

第二十八条　所有拔升人员于停年既满之日，一律由轮升停年名簿内摘出，列入拔升名簿内，依第一、二、三、四项次序编列，但由右、左军校升左、大军校，如拔升人员过多，拔升名次反在轮升名次之后者，可依轮升次序升级。

第二十九条　凡特保所属官佐有拔升资格者，须负完全责任，必须有确实证据，显著成绩，不得徇私滥保。

“南京临时政府档案”，中国第二历史档案馆编《中华民国史档案资料汇编》第2辑，江苏人民出版社1981年版，第219～224页

《陆军官佐免官免职令草案》如下：

第一节　总纲

第一条　陆军官佐服役，应分为现役、后备役两种。

第二条　陆军各级官佐，服现役年龄须有限制，满限则应退为后备役。其服现役年龄之限制如下：

左右军校　至四十五岁

大军校　至四十八岁

右都尉　至五十岁

左都尉　至五十二岁

大都尉　至五十五岁

右将军　至五十八岁

左将军　至六十二岁

大将军　至六十五岁

第三条　陆军官佐,凡有溺职违法行为,由军法会议判决免官职等罪名,即由陆军部宣布执行。

第二节　免官

第四条　陆军官佐,如遇有左列各项事故者,即行免官,削除兵籍:

(一)失去本国国籍者;

(一)有溺职违法行为,受军法会议判决免官者;

(一)受附加刑剥官之宣告者;

(一)犯重罪各刑,经军法会议判决宣告治罪者。

第五条　凡受免官处分者,一律追还补官证书,及军职委任书。

第三节　免职

(甲)停职

第六条　凡陆军官佐,遇有左列各项事故之一者,即行停职:

(一)有溺职违法行为,受军法会议判决,应得永远停职或有期停职者;

(一)考绩不良,或难胜现役军职之任,应免职退归后备役者;

(一)受免官处分者。

第七条　凡陆军官佐受有期停职处分者,于期满后,由陆军部察看,如已悔悟前非尚堪任事者,仍得派充军职。

第八条　凡陆军官佐受停职处分者,由陆军部宣布后,照补官任职令第十三、四条办法,派人接充该军职,其以前之委任状取销。

(乙)休职

第九条　凡陆军官佐,遇有左列各项事故之一者,概行休职,仍作为现役官佐:

(一)因军队遣散开去军职者;

(一)因编制变更裁去军职者;

(一)因特别职任已毕,或修学期限已满,尚未派充军职者;

(一)伤病至六个月尚无痊愈之望者。但自行辞职,或遇战事,或因任务重要,不能久派人代理者,则不以六个月为限;

(一)呈请修学或自费往旅行调查者。

第十条　凡陆军官佐,遇有左列各项事故之一者,概行休职,归入后备役:

(一)呈准辞职者;

(一)因伤痍疾病,难充现役军职者;

(一)被举为各议会议员者;

(一)改充陆军所属以外之文职者;

(一)已满现役年限,不能服现役者。

第十一条　凡陆军官佐休职者，由陆军部宣布后，照补官任职令第十三、四条办法派人接充该军职，其以前之委任状取销。

"南京临时政府档案"，中国第二历史档案馆编《中华民国史档案资料汇编》第2辑，江苏人民出版社1981年版，第224～226页

《陆军官佐暂行补官简章》如下：

第一条　民国初立，军务方殷，亟应任官受职，以资整理，而专责成。此项陆军补官办法，凡设有军职，在陆军部所定陆军官制及暂行编制内，均按其职级，一律补授实官。

第二条　上等第三级以上军官（大将军至右将军）由大总统简补。

第三条　中等军官（大都尉至右都尉），由陆军部申请大总统简补。初等军官（大军校至右军校），均由陆军部考察应补人员，申请补授。

第四条　额外军官佐，由各该军队、学堂、局、部之高级官长考察部下应补人员，呈由陆军部补授。

第五条　各级军士，由各旅长（步兵）、团长（骑兵、炮兵）、营长（工兵、辎重兵）考察部下应补人员，呈请各该官高级官长补授，申报陆军部存案。

第六条　各级军官或因他项原因不能任军职者，由陆军部考察该员能力，能否改充文职，随时斟酌办理（章程另订）。

第七条　此次所补军职，系专就陆军部所定陆军官制及暂行编制内之军官佐而言。若各省歧出之军职（如各省都督府、军政分府内之军职等），俟地方行政制度制定后，再行分别补授。

第八条　参谋部人员，应由该部将应补人员通告本部，分别核补。

第九条　各军队官衔以外之军职，须有相当之学识，始准补授。

"南京临时政府档案"，中国第二历史档案馆编《中华民国史档案资料汇编》第2辑，江苏人民出版社1981年版，第226页

△ 孙中山颁布《南京府官制》。

《大总统宣布南京府官制公布》如下：

兹准参议院咨送，已经同意议决之南京府官制二十一条前来，合行公布。孙文。印。

南京府官制

第一条　民国临时政府所在地方，设南京府，以原有之上元、江宁二县为区域，直隶于内务部。

第二条　南京府置府知事一人，荐任，受内务总长之指挥监督，于各部事务，受各部总长之指挥监督，执行法律命令，管理所属行政事务，统辖所属各员，并分别任免之。

第三条　府知事于所属行政事务，得依其职权，或特别委任于其管辖内，发布命令。

第四条　府知事有认为必要时，得停止下级地方官之命令或取消之。

第五条　府知事得以其职权内事务，委任一部于下级地方官。

第六条　府知事得制定府署内办事细则。

第七条　南京府得置秘书厅，掌管机要，典守印信，编制统计，记录所属职员进退之册籍，收发并纂辑公文函件。

第八条　南京府置左列各科：

民治科

劝业科

主计科

庶务科

第九条 民治科掌事务如下:

一、关于监督下级地方团体、公共团体之行政事项;

二、关于选举事项;

三、关于教育学艺事项;

四、关于公益善举事项;

五、关于宗教寺庙行政事项;

六、关于户籍事项。

第十条 劝业科掌事务如下:

一、关于农工商业事项;

二、关于渔猎及水产事项;

三、关于度量衡事项;

四、关于山林土地事项。

第十一条 主计科掌事务如下:

一、关于监督下级地方官及地方团体、公共团体之财政事项;

二、关于本府库储会计事项;

三、关于本府财政会计事项;

四、关于本府赋税征收事项。

第十二条 庶务科掌事务如下:

一、关于土木行政事项;

二、关于公用征收事项;

三、关于地理事项;

四、关于兵事事项;

五、关于卫生事项;

六、关于保存古迹事项;

七、其它不属于各科事项。

第十三条 南京府知事下置职员如下:

秘书长一人 秘书二人 科长四人 科员八人 视学二人 工师 工手 录事

前项秘书长,由府知事推荐,呈请内务总长委任。其余各职员,均由府知事自行委任。

第十四条 秘书长承府知事之命,掌管机要文书,并总理秘书厅事务。府知事有事故时,得代理其职。

第十五条 秘书承上官之命,分掌秘书厅事务。

第十六条 科长承府知事之命,主掌一科之事务,监督科以下各职员。

第十七条 科员承上官之命,分掌事务。

第十八条 视学承上官之命,掌视察学校事务。

第十九条 工师、工手皆承上官之命,掌技术事务。

第二十条 录事承上官之命,缮写文件,料理庶务。

第二十一条 本制自公布日施行。

《临时政府公报》第34号,中国科学院近代史研究所史料编译组编辑《近代史资料·辛亥革命资料》,中华书局1961年版,第262~263页

△ **湖北临时议会致电各省议会,主张临时政府及国会皆设于北京。**

湖北临时议会致各省议会电文如下:

各省议会鉴:京津兵变,中外震惊。案其原因,始以国都之争持,继以袁总统之南下,军队误会,遂肇变端。现在国都问题,各省赞成北都者实属多数,自可及时解决。惟国都暨定,必宜有统一机关,以总持全局。接吉林陈抚及各团体歌电,亦以大局危迫,非建统一政府,无以巩民国之基,邀列邦之承认。言之深切著明。本议会现已径电袁大总统,请其速就北京筹备统一政府。事关全局安危,一发千钧,稍纵即逝,贵会当表同情,敢请径电燕都,剀陈一切。至临时国会问题,本议会宋电曾声明暂以汉口为会集地点(见2月21日日志,编者),俟首都决定后即行移往等因。现事机紧迫,瞬息万变,尤应赶速会集,拟请贵会查照前电迅即选举议员。凡在长江流域以南各省,均齐集汉口,同往北京,在长江流域以北者,径往北京会集,限十五日内务各达到所在地点,并将议员出发日期电复本议会。如此则旬月之内立法机关既可先时成立,统一政府亦已筹备完全,海宇乂安,邦基永固。惟全国人民之幸福,亦我民族无上之光荣。望乞极力主持为盼祷。再南京参议院屡次违法,滥借外债,并以少数人把持为不正当之表决,本议会已径电该院,嗣后如不恪守议事细则,议决各案,敝省断不承认。并请贵会专电警告为叩。鄂省临时议会叩。卦。

1912年3月16日《申报》

3月11日(正月二十三日)　孙中山颁布《中华民国临时约法》,凡七章五十六条。规定"中华民国由中华人民组织之","中华民国之主权属于国民全体",人民享有各种自由和政治权利。申明在正式宪法未制订以前,其效力与宪法相等。

《大总统宣布参议院议决临时约法公布》如下:

兹准参议院咨送议决临时约法前来,合行公布。

孙文印

中华民国元年三月十一日

《临时政府公报》第35号,中国科学院近代史研究所史料编译组编辑《近代史资料·辛亥革命资料》,中华书局1961年版,第270页

《中华民国临时约法》如下:

第一章　总纲

第一条　中华民国由中华人民组织之。

第二条　中华民国之主权属于国民全体。

第三条　中华民国领土为二十二行省、内外蒙古、西藏、青海。

第四条　中华民国以参议院、临时大总统、国务员、法院行使其统治权。

第二章　人民

第五条　中华民国人民一律平等,无种族、阶级、宗教之区别。

第六条　人民得享有左列各项之自由权:

一、人民之身体,非依法律不得逮捕、拘禁、审问、处罚;

二、人民之家宅,非依法律不得侵入或搜索;

三、人民有保有财产及营业之自由;

四、人民有言论、著作、刊行及集会、结社之自由;

五、人民有书信秘密之自由;

六、人民有居住、迁徙之自由;

七、人民有信教之自由。

第七条 人民有请愿于议会之权。

第八条 人民有陈诉于行政官署之权。

第九条 人民有诉讼于法院受其审判之权。

第十条 人民对于官吏违法损害权利之行为,有陈诉于平政院之权。

第十一条 人民有应任官考试之权。

第十二条 人民有选举及被选举之权。

第十三条 人民依法律有纳税之义务。

第十四条 人民依法律有服兵【役】之义务。

第十五条 本章所载人民之权利,有认为增进公益、维持治安,或非常紧急必要时,得依法律限制之。

第三章 参议院

第十六条 中华民国之立法权,以参议院行之。

第十七条 参议院以第十八条所定各地方选派之参议员组织之。

第十八条 参议员每行省、内蒙古、外蒙古、西藏各选派五人,青海选派一人,其选派方法由各地方自定之。参议院会议时,每参议员有一表决权。

第十九条 参议院之职权如下:

一、议决一切法律案;

二、议决临时政府之预算、决算;

三、议决全国之税法、币制及度量衡之准则;

四、议决公债之募集及国库有负担之契约;

五、承诺第三十四条、三十五条、四十条事件;

六、答复临时政府咨询事件;

七、受理人民之请愿;

八、得以关于法律及其他事件之意见,建议于政府;

九、得提出质问书于国务员,并要求其出席答复;

十、得咨请临时政府查办官吏纳贿、违法事件;

十一、参议院对于临时大总统认为有谋叛行为时,得以总员五分四以上之出席,出席员四分三以上之可决弹劾之;

十二、参议院对于国务员认为失职或违法时,得以总员四分三以上之出席,出席员三分二以上之可决弹劾之。

第二十条 参议院得自行集会、开会、闭会。

第二十一条 参议院之会议须公开之,但有国务员之要求,或出席参议员过半数之可决者,得秘密之。

第二十二条 参议院议决事件,咨由临时大总统公布施行。

第二十三条 临时大总统对于参议院议决事件如否认时,得予咨达后十日内声明理由咨院复议。但参议院对于复议事件,如有到会参议员三分二以上仍执前议时,仍照第二十二条办理。

第二十四条 参议院议长由参议员用记名投票法互选之,以得票满投票总数之半者为当选。

第二十五条 参议院参议员于院内之言论及表决,对于院外不负责任。

第二十六条　参议院参议员除现行犯，及关于内乱外患之犯罪外，会期中非得本院许可，不得逮捕。

第二十七条　参议院法由参议院自定之。

第二十八条　参议院以国会成立之日解散，其职权由国会行之。

第四章　临时大总统、副总统

第二十九条　临时大总统、副总统由参议院选举之，以总员四分三以上出席，得票满投票总数三分二以上者为当选。

第三十条　临时大总统代表临时政府，总揽政务，公布法律。

第三十一条　临时大总统为执行法律，或基于法律之委任，得发布命令，并得使发布之。

第三十二条　临时大总统统帅全国海陆军队。

第三十三条　临时大总统得制定官制、官规，但须提交参议院议决。

第三十四条　临时大总统得任免文武职员，但任命国务员及外交大使、公使，须得参议院之同意。

第三十五条　临时大总统经参议院之同意，得宣战、媾和及缔结条约。

第三十六条　临时大总统得依法律宣告戒严。

第三十七条　临时大总统代表全国接受外国之大使、公使。

第三十八条　临时大总统得提出法律案于参议院。

第三十九条　临时大总统得颁给勋章并其它荣典。

第四十条　临时大总统得宣告大赦、特赦、减刑、复权，但大赦须经参议院之同意。

第四十一条　临时大总统受参议院弹劾后，由最高法院全院审判官互选九人组织特别法庭审判之。

第四十二条　临时副总统于临时大总统因故去职，或不能视事时，得代行其职权。

第五章　国务员

第四十三条　国务总理及各部总长，均称为国务员。

第四十四条　国务员辅佐临时大总统负其责任。

第四十五条　国务员于临时大总统提出法律案，公布法律，及发布命令时，须副署之。

第四十六条　国务员及其委员，得于参议院出席及发言。

第四十七条　国务员受参议院弹劾后，临时大总统应免其职，但得交参议院复议一次。

第六章　法院

第四十八条　法院以临时大总统及司法总长分别任命之法官组织之。法院之编制及法官之资格，以法律定之。

第四十九条　法院依法律审判民事诉讼及刑事诉讼。但关于行政诉讼及其它特别诉讼，别以法律定之。

第五十条　法院之审判须公开之，但有认为妨害安宁秩序者得秘密之。

第五十一条　法官独立审判，不受上级官厅之干涉。

第五十二条　法官在任中不得减俸或转职，非依法律受刑罚宣告或应免职之惩戒处分，不得解职。惩戒条规，以法律定之。

第七章　附则

第五十三条　本约法施行后限十个月内，由临时大总统召集国会，其国会之组织及选举法由参议院定之。

第五十四条　中华民国之宪法由国会制定，宪法未施行以前，本约法之效力与宪法等。

第五十五条　本约法由参议院参议员三分二以上，或临时大总统之提议，经参议员五分四以上之出席，出席员四分三之可决，得增修之。

第五十六条　本约法自公布之日施行。临时政府组织大纲，于本约法施行之日废止。

中华民国元年三月初十日参议院

"南京临时政府档案"，中国第二历史档案馆编《中华民国史档案资料汇编》第2辑，江苏人民出版社1981年版，第106～110页

△ 孙中山令内务、司法两部通饬所属禁止体罚。

《大总统令内务、司法部通饬所属禁止体罚文》如下：

近世各国刑罚，对于罪人或夺其自由，或绝其生命，从未有滥加刑威，虐及身体，如体罚之甚者。盖民事案件，有赔偿损害、回复原状之条，刑事案件，有罚金、拘留、禁锢、大辟之律，称情以施，方得其平。乃有图宣告之轻便，执行之迅速，逾越法律，擅用职权，漫施笞杖之刑，致多枉纵之狱者，甚为有司不取也。夫体罚制度为万国所屏弃，中外所讥评。前清末叶，虽悬为禁令，而督率无方，奉行不力。顷闻上海南市裁判所审讯案件，犹用戒责，且施之妇女。以沪上开通最早、四方观听所系之地，而员司犹踵故习，则其它各省官吏，【难】保无有乘民国初成、法令未具之际，复萌故态者。亟宜申明禁令，迅予革除。为此令仰该部速行通饬所属，不论司法、行政各官署，审理及判决民、刑案件，不准再用笞杖、枷号及他项不法刑具。其罪当笞杖、枷号者，悉改科罚金、拘留。详细规定，俟之他日法典。此令。

《临时政府公报》第35号，中国科学院近代史研究所史料编译组编辑《近代史资料·辛亥革命资料》，中华书局1961年版，第270～271页

△ 孙中山致电袁世凯，告之南京临时参议院本日常会同意唐绍仪为国务总理，请即行任命。

孙中山致袁世凯电文如下：

顷得参议院咨云："初九日准大总统咨称：'新举临时大总统袁电开：现国务总理拟派唐君绍仪，请将此电送交参议院，求其同意云云。咨请本院议决咨复转复'等语。本日常会经将此案提出，已得多数同意。为此咨复，请转复新举临时大总统袁即行任命可也。"准咨，即此电闻。孙文。真。

《临时公报》1912年3月17日，中国第二历史档案馆编《中华民国史档案资料汇编》第2辑，江苏人民出版社1981年版，第111页

南京临时参议院致袁世凯电文如下：

昨接孙总统咨称：得尊电开：国务总理拟派唐君绍仪，请送交本院，求其同意。经本院于本日常会提出公决，已得多数同意。特此电闻。参议院。十一日。

《临时公报》1912年3月17日，中国第二历史档案馆编《中华民国史档案资料汇编》第2辑，江苏人民出版社1981年版，第111页

△ 南京临时政府财政部呈文孙中山，请孙将《商业银行暂时则例》咨送临时参议院议决公布施行。

南京临时政府财政部呈孙中山文如下：

财政部总长陈○○呈

据钱法司案呈：军兴以来，财政竭蹶，若不速图救济，恐民国虽建而民力已疲。顾救济之

策，抉本探源，尤在疏通金融，维持实业，此商业银行之组织所以万不容缓也。惟是银行之业，首贵稳固，一有不慎，即足以扰乱市面，故各国政府对于银行营业，较之他种商人，取缔特严。我国金融机关，本未完备，加以近年以来，恐慌迭起，向所号称为殷实富商者，今皆相继破产，不克自存。虽曰我国商人之智识不足，亦由前清政府之监督不严。民国成立以来，各处呈请设立银行者，日必数起。本部既有管辖之责，似应亟须则例，俾企业者有所遵循，而监督者有所依据。用特参照各国银行之法规，斟酌我国商业之现状，拟订商业银行则例○○条，于取缔营业之中，仍寓保护商人之意。理合缮具清单，备文呈请大总统俯赐察核，迅即咨送参议院议决公布施行，实为公便。谨呈。

三月十一日发。

"南京临时政府档案"，中国第二历史档案馆编《中华民国史档案资料汇编》第2辑，江苏人民出版社1981年版，第416页

《商业银行暂行则例》如下：

第一条　凡开设店铺经营贴现、存款、放款、汇票等之事业者，无论其用何种名称，总称之曰银行。

第二条　凡欲开设银行者，须将招牌、资本、设立地方、出资者及经理者姓名、籍贯、住址、人数，呈报地方主管政厅，转报财政部，一面并须径行报部，奉部核准后方可开办。其开办年月日，一并报部存案。如有开设分行，亦准此办理。

第三条　凡银行欲变更其组织，或与他银行合并之时，均应照第二条办理。

第四条　凡银行资本有限组织者，至少须在十万圆之上。无限责任者，不得少于五万圆。须于银行招牌揭以有限、无限字样。

但因人口之多寡，商务之盛衰，呈部核准，得以增减。

第五条　凡开设银行，须遵照本则例，订定详细章程，呈报财政部核准。如有变更章程，亦应一律呈核。

第六条　银行每年须详造营业报告书，呈送财政部查核。财政部无论何时，得派员调查银行业务之实况及财产之现状。

第七条　银行每逢半年，必须结账一次，将收付对照表登报公布。

第八条　银行之营业时间，以午前九点钟起，午后四点钟止。但得因营业情形，延长时间。

第九条　银行每逢星期、祭日、祝日，及营业地之休息日，均得停业。若有不得已之事故，而欲例外停业者，须预期呈明地方主管政厅，再行登报申明。

第十条　凡无限责任之银行资本主，只准设立分行，不得更为其它无限责任银行之资本主。

第十一条　凡银行营业，不得稍涉买空卖空。

第十二条　凡银行如不遵守第六条所定之报告及第七条所定之公布，或虽经报告公布，而其中有虚伪等弊，一经查出，以及违反第十条及第十一条所规定，由财政部酌量情形，轻者科以罚金，重者勒令闭业。

第十三条　本则例实行以前所设立之票庄、银号、钱庄等一切有银行性质者，均应遵守此项则例。凡遵例注册者，财政部即优加保护。其未注册者，统限本年内一体注册。

第十四条　本则例自公布之日起，三个月后施行。

"南京临时政府档案"，中国第二历史档案馆编《中华民国史档案资料汇编》第2辑，江苏人民出版社1981年版，第416～418页

△ **甘肃新军起义,举黄钺为都督。**

黄钺《黄钺运动革命事略》:

钺念陕甘之兵一日不解,即共和之局一日不定。盖东南和战,视西北为进止。是时宗社党有欲保潼关以西,冀幸作小朝廷偷活旦夕者。甘绅刘尔炘、张林焱等因谬倡迎銮之说以附和之,群奸汹汹,官绅皆敌。钺以一旅厕其间,孤掌难鸣,自馁固非所宜,轻举亦有不可。日聚同志,深谋熟计,或谓宜先取汉中,以救咸阳,或则谓不如取道陈仓,竟袭长安而代之。其主取汉中者,谓汉中为秦、蜀关键,可资联络,况汉中总兵江朝宗犹为清守,而李光辉拥兵驻汉,意存首鼠,将终为陕患,尤宜图之。其主取长安者,谓关中为西北枢纽,南接荆襄,今潼关既被毅军所攻,张钫势不能敌,凤翔、乾、醴又有甘军牵制,危险已极,势难久存;百二雄图,与其沦于民贼,据为偏安,曷若联合驻徽县罗平安一军(兵精器利),乘间取而代之,以维大局。是二说也,钺皆未然。盖江、李皆自守之雀,无志出巢,取汉中固无益于陕,直奔长安,益增陕省西顾之忧,是速其亡也。不若仍暂驻秦,抚绥回族,联络罗军,俾弗东渐。(罗,川人也。所部三营,多川人,咸抱反正目的。其幕友刘果,罗之同乡,倡言革命,与黎兆枚、李宗纲、黎瑞芬、鲁秉周等双方组织军队,已成一气。后罗视钺为进退,职是之故。)虽谓保境息民,不啻为陕守也。若陕西万不能支,则义旗一举,先图平凉以截甘军后路,马、陆势必反顾,则陕危不救自解,共和可望告成。周昆、黎兆枚、李宗纲、黄嗣、鲁秉周、黎瑞芬、丁广照等均极表同意,反正之义遂定。

先是,陆续派遣陆军学生李仁斌、李志南(湘人)、安国柱(陕人)、周望英(晋人)及同志寇献琛(豫人)、黄达(湘人)等赴陕联合,共六次,或以去不能回,或以中道阻滞,终不得其要领。直至十二月二十三,第七次派去之胡文炌自乾州回营,始得张云山复书,荷允赞助反正,约年内派队来秦,定期夹击,以为声援,粘附旗式,盖秦陕密信至是始一通。时闻川军援陕,北伐司令李树勋已抵广元,爰遣张雯华前往达意,并函达蜀军政府,恳其就近拨军援助。壬子正月初二,钺以待陕军专使不至,又闻去腊二十以后乾州战事甚恶,恐其自救不暇,计将中变,因遣胡文炌偕魏国英赴陕以觇之。又用蔡镇西(鲁人)、汪青(浙人)计,遣毕文硕(辽人)赴凤翔游说张行志,张不纳。(因毕与其子交厚,故未加害。)毕回秦过陇州,又运动骁锐管带崔鸿镜、崔崧等背张向秦,谋泄,二崔几被害。初五,省报陆洪涛一军已于除夕陷醴泉,转攻咸阳,长安危甚,人心惶惶。是日,复遣寇献深[琛]、张桓赴汉中、略阳,与川军联络。初七,又添派彭庆堂南下助寇等。初十,陕军统领万炳南自凤翔函示赴秦师期。十七日,刘文垕(刘,晋人,前为新军管带)偕受庆龙来秦,出示两湖同乡公函,劝钺举议[义]。钺以城内防军及伏羌军学各界不下二千余人,已经黎兆枚、周昆、黎瑞芬等运动成熟各实情相告,刘大喜。越日,即亲赴徽县,一以侦探北伐川军情形,一以联合忠武右旗军队(时驻徽县、两当一带,营中兵士多刘旧部)。方刘之来也,先在省与鄂人刘佐寅、粤人方芷亭运动军队,冀图反正。炮队管带梁国璋,颇为所动,卒以外援无力,未能得手,始愤而奔钺。佐寅精于法学,后本军反正,犹不时将省中实情详晰布告,积函盈箧,用心苦焉。十八,陈贞瑞、杨楚材至,谋益定。

二十二夜三鼓,传谕各哨官长分布地点:前哨谢汉秋率八十人至筹防局;帮带翟炳樊率六十人至州署,黄际丰、胡芳廷副之;右哨杨展鹏率四十人至义仓,守军械火药;前副哨张祖联率三十人守西门、西关;右副哨戴芳泰率二十人守东门、东关,兼护天主堂;左副哨刘德馨率二十人守南门;左哨严少春,后哨王章金共率八十人,守泰山庙营盘,并护北门福音堂;后哨谭枧萱及巡查秦志芳率六十人至游击署;钺自领亲兵四十人及差弁余振东、成起凤、严镇寰、张佐胜等,径赴道署,黎瑞芬、潘丙炎、甘霈霖从之。二十三日即阳历三月十一,为我军反正之日。辰刻入城,市民安堵。钺抵署,而周昆、鲁秉周、李宗纲、黄嗣等已早齐集,黎兆枚、丁广照偕董皞民继之。署巩秦阶道向燊以次各文武僚属,如知州张庭武、守备梁国栋、千总韩孝忠、州吏目杜元模、城防军队长杜杰等,亦相踵毕集。绅商至者百余人。钺宣布约章,并所以反正理由:乃存甘肃联邦之资格,出陕黎于水火,非有自私自利之念介乎其间。闻者咸欢欣鼓舞,公推钺为正都督,向为副都督。钺复谕以才德浅薄,暂肩兹任,一俟全甘大定,组织完备,即行取消,众佥认可。就道署建立临时军政府,布告各省及甘全属,并移书省城清官吏及前敌将领,劝其反正。是日也,闭城约二钟许。悬旗之际,妇孺奔走,环观为乐;防御之勇站立;城市商人奉杯致敬。惟游击玉润不听劝谕,发枪抵抗,被我军还击毙命,虽经以礼殡殓并保护其眷属财产,然不无遗恨云。维时,筹防局虽派有谢汉秋率八十人防守,而谭其茳、受庆龙以枪弹重要,关系非浅,亲至局力任监守。午后四钟,突有回军步队马忠孝一营,由伏羌兼程南来,直逼城下。同人恐其猖獗,拟出逐之。经钺阻止,商令秦绅张世英、回绅哈铸驰往,劝其退屯距城五里之古天水郡,因得相安无事。

中国社会科学院近代史研究所、湖北省博物馆等编《湖北革命实录馆武昌起义档案资料选编》下卷,湖北人民出版社1983年版,第269～272页

△ 蔡元培发表告别津京同胞书,说明北上迎袁经过及对于未来的希望。

蔡元培告别津京同胞书如下:

培等为欢迎袁大总统而来,而备承津、京诸同胞之欢迎,感谢无已。南行在即,不及一一与诸君话别,敬撮记培等近日经过之历史以告诸君,托于临别赠言之义。

(一)欢迎新选大总统袁公之理由　自清帝辞位,大总统孙公辞职于参议院,且推荐袁公为候选大总统。参议院行正式选举,袁公当选,于是孙公代表参议院及临时政府,命培等十人欢迎袁公莅南京就职。袁公当莅南京就临时大总统职,为法理上不可破之条件。盖以立法、行政之机关,与被选大总统之个人较,机关为主体,而个人为客体,故以个人就机关则可,而以机关就个人则大不可。且当专制、共和之过渡时代,当事者苟轻违法理,有以个人凌躐机关之行动,则涉专制时代朕即国家之嫌疑,而足以激起热心共和者之反对。故袁公之就职于南京,准之理论,按之时局,实为神圣不可侵犯之条件,而培等欢迎之目的,专属于是,与其他建都问题及临时政府地点问题,均了无关系者也。

(二)袁公之决心　培等二十七日到北京即见袁公,二十八日又为谈话会,袁公始终无不能南行之语。且于此两日间,与各统制及民政首领商留守之人,会诸君尚皆谦让未遑,故行期不能骤定也。

(三)京津之舆论　培等自天津而北京,各团体之代表,各军队之长官,及多数政治界之人物,或面谈,或投以函电,大抵于袁公南行就职之举,甚为轻视。或谓之仪文,或谓之少数人之意见(其间有极离奇者,至以小人之腹度君子之心,只可一笑置之)。而所谓袁公不可离京之理由,则大率牵合临时政府地点,或且并迁都问题而混入之,如所谓藩属、外交、财政等种种关系是也。其与本问题有直接关系者,惟北方人心未定一义。然以袁公之威望与其旧部将士之忠义,方清摄政王解职及清帝辞位至危疑之时期,尚能镇摄全京,不丧匕鬯,至于今日,复何疑虑?且袁公万能,为北方商民所公认,苟袁公内断于心,定期南下,则其所为布置者,必有足以安京、津之人心,而无庸过虑。故培等一方面以京、津舆论电达南京备参考之资料,而一方面仍静俟袁公之布置。

(四)二月二十九日兵变以后之情形　无何而有二月二十九日夜中之兵变,三月一日之夜又继之,且蔓延保定、天津一带。夫此数日间,袁公未尝离京也,袁公最亲信之将士,在北

京自若也,而忽有此意外之变乱,足以证明袁公离京与否,与保持北方秩序,非有密切不可离之关系。然自有此变,而军队之调度,外交之应付,种种困难,急待鰓理,袁公一日万几,势难暂置,于是不得不与南京政府协商一变通之办法。

(五)变通之办法　总统就职于政府,神圣不可侵犯之条件也,临时统一政府之组织,不可以旦夕缓也。而袁公际此时会,万不能即日南下,则又事实之不可破者也。于是袁公提议,请副总统黎公代赴南京受职。然黎公之不能离武昌,犹袁公之不能离北京也。于是孙公提议于参议院,经参议院议决者,为袁公以电宣誓,而即在北京就职,其办法六条如麻电。由是袁公不必南行,而受职之式不违法理,临时统一政府,又可以速立,对于今日之时局,诚可谓一举而备三善者矣。

(六)培等终局之目的及未来之希望　培等此行,为欢迎袁公赴南京就职也。袁公未就职,不能组织统一政府;袁公不按法理就职,而苟焉组织政府,是谓形式之统一,而非精神之统一。是故欢迎袁公,我等直接之目的也,谋全国精神上之统一,培等间接之目的也。今也袁公虽不能于就职以前躬赴南京,而以最后之变通办法观之,则袁公之尊重法理,孙公之大公无我,参议院诸公之持大局而破成见,足代表大多数国民。既皆昭揭于天下,其至少数抱猜忌之见,腾离间之口者,皆将为太和所同化,而无复纤翳之留。于是培等直接目的之不达,虽不敢轻告无罪,而间接目的所谓全国精神上之统一者,既以全国同胞心理之孚感而毕达,而培等亦得躬逢其盛,与有幸焉。惟是民国初建,百废具举,尤望全国同胞永永以统一之精神对待之,则培等敢掬我全国同胞之齐心同愿者以为祝曰:中华民国万岁!

1912年3月11日《民立报》

△ 上海民生国计会等十余团体在上海江苏教育总会开会,商讨要求豁免米谷杂粮捐税,并致电袁世凯,请取消现行米谷杂粮等项税捐。

1912年3月12日《民立报》《会党要求免税记》载:

中华民生国计会于昨日午后二点时假江苏教育总会为要求豁免米麦杂粮捐税一事,邀请各团体到会讨论。届时先由该会发起人诸宛明君报告宗旨,公推江君确生为临时主席。继由沈君剑侯等演说。复由各团体拟稿电请袁大总统立即通饬各省速将米麦一税即行一律免予缴纳,以苏民困而维民食。其电稿录下:

“北京袁大总统鉴:民国既立,凡有病民苛细捐税,亟应革除。故兴义以来,东南各省首罢厘金。旋以北伐军需,各业争先助饷,米业亦预焉。今南北已归统一,而乐输转变常捐,虐政翻新,变本加厉,沪地犹然,边陲腹地,尤所难免。是以环[?]请总统通电各省,凡有米谷杂粮等项捐税,一律撤销,并请取销绍兴各属百货苛捐,以重民食而苏民困。切盼复。民生国计会、上海商民求减房租联合会、绍兴旅沪同乡会、公民急进党、上海总商会、沪中书画善会、舆论折衷会、共和建设会、华侨联合会、中国社会党、上海机器面粉公司等。真叩。”

3月12日(正月二十四日)　孙中山令南京临时政府陆军部、海军部统一长江水师编制,委任妥员接充。16日,陆军部致函孙中山、海军部,拟将长江五省所有水师一律并入,分为上下游,各设总司令长一员。21日,孙中山批复,宜将总司令长改为司令长。

孙中山命令如下:

临时大总统令

兹据长江水师二十二营前荆州营副将刘炳庭,提中营副将丁得贵,簰州营参将杨守约,芜湖营游击王诗访，金陵营参将张玉山，沅江营参将钱四和，江阴营副将邵茂春，华阳营游击万时雨暨全体兵士代表杨受百、蒋克明、范顺贻、朱宝滋等禀称："为选举将才，恳请擢用，以一事权，俾有遵循事：窃自武汉义师方兴，经李传芬密授方针，兵士等莫不欢欣鼓舞，同为遥遥响应。伏念我水师原设有二十二营，分置五省江面，向归统一，层层节制，息息相通。惟现今各在一方，兵气不接，不无畛域之分。兵士等往返函商，若不禀请设一统一机关，漫无所归，然选举非人，不孚众望，悉心计议，将才难得，惟有旧恩宪李成谋之公子李传芬克当此选。其人年富而负英才，文德而兼武备，向与水师兵将均有感情，人望素著，胆略兼长。前在云南为官，政声远播，驭军有法，剿匪尤称得力。此人人所共知共闻也。兹值民国共和之秋，正是求贤若渴之日。兵士等是以不揣冒昧，公同选举李传芬为水师二十二营统制，实系全体承认，并非个人私见。所有兵士等公议选举缘由，理合具禀，仰恳大总统、陆海军总长俯准，札饬李传芬到宁任事，并赏通知各省都督查照可也。全体幸甚！水师幸甚"等情前来。查长江水师亟须统一，其应如何编制，委任妥员接充之处，仰该部咨商海军部核办可也。此令。

陆军部总长黄兴知照

孙文

中华民国元年三月十二日

"南京临时政府档案"，中国第二历史档案馆编《中华民国史档案资料汇编》第2辑，江苏人民出版社1981年版，第244～245页

南京临时政府陆军部咨海军部文如下：

为咨请事：窃于三月十二日奉大总统令开：据长江水师云云，同申文稿录至。此令等因。奉此。敝部遵即筹拟办法，将长江五省所有各项水师一律调查并入，并拟分为上下游，各设总司令长一员，以专责成，而资控制。兹经拟具会稿，相应咨请贵部查核办理，仍希将原稿给还照缮，再请会印封发，望切施行。须至咨者。

申大总统

计咨会稿一件

咨海军部

中华民国元年三月十六日

陆、海军部会稿

为会衔申请事：窃于三月十二日奉大总统令开：据长江水师前荆州副将刘炳庭等暨全体兵士代表杨受百等联名奉请就长江二十二营设立统一机关等情一案。查长江水师亟须统一，其应如何编制、委任妥员接充之处，仰该部咨商海军部核办可也。此令等因。奉此。

查长江五千余里，上通滇蜀，下控海陬，地段既极绵长，巡缉最关紧要，其中尤多通商口岸，交涉颇繁。前请[清]设立水师，统以一提四镇，日久积弊亟待更张。且所辖仅二十二营，由荆州以讫江阴，其责成仅及于江面。至内河各项水师，惟江西之吴城、饶州两营划入长江。余皆分隶于各省，事权不一，声息难通。今议编制改良，拟应一律并入。拟请就五省所有各项水师，除缉私船仍由盐务直辖外，如湖南之选锋水师，湖北之襄河、宜昌各水师，江西之内河水师，安徽之巢湖水师，江苏之督标、提标及狼山、福山、苏松三镇并淮扬、太湖、飞划、里河各水师等，凡从前不隶于长江提督者，均即调查归并，以期统一，而活机关。并添配浅水兵轮、遴用海陆军学生，采取欧美水上警察精义，随时变通中，期于化除畛域之中，渐收因地制宜之效。

至委任妥员一节，从前长江水师一切皆受成于提督，现既拟将各项水师并入，则辖地更宽，如仍前只设一员，实恐鞭长莫及。即江苏光复以后，都督程德全委任章嘉时为统制，亦只

系一时权宜办法,尚未暇兼筹全局。兹经再三会议拟将长江分为上下游,各设总司令长一员,以专责成,而资控制。查有前光复军总司令李燮和威望素孚,胆识兼富,堪以委任长江上游水师总司令长,凡湖南、湖北、江西三省各水师皆隶之。又查有总统府秘书员张通典器识宏通,沉毅多略,堪以委任长江下游水师总司令长,凡安徽、江苏两省各水师皆隶之。其总司令长以下应设镇守府几员及应如何参稽旧制,厘定新章,以便折中之处,均由该总司令长体察地方情形,组织改良,随时报明核办。

所有遵令编制长江水师暨委任两员接充总司令长缘由,是否有当,理合会同申请大总统鉴核指令遵行。如蒙允准,希将委任状加盖印信,由部分发,以资信守。再此件系陆军部主稿。合并声明。须至申者。

计申委任状二纸(缺)

中华民国元年三月十六日

"南京临时政府档案",中国第二历史档案馆编《中华民国史档案资料汇编》第2辑,江苏人民出版社1981年版,第245~247页

南京临时政府海军部复函如下:

敬启者:支配长江水师营制一节,敝处已派人调查,正在核议间。昨接来咨,并送会稿一件,筹划精详,组织完密,至为钦佩。兹已签字盖章,特缴候缮。惟尚有质疑者,稿中威望素符,符字似应作孚字,长江上游水师总司令之下似脱一长字,祈酌核为祷。又稿末须至申者之下似应添入再此件系某部主稿合并声明等语。是否有当,统候卓裁。专此,敬颂军安。

海军部谨启

附缴会稿一件

中华民国元年三月十七日早

"南京临时政府档案",中国第二历史档案馆编《中华民国史档案资料汇编》第2辑,江苏人民出版社1981年版,第247页

孙中山批复如下:

临时大总统批

一件　该部呈请发给长江上下游水师总司令长委任状由

呈悉。长江上下游,联贯数千里,舳舻相接,商旅殷繁,宵小出没其间,宜有水师统一机关,不时巡逻来往,以资镇摄。兹据呈荐李燮和为长江上游水师总司令长,张通典为长江下游水师总司令长。查李燮和久膺戎寄,威望素孚,应即照准。惟张通典前已由交通部荐任该部参事在案,民国鼎新,未便仍沿兼差恶习,致旷官职,而阻贤路。如非张通典不能胜任,应由该部先咨明交通部撤去该员张通典参事一职,再行委任,以期核实。至长江上下游既设有司令二员,不若改总司令长名称为司令长较为妥叶,委任状发还改定另呈可也。此批。

孙文

中华民国元年三月二十一日

"南京临时政府档案",中国第二历史档案馆编《中华民国史档案资料汇编》第2辑,江苏人民出版社1981年版,第247~248页

△ 南京临时政府财政部呈文孙中山,请设海外汇业银行,并将拟订《海外汇业银行条例》呈请孙中山咨交临时参议院议决。3月18日,孙中山批复:"仰候咨送参议院提议可也。"

南京临时政府财政部呈孙中山文如下:

呈大总统请设海外汇业银行

据钱法司案呈:窃照现值政府统一,各省善后之际,百端待理,需款繁巨,仰给于部固属

同一为难,思取于商更虑易滋纷扰。内地之元气已伤,目前之筹款无从。为今之计,舍发公债而外,别无良策。查募债之道,必与欧美有无相通,方能措置裕如,而尤以采用金货汇兑本位以定基础,提倡海外汇业银行以为枢机,图国际通商之便,免汇票变动之害,固交易之信,利外资之用,挹彼注兹,酌盈剂虚,非独济一时之急,抑且宏远大之规。办理得法,奖土产之外出,谋现金之内输。公债之本利,藉可相抵。币制之根本,赖以巩固。本位相等,银行已设,公债借换,而利息低减,商务扩张,则正币内充,实于国计民生,大有裨益。除币制则例另再拟订外,谨仿各国特许银行之制,拟订海外汇业银行则例三十二条,呈请大总统俯赐察核,可否咨交参议院议决公布之处,伏候裁示。谨呈。此呈

大总统

"南京临时政府档案",中国第二历史档案馆编《中华民国史档案资料汇编》第2辑,江苏人民出版社1981年版,第418页

《海外汇业银行条例》如下:

第一条　海外汇业银行为股份有限公司,各股东责任以所认定之股份为限。

第二条　海外汇业银行设总行于上海。其由外国于易贸上必要之处,设立分行、分号,得其代行联结为汇兑之契约。但于分行、分号之或设或废,与外国银行契约之或结或解,均须呈明财政部核准。

第三条　海外汇业银行营业年限,自总行开办之日计算,以三十年为期。但依股东总会之决议,得呈准财政部展限。

第四条　海外汇业银行资本定为一千万圆,分为十万股,每股一百圆。但依股东总会之决议,得呈准财政部增减资本。

第五条　海外汇业银行股份,除中国人之外,不准买卖让与。

第六条　海外汇业银行股票,概用记名式,按照定章得以买卖让与。

第七条　海外汇业银行之营业如下:

第一、外国之汇兑及货物押汇;

第二、内国之汇兑及货物押汇;

第三、放出款项;

第四、收存各种款项及保管紧要贵重物件;

第五、各种期票之贴现及代为收取到期票款;

第六、货币交换。

第八条　海外汇业银行依营业之情形,得买卖公债证书,及生金、生银、外国货币。

第九条　海外汇业银行遵政府命令,经理在于外国之公众款项及债券。

第十条　海外汇业银行除第七条、第八条及等[第]九条记载事项之外,不得再营他业。

第十一条　海外汇业银行除下开事项之外,不得买入或承受不动产股票及一切对象:

第一、银行营业应用之地基房屋;

第二、因清理欠款由债主交付;

第三、因抵当借款,由审判厅断结。

第十二条　海外汇业银行不得将本行股票作为抵当之物,亦不得自行买回。但负债者于无法归偿时,以此抵当则不在此限。

第十三条　于第十一条第二项、第三项及第十二条各事承受不动产股票及其它对象,必于十个月以内出售。

但于期内售价不合时,得申明实在情形,呈准财政部量予展限。

第十四条　海外汇业银行对于存项及应付之款,至少置准备金四分之一以上。

第十五条　海外汇业银行设董事五人以上,任期一年,由股东总会就五十股以上之股东中选举,呈准财政部派充。其期满后选时亦同。

第十六条　行长于董事中推选,呈财政部核准。但财政部总长于必要时,得命中国银行副行长兼海外汇业银行长或命海外汇业银行长兼中国银行理事。依银行事务情形,得于董事中推选副长一名,其职权于行长或有事故,得以代理。

行长及董事之责任权限以章程定之。

第十七条　海外汇业银行每年开定期股东总会二次,以决定章程所开事项。如议临时事件,无论何时得开临时总会。股东总会出席者,以会期六十日以前曾经注册之股东为限。

第十八条　每半年分派赢利,须将各股应分成数,具呈财政部核准。

第十九条　每半年应提赢利总额十分之一为公积,以供左用:

第一、补资本之损失;

第二、补派利之不均。

第二十条　放款过期不还将归损失时,应按数酌提准备。

第二十一条　海外汇业银行于营业上损失过半时,或所为背此条例,财政部总长于必要时,得停止其营业或令解散。又依股东总会之决议,受政府之许可,得任意解散。

但于此总会须有股东二分之一以上,与总股金二分之一以上股东出席,依议决权三分之二以上决议。

第二十二条　海外汇业银行于条例章程有所背戾,或财政总长认为危险事件,财政部总长得以制止,或命董事改选。

第二十三条　财政部特派监理员,监视海外汇业银行诸般事务。

第二十四条　海外汇业银行遵财政总长之命令,呈报关于营业之计算报告书。

第二十五条　海外汇业银行于总、分行、分号其重要文书必盖图章。但西文函件则不必盖章。

第二十六条　海外汇业银行遵此条例,由股东总会决议订章程,呈财政部核准。但章程之修正增补亦准本条。

第二十七条　海外汇业银行之行长、董事、其它役员犯此条例者,轻者处罚,重者撤换。如有因此损及本行营业者,仍应责令赔偿。

第二十八条　改此条例时于三个月前公布。

第二十九条　海外汇业银行创办之始,政府当派设立委员,使筹办一切之事务。

第三十条　设立委员订定草章得政府之认可后,募集股东。

第三十一条　设立委员当股东募集之终,以股东人名,及股款总数等薄[簿],申送政府呈请核准。

第三十二条　设立委员得前条之核准后,以其事务移交于海外汇业银行正长。

"南京临时政府档案",中国第二历史档案馆编《中华民国史档案资料汇编》第2辑,江苏人民出版社1981年版,第418~421页

孙中山批复文如下:

临时大总统批

一件　财政部呈海外汇业银行则例,乞咨参议院提议由。

呈悉。海外汇业实国际易贸之枢纽,即国民经济之关键,东西各国先例昭然。当金融紧迫之秋,得此酌剂盈虚,诚足以扩张商务,补救时艰,所拟海外汇业银行则例三十二条,仰俟

[候]咨送参议院提议可也。此批。

孙文

中华民国元年三月十八日

"南京临时政府档案",中国第二历史档案馆编《中华民国史档案资料汇编》第2辑,江苏人民出版社1981年版,第422页

△ 袁世凯下令禁绝贿赂。

袁世凯禁绝贿赂令如下:

传曰:"国家之败,由官邪也。官之失德,宠赂章也。"近岁以来,贿风尤炽。除授如市,道路骇闻。用者为人择官,官者为身择利。政治窳败,民怨滋深。现民国创兴,必须涤荡秽恶,以正百官而惩乱本。所有苞苴贿赂亟应一体禁绝。此后如有尝试及招摇者,正饬所司执法严绳,决不宽贷。此令。中华民国元年三月十二日即壬子年正月二十四日。大总统盖印。

1912年3月13日《大公报》

3月13日(正月二十五日) 袁世凯任命唐绍仪为国务总理。

袁世凯命令如下:

特任唐绍仪为国务总理。此令。

1912年3月14日《大公报》

编者按:在本日命令最后一条末尾署有"中华民国元年三月十三日即壬子年正月二十五日。大总统盖印。"以下凡录自《大公报》袁世凯的命令,末尾没有标注时间的,均与此相同。

△ 孙中山令内务部咨行各省都督慎重农事,保护与救济农民。

《大总统令内务部通饬各省慎重农事文》如下:

军兴以来,四民失业,而尤以农民为最。田野荒芜,人畜流离,器具谷种之类,存者盖鲜。自近海内粗平,流亡渐集,农民夙无盖藏,将何所赖以为耕植之具?夫一夫不耕,或受之饥。若全国耕者释耒,则虽四时不害,而饥馑之数,已不可免。国本所关,非细故也。方今春阳载和,正届农时,若不亟为筹画,一或懈豫,众庶艰食,永怀忧虑,无忘厥心。为此令仰【该】部迅即咨行各省都督,饬下所司,劳来农民,严加保护。其有耕种之具不给者,公田由地方公款、私田由各田主设法资助,俟秋成后计数取偿。各有司当知此事为国计民生所系,务当实力体行,不得以虚文塞责,勉尽厥职,称此意焉。切切。此令。

《临时政府公报》第37号,中国科学院近代史研究所史料编译组编辑《近代史资料·辛亥革命资料》,中华书局1961年版,第279～280页

△ 孙中山令内务部通饬各省劝禁缠足,有故违禁令者,予其家属以相当之罚。

《大总统令内务部通饬各省劝禁缠足文》如下:

缠足之俗,由来殆不可考。起于一二好尚之偏,终致滔滔莫易之烈,恶习流传,历千百岁,害家凶国,莫此为甚。夫将欲图国力之坚强,必先图国民体力之发达。至缠足一事,残毁肢体,阻阏血脉,害虽加于一人,病实施于子姓,生理所证,岂得云诬?至因缠足之故,动作竭蹶,深居简出,教育莫施,世事罔问,遑能独立谋生,共服世务。以上二者,特其大端,若他弊害,更仆难数。曩者仁人志士尝有天足会之设,开通者已见解除,固陋者犹执成见。当此除旧布新之际,此等恶俗,尤宜先事革除,以培国本。为此令仰该部速行通饬各省,一体劝禁。

其有故违禁令者,予其家属以相当之罚。切切。此令。

《临时政府公报》第37号,中国科学院近代史研究所史料编译组编辑《近代史资料·辛亥革命资料》,中华书局1961年版,第280页

△ **南京临时参议院致电各省,请未曾选派议员与已选派而辞职及不足五人各省,从速选派议员到临时参议院。**

南京临时参议院致各省电文如下:

各省都督、督抚、临时议会、谘议局公鉴:按照《中华民国临时约法》第十八条所载,参议院参议员,每行省、内蒙古、外蒙古、西藏各选派五人,青海选派一人。其选派方法,由各地方自定之。查本院开院以来,各处参议员业经先后到院,惟人数讫未齐集。应即电知贵处,除已经到院外,其未曾选派与到院而复行辞职,及到院未足五人之数者,即希从速选派,迅予到院为荷。参议院。覃。

1912年3月20日《民立报》

△ **袁世凯发布整肃官常通令。**

袁世凯命令如下:

方今民国初基,政治之原,首在任用贤能,扫除弊蠹。近岁以来,是非倒置,黜陟不公,致钻营奔竞之风大开。谨厚者或贬节以求全,巧滑者益趋炎而忘耻。官方即紊,职守全隳。倾覆之由,多在于此。此等恶习,自应痛加湔涤,务绝根株,为此通谕百僚。须知凡属官员,皆系为民服务。官规具在,莫不负应尽之责任。而无特别之利益,何得存非分之希冀,而作无谓之营求?况佐治需才,果有寸长,奚患沦弃?自今以往,该管长官毋得以好恶为取舍,喜怒为进退。如有此等情事,属员准其申诉。倘属员对于长官再有钻营奔竞情事,必当重予惩戒,以肃官常。维我同官,各宜清白乃心,束身自爱,毋负本大总统殷殷诰诫之意。此令。中华民国元年三月十三日即壬子年正月二十五日。大总统盖印。

1912年3月14日《大公报》

△ **周福鹏等十二人发起成立公民急进党,本日发布《中华民国公民急进党简章》,宣布“以养正锄非,化私就公,巩固民权,发展民意,俾全国人民各尽公民天职,造成完全共和国家为宗旨”。**

《中华民国公民急进党简章》如下:

(一)缘起 满清灭,南北一,我国民,咸有责。党派兴,意见杂,公则百事举,私则全国裂。非有政事之方针、人心之药石,恐民国虽成不立。吾公民急进党缘是以出。

(二)定名 本党定名为公民急进党。

(三)宗旨 本党以养正锄非,化私就公,巩固民权,发展民意,俾全国人民各尽公民天职,造成完全共和国家为宗旨。

(四)党员资格 销除欲望,晓畅学术,以本党之宗旨为宗旨,得本党党员介绍者,得入党(未成立以前,先由发起人介绍)。

(五)职员 凡本党党员皆负责任。由党员公选掌理一人,以总党事;协掌一人,似副其成;文牍一人、书记一人、庶务一人、会计一人,各专厥职。以一年为任期,任满续选(选举法另载详章)。

（六）会所　设本部于上海宝善街祥麟里，各地支部随时设立。

（七）进行　民国初成，意见叠起，或争权相贼，或假公济私，或戕害善良，欺弄愚鲁，或破坏建设，专断横行。凡此诸端，皆与共和本旨大相背驰，本党得实行监督而纠正之。其有染毒既深，积习成惯，或貌为革涤，胸塞狐疑，或因之弛范，或放弃公权，或罔知法律，强为同异，凡百种种，对于共和之基础，难期巩固，本党得提挈而善导之。其进行手续约分四端：

（甲）刊行日报，以为发挥言论之机关；

（乙）宣讲共和旨趣，以为普及民智之助力；

（丙）编辑当务应用书籍，以为各种教科之准备；

（丁）分地建设小学，以为培植公民之张本。

（八）经费　所有开办费用，概由发起人担任。凡入党者，纳入党费二元，每年纳经常费四元，分四季缴纳。

（附则）本章乃发起简章，一俟本党发达后，另议详章。

发起人：周福鹏、徐扫千、罗鸣举、鄢江如、陈鹏云、沈剑侯、郑铁如、查士端、邹东山、田颂尧、高集生、梁炳麟。

1912年3月13日《申报》

3月14日（正月二十六日）　孙中山致电袁世凯，电告南京临时参议院通过的《各部官制通则》。

《各部官制通则》如下：

第一条　本通则凡外交、内务、财政、陆军、海军、教育、农林、工商、交通各部均适用之。

第二条　各部总长对于主管事务应负其责。事务主管不分明，牵涉二部以上时，得提出国务会议，定其所主管。

第三条　各部总长对于主管事务有认为重要者，得商承内阁总理开国务会议。

第四条　各部总长于其主管事务，或分别委任范围内，得发部令。

第五条　各部总长于其主管事务，得发谕令于地方官，并于必要时得停此地方官之命令〈处〉或取消之。

第六条　各部总长统辖所属职员，并分别任免之。

第七条　各部设承政厅，其所掌事务如下：

（一）掌管钥；

（二）典印信；

（三）编制统计；

（四）记录所属职员进退之册籍；

（五）纂辑保存并收发各项公文函件；

（六）管理本部出入经费及一切预算；

（七）稽核会计；

（八）管理官产官物及所〈属〉有不属各司事务，但海、陆军部依便宜变通此列［例］。

第八条　各部得分设各司，各司得分设各科，分掌事务。

第九条　各部置职员如下：

次长一人（简任）

参事（荐任）

密[秘]书长（荐任）

密[秘]书（荐任）

司长（荐任）

科长（荐任）

科员（委任）

录事（委任）

外各部依便宜得置工监、工正、工师、【工】手、副官、司务、编纂、会计、视察、审查等员。

第十条　次长辅佐总长分理部务，总长有故不能视事时，除列席国务会议、副署法令及发部令外，得代理其职。

第十一条　参事承总长之命，掌理审议及草拟稿案事务。

第十二条　密[秘]书长承总长之命，总理承政厅事务，并掌管机密文书。

第十三条　密[秘]书承总长之命，分掌承政厅事务。

第十四条　司长承总长之命，主管一司事务，指挥监督科长以下各职员。

第十五条　科长承上官之命，掌理一科事务。

第十六条　科员承上官之命，分掌科务。

第十七条　录事承上官之命，缮写文件，经理庶务。

第十八条　工监简任，【工】正、工师荐任，工手委任，皆承上官之命，掌技术事务。

第十九条　副官荐任，承上官之命，掌理辅助事务。

第二十条　司务荐任，承上官之命，掌专门事务。

第二十一条　编纂荐任，承上官之命，掌编纂纪录事务。

第二十二条　主计（上文为会计，编者）荐任，承上官之命，掌经理会计事务。

第二十三条　视察荐任，承上官之命，掌视察及调查事务。

第二十四条　审查荐任，承上官之命，掌审查学艺事务。

第二十五条　各部总长得依据本通则，订定本部详细规则。

第二十六条　本通则自公布日施行。

孙文。寒。

1912年3月17日《大公报》

编者按：《各部官制通则》与《中华民国各部官职令通则》（见1月26日日志）大致相同，只是少数地方略有出入。

△ **蔡元培、汪精卫等于13日自北京起道武昌回宁。本日抵达武昌，晤黎元洪，15日转赴南京。**

蔡元培等13日致孙中山及各部总次长电文如下：

孙大总统，各部总次长鉴：元培、兆铭、宸组及随行四员，于今日午前九时半乘专车赴汉。特闻。元培等叩。元。

《临时政府公报》第42号，中国科学院近代史研究所史料编译组编辑《近代史资料·辛亥革命资料》，中华书局1961年版，第318页

蔡元培、汪精卫15日致孙中山、南京临时参议院电文如下：

孙大总统、参议院鉴：培等昨晚抵汉口，即赴武昌谒黎副总统，报告在北京经过事件。今夕乘金陵轮船赴南京。谨闻。元培、兆铭。咸。

《临时政府公报》第43号，中国科学院近代史研究所史料编译组编辑《近代史资料·辛亥革命资料》，中华书局1961年版，第328页

△ 南京临时政府外交部照会德国驻青岛办事大臣，改派周泽春为交涉委员，专办青岛交涉事宜。

《外交部派周泽春为青岛交涉委员致德国驻青岛办事大臣麦照会》如下：

为照会事：本部前委任之山东交涉使何承焘、副使周泽春，业经本部于二月十六日将正副使等职裁撤在案。现改派周泽春为交涉委员，专办青岛交涉事宜。除即日电知外，相应备文照会贵办事大臣，请烦查照。须至照会者。

《临时政府公报》第38号，中国科学院近代史研究所史料编译组编辑《近代史资料·辛亥革命资料》，中华书局1961年版，第285页

△ 南京临时政府内务部咨文各省都督及南京卫戍总督，严禁鸦片。

《内务部咨各省都督及卫戍总督禁止鸦片文》如下：

自罂粟输入中国，毒痛四海，殃及百年，既病国家，复弱种族。当满清末季，亦尝禁种征膏。今民国肇兴，尤宜鼎新革故。现奉大总统令，严禁鸦片，扫清余毒。犹恐狡商猾吏，因缘为奸。兹特设局任官，认真禁止。本部荐石瑛为禁烟公所总理，已蒙大总统委任。此后凡关于禁烟事件，请向石总理直接交涉，并希转饬所属，一律遵照。此咨。

《临时政府公报》第38号，中国科学院近代史研究所史料编译组编辑《近代史资料·辛亥革命资料》，中华书局1961年版，第284页

△ 因赵尔巽指斥蓝天蔚"诬指东省挑动兵争，破坏全局"，并称此后蓝天蔚"倘有妄为，致召意外之变"，蓝应负其责。本日，蓝天蔚通电请辞关东大都督职务。

蓝天蔚请辞关东大都督电文如下：

北京袁大总统、南京参议院、前孙大总统、武昌黎副总统、各省都督、各报馆均鉴：顷接赵尔巽文日通电云云，殊堪诧怪。现在共和告成，国是已定，自当各泯猜疑，化除意见。赵尔巽尚于共和后肆意残杀，惨无人理，名为赞同，实行杀戮，东省人几无噍类，为世公敌，岂待蔚言。司马之心，路人皆见。专制时，则指党人为革匪；共和后，则指党人为土匪。自谓保全秩序，肆行残杀同胞。张作霖何人，任其骚扰；张榕等何罪，致受诛夷。言其罪状，神人共愤。蔚不敢冒昧进行者，诚以危如累卵，一或不慎，动酿外人干涉，故事事均为隐忍。至于有备无患，诛灭公敌之心，固我同志旦夕不忘者。蔚不才，不屑与人争都督，亦不愿与人争口舌，但求东省同志，死者得以瞑目，生者得以保全，蔚即请辞职，以免遭人疾视。谨此仰乞大总统鉴核，电示遵行是幸。天蔚叩。寒。

1912年3月20日《盛京时报》；章开沅等主编《辛亥革命史资料新编》(3)，湖北人民出版社2006年版，第533页

赵尔巽"文"电如下：

北京袁大总统、南京参议院、孙中山先生、黄克强先生、武昌黎宋卿先生、各省督抚、都督、谘议局、报馆鉴：京津兵变，事已平靖，奉天国旗遍悬，一切静谧，谣言早息。袁大总统昨已受职，是国基已定，南北统一，更无疑虑之余地。顷接蓝天蔚来电如下："孙大总统、黄总长、各省都督鉴：北京兵变，津保一带响应，乱兵四起，东省亦受宗社党运动。闻已撤共和国旗，以备与京津联络。蔚即日亲率兵队相机进行，务望接济饷械，不胜盼切。蓝天蔚叩。印"等语。并无发电时日。查地方匪人蠢动，在平时尚不能免，何况国是初定。今虽事已过去，蓝君所言直同梦呓，但一有乱耗，即视为可乘之机，便欲诬指东省挑动兵争，破坏全局。南中英强至诚谋国，谅必知其衷心。惟当此民国初定，岂容有此？想我大总统及各先生、各都督必有公平之处置。尔巽秉性戆直，无论何时，只知为国民维持治安秩序，不知其他。此后蓝

君倘有妄为,致召意外之变,蓝君应负其责。合并声明。赵尔巽。文。

1912年3月16日《大公报》

△ **袁世凯发布命令,严禁鸦片。**

袁世凯命令如下:

鸦片烟为害,历岁久远,年来订限禁绝,幸觉悟者日多,稍免荼毒。乃军兴之后,禁令渐弛,复有滋蔓之虑。亟宜重申严禁,责成内外各长官将从前禁种禁运禁吸各办法,继续进行,毋得稍有疏懈。并当剀切晓谕,俾知禁烟为除害救民之要图。凡我国民尤宜视为鸩毒,互相劝惩,不得图一时之利,而忘无穷之害。此令。

1912年3月15日《大公报》

△ **袁世凯任命赵惟熙护理陕甘总督。**

袁世凯命令如下:

委任赵惟熙护理陕甘总督。此令。

1912年3月15日《大公报》

3月15日(正月二十七日) 孙中山将袁世凯拟派十二部国务员名单咨送南京临时参议院,请其同意。同日,临时参议院以所送名单与《各部官制通则》所定国务员数不符,电复袁世凯仍请按照原定十部开明姓名电交参议院同意。

南京临时参议院复袁世凯电文如下:

袁大总统鉴:本日准孙大总统咨送大总统拟派十二部国务员,交由本院同意等因。查本院议决《各部官制通则》,原设外交、内务、财政、陆军、海军、司法、教育、农林、工商、交通十部,业于文电奉闻。兹大总统拟派各国务员与原案员数不符,未便遽付同意。仍请按照本院议决官制通则所设十部,开明姓名,电交本院同意。参议院。删。

1912年3月20日《民立报》

《大总统咨送袁大总统选派国务员姓名请参议院查照文》如下:

兹得北京袁大总统来电云:"按照初六经参议院议决第四条,受职后将拟派各国务员姓名电知参议院,求其同意等因。国务总理,经参议院电复同意。兹将拟派国务员开列于下:外交部陆徵祥,内务部赵秉钧,财政部熊希龄,教育部范源濂,陆军部段祺瑞,海军部蓝天蔚,司法部王宠惠,农林部宋教仁,工业部陈榥,商业部刘柄炎,交通部陈其美,邮电部梁士诒。以上各员,伏乞酌核。如不合者,即希更正,咨送参议院,求其同意"等因。准此。合行咨请贵院查照办理。此咨。

《临时政府公报》第40号,中国科学院近代史研究所史料编译组编辑《近代史资料·辛亥革命资料》,中华书局1961年版,第293~294页

△ **袁世凯令各省总督、巡抚均改称都督。**

袁世凯命令如下:

东南各省长官均称都督,现在全国统一,职官尚未确定,自应先行改归一律,以一观听。所有东三省总督改为东三省都督;直隶总督改为直隶都督;陕甘总督改为甘肃都督;其河南、山东、吉林、黑龙江、新疆等巡抚,亦均改为都督。惟官名虽更,职权仍旧。所有各省文武属官,照旧供职。现在官制营制,概不更动。其应行之政务,应司之职掌,仍当继续进行。一俟

官制厘定,再布遵照。此令。中华民国元年三月十五日即壬子年正月二十七日。大总统盖印。

1912年3月17日《大公报》

△ **袁世凯通令各地迅速选派参议员赴会,以俾参议院组织完备。**

袁世凯命令如下:

查照参议院议定《临时约法》参议院章内开:“参议员每行省、内蒙古、外蒙古、西藏各选派五人,青海选派一人,其选派方法,由各地方自定之”等语。查从前参议院参议员,各省有由都督遴派者,有由地方议会公推者,有尚未选派者。现在统一政府,不日成立,参议院亟应组织完备,应由各地方迅速妥定选派方法,选派赴会。勿延。此令。(阳历三月十五日电各省都督、巡抚。)

1912年3月21日《大公报》

△ **南京临时政府陆军部总长黄兴致电各省都督及各军队,申明军纪,“务望我军人,各革其心,各爱其身,各守区域,各尽责任,勿以无安插而自惊,勿以有勋劳而自足,勿攘夺私利而操同室干戈,勿把持财产而蹙中央之命,勿遗同志之耻,勿动全国之愤”。**

黄兴致各省都督及各军队电文如下:

各省都督、各军长、各师长、各旅长转知各省军队均鉴:为布告事:自北方赞成共和,全国一致,平民政治略具雏形。惟以政府地点主持各异,解决较难。近日双方内怵变故,外鉴时势,佥认暂驻北京,早定大局,统一政府,指顾告成。从此南北一家,兄弟一体,凡我军人,犹当各表诚敬,悉化猜嫌,群以国利民福为唯一之宗旨。

溯自武汉起义,各省风从,我军人冒险进取,身临枪弹,气壮山河,如撼岳家之难,竟继朱祖之武。金陵一役,有众二万,克期兼旬,无取铁锁之沉江,已见降幡之出石。凡兹凯捷,皆军人遐迩之声援,前后之仆继所致。精忠所贯,感动万方,已足判专制之余威,为共和之先导。迨北方罢战议和,昌言反正,相与倒戈,遂令帝政告终,民国确定。故今日共和成立,虽北军实为后盾,而南军实为前驱,震慑古今,惊动中外,微我军人,曷克臻此?俟新内阁完全组织,必录当时之勋业,俾增后世之光荣。

虽目下军队如林,数逾百万,然将来如何编练,如何配置,如何归并,如何调遣,必有一定办法。常备之非[法],或屯田开垦,或移民实边,或建筑工程,或改编警察,新内阁统筹全局,将见次第设施,凡我军人,何患无效用国家之地。惟欲行将来之计划,必须保现在之治安,故兴负一日之责任,即思尽一分心力。念我军人,实有不敢缄默者,谨摅诚悃,略有忠言,惟我军人察之。

军人遵守国家之纪律,服从长官之命令,乃为当然义务,切勿误解自由独立,出于民国范围之外。观国者辄谓吾国现象,大乱方始,莫知所终。兴言及此,不禁寒栗。凡我军人,尤当猛省。无论如何,毋紊秩序,毋残种类,一隅糜烂,全局动摇。前者京津构乱,列强环伺,稍一纷扰,外足以酿干涉,内足以兆割裂,堕奸党鼓煽之术,中他人挑拨之谋,国种将亡,身家何有?生命莫保,利权何有?须知维持社会,保卫国家,为军人固有之天职。凡我军人所有衣食之给,身家之奉,何莫非国家帑款?何莫非人民膏血?若受其豢养,不予报酬,反加蹂躏,实是背人道主义,不特违我辈革命之初衷,抑且负我四百[万]万同胞希望之公意。况奸淫焚掠,罪在不赦,世界通例,民国何容有此?务望我军人,各革其心,各爱其身,各守区域,各尽责任,勿以无安插而自惊,勿以有勋劳而自足,勿攘夺私利而操同室干戈,勿把持财产而蹙中央之命,勿遗同志之耻,勿动全国之愤。倘能共体此意,广行劝告,互相譬谕,俾我军人皆能为民保障,为国干城,庶几东西南北各省,满、蒙、回、藏各族,民业从此无惊,国基从此永固。雄飞纪念,峙立环球,惟我军人实利赖焉。凡兹军人之利害,即系民国之安危兴亡,不禁涕泣陈辞,愿我军人反复注意。此令。即希转饬为盼。黄兴。删。

1912 年 3 月 18 日《民立报》

△ 袁世凯任命张锡銮署理直隶都督、阎锡山为山西都督、李盛铎为山西民政长;免去绍英度支部首领职,委周自齐暂行管理该部、委陆宗舆暂行管理该部副首领。

袁世凯命令如下:

委任张锡銮署理直隶都督。此令。

委任阎锡山为山西都督,专管全省军务事宜。此令。

委任李盛铎为山西民政长,专管全省民政。迅即会商分立权限,呈报候令。一面力保治安,勿任惊扰。此令。

绍英开去度支部首领,委任周自齐兼行署理度支部首领。此令。

陆宗舆暂行管理度支部副首领。此令。

1912 年 3 月 17 日《大公报》

3 月 16 日(正月二十八日)　南京临时参议院议决通过接收北方各省统治权办法五条。20 日,孙中山将该办法电达袁世凯。

孙中山致袁世凯电文如下:

万急。北京袁大总统鉴:兹得参议员吴景濂、谷钟秀、彭占元、李槃、刘星南函称:"前议决接收北方统治权案,当经咨由大总统照办。昨报载,袁总统今已将原有督抚各省改为都督,是议案之第一项已施行。惟都督必须由本省人民公举,其如何公举,如何委任,皆于该议决案内载明。请将该案电达袁总统,以免施行时与议案龃龉。再,公举都督,必须为一般所属望之人,始能胜任。昨接直隶谘议局来电,已公举驻宁第三军军长,即广西副都督王君芝祥为直隶都督,并径电袁大总统。即请电致袁大总统,照案加以委任。不胜祷盼之至"等情。特此电闻。孙文。哿。

附:参议院原咨

据本院议员提议关于接收北方各省统治权办法一案,兹于十六日会议议决,以清帝退位,满清政府亦既消灭,北方各省统治权,势必由中华民国迅即设法接收,以谋统一。合将议决办法,另录附呈,即请查照施行。此咨大总统。

附:接收北方统治权办法五条:

一、未立都督各省,将原有督抚撤除,另设都督,为该省之行政长官,以昭划一。

二、各省都督,由各该省人民公举;其未举定以前,即由临时政府电委原有之督抚为临时都督,暂代其职。但各该省有督抚与都督并立者,仍应各守其现领区域。

三、即由临时政府通电各省,谘议局改为临时省议会。限一月以内,招集临时大会,公选都督。

四、临时省议会既将都督举定,应电请临时政府承认后,即日视事,并由大总统补给委任状。

五、以上所言各省,系指东三省、直隶、河南、山东、甘肃、新疆各省而言。

《临时政府公报》第45号,中国科学院近代史研究所史料编译组编辑《近代史资料·辛亥革命资料》,中华书局1961年版,第341～342页

△ **袁世凯令内外蒙古、青海、西藏选派参议员来京赴会。**

袁世凯命令如下:

参议院议定《临时约法》参议院章内开:"参议院[员]每行省、内蒙古、外蒙古、西藏各选派五人,青海选派一人,其选派方法由各地方自定"等语。所有内外蒙古、西藏、青海之参议员,应由理藩部知照各该将军、都统、参赞、办事,妥定选派方法,选派来京赴会。此令。中华民国元年三月十六日即壬子年正月二十八日。大总统盖印。

1912年3月18日《大公报》

△ **湖北省临时议会致电各省议会,反对南京临时参议院通过的《中华民国临时约法》,声称"决不承认",并反对向参议院添派参议员。**

湖北省临时议会致各省议会电文如下:

各省议会鉴:顷据本省军政府咨开:参议院《临时约法》已经决定云云。查该院《临时约法》,尚未审其为何种性质,但勿论何项法则,均未可由少数人议决。南京参议院自上月二十八后,各省议员相继辞职者甚多,所余仅二十三人,按之该院议事细则,断难开议。今忽又决定《临时约法》,是直以重且大之事视若儿戏。此种约法,人民决不承认。且该院人数既不足法定之数,所议事件即难发生效力。本议会除通电袁大总统及各省议会、谘议局外,务望贵省专电袁大总统表示同意,以全大局。又临时中央议会既经贵省赞成,该院所请添派参议员一节,决难承认。鄂省临事[时]议会叩。谏。印。

1912年3月21日《申报》

△ **湖北鄂军毕血会成立,"以安慰就义忠魂,招纳倡义伟士,及抚恤阵亡将士家属,并铸铜象,设专祠为宗旨。"会长蔡济民,副会长王文锦、徐达明。**

鄂军毕血会通告成立电文如下:

袁大总统、孙大总统、参议院、陆军部总次长、各省都督、各报馆钧鉴:鄂军毕血会业经成立。其章程系仿照美国波斯顿毕血会变通办理,以安慰就义忠魂,招纳倡义伟士,及抚恤阵亡将士家属,并铸铜象,设专祠为宗旨。曾请大都督颁发关防一颗,文曰:"中华民国鄂军毕血会之关防",启用在案,理合电闻通告周知。鄂军毕血会正会长蔡济民、副会长王文锡[锦]、徐达明谨叩。

"南京临时政府档案",中国第二历史档案馆编《中华民国史档案资料汇编》第2辑,江苏人民出版社1981年版,第269页

《毕血会布告简章》如下:

照得本会设立,原仿美国波斯顿毕血会章程办理。因现在战事已息,大业已成,鄂军首举义旗,血战弥月,共和政体,皆由我同胞尸山血海所购来,各阵亡军民,亟应查明,以慰忠魂。

查从前阳夏之战,黄孝之役,地方人民,无论男女老幼,勇敢助战,或设诱杀敌人之计,或尽运送子弹之劳,或拖炮筑垒,以促进行,或箪食壶浆,以止饥渴,冒弹雨触硝烟,以致命绝沙场,血膏草野,大小数十战,人民因阵亡而死者,颇不乏人。既未受政府饷金,复未任民军职守,如此深明大义,同作国殇,报春秋九世之仇,雪扬州十日之恨,实古今中外革命史未曾有

也。谁无父母,谁无兄弟,谁无妻子,谁不恶劳而爱逸,谁不怕死而贪生。乃该阵亡诸人民,不顾室家而行种族革命,不惜性命而助攻,以阵亡不能享幸福于生前,必须施抚恤于死后,庶九泉之下,雄鬼瞑目,以甘心三楚之间。战史增光而生色。如不调查确实,难免鱼目混珠。兹加限制章程,方可河清见石,俾已死者名标竹帛,未死者身受养赡,无论军民,视同一体。

本会有调查阵亡姓名、抚恤家族之责。事系初创,手续多不完全,为兹公议简章,布告我阵亡同胞,诸父老昆弟姊妹家属知悉,照下列简章,报呈地方官转送本会存记查实,呈请都督酌给恤赏。如有不合左列简章,不许妄报。敢有影射混冒情事,一经查觉,或被告发,定按军法加等惩办。本会为慰死抚生起见,立法不得不严,一秉大公,实事求是,决不徇隐,各宜遵守勿违。

并人民阵亡简章如下:

(一)阵亡人民姓名,由本会调查阵亡处查明,报告本会存记,听候呈请抚恤。

(一)阵亡人民必由家属或亲戚呈明在何地、何时、助何项事务,尤宜确实保人,方可报请地方官转本会存记。该地方官更须和平接洽,不得有纵差索贿,以及拒报匿呈等弊。

(一)设有人民于战时潜逃,而家属假阵亡之名混报朦领者,一经查觉(或有踪可寻,影响可追),惟该地方官及保人是问。该混报者照军事犯加等惩办。

(一)阵亡人民恤款,俟调查完毕后,与阵亡将士汇册,请都督酌给,以归一致,而免参差。

以上简章,愿同胞各恪守勿违,是为盼切。

1912年3月6日《申报》

△ 上海神州女界共和协济社在爱而近路纱业公所召开成立大会。宣布“以联合全国女界,普及教育,研究法政,提倡实业,养成共和国完全高尚之女国民为宗旨”。

1912年3月17日《民立报》《中华女子新世界》报道:

昨日午后一时,神州女界共和协济社开成立大会于爱而明[近]路纱业公所,社员到者一百余人,来宾男女亦百人左右,秩序井然,询为女界难得之盛会。首由主席张君昭汉述该社愿力组织及进行办法。次社员及女宾十数人相继演说该社与民国关系及女子参政权利益,语语沉痛,而大概均以女子不应抱浮躁宗旨,对于要求参政权,须以坚忍实在之志,而行以郑重之动作。次特请吴稚晖先生演说,【发】挥女子之应有参政权。演稿续载。次该社提议员事件,次选举正式职员。名单另布。散会已六时云。

神州女界共和协济社发起成立公告如下:

启者:民国创业,世界之风云一变;共和成立,国民之责任弥重。我国女子自古习于深闺,国计民生从不与闻,而今时移势迁,无分男女,同为共和国之国民。即无论男女,皆当尽共和国民之责任,我女同胞当如何奋自策励,勉尽厥责!迩者,国内诸姑姊妹热心创立会社,以为国家之赞助者大不乏人。然都各树一帜,各不联络。夫事分则力弱而难成,群则力厚而易举。我女界事业乃属初办,尤当同擎共举,庶事易成而进步速。同人等爰集群力组织本社,合女界各团体协力进行,以联合全国女界,普及教育,研究法政,提倡实业,养成共和国完全高尚女国民为宗旨。内容分六部:曰总务部,主持全社要务;曰教育部,于各省设立女子小学、中学、高等学校;曰法政部,创设女子完全法政学堂,为参政预备;曰实业部,招集巨资兴办女子当为之种种实业;曰编辑部,刊行日报及杂志;曰财政部,经营本社财政。本社愿宏力薄,尚祈女界同志各仗所长,共襄盛举。若于各省地方设立分社,庶本社势力普及于全国,不胜额手欢迎之至。再,本社总事务所在上海北四川路九号,将于旧历本月二十八日开成立大会于爱而近路纱业公所,届时尚当布告。女界共和协济社临时社长张昭汉、伍廷芳夫人启。

1912年3月5日《民立报》

3月17日(正月二十九日) 孙中山应黄兴、胡汉民、宋教仁等九十七人呈请,咨参议院设立国史院。

《大总统批胡汉民等请咨参议院提议设立国史院并派专员筹办呈》如下:

呈悉。查中国历代编纂国史之机关,均系独立,不受他机关之干涉,所以示好恶之公,昭是非之正,使秉笔者据事直书,无拘牵顾忌之嫌,法至善也。民国开创,为神州空前之伟业,不有信史,何以焜耀宇内,昭示方来。该员等所请设立国史院之举,本总统深表赞同。应候提交参议院议决。至请先行派员筹办一节,俟遴选得人,即行委任可也。此批。

附原呈

胡汉民、黄兴、王宠惠、宋教仁、马君武、王鸿猷、于右任、钮永建、蒋作宾、居正、黄钟瑛、汤芗铭、吕志伊、徐绍桢,秦毓鎏、任鸿隽、萧友梅、冯自由、吴永珊、谭熙鸿、耿觐文、陈晋、张通典、郑宪武、但焘、刘元栟、程明超、金溥崇、胡肇安、汪廷襄、伍崇珏、王夏、唐支厦、彭素民、易廷憙、廖炎、林启一、卢仲博、余森、李晓生、邵逸周、刘式庵、林朝汉、梅乔林、刘鞠可、胡秉柯、张炽章、贺子才、朱和中、覃师范、仇亮、杜纯、黄中恺、金华祝、汤化龙、张铭彝、巴泽惠、林大任、傅仰虞、梁能坚、侯毅、翁继芬、蔡人奇、田桐、林长民、张大义、萧翼鲲、孙润宇、于德坤、史青、高鲁、王庆华,程光鑫、马伯瑗[援]、林文庆、方潜、熊传第、刘健、瞿方书、刘馥、仇鳌、杨勉之、姜廷荣、曹昌麟、刘伯昌、张周、周泽苞、黄复生、彭丕昕、饶如梵、史久光、王孝缜、何浚、唐豸、陈宽沅、喻毓西、黄大伟等呈:

溯自有文字,遂有记载。古称史官,肇于沮苍,历代相沿,是职咸备。盖以纪一时之事,昭万禩之鉴,甚盛典也。顾概观中国前史,《春秋》、《史记》而外,多一人一家之传记,无一足称社会史,可以传当时而垂后世者。抑典午东渡而还,中原涂炭,自时厥后,国统淆杂,殊方入主,尤间代相闻,以云正史,不足十六。而所称正史者,亦复狃于君主政体,其典章、制度、人物、文词,见于纪、传、表、志者,多未能发挥民族之精神,方诸麟经迁史,去之敻远。若藉为民国之借鉴,犹南辕北辙,凿枘不能相容。诚以立国之政体不良,而记载遂不衷于至当耳。

今我中华聿新,民国前自甲午而后,明识远见之士,怵于国之不可以见辱,而政体之不可以不改变也,于是奔走号呼,潜移默运,垂二十年。兹者民国确立,以前之艰巨挫折,起蹶兴踬,循环倚伏,不可纪极。若非详加调查,笔之于书,著为信史,何以彰前烈而诏方来,正史裁而坚国本。为此连同众意,合词呈请大总统,速设国史院,遴员董理,刻日将我民国成立始末,调查详彻,撰辑中华民国建国史,颁示海内,以垂法戒而巩邦基。如蒙俯允,即请作为议案,提交参议院议决,并祈从速特委专员筹办一切,民国幸甚。

《临时政府公报》第41号,中国科学院近代史研究所史料编译组编辑
《近代史资料·辛亥革命资料》,中华书局1961年版,第303~305页

△ 孙中山通令各省停止发行债券,以统一全国财政。

《大总统通令统一财政限制各省办理公债文》如下:

据财政部呈称:"窃维行政以统一为先,理财以核实为要。本部此次发行债票,不独补助军需,亦以统一财政。惟自军兴以后,百务方新,各省度支,均忧匮乏,诚不得不以借贷之谋,

为挹注之计。其在中央债票未发行以前，有以地方名义在各该省自行募集公债者，中央债票既发行以后，有以军需不继为词，一再来部请领债票，漫无限制者。殊不知公债发行，在吾国为未有之创举，既关民国信用，又系外人观听。一纸无异现银，偿还即在转瞬，固不宜自为风气，尤不可稍涉虚糜。本部前以鄂军政府、沪军政府发行债票，有碍统一，先后呈准饬令停止发行在案。惟查各省尚以地方名义募集公债，而其性质又非地方公债者，不独鄂、沪两地。现在中央债票发行，自应援照鄂、沪成案，将各省所发之债票，一律停止。况本部定章，各省所得债款，半留中央，半归本省，原属内外兼权。在各都督体念时艰，通筹全局，自必乐于赞成。但各省光复未久，军书旁午，待理万端，发行债票，事又烦琐，兼顾之难，自在意中。应由本部遴选妥员，分往各该省，随时禀承都督暨会同财政司办理债票一应事宜。所募之款，除将一半解部，其余一半留存该省，撙节动用，惟如何用途，须由各省分别报部，静候指拨。嗣后不得藉口饷械短绌，径自来部请领债票，以示限制。除分咨各部长、各都督外，相应呈请察核办理，并乞通令一体遵照"等由前来。查现在大局底定，财政亟应整理，该部所陈债票办法，系为统一财政起见，应予通令一体遵行。为此令仰该都督查照办理可也。切切。此令。

《临时政府公报》第41号，中国科学院近代史研究所史料编译组编辑《近代史资料·辛亥革命资料》，中华书局1961年版，第301～302页

△ 南京临时政府陆军部致电各省都督，以现今军队林立，名目繁多，亟宜编定序列，以谋统一，请各省军队未经编列者速造册报陆军部，以便按次编入。

南京临时政府陆军部致各省都督电文如下：

各省都督鉴：现今军队林立，名目繁多，亟宜编定序列，以谋统一。除已经本部编列之二十一师外，其各省军队未经编列者，应请贵都督转饬各军，从速造册报部，以便按次编入，另颁关防，营长以上由本部加给委任状。所有旧称名目及自刊关防，均应一并取销，庶免分歧之虞。陆军部黄兴。篆。

"南京临时政府档案"，中国第二历史档案馆编《中华民国史档案资料汇编》第2辑，江苏人民出版社1981年版，第256页

△ 孙中山亲临在南京举行的追悼武汉死难诸烈士大会，并致悼词。

《大总统追悼武汉死义诸烈士文》如下：

维中华民国元年三月十七日，国民公仆孙文，谨致祭于武汉死义诸烈士之灵，而告以文曰：

中夏不吊，满夷窃乱，盗憎主人，府尤丛怨。岂曰无人，摧仇奋患，时不可为，热血空溅。乃及辛亥，火中成军，武汉飚发，胡虏土崩。既攻既击，柝我弟昆，虽柝我昆，大功则成。人生有死，死有重轻，死以为国，身毁名荣。漠漠沙场，烈骨所暴，崭崭新国，烈士所造。千祀万祺，俎豆馨香，魄归蒿乡，魂在帝旁。伏维尚飨。

《临时政府公报》第43号，中国科学院近代史研究所史料编译组编辑《近代史资料·辛亥革命资料》，中华书局1961年版，第325页

3月17—28日（正月二十九—二月初十日）　南京临时政府继续颁布一系列有关政治和社会改革的法令，如解放蛋户、惰民、丐户、义民、剃发者及优、倡、隶、卒等一律平等；禁绝贩卖"猪仔"（契约华工）；赈济灾民；严禁官吏违法；鼓励华侨投资，保护工商业等。

《大总统通令开放蛋户惰民等许其一体享有公权私权文》如下：

天赋人权，胥属平等。自专制者设为种种无理之法制，以凌轹斯民，而自张其毒焰，于是人民之阶级以生。前清沿数千年专制之秕政，变本加厉，抑又甚焉。若闽、粤之蛋户，浙之惰

民，豫之丐户，及所谓发功臣暨披甲家为奴，即俗所谓义民者，又若薙发者并优倡隶卒等，均有特别限制，使不得与平民齿。一人蒙垢，辱及子孙，蹂躏人权，莫此为甚。当兹共和告成，人道彰明之际，岂容此等苛令久存，为民国玷！为此特申令示，凡以上所述各种人民，对于国家社会之一切权利，公权若选举、参政等，私权若居住、言论、出版、集会、信教之自由等，均许一体享有，毋稍歧异，以重人权，而彰公理。该部接到此令之后，即行通饬所属一体遵照，并出示晓谕该省军民人等，咸喻此意。此令。

《临时政府公报》第41号，中国科学院近代史研究所史料编译组编辑《近代史资料·辛亥革命资料》，中华书局1961年版，第302～303页

《大总统令外交部妥筹禁绝贩卖猪仔及保护华侨办法文》如下：

兹据荷属侨民曹运郎等呈请禁止贩卖“猪仔”及保护华侨各节。查海疆各省，奸人拐贩“猪仔”，陷人涂炭，曩在清朝，熟视无睹，致使被难同胞穷而无告。今民国既成，亟应拯救，以尊重人权，保全国体。又侨民散居各岛，工商自给者，亦实繁有徒，屡被外人陵虐，然含辛茹苦，挚爱宗邦。今民国人民同享自由幸福，何忍侨民向隅，不为援手。除令广东都督严行禁止“猪仔”出口外，合亟令行该部妥筹杜绝贩卖及保护侨民办法，务使博爱平等之义，实力推行。切切。此令。

《临时政府公报》第42号，中国科学院近代史研究所史料编译组编辑《近代史资料·辛亥革命资料》，中华书局1961年版，第311～312页

《大总统令广东都督严行禁止贩卖猪仔文》如下：

兹据荷属侨民曹运郎等呈请禁止贩卖“猪仔”各节。查奸徒拐贩同胞，陷人沟壑，曩在前清，草菅人命，漠不关心，致使被难人民穷而无告。岂惟有亏国体，亦殊惨绝人道，本总统痛心疾首，殷念不忘。前曾令内务部编定禁卖人口暂行条例，冀使自由博爱平等之义，实力推行。惟禁止“猪仔”出口，尤为刻不容缓之事。民国既成，岂忍视同胞失所，不为拯救？除令外交部妥筹办法外，合亟令行该都督严行禁止，务使奸人绝迹，以重人道而崇国体。此令。

《临时政府公报》第42号，中国科学院近代史研究所史料编译组编辑《近代史资料·辛亥革命资料》，中华书局1961年版，第312页

《大总统命各省都督酌放急赈文》如下：

溯自川路事起，武汉倡义以来，兵燹蔓延，于兹数月，东南半壁，已无宁区，加以升虏抗命，西北兴戎，燕都失防，祸延津保，神州以内共罹兵烽。矧当连年水旱之余，益切满目疮痍之感。夫民国新造，首重保民，顾以用兵之故，致贻失所之忧。本总统每一念及我同胞流离颠沛之惨象，未尝不为之疾首痛心寝食俱废也。兹者大局已定，抚慰宜先。为此电令贵都督等，从速设法劝办赈捐，仍一面酌筹的款，先放急赈，以济灾黎而谋善后，并将各处被难情形及筹办方法，先行电复，俾得通盘筹算，患防未然。是为至要。此令。

《临时政府公报》第50号，中国科学院近代史研究所史料编译组编辑《近代史资料·辛亥革命资料》，中华书局1961年版，第370～371页

3月18日(正月三十日)　袁世凯令各省在官制未公布以前，维持现状，不再自行公举都督。

袁世凯命令如下：

从前各省自举都督，本为与中央离绝关系。现在全国已经统一，各省更无所谓独立，所有地方官制，按照约法应由中央制定公布施行。地方议会，有无选举长官之权，自应于官制内规定，由参议院议决。若各省于此项官制未公布以前，各自为政，再纷纷另举都督，大局必

更紊乱,显与统一之旨相背。目前办法,总以维持现状,保全公安为宗旨,万不可轻易纷扰,致生枝节。此令。

1912年3月20日《大公报》

△ 袁世凯令各省谘议局迅速改组为临时省议会。

袁世凯命令如下:

现在国体改定,所有从前各种机关,自应一律更新,以昭划一。北京资政院业已销灭,各省谘议局本为地方议事机关,现当另行改组临时省议会。此项议会章程,系属法律,应候参议院议决公布施行。在此项法律未经公布以前,所有该省议会组织、选举方法,暂由各该省现有议事机关商准该省长官,按照普通选举简易办法,妥慎规定,迅速办理,以重舆论。此令。中华民国元年三月十八日即壬子年正月三十日。大总统盖印。

1912年3月21日《大公报》

△ 南京临时政府财政部呈文孙中山,请孙将《兴农银行则例》、《农业银行则例》、《殖边银行则例》咨交临时参议院决议施行。23日,孙中山批示:"创设农业、殖边等银行,实属方今扼要之图。所拟各银行则例,仰候咨送参议院可也。"

南京临时政府财政部呈孙中山文如下:

财政部总长陈〇〇呈

窃维立国之道,以民为本。养民之法,惟食为天。旷观古今,纵览宇宙,国势之强弱,商业之盛衰,恒视乎农业之兴废以为准。是以古圣教民,首言足食。列强富国,先重农林。特记诸空言,无补事实。切进行之法,当在创设金融之机关,为奖励农业之政策而已。我国地大物博,冠于全球,而民贫国弱一至于此,则以生财之道不讲,补救之法不行,束缚于专制政府,遗误于腐败长官,诚堪痛恨。今民国方兴,共和确定,兴利除弊,当在斯时。敝部职掌全国金融机关,中央普建各银行,因宜次第规画,而农业、殖边等银行,岂能独付缺如。兹拟筹设农业银行,为贫民代谋生计。创办殖边银行,为疆隅安置流民。互相维系,积极进行。

农业银行,拟设于内地。盖东南各省户口繁庶,生计日蹙,良民多失业之忧,膏腴有石田之叹。处和风之世,终岁勤劳,仅资糊口。近复天灾流行,兵戈荐至,黎庶之流离失所转徙他方者,疮痍满目,惨何忍言。设非有招集之法,救抚之方,将是强者为盗,弱者转死。良民何辜,遭此浩劫。开设银行,以为周转,使无着者得谋耕种,有田者设法改良。担当确实,银行无所损失。利息轻减,农民易于偿还。至筹备方法,先立总银行于都城,名曰兴农,以资提利。再置地方银行于各州县,名曰农业,以谋普及。兴农银行资本,由政府募集。农业银行资本,由地方公款酌量提拔[拨]。如有贫乏,州县或募集债券,或请求补助,总期同胞均沾实利,细民得庆安居。在昔德国自七年战争而后,民生敝疲,农业衰颓,斯时情状,与我国今日实相伯仲。于是政府既为之轻徭减赋,而商人索林氏,复创立土地抵当银行,力图补救,以年赋偿还之法,为质产周转之资。曾不数年,而元气复,民生裕。东西各国继续仿行,咸至富强。此皆足为我国之考镜而宜筹设者也。

若夫殖边银行,则边疆之地,有万不容缓者。良以殖民为强国之本,辟地为致富之源。英以蕞尔三岛,雄视世界,惟赖拓地殖民之筹设有方。泰西列国,近皆尽心擘划,力图扩充。而我国以固有之地,弃之不顾,诚为可惜。如西北各省,沃野荒芜,空虚可虑,强邻逼峙,蚕食堪虞。我用移民实边之策,不足以图补救之方,非建立银行为周转之资,又不足以实行移民实边之策。况兵燹余生，居民已多失业，干戈既息，军队宜为安置。能使此种人民，贷以资财，寓兵于农，移置于边陲之地，不特可以遏乱萌舒民力，抑且可以绝邻邦之窥伺，谋国势之富强，一举而数善备之焉也。

夫开设银行，以尽地力，苏民困，辟疆土，安流民，利遍于苍生，功收于久远。为政之道，莫亟于是。本部责有攸归，自应力任其难，设法提倡。为此拟就兴农银行则例〇〇条，农业银行则例〇〇条，殖边银行则例〇〇条，呈请大总统俯赐察核。可否咨交参议院议决公布施行之处，伏候裁示。此呈。

谨拟兴农、农业、殖边等银行则例，缮具清单，恭呈钧览。

"南京临时政府档案"，中国第二历史档案馆编《中华民国史档案资料汇编》第2辑，江苏人民出版社1981年版，第424～426页

《兴农银行则例》如下：

第一章　总则

第一条　兴农银行为股份有限公司，以放款于农业之改良发达为宗旨。

第二条　兴农银行资本总额定为一千万圆。但经股东总会决议，呈报财政部核准，得以增加。

第三条　兴农银行之股票，金额以十圆为率。

第四条　兴农银行营业之期限，以五十年为期，但经股东总会之决议，政府之认可，始得延长。

第二章　职员

第五条　兴农银行设正、副长各一人，董事五人，监查三人。

正长：代表兴农银行，总理一切事务。

副长：辅佐正长掌理事务，正长如有事故或缺员之时，得代行职务。

董事：辅佐正长分掌兴农银行业务。

监查：监查兴农银行业务。

第六条　正副长，政府从五百股以上之股东中选择任命，任期以五年为限。但期满之后，得继续连任。

董事，于五百股以上之股东中，由股东总会倍数选举。政府从中任命，任期五年，满期之后，得以再任。

监查，由二百五十股以上之股东中，于股东总会公同选定。任期三年。期满之后，得以再选。

第七条　正副长、董事、监查之任命及选定，其本条所规定之股数，须于六个月以前为继续所有者。

正副长及董事在任事期内，不得经营别项商业及从事其他职务。

第三章　股东总会

第八条　通常总会，每年二次，确定时期，由正长招集之。临时总会，如发生临时事项，应经总会决议时，正长得随时招集之。

第九条　监查及资金总额五分之一以上之股东，宣示会议之目的，得请求正长招集临时股东总会。

第十条　股东总会，惟股东有议决之权，不得委托代理人。但法定代理人不在此例。

兴农银行之职员及使用人，在股东总会不得为股东之代理人。

第四章　营业

第十一条　兴农银行放款应以不动产作抵,于五十年以内,用分年摊还法,于五年以内,用定期偿还法,归清本利,惟不得过分年摊还放款总额十分之一。

第十二条　兴农银行对于各省府县及其他以法律组织之公共团体,即无抵押,亦得放款。

第十三条　兴农银行所收抵押产业,只准收受第一次作抵之物,并须实在永远有利息可靠者。

第十四条　押产价格由兴农银行估定,其放款不得过实值十分之七。

以房屋作抵,须附有保险契约,否则不得过实值十分之五。

第十五条　分年摊还法,其数目合本利计算,每年定一平均偿还之额,不得过于债主每年净得出息之总数。

若债主欲于摊还定额外多还若干,或于限期以前全额还清,均可通融办理。但须于三个月以前通知银行。

第十六条　银行视债主情形,若初年营业利益尚薄,难以遽令本息俱还者,可于先数年内只还利息,满年限后再摊还本利。惟此项年限不得过五年。

第十七条　债主如将应还款项到期延缴,银行得于满期次日起加算利息。若其款系分年摊还,并得索还未到期之全额。

第十八条　债主还款每至二成以上,可向银行请退抵押产业相当之一部分。

第十九条　债主若将抵押产之一部份出卖时,可令其增加抵押,或索还借款一部分。

第二十条　债主作抵之产业被公收用或欲出卖,必须先行通知银行。银行应于期限前,将所放款项本息全数收回。但债主能另以相当产业作抵者,不在此例。

第二十一条　抵押产业之价格,若估低减之时,可令债主增加相当之物。

第二十二条　各省府县及其他之法律组织之公共团体,为无抵押之放款,如有将分年摊还金、定期偿还金及利息等逾期不付,又对于期限前之偿还要求不能应时交付,兴农银行得向该管政厅请求处分。

第二十三条　兴农银行得承受各农业银行发行之债券,其承受债券之时,得调查该行之业务及财政之实况。

第二十四条　兴农银行对于农业银行如以抵押产业,转抵于兴农银行,照分年摊还之法,得以放款。

第二十五条　兴农银行得经收存款,并代人保管金银债券,及一切重要物件,惟存款总额不得过实收资本总额。

第二十六条　兴农银行如有余款及前条之存款,得购买国家公债、地方公债等券,并得暂时存放妥实银行生息。

前条之存款及营业上之余款,除前项所规定外,不得使用。

第二十七条　兴农银行于本则例未经载明之业务,不得经营。

第五章　债券

第二十八条　兴农银行其实收资本在四分之一之上,得发行八倍之债券。但不得过放出各种款项之总额。

第二十九条　债券金额,每张以十元为率,并可加彩偿还,惟应照下列各条呈候财政部核准:

债券额息及付息方法；

逐次发行总数；

抽签偿还年限及方法；

加彩数目及方法。

第三十条　兴农银行按分年摊还之放款，及承受农业债券之偿还额，每年二回以上行抽签法偿还债券。

第三十一条　兴农银行，因市面利息低落，得借新债以还旧债，虽其债票额数，合新旧计算过第二十八条之制限，亦可通融办理。但新债券既发行后，须将所收之全数于一个月内，以抽签之法偿还旧债券。

第三十二条　兴农债券之利息，每年二次，按期支付。

第六章　公积

第三十三条　兴农银行所得利益，除开销资本额息、薪水、行用外，应提一成作为公积，以补助资本之亏损及保持分派利益之平均。

第七章　政府之监督及补助

第三十四条　财政部监督兴农银行之业务。

第三十五条　兴农银行变更章程时，须呈报财政部核准。

第三十六条　兴农银行欲分设支店及代理店时，须得财政部之认可。财政部视为亟须设立之地，亦得命其照章设立。

第三十七条　兴农银行派分官利、余利、花红成数，须具呈财政部核准。

第三十八条　兴农银行有违背则例或有害公益之事，财政部得随时禁止。

第三十九条　兴农银行每年结帐一次，须分缮营业资财切实报告，呈送财政部并登布各日报。

第四十条　财政部认为必要之时，得限制兴农银行之放款及方法。

第四十一条　兴农银行之放款息金，其最高利率，于每年之首经财政部核准定之。其营业年度内有变更之时亦同。

第四十二条　兴农银行发行债券，应由财政部核准。

第四十三条　财政部特设兴农银行监理员，使监视一切事务。

第四十四条　兴农银行监理员，应随时检查兴农银行之帐簿、现款、准备金、债券发行额等项，详细呈报财政部。监理员得出席于股东总会及诸般之会议，陈述意见，惟不得加入议决之数。

第四十五条　兴农银行创立之始，其息款不足常年五厘者，限于十年以内其不足金额由政府补给。但不得过实收资本百分之五。

第八章　罚则

第四十六条　兴农银行之职员，有犯左列之事项时，处以百元以上、千元以下罚金：

一、违反第十一条之规定而为放款时；

二、违反第十三条之规定而为放款时；

三、违反第二十六条、二十七条之规定而营业时；

四、违反第二十八条之规定而发行债券时，但该当三十一条所规定者，不在此例；

五、违反第三十三条之规定处分利益金时。

第四十七条　兴农银行之职员，有违反第七条之规定者，处以二十元以上、二百元以下之罚金。

第四十八条　揭于前二条之罚金,以审判厅之命令处罚之。但于十四日内得为抗告。

第九章　附则

第四十九条　兴农银行创办之始,政府当派设立委员,使筹办一切事务。

第五十条　设立委员订立专章,得政府之认可后,募集股东。

第五十一条　设立委员,当股东募集之终,以股东人名及股款总数等簿,申送政府,呈请核准。

第五十二条　设立委员得前条之核准后,以其事务移交于兴农银行正长。

第五十三条　兴农银行开办之始,正副长、董事及监查之任命选举,其股数之时期,不限于第六条第三项所规定。开办之始,正副长、董事之任期以三年为限。

开办之始,董事长及监查,政府从股东中任命之。

"南京临时政府档案",中国第二历史档案馆编《中华民国史档案资料汇编》第2辑,江苏人民出版社1981年版,第426～432页

《农业银行则例》如下:

第一章　总则

第一条　农业银行为股份有限公司,以放款于农业为宗旨,其资本总额至少须十万元以上。

农业银行其实收股本在四分之一以上,亦得呈候财政部核准开办。

第二条　农业银行其股票概用记名式,每股金额以五元为率,只许本国人购买,不准股东转卖或抵押于他国人。

第三条　农业银行可由地方政厅以地方公款,或管理地方公共财产人以地方公共财产呈明财政部设立。

第四条　农业银行以一县为一营业区域,每一营业区域以一行为限。但依地方情形得呈明政府,将一县分为二个以上之营业区域。

第二章　营业

第五条　农业银行放款,应以田地、园林、房屋,或实在产业等事项作抵,于三十年内,用分年摊还法归清本利。但借款总数,不得过押产实值十分之七。

以不动产作抵,得于五年以内,按定期偿还法放款。但不得过分年摊还放款总额五分之一。

以房屋作抵,须附有保险契约,否则借款不得过实值十分之五。

有十人以上之农业者连环担保请求借用时,限于信用确实者亦可不用抵押。惟借期应减短,准用五年以内之定期偿还法,其借数通计不得过银行资本十分之一。

第六条　前条之放款,以使用于左列诸项之目的为限:

开垦、灌溉、疏通河渠及改良耕地土质;

耕作道路之筑造或改良;

殖林事业;

购置种苗、肥料、农业所用原料;

购置农用器具、机械、舟车、兽畜;

前项各项外,关于改良农业各事。

第七条　银行所有抵押产业,只准收受第一次作抵之物,并须实在永远有出息可靠者,

银行得随时派人至产业地方，切实监督。

第八条 所抵产业之价，由银行定之。

第九条 分年摊还法，其数目合本利计算，每年定一平均偿还之额。但不得过于债主每年净得出息之总数。

第十条 债主欲于摊还定额外，多还若干，或于限期以前全额还清，均可通融办理。但须于三月前通知银行。

第十一条 银行视债主情形，若初年营业利益尚薄，遽难令本利俱还者，可于先数年内只还利息，此后再摊本利。惟此项年限不得过五年。

第十二条 债主偿款每至二成以上，可向银行请退抵押产业相当之一部分。

第十三条 债主如将应还款项到期延缴，得于满期次日起加算利息。若其款系分年摊还，并得索还未到期之全额。

前项之延缴款项得斟酌情形，呈报该管政厅追索。

第十四条 抵押产业之价值，若较原估低减之时，可令债主增加相当之物。

第十五条 债主若将抵押产业之一部分出卖时，银行可向其增加抵押或索还借款之一部分。

第十六条 债主作抵之产业被公收用或欲出卖，必须先行通知银行。银行应于期限前，将所放款项本息全数收回。但债主能另以相当产业作抵者，不在此例。

第十七条 银行放款，应查其所借款项是否确系经营农业。如查有经营他业者，虽于偿还期间前，得将全数本利追缴。

第十八条 农业银行可代人保管金银及一切重要物件。

第十九条 农业银行如有余款，得购买国家公债、地方公债等票，并得暂时存放妥实银行生息。

第二十条 农业银行可与此项同行订联结契约，亦可兼营农业家汇兑事务。

第二十一条 农业银行如欲兼营储蓄事务，须照储蓄银行则例办理，并应将两项事务划分清楚。

第二十二条 农业银行遇有长年定期存款，亦得代人存放生息。

第二十三条 农业银行得为兴农银行之代理店。

农业银行得代理各府、县地方自治团体之公款出纳。

第三章 农业债券

第二十四条 农业银行得照实收资本五倍之数发行债券。如其资本实收在一百万元以上，可发债券之七倍，但不得过放出款项之总额。

第二十五条 债券金额，每张以五元为率，并可加彩偿还。惟应下列各条于发行前，另订详细专章，呈候财政部核准。

债券额息及付息方法；

逐次发行总数；

抽签偿还年限及方法；

加彩数目及方法。

第二十六条 农业银行因市面利息低落，得借新债以还旧债，虽其债券额数，合新旧计算，超过第二十三[四]条之限制，可通融办理，但新债券既发行后，须以所收之全数于一个月内偿还旧债券，不得以此经营他业。

前项之新债券,须呈请财政部核准,方可发行。

第二十七条　农业银行发行债券之时,地方政厅斟酌情形,得将地方原有长款项,购买此项债券。

第四章　政府之监督及补助

第二十八条　财政部监督农业银行之业务。

第二十九条　农业银行无论其为公办、商办,其详细章程均须呈报财政部核准,方可开办。

第三十条　农业银行欲设立支店或代理店,应呈财政部核准。财政部视为亟须设立之地方,亦得命其照章设立。

第三十一条　农业银行每年结帐一次,须分缮营业资财切实报告,申送财政部,并公布各日报。

第三十二条　农业银行除开销债券额息、薪水、行用外,应提一成作为公积,其余派分额息、红利、花红成数,须具呈财政部候核。

第三十三条　银行放款利息最高之率,应于每年年首具呈财政部或该管政厅核准。如年内市面陡变,必须更改之时,亦须随时呈报。

第三十四条　财政部得就各地方政厅特派农业银行监理员,监视一切事务。

监理员应随时检查农业银行之帐簿、现金、准备金、债券发行额等项,详细呈报财政部。

监理员不得藉端索费及妨害银行利益,并不得干预银行业务。如银行实有危险,或违背则例情事,只可呈部听候查办。

监理员得出席于股东总会、其他诸般之会议,陈述意见,但不得加入议决之数。

第三十五条　农业银行有违背则例或损害公益之事,财政部或该管政厅得随时禁止。

第三十六条　农业银行除本则例外,未经载明之事,不得经营。如有不得已之故定须经营者,应呈请财政部或该管政厅核准。

第三十七条　农业银行之经营补助方法,另为规定。

第五章　罚则

第三十八条　农业银行如有违背本则例之事项者,处罚款五元以上、五百元以下。

第六章　附则

第三十九条　农业银行应自订详细章程,呈请财政部核准。如有更改之处,经股东总会议决后,呈部候核准,不得与本则例之旨有所违背。

第四十条　农业银行除遵守本则例外,未记入事项应照银行通行则例办理。

第四十一条　各府、县长经财政部之认可,得特置设立委员,使处理农业银行成立以前关于发起一切事务。

第四十二条　设立委员拟定章程,得政府或该管政厅认可后,募集股东。

第四十三条　设立委员于股份募集已终,将股票额数、股东人名等簿,申送财政部及该管政厅呈请核准。

第四十四条　设立委员于银行成立后,即将经手事件,移交农业银行职员。

“南京临时政府档案”,中国第二历史档案馆编《中华民国史档案资料汇编》第2辑,江苏人民出版社1981年版,第432～436页

《殖边银行则例》如下:

第一章　总则

第一条　殖边银行为股份有限公司，以放款于拓殖事业为宗旨。

第二条　殖边银行资本定为五百万元。但经政府认可，得以增加。每股金额以十元为率。

第三条　殖边银行营业年限以五十年为期。但经政府认可，得延长。

第二章　职员

第四条　殖边银行设行长一人，董事四人以上，监查三人以上，由股东总会投票公举。行长即由董事中推选，统理总分各行一切事务。

第五条　董事任期三年，非有五百股以上，监理任期二年，非有二百五十股以上者，不得当选。

第六条　董事在任事期内，无论用何名称，不得从事他业。

第三章　营业

第七条　殖边银行营业事项，开列于左：

一、于三十年以内，用分年摊还法，归清本利以不动产作抵之放款；

二、于五年以内，用定期偿还法，以不动产作抵之放款；

三、以他种拓殖公司股票债券为抵押之放款，及债券之应募及承受；

四、汇兑、货物押汇及以农产物作抵放款；

五、收存款项及保管贵重文件；

六、票据贴现。

前项第三号之事业，其使用金额不得超过前项第一号、第二号借款总数五分之一。

第八条　殖边银行对于边省以法律组织之公共团体，即无担保，得照分年或定期方法出放款项。

第九条　殖边银行营业上如有余款，得购国债、地方公债及公司债券。

第十条　殖边银行不得营本则例内所未记载之业务。

第十一条　殖边银行按第七条第一号及第二号之放款，如查有债主以所借款项经营他业者，得于偿还期限前将全数本利追缴。

第四章　债券

第十二条　殖边银行得照实收资本五倍之数，发行债券，但不得超过第七条第一号放款总额。

第十三条　殖边银行按第七条第一号放款偿还之额，每年抽签二回以上偿还债券。

第十四条　殖边银行于第七条第一号之放款偿还延滞，不达预期之额时，按定前条时期，即照实收数目以抽签法偿还债券。

第十五条　殖边银行因市息低落欲为借换，虽超过第十二条之制限，得发行低息债券。

但低息新债券发行之后，须于一个月以内抽签偿还旧债。

第五章　公积

第十六条　殖边银行于每年营业年度提取公积，按利息百分之八，以补资本之亏损，又提利息百分之二以期派息之平均。

第六章　政府之监督及补助

第十七条　政府监督殖边银行之业务。

第十八条　殖边银行章程如有变更时，须呈财政部核准。

第十九条　殖边银行分派利益，须经财政部或主管政厅之认可。

第二十条　殖边银行于第七条第一号放款利息最高之率，应于每年年首具呈财政部或主管政厅核准。如有变动,则应随时呈报。

第二十一条　殖边银行有违背则例及章程,或有害公益事件,财政部或主管政厅得随时禁止。

第二十二条　殖边银行每年须结帐一次,分缮营业资财及诸般状况切实报告,呈送财政部。

第二十三条　政府置殖边银行监理员,承财政部之指挥,使监察殖边银行之业务。

第二十四条　殖边银行监理员,无论何时得检查殖边银行之金库、债券、库帐簿及诸般之文书。

殖边银行监理员,监察上有认为必要之事,应随时命殖边银行呈报关于营业诸般之状况及计算报告书。

殖边银行监理员,得出席于股东总会及其他会议,陈述意见。

第二十五条　政府认购殖边银行股份以二百万元为限。

第二十六条　政府对于前条之股本,殖边银行自创设成立之始,十年以内,如无余利,不必分派利息。

第七章　罚则

第二十七条　殖边银行之职员,有犯左列之事项,处以百元以上、千元以下之罚金:

一、违反第十六条之规定,经营本则例所未经载明之业务时;

二、违反第十二条之规定,发行债券时,但依第十五条第一项者,不在此例;

三、违反第十三、第十四、第十五第二项之规定,不为债券之偿还时;

四、须经本则例所认可者,而不受认可之时。

第二十八条　殖边银行之职员,有犯第六条所规定者,处以二十元以上、二百元以下之罚金。

第八章　附则

第二十九条　财政部得派殖边银行设立委员,使处理关于设立该行之一切事务。

第三十条　设立委员拟定章程,得财政部认可后,募集股东。

第三十一条　设立委员于股东募集之终,以股东应募证书,申送财政部呈候认可。

得前项认可之时,设立委员须令各股东交付第一期应募之股本。

第三十二条　创立总会终结之时,设立委员以其事务移交于殖边银行职员。

"南京临时政府档案",中国第二历史档案馆编《中华民国史档案资料汇编》第2辑,江苏人民出版社1981年版,第436~440页

孙中山批示如下:

临时大总统批

一件　呈送兴农、农业、殖边银行则例请咨参议院核议由。

呈悉。中国地称膏腴,尤广幅帧[陨],而东南之收获,不见其丰,西北之荒芜,一如其故,此无他,无特别金融机关以为之融通资本故耳。创设农业、殖边等银行,实属方今扼要之图。所拟各银行则例,仰候咨送参议院核议可也。此批。

孙文

中华民国元年三月二十三日

"南京临时政府档案",中国第二历史档案馆编《中华民国史档案资料汇编》第2辑,江苏人民出版社1981年版,第440页

△ 黄兴、宋教仁、蔡元培等在南京成立拓殖协会，举黄兴为会长，以开发东北、新疆资源，实践民生主义。29 日，孙中山批拨经费三十万元，以资鼓励。30 日，孙中山令南京临时政府财政部将拨助拓殖协会经费编入预算。31 日，孙中山咨文临时参议院，请提前议决协助拓殖协会经费。

1912 年 3 月 20 日《民立报》报道：

拓殖协会于十八日下午一时开成立会于南京中正街悦宾楼。其秩序如下：

一、发起人何维模演说拓殖之必要，及发起协会之理由。

二、发起人盛先觉演说拓殖先从满洲入手，次预备进行新疆。

三、发起人仇亮宣布本会总纲：

（一）名称　拓殖协会。

（二）宗旨　拓地垦荒、殖产兴业。

（三）事业　凡四项：

（甲）调查实地情形；

（乙）筹商进行方法；

（丙）以调查解决诸结果编辑杂志、专书，逐次发行；

（丁）筹办拓殖公司及一切附属事宜。

四、发起人陈雄洲宣布致各处电稿如下："民生主义以拓地垦荒、殖产兴业为目前切要之务。吾国西北土旷人稀，而东南人满为患，农无田而可耕，兵无法而退伍，民生坐困，而工商业亦以不振。同人深慨民国前途极为危险，特集同志创设拓殖协会。思有以苏民困，维国本。惟才力棉[绵]薄，难期发展，用特电恳贵都督邀集绅商学界鼎力协助，并研究拓殖办法，随时赐教，使民生主义可以实行，而国防及军事关系均可资以为用。国利民福，端在于斯。深望赞襄本会毅力维持，不胜盼祷之至。会章邮呈。拓殖协会会员某某等叩。"

五、赞成员徐绍桢提议移兵先宜注意外交，引日本反对清政府屯田二千故事。

六、赞成员黄兴提议：

（甲）具呈孙大总统将拓殖协会立案，并宜拨维持费；

（乙）致电袁大总统报告协会成立，并请其赞成；

（丙）致电华侨集款；

（丁）电各政党、各团体赞成；

（戊）呈参议院请补助款项，并列入豫算。

七、赞成员王鸿猷、吕志伊、黄复生、陶昌善等演说。

八、推举会长黄兴，名誉会长陈锦涛、王芝祥、徐绍桢，名誉干事吕志伊、王鸿猷、陶昌善。

九、发起人均暂任干事。即闭会。

《创办拓殖协会宣言书》如下：

拓殖事业，欧美列强谋之不遗余力，而吾国士夫罕道及之者，何也？夫苟国家富强，内无人满之忧，外无边虚之患，则不谋拓殖可也。抑使国无隙地，舍穷兵黩武，兼弱攻昧以取人之国，则无拓殖之术，则不谋可也。乃者，吾抚有满、蒙、回、藏数万里之地，其间若者可以农，若者可以渔，若者可以采矿苗，若者可以兴林业。披舆图，考山径，察地质，利莫大焉。徒以哈玛尔岭、塔里木河及大戈壁等处为沙漠之区，不可以耕种，遂尽置天地所生，山川所藏国家之利源而不顾，视边宇同瓯脱，一任荒废不治，致令他族生心。日则窥伺乎满洲，俄则垂涎于蒙疆，英则觊觎乎藏地，觑瑕蹈隙，蠢蠢欲动。苟及今不治，有稍纵即逝之虞。又况今日者，东南黎庶无地可耕,招募兵丁无术退伍,脱巾哗变,在在堪忧。苟移兵民以实边,从事拓殖,化荒芜为沃壤,民困可苏,变村落为通都,边封可固。以言害则若彼,以言利则若此,拓殖政策顾可斯须缓耶!所以同人等组织斯会,窃愿师赵充国屯田金城,诸葛亮屯田渭水之遗法,以诱导吾民发扬智力,俾咸知利人民即所以利邦国,利西北即所以利东南,尽力从事于垦荒、殖产诸事业。庶几地无弃利,国无游民,于以富邦家,于以固防圉。比及十年生聚,十年教训与中邦,风同道一,媲隆欧美,戎何患焉!

黄彦、李伯新编著《孙中山藏档选编》(辛亥革命前后),中华书局1986年版,第273~274页

《拓殖协会章程》如下:

第一章　总纲

第一条　本会定名为拓殖协会。

第二条　本会以拓地、垦荒、殖产、兴业为宗旨。

第三条　本会事务凡分四项如下:

甲、调查实地情形;

乙、协商进行方法;

丙、编辑专书杂志;

丁、筹办拓殖公司及一切附属事宜。

第二章　会员

第四条　凡具左列资格之一,经本会会员介绍,由干事会承认者,得为本会会员:

甲、经营拓殖产业者;

乙、曾受专门教育者;

丙、游历拓殖地方,深知利益者;

丁、富有拓殖能力者;

戊、著有拓殖专书者。

第五条　凡赞襄本会事业慨助本会经费者,由本会推为赞成员。

第三章　组织

第六条　本会设本部于国都,设支部于各重要地方。

第七条　本会事务分四部办理如下:

甲、总务部:掌文牍、会计及不属于各部之杂务;

乙、调查部:掌调查关于拓殖事件;

丙、交际部:掌联络同志及各团体,以谋扩张本会之势力;

丁、编辑部:掌编辑关于拓殖之专书杂志。

第八条　本会设职员如下:

甲、会长一员,编[统]辖本会各机关,代表全体;

乙、每部设部长一员,干事若干员,办理属于该部事务;

丙、评议员若干员;

丁、会计、检查二员,检查本会收支。

第九条　本会职员选任规则如下:

甲、会长由全体会员选举;

乙、部长由会长指定,经评议员会认可;

丙、干事由各该部长荐任,经会长认可;

丁、评议员由全体会员选举。

第十条　本会职员任期以三年为限，但均得续选续任。

第十一条　会长因故不能到会或离职时，应由各部长公推一人代理。

第四章　集会

第十二条　每年正月开会员全体大会一次，议决本会一切进行方法及执行选举等事。

第十三条　遇有特别事件，经会员二十人以上之要求，由会长召集临时大会，但须于一星期前通知。

第十四条　以会长、各部长及总务部员组织职员会，每月开会一次，由会长召集。

第十五条　凡遇重大事件，得由会长召集或由评议员发起开评议员会。但评议员缺席过半时，不得开会。

第五章　权利

第十六条　会员之权利如下：

甲、有选举及被选举权；

乙、本会筹办拓殖公司及一切附属事宜时，本会会员有尽先任用之权；

丙、有稽查本会财政之权，但须在大会前后十日内；

丁、凡会员经营拓殖产业，力有不逮者，得由本会设法资助；

戊、凡会员因经理会事横遭诬枉者，经本会调查确实后，代为昭雪。

第十七条　赞成员之权利如下：

甲、有被举为名誉职员之权；

乙、有发表意见之权；

丙、有介绍会员入会之权。

第六章　义务

第十八条　会员之义务如下：

甲、担负对于本会应尽之责任；

乙、协谋本会之发展；

丙、遵守本会章程。

第十九条　赞成员之义务如下：

甲、维持本会事业；

乙、承认被选职掌；

丙、介绍会员入会。

第七章　附则

第二十条　本会会员不得假冒会名营牟私利。

第二十一条　本会会员如有违背本会宗旨，败坏本会名誉而有确证者，得由会长提出、于评议员会决议，令其退会。

第二十二条　本会支部细则，得参酌该地情形订定，但不得违背本会总纲。

第二十三条　本会应办事宜，除按照总章施行外，另订办事细则行之。

第二十四条　以上各条，如有未臻完善应行变更之处，得于全体大会时提议公决修改。

发起人：黄兴、陈锦涛、蔡元培、吴景濂、谷钟彦[秀]、张继、邓家彦、徐绍祯、熊希龄、胡汉民、宋教仁、柏文蔚等。

黄彦、李伯新编著《孙中山藏档选编》(辛亥革命前后)，中华书局1986年版，第274～277页

《大总统批黄兴等请指拨大宗经费组织拓殖协会呈》如下:

呈悉。吾国民族生聚于东南而凋零于西北,致生聚之地,人口有过剩之虞,凋零之区,物产无丰阜之望,过与不及,两失其宜,甚非所以致富图强之道。拓殖协会之组织,自是谋国要图,国家应予协助。所请维持经费三十万元,仰候令饬财政部编入每年预算案可也。此批。

《临时政府公报》第51号,中国科学院近代史研究所史料编译组编辑《近代史资料·辛亥革命资料》,中华书局1961年版,第377~378页

《大总统令财政部将黄兴等呈请拨助拓殖协会经费三十万元编入预算文》如下:

据黄兴等呈称:"窃查世界列强,近皆注意于保护产业,各以扶植已国权利为唯一无上之政策。自西葡航海移殖以来,德于南美阿很第那、于亚细亚土尔其及巴尔干半岛,英于南亚非利加、尼勒河流域、扬子江流域与夫印度、波斯之间,俄于满洲、蒙古、伊犁及波斯、土尔其,法于亚非利加及南亚细亚,皆扶植殖民之势力,而蓄谋甚阴。近益举世风靡,时会所趋,无待赘述。我国领有东西北满、蒙、回、藏数万里,扼要之地,慢藏诲盗,以资外人。为国防计,何以固吾圉?为外交计,何以殖吾力?为经济计,何以阜吾财?为财政计,何以足吾用?藩篱既撤,堂奥岂能晏然!每一筹思,辄为心悸。

现在共和成立,百废具举,而拓殖一端,尤为当务之急。然兹事重大,断非一手一足之力所可成功。考各国拓殖历史,有因国家政治失宜,纪纲破裂,由脱走本国之人民建立者;有因国家之政策,强制人民移住,遂为后日繁荣之基础者。虽事实各有不同,而其必得国家之协助则一也。今民国建设伊始,上下一心,苟其事为国利民福所关,当不致再蹈亡清壅滞隔阂之弊。兴等不揣冒昧,发起拓殖协会,一面编纂书报鼓吹,以激国民移住之热心;一面组织公司实行,以养国民开拓之实力。惟需款甚巨,既非个人财力所能经营,而招集股份,又恐迁缓难收急效。用敢披沥陈词,吁恳大总统俯念时艰,拨助维持经费三十万元,交参议院列入每年预算案,以便筹办拓殖公司及一切附属事宜,藉杜外人觊觎,而植国家富强之基业。伏乞鉴核,允准立案,并指拨大宗经费,以资进行。民国幸甚"等情前来。

查吾国民族生聚于东南,而凋零于西北,致生聚之地,人口有过剩之虞,凋零之区,物产无丰阜之望,过与不及,两失其宜,甚非所以致富图强之道。拓殖协会之组织,实为谋国要图,国家自应协助。除批示外,为此合行令仰该部将该协会所请维持经费三十万元,即行编入每年预算案,即交参议院核议。切切。此令。

《临时政府公报》第52号,中国科学院近代史研究所史料编译组编辑《近代史资料·辛亥革命资料》,中华书局1961年版,第385页

《大总统咨参议院请议决协助拓殖会经费文》如下:

前据黄兴等呈称组织拓殖协会,请由国家拨助维持经费三十万元,以资进行等情前来。业经批准立案,并令饬财政部将该项经费三十万元编入每年预算案,交贵院议决拨给。

兹据财政部呈称:"查现在统一政府虽已成立,而编订全国预算案尚须时日。此项拓殖协会为国利民福所关,组织自刻不容缓,所有国家协助该会经费,如必俟全国预算案成立之日始行交参议院核议,恐迁缓难收速效。相应呈请大总统,将国家每年协助该会经费三十万元先行咨交参议院核议定案,俾便由政府筹款补助,以资早日成立,庶外足以杜强邻觊觎之萌,内足以植国家富强之基也"等由。据此。合行咨请贵院速赐议决,俾得早日施行。此咨。

计抄拓殖协会原呈一份。

《临时政府公报》第53号,中国科学院近代史研究所史料编译组编辑《近代史资料·辛亥革命资料》,中华书局1961年版,第394页

3月19日(二月初一日)　孙中山致电袁世凯,以邮政总办帛黎在邮票上盖印“中华民国临时中立”,有碍国体,请袁令帛黎转电各处,必须无“临时中立”字样,方许发行。22日,袁世凯复电已将此项邮票即日停发。

孙中山致袁世凯电文如下:

北京袁大总统鉴:邮政总办帛黎,前于邮票上盖印“临时中立”字样,经外交部、交通部令其抹去此四字,加印“中华民国”字样于上。惟伊现在仍不将“临时中立”四字抹去,遂成“中华民国临时中立”八字,实属有碍国体。闻已颁发数省,应请即令帛黎转电各处,必须无“临时中立”字样,方许发行。盼复。孙文。皓。

《临时政府公报》第44号,中国科学院近代史研究所史料编译组编辑《近代史资料·辛亥革命资料》,中华书局1961年版,第334页

袁世凯复孙中山电文如下:

孙大总统、交通部:电悉。邮票事,饬据邮政总局复称,帛黎全为省费起见等语。已由邮部饬知邮局,将此项邮票即日停发矣。袁世凯。祃。

《临时政府公报》第49号,中国科学院近代史研究所史料编译组编辑《近代史资料·辛亥革命资料》,中华书局1961年版,第367页

△ 孙中山令教育部通告各省将已设之优级初级师范学校一并开学,并速筹开办中小学。

《大总统令教育部通告各省已设之优级初级师范一并开学文》如下:

自民国起义以来,教育机关一时停歇,黉舍变为兵营,学子编入卒伍,此诚迫于时势不得不然。然青年之士,问学无途、请业失据者,何可胜道。学者,国之本也,若不从速设法修旧起废,鼓舞而振兴之,何以育人才而培国脉。查阅《临时政府公报》第三十二号,载有该部通告各省电,饬令高等专门学校从速开学,免致高等学生半途废学,中学毕业学生亦无升学之所云云,自是正当办法。惟教育主义,首贵普及,作人之道,尤重童蒙,中小学校之急应开办,当视高等专门为尤要。顾欲兴办中小学校,非养成多数教员不可;欲养成多数中小学教员,非多设初级优级师范学校不可。虽一时权宜与永久经制自殊,而统筹全局,亦不可顾此失彼。此时注重师范,既能消纳中学以上之学生,复可隐植将来教育之根本,是真当务之急者。为此令仰该部迅即妥筹办法,通告各省,将已设之优级初级学校一并开学,其中小学校仍不可听其停闭,速筹开办,是为至要。此令。

《临时政府公报》第42号,中国科学院近代史研究所史料编译组编辑《近代史资料·辛亥革命资料》,中华书局1961年版,第311页

△ 南京临时政府实业部致电安徽都督孙毓筠,请取消与日商签订铜官山矿合同。同日安徽议会开会议决该合同作废。

《实业部电安徽都督取销与外人订办铜官山矿合同文》如下:

安徽孙都督鉴:顷阅报章载,贵都督将与日人订立合同,合资开办铜官山矿产,资本定为日金三百万元,中日各半,中国应缴之数,即以铜官山矿产及从前工程机器房屋等作价日金一百二十万元,另招股本日金三十万元,以足其数。合同定后,贵都督即向公司借日金一百五十万元,作为安徽行政要需,此宗借款,即以铜官山采掘权作抵等语。披阅之下,不胜惶骇。查矿山国有,各国通例。今本部草订矿法,用意亦复相同。况开矿一事,可否招集外股,尚未决定。各省如有开办实业之事,自应咨由本部酌核办理,以保矿利而一事权。今贵省与

日人合资开办铜官山矿产一事,并未咨商本部,所拟合同,诸多损失利权之处。现在人心愤激,议论纷腾,事如属实,望即取消为祷。实业部。皓。

《临时政府公报》第45号,中国科学院近代史研究所史料编译组编辑《近代史资料·辛亥革命资料》,中华书局1961年版,第338页

1912年3月19日《申报》《铜官山合办矿约作废》载:

日前矿务局局长窦君以珏因皖省财政支绌,拟以铜官山矿产与日商三井洋行合资开办,当将合同呈请都督查核一节,已详前报。兹经孙都督将合同发交议会公议,并于昨日亲莅会场,谓现在经济困难,非辟利源,实不足以自救目前之急。惟议会诸君须知,铜官山矿产交涉,经皖人奔走呼号,费资四十万始得向英商赎回,究未便因无资挹注,复又将利权付与外人掌握。遂由会公议此案,将合同作废。

《安徽孙都督为中日合资开办铜官山矿务咨送临时议会文》如下:

咨送事:案据全皖矿务总局局长窦以珏呈称:"局长任事以来,日夜研求进行方法,以期仰副都督开辟利源之盛意。伏查安徽矿产,以泾县之煤,铜官之铜,最为著【名】。矿局总理方履中组织泾铜公司,拨款试探,欲以泾县之煤,炼铜官之铜,用意未尚[尝]不善。惟查该公司章程,先招股本开办煤矿,俟煤矿开采有效,再行招股开办铜矿。嗣以招股未能及半,煤矿仅恃矿局公款,试探铜矿则更遥遥无期。公司至今未能正式成立,货弃于地,至为可惜,急应赓续进行,同时并举,收效较速,获利更丰,或可稍纾民困。但煤矿究竟从前招股若干,尚待调查确实,始能着手,其铜矿则确未招股,即宜从速开办,以浚利源。惟安徽向来贫瘠,灾荒之后,又值兵革,上下交困,招集股本,万难应手,长此泄沓,必至永无开办之望。且当此改革之际,一切行政、练兵经费,需款甚多,毫无着落,即令股本可以从容招集,亦属缓不济急,况未必遂能招集乎。局长统筹全局,再四筹维,唯与外人合办一法,可收速效。现与日商三井洋行代表森格商订合同,中日合资开办,资本定为日金三百万元,中日各一百五十万元,日商全数认缴现款,中国即以铜官山矿产及从前工程机器房屋作价日金一百二十万元,另行招股本日金三十万元。开办三十年后,安徽仍得收回自办。合同定后,即由公司以股本日金一百五十万元暂借与安徽作为行政要需,以限五年分期归还。从前英商觊约翰承办铜官山矿,于安徽无一毫之利益,废约时复受四十余万金之损失。兹以该山作为股本与日商合办,藉他人之资金,开安徽之利源,并且明订合同,严定期限,限满之后仍属安徽完全权利。利害相权,自不可相提并论。以此变通办理,安徽不能兴之利可以兴,无可筹之款可以筹,似于国□□□□□□□□□□□□□□□□□合资合办□□□□□□□□□□□□□□□□□革合同缮具清折呈请"等因。据此。查此项矿产可否与日人合办,于吾皖权利有无损益,事关全体,非本都督个人所敢臆断。既据窦局长呈请转交议会前来,相应备文,连窦局长原拟草合同二扣咨送贵会,计烦提议,是否可行,公决见复。须至咨者。

即附送矿局拟订草合同二扣。

立合同。一面是安徽都督,一面是中日合资合办铜官山矿务公司。

兹因安徽省都督有临时要需,向公司借日金一百五十万元,所议条约如下:

第一条　安徽都督向公司借日金一百五十万元,此宗借款,以铜官山采掘权作抵。但此借款是中日合资合办铜官山矿务有限公司之日本股东之资本,安徽都督及临时议会已承认将此宗借款日金一百五十万元借为安徽省临时要需,该款交过后,安徽都督及临时议会即承认中日合办铜官山矿务有限公司已收日本股东股本日金一百五十万元之据。

第二条　此宗借款,利息当年六厘,由日本代表以九六交付,将来还款须实足交还。

第三条　此宗借款，以上海为交付地区，汇款时由日本代表代办。

第四条　此宗借款俟铜官山中日合办合同签押后，日本代表于一月内交日金一百万元，但其中三十万元须早日交付。其余日金五十万须于两个月内交清。所有借款全额须由日本代表在上海交与都督之委任人指定银行。

第五条　此宗借款，以五年为期，其利息每六个月一付，至第五年本利一律还清。

第六条　铜官山矿质如中日合资合办铜官山矿务有限公司之技师勘验不佳，不便开采，安徽都督及议会应将公司借用日金一百五十万元股本以安徽省之米税作抵。如米税裁撤，都督应将安徽省地方税指出一种抵还此款。

第七条　此合同既经安徽省临时议会通过，无论将来中国成何政体，安徽省总应承认此项合同为有效。

第八条　此合同缮写五份，一份存安徽都督备案，一份存临时议会备案，一份存日本领事备案，一份存公司中国代表人，一份存公司日本代表人。

立合同。安徽省议会代表及安徽省矿务总局代表奉安徽都督委任与三井洋行全权代表森格订定条款如下：

第一条　公司中日代表人呈请安徽都督允准在安徽省池州府铜陵县铜官山地方开办铜官山一处矿产，公司当备开采之资。为开采该处之矿，其产矿地界线俟此合同订定后，由公司选派技师会同安徽省行政长官之委任员，在该处切实勘验、绘图，呈报备案。

第二条　改铜官山从前之组织为中日合资合办之公司，故定名为中日合资合办铜官山矿务有限公司。

第三条　公司资本金共三百万元，中日各一百五十万元日金。

第四条　铜官山矿产及从前工程机器房屋统共作价日金一百二十万元，为中国合资之资本，此资本公司成立后发给股票。所有从前之纠葛交涉及一切他种窒碍，均归安徽都督及临时议会担任理明，概与公司无涉。

第五条　中国合资商本除载明第四条内将铜官山矿产作价日金一百二十万元外，下余日金三十万元由中国招集。

第六条　铜官山从前原有一切矿产契据物料暨权利并照案所定之特别利权，并由新组织之公司接收。

第七条　公司未经正式成立以前，由公司中日发起人先行办事，总公司设在上海。

第八条　公司总理中日各一人，董事各三人，权限中日均等，主持一切进行事宜，从速开办。所有记帐各法均以西法为本，中日各举查帐员一人清查帐目。矿司开采工人须全用中华民国人民。

第九条　公司除股本日金三百万元之外，有需借用银行活动资金，以期发达，其所认利息均按市价。其如何借活动资金归公司设法调用。

第十条　公司每年除开支外，所获利益作十二成分派，以五成归股东，以五成还借用活动资金，一成归中日发起人，一成归办事人分派。

第十一条　公司应在中华民国注册，并遵守一切将来中华民国颁定之矿务章程。

第十二条　中日合资合办铜官山矿务有限公司之开采权，自开办后三十年，安徽省得提议收回自办。惟对于日本股东所持之股票按原股本收回。

第十三条　收回股本后，凡在山房屋机器及一切工程，所有一切公司之账目，各请公正人公估，除股本日金三百万元之外，如有盈余，应分一半与日本股东。

第十四条　此合同订立后,由日本股东代表选派公司技师赴铜官山勘验矿产,务于一个月前先行呈报矿务总局,以备接待。如所派技师勘验矿质不佳,不值开采,公司立即解散,所有勘验一切费用,概与矿务总局及华股东无涉。如矿质果好,公司开办,所有勘验等费用核实由公司开支。

第十五条　此合同既经安徽省临时议会通过,无论将来中国成何政体,安徽省总应承认此项合同为有效。

第十六条　此合同缮写五份,一份存安徽都督备案,一份存临时议会备案,一份存日本领事备案,一份存公司中代表人,一份存公司日代表人。

1912 年 3 月 19、20、21 日《民立报》

△ 直隶谘议局致电袁世凯,以直隶人民已公举王芝祥为直隶都督,请袁收回张锡銮署理直督的命令,仍以王为直督。

直隶谘议局致袁世凯电文如下:

袁大总统钧鉴:昨上函电,想均邀鉴及。阅三月十五号令,直隶总督改为都督,委任张锡銮署理,是取与独立各省一致主义。惟各省都督尽由人民公举,直隶未便独异。刻本省舆论皆推王芝祥能胜任,应请收回前命,仍准王芝祥为直隶都督,以协舆情,而符政体。不胜迫切待命之至。顺直谘议局叩。

1912 年 3 月 20 日《大公报》

△ 因袁世凯令山东巡抚改称都督,山东出现两都督并立局面,胡瑛以此"不免有不能统一之敝",通电辞去山东都督一职。27 日,黎元洪建议袁世凯准予胡瑛辞职,将张广建调离山东。28 日,袁世凯任命周自齐为山东都督,调张广建入京。

《东方杂志》第 8 卷第 11 号《中国大事记》载:

胡都督前经山东人民公举,经孙总统委任为鲁军都督,现因袁总统令山东巡抚改称都督,文武各官照旧供职,特电致袁总统,以一省之中,两都督对立,未免有政令不能统一之敝,自请将鲁军都督一职取消。

胡瑛通电辞职文如下:

北京、天津、上海、武昌各报馆均鉴:瑛已致电袁大总统辞去山东都督。兹将原文录下:

北京袁大总统钧鉴:顷接北京锐电,敬悉山东巡抚改称都督,所有文武各官均着照常供职,深佩我公维持现状之苦心。惟瑛前以山东人民之要求,孙大总统之委任,大义所在,不敢不勉任其难。到烟以来,倏将两月,调度毫无,心力交瘁,幸刻间欣睹政体改革,我公被选为第二次临时大总统,确信我公才能必能措国家于磐石之安。正拟电请辞职,卸此重任,适睹命令,极慰下忱。但一省之地,竟有两都督并立,仍不免有不能统一之敝。夫瑛自矢心国事,寤寐拘囚者十余年,苟可利国福民,性命尚所不惜,岂有丝毫禄位之见,横于胸臆,致使我公碍难整理,深愿从此养性田园,长为共和国民,即请我公将瑛鲁军都督一席取消,通告南京。

惟尚有二事不能不为我公敬告者。

去岁民军攻克黄县,蒙城一带,凡属新党,诛戮靡遗。共和宣布以后,文登匪乱,亦杀新党至千人之多,并在匪首王嘉禾家中发现莱州府知府梓芾手函,中有牟令杀尽志士,许为赴省请奖等语。至济南拘捕新党情形,瑛处报告,日犹数起。以是山东人民反对旧日官吏,恶感甚深。我公远在北京,事未深悉,若以山东善后事委鲁人仇视之官吏,与新党两不相容,冲突之事将无可避，一旦祸机猝发，是不特山东之不幸也。此不能不为我公敬告者一也。

瑛现所辖军队为数已达一万二千，登、黄驻扎沪军已满十营，此两军皆由南京调派前来，纪律素严，本堪告慰。惟至铣电传播后，瑛之去志已为人所共知，军心既动，即易摇惑，留之则无统辖之人，散之则无确据之令，且饷糈支绌，筹措尤难，此中维持，洵费筹思。此瑛不能不为我公敬告者二。

凡兹二端，应如何防维之处，望迅速指示详细办法，以安人心而弭后患，不胜祷祝之至。鲁军都督胡瑛叩。

1912 年 3 月 28 日《大公报》

黎元洪通电如下：

袁大总统、孙大总统、各部总长、参议院、统一会、各都督、各司令、各报馆鉴：叠接烟台、济南急电，深为骇愕。现在共和成立，胡越一家，况同一省城，尤当共策进行，力图补救。乃竟以各戴都督之故，藉武力为后援，虽诸公热忱义愤，使人怀仰。自武汉起义，赞助共和，东南半壁，倚为长城，元洪饮水思源，私深感激，若因政体统一，竟请取消重任，归隐故园，视富贵若浮云，爱共和如性命，此等人格，真当铸金事之。设诸公坚执成见，必欲强仙鹤于樊笼，役神龙于轸毂，以致民德为累，令闻不彰，揆诸君子，心存桑梓，保护闾阎，未尝不光明正直。设龙蛇内起，外患迭乘，牵一发而动全身，合九州而铸大错，各省效尤，列强乘衅，虽有圣智，亦无所施。设大陆神州从此酿瓜分之祸，我山东最亲爱之同胞将何以谢天下乎？胡都督贤劳国事，奔走呼号，海内同志，人人有爱人之心，岂忍出此。虽张都督内清伏莽，外固边防，维持之功必不可没。然西家窘于博施，日月黷于普照。牧民者或有丛脞于上之虑，防匪者或有变本加厉之虞。此十手交乘，人怨神恶，虽是非可以共白，而人地究似不宜。再四思维，惟有哀恳袁大总统将胡都督准予辞职，张都督调离山东，再命一资望最优之人，迅速赴任，无庸由单方推举，致启争端。俟宪法规定，再行遵照办理，以归划一政权之道，以示服从舆论之心。度张都督视民如伤，当必不以介介于怀，使两军蠲除意见，以就范围。倘再有一方先行恃强不服从，义旗所指，咎有攸归。洪固驽钝，愿从南北诸都督之后。我军诸将士素识大体，值民国肇造之初，岂忍以伟烈丰功，甘为戎首。事关危急，如火燎原，敢贡忠言，伏希鉴察。元洪叩。感。印。

1912 年 3 月 30 日《大公报》

编者按：《大公报》载黎元洪电文与《黎副总统政书》所载相较，颇多出入，未便校正。现将《黎副总统政书》卷 8 第 21 页所载该电附后，以便两相对照。

附《黎副总统政书》所载电文如下：

叠接烟台、济南急电，深为骇愕。现在共和成立，胡越一家，况同隶省域，尤当共策进行，力图补救。乃竟以各戴都督之故，藉武力为后援，虽诸公热忱义愤，或眷怀桑梓，或保护闾阎，未尝不光明正大。然杀机一开，龙蛇起陆，牵一发而动全身，合九州而铸大错，各省效尤，列强乘衅，虽有贤智，亦无所施。设大陆神州，从此酿瓜分之祸，我山东最亲爱之同胞将何以谢天下乎？胡都督贤劳国事，奔走拘囚，同志久深景仰。自武汉起义，赞助外交，东南半壁，倚为长城。元洪饮水思源，尤深私感。乃因政体统一，竟请取消重任，归隐故园，视富贵若浮云，爱共和如性命，此等人格，真当铸金事之。设诸公坚执成见，必欲强仙鹤于樊笼，役神龙于轮毂，民德为累，令闻不彰，揆诸君子，爱人之心，岂忍出此。至张都督内清伏莽，外固边防，其功原不可没。然甘露窘于遍施，日月穷于普照。牧民者或有丛怨于上之虑，防匪者或有变本加厉之虞。当此十手交乘，高明神恶，虽是非〈要〉可以共禄，而人地究似不宜。再四思维，惟有哀恳袁大总统将胡都督准予辞职，张都督调离东省，径命一资望最优之人，迅速赴任,毋庸由双方推举,致启争端。将来宪法规定,再行遵照办理,似于划一政权之道,仍示服从舆论之心。度张都督视民如伤,当必不以介介。一面仍开导两军,使悉蠲意见,共纳范围。阋墙加凶,终是昆弟。与长沧于异族,宁暂屈于同胞。倘再有一矢先加,恃强不服,义旗所指,咎有攸归。洪虽驽钝,愿随南北诸都督之后,以征不庭。我军诸将士素识大体,值民国肇造之初,岂忍以伟烈丰功,甘为戎首。事关危急,星火燎原,敢贡忠言,伏希鉴察。

△ 公民急进党、统一党、自由党、国民协会等十多个政团在上海神州大学召开大会,抗议同盟会"歌"电"诬蔑"沪上政党人物多被袁世凯收买。同日孙中山复电称,据调查,歌日"并未发过此项电报","在宁本部亦无各省分会之组织",至"何人妄用本部分会名义,应再彻查"。

1912年3月27日《大公报》报道:

本月十九号(即正月三十日)(应为二月初一日,编者)下午,由上海公民急进党发起假生生里神州大学开各政党大会议,到者统一党、自由党、国民协会、国民公会、共和促进会、民生国计会、进步党、大同民党、共济会、浙江旅沪学会、共和建设会、公民急进党,并各团体来宾。三时摇铃开会。先由公民急进〈会〉党掌理沈君剑侯宣布同盟会致粤督电诬沪上各政党人物多被袁世凯买收等词,并请推举临时主席。当由公推沈君为主席,发问对付手续。经徐君东频、郑君铁如、龚君焕辰、黄君季刚、梅君竹庐相继演说同盟会任意诬蔑之非是,当由主席演说:同盟会亦自居政党之一,乃无端捏诬各政党人物,意在推翻政党,破坏民国前途。虽系少数人所为,而该会不自纠正,我各政党不得不本其爱会之心而纠之。拟先行电诘,并预备电诘不理后之对待方法。众赞成。郑君铁如则谓:同盟会以受贿见诬我辈,只自问既无受贿,则应请其交出证据,究系何人得受。黄君季刚起言:先以电诘该会会长孙逸仙君,请其明白答复,如诘之不理,则当历举该会诬人罪状,昭揭国内,以待社会公共之裁判。众赞成。遂拟电文,并议此后以公民急进党为联合办事所在,待此事消灭无形而后已。遂散会。现闻同盟会干事已有专函辩正矣。

上海各报馆致孙中山电文如下:

南京同盟会会长孙中山先生鉴:本月六号天津《民意报》专电栏内载有:"天津《民意报》鉴:袁使唐绍仪贿赂上海报馆,各以四千元塞其口,惟《天铎报》不受。(三月初五日午前八时,南京电。)"阅之令人骇异。报界同人正在交涉诘问证据,乃见广东《七十二行商报》本月九号所载南京同盟会本部歌电亦有上海各报多被买收等语。各报收受贿赂有何确证,公为会长,负有责任,请明白宣布,各报愿受重罚。否则贵会任意诬捏,报馆损失名誉作何办法?敬祈电复。日报公会、《申报》、《新闻报》、《时报》、《神州日报》、《时事新报》、《民立报》、《天铎报》、《启民爱国报》、《大共和日报》、《民声日报》公叩。

1912年3月27日《大公报》

孙中山复上海各报馆电文如下:

上海各报馆公鉴:电悉。经由同盟会本会监事查复,广东《七十二行商报》九日所载南京同盟会本部广东分会歌电一节,本部并未发过此项电文,在宁本部亦无各省分会之组织,该报所载,实与本会无涉,特此声明。至该报有无得过此项电文,及何人妄用本部分会名义,应再彻查。先此答复。孙文。皓。

《临时政府公报》第44号,中国科学院近代史研究所史料编译组编辑《近代史资料·辛亥革命资料》,中华书局1961年版,第334页

同盟会干事长张继、汪兆铭复上海各报馆、政党函文如下：

前两日上海各报界、党界因天津《民意报》、广州《七十二行商报》登有南京同盟会本部广东分会去电，有沪上各报及各政党人物多被袁大总统买收等语，致电向南京同盟会本部诘问。继等即南京同盟会本部之干事，今日特从南京来，以笔代舌，谨答复于我最敬最爱之报界及党界。一言以蔽之曰，两歌电皆阴险小人之造谣，冀同盟会与北京政界及上海报界、党界同生恶感，以快其个人之恩怨，如是而已。最可笑者，南京同盟会本部素无广东分会之名目，独歌电有之，特别标而出之曰广东，醉翁之意，明眼人自可目逆而意解。又宁局函复，歌日并未发有此电，则电之发自暧昧之地点，亦可想见。《民意报》等特不加细察，视若闲电，随手付刊，致闹一小小风潮，适满奸人之意，并使我最敬最爱之大总统暨报界、党界皆蒙恶声，颇足愤叹。且事因同盟会而起，同人等尤深歉悚。所幸同盟会之目的，惟以草[坦]率勇进，求全国父老兄弟姊妹之扶掖匡赞，久在革命时代，为海内所矜亮。今得海内豪杰之先驱，本会同人亦共相奔走，遂确立统一之中华民国。同人特因报国之劳，较之一切同胞未尽百一，故复以本会组织政党，求完未竟之志。同人等末学新进，正欲藉今后同盟会之政党以承全国报界、党界之大教，共匡民国于万安，则决不至于漫骂市怨，妄自菲薄可知也。故敢摘诚公布，以释群疑，惶恐无任主臣。张继、汪兆铭叩布。

1912年3月28日《大公报》

南京同盟会广东分会"歌"电如下：

陈都督既军团协会、同盟会鉴：此次北京事变，乱兵续起五次，袁世凯皆不能弹压，至逃入使馆，其对于北军之威望可见。而北京之无建都价值，尤为确证。惟袁及各代表竟藉兵变不允南来，要求南京北迁，是与促民国诸重要人物投入虎口何异？孙总统现尚力争，并电邀黎副总统来宁，代袁接事。惟袁之运动力最巨，今沪上各报、各政党人物多被买收，民国前途实至危险。吾粤历年举义，为天下倡，当此危局，不可不有以挽救之也。南京中国同盟会本部广东分会。歌。印。

1912年3月18日《民立报》

△ **上海新兵暴动，沪督陈其美派兵镇压。**

1912年3月27日《大公报》要闻《上海新兵暴动记》载：

上海军政府前准浙江军政府咨请代招新兵一营等因，当经沪军陈都督派员至温、台两州等处招募，得兵士计一百六十四名。到申后，适大局平定，南北共和统一，旋准浙省来电，着勿再招。是以已招之兵奉陈都督令，饬暂在前清道辕旧址驻扎，并令传令科随时照料。讵该兵不明大局，迭次要求发饷，并发给军装。陈都督以此项兵士既未编入队伍，未便照发军饷，所请发给军装更无庸议。各兵士闻而大为不服，屡屡要求无效。十九日（即正月三十日）（应为二月初一日，编者），该兵竟敢邀约全体军人约定下午五时出外暴动。事为陈都督访悉，立饬骑巡队四十名持械前往镇压。讵各兵士不服，胆敢抛砖掷石，与骑巡大起冲突，更欲夺取骑巡军械。骑巡管带见该兵无礼野蛮，无奈令开枪示威，当场击毙新兵两名，并有人力车夫在旁经过，亦为流弹所伤，登时身死。于是各新兵畏威帖服。陈都督又派传令科前往开导，并调查详情，禀候核办。当该兵等冲突时，城内谣言四起，讹传兵变，因而大东门内大街及东街四牌楼、三牌楼、虹桥、孙桥一带各商号闻而相率闭门罢市，城内各区巡警局亦派通班长警分投弹压，城内外之商团会员亦分投妥为照料，商民始渐渐知晓并非兵变，故商民安然无事，毫无损失也。

陈其美示谕如下：

为出示晓谕事：照得上海地方，近来谣传蜂起，全属不根。本日下午五时，有台州来兵百余人，因尚未归伍，照章仅发口粮，暂住前上海道署。今为改编入师，致该兵士等索补全饷鼓噪。经本府马队排解，以言语不通，两下误会，互相冲突，以致伤及该队兵士三名、防兵一名，并误伤东洋车夫一名。嗣经调派卫队前往弹压，旋即平定。此系偶起之事，与谣传绝无关系，恐商民未悉底蕴，为此出示晓谕，仰即各安生业，毋自惊扰。本都督更当严密防范，以安闾里，如有造言生事，不顾大局者，查讯属实，定当重惩，勿谓言之不预也。切切。特示。

1912年3月19日《时报》

△ **女子参政同盟会会员唐群英等二十余人至南京临时参议院，要求女子参政权。**23日**唐群英等上书孙中山，要求将女子与男子平等条款，明文规定于《临时约法》。**

1912年3月30日《大公报》《女子要求参政权之暴动》载：

上海《时报》载南京函云：十九日（即初一日）午前八句钟，有女子二十余人同诣参议院，要求参政权。当由招待员引入旁听席，女子不听，竟入议事厅与诸议员杂坐。至提议女子参政案时，咆哮奋迅，几至不能开议。直至十一句半钟，经议员等再三婉劝，始各相率退出。比至午后开议时，女子等又复接踵而来。时正摇铃，值诸议员次第出席，该女子等竟敢坚执议员衣袂，禁不听前。议长无法，只得传语守卫司令，谕各守卫军兵严加防守，不准女子拦[阑]入议事厅，女子始行退入旁听席次。据参议员云：该院对于此事原无必不赞同，意思不过拟俟国会成立，然后解决此等问题。今见如此举动，确知女子程度不齐，现已全体一致决意反对。当时并有一议员出席，历述欧美故事，谓文明国女子绝无此种不法行为。女子等始各无言而去。

又一函云：十九日，南京女子参政同盟会唐群英女士等三十余人，以武装的状态入参议院，要求女子参政权，声势甚为抗激，参议院数十人均手足无措。旋告以现在约法案系暂定，俟政府整理完全时当再议之，百方慰劝，诸女子始敛威以去。二十日下午，唐群英诸女士又往参议院，该院禁不令入，唐女士等遂将玻璃窗击破，手皆溢血，警兵往阻，女士等足踢之仆地。二十一日早九时，女子同盟会唐群英仍偕女同志等至参议院，该院已派卫兵驻守，强不令入。唐女士当亲至总统府谒见孙总统，备诉该院派兵阻止之事，谓该院用兵驻守女同志等，亦必请派兵保护女士等入院，并力邀孙总统出席议院提议此事。孙总统允代向该议院斡旋，当即令女子前往。又北京某报代表陈绍唐时在总统府，亦极反对议院，当即偕孙女公子、卫戍参谋官某往该院。经该院允许，由女子同盟会再具一呈后，即将约法提议。

唐群英等上孙中山书文如下：

中华民国女子参政同盟会唐群英、张汉英、张昭汉、王昌国、徐清、陈鸿璧、林宗素、蔡慧、胡坚、张嘉蓉、童文旭、裘贵仙、周文洁、程颖、岳垚、旋瑞山、周其永、葛文媛、沈佩贞、李俊英、张佳宾、沈明范、陈瑛、王道宏、李思贤、吴木兰等谨呈大总统阁下：

窃维民国新造，凡在民国，人民一律平等，固无所用其疑虑。顾理论之优美，究不如事实之光明，侈言高大无当也。乃者平等之声愈高，而平等之实不著，无乃一二欺心冥漠不得真理者为之戾欤？男女不平等，为人类进级之障碍，久为世人所诟病。今者民国为人类造幸福，破除障碍，开宗明义，即在乎此。此而不行，则私相刺谬甚矣。

读《临时政府公报》载大总统公布参议院议决《中华民国临时约法》，此法者，虽属临时，为期甚暂，然与宪法有同等之效力。亦即将来成文宪法之张本，国家组织、人民与政府之权利义务系焉，胡可轻易出之？苟有疵戾，非国家之福也。乃读至第二章人民第五条云："中华民国人民一律平等。”而其下复曰：“无种族、阶级、宗教之区别”。就其条文寻绎之，既曰“中华民国人民一律平等”，则凡为中华民国人民均须平等，则种族也、阶级也、宗教也，或其他之种种也，而皆为中华民国人民也，均须平等，固已了无疑义，何必复为解释之语曰“无种族、阶级、宗教之区别”，以狭小条文之意耶？在立法者之意，岂不曰：吾国固尚有种族、阶级、宗教之区别也，明言之，或足以释不平等之疑，而昭大公无我之见。斯言诚是也。独不计及种族、阶级、宗教之外，固尚有不平等之嫌者在耶？列举既有未赅，则不如仅以概括的规定，尤能以解释而尽善也。况立法者之意并不如是，既已一律平等之言欺人耳目，复怀鄙吝之见而为限制之私，司马昭之心，已路人皆知之矣。

吾女子之要求参政权也，既已一再上书参议院，求其将女子与男子权利一律平等明白规定于《临时约法》之中，今观此项条文，不独不为积极的规定，反为积极的取消。是参议院显欲与吾侪女子为意气之争，而不暇求义理之正，吾党宁能默然？吾党之意，仅以关于吾女子者，对于约法第五条或请删去“无种族、阶级、宗教之区别”一语，以为将来解释上捐除障碍；或即请于“种族、阶级、宗教”之间添入（此处疑有脱落，编者）。约法增修之事，有临时大总统之提议云云等因。理合呈请大总统据情提议，以重法律，以申女权，无任迫切待命之至。

1912年4月1日《大公报》

3月20日（二月初二日） 孙中山令内务部慎重用人：“务当悉心考察，慎重铨选，勿使非才滥竽，贤能远引，是为至要。”

孙中山命令如下：

临时大总统令

满清末年，仕途腐败，已达极点。亲贵以财贿招诱于上，士夫以利禄市易于下。奔竞弋谋，相师成风，脂苇[韦]突梯，恬不知耻。以致君子在野，自好不为。事无与治，民不聊生，踵循不悛，以抵灭亡。民国成立，万端更始，旧日城社，扫除略尽，肃正吏治，时不可失。然而法制未班[颁]，考试未行。干进者，有[存]乘时窃取之心；用人者，有高下随心之便。一或不慎，弊将有甚【于】满清之季者。治乱之分，端在于此，言念前途，能无竞竞[兢兢]？

南京临时政府草创之际，各处奔走疏附来求一地位者，当不乏人。以此苟得之心，遂开诈伪之习，或本旧吏而冒称新材，或甫入校而遽号毕业，蒙混诬枉，得之为能。虽转瞬统一政府成立，此地各官署立即取消，然使不肖者得持此以为进身之具，其遗患方来，何可数计。为此，令仰该部总、次长等于用人之际，务当悉心考察，慎重铨选，勿使非才滥竽，贤能远引，是为至要。又查各部荐任各员，每有以一人而兼两职者，殊非慎重职务之道。荐者不知，是为失察；受者不白，是为冒利，胥无取焉。以后除有特别缘故外，不得兼职，以肃官方而饬吏治。切切。此令。

内务部总长程德全知照

孙文

中华民国元年三月二十日

“南京临时政府档案”，中国第二历史档案馆编《中华民国史档案资料汇编》第2辑，江苏人民出版社1981年版，第37页

△ 南京临时政府财政部呈文孙中山，请将《中华惠工银行则例》咨交临时参议院决议施行。

南京临时政府财政部呈孙中山文如下：

据钱法司案呈：窃维农、工、商三业，于一国经济势力鼎足。农、商各银行，业已拟订则

例,先后呈请咨交参议院决议施行在案。而惠工银行之设,亦不容缓。查此种银行营业,专以股票债券作抵放款。盖工业消长,随世变迁,路矿等事,需款较巨,资本家每以投资为虑,企业者亦以筹款为苦。有惠工银行以斡旋其间,调查周密,考察精详,庶出资者无所忧疑,工业即有兴无废。工业既兴,农业之业,愈形发达,则民生充裕,国基巩固矣。谨仿各国特许银行制度,拟订惠工银行则例三十二条,缮具清折,备文呈请大总统俯赐察核,咨交参议院决议施行。谨呈。此呈

大总统

"南京临时政府档案",中国第二历史档案馆编《中华民国史档案资料汇编》第2辑,江苏人民出版社1981年版,第441页

《中华惠工银行则例》如下:

第一章　总则

第一条　中华惠工银行为股份有限公司,总行设于都城。

第二条　中华惠工银行资本为壹千万圆。但经财政部核准,得以增加。

第三条　中华惠工银行股份,每股十圆。

第四条　中华惠工银行营业时期为五十年。但经财政部核准,得以展限。

第二章　职员

第五条　中华惠工银行设行长一人,理事四人以上,监查三人以上。

第六条　行长代表惠工银行。

行长及理事从章程所定,综理中华惠工银行业务。

监查,监查中华惠工银行业务。

第七条　行长,由政府自五百股以上之股东中命之,任期五年。

理事,由股东总会自二百五十股以上之股东中选举倍数,政府拣用,任期三年。

监查,由股东总会就一百五十股以上之股东中选任之,任期二年。

第八条　行长及理事不拘用何等名称,概不得从事其他职务或商业。但经财政部总长认可者,不在此限。

第三章　营业

第九条　中华惠工银行所营事项开左:

第一、以国债证券、地方债证券、公司债券及股票作抵之贷付;

第二、国债证券、地方债证券、公司债券之应募或承受;

第三、收存款项及保管紧要贵重物件;

第四、信托之业务;

第五、期票贴现;

第六、以依法律规定设立之财团为抵当之放款。

前项第五号之票据,以由贴现依赖人以国债证券、地方债证券、公司债券股票提供担保者为限。

第十条　中华惠工银行如营业上款有余裕,得买入国债券、地方债券及公司债券。

第十一条　中华惠工银行不得营本则例未记载业务。但财政部总长认可,则不在此限。

第四章　债券

第十二条　中华惠工银行,得照实收资本数目八倍为限发行债券。但不得超过其放款现额、贴现现额及其所有国债证券、地方债证券及公司债券现额。

第十三条　债券券面金额十圆以上为无记名附息票,但得因应募者或所有者之请求特

为记名。

第十四条　中华惠工银行所发行债券，当经财政部核准。

第十五条　中华惠工银行债券之利息，每年当二回以上支付之。其原本当于发行之后三十年内，用抽签方法偿还之。

第十六条　中华惠工银行为借换其债券，发行低利债券，得不依第二十[十二]条限制。

抵利债券发行后，三月内以抽签之法，偿还其相当已发行券面金额之旧债券。

第五章　准备金

第十七条　中华惠工银行每营业年度，当积立利益之百分八以上补资本之缺损，且积立其百分二以上使利益配当得平均，是为准备金。

第六章　政府之监督及补助

第十八条　政府监督惠工银行业务。

第十九条　中华惠工银行须变更章程，当经财政部核准。

第二十条　中华惠工银行如设分行或代理店，当经财政部核准。

第二十一条　中华惠工银行如分派利益于股东，当经财政部核准。

第二十二条　财政部如认中华惠工银行营业上有背戾法律、命令或章程与【损】害公益事件，得制止之。

第二十三条　中华惠工银行当从财政部【总】长令，呈出关于营业之诸般景况及计算报告书。

第二十四条　财政部【总】长特置中华惠工银行监理员，使监视该银行业务。

第二十五条　中华惠工银行监理员，无论何时得检查该银行之金库、契券书、帐簿及一切文书。

中华惠工银行监理员，得出席于股东总会及其他诸般会议陈述意见。

第二十六条　中华惠工银行之派息，每营业年度不及年百分之五，政府当自创立初期之末日始，五年间补给金额，但其补给额无论如何，每年不得超过实收资本之百分之五。

第七章　罚则

第二十七条　中华惠工银行如犯左列事情，其行长及理事处百圆以上、千圆以下之罚款。但与所犯事无关之人，不在此限。

一、在本法中应受财政部总长认可而不受认可者；

二、仅第十一条规定基本法所不记载业务；

三、仅第十二条、十六条规定发行债券。

第二十八条　中华惠工银行行长及理事犯第八条规定者，处二十圆以上、百元[圆]以下罚款。

附则

第二十九条　政府置设立委员，使处理中华惠工银行关于设立之一切事务。

第三十条　设立委员订定章程，经财政部【总】长核准募集股东。

第三十一条　设立委员既募集股东，当提出股份挂号证于政府，禀请特许设立中华惠工银行。

设立委员若奉此批准，即关照各股东缴第一期之款。

第三十二条　创立总会终结，则设立委员当移交其事务于中华惠工银行行长。

“南京临时政府档案”，中国第二历史档案馆编《中华民国史档案资料汇编》第2辑，江苏人民出版社1981年版，第441～444页

△ **南京临时政府交通部令各省邮局全国邮政概归邮政司司长直接管辖**。

《交通部令各省邮局全国邮政归邮政司司长直接管辖文》如下:

邮政为交通机关。本部成立以来,即首先组织邮政司,荐任陈廷骥为邮政司司长在案。查邮政司为管理邮政之最高机关,该司长理宜直接管辖中华民国全国邮政事宜。自命到之日,凡中华民国邮政中西人员,概归该司长所节制。此令。

《临时政府公报》第43号,中国科学院近代史研究所史料编译组编辑《近代史资料·辛亥革命资料》,中华书局1961年版,第324页

△ **南京临时政府公布《任官令草案》**。

《任官令草案》如下:

第一条　凡任官,除别设任用规程外,皆适用本令。

第二条　依民国法令,非成年以上而有完全公权者,不得任以民国官职。

第三条　简任官以有左记资格之一者,任用之。但一等简任官不在此例。

一、曾在简任官之职,非因惩戒休职或因惩戒休职已至二年以上者;

二、曾在荐任官之职至二年以上,非因惩戒休职或因惩戒休职已至二年以上者;

三、受高等文官考试而有合格证书者;

四、曾为国会议员或现为国会议员者。

第四条　荐任官除前条列举以外,以有左记资格之一者,任用之:

一、曾在荐任官之职,非因惩戒休职或因惩戒休职已至二年以上者;

二、曾在委任官之职至二年以上,非因惩戒休职或因惩戒休职已至二年以上者。

第五条　委任官除前二条列举外,以有左记资格之一者,任用之:

一、曾在委任官之职,非因惩戒休职或因惩戒休职已至二年以上者;

二、应普通文官考试而有合格证书者;

三、佣员在同一官厅服务至五年以上,经普通文官考试委员之铨衡,认为适任者。

第六条　凡二人以上同有受任之资格者,以有文官考试之合格证书者任之;同有此项证书者,以曾任官职者任之;同曾任官职者,以等级之高者任之;等级相同者,以未受惩戒者任之。

第七条　凡官吏须具有特别学术、技艺者,除考试令及其他规定外,在高等官则经高等文官考试委员之铨衡,在委任官则经普通文官考试委员之铨衡,而后任之。

第八条　凡荐任官,须由推荐者提出可以证明本人品格才能之证书。

第九条　前条之证书在委任官,则由本人提出之。

第十条　任用官吏须交付任状。

第十一条　简任官之任状,由大总统亲署钤印,内阁总理副署后,以亲任式交付之。

第十二条　荐任官由内阁总理或主任之国务卿,及其他有推荐职权者,经由内阁总理或主任之国务卿推荐之。

荐任官之任状,【由】大总统亲署钤印,内阁总理或主任之国务卿副署后,由推荐者交付之。

第十三条　委任官之任状,由有委任职权者署名钤印后,自交付之。

第十四条　任用及铨叙细则,以阁令定之。

第十五条　本令自发布日施行之。

任状式(略,编者)

1912年3月20、22日《民立报》

3月21日(二月初三日)　袁世凯颁发命令,在民国刑法未布以前,治罪之法除与国体抵触各条外,暂行适用新刑律。嗣后各地方遇有此等犯罪行为,即按照新刑律分别审断。

袁世凯命令如下:

现在民国统一,共和告成,破坏之局既终,建设之事方始,凡我国民,当此存亡危急之秋,皆有缔造经营之责,必须尊重秩序,方可弭内乱而免外忧。乃叠据各省报告,扰乱之事,时有所闻。此种举动,毫无宗旨,既与公安有害,即系犯罪行为,若不执法惩治,社会将无宁日。前经通令,在民国刑法未布以前,治罪之法,除与国体抵触各条外,暂行适用新刑律。嗣后各地方遇有此等犯罪行为,即按新刑律各本条分别审断。总期无枉无纵,以保治安。此令。中华民国元年三月二十一日即壬子年二月初三日。大总统盖印。

1912年3月22日《大公报》

△ 南京临时政府财政部呈文孙中山,请孙将《贮蓄银行则例》咨交临时参议院决议施行。

南京临时政府财政部呈孙中山文如下:

呈大总统为拟订贮蓄银行则例文

据前钱法司案呈:窃维一人之贫富,即一国盛衰之所系,其因虽微,其果甚远。而贫困之生,由于奢侈,致富之要,实在勤俭。伏念民国方策,自以国利民福为本,而本部责司,当以提倡贮蓄是务。盖人各勉其志而营其业,节其用而足其财,斯国亦由富而强,所关甚大。故必有银行,以启其居积之观念,乃能践其节俭之实际。衣食足则知荣辱,仓廪实则知礼义,是贮蓄银行为齐家之良法,实治国之要道也。兹拟订则例十二条,理合缮具清折,备文呈请大总统俯赐察核,可否咨交参议院决议施行,伏乞裁示。谨呈。此呈

大总统

"南京临时政府档案",中国第二历史档案馆编《中华民国史档案资料汇编》第2辑,江苏人民出版社1981年版,第445页

《贮蓄银行则例》如下:

第一条　以复利方法代公众存放零星款项者,为贮蓄银行。

第二条　除地方团体以慈惠公益目的提倡贮蓄,其资本得稍从宽减,至少须五万圆以上外,其他各种公司非有实收资本二十万圆以上,不得营贮蓄银行之业。

第三条　银行存款应分定期存付及活期存付二种。其定期存款有零存整付、整存零付,整存整付三种,均须于营业章程内声明详细办法及生利规则。

第四条　贮蓄银行之董事,在任中对行中所生一切义务,负连带无限责任。但其责任至退任后已满二年,毫无交代未完事件,方能交卸。

第五条　贮蓄银行为付还贮蓄存款之担保,应按存款总额十分之三备置附息之国债证券或地方债券,存于就近之中国银行或国家认可之殷实大银行。担保数目在资本半额以上时,得用商业期票及确实可靠之公司债券或股票等。

第六条　前项数目于每季结账之时,核计存额定之。

第七条　行中存款之人,对于第五条所载各种票据有优先权。

第八条　贮蓄银行欲变其营业章程,当经由地方政厅呈报财政部核准。

第九条　银行欲营贮蓄银行者,当经由地方政厅呈报财政部核准。

第十条　贮蓄银行有违背本则例时,其董事处五十圆至五百圆之罚款。

第十一条　各银行、商号未经呈报批准,任意兼营贮蓄事业者,处以前条之罚。

第十二条　本则例特别规定以外,应遵照商业银行则例办理。

"南京临时政府档案",中国第二历史档案馆编《中华民国史档案资料汇编》第2辑,江苏人民出版社1981年版,第445~446页

△ 孙中山令南京临时政府财政部将源丰润等钱号抵押前清沪道部款,拨充中国公学经费。

孙中山令如下:

临时大总统令

据中国公学董事张謇等呈称:"窃维中国公学创自前清光绪三十二年,实因日本取缔风潮,学生回国,各省绅民奔走联合,愤激而设此校。其宗旨纯属民办,即以董事会组织保管。数年以来,筹集开办费已及数十万金,而常年费则取给于各省公摊约二万余两,历有案卷可稽。上年新建校舍落成,适值民国起义之际,校内师徒多半从军,校舍亦为吴淞民军所借驻,各省公摊之款更皆无着。公学停办,职此之由。今者南北统一,民国成立,凡属学校均宜及时起学,以兴教育。惟是公学性质本由各省集成,当此军备未撤,财政困难,公摊一项,甚难希望。而教育所关,公学又系对外而设,若因款绌停办,恐不免贻日人之诮,而为民国之羞。兹查有前清上海道蔡乃煌以部款存放源丰润等钱号,致被亏倒,仅有房产、股票、各抵押契据移交后任刘燕翼,其价约及百万。若蒙拨为公学经费,于义相合,而公学即赖以不堕。謇等谨合词公恳大总统,俯念公学系属民立,饬令前清上海道刘燕翼将源丰润等抵押之房屋、股票字据发交公学,存充经费,以资持久而免旷废"等情前来。当经批以:"呈悉。所请源丰润等抵押之房屋、股票字据发交公学,存充经费,事属可行。惟闻此项票据已由刘燕翼交上海领袖领事存贮,候令通商交涉使清查提还,再行指拨可也"等语。除令通商交涉使速为查提解交该部拨收外,合即令仰该部知照。此令。

财政部总长陈锦涛知照

孙文

中华民国元年三月二十一日

"南京临时政府档案",中国第二历史档案馆编《中华民国史档案资料汇编》第2辑,江苏人民出版社1981年版,第478~479页

△ 北京政府与英国政府批准开平、滦州两煤矿合办,改名为开滦煤矿局,规定年利在三十万磅以内,四六分成,开平六成,滦州四成;年利超过三十万磅,则五五分成。

《东方杂志》第8卷第11号《中国大事记》载:

开平煤矿公司,原系中国赀本,计共一百二十万两。庚子拳乱,公司总办恐为外人所夺,遂将公司改隶英国,于是赀本总数,加至一百万英磅,其中英国赀本凡占六十二万五千金磅,因此该公司遂由英人办理。其后华股东欲向英人购还,争持多日,终归无效。中国为争利计,复集官商赀本二百万两,在滦州别创一公司,煤质销场,颇足与开平相颉颃。旋为煤矿界限,两公司颇起争执,而直隶人民,为恢复权利故,两国亦稍有龃龉。前清直督陈夔龙建议购回开平矿,冀息争端,磋商未就,而武昌事起,遂不置议。嗣由袁总统遣员与英人谋合并,并向英国借款二百万两,将滦州煤矿赀本,增为一百万金磅,易名为开滦煤矿局,其中办理各事,仍分清界限。本日由政府及英国驻华公使核准。

1912年3月27日《申报》专电报道：

开平、滦州两公司并办之合同，已于三月二十一日由中英两国批准。

开平、滦州合办公司改名开滦矿务处。如有赢利，其数在三十万圆以内，则开平公司得十之六，滦州公司得十之四；如过此数，由两公司均分。惟满十年以后，滦州公司有购买开平公司之权。

《开滦两矿合并办法》如下：

周缉之拟将滦矿让归开矿一节，已志各报。兹闻两方股东数次会议，已于日前议定合并草约，并已签押。其约中主要之条件如下：

（一）开平矿务局与滦州矿务局各出资本金一百万磅，共同组织开滦矿务总局；

（一）开滦矿务局负有限责任，之总公司设于天津；

（一）股东利益之分配法，一年之利益达三十万磅时，以六分归开平方面，以四分归滦州方面；若至三十万磅以上之时，则两方面平均分配之；

（一）开滦矿务总公司另行募集新债五十万磅，以偿还旧债之原利。

1912年2月12日《申报》

3月22日（二月初四日） 汉冶萍公司召开临时股东大会，议决盛宣怀与日本签订合办草约事项，全体股东一致反对与日合办。

1912年3月30日《大公报》《汉冶萍股东全体反对合办》载：

上海汉冶萍公司股东于二十二日（即初九日）（应为初四日，编者）下午假座青年会开股东大会，到会者四百三十八票，计股份共二十万零八千八百三十五股，合股本洋一千零四十四万一千七百五十元，照原股一千三百万元，已过八成。开会后，反对合办主张废约者，全体一致。兹将大股东资本数目略志如下：计商部一百六十万元，湖南一百五十万元，由熊希龄代表，招商局一百五十万元，盛宣怀三百万元。

1912年3月23日《民立报》《汉冶萍之股东会》亦载：

汉冶萍公司为盛宣怀在日本与日之实业家私立华日合办草约，昨日午后二时开临时股东大会于本埠四川路中国青年会。股东到会者有四百四十人。首由董事代表王子展君登坛报告："今日开股东大会，为请诸股东公决汉冶萍与日本合办合同一事。查公司向章，不准搅入洋股，且全国舆论极端反对，我等董事及各位股东曾以两次电争。因此次盛宣怀与日本订结汉冶萍合办草约第十条载，即须经股东大会有多半数之赞成，方为正式有效。此今日所以邀请各位股东到会详议，投票公决。反对合办者，请书反对二字于所发给之票上，赞成合办，请书赞成二字于所发给之票上，各投入筒内，当场公开，照股数权核算多少，再为决定。"报告毕，湖南股东代表某君起，演说湖南、湖北、江西三省全体反对华日合办，及将来合办之种种利害。（原文□长登第一页要件栏）

次由黄君云鹏演说，痛陈华日合办之害，就经济上、军事上两方面详论，关系中国前途甚大，决不可合办。请诸君务于此数分钟内提起脑筋，注重投票。能无一人赞成者，方见我同胞爱国热忱，不为外人轻视云。演说毕，即宣告各股东投票。【投票】终止，由各股东监视开筒，全体反对，共计四百四十票。当时由大会公决，将今日开股东大会情形，结果全股十分之八反对合办，令其照约文第十条与日本交涉取消。四时散会。

附致盛宣怀电文：

"神户盐屋盛宣怀鉴：今日开股东大会，到会四百四十票，计二十万零八千八百三十股。

投票开筒，公同验视，全场一律反对合办，已逾公司全股十分之八，照章有决议之权。草合同自无效，请速取消。全体到会股东公电。养。”

△ 黎元洪通电全国，陈述阁员未定，于外交、军政、财政、民政、教育五者均为有害。认为“起义与加功，实行与暗助，两面相权，孰轻孰重”，“骤难轩轾”。提出国务各员，只要有真才实学，无论“新旧南北”，皆可任用。

黎元洪通电如下：

万急。北京袁大总统、各部首领、南京孙大总统、参议院、参谋团、各部总次长、各省都督、各省督抚、各谘议局、各议会、各军政分府、各司令、各报馆、蒙古王公联合会公鉴：前以国都未定，曾于江电披沥详陈，幸蒙嘉纳。乃总统莅职，已越浃旬，国务各员，犹未举定。夫有政府然后有国家，有部员然后有政府。若总统拥虚号，而各部无专司，是犹五月胚胎，半龄龆龀，形体不具，其状与无政府同。方今一发千钧，存亡呼吸，直追急起，尚惧失时，十日之间，已非昔比，一之为甚，岂堪再误。敢就目前危象，再为诸公涕泣陈之：

自东南各省首创义兵，外人【商】业损失巨万，徒以无机可乘，含忍未发。乃者京畿构变，延及津保，长衢夹巷，鞠为邱墟。甲国增兵，乙国接踵，选地屯营，分日巡市，自由行动，莫敢谁何。阳为卫商，阴为灭国。联军之象，复见目前。北望燕云，已成戎索。此对于外交可为痛哭者【一】也。

南北交通[战]，自秋徂冬，仓卒募军，率无纪律。以暴为功，以乱为正，以嚣张为平等，以要挟为自由。名器为植党之资，主将为护符之具。上行下效，此仆彼兴。赏罚不明，号令不一。省自为域，军自为家。凶暴所传，如响斯应。始于导线，终于燎原。豆剖瓜分，罔不顾恤。且长江伏莽，尚梗新朝，胜国羽林，犹沿旧帜，稍失迁就，变起萧墙。此对于军政可为痛哭者二也。

满清叔世，新政繁兴，财力困难，已臻极点。借债修路，遂为让王。迩者东南军队，名目繁赜，江汉一隅，几盈十万，调查各省，亦逾曩额，饷械俱穷，公私交困。欲裁则有哗溃之虑，欲留则无应付之方，大局之危，已如累卵。且各司建设，经纬纷繁，匪有巨资，尤难擘画。挖肉医疮，必仍借债，抵矿抵路，各不相谋。列强耽耽，蹈瑕思逞，垄断借款，监查用途，稍一失宜，已制死命。殷鉴不远，炯在波兰。此对于财政可为痛哭者三也。

江淮流域，久困水灾，家无饔飧，道有饥馑，中更兵燹，分析离居。乃节届仲春，犹未安宅。滔滔江水，忽涨丈余，芜田不除，溃堤未复，及今不救，浩劫已深。弱者化为游魂，强者趋为流寇，僵尸累积，疠疫流行，骨肉相残，将无噍类。此对于民政可为痛哭者四也。

四民杂处，惟士难驯，尝平养客，唐宋策科，皆以羁縻，隐为消纳。乃军事初兴，学堂中辍，师徒数万，麇集城垣，餬口无资，鸣俦横议。各区党派，互相牴排，裂冕毁冠，溃坊圮表。洪潮涨湃，山谷为倾，虽有贤良，亦甘蹈引。夫国无教育则纲纪颓，士无防闲则礼义废。回纥虽灭，犹戴袄[祆]祠，身毒虽墟，犹传佛教。哀我神州，曾彼弗若。谁驱秀民，流为游士。其行可怵，其境可怜。龟毁椟中，咎归主藏。此对于教育可为痛哭者五也。

凡此荦荦诸端，关系存亡，彰明较著。其他险状，尚有虽覼缕数者。而扼要问题，首由于都会之纷争，继由于部员之各执。感情所蔽，意见所蒙，遂致将亿兆生灵，掷诸孤注。言念及此，不寒而栗。

夫以我同志诸公，出生入死，万祸不辞，但为同胞谋幸福，非为个人营权位，光明磊落之心，早为天人所共瞩。中山先生号召海外，垂三十年，功成身退，皭然不污，立懦廉顽，尤堪矜式,是吾党之公言,已不待元洪表襮。致义帜初张,万流仰镜,民权主义,昭然揭日月而行。倡宪党者,既反翊新猷。伐义军者,亦暗输同意。现在共和成立,南北一家。起义与加功,实行与暗助,两面相权,孰轻孰重,此中亦骤难轩轾。窃谓破坏建设,才虽相异,用实相资。当此四面楚歌,事机危迫,国务各员,但须择学识经验确有专长,无论新旧南北,皆当协力赞成,以期成立。纵万一少数部员全才难得,亦当统权利害,稍示通融,断不能以一发之微,牵动全体。一部不职,不过失司。各部未成,立召亡国。此中关系,无待解人。况弹劾之权,犹操国会。与断送于今日,宁补救于将来。明达如公,谅必能共体时艰,早决大计。设再迁延不决,祸变日深,十日以外,将有复求如今而不可得者。鹬蚌相争,渔人得利。彼时受臧获之惨痛,悔昆弟之争持,灭种已成,噬脐何及。

元洪残喘尚存,初心未泯,审机观变,战战兢兢,诚不忍大好河山,及身剖裂,心所谓险,不敢不言。昔楚庄公之训国人也,曰:祸至无日,斗廉之诫。屈民也曰:师克在和。况在斯时,尤为危急。近闻满、蒙诸族,犹且力持大体,选派议员,卓识公忠,同深钦佩。矧我同族,反事稽延,生何以谢遗黎,死何以对烈士?伏乞互相敦促,广为开导,俾民国政府,早日观成。振领提纲,犹可为治,功魁祸首,争此须臾。倘得邦本奠安,主权恢复,馨香尸祝,定仰元勋。元洪虽受妄言之罪,亦可以瞑目矣。临颖雪涕,不知所云。元洪叩。祃亥。

1912年3月25日《民立报》

△ 南京临时政府财政部呈文孙中山,请孙将《庶民银行则例》咨交临时参议院决议施行。

南京临时政府财政部呈孙中山文如下:

财政部总长○○○呈

窃维国家富源在于实业,而实业命脉系于金融。是以本部成立以来,即以提倡银行为务,先后拟订中央、商业、海外汇业、兴农、农业、殖边、惠工、贮蓄等各种则例,呈请大总统交院核议,为次第施行,似于金融制度,已略称备。惟人民有贫富之分,企业有大小之别。以上机关,目的虽各有不同,要皆以对物信用为主。在持有资产者,固依此得周转之途,而毫无凭藉者,仍未获通融之道。在为政之策,首重养民,致治之术,要在安众。况一国之内,中产以下者,实居多数。只因资本缺乏,以致产业衰颓,细民之生计不裕,不特国民之经济难期发达,抑且社会之秩序无以维持。

近年以来,盗贼蜂起,大地荆棘,究厥原因,莫非生活困难之所致。盖羞恶之心,人皆有之,苟非迫不得已,何至铤而走险。故欲期贫民之各得其所,必先使人之有相当之职业,而欲使人之有相当之职业,不得不先有维持其职业供给其资本之机关。此庶民银行之设立,所以亟宜筹备也。

查庶民银行之制创始于德,其后欧美各国相续仿行,近则日本政府亦着力于斯。其宗旨在以公共之计画,奖公共之藏蓄,固公共金融之便宜。其办法则以对人信用为之经,而以纳人于轨范之中为之纬。其效用在增进贫民自立之心,而得脱重利盘剥之苦,激起细民贮蓄之念,而养成勤勉节俭之风。其结果足使国民道德日益上达,而国家元气渐臻强盛,移风易俗,是不独贫民扩益于无穷也。久游欧美,目睹其制度之完备,窃尝注意于斯。前管中央银行时,即建议将储蓄京行改其组织为庶民银行,以事未果。今值兵燹之余,见夫贫民生计愈形艰窘,益感仿行此制之不可一日缓也。爰持参酌各国成规,拟订庶民银行则例六十六条,以期国民企业之竞进,而收金融普及之实效。谨缮清单,恭呈察核,伏希饬交参议院议决公布施行。谨呈。

谨将拟订庶民银行则例开折恭呈钧鉴。

第一章　总则

第一条　庶民银行以出贷营业必要资本于在股人员，并使得贮藏之便为宗旨。

第二条　庶民银行组织，分有限、无限及保证责任为三种，是何种类，应须标明。有限责任，以出资之度为限；无限责任，以银行财产还债之外，如再不足，由在股人员全体负担；保证责任者，如所有财产不足还债时，全体股东除出资之外，以一定之数为限，负担责任。

第三条　庶民银行在于某市(或某乡村)，即名某某庶民银行，以一乡村为营业区域，但依地方之情形，得以酌加。

第四条　庶民银行除本则例规定之外，准用商律。

第二章　设立

第五条　庶民银行非十五人以上不得设立。

第六条　设立者拟定章程具呈事务所所在地方政厅立案，并由地方政厅转呈财政部批准。

第七条　章程除本则例所规定以外，纪载下开事项，由设立者签名盖章：

一、目的；

二、名称；

三、组织；

四、事务所；

五、股份每股之数及其缴股方法；

六、第一回缴入之数；

七、关于盈余处分及损失分担之规定；

八、准备之额及其公积方法；

九、关于附股人员资格之规定；

十、关于附股及退股之规定；

十一、关于目的事务执行之规定；

十二、成立时期或定解散之事由。

第八条　庶民银行其附股人员之数，不得限定。

第九条　庶民银行资本，以股东之贮蓄成之。以十元为额，按月分缴。

股东于应缴股本之时，怠而不缴，得由银行催告。如仍不缴，银行于诸股东每月应缴之数，每股得收其十分之一为罚。

第十条　庶民银行接奉批准后，即向附股者收第一回之缴款。

第十一条　前条缴股后，于二星期内，在事务所之所在地，呈请登记。

第十二条　注册登记事项如下：

一、第七条第一号至第五号及第十二号所揭事项；

二、批准立案之年月日；

三、董事、监查之姓名住址。

前项所指各条，如有变更，于二星期内即须登记。在于登记之前，所有变更，不得对抗第三者。

第十三条　庶民银行申请注册开办时，须将在股人员名簿，呈送事务所所在地之审判厅备案。

在股人员名簿记载事项如下：

一、各股东之姓名住址；

二、各股东所附股数；

三、各股东缴股数目及年月日；

四、股票取得之年月日；

五、如是保证责任，则记载各股东之保证数目。

第三章　股东之权利、义务

第十四条　股东出资，每人一股以上，不得超过五十股。

第十五条　股东非经银行之承诺，不得将股出让。

第十六条　股东不得于股中另附他人，将股共有。

第十七条　让受股份之人，即承继出让人之权利、义务。

第十八条　新附股之股东，其附股前所生债务，亦负责任。

第十九条　总股东五分之一以上同意，得提出书函，记载总会之目的及招集之理由，请求行长招集总会。

第二十条　股东于总会招集手续，或其决议方法，认为违背法令或章程时，从决议之日起，一个月以内得请求地方政厅取消决议。

第四章　管理

第二十一条　庶民银行，置行长一人，董事及监查各三人。

行长、董事及监查，于总会从股东中选任。但开办之行长、董事、监查，得以章程定之。

第二十二条　行长任期四年，董事任期三年，监查任事一年。但于章程别定者，不在此例。

第二十三条　行长、董事或监查，以总会之决议，得以解任。

第二十四条　行长、董事及监查之选任及解任，以总股东半数以上到会，议决权四分之三以上决之。但章程别有规定者，不在此限。

第二十五条　行长须将章程及总会之决议录、股东名簿，备置于事务所。

银行及股东之债权者，于前项簿籍，得求阅览。

第二十六条　行长于通常总会之会日一星期前，须将财产目录、出入对照表、事业报告书及盈余处分案，提出于监查，且备于事务所。

银行及股东之债权者，于前项册表，得求阅览。

第二十七条　行长于前条第一项所揭书类及监查之意见书，提出于通常总会，求其承认。

第二十八条　行长、董事或监查，不得兼其他银行之事务员。

第二十九条　银行与董事如结契约，由监查代表银行。银行与董事之间或起诉讼亦同。

第三十条　总会之决议，除本则例及章程特定之外，以到会股东之议决权过半数为之。

第三十一条　股东得请代理人行议决权，作为到会。但若非有股者，不得为代理人。

代理人须将代理权证交于银行。

第三十二条　变更章程须由总会决议。

章程变更，非经地方政厅之认可，不生效力。

第三十三条　庶民银行每股出资决议减少时，从议决之日二星期之内，须另作财产目录及出入对照表。

银行对于前项期间内,债权者恐起异议,于一定之期间内,行其催告,令述其旨。但其期间,不得出二个月外。

第三十四条　债权者于前条第二项之期间内,对于出资之减少无异议时,作为承认。

债权者如述异议,银行即如数还讫。非有相当之担保,不得减少出资。

第三十五条　前二条之规定,保证责任之股东减少保证金额时,亦准用之。

第三十六条　股东于股款缴齐后,应派盈余可移充缴股之款。

第三十七条　庶民银行非将损失填补后,不得处分盈余。关于盈余分派制限,以命令定之。

第三十八条　庶民银行除第四十三条之外,不得将股付还。

第三十九条　庶民银行已达章程所定准备金之额时,每营业年度之盈余,提四分之一以上作为公积。

第四十条　庶民银行不得收买本行股份及为抵押。

第五章　加入及退股

第四十一条　加入无限责任银行者,须得总股东之同意。

第四十二条　股东于每年营业年度之终,得以退股。但须于六个月之前豫告。

前项豫告,得以章程延长。但不得超过二年。

第四十三条　股东因左事由,得以退股:

一、资格丧失;

二、死亡;

三、破产;

四、禁治产;

五、除名。

第四十四条　除名之事由如下:

一、担任股份,三回以上不缴,而无正当之理由者;

二、对于银行而起诉讼者;

三、曾处重罪或坏乱风俗,诈欺窃盗之轻罪者;

四、管理员认为不名誉之行为者。

除名须依总会之决议。但非通知其旨,不得对抗。

第四十五条　退股股东得依章程所定,请求发还股之一部或全部。

第四十六条　退股股东所有股份,按股东名簿所载营业年度之终,依银行财产定之。但得依章程所定,或按退股当时之财产定之。

第四十七条　发还股本,从营业年度之终三个月以内行之。但于前条但书之处,从退股之时起三个月以内行之。

退股发还之请求权,经过前项期间二年后,如未举行,作为消灭。

第四十八条　计算股份,以银行财产抵银行债务。如有不足时,则归当时退股股东负担,缴其损失之额。

第四十九条　退股股东对于银行债务未完成以前,银行得停止其股款发还。

第五十条　在于无限责任及保证责任银行,其退股股东,对于银行债权者,其退股从记载于股东名簿后,以二年为限,负担责任。

前项规定，以特别之契约，不妨延长其期。

第六章　监督

第五十一条　庶民银行，财政部及地方政厅监督之。

第五十二条　监督政厅，无论何时，得命行长报告银行事业，或检查银行事业及财产状况，并发其他必要命令及行处分。

第五十三条　依银行之事业及其财产之情形认为难以继续时，或银行之行为违背章程或法令有害其他公益之虞时，财政部或地方政厅得取消总会之决议，命改选行长、董事、监查或清算人，或停止事业，或命解散。

第七章　解散

第五十四条　庶民银行因左事由，得以解散：

一、章程所定事由之发生；

二、总会之决议；

三、银行之合并；

四、股东减少不满十五人以上时；

五、银行之破产。

第五十五条　银行解散，除合并及破产之外，于二星期内在事务之所在地为其登记。

第五十六条　合并非经地方政厅之认可，不生效力。

第五十七条　银行合并，于二星期内在事务所所在地，其合并后续办之银行，须为变更之登记；因合并而消灭之银行，须为解散之登记；因合并而设立银行，须为设立之登记。

第五十八条　合并后存续之银行，因合并而设立之银行，承继因合并而消灭银行之权利、义务。

第五十九条　庶民银行以总股东之同意，得变更其组织。

第八章　清算

第六十条　清算人职务范围，与董事有同一之权利、义务。

第六十一条　清算人就职后，即须调查银行财产之状况，作财产目录及出入对照表，提出于总会，求其承认。

第六十二条　清算人须还清银行之债务，并将应还之额存于公处，不得分派银行资产。

第六十三条　清算事务已毕，清算人即作清算报告书，提出于总会，求其承认。

第六十四条　清算人解任，于二星期内在事务所之所在地，为其登记，并呈报地方政厅。

第九章　罚则

第六十五条　庶民银行之行长、董事、监查，或清算人，有违下开各节，处五元以上、二百元以内之罚：

一、怠于本则例所定之登记及为不正之登记；

二、对于政厅或总会呈报不实或隐蔽事实；

三、违背第二十五条第一项及第二十六条第一项之规定，或不照第二十五条第一项及第二十六条第一项所揭事项记载，或记载不实，及无正当之理由拒人阅览；

四、违背第三十三条、第三十四条、第三十六条、第三十九条、第四十条、第六十二条时；

五、不为第五十二条之报告或拒检查，不从监督政厅之命令或处分时。

第十章　附则

第六十六条　庶民银行应照本则例之旨，自定详细章程，呈请财政部核准。有应行改动之处,须开股东总会决议,呈准财政部施行。

"南京临时政府档案",中国第二历史档案馆编《中华民国史档案资料汇编》第2辑,江苏人民出版社1981年版,第447～455页

△ 湖北临时议会于3月12日致电各省议会、谘议局,再次提议组织临时中央议会。南京临时参议院于19日、20日分别致电袁世凯及各省,予以反对。南京临时参议院议员亦分电各省,反对湖北临时议会提议。本日,袁世凯否定湖北临时议会组织临时中央议会的决定。同日,旅宁湖北同人公告黎元洪否决湖北临时议会所提出不加派参议员案。

袁世凯复南京临时参议院电文如下:

南京参议院鉴:来电悉。所论极为正当。《临时约法》既经议决公布,自为今日办事之依据。鄂省发起中央临时议会,各省来电,纷纷赞成,未免两歧。业经通电,嘱其仍按约法第十八条之规定,迅议选派参议员方法,如额选足,组织约法上之参议院,定期集会,庶民国基础不致动摇,而各省意见亦藉融合。袁世凯。祃。

1912年3月26日《大公报》

袁世凯致各省临时议会电文如下:

前据鄂省临时议会电称发起中央议会,旋据各省先后来电,多表同意。查中央议会,关系全国立法,自为民国必要机关。《临时约法》第三章所规定之参议院,即系中央临时议会之性质,该院参议员选派方法,按约法第十八条,本应由各地方自定,其员数亦较现有人数为多。前经通电各省迅照约法办理,即与各省来电用意相符。兹再通电,望即妥定选派方法,如额选足,组织约法上之参议院。自电到之日起,于一月以内选竣赴会,以重立法。大总统袁。祃。

1912年3月26日《大公报》

3月12日湖北临时议会致各省议会、谘议局电文如下:

万急。各省议会、谘议局公鉴:接北京来电,知袁公业于初八日受职,群情欢忭。惟据电闻,参议院决定大总统受职办法第四条:"大总统受职后,即将拟派国务总理及各国务员姓名电知参议院求其同意"等语。查参议院内,系各省军政府委员组织而成,不可视为人民代表机关。近因南京政府以赋税抵借俄债,苏、鄂议员业经辞职,其相继辞议员职者,亦有数省。刻下核计该院议员,仅二十三人,已不足全院议员人数之半。按之法律,决难发生效力。前本议会发起临时中央议会,已经多数省份赞成,曾电达座右,谅邀钧览。兹复电请贵省查照前电,选举议员,如期齐集,须不出本月底定当集合开议。盖勿论何国立法机关,必出自人民选举。今事机紧迫,纵不适用直接选举法,亦当采用间接选举,庶于事实法律两不相背。拟请于任用国务员一节,暂由袁大总统独立主持,一俟临时中央议会成立后,再行追交通过。如荷赞同,即希将此意电达袁大总统为叩。鄂省临时议会叩。震。

1912年3月15日《民立报》

19日南京临时参议院致袁世凯电文如下:

北京袁大总统鉴:寒电悉。本院之成,根据于《临时政府组织大纲》。现公布之《临时约法》,亦载明十个月内由大总统召集国会。当此参议院既成立之后,国会未成立之先,乃以一省议会名义,辄召集临时国会,不知何所依据?若不承认《临时政府组织大纲》及《临时约法》,则已公布之法律,已选出之总统,已组织之临时政府,皆将无效,民国基础,于以动摇。且今日以一省议会反对参议院,而召集临时国会,他日将又有一省议会反对临时国会,而召集第二临时国会,起覆纷纭,事权不定,民国前途,将何利赖?本院公认湖北省议会此举为不

正当行动，断然无效。除电达各省外，特此布闻。参议院。皓。

1912年3月24日《民立报》

20日南京临时参议院致各省电文如下：

各省都督、省议会、谘议局均鉴：鄂省临时议会发起临时国会为不正当之举动，经本院皓电通告，谅已达览。兹再谆切通告，敬祈为中华民国前途熟思而审处之。参议员是否完全代表人民之意，乃参议员之选派方法问题，非参议员可否消灭问题。若谓都督选派之议员不足代表人民，尽可按《临时约法》第十八条规定选派，五人之数，尽由民选，选定后即可陆续来院，与各该省前派之议员实行交替。《临时约法》规定，选派方法由各省自定之，已将《临时政府组织大纲》规定都督选派一节删去，是各省如何选派，其权皆在各省。各省主张民选，应依约法选举参议院之议员，方不失为正当。参议院为行使立法权之机关，既经约法规定，若漫不承认，则根本法破坏，中华民国前途不堪设想，恐非真正爱国者所宜出此。且国会之召集，约法既规定在十个月内，转瞬即到，其选举方法，必须详细审密，始足以达完全代表人民之目的。本院现遵约法第五十三条规定，已着手草拟选举法，不日即可议决，咨由大总统公布施行。今忽发生一临时国会，既无正当之选举法，何能强称为足以代表人民？又安见立法机关名为临时国会则可，名为参议院则不可？此尤大惑不解者也。总之，参议员可以全体改选，参议院为法定机关，断不能改。鄂省之发起临时国会，为法外之举动，当然无效。贵省究应如何办理，均希审复。参议院。号。

1912年3月24日《民立报》

编者按：南京临时参议院"号"电与下文中所提南京临时参议院"哿"电内容相同，1912年3月24日《申报》作"号、哿"电。"号"、"哿"均为20日。

谷钟秀致天津顺直谘议局电文如下：

天津顺直谘议局鉴：鄂省临时议会发起之临时国会，参议院认为不正当之举动，业经皓、哿两电通告，谅已达览。总之，参议员选派方法既规定由各省自定，各省尽可按照约法第十八条，五人之数统由民选，而参议院为法定机关，断不能任意破坏。敬祈如法选派参议员五人来院，以便钟秀交替。至鄂省临时议会之非法举动，请勿附和。希谅察示复。参议员谷钟秀。哿。

1912年3月25日《民立报》

李磐致河南谘议局电文如下：

开封谘议局鉴：鄂省临时议会发起之临时国会，实为不正当之举动，业经参议院皓、哿两电通告，谅已达览。参议员选派方法，约法既规定由各省自定，尽可按约法第十八条规定，五人之数统由民选。若不承认参议院之法定机关，则大总统之选举，临时政府之组织，均可作为无效。民国前途，何堪设想。请查照参议院通电，速行选人来院，为正式民选议员。至鄂省临时议会之发起【临时国会】，实于法理相背，不惟易惹各国疑猜，且使内部动摇。请勿因情有难，却致蹈附和之机[讥]。现各省议员已电请该省慎审矣。磐不敢缄默，特此奉闻。河南参议员李磐叩。个。

1912年3月25日《民立报》

王正廷、殷汝骊致浙江都督、临时议会电文如下：

浙江蒋都督、临时议会均鉴：鄂省临时议会发起临时国会，参议院认为不正当之举动，业经参议院皓、哿两电通告，谅达尊览。参议员尽可改选，参议院为法定机关，断不能随意破坏，以致民国根本动摇。诸公主张民选，尽可按照《临时约法》第十八条规定，每地方五人之数，迅速选定来院，以便正廷等交替。至鄂省临时议会发起之临时国会，实为违法，断不能认为有效。即希谅察示复。浙江参议员王正廷、殷汝骊。咢。

1912年3月25日《民立报》

汤漪、文群、王有兰致江西都督、临时议会、各报馆电文如下：

江西李都督、临时议会、各报馆均鉴：日前鄂省临时议会发起临时国会，为不法行为，已由参议院于皓、咢两电通告各省，无庸再详。诚以民国初建，对内则统一未固，对外则信用未孚，断不容有此等根本破坏之举动。至参议员宜出自民选，亦已为《临时约法》第十八条所包括。祈即酌定方法，速行选定五人来宁任事。弟等德薄能鲜，久拟引退，谨此奉恳，并乞布告全省为幸。汤漪、文群、王有兰。个。

1912年3月25日《民立报》

刘彦、彭允彝、欧阳振声致湖南都督电文如下：

谭都督暨各司诸公鉴：湖北以一省议会名义召集临时国会，参议院认为法外之行动，已于皓电申明矣。参议院依《临时政府组织大纲》而来，其所议决之重大事件及制定之《临时约法》，皆□政府公布施行，若不保参议院，则临时政府之组织将归无效，民国前途，甚为危险。然《临时政府组织大纲》所以规定都督派遣者，实因军政府时代，不得不然。而湖北临时议会所以激动各省议会者，谓参议院议员不尽出于民选。彦等以统一政府未成立，参议员可更换，参议院万不可破坏。设令约法规定外生出别种国会，他省效尤，来患曷已。特别议会诸公既主张民选，望公即请特别议会中迅速选举三人，以代彦等，以息纷争，以全大局。无任翘盼之至。刘彦、彭允彝、欧阳振声叩。号。

1912年3月30日《大公报》

刘彦、彭允彝、欧阳振声致湖南特别议会、各报馆电文如下：

湖南特别议会暨各报馆鉴：湖北临时议会发起临时国会，参议院认为法外之举动，已于咢、皓申明，谅邀尊览。民国初建，急望内有统一之实力，庶可早得各国之承认。今于《临时政府组织大纲》、《临时约法》外生出一国会，显示不能统一之现象。且一法外国会既可发生于前，难保无第二法外国会不发生于后，前途何堪设想。公等欲用何等民选方法以赴湖北之法外国会，不若即用该民选方法以易参议院之参议员。《临时约法》第十八条，参议员选派方法，由各地方自定之，是各地方有民选之自由。望即民选五人，以代彦等，并请迅速来宁，以便交替。至湖北发起之法外举动，幸勿附和，以全大局。除呈都督辞职外，专此奉闻。刘彦、彭允彝、欧阳振声。养叩。

1912年3月25日《民立报》

黄树中、熊成章、李肇甫致四川都督电文如下：

急。成都尹、张都督鉴：鄂省临时议会发起临时国会，于法律既无依据，于政治复多危险，业经参议院皓、咢通电通告，谅达尊览。惟参议院虽不可破坏，参议员尽可改选。树中等才识棉[绵]薄，谬蒙选派，原系一时权宜办法。现民国大定，各省议会亦次第成立，参议员一职，若非民选，断无以餍全国人民之望。即祈克期召集省议会，按照《临时约法》第十八条，选派参议员五人来院，俾树中等得早日交替。无任跂祷，并乞赐复。黄树中、熊成章、李肇甫叩。

1912年3月25日《民立报》

赵士北、钱树芳、金章致广东都督、临时省会电文如下：

陈都督、临时省会鉴：日前鄂省临时议会发起召集临时国会，闻广东省会亦表赞成。但参议院认为不适法之举动，经于参议院皓、咢两电将理由通告，想达尊览。然参议院虽不可动摇，参议员尽可改选。请按照《临时约法》第十八条所定每省五人之数，迅速选派来院，以便士北等交【替】,无任感荷。广东参议员〈选〉赵士北、钱树芬、金章同叩。哿。

1912 年 3 月 25 日《民立报》

旅宁湖北同人致各报馆电文如下：

各报馆均鉴：顷得黎副总统咨复湖北临时议会，不承认该议会所提出不加派参议员之案。足见前月所发起之中央国会系少数人之意见，非全鄂人之意思。今将咨复原文电达如下：

"咨复事：本月十七日接准贵议会咨开：'查南京参议院自上月二十八日后，苏、鄂议员辞职，各省议员相继辞职者甚多，所余仅二十三人，已不足法定之数，断难开会。即今该院违背法理，任意开会，揆之法律，决难发生效力，勿论该院所决定《临时约法》为何项性质，人民决不承认。本议会除电恳袁大总统主持外，相应咨请贵军政府通电袁大总统及各省都督、督抚，不认该院决定之《临时约法》为有效。至添该议员一节，贵军政府前派之议员既已辞职，必难挽留，今又添选议员，未免前后两歧。且前次由贵军政府委派，今复由议会选充，是令立法、行政两相混合，揆诸事实法理，均有未协。所请添选二员及派现住南京代表张大昕、彭汉遗等为该院议员一节，碍难承认'等因。准此。

按民国初定，政府尚未成立，而临时国会亦非旦夕所能组织，当此过渡时代，所有一切用人行政，全仗参议院为之维持，是以本军政府咨请贵会选员前往。兹准贵会所称，南京参议院议员除辞职者外，所余仅二十三人，不足法定之数，断难开议，决不承认该院决定之《临时约法》为有效云云，是即不承认参议院为临时立法机关也。然据近由南京来鄂马君伯援之报告，谓南京参议院除辞职者外，确有三十九人，是该院议员已足法定之数，且前后两次临时总统均由参议院选举而出，南京临时政府国务委员亦得参议院之同意组织而成；今北京组织新内阁，诸国务委员又已决定在南京组织，须得参议院同意，是参议院在此时期内极为重要。本军政府为大局起见，决不能不承认该院之为临时立法机关。

贵会据法理事实于咨请选举一节，坚不承认，而参议院对于组织临时统一政府之成立，复刻不容缓，拟仍由本军政府权选精通法政之员前往，继续进行。一俟临时国会成立后，参议院自然无效。所请通电袁大总统及各省都督、督抚，并电知该院表示同意各节，碍难承认。为此咨复，请烦查照。须至查照者。"旅宁湖北同人公启。养。

1912 年 3 月 27 日《大公报》

3 月 23 日(二月初五日)　孙中山咨文南京临时参议院，以袁世凯 3 月 11 日发布的《大赦令》在约法施行之前，须得临时参议院追认，方能有效，咨请临时参议院迅即议决咨复。29 日，临时参议院咨复孙中山，通过追认案。

《大总统咨参议院议决袁大总统大赦命令文》如下：

据司法部总长伍廷芳呈称："案据江宁地方审判厅、检察厅呈称：'三月十七日，读《临时政府公报》电报栏内载有大中华民国元年三月十一日(应为十日，编者)，袁大总统命令："今国体变更，首在荡涤烦[繁]苛，与民更始。我国民积受专制官吏之弊，失教罹罚，政多未平，陷于图圄，或非其辜。当兹民国初基，正宜涤除旧染，咸与维新。凡自中华民国元年三月初十日以前，我国民不幸而罹于罪者，除真正人命及强盗外，无论轻罪重罪、已发觉未发觉、已结正未结正者，皆除免之。我国民其自纳于轨物，怀兹刑辟，毋蹈匪彝，以保我同胞之身命荣名于无极，此令"等因。

查法律命令，效力发生期间，前奉规定公布，无论远近，各衙内以奉到公报后五日为施行期间。所有袁大总统此项命令，所定范围，是否包括南北一律施行。现在北京政府正在组织之中，南京政府又尚存在，是否认此命令为有效？本厅所受诉讼，三月初十日以前，除真正人命盗犯不在赦免之列，已结正未结正者共计五十八人，是否应遵袁大总统此项命令，并予除免？本厅长等未便擅主，相应备文呈请示遵'等情到部。据此。

查南北虽已统一，而内阁正在组织，南京临时政府尚未交卸。袁大总统此项命令，曾否咨由大总统转发临时公报，饬令南北通体遵照，本部未奉明文，不敢臆断。相应据情呈请钧核，饬遵施行"等情前来。

查《临时约法》第四十条，临时大总统得宣告大赦、特赦、减刑、复权，但大赦须经参议院之同意。又同法五十六条，本约法自公布之日施行。袁总统前项命令，查系三月初十日所发布，在约法施行之前，须得贵院之追认，方能有效。合就咨请贵院，迅赐议决咨复可也。此咨。

《临时政府公报》第49号，中国科学院近代史研究所史料编译组编辑《近代史资料·辛亥革命资料》，中华书局1961年版，第361～362页

南京临时参议院咨复孙中山文如下：

三月初十日袁大总统宣布大赦令，前准三月二十三日咨略开："查《临时约法》第四十条，临时大总统得宣布大赦、特赦、减刑、复权，但大赦须经参议院之同意。又同法五十六条，本约法自公布之日施行。袁总统前项命令，查系三月初十日所发布，在约法之前，须得本院之追认，方能有效。合就咨请迅赐议决咨复"等因。当经本院开会宣布，交法律审查会审查。兹据审查报告，复于本月二十九日常会讨论，佥以袁大总统大赦命令，系三月初十日所发布，而约法则在三月十一日公布，中华民国既经成立，施行大赦，以示与民更始之意，自属可行，应即追认，以符约法第四十条同意之规定。除将议决情形，电达袁大总统外，为特咨请大总统查照，此咨。

许师慎《国父当选临时大总统实录》下册，第359页；转引自中华民国史事纪要编辑委员会《中华民国史事纪要》（初稿）中华民国元年（1912）正月至六月，中华民国史料研究中心1981年印行，第356页

△ 孙中山以民国统一，战事终息，令南京临时政府参谋部裁撤大本营名目。

《大总统令参谋部裁撤大本营名目文》如下：

民国统一，战事终息，大本营名目，应即取销。所有关防案卷等即交参谋部存储，以资查考。其作战局职员，向系参谋部第一局职员兼任，着即消去兼差，仍归本部办事。至兵站局尚有转运等事，未便即予撤除，应暂由参谋部兼管，仍酌裁冗员，以节糜费。此令。

《临时政府公报》第49号，中国科学院近代史研究所史料编译组编辑《近代史资料·辛亥革命资料》，中华书局1961年版，第363页

△ 南京临时参议院发布《参议院旁听规则》。

《参议院旁听规则》如下：

第一章　旁听券、旁听席

第一条　参议院颁发旁听券〈旁〉，执此券始得入旁听席，但券面有污损不能辨认者无效。

第二条　旁听券有效期间分为一次及长期两种，明载券面。

第三条　旁听席分特别席、外宾席、普通席、新闻记者席。

第二章　旁听券之颁发

第四条　各官署人员请求旁听，须有所属官厅介绍；各省议会议员请求旁听，须有参议员介绍。统由秘书长承议长命，酌定员数，颁与特别席旁听券。其有效期间，由议长酌定。

第五条　外国人员请求旁听，须有外交部介绍，由秘书长承议长命，酌定员数，颁与外宾席旁听券。其有效期间，由议长酌定之。

第六条　公众请求旁听，须有参议员一人介绍，即由该议员给以普通席旁听券。普通席旁听券限一次有效。每次应发券数，由秘书【长】承议长命，预行核定，均分于各议员。

第七条　在京各日刊新闻报馆，应颁与长期旁听券。其券总数，由秘书长承议长命核定，依各报馆协定之率分配之。

京外各日刊新闻报馆有请求旁听者，由秘书长承议长命，定其员数，颁与长期旁听券。

第八条　颁给各报馆之旁听券，须记其馆名于券面。

第九条　参议【员】介绍旁听人，须将旁听人及本人姓名记于券面。

第三章　旁听人应守之纪律

第十条　凡旁听人须以旁听券示守卫，由守卫指引就其席。

第十一条　一次旁听券入场时，应交守卫截角；长期旁听券应听守卫按日查验，并附名刺。

第十二条　凡携带凶器及酒醉者不得入旁听席。

第十三条　在旁听席应守左列各项：

一、不得携带雨具洋伞水旱烟具等物；

二、不得饮食吸烟及唾涕于地；

三、不得对于议员言论表示可否，并不得互相谈笑；

四、不得阑入议场。

第十四条　先期或临时议决，禁止旁听，经本院揭示后，凡执旁听券者，均不得入席旁听。

第十五条　旁听骚扰过甚，守卫不能即时制止时，议长得命守卫强制旁听人一律退出。

第十六条　旁听人有妨碍议场秩序者，议长得令其退出，重者或发交警署。

起草员　谷钟秀　张耀曾

1912年3月23日《民立报》

△ 黄兴、蔡元培、刘揆一等人发起成立中华民族大同会，推黄兴为总理，刘揆一为协理。下设教育、实业、编译、调查四部。

1912年3月27日《民立报》载：

中华民族大同会于二十三日午后一时至四时在南京门帘桥事务所开成立大会，到会者近百人。首由刘君揆一报告会中宗旨。次由冯君邻翼演说会务及办理方法，并由龚君家僖演说调查蒙古情形。最后议决先举临时总理、协理各一员。并设教育、实业、编译、调查四部。每部各举干事二员，其余职员俟五族会员到齐后再开会公举。所有举定各职员如下：总理黄兴，协理刘揆一，教育冯邻翼、景耀月，实业马君武、余焕东，编译谷钟秀、吕志伊，调查龚家僖、勃勒德克。

中华民族大同会公告成立电文如下：

民国初建，五族涣散，联络感情，化除畛域，共谋统一，保护国权，当务为急，无逾于此。且互相提挈，人道为然，凡我同胞，何忍歧视。用特发起中华民族大同会，现已成立。拟从调查入手,以教育促进步之齐一,以实业浚文化之源泉,更以日报为缔合之媒介,杂志为常识之灌输。章程即付邮寄。希协力提倡,随时赐教,酌拨公款,助成此举,实为公便。

发起人:黄兴、刘揆一、黎元洪、刘景、蔡元培、冯邻翼、景耀月、谭延闿、王芝祥、沈秉堃、徐绍桢、马君武、陈其美、吕志伊、孙毓云[筠]、姚锡光、蒋作宾、尹昌衡、范源廉、恩华、王鸿猷、蒋雁行、龚【家】僖、赵士北、张继等叩。

1912 年 3 月 27 日《大公报》

黄兴等发起组织中华民族大同会启如下:

今既合五大民族为一国矣,微特藩属之称,自是铲除,即种类之界,亦将渐归融化,洵吾华秩代之鸿轨,而环球各国所同钦也。顾五族语文互异,忱悃或有难孚;居处殊方,接洽未免多阻。如无集合之机关,安望感情之联络?况乎强邻逼处,虎视眈眈,唇齿互有相依之势,肥瘠敢存秦越之心。仆等不揣绵薄,组织斯会,藉岁时之团聚,谋意识之感通。智德以交换而愈完,志气以鼓舞而益奋。相挈相提,手足庶无偏枯之患;同袍同泽,痛痒更有相关之情。其始以言论造事实,其究以通力赴成功。共荷民国之仔肩,众擎易举;永奠共和于磐石,转弱为强。此仆等立会微意也。尚希爱国英贤,识时巨子,共矢宏愿,大扩初基,俾我四亿同胞,携手而偕登乐利,与彼五洲强国,联袂而永享和平,本会有厚望焉。此启。

发起人:黄兴、刘揆一、吴景濂、冯邻翼、李瑞清、景耀月、沈秉坤[堃]、王芝祥、谭延闿、马君武、孙毓筠、张继、恩华、胡瑛、张通典、吕志伊、尹昌衡、李鏊、赵士北、蒋彬、范源廉、谷钟秀、德启、杨道霖、李素、马浚年、秦毓鎏,程子楷、刘懋赏、洪翼升、王有兰、王正廷、时功玖、余焕东、李肇甫、沙炳南、姚雨平、盛先觉、赵士钰、金鼎、王宽、刘星楠、章勤士、陶昌善、温世珍、殷汝骊、朱德裳、黄树忠、文群、赵恒惕、马良基、邓文辉、熊成章、何维模、仇鳌、彭占元、平刚、任福黎、何陶、胡国梁、蒋宗潘、尹骞、廖名搢、常恒芳、唐乾一、廖炎、钱树芬,李伟、萧翼鲲、吉勇、金章、彭邦栋、汤漪、马际泰、曾彦、叶毓仑、黄格鸥、刘崛、钟勋、张智、廖秉衡、旷若谷、杨伯文、郭琮瀚、潘晋、刘其成、叶允吉、王树滋、翟宗铎、李猛、罗仲素、张汉英、刘冀、刘芝芬、罗芬、钟元郑、彭定钊、杨时霖、彭桢。

附简章

第一条　本会以联合汉、满、蒙、回、藏五大民【族】共同进化为目的。

第二条　本会先设本部于京都,再于西北或内地适当处所分设支部。

第三条　本会本部分设教育、实业、调查、编译四部,支部因地酌定。

第四条　本会本部设总干事、副总干事各一员,教育部、实业部干事各五员,调查部干事十五员,编译部干事十员,庶务、文案各四员,会计二员。支部职员由各处量事酌设。

第五条　前项各职员以五族会员平均担任为原则,但遇某族会员过少或有别项困难时,可以他族会员填充。

第六条　前项各职员均由会员记名投票公选,惟会计员由总干事商同副总干事委任。

第七条　前项各职员均以三年为任期,如改选当选,仍得连任,惟会计员任期由总干事商同副总干事酌定。

第八条　前项各职员均对于本会负责任,惟会计员对于总干事负责任。

第九条　凡五大民族与本会表同意,有会员二人以上之介绍,而能履行本会规章,无后列各项之一者,皆得为会员:

一、有鸦片烟嗜好者;

二、剥夺公权未恢复者;

三、年未满二十岁者。

第十条　凡本会会员对于会内皆有选举权及被选举权。

第十一条　会员入会时应纳入会金二元，以后每年纳常捐六元，以一、七月两次分缴，特别捐助无定额。

第十二条　会员入会后三个月不交入会金，及一年半不交常捐，或交而不及三分之一者，会员资格当然取消。

第十三条　本会每年开大会一次，于三月第一星期日举行，每月开职员会一次，于每月第四星期日举行。有急要事项，或会员四分之一之请求，得由总干事招集临时大会。

第十四条　本会开办之始，为讨论筹备起见，两星期开谈话会一次。俟办有端绪，此会即不再开。

第十五条　本会拟随时特派会员分赴满、蒙、回、藏聚族各地点，调查一切状况，并与各支部筹商进行。

第十六条　本会拟于京都组织报馆，刊发日报及杂志，以鼓吹本会主义及输灌五族同胞之常识。

第十七条　本会拟于京都组织特别师范学校，招蒙、回、藏人之通汉语或略通汉文，及汉、满人之略通蒙、回、藏语文者，分别教授，以养成蒙、回、藏小学教员。

第十八条　本会拟于西北各处组织工矿、畜牧、皮革、毛织物各项公司，以发展五族同胞之生计。

第十九条　本会对于各族有进步迟滞、生活智虑不完备者，有诱导扶助之责。

第二十条　本会对于各族有疾苦冤抑及正当希望不能自达者，有代为陈白要求之责。

第二十一条　本会对于甲族与乙族互争，或一族自相冲突者，有临事设法消弭之责。

第二十二条　本简章现时作为暂定，俟正式章程撰定行用后，此项简章即行废止。

1912年3月19、20日《民立报》

△ 云南都督蔡锷致电孙中山、黎元洪及各省都督，告以入川滇军开始返滇。

蔡锷致孙中山、黎元洪及各省都督电文如下：

南京孙大总统、武昌黎副总统、各省都督鉴：成都尹、罗都督庚电，计均登览。滇军与蜀军协议东下，业经启行。适闻和局已成，无庸北伐，当即饬滇军分道撤还，其赴渝者取道遵义，在泸者取道大定，在叙者取道大关，陆续还滇。兹接来电，均已遵行。特闻。滇都督锷叩。漾。印。

《天南电光集》，转录自毛注青等编《蔡锷集》，湖南人民出版社1983年版，第200页

3月24日（二月初六日）　孙中山咨文南京临时参议院，请议决司法部所呈前清民刑各律草案及民刑诉讼法，除关于帝室及内乱罪不能适用外，其余继续有效，俟民国法律颁布，即行废止。

《大总统据司法总长伍廷芳呈请适用民刑法律草案及民刑诉讼法咨参议院议决文》如下：

据司法部总长伍廷芳呈称："窃自光复以来，前清政府之法规既失效力，中华民国之法律尚未颁行，而各省暂行规约，尤不一致。当此新旧递嬗之际，必有补救方法，始足以昭划一而示标准。本部现拟就前清制定之民律草案、第一次刑律草案、刑事民事诉讼法、法院编制法、

商律、破产律、违警律中,除第一次刑律草案关于帝室之罪全章,及关于内乱罪之死刑碍难适用外,余皆由民国政府声明继续有效,以为临时适用法律,俾司法者有所根据。谨将所拟呈请大总统咨由参议院承认,然后以命令公布,通饬全国一律遵行,俟中华民国法律颁布,即行废止。是否有当,尚乞钧裁施行”等情前来。查编纂法典,事体重大,非聚中外硕学,积多年之调查研究,不易告成。而现在民国统一,司法机关将次第成立,民刑各律及诉讼法,均关紧要。该部长所请,自是切要之图,合咨贵院,请烦查照前情议决见复可也。此咨。

《临时政府公报》第47号,中国科学院近代史研究所史料编译组编辑《近代史资料·辛亥革命资料》,中华书局1961年版,第352~353页

△ **孙中山令教育部准予设立佛教会**

《大总统令教育部查照佛教会李翊灼等函请保护即予批准立案文》如下:

兹据佛教会李翊灼等函称:设立佛教会,以求世界永久之和平及众生完全之幸福为宗旨,并呈会章,要求保护前来。查近世各国政教之分甚严,在教徒苦心修持,绝不干与政治,而在国家尽力保护,不稍吝惜。此种美风,最可效法。民国约法第五条载明:中华民国人民一律平等,无种族、阶级、宗教之区别。第二条第七项载明:人民有信教之自由。条文虽简而含义甚宏。是该会要求者,尽为约法所容许,有行政之责者,自当力体斯旨,一律奉行。合将该会大纲发交该部,仰即查照批准立案可也。

要求条件一纸并发。

《临时政府公报》第47号,中国科学院近代史研究所史料编译组编辑《近代史资料·辛亥革命资料》,中华书局1961年版,第354页

△ **共和宪政会改名中华民国宪政党,推举伍廷芳为正领袖,李平书为副领袖。**

1912年3月26日《时报》报道:

中华共和宪政会于24号下午借江苏教育总会开常年大会。首由郑君允恭述开会辞,并报告会中成绩,略谓:支会之已成立者有十处,方在组织而未成立者有二十余处。而对于南京政府向道胜银行借债一节,由本会发起力争,得归无效等语。继公推郑君为临时主席,宣布须改会为党之理由。经众议将中华共和宪政会改称中华民国宪政党,原有之会章亦经公同修改订为党章。遂举伍廷芳君为正领袖,李平书君为副领袖,郑允恭君为总务部长,费元烜君为交通部长,陈福民君为编译部长,戈鹏云君为宣讲部长。举毕,公同摄影以留纪念。散会时已六下钟矣。

△ **上海工商勇进党宣布成立,“以振兴工业、扩张商务、扶持工商上之建设为宗旨”,期以“驾美凌欧,执全球之牛耳”。**

1912年3月26日《申报》《工商勇进党成立记事》载:

工商勇进党于前日下午假张园开成立大会,到者数百人。首由张君公威报告开会宗旨,并推黄君磋玖为临时主席。黄君登台演说发起本会及成立情形。次由孙君玉声演说,略谓中华民国今已成立,第一目的在工商两字。中国为地球最大之国,而贫弱反为各国冠,其原因由于工商之不发达,不发达之原因实由工商之不知竞争,以致有退化而无进化。中国工商之所以不能超出外洋者,职是故也。黄君磋玖有鉴于此,发起此党,欲工商两界各生竞争之思想,以为民国富强之基础耳。次由程君杏坪演说,略谓工商两界处此文明时代,为工者急

宜自出心裁，制造器皿，不可墨守成规；为商者宜彼此研究，联络团体，不可倾轧妒忌。果能改良土货，推广销路，庶几民国之金钱不至流出海外矣。次由王博谦君演说，略谓工商两界于民生国计有极大之关系，但本党今已成立，凡为党员者不可有游戏性质，又不可有因循性质，希望本党各员脱除以上两种性质，则本党定可发达。次由郑贞声君演说，略谓中国之工商囿于一省一国之思想，其原因半由于格致、化学尚未研究，半由于调查、竞争不甚加意，是以工商两界均未进步。今日本党开成立大会，鄙人非常欢迎，但愿上海之工商勇进党成立后，各省各府相继发起，务使中华民国不论何处，均有此工商勇进党而后已。末由王君河屏报告开支。遂开筒检票，检齐票数，钟已六下，会长、职员容再宣布，即摇铃散会。

工商勇进党宣言如下：

中华地大物博，天不爱道，地不爱宝，夙称神州之上腴。特人谋不臧，宝藏货财，磅礴郁积，历数千年未尽发现。而强邻环伺，反得测绘我山川，采取我材料，揣合我风俗，制备我器用，以吸我无限之金钱。观历届海关榷税出入比较表，年逊一年，无人不为之慷慨太息，谓中国贫弱之原，职是之由，良可痛也。虽近十年来，各行省创设商务总会与劝工陈列所，并开办商业、工业各学堂，其荟萃商品，精求工艺，开通明智，以振兴实业。然仍抑勒于专制政府之下，各省自为风气，而未能□为一体。坐视夫军界、学界、商界暨城乡社会，几无一物不抑[仰]给于外人。而洋商巨贾，遂得日转运其灵巧炫耀之物品，弥漫我全国，以握我经济之大权。嘻！岂中华之物产尽不适用耶？抑国民之才智均出外人下耶？毋亦提倡不得其人，研究未尽其术，并无极大之团体，合群策群力，以推求维持补救之法，共谋进行之方，以至于此极？今幸世界化为大同，国体改为共和，上下一心，增进人民之幸福，人民均得自由，可以各输其能力，以亟图生存，而免天演之淘汰，此殆转弱为强之大机会矣。惟光复伊始，万几待理，专恃政府之改革，或日夕未遑及此。所赖我全体工商合力勇进，尽中华五行百产之孳生，而以神明华胄之聪明材力制成之，以期驾美凌欧，执全球之牛耳。本党因此发生，誓将联合全国工业、商业两大团体，互通声气，互换智识，互相保卫，互为维持，以成一巩固广大纯全之民党。蓄此宏愿，布告全国，当亦海内外所乐为赞成者矣。

1912 年 2 月 26 日《民立报》

工商勇进党简章如下：

一、名称　本党定名曰工商勇进党。

二、宗旨　以振兴工业、扩张商务、扶持工商上之建设为宗旨。

三、资格　本党党员，须年满二十岁以上、品行端方、具有工商学识经验，得党员一人之介绍，得为本党党员。

四、经费　入党时须缴本党经费洋一元，当给证书、徽章为证（惟徽章费另缴一元），以后每年缴经费洋一元。

五、捐输　如有热心特别捐输每年二十元以外者，认为正党员，当加给金徽章；百元以外者，为特别党员，当加给赤金镶宝徽章，以为区别。

六、出党　党员有不守本党规约、损失名誉及一年未缴经费者，经党员议决，由总干事宣布除名。

七、选举　本党暂定由全体党员内选举职员一百人，再由职员中选举总干事一人、副干事四人，其余职员计分七科办事：

甲、总务；乙、评议；丙、宣讲；丁、交通；戊、调查；己、文牍；庚、会计。

八、优异　本党分设红、黄、蓝、白、黑五部，每部设部长一人。如党员中有能介绍至三百人以上者即为红部部长,二百五十人以上者有[为]黄部部长,二百人以上者为蓝部部长,一百五十人以上者为白部部长,五十【人】者为黑部部长,并给赤金嵌宝徽章,以示优异。

九、开支　坐办一人,由总、副干事于职员、党员内选任,常川驻事务所,承商总、副干事,处决日行党事。遇特别事件,召集临时议会,公同决议。除坐办及常驻文牍、书记、会计酌给薪水外,其余选举各科职员均不开支。

十、进行　本党成立后,先发行《工商日报》,以后再行组织工商银行等事,各职员均由党员中选举。

十一、扩张　通筹全国工商之进步,视本党能力所及,共谋完善方法,冀舒地方财政之困难及扩张垦、矿、营造之事业。如某工、某商实有可发达获利,而本人力有未逮或欲创大小公司而资本不敷者,本党调查属实,应代叙情节,布告各党员,如有同志,即量力集股,以遂其意。

十二、联络　联合华侨之声气,如海外各埠侨民欲购祖国土货,或内地人民欲购各国洋货,本党妥为联络,互通市价,庶彼此可以交换,并可代为定货转运。

十三、介绍　介绍工商之生计,如有资本家欲营某业,未得稳实相当之伙友,本党当妥为介绍,并取具切实的保,俾双方合意而相得益彰。

十四、扶助　本党扶持稚弱之经纪。如某工能成某器,某商能营某业,其物品实为社会所欢迎,而本人拙于组织,本党当代为提倡维持,以成其事。又或小工、小商,人品诚实,而无相当之位置,又乏资本为经营,本党特设贩卖所,俾得贩卖以谋生。

十五、保护　保护工商之失败。如某工、某商,平素诚正,忽有意外之损失,或受同业之凌侮,凡入党者本党代为伸理,俾安生业。或工商之券票、契约,如商家之合同、支票、上单及押据工作之定货及承揽,不无因情事之变迁致两造之争执,凡入党者本党亦应先事绸缪,事后更当任保护。

十六、筹划　筹划妇女之营业。女学肇兴后,法家、医家相率入校,而于工商未闻旁及。本党应随时随地代谋制造营连[运]之事业,使自食其力而不致依赖他人。

十七、宣布　调查工商之状况。本党成立后,党员日增。凡各省物产之盛衰、价值之涨落、品质之良窳暨舟车交通之难易,及各会馆、公所、董事更替之名姓,本党应另设《工商日报》,以明白浅近为主,俾远近咸知。

十八、存储　预备工商之储蓄。本党成立后,各业日渐发达,支部日益推广,由本党仿照日本劝业银行法,开设工商积聚银行,专借工商稳固之事业,且使资本丰溢者有所存储。

十九、整顿　划一工商之度量。权衡此事,本在政治范围之内,然谚云:官禁不如私禁,且地方自治正所以辅助国家。本党当先为整齐之,使归一律,以示不欺不贰而杜弊混。

二十、排解　和解工商之要挟。如行家把持、故意跌抑及团行霸业、同盟罢工之类,两方面均受影响。本党应据理排解,代作调人。

二十一、禁制　禁止工商之诈伪。如商家冒牌影戤及各货以赝乱真、各作偷工减料之类,皆失信用而败市面,本党应随时查察,共同禁制。

二十二、会期　定每年春秋二季开大会一次,其日期先七日报告。凡有重大问题发生,经党员要求,由总干事许可,随时登报约期招集开临时大会。每星期午后二时全体职员开常会一次,如临时发生事件,得由坐办知照职员开谈话会。

二十三、附则　本党事务所暂设三马路鼎丰里对面。本党章程如有未尽事宜,于开大会时经多数党员之同意议决,随时增改。

1912年2月26日《民立报》

3月25日(二月初七日)　唐绍仪为组织内阁来宁谒孙中山,商议国务员名单,孙中山以国务院官制尚未拟定,令法制局迅即拟定并咨请临时参议院议决。次日,孙中山将法制局拟定的《国务院官制》提交临时参议院。

《大总统咨参议院议决国务院官制文》如下:

现在国务总理唐君业已来宁,国务院官制尚未拟定,组织一切将何以为依据?昨经本总统令饬法制局迅拟国务院官职令草案,以便依用。兹据呈送前来,相应咨请贵院迅赐议决,至要。此咨。

附法制局原呈

为呈送事:案奉三月二十五日大总统令开:"现今国务总理唐君业已南来,各部国务员行将发表。查国务院官制尚未拟定,将何所凭据以事组织?为此令仰该局迅将国务院官职令草案拟定,呈送前来,以便一面交参议院议决,一面交唐总理暂行依用,勿延片刻,切切!此令"等因。奉此。即交编制员迅速起草,毋稍延缓。兹国务院官职令草案刻已拟就,谨缮折呈请大总统钧鉴。是否有当,伏乞裁核施行。谨呈。

计呈国务院官职令草案清折一扣。

《临时政府公报》第51号,中国科学院近代史研究所史料编译组编辑《近代史资料·辛亥革命资料》,中华书局1961年版,第374~375页

《国务院官制》如下:

第一条　国务院以国务员组织之。

第二条　国务院以国务总理为首领,承宣机宜,统一行政。

第三条　凡临时大总统公布法律及发布关于一般行政之命令,国务总理及各部总长均副署之。但法律命令之关于一部者,国务总理及主任总长副署之。

第四条　凡左列各项,须开国务会议:

一、法律案;

二、预算、决算案;

三、预算外之支出;

四、军队之编制;

五、国际条约及重要外交事项;

六、官制及官规;

七、执行法律或基于法律委任之命令;

八、各部权限争议;

九、简任官及一级荐任官之任免黜陟;

十、议院咨送之人民请愿案;

十一、各部主管事务关系重要之案件;

十二、国务总理认为应交国务会议之案件。

第五条　各部总长得随时承商国务总理开国务会议。

第六条　国务总理于必要时,得中止各部总长之命令处分,交国务会议裁决。

第七条　国务总理于其职权,或特别委任范围内,得发院令。

第八条　国务总理于必要时,对于巡警总监及地方官,得发谕令。

第九条　国务总理于地方官之命令、处分,认为违背法律、侵害公益、逾越权限时,得停止或撤销之。

第十条　国务总理监督所属各官署,对于直辖事务,应负其责。

第十一条　国务总理有事故时,以他国务员代理其职。

第十二条　国务院置承宣厅,其职员如下:

秘书长一人,简任。

秘书八人,荐任。

主计二人,委任。

录事,委任。

第十三条　秘书长承国务总理之命,总理承宣厅事务,其职掌如下:

一、参与机要;

二、保管机密文书;

三、进退国务院所属委任官。

第十四条　秘书承国务总理或秘书长之命,分掌左列各事项:

一、宣达法令;

二、收掌公文;

三、保管图书;

四、典守印信;

五、草拟文牍;

六、编纂纪录;

七、整理庶务。

第十五条　主计承上官之命,掌管会计事务。

第十六条　录事承上官之命,缮写文件,经理庶务。

第十七条　本制自公布日施行。

许师慎《国父当选临时大总统实录》上册,第371页;转引自中华民国史事纪要编辑委员会《中华民国史事纪要》(初稿)中华民国元年(1912)正月至六月,中华民国史料研究中心1981年印行,第363～365页

△ **袁世凯任命张镇芳署理河南都督。**

袁世凯命令如下:

河南都督齐耀琳请假省亲,应如所请,给假一个月。委任张镇芳署理河南都督。此令。中华民国元年三月二十五日即壬子年二月初七日。大总统盖印。

1912年3月27日《大公报》

△ **袁世凯发布命令,准予驻京扎萨克喇嘛等组织蒙藏统一政治改良会,以使蒙藏人民一切公权私权均与内地平等。**

袁世凯命令如下:

达赖喇嘛、班禅额尔德呢、哲布曾丹巴、呼图克图,分驻蒙、藏,为黄教宗主,历辈相传,咸深信仰。凡我蒙、藏人民,率循旧俗,作西北屏藩,安心内向。近年边疆大吏,措施未善,每多压制,甚且有一任官吏,敲诈剥削,以致恶感丛生,人心涣散。言念及此,不禁慨然。现在政体,改建共和,五大民族,均归平等。本大总统坚心毅力,誓将一切旧日专制弊政,悉行禁革,蒙、藏地方,尤应体察舆情,保守治安。兹据驻京扎萨克喇嘛等,公恳组织蒙藏统一政治改良会,核其宗旨,系为宣布五族平等,伸我蒙藏人权起见,应准其先行立会。自兹以往,内外扎

萨克蒙古各盟旗暨两藏地方,历来疾苦之事,应候查明,次第革除。并望各王公、呼图克图、喇嘛等,于中央大政及各该地方应兴应革事宜,各抒政见,随时报告,用备采择,务使蒙、藏人民一切公权、私权,均与内地平等,以昭大同而享幸福,是所至望。此令。中华民国元年三月二十五日即壬子年二月初七日。大总统盖印。

1912 年 3 月 26 日《大公报》

△ 全国军界统一会在北京正式成立。

1912 年 3 月 29 日《大公报》《军界统一会开会纪事》载:

初七日下午一点钟,军界统一会在煤渣胡同政法堂开第一次大会。各省代表齐集后,首由会长报告会务及开会主旨,谓:"现在共和成立,南北军事形势上虽已统一,而实际上尚未统一,是军事尚在危险时期,非有统一机关以联合之,不足以收统一之效"云云。经各多数代表赞成,遂提议大纲(大纲另录),亦经多数赞成通过。后决定会之名称仍定为军界统一会,又指定会章及议事规则并起草员。后休息三十分钟,合拍一照,各代表仍入会场,由各代表演说开会利益及统一进行办法。后由会长决定十一日开第二次会议。至六时闭会。

中华全国军界统一会通告成立电文如下:

南京孙大总统、武昌黎副总统、南京参议院、各省都督、各军司令公鉴:本会已于三月廿五日开成立大会,议决会纲,并派员赴宁促成统一政府。宁、苏、浙、豫、皖、奉、吉、黔、粤、鄂、燕、鲁、晋十三省,又蒙古、临淮、江北、热河、察哈尔、上海等处代表共五十九人均与会。军界统一会。有。印。

《临时政府公报》第 52 号,中国科学院近代史研究所史料编译组编辑《近代史资料·辛亥革命资料》,中华书局1961年版,第392页

3 月 26 日(二月初八日) 袁世凯任命彭英甲补授甘肃布政使。

袁世凯命令如下:

任命彭英甲补授甘肃布政使。此令。中华民国元年三月二十六日即壬子年二月初八日。大总统盖印。

1912 年 3 月 27 日《大公报》

△ 孙中山咨文南京临时参议院,请议决南京临时政府法制局拟订的《法官考试委员官职令草案》及《法官考试令草案》。

《大总统咨参议院请议决法制局拟定法官考试委员官职令及法官考试令草案文》如下:

司法为独立机关。现在南北统一,所有司法人员,必须应法官考试,合格人员,方能任用。兹据法制局拟定法官考试委员官职令及法官考试令两种草案,呈送前来,合行咨请贵院议决咨复可也。此咨。

计附送法官考试【委员】官职令及法官考试令草案两册。

《临时政府公报》第 48 号,中国科学院近代史研究所史料编译组编辑《近代史资料·辛亥革命资料》,中华书局1961年版,第357页

△ 孙中山咨文南京临时参议院,请议决南京临时政府内务部呈《暂行传染病预防法草案》。

《大总统咨参议院请议决内务部呈暂行传染病豫防法草案文》如下:

据内务部呈称:"窃查瘟疮、白喉症、猩红热等传染病,已有发生之兆,非亟定预防法,不足以重卫生而便执行。兹由本部拟就暂行传染病预防法草案三十五条,另册缮就,理合一并呈送钧案,交法制院审定后,咨由参议院议决公布施行,俾便遵循,实为公便"等情前来。查传染病发生甚易,传播至速,亟应制定预防法规,俾有司实力奉行,人民知所防范。该部所称,实为卫生行政最要之举。合将该部呈送之暂行传染病预防法草案三十五条咨送贵院,请烦查照议决见复,以便颁布施行。此咨。

《临时政府公报》第48号,中国科学院近代史研究所史料编译组编辑《近代史资料·辛亥革命资料》,中华书局1961年版,第357页

△ 孙中山咨文南京临时参议院,请议决南京临时政府财政部拟定《金库则例》。

《大总统咨参议院请议决财政部拟定金库则例文》如下:

据财政部呈称:"窃维整顿财政,首在杜绝弊端,而机关之组织不完,则弊端无由而杜绝。各国办理方法,务使事务机关与出纳机关分离对立,以明权限而杜侵渔。前清财政紊乱已达极点,究厥原因,实以机关混同为丛弊之所出。

今民国方兴,亟宜兴利除害。本部职司财政,自以剔除积弊为先,此统一国库所以不容视为缓图者也。查近今各国国库制度约分二派:曰存款制度,曰委托制度。存款制度者,系以国库收入悉数存入中央银行,作为普通存款。支出时,发银行支票,使中央银行代为应付,则库务节手续之烦,国帑无保藏之患,诚最良之制度也。英国行之。委托制度者,系以国库现金出纳,保管事务,委托中央银行办理。其国库资金与银行资金,划分为二。银行虽任出纳、保管之责,而非有部令,不得任意通融,市面虽有恐慌,而库藏不蒙其影响。欧美诸国以及日本多行之者。两者比较,互有短长。

窃思我国变乱初平,市面尚难恢复,而中央银行根基始立,支店未克完成,存款制度既属难行,委托制度尚形窒碍。惟因统一国库迫不容缓,谨拟采用委托制度,订定金库则例十四条,呈请察核后,咨送参议院议决,颁布施行,为金库规则之基础。随由本部审察目下情形,再订金库出纳事务暂行章程,以部令施行,为一时变通之计,启将来渐进之基"等情前来。

查该部所呈,自属整理财政切要之图。相应缮具该项则例,咨请贵院迅即议决,以便施行。此咨。

计送金库则例一扣。

《临时政府公报》第48号,中国科学院近代史研究所史料编译组编辑《近代史资料·辛亥革命资料》,中华书局1961年版,第357~358页

3月27日(二月初九日)　南京临时参议院通过《参议院法》十八章一百零五条,咨请孙中山公布。孙中山于4月1日公布《参议院法》。

《参议院咨送议决参议院法文》如下:

参议院咨:查《中华民国临时约法》第三章第二十七条,《参议院法》由参议院自定之。兹由本院于本月二十七日常会议决《参议院法》十八章共一百零五条,合就缮录全案,咨请大总统查照,希即公布。此咨。

计咨送参议院法一件。

《临时政府公报》第55号,中国科学院近代史研究所史料编译组编辑《近代史资料·辛亥革命资料》,中华书局1961年版,第424页

《参议院法》如下：

参议院法目录

第一章　总纲

第二章　参议员

第三章　议长副议长

第四章　委员

第五章　会议

第六章　委员会

第七章　选举

第八章　弹劾

第九章　质问

第十章　建议

第十一章　请愿

第十二章　国务员及政府委员

第十三章　参议院与人民官府及地方议会之关系

第十四章　纪律及警察

第十五章　惩罚

第十六章　秘书厅

第十七章　经费

第十八章　附则

参议院法

第一章　总纲

第一条　参议院设于临时政府所在地。

第二条　参议院以约法第十八条所定，各地方有五分三以上派参议员到院，即行开会。

第三条　参议院开会期间，至解散之日为止。

第四条　参议院经议长提议、参议员过半数可决，得休止开会，但休会期间，不得过十五日。休会期中，有紧急应议事件，议长得通告开会。

第二章　参议员

第五条　中华民国之男子，年龄满二十五岁以上者，得为参议员，但有左列条件之一者，即失其资格：

一、剥夺公权者，及停止公权者；

二、吸食鸦片者；

三、现役海陆军人；

四、现任行政职员及现任司法职员。

第六条　参议员有不合资格之疑者，他参议员得陈请审查，由院公选委员九人审定，报告议长，付院议决定。

第七条　参议员于选定通知到院后，六十日内不报到者，应即取消，由院咨请另选。但甘肃、新疆、西藏、青海、内外蒙古各处参议员，不在此限。

第八条　参议员到院，须提出委任状于议长，但原选地方先有通知者，委任状得于日后补交。

第九条　参议员既到院者，原选地方非得参议院同意，不得取消。

第十条　参议员任期,以参议院解散之日为限。

第十一条　参议员辞职,须具理由书,请参议院许可。参议院许可辞职时,应即通告该原选地方,于一定期间内另行选派。

第十二条　参议院认参议员辞职理由为不当时,得劝告留任,但劝告后七日间犹无确答者,应即解职。

第十三条　参议员非有正当理由,不得请假。假期间在五日以内者,得由议长许可,五日以上者,须付院议决定。

第十四条　参议员不得任意缺席,违者分别惩罚。

第十五条　参议员不受岁费。

第三章　议长、副议长

第十六条　议长维持参议院秩序,整理议事,对于院外代表参议院。

第十七条　议长得任免秘书长及其下各职员,并指挥监督之。

第十八条　议长于常任委员会及特别委员会,均得出席发言,但无表决权。

第十九条　议长有事故时,副议长代理其职。

第二十条　议长、副议长均有事故时,得另选临时议长,行议长之职务。其选举方法,准用《临时约法》第二十四条。

第二一条　议长、副议长任期与参议院同。

第二二条　议长、副议长因故请假或辞职,须提出理由书,付院议决定,但请假期间在五日以内者,不在此限。

第二三条　议长、副议长有违法徇私情节,经参议员十人以上提议,得交惩罚委员会审查后,付院议决定,如多数认为不称职时,即解职另举。

第四章　委员

第二四条　本院设全院委员、常任委员、特别委员三种。

第二五条　全院委员以全院参议员充之。

第二六条　常任委员分设法制、财政、庶政、请愿、惩罚五部,各担任审查本部事件,由参议员用无记名连记投票法互选之,其各部员数由院议决定。

第二七条　特别委员担任审查特别事件,由议长指定或本院选出之。

第二八条　常任委员得兼任特别委员。

第二九条　凡被选或被指定为委员者,非有正当理由不得辞职。

第三十条　全院委员长由本院选定,但议长、副议长不在被选之列。常任委员长及特别委员长由各委员会互选之。

第五章　会议

第三一条　参议院除休会外,每星期一至星期五上午九时至十二时为寻常会议时间,但有紧急事件,特别开会不在此限。

第三二条　参议院议事日程,由议长编定,先二日通知各参议员,并登载公报。

第三三条　参议院非有到院参议员过半数之出席,不得开会,但《临时约法》及本法关于出席员数有特别规定者,从其规定。

第三四条　参议院会议时,以出席参议员过半数之所决为准,但《临时约法》及本法关于表决员数有特别规定者,从其规定。

第三五条　参议院议决可否同数时,应依议长之所决。

第三六条　参议员于议案有关系本身及其亲属者,不得参预表决。

第三七条　凡未出席参议员,不得反对未出席时所议决之议案。

第三八条　关于法律、财政及重大议案,须经三读会始得议决,但依政府之要求或议长、议员之提议,经多数可决,得省略三读会之顺序。

第三九条　政府提出之议案,非经委员审查不得议决。但紧急之际,由政府要求、经多数可决者,不在此限。

第四十条　政府提出之议案,未经本院议决以前,无论何时,得修正或撤回之。

第四一条　议员提出法律案,须有十人以上之赞成者,其他提议,除别有规定者外,须有三人以上之赞成者,会同署名,先期交议长通告各参议员。

第四二条　参议员于议场上临时动议,附议在一人以上,方成议题,得请议长付讨论。

第四三条　委员于议场得自由发表意见,不受该委员会报告之拘束。

第四四条　参议院会议须公开之,但有左列事由,经多数可决者,不在此限:

一、依政府之要求;

二、依议长或参议员之提议。

第四五条　开秘密会议时,议长得令旁听人退席。

第四六条　参议院会议之结果,按期编成速记录、议事录、决议录,惟秘密会议事件,不得宣布。

第四七条　参议院议事细则另行规定。

第六章　委员会

第四八条　参议院遇有重要问题,由议长或参议员十人以上之提议,经多数议决者,得开全院委员会审议之。

第四九条　常任委员会遇有同一问题,须有两部以上协同审查时,得由该数部之同意,开连合委员会审查之。

第五十条　全院委员会,非有委员三分一以上出席,常任委员会及特别委员会,非有该委员半数以上出席,不得开会。

第五一条　凡委员会均禁止旁听。

第五二条　常任委员会及特别委员会,得许参议员莅场旁听,但得议决禁止。

第五三条　各委员长须将委员会议决之结果报告于参议院。

第七章　选举

第五四条　依《临时约法》第二十九条,选举临时大总统或副总统时,参议院应于五日前,将开选举会日期布告全国。

第五五条　施行选举之前一日,参议员以十人以上之连署,得推举临时大总统或副总统候补人。

第五六条　施行选举以前,由议长延请院外相当之行政官或司法官,届期临场,检验选举票。

第五七条　选举用无记名投票法,其对于候补人以外之投票,作为无效。

第五八条　选举会投票既毕,即将票柜封锁,以后入场者,不得投票。

第八章　弹劾

第五九条　弹劾大总统案,非参议员二十人以上之连署,弹劾国务员案,非参议院[员]十人以上之连署,不得提出。

第六十条　决定弹劾案,须用无记名投票法表决。

第六一条　弹劾大总统案通过后,即日将全案通告最高法院,限五日内互选九人组织特别法廷[庭],定期审判。

第九章　质问

第六二条　参议员对于政治上有疑义时,得以十人以上之连署,提出质问书,由参议院转咨政府。

第六三条　关于前条之转咨,应酌量缓急,限期答复。

第六四条　政府答复后,如提出质问者,认为不得要领时,由参议院咨请国务员限期到院答辩。

但国务员如有不得已事故,不能到院时,得委员代理。

第十章　建议

第六五条　建议案非有参议员五人以上之连署,不得提出。

第六六条　建议案通过后,即日将全案咨告政府。

第六七条　已通过之建议案,政府不能采用时,不得再以建议方式提出于参议院。

第十一章　请愿

第六八条　国民请愿书,非有参议员三人以上之介绍,不得受理。

第六九条　请愿书当付请愿委员会审查,如委员会认为不符格式时,议长应交介绍人发还之。

第七十条　请愿委员作请愿事件表,录其要领,每七日报告一次。

请愿事件,如有委员会或参议员十人以上之要求,得提付院议。

第七一条　除法律上认为法人者外,以总代之名义请愿者,不得受理。

第七二条　请愿书对于政府或参议院有侮辱之语者,不得受理。

第七三条　参议院不受变更《临时约法》之请愿。

第七四条　参议院不受干预司法及行政裁判之请愿。

第十二章　国务员及政府委员

第七五条　国务员及政府委员,无论何时得到院发言,但不得因此中止议员之演说。

第七六条　国务员及政府委员,于委员会审查议案时,得到会陈述意见。

第七七条　委员会得经议长要求国务员或政府委员之说明。

第七八条　国务员及政府委员于各会议均不得参与表决。

第十三章　参议院与人民官厅(目录为"府"字,编者)及地方议会之关系

第七九条　参议院不得向人民发布告示。

第八十条　参议院不得因审查事件召唤人民。

第八一条　参议院为审查事件,得向政府要求报告,或调集文书,政府除事涉秘密者外,不得拒绝。

第八二条　参议院审查关系地方之政务,得咨询该地方议会,令其答复。

第十四章　警察及纪律(目录为"纪律及警察",编者)

第八三条　参议院院内警察权,依本法及本院所定规则,由议长行之。

第八四条　参议院设守卫警护全院,听议长指挥。

第八五条　参议员于会议时,有违背院法及议事规则,或紊乱议场秩序者,议长得警告制止之,或取消其言论,若仍不听从,得禁其发言,或令退出。

第八六条　议场骚扰不能维持秩序时，议长得中止会议或宣告散会。

第八七条　旁听人有妨害会议者，议长得勒令退席，或发交警厅。若旁听席骚扰不能制止时，议长得令旁听人全体退出。

第八八条　参议员于议场不得用无礼之言辞。

第八九条　参议员于议场或委员会受诽毁侮辱时，得诉之参议院求其处分，不得私相报复。

第十五章　惩罚

第九十条　参议院对于参议员有惩罚之权。

第九一条　凡惩罚事件，必交惩罚委员会审查，经院议决定始得宣告。

第九二条　惩罚之种类如下：

一、于公开议场谢罪；

二、一定之期间内停止发言；

三、一定之期间内停止出言[席]；

四、除名。

第九三条　参议员无故缺席连续至五日者，应酌定五日以上之期间停止其发言，一月内无故缺席至七日以上者除名。

第九四条　参议员携带凶器入议场者除名。

第九五条　前二条惩罚事件，得由议长提议，其他惩罚事件，须由参议员五人以上之提议，统照九十六[一]条规定办理。

请付惩罚之提议，须于惩罚事件发生后三日内行之。

第十六章　秘书厅

第九六条　参议院设秘书厅，掌本院文牍、会计，编制各种记录，并办理一切事务。

第九七条　参议院秘书厅，设秘书长一人，秘书员若干人，此外必要职员，由议长酌定。

第九八条　秘书长承议长之命，管理本厅一切事宜。

第九九条　秘书员承秘书长之命，分掌各科事务。

第一百条　秘书厅办事细则，由秘书长拟订，呈由议长核定施行。

第十七章　经费

第百一条　参议院经费由国库支出。

第百二条　参议院经费，除开办费外，其款目如下：

一、参议员公费及旅费；

二、议长、副议长津贴费；

三、秘书厅经费及守卫经费；

四、杂费及预备费。

第百三条　前条所列各款经费，其数目别以支给章程定之。

第百四条　前条所列各款经费，除旅费外，由参议院按月制定预算表，咨请财政部提交参议院，分别支给。

第十八章　附则

第百五条　本法自公布之日施行。

《临时政府公报》第55号，罗家伦主编《中华民国史料丛编·临时政府公报》(第41～58号)，中国国民党中央委员会党史史料编纂委员会1968年影印，第1245～1260页

△ 孙中山复函佛教会,解释临时约法中信教自由精神,并赞赏各国政教分离。

《大总统复佛教会函》如下:

敬复者:顷读公函,暨佛教会大纲,及其余二件,均悉。贵会揭宏通佛教,提振戒乘,融摄世间出世间一切善法,甄择进行,以求世界永久之和平,及众生完全之幸福为宗旨。道衰久矣,得诸君子阐微索隐,补弊救偏。既畅宗风,亦裨世道,曷胜瞻仰赞叹。近世各国政教之分甚严。在教徒苦心修持,绝不干与政治,而在国家,尽力保护,不稍吝惜。此种美风,最可效法。民国约法第五条载明中华民国人民一律平等,无种族、阶级、宗教之区别。第二条第七项载明人民有信教之自由。条文虽简,而含义甚宏。是贵会所要求者,尽为约法所容许,凡承乏公仆者,皆当力体斯旨,一律奉行,此文所敢明告者。所有贵会大纲,已交教育会存案,要求条件,亦一并附发。复问道安。孙文。

《临时政府公报》第49号,中国科学院近代史研究所史料编译组编辑
《近代史资料·辛亥革命资料》,中华书局1961年版,第364~365页

△ 孙中山令南京临时政府财政部拨款一万元交实业部备赈清淮难民。

《大总统令财政部拨银一万元交实业部备赈清淮难民文》如下:

据内务部呈称:"准实业部咨开:'顷准江北蒋都督电开:"前奉大总统来电,以江北灾情甚重,已筹款发交张总长,分别办理。现在清淮一带,饥民麇集,饿尸载道,秽气散于城郊,且恐郁为鼠疫。当此野无青草之时,定有朝不保夕之势。睹死亡之枕藉,诚疾首而痛心。现虽设有粥厂,略济燃眉,无如来者愈多,无从阻止,粥厂款项不继,势将停止。苟半月内无大宗赈款来浦接济,则饥民死者将过半矣。即有数百千万之巨款,亦不能重起饿莩于九原,令其受赈。为此情急,沥血电陈,可否仰求大总统、总长,俯念灾民垂毙,急救目前,于无论何处,迅拨款万金,由总长派员经理其事,俾饥民得稍缓须臾之死,以待夏秋之成。雁行不胜迫切待命之至"等因到部。查江北待赈孔殷,自应合力筹济。为此咨请贵部,希查核办理'等因。准此。查来电量予赈济之处,似尚可行。拟请令行财政部,勉筹急赈一万元,即照前次江北赈灾办法,由实业总长遴员前往,切实散放,以苏民困"等因前来。

查清淮一带,饥民麇集,流离死亡,相属于道,实堪悯恤。除令行江苏都督另筹抚恤方法、协力进行外,为此令仰该部长,迅即拨银一万元,交由实业部,派员前往切实散放,以济灾黎而谋善后。切切。此令。

《临时政府公报》第49号,中国科学院近代史研究所史料编译组编辑
《近代史资料·辛亥革命资料》,中华书局1961年版,第362~363页

△ 黄兴致电各省都督、各军司令、各报馆,告以奉孙中山令,大本营业将撤销,兵站未尽事宜,现由参谋部兼管,作战局职员已饬回本部供职。

黄兴致各省都督、各军司令、各报馆电文如下:

各省都督、各军司令、各报馆均鉴:本部三月二十三日奉大总统令开:"民国统一,战事终息,大本营名目应即取销。所有关防案卷等即交参谋部存储,以资查考。其作战局职员向系参谋部第一局职员兼任,着即销去兼差,仍归本部办事。至兵站局,因有复员转运等事,未便即予撤除,应暂由参谋部兼管"等因。奉此。本部业将大本营撤销,接受关防案卷。所有兵站局未尽事宜,现由本部暂行兼管,其作战局职员已饬回本部供职,特此通告各处。嗣后如有关于兵站局事件,请直与本部接洽,以一事权,而免纷歧。参谋部[总]长黄兴。沁叩。

1912年4月3日《大公报》

△ **苏州第十八师团第二标士兵哗变，大肆焚掠（一说四十六标）。**

1912年4月4日《大公报》要闻《详记苏州兵士大焚掠》载：

三月二十七日（初九日）午后，苏州春仙茶园演凤池庵新剧，有多数军士系南京回来之十八师团第二标往看白戏，秩序大乱，茶园恐肇事端，至四时半即闭幕。晚间大观戏园演唱，在座者军界中人居其大半，后演至三笑姻缘笑剧，军人借端哗闹，流氓匪类乘隙附和。旋即纠集数百人，手持枪械，向晋丰兴及某钱店抢劫一空，并放火焚毁，幸邻右护救，尚未波及他铺。当时马路口、山塘街及吊桥左右各商店被劫者不计其数。而鞋店某甲暨吊桥堍复成烟钱店某妇、乐芸坊某妓，均中弹身死。李源昌店主伙友与□僧之在路上行走者，咸受重伤。闻山塘街死者又有五六人。某兵士割断电线，触电而毙。各营统领闻信后即前往查拿，各商团亦即荷枪梭巡，以资保卫。一时商民大恐，闭城罢市。廿八日午前阊门紧闭未开，城内外各店均停止交易，至午后始开城，城内照常贸易。惟马路一带仍相率罢市，而军警商团之荷枪来往者络绎不绝。此次商店被兵抢劫，一面至山塘洞桥，一面至胥门盛家弄一带，一面至阊门越城，其间商店数千家全行被劫。越城内线店徐源茂洋广货店、维康顺大两钱庄均被焚劫。马路如大庆楼、新太和等菜馆及各店均遭波及。二十八日全行罢市。议会议员亦遭兵劫，均在议会议事，一面电禀都督速即回苏，一面电禀南北两总统。闻庄都督即于是日午后回苏。

1912年3月29日《民立报》《记苏州兵变事》亦载：

本社苏州特派员函云：二十七晚间，苏州阊门外忽又起兵变。巨案自马路广济桥起，直至近城之吊桥为止，所有店面全行被劫。念八黎明，鸭蛋桥一带又报火起，旅馆、饭馆被焚者甚多。昨晨闭城戒严，马路行人绝迹。兹查其起事原因及被劫情形如下：

苏州马路原有戏馆二家，平时凡对于军界皆不敢取资。历年之兵警冲突及去年春间马夫大打新军等案，无不出于戏馆之内，故戏馆营业终不发达，时作时辍。前夜之事，亦在大观园内起衅。闻先有二营一标兵士（新由他处调回苏州者，或谓自南京回省，或谓自安徽寿州撤防归来者，不得详晰）麇集戏园时，适邻座有某军队人其服装军帽上有红线，与宪兵相彷彿，四十六标兵士与某军因细故口角，继即用武，声言我等平时受宪兵压制甚久，今日定须报复。旋经某军声明并非宪兵，略有和解之象。后忽大起冲突。四十六标兵士大肆威风，将戏馆已蹂躏大半，戏亦辍演。该兵等出门即闯入对面苏台旅馆，掳劫一空，连属而至惠中旅馆、利昌旅馆。时复有流氓数十人蜂拥而至，助之为虐，相率向城门一带而去，所有店门尽行撞开，枪声不绝，居人惊起，即广济桥北首隔离甚远之留园及赤十字社分医院等，均经破门直入，幸未受大损，呼啸而去。德华楼亦系菜馆，店人皆严守如防盗，益触该兵士怒，不移时而报火起矣。

火起时，天已黎明，计焚去苏台旅馆及德华楼菜馆附近之小洋货店、茶店约二三十家。至七时半，自苏至沪之火车开行时，火犹未熄。

此次变乱，受伤死者数人，伤者数十人，其他一切损失尚待调查。当火炽时，马路后面之妓院均惊起逃命，马路中均蓬头跣足之娼僚。居民等均瑟缩于桥栅后面，不敢出头。其惨状殆有过于兵燹。

城中得信在晨间五时，庄都督适因公在沪，都督府中之民政各司皆一筹莫展，但传电话至警务公所，传令今晨不开城门，故乱兵尚未入城，城门幸保无虞。后由苏州防兵出城弹压，而乱兵已散窜，乃开齐、娄二城门，以便火车交通，余门仍未开。昨日尚无其他险象，惟人惶惑异常，纷纷附车来沪，火车有人满之患。头班车到沪，满车皆妇女，避难者形状均十分狼狈。

庄都督亦于昨日下午四时许专车回苏。又南京闻信派来弹压之兵亦已抵苏矣。

又闻此次乱兵大肆焚抢后,即行四窜,有逃至沪宁车站乘车来沪者。昨日在上海车站已拿获此案犯兵数人,一李德胜即李起胜,一夏德胜,已逃去,系二营一标兵士,均七点二十分早车来者;一徐连生即徐阿大,崇明人,十一点五十五分车来;一沈维元,一严良郎,均崇明人,二点三十分车来。均经押送沪都督府军法司讯问矣。

又一特别访函云:廿七日午后六时,有苏军第十八团第二标(即四十五标改名)兵士(新由南京、安徽调回者,故皆放假休息)数百名,哄至戏馆强行入内观剧。事为宪兵第一队王排长闻悉,即率领宪兵及陆军警察前往弹压。该标兵不问情由,即用椅凳望宪兵遥击,当伤陆军警察两名,各兵一哄而散。讵各兵回营后,于八时许,约同大队各持枪械先至上塘街抢劫,六门当即闭城,一时炮火连天,哭声震地,北自阊门吊桥迤西,由南濠至胥门日晖桥及阊胥马路、上塘、下塘、渡僧桥一带、山塘、七里各铺户,均被抢劫一空。各店门有用刀斧劈破者,有用枪弹击毁者,甚或有抢劫后复行放火者。当时晋丰当、顺大【钱】庄均被抢、被火。至夜半又有无数土匪及江北丐妇亦各乘间抢物,其枪声直至次日六时始息。计中弹毙命者男五人,妇二人,小孩一人,被劫者不知其数。

廿八日上午仍未开城,全城罢市。现由商会急电袁总统、陆军部,迅筹救平方法。

阊门马路之日本商店,如丸三药房、东瀛茶店、长阪牙医院、蓬莱理发店,亦皆被抢无遗,逃命(下缺两字或三字,编者)。

省议会指定之苏台、利昌两旅馆内各议员之行李,均尽行抢去,并身上衣服亦皆剥去,各狼狈归去。

下午一时,阊门城门已开,有先锋队第三营兵三百名持枪进城保护,并有子弹十五箱随带进城。

各商团顷已出防维持秩序,并劝令各商店照常开市,而皆恐慌无敢开者。

当各兵抢劫时,先将电话线割断,故城内军政司得信甚迟,遂未及防护。

有一军人模样者被弹击毙于马路上,廿八日午后三时尚无人来收殓。

都督府顷已分电各处,饬令车站、轮埠严密查拿此项苏军。

沪宁铁路车站现已派有宪兵驻站保护。

旅苏西人,今日避往他处者,都督府均派兵沿途护送。

3月28日(二月初十日)　隆裕太后传谕解散宗社党(尚有2月29日、3月4日说)。

《东方杂志》第8卷第11号《中国大事记》载:

清帝退位后,满贵族中有反对共和者,设立宗社党,秘密运动,并有购运军械情事。北京谣传颇盛,清太后特令世续传谕,略谓:民国优待皇室,厚礼有加,该党等富贵尊荣亦可保守。若必欲藉怀复为名,以致生灵涂炭,贻误大局,将为人道所不容;且惹起外人之干涉。应速即解散,以免自取罪戾。

1912年3月1日《大公报》《清太后劝解宗社党》载:

清太后近因宗社党屡屡秘密计议,实于共和成立大局有碍。昨特派世伯轩太保、和硕礼亲王前往抚慰解散。并闻此次宗社党宗旨专调查新政府创办一切事宜,有无弊端等事,并无他项暴动之举云。

△ 孙中山以各省光复以来，地方行政长官及带兵将领，良莠不齐，每每凭藉权势，凌轹乡里，通令各省都督保护人民生命财产，“务须严饬所属，勿许越法肆行”。

《大总统令各都督保护人民生命财产电文》如下：

各省都督鉴：临时大总统孙令：此次改革，原为救民水火。乃闻各省光复以来，各地方行政长官及带兵将领，良莠不齐，每每凭藉权势，凌轹乡里。有非依法律辄入人民家宅，搜索银钱、衣物、书籍据为己有者；有托名筹饷，强迫捐输，甚且虏人勒赎者；有因小忿微嫌，而擅行逮捕人民，甚或枪毙籍没，以快己意者；排挤倾陷，私欲横溢，官吏放手，民人无依。若不从严缔治，将怨郁之极，铤而走险，恐非地方之福。现在地方官制尚未颁行，各省都督具有治兵察吏之权，务须严饬所属，勿许越法肆行。一面出示晓谕人民，有受前项疾苦者，许其按照《临时约法》来中央平政院陈诉，或就近向都督府控告。一经调察确实，立予尽法惩治，并将罪状宣示天下，以昭儆戒。本总统虽解职在即，然一念及民生涂炭，国本所关，不敢自暇。愿我各省都督百僚有司共勉之。此令。二十八日。孙文。印。

《临时政府公报》第52号，中国科学院近代史研究所史料编译组编辑《近代史资料·辛亥革命资料》，中华书局1961年版，第383页

△ 南京临时政府财政部颁布《金库出纳事务暂行章程》。

《财政部酌定暂行出纳章程》如下：

据库务司案呈，金库则例前经拟就，呈由大总统咨交参议院核议在案。查该则例第十三条内开，在国库未统一以前，得由财政总长酌定暂行出纳章程施行等由，合行订定金库出纳事务暂行章程，通饬中国银行、各主管局所、各府县行政公署及各署出纳员，遵照办理可也。此令。

金库出纳事务暂行章程

第一节　总则

第一条　国库暂与中国银行订立往来存款契约，以国库现金由该行代理出纳保管。

第二条　国库开库时刻以办理库务各机关办公时刻为准，但认为有特别事由者不在此限。

第三条　国库或银行收支现金，凭解款人或领款人在场点验，如有数目不符或伪造等情，应即当场请补提换。

第四条　国库支付各署领款，均以印文为凭，其他函件不得作据。

第二节　岁入

第五条　各项岁入，暂由各主管局所或各府县行政公署经收。近者十日，远者每月，应将收数详细开列备文解报国库后，即以该款交由该地或该地附近中国银行收入国库存款。但与中国银行所在地距离过远且解款不便者，暂由该处妥为监管，仍须每十日将收数备文呈报，听候国库指拨。

第六条　各处解款及各项收入由中国银行代收时，即由该行代发收据。将收数归入国库存款后，应具收款通知书，添附该处解款原文报知国库。

第七条　岁入经收处应于每月末将该月所收数目，每年末将该年所收数目，列表详报国库，以备对核。

第三节　岁出

第八条　各署请领款项时，由各署备文并具收据，经本部核准后，即由国库直接支付，或

发支票,或提取证书,交由领款人向中国银行领取。但紧急须款时,得电达国库,经财政总长核准后,以电汇或就近划拨方法行之。

第九条　中国银行接到国库支票、汇票,应即兑付。如系提取证书,应与提取通知书对照,相符后即发给军用钞票。

第四节　现金运用

第十条　关于国库金运用出纳应行汇拨款项时,得委托中国银行按照普通汇兑、电汇及转帐之方法办理,或代运现款及军用钞票。

第五节　簿记

第十一条　国库应备帐如下:

一、国库总簿;

二、国库日记簿;

三、支出簿。

第十二条　国库日记簿据收款通知书、领款收据及其他证书登记。

第十三条　国库总簿由国库日记簿转记,分别计算科目。

第十四条　国库应备之补助帐簿,除规定之支出簿外,应随时酌量设置。

第十五条　支出部[簿]应分经常、临时两部[簿],并分各署帐户,据本部制定之支付豫算、更正豫算,或临时特令于支付豫算栏内,分别登记数目存案。俟各署请领款项时,即于领款收据领讫栏内登记支出数目,俾资参考。

第十六条　各帐簿金额栏内均分元数、两数两项,按照实数记帐。如系外国金币,则按当日市价折合元数,并加注金币数目备考。

第六节　书类

第十七条　关于国库出纳事务,应备之书类如下:

一、中国银行代收国库收据及收款通知书;

二、各署领款收据;

三、军用钞票保管通知书;

四、保管证书;

五、军用钞票提取通知书及提取证书。

第十八条　国库应备之各种书类,得随时添设。

第十九条　各书类之形式,附本章程之末,其有添设或更改形式者,随时由公报刊布。

第七节　储金及保管供托

第二十条　依法律命令或规则,政府有保管义务之公款,或有价证券等物,得由国库委托中国银行代为保管。

第二十一条　关于特种储款及保管物、供托物,有应归国库办理者,另订章程办理,暂以部令行之。

第二十二条　临时发行之军用钞票,中国银行应代理兑换保管。

第二十三条　军用钞票委托中国银行保管时,由国库添具保管通知书,附送该行后即向该行取具保管证书,存库备案。

第二十四条　本部提取军用钞票时,先由本部具提取通知书,知照该行后,另发提取证书,交由领款人赴该行领取。

第八节　结算报告

第二十五条　国库每日应制作国库总簿计算表及各项收支比较表,其总簿计算表据国库总簿制作,各项收支比较表据总簿计算表制作。

第二十六条　国库于每月末应制作国库出纳计算书,按月存查。

第二十七条　国库于每年末应制作国库总计表。

第二十八条　中国银行代为收付现金,应将每日收支数目按月呈报国库。

第九节　附则

第二十九条　本章程于国库未统一以前暂时施行。

第三十条　本章程可随时增删或修改,呈请财政总长核准施行。

第三十一条　凡本章程未备之处,临时以部令行之。

《临时政府公报》第50号,罗家伦主编《中华民国史料丛编·临时政府公报》(第41~58号),中国国民党中央委员会党史史料编纂委员会1968年影印,第1108~1113页

△ 袁世凯任命周自齐为山东都督。

袁世凯命令如下:

署山东都督张广建着来京。任命周自齐为山东都督,未到任以前,任命余则达署理。此令。中华民国元年三月二十八日即壬子年二月初十日。大总统盖印。

1912年3月29日《大公报》

△ 南京临时政府内务部次长居正等呈文孙中山,以国务总理已经发表,人材辈出,缺乏无虞,请求解职,以让贤能。

居正等呈孙中山文如下:

内务部次长居正,参事田桐、于德坤、林长民、吴永珊,秘书长张大义,秘书张友栋、黄嘉梁、马伯援、洪章、张皓、郑毅权,民治司长萧翼鲲,科长钟震川、钱崇固、易象、张家镇,警务司长孙润宇,科长沈复、朱家璧、熊开先、朱文焯,礼教司长杜关,科长林子衡、袁朝佐、杨光湛,土木司长史青,工监王庆莘,科长万葆元,疆理司长高鲁,工监程光鑫,科长李光驷,卫生司科长伍晟、赵世缙、赵燏黄、梁国栋,禁烟总理石瑛,科长朱侗、潘宗瑞等呈:窃正等前蒙总统不遗葑菲,委任今职,本不敢滥竽充数,只以彼时革命战争成败未决,当新旧绝续之际,正危疑震撼之秋,草野哲人,即裵裒[回]于歧路,清廷故吏,复眷恋夫旧恩,高蹈争掭,末肯效用。正等外怵敌焰,内痛疮痍,既造因发难于先,自不能不坚持力任于后。盖恐临时政府迟一日之组成,即民国前途多一日之危险。用是不揆愚蒙,遂承一时之乏。计自受任以来,互相勖励,日夜兢兢,深惧陨越。今者国务总理已经发表,人材辈出,缺乏无虞。正等自愧樗庸,敢请解职,以让贤能,俾将本部事务,得以重加整顿,无任屏营之望。此呈。当虚位以待贤能,用敢具呈,请予解职。正等幸甚。此呈。

中华民国元年三月二十八日

"南京临时政府档案",中国第二历史档案馆编《中华民国史档案资料汇编》第2辑,江苏人民出版社1981年版,第133~134页

3月29日(二月十一日)　唐绍仪出席南京临时参议院发表政见,并提出十部总长名单,经参议院投票表决,除交通总长梁如浩外,余均多数同意。

1912年3月31日《民立报》《国务员通过记事》载:

二十九日午前,参议院例会,席某议员提出再质问唐总理迟交国务员议案原因,全体赞

成。即用正式公文质问催促,未几得总统府电话,唐总理定于本日(二十九日)午后四时到院。二时许,各军队先至,参议院左近军警密布,严戒异常。三时,政府各部委员及驻宁各国官绅、中外各新闻社特派员毕集。四时三十分,孙大总统偕唐总理、黄陆军总长到院,入临时政府委员休息室,与议长林森君接洽后,即由议长召集临时全体参议院大会。五时开议,各旁听席均满员。当日各省议员出席者三十九人。由招待员导孙大总统、唐总理以及各部总次长、总统府秘书长、海陆军各司令长入席。先由议长林森君起立报告召集临时参议员全体大会理由,次请唐总理宣布所抱政见。唐于拍掌声中登坛,述中华民国今居外交上、财政上、实业上,以及陆军善后种种政见(演说另登要件栏)。旋将所拟定国务员姓名提出,并说明各国务员履历,求参议院同意:外交为陆徵祥,内务为赵秉钧,陆军为段祺瑞,海军为刘冠雄,财政为熊希龄,农林为宋教仁,教育为蔡元培,工商为陈其美,司法为王宠惠,交通为梁如浩。唐总理归委员席后,广西参议员邓君即起反对段祺瑞不胜陆军之任,经多数议员非难,遂由议长止邓登坛。复有议员谓国务员议案关系甚大,主张开全体审查委员大会,禁止旁听。并请议长问孙大总统及唐总理以及各部总长有无政见发表,如无亦请退席回避,即续开审查委员大会。多数赞成。遂由议长林君宣告禁止旁听。孙总统、唐总理、政府各委员与旁听席人等均退出,已七时许矣。审查委员秘密讨论至九时议决,遂宣布公开,请孙大总统、唐总理临场。当场投票决定可否,其结果除交通梁如浩一人外,九人全案通过。九时四十分散会。兹将当时各国务员之同意票、不同意票数详列于后:

外交总长陆徵祥　全票同意。

内务总长赵秉钧　同意票三十人,不同意票九人。

财政总长熊希龄　同意票三十人,不同意票九人。

陆军总长段祺瑞　同意票廿九人,不同意票十人。

海军总长刘冠雄　同意票三十五人,不同意票四人。

司法总长王宠惠　同意票三十八人,不同意票一人。

教育总长蔡元培　同意票三十八人,不同意票一人。

农林总长宋教仁　同意票三十四人,不同意票五人。

工商总长陈其美　同意票二十一人,不同意票十八人。

交通总长梁如浩　同意票十七人,不同意票二十二人。

居正《梅川日记》:

约法公布后,容许袁氏在北京电南京参议院宣誓就职(兵变计售),依法提唐绍仪为国务总理,经参议院同意组织国务院(内阁)。唐衔袁命亲来南京,与孙、黄诸公会商组阁,出席参议院,发表政见及提出阁员名单,时为三月二十九日下午五时。参议院开会,出席议员三十九人。林议长(森)主席、孙大总统领各部总次长到会,登台致词,介绍国务总理唐绍仪后复位。

唐绍仪继起曰:"绍仪承孙、袁二大总统推举,充当国务总理,自审才力,实愧不能,然当此存亡危急之秋,国家大事,多未能决,亦不敢不勉为其难。现中华民国既已成立,开端最要之事件:

第一,自去岁中秋后起义以来,各省均不免有扰乱之处,不亟图维持,则民生不可终日。

第二,中国于外交事件,在满清时代,与各国所订条约,名为和好,实则从未开诚公布[布公],以致事事皆落人后,事事皆中国受亏。庚子后,免厘加税之约,与国家前途,关系甚大,乃至今十余年,厘仍未免,税仍未加,故外国承认民国之后,应首先实行此策,此则庚子条约所订者，亦须次第施行。

第三，从前社会趋势，专讲研究文学，而不研究实业，以致地大物博之中国，几变为世界最穷之国家，非借外债，即不能办兴利之事务。

新政府成立后，即分设农林、工商二部，其宗旨即在振兴实业。交通一部，关系尤重，路权、航权等，均须切实办理。但农林、工商、交通，皆系专门，均不能无学问，更不能于专门政治之人求之。此次新政府成立，此三部必当实事求是，嗣后国家之发达，全在于此。

再民国今日现状最困难者，莫如财政。关于财政，书面报告甚详，今姑简单说之。辛亥年预算表，全国进款银二万九千七百余万两，出款银三万五千余万两，出入相抵不敷银五千四百余万两。加以筹备各种事务，追加预算各费，应加入二千四百余万两，共不敷银七千八百余万两。此外尚有外债赔款，两种外债之利息，赔款之数额，积年搁下未付者，共约银五千余万两。又自辛亥年五月以后，所借四国之款，准备改造币制，及建筑粤汉、川汉各路者，及各省借以维持市面者，即以去年一年计算，其总数约在银二万万两之数，其利以五厘计之，亦应银一千万两。此一千万两与前七千余万两合之，已八千余万两。又去年八月以后之洋债，未按期交款者，自九月至今年本月，已约银千万余两。起义以后，南方军队共有八十师团，此时即能裁二十师团，亦尚有六十师团。此六十师团，每一师团每月须银十二万两，六十师团，每月即须银七百二十万两，到年底须银八千余万两。又起义以来，各处所破坏者，其建筑费亦不应不为预备，最少亦须一千万两。全国恩恤事务，以及抚育其子弟等事，共须银一千万两。其赔偿外人损失之处，此次总不能免，数虽不能确指，然亦不能不为之预备。又民国成立以来，临时财政部至今已支出银七百余万两，并此款算入，共约银二百四十五兆之数，此皆元年必须之款，无可减少者。绍仪对于此事，将来尚须再行到院陈述事由，以供诸公讨论。

至此次组织内阁，各部国务总长，已在北京得袁大总统之命令，提出各员，请求贵院同意者：

第一，外交总长陆君徵祥。陆君本任俄使，才具既长，而性又和平，将来外交事件，非虚心考究办理，断难得法，万不能再如从前之倨傲自大，以致外交失败，故推陆君任外交。

第二，内务总长赵君秉钧。因新政府既迁往北京，则非得有一熟悉北京情形者，以整理内务不可，故推赵君任内务。

第三，陆军总长段君祺瑞。段君任兵事有年，兵学甚长，而性又谨慎，故推段君任陆军。

第四，海军总长刘君冠雄。刘君于海军资格最老，故推其任海军。

第五，财政总长熊君希龄。绍仪对于此席，反复商量，诚难其人。熊君于财政学上研究本深，当其在东三省时，监理财政，成绩为各省之最，他人鲜出其右。况此时财政总长，必须通晓西国财政状况，熊君考察外国情势，颇有心得，实适民国此时之用，故推熊君任财政。

第六，司法总长王君宠惠。王君学问已不待赘言。

第七，教育总长蔡君元培。蔡君学问道德，已不待赘言。

第八，农林总长宋君教仁。宋君虽非农林学堂专门出身，而于新学问甚有研究，且能虚心办事。

第九，工商总长陈君其美。陈君亦非专门学问，却亦与宋君有同等之才，此次特任二君，总希望民国农林、工商之发达。

第十，交通总长梁君如浩。梁君向在山海关外办理铁路，几及十年。初时路权本甚失败，自梁君办后，始有进步，且梁君于西国言语文字之学亦甚精，故推任交通。

凡此十部国务总长名次,奉大总统命令得贵院同意,新政府即可立时成立矣。”词毕复位。

王参议员正廷谓:对于国务总长之表同意与否,应开全院委员会讨论。汤参议员漪附议。谷参议员钟秀谓:开委员会时,不独禁止旁听,并请大总统、国务总理以及原总、次长暂行退入接待室。汤参议员漪谓:本院对国务员同意案,何以必须秘密?何以政府职员不能列席?本员主张公开,反对秘密。谷参议员钟秀谓:此事关系非常重大,按院法应开全院委员会,应行秘密。议长以谷参议员之动议付表决,举手者二十七人,多数。议长宣布休息十分钟。大总统孙文、国务总理唐绍仪,及各部总、次长,均以次退席。

改开全院审查会事竣,七时续开大会。议长林森、大总统孙文、国务总理唐绍仪出席。李参议员肇甫谓:经过全体委员会审议,全院委员对于唐总理提出国务总长十人,虽间有不同意者,表决时均居少数,此刻宜即进行投票。议长命秘书员分配选举票。投票毕,议长指定王参议员正廷、谷参议员钟秀检票,又指定赵参议员士兆[北]、邓参议员家彦监视开票。

开票结果,谷参议员钟秀报告:外交陆徵祥、内务赵秉钧、陆军段祺瑞、海军刘冠雄、财政熊希龄、司法王宠惠、教育蔡元培、农林宋教仁、工商陈其美,九总长均得半数票同意;唯交通总长梁如浩未得过半数票,不同意,请唐总理对于交通总长,能否即时另行指定一员。如能即时指定,则请指出以求同意;如其不能,则唐总理此次组织内阁,仍应立时成立,不得以一人而牵涉全体。即如国务总长十人中,有一人未到,与整个内阁无妨,请唐总理依此进行。

田参议员桐谓:本院为政府立时成立起见,故反对者少,而通过者多。方才唐总理报告交通部长,非曾办过铁路之人不可。本员以为交通行政事务,应以政治家之才腕出之,不必以曾办铁路之人充任,请唐总理于此层注意。刘参议员彦谓:交通总长,今日可指出则议,否则即可散会。谷参议员附议。

张参议员耀曾谓:此系大总统之权限,唐总理今日亦势难指定。但任交通总长之人,有两种之条件,不可不为注意:(一)系须明白发展经济政策者;(二)交通事业,款项出入甚繁,须操守可信者。

唐总理谓:此次名单求贵院同意,已得同意者九人,唯交通总长不同意。查梁如浩并非绍仪之私人,实因铁路对于南北交通事业,所关甚大。又中国邮政甫收回自办,航业尚未振兴,电政亦尚不能十分发达,事事皆在需才。而四者之主,路政为最紧要。梁君办理路政,将近十年,成绩颇有可观。其办理京奉路情形,南方人或未尽知。若除梁君外,则推汤君寿潜,恐提出后得票较梁君尤少。况民国当此时际,以一不谙外国情形之人,而总管交通事业,恐蹈盛宣怀误订契约之覆辙。其次则梁君士诒,恐提出后,反对者必更大。且此时农林、工商等事,尚易得人,而交通部则经外国承认后,即须办理四国借款,与粤汉、川汉两路交涉。从前铁道,除沪杭甬一线外,无一非借款兴筑,或抵押外人。绍仪观交通一部非常重大,设或用非其才,则与民国前途,关系甚大。故绍仪今晚实不能指定他人,尚须与袁总统电商再定。

王参议员正廷谓:内阁成立,孙大总统自然即当解职,但现在内阁既少一人,则不得谓之成立。本员以为交通总长一席,可由总理暂时兼理。谷参议员钟秀谓:王君之议不免出于权限之外,此乃大总统之事,参议院不必提及。但国务总长缺少一人,内阁仍可即时成立,即如发表后,九人就任,而一人迟就,亦不能谓之不成立。议长宣布散会。

章开沅主编,罗福惠、萧怡编《辛亥人物文集丛书·居正文集》上册,华中师范大学出版社1989年版,第97~101页

△ 孙中山据黄复生、吴玉章等所呈，令南京临时政府陆军部以陆军大将军阵亡例赐恤邹容、喻培伦、彭家珍，以陆军左将军阵亡例赐恤谢奉琦。并皆准入祀忠烈祠。

《大总统令陆军部抚恤邹谢喻彭四烈士文》如下：

顷据川人黄复生等呈称："四川前后起义死难者甚众，以邹容、谢奉琦、喻培伦、彭家珍四烈士功绩最为卓著，请照陆军大将军阵亡例赐恤，并请崇祀忠烈【祠】"等因前来。案查邹容当国民醉生梦死之时，独能著书立说，激发人心；喻培伦则阐明利器，以充发难军实；彭家珍则歼除大憝，以收统一速效。所请赐恤崇祀各节，着即照准。惟谢奉琦丙午在蜀运动起义，组织各县机关等因，虽其功在民国不小，究与邹、喻、彭三烈士之功略有区别。着改照陆军左将军阵亡例赐恤，仍准崇祀忠烈祠，以慰忠魂而垂不朽。除批示外，合行令仰该部知照。原呈并发。此令。

《临时政府公报》第51号，中国科学院近代史研究所史料编译组编辑《近代史资料·辛亥革命资料》，中华书局1961年版，第376页

黄复生等呈孙中山文如下：

四川公民黄复生、李肇甫、吴永珊、林启一、廖炎、张楙隆、淡春谷、陈一夔、陈六谦、彭丕昕、王夏、李功照、吴国桢、吴鳞、冯赞、鞠奎、郑谦、尹骞、尹侗、尹棱、胡国樑、胡国栋、臧霆、臧锡銮、李为纶、方贞吉、佘耀荣、李沛、方化南、雷昭性、易昌楫、向迪琮、罗用霖、袁朝佐、余切、杜关、万树芳、翁云舫、邓至诚、邓胥功、任鸿隽等，为呈请优恤以彰忠烈事：

窃维自川路风潮暴起，四方相继响应，数月之间，民国遂以奠定者，其成功非一手足之烈，其种因实在十数年以内。蜀人士奔走革命，自献自靖尝恐为天下后，前后起义死难者不知凡几。其间功绩卓著应首先表恤者，厥有邹容、谢奉琦、喻培伦、彭家珍四人。

邹君哀祖国沦陷，壬寅岁（一九○二年）发愤著《革命军》一书，洋洋数万言，用以警醒国人。当是时举国人士方醉生梦死，趋投鞑虏彀中，自其书出，四方英俊始萌恢复汉业思想。设非其人提倡之早，其书入人之深，今日收功恐难若斯之速。乃《苏报》狱起，自投西狱中，竟以瘐死。

谢君甲辰（一九○四年）留学日本，历任同盟会调查评议各要职。丙午（一九○七年）还蜀，运动起义，数月来往返成渝间凡十数次，各县机关已组定，方图大举，竟为宵小所卖，被获不屈而死。

喻君夙聪颖，知革命非徒恃鼓吹者所能奏功，乃专究炸弹学。初得俄虚无党人制法，试验时屡被炸伤，频即于死，志不为之少衰。后竟发明一种最安全而有效力之炸弹，至今各处所应用以奏功者，皆其遗法也。庚戌（一九一○年）六月北京之役，其经营最苦，用力最多，不幸败露，君因先归日购药得免。辛亥三月广州之役，君手制军用炸弹数百枚，复身赴前敌，直捣督署，竟以援绝被获，骂贼而死。

彭君初任同盟会北洋机关部军务部长，值武汉起义，遂暗约同志遥应南方，往来沪、滦、京、津之间，筹款运械，联络军队，力图响应。迨南北议和，贼虏良弼以宗社党首领从中阻挠，君遂以一弹芟锄良贼，而身亦与之俱殒。

之四君者，或以学说激发人心，或以实行溃其热血，或阐明利器以充发难之军实，或歼除大憝，以收统一之速效，率皆功在民国，身先朝露，老亲弱息，室家凄凉，属在后死，尤为寒心。今民国大定，前此死义诸烈士，如吴樾、杨笃生、陈天华、吴禄贞等，皆蒙赠恤附祀，昭示来兹。民国酬庸之典，自当视其功绩之巨细，不当以生前名位之尊卑而有所轩轾。拟请援吴禄贞烈士例，将邹容、谢奉琦、喻培伦、彭家珍四烈士照陆军大将军阵亡例赐恤，并请崇祀忠烈祠，以

慰忠魂,而垂不朽。是否有当,伏乞鉴核批示施行。此呈。

《临时政府公报》第51号,中国科学院近代史研究所史料编译组编辑《近代史资料·辛亥革命资料》,中华书局1961年版,第376~377页

△ **南京临时政府内务部总长呈文孙中山,以南北统一,人材迭出,该部职员全体辞职。**

南京临时政府内务部总长呈孙中山文如下:

内务部总长呈

南北统一,人材迭出。本部职员,均愿退居草野,快睹新猷。除荐任各员已另具辞职书外,所有承政厅及各司委任人员亦全体辞职,即希鉴核。此呈

大总统孙

附辞职人员名册壹扣(缺)

中华民国元年三月二十九日

"南京临时政府档案",中国第二历史档案馆编《中华民国史档案资料汇编》第2辑,江苏人民出版社1981年版,第134页

3月30日(二月十二日) **袁世凯任命各部总长,外交陆徵祥、内务赵秉钧、财政熊希龄、陆军段祺瑞、海军刘冠雄、教育蔡元培、司法王宠惠、农林宋教仁、工商陈其美、交通唐绍仪(兼)。**

袁世凯命令如下:

任命陆征徵为外交总长、赵秉钧为内务总长、熊希龄为理财总长、段祺瑞为陆军总长、刘冠雄为海军总长、蔡元培为教育总长、王宠惠为司法总长、宋教仁为农林总长、陈其美为工商总长,其交通总长由国务总理唐绍怡兼任。此令。

1912年3月31日《大公报》

△ **袁世凯任命黄兴为参谋总长,统辖布置两江一带军队,黄兴坚辞不就。次日,袁改任徐绍桢为参谋总长,徐亦坚辞不就。4月13日,袁世凯任命黎元洪兼任参谋总长。**

袁世凯命令如下:

任命黄兴为参谋总长。此令。

1912年3月31日《大公报》

任命徐绍桢为参谋总长。此令。中华民国元年三月三十一日即壬子年二月初十三日。大总统盖印。

1912年4月2日《大公报》

1912年4月3日《大公报》要闻《改委参谋总长之原因》报道:

临时统一政府昨颁命令,参谋总长改任徐绍桢各等因。今悉其原因系三月三十一号午后,黄克强留守致电袁总统,略谓奉委统辖两江一带军队,并谬承勉励,何敢言辞,惟是责任重要,不克来京,参谋长一席,难资兼顾。并荐举徐绍桢堪以替任等情。逾时国务总理亦有相同之电致袁总统,并请委任黄君留守南京等因。故于次日公布命令,以徐绍桢为参谋总长,另委黄君留守南京,仍统辖南洋各军云。

黄兴通电不就参谋总长职务文如下:

陆军部段总长,各都督,各军、师、镇、协司令、统将,各议会、谘议局,各报馆均鉴:顷接袁大总统令,以兴继任参谋总长,并统辖两江一带军队。自维与海内同志起义以来,力小任重,

时虞覆馀,决意事定之后,解职归农,已将此意屡次表明。况参谋总长职任綦重,非兴材力所能胜任,已复电力辞。至两江一带军队,维持整理刻不容缓;兴素怀归隐之志,断不敢置经手未完事宜于不顾,以负我军界同胞。已商请唐总理妥定办法,务使南方各军队布置得宜,各安其所。俟布置大定,始行告退,以遂初志,诸祈鉴察。黄兴。东。

1912 年 4 月 3 日《大公报》

△ **蔡元培、黄兴介绍唐绍仪加入同盟会。**

居正《梅川日记》载:

南京参议院通过唐内阁阁员之翌日,政府公宴唐总理于总统府。觥筹交错之余,由蔡元培先生起立致词,盛赞唐总理为中华民国首任阁揆之一人,必能发挥其政治天才与经历,为新建共和国增光于世界。最后举杯庆祝,请唐先生加入同盟会,实行同盟会政纲政策。黄克强先生起立敦劝,全体鼓掌赞成。大总统笑容可掬。予即离席取同盟会入会愿书,奉上唐先生。唐先生考虑移时,即在愿书上签字印可,黄、蔡二先生签作介绍人,孙公签字主盟。唐先生起立宣誓,大众高呼同盟会万岁。宾主尽欢,摄影而散。

章开沅主编,罗福惠、萧怡编《辛亥人物文集丛书·居正文集》上册,华中师范大学出版社 1989 年版,第 101 页

3 月 31 日(二月十三日)　袁世凯任命黄兴为"南京留守",以统辖、裁遣南方革命军。

袁世凯命令如下:

任命黄兴为南京留守,仍统辖南洋各军。此令。

1912 年 4 月 2 日《大公报》

△ **孙中山出席同盟会告别公饯,发表告别演说,阐述民生主义。**

1912 年 4 月 1 日《民立报》载:

今日(昨日)午正,同盟会假商务总会开饯别孙总理解职并欢迎新入会会员唐绍仪大会。到会会员约四万[?]余人。先由景君耀月述饯别辞并欢迎辞。继由孙总理演说本党所抱民族、民权主义已达,今后实行民生主义。洋洋万言,条理不紊,全座感服,鼓掌不已。次唐总理演说:"民国建设方始,本党党员宜同心戮力,实行本党发表之政纲,并望助弟造成强固之民国"云云。后由王君芝祥、汪君精卫、胡君汉民等相继演说毕,合撮一纪念影。旋入食堂。宴毕,四时散会。

孙中山在南京同盟会会员饯别会的演说全文如下:

诸君:

今日同盟会会员开饯别会,得一最好机会,大家相见,诚一幸事。今日中华民国成立,兄弟解临时总统之职。解职不是不理事,解职以后,尚有比政治紧要的事待着手。自二百七十年前,中国亡于满洲,中国图光复之举,不知凡几。各处会党偏[遍]布,皆是欲实行民族主义的。五十年前,太平天国即纯为民族革命的代表。但只是民族革命,革命后仍不免为专制,此等革命,不能算成功。八九年前,少数同志在日本发起同盟会,定三大主义:一、民族主义,二、民权主义,三、民生主义。今日满清退位、中华民国成立,民族、民权两主义俱达到,唯有民生主义尚未着手,今后吾人所当致力的即在此事。社会革命为全球所提倡,中国多数人尚未曾见到,即今日许多人以为改造中国,不过想将中国弄成一个极强大的国,与欧美诸国并驾齐驱罢了。其实不然。今日最富强的莫过英、美,最文明的莫过法国。英是君主立宪,法、

美皆民主共和，政体已是极美的了，但是贫富阶级相隔太远，仍不免有许多社会党要想革命。盖未经社会革命一层，人民不能全数安乐，享幸福的只有少数资本家，受痛苦的尚有多数工人，自然不能相安无事。中国民族、民权两层已达到，只民生还未做到。即本会中人亦有说种族革命、政治革命皆甚易，唯社会革命最难。因为种族革命，只要将异族除去便了，政治革命，只要将机关改良便了，唯有社会革命，必须人民有最高程度才能实行。中国虽然将民族、民权两革命成功了，社会革命只好留以有待。这句话又不然。英美诸国因文明已进步，工商已发达，故社会革命难。中国文明未进步，工商未发达，故社会革命易。英美诸国资本家已出，障碍物已多，排而去之故难。中国资本家未出，障碍物未生，因而行之故易。然行之之法如何？今试设一问，社会革命尚须用武力乎？兄弟敢断然答曰：英美诸国社会革命，或须用武力，而中国社会革命，则不必用武力。所以刚才说，英美诸国社会革命难，中国社会革命易，亦是为此。中国原是个穷国，自经此次革命，更成民穷财尽，中人之家已不可多得，如外国之资本家，更是没有。所以行社会革命是不觉痛楚的，但因此时害犹未见，便将社会革命搁置，是不可的。譬如一人医病，与其医于已发，不如防于未然。吾人眼光不可不放远大一点，当看至数十年、数百年以后，及于全世界各国方可。如以为中国资本家未出，便不理会社会革命，及至人民程度高时，贫富阶级已成，然后图之，失之晚矣。英美各国从前未尝着意此处，近来正在吃这个苦。去冬英国煤矿罢工一事，就是证据。然罢工的事，不得说是革命，不过一种暴动罢了。因英国人欲行社会革命而不能，不得已而出于暴动。然社会革命，今日虽然难行，将来总要实行。不过实行之时，用何等激烈手段，呈何等危险现象，则难于预言。吾人当此民族、民权革命成功之时，若不思患预防，后来资本家出现，其压制手段恐怕比专制君主还要甚些，那时杀人流血去争，岂不重罹其祸么！

本会从前主义，有平均地权一层。若能将平均地权做到，那么社会革命已成七八分了。推行平均地权之法，当将此主义普及全国，方可无碍。但有一事此时尤当注意者，现在旧政府已去，新政府方成，民政尚未开办。开办之时，必将各地主契约换过，此实历代鼎革时应有之事。主张社会革命，则可于换契约时少加变改，已足收效无穷。从前人民所有土地，照面积纳税，分上中下三等。以后应改一法，照价收税。因地之不同，不止三等。以南京土地较上海黄浦滩土地，其价相去不知几何，但分三等，必不能得其平。不如照价征税，贵地收税多，贱地收税少。贵地必在繁盛之处，其地多为富人所有，多取之而不为虐。贱地必在穷乡僻壤，多为贫人所有，故非轻取不可。三等之外，则无此等差别。譬如黄浦滩一亩纳税数元，乡中农民有一亩地亦纳税数元，此最不平等也。若照地价完税，则无此病。以后工商发达，土地腾贵，势所必至。上海今日之地价，与百年前相较，至少亦贵至万倍。中国五十年后，应造成数十上海。上年在英京，见一地不过略为繁盛，而其价每亩约值六百万元。中国后来亦不免到此地步。此等重利，皆为地主所得。比如在乡间有田十亩，用人耕作，不过足养一人。如发达后，可值六千万，则成一大富翁。此家资从何得来，则大抵为铁道及地业发达所坐致，而非由己力之作成。数十年之后，有田地者，皆得坐享此优先莫大之权，据地以收人民之税，就是地权不平均的说话了。求平均之法，有主张土地国有的。但由国家收买全国土地，恐无此等力量，最善者莫如完地价税一法。如地价一百元时完一元之税者，至一千万元则当完一十万元。此在富人视之仍不为重。此种地价税法，英国现已行之，经解散议会数次，始得通过。而英属地如澳洲等处，则早已通行。因其法甚美，又无他力阻碍故也。然只此一条件，不过使富人多纳数元租税而已。必须有第二条件，国家在地契之中，应批明国家当须地时，随时可照地契之价收买，方能无弊。如人民料国家将买此地，故高其价，然使国家竟不买之，年年须纳最高之税，则已负累不堪，必不敢。即欲故低其价以求少税，则又恐国家从而买收，亦必不敢。所以有此两法互相表里，则不必定价而价自定矣。在国家一方面言之，无论收税买地，皆有大益之事。中国近来患贫极了，补救之法，不但收地税，尚当收印契税。从前广东印契税，每百两取九两，今宜令全国一律改换地契，定一平价，每百两取三两至五两，逾年不换新契者，按年而递加之，则人民无敢故延。加以此后地价日昂，国家收入益多，尚何贫之足患。地为生产之原素，平均地权后，社会主义则易行。如国家欲修一铁路，人民不能抬价，则收买土地自易。于是将论资本问题矣。

国家欲兴大实业，而苦无资本，则不能不借外债。借外债以兴实业，实内外所同赞成的。前日闻唐少川先生言：京奉铁路借债，本可早还，以英人不欲收，故移此款以修京张。此可见投资实业，是外人所希望的。至中国一言及外债，便畏之如鸩毒，不知借外债以营不生产之事则有害，借外债以营生产之事则有利。美洲之发达，南美、阿金滩（即阿根廷，编者）、日本等国之勃兴，皆得外债之力。吾国借债修路之利，【如京奉】以三年收入，已可还筑路之本，此后每年所进皆为纯利。如不借债，即无此项进款。美国铁道收入，岁可得七万万美金，其他附属之利，尚可养数百万工人，输送各处土货。如不早日开办，迟一年即少数万万收入。西人所谓时间即金钱，吾国人不知顾惜，殊为可叹！昔张之洞议筑芦汉铁道，不特畏借外债，且畏购用外国材料。设立汉阳铁厂，原是想自造铁轨的，孰知汉阳铁厂屡经失败，又贴了许多钱，终归盛宣怀手里，铁道又造不成功。迟了二十余年，仍由比国造成，一切材料，仍是在外国买的。即使汉阳铁厂成功，已迟二十余年，所失不知几何？中国知金钱而不知时间，顾小失大，大都如是。中国各处生产未发达，民人无工可作，即如广东一省，每年约有三十万“猪仔”输出，为人作牛马。若能输入外资，大兴工作，则华人不用出外佣工，而国中生产又不知增几倍。余旧岁经加拿大，见中国人在煤矿用机器采挖，每人日可挖十余吨，人得工资七八元，而资本家所入，至少犹可得百数十元。中国内地煤矿工人，每日所挖不足一吨，其生产力甚少。若用机器，至少可加十数倍。生产加十数倍，则财富亦加十数倍，岂不成一最富之国。能开发其生产力则富，不能开发其生产力则贫。从前为清政府所制，欲开发而不能。今日共和告成，措施自由，产业勃兴，盖可预卜。然不可不防一种流弊，则资本家将从此以出是也。

如有一工厂，佣工数百人，人可生二百元之利，而工资所得不过五元，养家糊口，犹恐不足，以此不平，遂激为罢工之事，此生产增加所不可免之阶级。故一面图国家富强，一面当防资本家垄断之流弊。此防弊之政策，无外社会主义。本会政纲中，所以采用国家社会主义政策，亦即此事。现今德国即用此等政策。国家一切大实业，如铁道、电气、水道等事务皆归国有，不使一私人独享其利。英美初未用此政策，弊害今已大见。美国现时欲收铁道为国有，但其收入过巨，买收则无此财力，已成根深不拔之势。唯德国后起，故能思患预防，全国铁道皆为国有。中国当取法于德，能令铁道延长至二十万里，则岁当可收入十万万。只此一款，已足为全国之公用而有余。尚有一层，为中国优于他国之处。英国土地多为贵族所有，美国已垦之地，大抵归人民，惟未垦者，尚未尽属私有。中国除田土房地之外，一切矿产山林，多为国有。英国矿租甚昂，每年所得甚巨，皆入于地主之手。中国矿山属官，何不可租与人民开采以求利？使中国行国家社会政策，则地税一项，可比现在收入加数十倍。至铁道收入，三十年后，归国家收回，准美国约得十四万万，矿山租款约十万万。即此三项，共为国家收入，则岁用必大有余裕。此时政府所患已不在贫。国家岁用不足，是可忧的。收入有余而无所用之，亦是可虑的。此时预筹开销之法，则莫妙于用作教育费。法定男子五六岁入小学堂，以后由国家教之养之，至二十岁为止，视为中国国民之一种权利。学校之中，备各种学问,务令学成以后,可独立为一国民,可有参政、自由、平等诸权。二十以后,自食其力,幸者为望人、为富翁,可不须他人之照顾。设有不幸者,半途蹉跎,则五十以后,由国家给予养老金。此制英国亦已行之,人约年给七八百元。中国则可给数千元。如生子多,凡无力养之者,亦可由国家资养。此时家给人乐,中国之文明,不止与欧美并驾齐驱而已。凡此所云,将来必有达此期望之日,而其事则在思患预防。采用国家社会政策,使社会不受经济阶级压迫之痛苦,而随自然必至之趋势,以为适宜之进步。所谓国利民福,莫不逾此,吾愿与我国民共勉之。

中国社会科学院近代史研究所中华民国史研究室等编《孙中山全集》第2卷,中华书局1982年版,第318~324页

编者按:《孙中山全集》据胡汉民编《总理全集》第2集将此文记为1912年4月1日,有误,应为3月31日。